Woldemar Wall/Heiko Schröder

Falltraining Körperschaftsteuer
Fälle und Lösungen zum Steuerrecht
Band 5

2014
HDS-Verlag
Weil im Schönbuch

HDS
Verlag

Bibliografische Information der Deutschen Nationalbibliothek
Die Deutsche Nationalbibliothek verzeichnet diese Publikation
in der Deutschen Nationalbibliografie; detaillierte bibliografische Daten
sind im Internet über http://dnb.de abrufbar

Gedruckt auf säure- und chlorfreiem, alterungsbeständigem Papier

ISBN: 978-3-941480-99-5

Dieses Werk einschließlich aller seiner Teile ist urheberrechtlich geschützt. Jede Verwertung außerhalb der engen Grenzen des Urheberrechtsgesetzes ist ohne Zustimmung des Verlages unzulässig und strafbar. Das gilt insbesondere für Vervielfältigungen, Übersetzungen, Mikroverfilmungen und die Einspeicherung und Verarbeitung in elektronischen Systemen.

© 2014 HDS-Verlag
Harald Dauber
www.hds-verlag.de
info@hds-verlag.de

Einbandgestaltung: Constantin Burkhardt-Ene
Layout: Peter Marwitz – etherial.de
Druck und Bindung: STANDARTU SPAUSTUVE, Druckerei

Printed in Lithuania
2014

HDS-Verlag Weil im Schönbuch

Die Autoren

Woldemar Wall, Diplom-Finanzwirt (FH), Lehrbeauftragter an der Fachhochschule der Sächsischen Verwaltung Meißen, ist hauptamtlich in der Betriebsprüfung der sächsischen Finanzverwaltung tätig. Darüber hinaus ist er seit Jahren in der Steuerberaterausbildung und im Prüfungsausschuss der Steuerfachwirte in Sachsen tätig.

Heiko Schröder, Diplom-Finanzwirt (FH), hauptamtlicher Dozent an der Fachhochschule der Sächsischen Verwaltung Meißen. Er ist seit Jahren in der Steuerberaterausbildung tätig.

Vorwort

Die Vertiefung von erlerntem Wissen anhand von Aufgaben aus den verschiedensten Teilgebieten der Körperschaftsteuer ist ein wesentlicher Baustein der steuerlichen Ausbildung in diesem Bereich.

Sie dient aber auch der Überprüfung von bereits erlernten Zusammenhängen. Damit soll den Lernenden und auch den Studierenden der Zugang zu dieser Rechtsmaterie erleichtert werden. Die Aufgaben in diesem Buch sind daher so gestaltet, das anhand von einfachen Fällen ein Zugang zur Körperschaftsteuer erleichtert werden soll. Sie dienen aber auch der Darstellung von komplexen Einzelfällen, die die Verknüpfung der Körperschaftsteuer mit anderen Steuerrechtsgebieten, wie dem Bilanzsteuerrecht, der Umsatzsteuer oder auch dem internationalen Steuerrecht, aufzeigen sollen.

Das Buch bildet den Rechtsstand 01.01.2014 ab und basiert auf dem Körperschaftsteuergesetz i.d.F. der Bekanntmachung vom 15.10.2002 (BGBl I 2002, 4144) zuletzt geändert durch das Gesetz zur Anpassung des Investmentsteuergesetzes und anderer Gesetze an das AIFM-Umsetzungsgesetz vom 18.12.2013 (BGBl I 2013, 4318).

Juli 2014   Woldemar Wall/Heiko Schröder

Inhaltsverzeichnis

Die Autoren V
Vorwort VI
Abkürzungsverzeichnis IX

1. Persönliche Steuerpflicht 1
1.1 Unbeschränkte Körperschaftsteuerpflicht 1
1.2 Beschränkte Körperschaftsteuerpflicht 9
1.2.1 Beschränkte Steuerpflicht (§ 2 Nr. 1 KStG) 9
1.2.2 Beschränkte Steuerpflicht (§ 2 Nr. 2 KStG) 20

2. Steuerbefreiungen 23

3. Einkommensermittlung 31
3.1 Grundfälle der Einkommensermittlung 31
3.2 Rechtsbeziehungen zwischen Gesellschaft und Gesellschafter 44
3.3 Berücksichtigung von Schuldzinsen 64
3.4 Beteiligung an anderen Körperschaften 75
3.5 Verlustabzug bei Körperschaften 94

4. Sonderfälle der Einkommensermittlung 110
4.1 Liquidation 110
4.2 Organschaft 120
4.3 Ausländische Einkünfte 137
4.4 Verlust oder Beschränkung des Besteuerungsrechts Deutschlands 142

5. Eigenkapitalsachverhalte 145

6. Rechtsfolgen beim Gesellschafter 162

7. Komplexe Fälle 187

8. Übungsklausuren 251

Stichwortverzeichnis 253

Abkürzungsverzeichnis

A	Abschnitt
Abs.	Absatz
a.F.	alte(r) Fassung
AfA	Absetzung für Abnutzung
AG	Aktiengesellschaft
AK	Anschaffungskosten
AktG	Aktiengesetz
AnfG	Anfechtungsgesetz
AO	Abgabenordnung
Art.	Artikel
AStG	Außensteuergesetz
AV	Anlagevermögen
BA	Betriebsausgaben
BewG	Bewertungsgesetz
BFH	Bundesfinanzhof
BGB	Bürgerliches Gesetzbuch
BGBl	Bundesgesetzblatt
BMF	Bundesfinanzministerium
bpw.	beispielsweise
BStBl	Bundessteuerblatt
BT-Drs.	Bundestags-Drucksache
Buchst.	Buchstabe
bzw.	beziehungsweise
DB	Der Betrieb (Zeitschrift)
DBA	Doppelbesteuerungsabkommen
d.h.	das heißt
e.G.	eingetragene Genossenschaft/eingetragene Gesellschaft
EStDV	Einkommensteuerdurchführungsverordnung
EStG	Einkommensteuergesetz
EStH	Einkommensteuerhinweise
EStR	Einkommensteuerrichtlinien
EuGH	Europäischer Gerichtshof
e.V.	eingetragener Verein
EWG	Europäische Wirtschaftsgemeinschaft
EWR	Europäischer Wirtschaftsraum
ff.	fortfolgende
FG	Finanzgericht
FinMin	Finanzministerium
GAV	Gewinnabführungsvertrag
gem.	gemäß
GewStG	Gewerbesteuergesetz
GG	Grundgesetz
ggf.	gegebenenfalls

GmbH	Gesellschaft mit beschränkter Haftung
GmbHG	Gesetz betreffend die Gesellschaften mit beschränkter Haftung
GuV	Gewinn- und Verlustrechnung
H	Hinweis
HB	Handelsbilanz
HGB	Handelsgesetzbuch
HS	Halbsatz
i.d.F.	in der/dieser Fassung
i.H.d.	in Höhe des/der
i.H.v.	in Höhe von
InvZulG	Investitionszulagengesetz
i.R.d./i.R.e.	im Rahmen des/der/einer
i.S.d.	im Sinne des/der
i.V.m.	in Verbindung mit
i.Z.m.	im Zusammenhang mit
KapErhStG	Kapitalerhöhungssteuergesetz
KapESt	Kapitalertragsteuer
KG	Kommanditgesellschaft
KGaA	Kommanditgesellschaft auf Aktien
Kj.	Kalenderjahr
KStG	Körperschaftsteuergesetz
KStH	Körperschaftsteuerhinweis
KStR	Körperschaftsteuerrichtlinien
LStDV	Lohnsteuerdurchführungsverordnung
LStH	Lohnsteuerhinweise
LStR	Lohnsteuer-Richtlinien
lt.	laut
Ltd.	Limited
m.E.	meines Erachtens
Mio.	Millionen
Nr.	Nummer
OECD	Organisation für wirtschaftliche Zusammenarbeit und Entwicklung
OECD MA	OECD Musterabkommen
o.g.	oben genannte/r/s
OG	Organgesellschaft/Obergeschoss
OHG	Offene Handelsgesellschaft
p.a.	per anno
PartG	Parteiengesetz
RL	Richtlinie
Rz.	Randziffer
S.	Satz/Seite
SEStEG	Gesetz über steuerliche Begleitmaßnahmen zur Einführung der Europäischen Gesellschaft und zur Änderung weiterer steuerrechtlicher Vorschriften

Abkürzungsverzeichnis

sog.	sogenannt(e)
SolZ	Solidaritätszuschlag
SolZG	Solidaritätszuschlaggesetz
StB	Steuerbilanz
StGB	Strafgesetzbuch
SV	Sachverhalt
Tz.	Teilziffer/Textziffer
u.a.	unter anderem
UrhG	Urheberrechtsgesetz
UStAE	Erlass zur Anwendung des Umsatzsteuergesetzes
UStG	Umsatzsteuergesetz
u.U.	unter Umständen
UV	Umlaufvermögen
vGA	verdeckte Gewinnausschüttung
vgl.	vergleiche
VZ	Veranlagungszeitraum
Wj.	Wirtschaftsjahr
z.B.	zum Beispiel
z.T.	zum Teil
zzgl.	zuzüglich

1. Persönliche Steuerpflicht
1.1 Unbeschränkte Körperschaftsteuerpflicht

> **Fall 1: Unbeschränkte Körperschaftsteuerpflicht**
> Die nachfolgenden Gebilde haben ihren Sitz bzw. ihre Geschäftsleitung im Inland. Ferner erzielen Sie folgende inländische Einkünfte:
> a) Autobauer AG.
> b) Wirtschaftsprüfungs-GmbH.
> c) Dachdecker-Einkaufsgenossenschaft e.G.
> d) Stadtwerke Dresden.
> e) Gas-Kraftwerk-KG, Publikums-KG mit 2.000 Kommanditisten.
> f) Sportverein Striesen e.V.
> g) Internet-Provider KGaA.
> h) Klempnerei GmbH & Co. KG.
> i) Gerechtigkeits-Partei.
> **Aufgabe:** Beurteilen Sie bei den vorgenannten Gebilden die ertragsteuerliche Rechtsfähigkeit!

Lösung:

a) Autobauer AG
Die Autobauer AG ist als Kapitalgesellschaft mit Geschäftsleitung (§ 10 AO) und Sitz (§ 11 AO) im Inland (§ 1 Abs. 3 KStG) unbeschränkt körperschaftsteuerpflichtig (§ 1 Abs. 1 Nr. 1 KStG). Dabei wird die Rechtsform der AG, direkt im § 1 Abs. 1 Nr. 1 KStG genannt.

b) Wirtschaftsprüfungs-GmbH
Die Wirtschaftsprüfungs-GmbH ist als Kapitalgesellschaft mit Geschäftsleitung (§ 10 AO) und Sitz (§ 11 AO) im Inland (§ 1 Abs. 3 KStG) unbeschränkt körperschaftsteuerpflichtig (§ 1 Abs. 1 Nr. 1 KStG). Die Rechtsform der GmbH wird im § 1 Abs. 1 Nr. 1 KStG ausdrücklich genannt.

c) Dachdecker-Einkaufsgenossenschaft e.G.
Die Dachdecker-Einkaufsgenossenschaft e.G. ist als eingetragene Genossenschaft mit Geschäftsleitung (§ 10 AO) und Sitz (§ 11 AO) im Inland (§ 1 Abs. 3 KStG) unbeschränkt körperschaftsteuerpflichtig (§ 1 Abs. 1 Nr. 2 KStG). Dabei wird die Rechtsform der Genossenschaft, direkt im § 1 Abs. 1 Nr. 2 KStG genannt.

d) Stadtwerke Dresden
Bei der Stadt Dresden handelt es sich um eine juristische Person des öffentlichen Rechts. Diese unterliegt in ihrer Gesamtheit nicht der Besteuerung. Soweit die Stadt Dresden aber eine wirtschaftliche Betätigung aufnimmt, ist eine Körperschaftsteuerpflicht zu prüfen. Wird die Tätigkeit im Rahmen einer Kapitalgesellschaft durchgeführt, liegt eine Körperschaftsteuerpflicht nach § 1 Abs. 1 Nr. 1 KStG vor, da sich Geschäftsleitung (§ 10 AO) und Sitz (§ 11 AO) im Inland befinden. Wird nicht die Rechtsform einer Kapitalgesellschaft genutzt, sondern betreibt die juristische Person des öffentlichen Rechts die wirtschaftliche Tätigkeit selbst, so ist ein Betrieb gewerblicher Art nach § 1 Abs. 1 Nr. 6 KStG zu prüfen. Im vorliegenden Fall, ist ein solcher zu bejahen (§ 1 Abs. 1 Nr. 6 i.V.m. § 4 KStG).

e) Gas-Kraftwerk-KG
Bei der Gas-Kraftwerk-KG handelt es sich um eine Kommanditgesellschaft i.S.d. § 161 HGB. Somit liegt eine Personenhandelsgesellschaft vor, deren Gesellschafter gewerbliche Einkünfte i.S.d. § 2 Abs. 1 S. 1 Nr. 2 i.V.m. § 15 Abs. 1 S. 1 Nr. 2 EStG erzielen. Die KG selbst unterliegt weder nach § 1 Abs. 1 KStG, noch nach § 2 KStG der Besteuerung. Hinsichtlich der Gewerbesteuer und der Umsatzsteuer, gilt sie jedoch als Steuerschuldner (§ 5 Abs. 1 S. 3 GewStG, § 2 Abs. 1 UStG).

f) Sportverein Striesen e.V.

Der Sportverein Striesen e.V. ist als eingetragener Verein eine Körperschaft des privaten Rechts und als Steuersubjekt i.S.d. § 1 Abs. 1 Nr. 4 KStG unbeschränkt körperschaftsteuerpflichtig. Es handelt sich um einen Verein der ideelle Zwecke verfolgt (§ 21 BGB). Demnach ist eine Steuerbefreiung nach § 5 Abs. 1 Nr. 9 KStG zu prüfen. Darüber hinaus besteht eine sachliche Steuerbefreiung für die Mitgliedsbeiträge nach § 8 Abs. 5 KStG.

g) Internet-Provider KGaA

Bei der KGaA handelt es sich um eine der AG vergleichbare Rechtsform (§§ 278 ff. AktG). Dies gilt auch, wenn eine natürliche Person als Komplementär der Gesellschaft auftritt. Die KGaA ist als Kapitalgesellschaft im § 1 Abs. 1 Nr. 1 KStG genannt und demnach unbeschränkt körperschaftsteuerpflichtig. Der Gewinnanteil des Komplementärs ist den gewerblichen Einkünften i.S.d. § 15 Abs. 1 S. 1 Nr. 3 EStG zuzuordnen. Um in diesem Falle eine wirtschaftliche Doppelbesteuerung zu vermeiden, regelt insoweit § 9 Abs. 1 Nr. 1 KStG den Betriebsausgabenabzug im Hinblick auf den Gewinnanteil des Komplementärs bei der KGaA.

h) Klempnerei GmbH & Co. KG

Bei der Klempnerei GmbH & Co. KG handelt es sich um eine Kommanditgesellschaft i.S.d. § 161 HGB. Somit liegt eine Personengesellschaft vor, deren Gesellschafter gewerbliche Einkünfte i.S.d. § 2 Abs. 1 S. 1 Nr. 2 i.V.m. § 15 Abs. 1 S. 1 Nr. 2 EStG erzielen. Die KG selbst unterliegt weder nach § 1 Abs. 1 KStG, noch nach § 2 KStG der Besteuerung. Hinsichtlich der Gewerbe- und der Umsatzsteuer, gilt sie jedoch als Steuerschuldner (§ 5 Abs. 1 S. 3 GewStG, § 2 Abs. 1 UStG). Die als Komplementär auftretende GmbH unterliegt jedoch als Kapitalgesellschaft i.S.d. § 1 Abs. 1 Nr. 1 KStG der Körperschaftsteuer.

i) Gerechtigkeits-Partei

Es handelt sich um eine Partei i.S.d. § 2 PartG. Demnach besteht für diese Vereinigung von Bürgern eine Körperschaftsteuerpflicht nach § 1 Abs. 1 Nr. 5 KStG. Es ist allerdings die Steuerbefreiung nach § 5 Abs. 1 Nr. 7 KStG zu prüfen.

Fall 2: Ausländische Körperschaften

Die Build a Building Ltd. hat ihren Sitz in London und ihre Geschäftsleitung in München. Sie verwirklicht ausschließlich im Inland verschiedene Bauprojekte. Zum 01.01.2013 verlegt die Build a Building Ltd. ihren Sitz nach München. Dabei werden die deutschen Vorschriften zum Handels- und Gesellschaftsrecht beachtet.

Aufgabe: Beurteilen Sie die Körperschaftsteuerpflicht!

Lösung:

Für ausländische Gesellschaften ist zunächst die gesellschaftsrechtliche Struktur zu untersuchen. Dabei ist ein Vergleich mit den vorhandenen deutschen Gesellschaften zu ziehen (H 2 „Ausländische Gesellschaften, Typenvergleich" KStH).[1] Dabei ist auch § 3 Abs. 1 KStG zu beachten. Diese Vorschriften sieht eine Körperschaftsteuerpflicht vor, wenn eine Besteuerung nach den §§ 1, 2 KStG oder einem anderen Gesetz (insbesondere dem Einkommensteuergesetz) bei keiner Person erfolgt. Die Rechtsfähigkeit nach dem ausländischen Zivil- und Steuerrecht ist in diesen Fällen nachrangig.

Bis zur Verlegung des Sitzes nach München gilt die sogenannte Gründungstheorie. Demnach beurteilt sich bei einer Gesellschaft mit Sitz im Ausland, die Rechtsfähigkeit nach dem Recht des ausländischen Staates am Ort des Sitzes (§ 11 AO). Demnach handelt es sich um eine Kapitalgesellschaft, da die Ltd. mit einer deutschen GmbH vergleichbar ist. Die Körperschaftsteuerpflicht bestimmt sich damit nach § 1 Abs. 1 Nr. 1 KStG. Die Geschäftsleitung (§ 10 AO) befindet sich in München, also im Inland (§ 1 Abs. 3 KStG). Damit ist eine unbeschränkte Körperschaftsteuerpflicht nach § 1 Abs. 1 Nr. 1 KStG zu prüfen.

---

[1] Vgl. Tabelle 1 und 2 zum BMF Schreiben vom 24.12.1999, IV B 4 – S 1300 – 111/99, BStBl I 1999, 1076.

1.1 Unbeschränkte Körperschaftsteuerpflicht

Nach der Verlegung des Sitzes nach München (§ 11 AO) ist durch den vorzunehmenden Typenvergleich festzustellen, dass die Build a Building Ltd. eine einer deutschen Kapitalgesellschaft vergleichbare Struktur hat (H 2 „Ausländische Gesellschaften, Typenvergleich" KStH). Weiterhin hat die Gesellschaft durch die Eintragung in das inländische Handelsregister ihre Rechtsfähigkeit erlangt. Sie ist daher nach § 1 Abs. 1 Nr. 1 KStG unbeschränkt körperschaftsteuerpflichtig, da sich Geschäftsleitung (§ 10 AO) und Sitz (§ 11 AO) im Inland befinden und ein Rechtssubjekt i.S.d. § 1 Abs. 1 Nr. 1 KStG vorliegt.

Der inländischen Besteuerung unterliegen die Welteinkünfte (§ 1 Abs. 2 KStG). Etwaige Doppelbesteuerungsabkommen sind allerdings zu beachten.

Fall 3: Gründung einer Kapitalgesellschaft

Henry Morsch hat seit Jahren eine Anstellung in einer kleinen Tischlerei in Neustadt (Deutschland). Nachdem er erfolgreich seine Meisterprüfung bestanden hat, beschließt er künftig seine eigenen Wege zu gehen. Er kündigt seine Festanstellung zum 28.02.2013 und gründet sein eigenes Unternehmen. Um eventuelle Risiken für sein Privatvermögen zu minimieren, wählt er nach Rücksprache mit seinem Steuerberater, am 10.03.2013, die Rechtsform einer GmbH. Der Gesellschaftsvertrag wird am 20.04.2013 bei einem ortsansässigen Notar beurkundet. Neustadt ist nach dem Gesellschaftsvertrag auch der Sitz der Gesellschaft. Gleichzeitig wird Morsch zum alleinvertretungsberechtigten Geschäftsführer bestellt. Das Wirtschaftsjahr soll dem Kalenderjahr entsprechen. Die Eintragung der Gesellschaft in das Handelsregister erfolgt am 01.05.2013. Morsch hatte die Zeit zwischen seiner Kündigung und der Eintragung sinnvoll mit der Suche nach geeigneten Räumlichkeiten, dem Erwerb von notwendigen Maschinen und dem entsprechenden Rohmaterial verbracht. Dabei entstanden ihm die nachfolgenden Aufwendungen:

- 01.03.–20.04.2013   1.000 €
- 20.04.–30.04.2013   3.000 €

Erste Umsätze erzielt er im Mai 2013. Der Gewinn für den Zeitraum 01.05.–31.12.2013 beträgt 20.000 €.

Aufgabe: Beurteilen Sie die Steuerpflicht nach dem KStG, GewStG und UStG!

Lösung:

Bei der GmbH handelt es sich um eine Kapitalgesellschaft i.S.d. § 1 Abs. 1 Nr. 1 KStG, deren Sitz (§ 11 AO) im Inland (§ 1 Abs. 3 KStG) liegt. Demnach besteht eine unbeschränkte Körperschaftsteuerpflicht. Sämtliche in- und ausländischen Einkünfte unterliegen der Besteuerung (§ 1 Abs. 2 KStG). Fraglich ist hier, der Beginn der Steuerpflicht.

Ihre Rechtsfähigkeit erlangt die GmbH nach § 11 Abs. 1 GmbHG erst mit der Eintragung im Handelsregister (hier: 01.05.2013). Demnach besteht spätestens ab diesem Zeitpunkt eine unbeschränkte Körperschaftsteuerpflicht. Der Zeitraum zwischen notarieller Beurkundung des Gesellschaftsvertrages und der Eintragung in das Handelsregister (= Vorgesellschaft) wird ebenfalls bereits der Körperschaft zugerechnet. Demnach unterliegt auch dieser Zeitraum (20.04.–01.05.2013) der unbeschränkten Körperschaftsteuerpflicht. Voraussetzung für diese Zuordnung, ist die tatsächliche Eintragung der Gesellschaft in das Handelsregister (H 2 „Beginn der Steuerpflicht" KStH). Der Zeitraum bis zur notariellen Beurkundung (bis 20.04.2013) ist der späteren Kapitalgesellschaft nicht zuzurechnen. In diesem Zeitraum erfolgt eine Besteuerung bei den späteren Anteilseignern im Rahmen eines Einzel- oder Personenunternehmens (H 2 „Vorgründungsgesellschaft" KStH).

Die GmbH erzielt als Körperschaft nach § 1 Abs. 1 Nr. 1 KStG ausschließlich gewerbliche Einkünfte (§ 8 Abs. 2 KStG, R 32 Abs. 2 KStR). Die GmbH ist eine Handelsgesellschaft i.S.d. § 13 Abs. 3 GmbHG, auch Formkaufmann i.S.d. § 6 HGB und unterliegt daher der Buchführungspflicht (§ 238 Abs. 1 HGB). Sie ermittelt daher ihren Gewinn durch Betriebsvermögensvergleich (§ 5 Abs. 1 EStG i.V.m. § 140 AO). Der Ermittlungszeitraum ist dabei das Wirtschaftsjahr, welches dem Kalenderjahr entspricht (§ 7 Abs. 4 KStG). Im vorliegenden Fall entsteht durch die Gründung im Jahr 2013 allerdings ein Rumpfwirtschaftsjahr. Der Gewinn des Rumpfwirtschaftsjahres wird jedoch ebenfalls im Veranlagungszeitraum 2013 besteuert.

Der ermittelte Gewinn für den Zeitraum 01.05.–31.12.2013 ist um die Aufwendungen des Zeitraumes 20.04.–01.05.2013 zu vermindern. Der maßgebliche Gewinn beträgt daher 17.000 € (= 20.000 € ./. 3.000 €).

Für den Zeitraum bis zur notariellen Beurkundung ist das Vorliegen von gewerblichen Einkünften i.S.d. § 15 Abs. 1 S. 1 Nr. 1 EStG i.V.m. § 2 Abs. 1 S. 1 Nr. 2 EStG zu prüfen. Die entstandenen Aufwendungen i.H.v. 1.000 € dürfen daher nicht bei der GmbH abgezogen werden, sondern sind bei Morsch im Rahmen seiner Einkommensteuer zu berücksichtigen.

Die Gewerbesteuerpflicht beginnt für die GmbH grundsätzlich mit Eintritt der Rechtsfähigkeit (hier: 01.05.2013; § 2 Abs. 2 GewStG, R 2.5 Abs. 2 S. 1 GewStR). Der Zeitraum der Vorgesellschaft kann im vorliegenden Fall nicht der GmbH zugeordnet werden, da die GmbH in diesem Zeitraum ihre nach außen gerichtete gewerbliche Tätigkeit noch nicht aufgenommen hatte (R 2.5 Abs. 2 S. 3 GewStR).

Reine Vorbereitungshandlungen begründen die Gewerbesteuerpflicht noch nicht.

Die Eigenschaft als Unternehmer i.S.d. § 2 Abs. 1 UStG hat auch eine juristische Person, wenn sie eine gewerbliche Tätigkeit selbständig ausübt. Eine gewerbliche Betätigung liegt vor, wenn eine nachhaltige Tätigkeit zur Einnahmen vorliegt. Die Selbständigkeit liegt bei einer juristischen Person regelmäßig vor, es sei denn es handelt sich um eine Organgesellschaft i.S.d. § 2 Abs. 2 UStG. Im vorliegenden Fall werden auch nachhaltig Einnahmen erzielt. Demnach ist die GmbH ab dem Tag ihrer Rechtsfähigkeit (01.05.2013) als Unternehmer i.S.d. § 2 Abs. 1 UStG anzusehen. Ferner wird auch die Tätigkeit der Vorgesellschaft der späteren Kapitalgesellschaft zugerechnet, da eine Unternehmereigenschaft vorliegt und die Gesellschaft auch im Handelsregister eingetragen wird. Die Eigenschaft als Unternehmer i.S.d. § 2 Abs. 1 UStG beginnt somit ab dem 20.04.2013. Die bis zu diesem Zeitpunkt anfallenden Aufwendungen sind wiederum dem Morsch zuzurechnen. Beim ihm hat für den Zeitraum bis zum 19.04.2013 eine eigenständige Prüfung der Unternehmereigenschaft i.S.d. § 2 Abs. 1 UStG zu erfolgen.

> **Fall 4: Sitz und Geschäftsleitung**
> Die Feuerfrei-GmbH stellt Pyrotechnik für den professionellen Bereich sowie für die Heimanwendung her und vertreibt diese. Sie hat
> a) ihren Sitz und ihre Geschäftsleitung in Dresden,
> b) ihren Sitz in Prag und ihre Geschäftsleitung in Dresden,
> c) ihren Sitz in Dresden und ihre Geschäftsleitung in Prag,
> d) ihren Sitz und ihre Geschäftsleitung in Prag.
> **Aufgabe:** Beurteilen Sie die Körperschaftsteuerpflicht!

Lösung:
Bei der GmbH handelt es sich um eine Kapitalgesellschaft i.S.d. § 1 Abs. 1 Nr. 1 KStG und damit dem Grunde nach um ein Rechtsubjekt, welches unter der KStG fällt. Weitere Voraussetzung ist nach dem Gesetzestext allerdings, dass sich die Geschäftsleitung oder der Sitz der Gesellschaft im Inland befinden.

a) Die Geschäftsleitung (§ 10 AO) und der Sitz (§ 11 AO) der Gesellschaft befinden sich in Dresden (= Inland, § 1 Abs. 3 KStG). Demnach liegt eine unbeschränkte Körperschaftsteuerpflicht vor (§ 1 Abs. 1 Nr. 1 KStG). Dieser unterliegen alle in- und ausländischen Einkünfte (§ 1 Abs. 2 KStG).

b) Die Gesellschaft hat ihre Geschäftsleitung (§ 10 AO) in Dresden (= Inland). Der Sitz (§ 11 AO) der Gesellschaft ist hingegen Prag (= Ausland). Die Voraussetzungen der unbeschränkten Körperschaftsteuerpflicht sehen vor, dass nur ein Kriterium erfüllt sein muss. Demnach muss sich entweder die Geschäftsleitung **oder** der Sitz der Gesellschaft im Inland befinden. Aufgrund des Ortes der geschäftlichen Oberleitung im Inland (§ 1 Abs. 3 KStG), ist die GmbH unbeschränkt körperschaftsteuerpflichtig (§ 1 Abs. 1 Nr. 1 KStG). Es unterliegen alle in- und ausländischen Einkünfte der Besteuerung (§ 1

1.1 Unbeschränkte Körperschaftsteuerpflicht

Abs. 2 KStG). Allerdings sind eventuelle Beschränkungen durch Doppelbesteuerungsabkommen zu beachten.

c) Die Gesellschaft hat ihre Geschäftsleitung (§ 10 AO) in Prag (= Ausland). Der Sitz (§ 11 AO) der Gesellschaft ist hingegen Dresden (= Inland). Die Voraussetzungen der unbeschränkten Körperschaftsteuerpflicht sehen vor, dass nur ein Kriterium erfüllt sein muss. Demnach muss sich entweder die Geschäftsleitung **oder** der Sitz der Gesellschaft im Inland (§ 1 Abs. 3 KStG) befinden. Aufgrund des Sitzes im Inland, ist die GmbH unbeschränkt körperschaftsteuerpflichtig (§ 1 Abs. 1 Nr. 1 KStG). Es unterliegen alle in- und ausländischen Einkünfte der Besteuerung (§ 1 Abs. 2 KStG). Allerdings sind eventuelle Beschränkungen durch Doppelbesteuerungsabkommen zu beachten.

d) In diesem Fall befinden sich sowohl Sitz, wie auch Geschäftsleitung in Prag (= Ausland). Demnach liegt keine unbeschränkte Körperschaftsteuerpflicht vor (§ 1 Abs. 1 Nr. 1 KStG), da keine der beiden Voraussetzungen erfüllt ist. Im nächsten Schritt ist eine beschränkte Körperschaftsteuerpflicht nach § 2 KStG zu prüfen. Diese ist nur dann und nur insoweit gegeben, als im Inland (§ 1 Abs. 3 KStG) inländische Einkünfte nach § 49 Abs. 1 EStG erzielt werden. Hierbei ist die isolierende Betrachtungsweise zu beachten (§ 49 Abs. 2 EStG), d.h. im Ausland belegene Merkmale werden nicht berücksichtigt, wenn hierdurch die Qualifizierung inländischer Einkünfte ausgeschlossen wird. Darüber hinaus ist ein ggf. bestehendes Abkommen zur Vermeidung der Doppelbesteuerung zu berücksichtigen.

> **Fall 5: Geschäftsleitung**
> Die Build a Building Ltd. erbringt Bauleistungen in ganz Europa. Sie hat ihren Sitz in London.
> a) Der Geschäftsführer übt seine Tätigkeit in angemieteten Büroräumen in München aus.
> b) Der Geschäftsführer übt seine Tätigkeit in seinem Einfamilienhaus in München aus.
> c) Der Geschäftsführer übt seine Tätigkeit in angemieteten Büroräumen in London aus.
> d) Der Geschäftsführer übt seine Tätigkeit in angemieteten Büroräumen in London aus. Ferner weist er auch seinen Vertreter bezogen auf die wesentlichen Entscheidungen an. Die verbliebenen Fragen entscheidet der Vertreter selbständig, von seinem Büro in München.
> e) Die Gesellschaft hat zwei Geschäftsführer. Geschäftsführer A ist allein geschäftsführungs- und vertretungsbefugt. Er geht seiner Tätigkeit in München nach. Geschäftsführer B ist nur zur gemeinschaftlichen Geschäftsführung mit A befugt. Sein Büro befindet sich in London.
> **Aufgabe:** Beurteilen Sie die Körperschaftsteuerpflicht!

Lösung:
Bei der Build a Building Ltd. handelt es sich nach dem Rechtstypenvergleich[2] um eine Körperschaft i.S.d. § 1 Abs. 1 Nr. 1 KStG und damit dem Grunde nach um ein Rechtssubjekt, welches unter das KStG fällt. Weitere Voraussetzung ist nach dem Gesetzestext allerdings, dass sich die Geschäftsleitung bzw. der Sitz der Gesellschaft im Inland befindet. Der Sitz der Gesellschaft ist in London (= Ausland). Eine unbeschränkte Körperschaftsteuerpflicht kann nur noch durch einen inländischen Ort der Geschäftsleitung entstehen. Der Ort der Geschäftsleitung ist nach § 10 AO der Ort der geschäftlichen Oberleitung.

a) Der Ort der Geschäftsleitung (§ 10 AO) ist München (= Inland, § 1 Abs. 3 KStG), da sich hier die Büroräume des Geschäftsführers befinden. Ob diese angemietet sind oder im Eigentum stehen, ist dabei unbeachtlich. Demnach liegt eine unbeschränkte Körperschaftsteuerpflicht vor (§ 1 Abs. 1 Nr. 1 KStG). Dieser unterliegen alle in- und ausländischen Einkünfte (§ 1 Abs. 2 KStG). Doppelbesteuerungsabkommen sind zu beachten.

b) Das Einfamilienhaus des Geschäftsführers bildet den Ort der geschäftlichen Oberleitung (§ 10 AO) ab, da in diesen Räumlichkeiten die wesentlichen geschäftlichen Entscheidungen getroffen werden. Eigene Büroräume der Gesellschaft sind damit für die Annahme eines Ortes der Geschäftsleitung nicht zwingend notwendig. Demnach liegt eine unbeschränkte Körperschaftsteuerpflicht i.S.d. § 1

---
[2] Vgl. Tabelle 1 und 2 BMF vom 24.12.1999, IV B 4 – S1300-111/99, BStBl I 1999, 1076.

Abs. 1 Nr. 1 KStG vor, da sich der Ort der Geschäftsleitung im Inland (§ 1 Abs. 3 KStG) befindet. Dieser unterliegen alle in- und ausländischen Einkünfte (§ 1 Abs. 2 KStG). Doppelbesteuerungsabkommen sind zu beachten.

c) Der Ort der Geschäftsleitung ist London, da an diesem Ort die wesentlichen wirtschaftlichen Entscheidungen getroffen. Ob diese angemietet sind oder im Eigentum stehen, ist dabei unbeachtlich. Der Ort der Geschäftsleitung (§ 10 AO) ist damit im Ausland. Eine unbeschränkte Körperschaftsteuerpflicht (§ 1 Abs. 1 Nr. 1 KStG) ist zu verneinen, da sich weder Sitz noch Geschäftsleitung im Inland befinden. Im nächsten Schritt ist eine beschränkte Körperschaftsteuerpflicht nach § 2 Nr. 1 KStG zu prüfen. Diese ist nur dann und nur insoweit gegeben, als die Gesellschaft im Inland inländische Einkünfte nach § 49 Abs. 1 EStG erzielt. Ferner ist ein ggf. abgeschlossenes Abkommen zur Vermeidung der Doppelbesteuerung zu beachten, wenn eine inländische Steuerpflicht besteht.

d) Der Ort der Geschäftsleitung ist London, da an diesem Ort die wesentlichen wirtschaftlichen Entscheidungen getroffen. Es handelt sich um den Ort der geschäftlichen Oberleitung, da hier die zur Vertretung befugten Personen ihre unternehmerischen Entscheidungen treffen. Die Tätigkeit des Vertreters ist unbeachtlich. Der Ort der Geschäftsleitung (§ 10 AO) ist damit im Ausland. Eine unbeschränkte Körperschaftsteuerpflicht (§ 1 Abs. 1 Nr. 1 KStG) ist zu verneinen, da sich weder Sitz noch Geschäftsleitung im Inland befinden. Im nächsten Schritt ist eine beschränkte Körperschaftsteuerpflicht nach § 2 Nr. 1 KStG zu prüfen. Diese ist nur dann und nur insoweit gegeben, als die Gesellschaft im Inland inländische Einkünfte nach § 49 Abs. 1 EStG erzielt. Ferner ist ein ggf. abgeschlossenes Abkommen zur Vermeidung der Doppelbesteuerung zu beachten, wenn eine inländische Steuerpflicht besteht.

e) Bedient sich eine Körperschaft mehrerer Geschäftsführer an unterschiedlichen Orten, so ist auf die Tätigkeit des alleinvertretungsberechtigten Geschäftsführers abzustellen. Der Mittelpunkt der geschäftlichen Oberleitung ist damit der Tätigkeitsort des Geschäftsführers A. Geschäftsführer B kann Entscheidungen nur zusammen mit Geschäftsführer A treffen. Sein Tätigkeitsort ist daher unbeachtlich.

Der Ort der Geschäftsleitung ist damit München, da an diesem Ort die wesentlichen wirtschaftlichen Entscheidungen getroffen. Der Ort der Geschäftsleitung (§ 10 AO) ist damit im Inland (§ 1 Abs. 3 KStG). Es liegt eine unbeschränkte Körperschaftsteuerpflicht (§ 1 Abs. 1 Nr. 1 KStG) vor. Dieser unterliegen alle in- und ausländischen Einkünfte (§ 1 Abs. 2 KStG). Doppelbesteuerungsabkommen sind zu beachten.

Fall 6: Betriebe gewerblicher Art von juristischen Personen des öffentlichen Rechts
Die Stadt D erzielt Einnahmen aus den nachfolgenden Tätigkeiten:
a) Parkuhren in der erweiterten Innenstadt,
b) Verkauf von Strom und Wärme durch die Stadtwerke,
c) Gewinnausschüttung aus der Beteiligung an der Messe GmbH,
d) Gebühren für die Anmeldung, Ummeldung und die Ausgaben von Personaldokumenten,
e) Eintrittsgelder für das stadteigene Schwimmbad (Nutzung z.T. für die Öffentlichkeit gegen Entgelt und z.T. Nutzung für das Schulschwimmen),
f) Gebühren aus der Abfallentsorgung,
g) Einnahmen aus dem Betrieb des öffentlichen Nahverkehrs.
Aufgabe: Beurteilen Sie die Körperschaftsteuerpflicht!

Lösung:
Eine juristische Person des öffentlichen Rechts unterliegt in ihrer Gesamtheit nicht der unbeschränkten Körperschaftsteuerpflicht, da sie nicht zu den Rechtssubjekten gehört, die im § 1 Abs. 1 Nr. 1-5 KStG aufgezählt werden. Zu den juristischen Personen des öffentlichen Rechts gehören insbesondere die Gebietskörperschaften, aber auch Zweckverbände, Innungen oder Handwerkskammern. Übt die juri-

1.1 Unbeschränkte Körperschaftsteuerpflicht

stische Person eine wirtschaftliche Tätigkeit aus, ist eine unbeschränkte Körperschaftsteuerpflicht der jeweiligen Tätigkeit zu prüfen (§ 1 Abs. 1 Nr. 6 KStG). Dabei ist die Frage zu klären, ob es sich um einen Betrieb gewerblicher Art i.S.d. § 4 KStG handelt. Eine unbeschränkte Körperschaftsteuerpflicht ist grundsätzlich für jede einzelne wirtschaftliche Betätigung gesondert zu prüfen (R 6 Abs. 3 S. 1 KStR). Daraus folgt, dass z.B. eine Verrechnung eines Verlustes aus einem Betrieb gewerblicher Art mit einem Gewinn aus einem anderen Betrieb gewerblicher Art nicht zulässig ist. Die juristische Person ist demnach mit jedem einzelnen Betrieb gewerblicher Art steuerpflichtig. Allerdings werden verschiedenartige Tätigkeiten zusammengefasst, wenn sie nach der Verkehrsauffassung eine Einheit bilden (§ 4 Abs. 6 KStG, R 6 Abs. 3 S. 3 KStR). Daneben kann auch eine beschränkte Körperschaftsteuerpflicht nach § 2 Nr. 2 KStG denkbar sein, soweit steuerabzugspflichtige Einkünfte erzielt werden.

Ein Betrieb gewerblicher Art liegt vor, wenn es sich um eine nachhaltige wirtschaftliche Tätigkeit handelt, Einnahmen erzielt werden und sich die Tätigkeit aus der Gesamtbetätigung der juristischen Person des öffentlichen Rechts wirtschaftlich heraushebt (§ 4 Abs. 1 S. 1 KStG). Negativ muss die Tätigkeit gegenüber den Einkünften aus Land- und Forstwirtschaft abgegrenzt werden. Eine Gewinnerzielungsabsicht bzw. eine Beteiligung am allgemeinen wirtschaftlichen Verkehrs ist dagegen nicht notwendig (§ 4 Abs. 1 S. 2 sowie § 8 Abs. 1 S. 2 KStG).

Eine Einrichtung i.S.d. § 4 Abs. 1 S. 1 KStG liegt auch vor, wenn sich die Körperschaft des öffentlichen Rechts an einer Mitunternehmerschaft i.S.d. § 15 Abs. 1 S. 1 Nr. 2 EStG beteiligt (R 6 Abs. 2 S. 2 KStR). Die Beteiligung an einer Kapitalgesellschaft führt dagegen nicht zu einem Betrieb gewerblicher Art (R 6 Abs. 2 S. 6 KStR). Hier liegt im Regelfall eine Vermögensverwaltung vor. Demnach kann nur eine beschränkte Körperschaftsteuerpflicht in Betracht kommen (§ 2 Nr. 2 KStG). Eine Ausnahme ist hier aber im Bereich der Betriebsaufspaltung denkbar. Für die Annahme einer Einrichtung ist eine gewisse wirtschaftliche Selbständigkeit notwendig. Hier kann auf den erzielten Jahresumsatz i.S.d. § 1 Abs. 1 Nr. 1 UStG abgestellt werden. Überschreitet dieser die Grenze von 130.000 €, so liegt die wirtschaftliche Selbständigkeit im Regelfall vor (R 6 Abs. 4 S. 3 KStR).

Ferner muss die Betätigung nach dem Gesetzeswortlaut sich aus der Gesamtbetätigung der juristischen Person des öffentlichen Rechts herausheben. Hier kann ebenso auf den nachhaltig erzielten Jahresumsatz (§ 1 Abs. 1 Nr. 1 UStG) der Betätigung abgestellt werden. Überschreitet dieser den Betrag von 30.678 €, so ist anzunehmen, dass diese Voraussetzung erfüllt ist (R 6 Abs. 5 S. 1 KStR). Das Verhältnis zwischen den erzielten Einnahmen des Betriebs gewerblicher Art zu den Gesamteinnahmen der Körperschaft ist hingegen unbeachtlich (R 6 Abs. 5 S. 3 KStR). Wird die vorgenannte Grenze unterschritten, so kann trotzdem ein Betrieb gewerblicher Art vorliegen, wenn die Körperschaft sich beispielsweise in einer Konkurrenzsituation zu einem privaten Unternehmen befindet (R 6 Abs. 5 S. 4, 5 KStR). Hinsichtlich der Beurteilung der Nachhaltigkeit ist auf die Wiederholungsabsicht abzustellen. Daher kann auch eine einmalige Betätigung einen Betrieb gewerblicher Art auslösen, wenn die Absicht besteht, bei einer gleichen Ausgangssituation eine Wiederholung durchzuführen (vgl. auch H 15.2 „Wiederholungsabsicht" EStH).

Negativ abzugrenzen sind ferner die wirtschaftlichen Betätigungen, die in einer privatrechtlichen Form durchgeführt werden. Hier sind als Beispiel die Kapitalgesellschaften zu nennen. In diesen Fällen bestimmt sich die Körperschaftsteuerpflicht bereits nach § 1 Abs. 1 Nr. 1-4 KStG, R 6 Abs. 7 KStR. Die juristische Person des öffentlichen Rechts ist in diesen Fällen nur beschränkt steuerpflichtig nach § 2 Nr. 2 KStG.

a) Bei den Einnahmen aus dem Betrieb der Parkuhren handelt es sich nicht um einen Betrieb gewerblicher Art, da diese Betätigung als Ausübung öffentlicher Gewalt anzusehen ist, wenn der Betrieb im Rahmen der Straßenverkehrsordnung erfolgt (R 10 Abs. 4 KStR). Demgegenüber liegt ein Betrieb gewerblicher Art i.S.d. § 4 Abs. 1 KStG vor, wenn die Körperschaft des öffentlichen Rechts ein öffentliches Parkhaus oder eine öffentliche Tiefgarage selbst betreibt. Die entgeltliche Überlassung von

Stellplätzen an Bedienstete ist der Vermögensverwaltung zuzuordnen und führt daher ebenfalls nicht zu einem Betrieb gewerblicher Art.

b) Die Herstellung von Strom und Wärme und die Versorgung der Bevölkerung mit diesen Gütern ist als nachhaltige wirtschaftliche Betätigung, die sich aus Gesamtbetätigung heraushebt, anzusehen. Daher liegt ein Betrieb gewerblicher Art vor (§ 4 Abs. 1 und 3 KStG).

c) Die Beteiligung an der Messe GmbH stellt keinen Betrieb gewerblicher Art dar, da sich die Betätigung auf den Besitz der Beteiligung beschränkt (R 6 Abs. 2 S. 6 KStR). Hier liegt eine Vermögensverwaltung durch die juristische Person des öffentlichen Rechts vor. Bei der Ausschüttung handelt es sich grundsätzlich um Einkünfte aus Kapitalvermögen i.S.d. § 20 Abs. 1 Nr. 1 EStG. Diese unterliegen der Kapitalertragsteuer (§ 43 Abs. 1 S. 1 Nr. 1 EStG) mit einem Steuersatz von 25 % (§ 43a Abs. 1 S. 1 Nr. 1 EStG). Die Höhe der Kapitalertragsteuer reduziert sich jedoch auf drei Fünftel (§ 44a Abs. 8 S. 1 EStG). Es handelt sich somit um steuerabzugspflichtige Einkünfte. Die Stadt D ist daher insoweit beschränkt körperschaftsteuerpflichtig nach § 2 Nr. 2 KStG. Eine Veranlagung zur Körperschaftsteuer ist jedoch nicht vorzunehmen, da die Steuerpflicht mit dem Steuerabzug als abgegolten gilt (§ 32 Abs. 1 Nr. 2 KStG).

d) Bei der Tätigkeit im Einwohnermeldewesen einschl. der Ausgabe von Personaldokumenten handelt es sich um eine hoheitliche Tätigkeit. Demnach liegt kein Betrieb gewerblicher Art vor (§ 4 Abs. 5 KStG). Es besteht keine Körperschaftsteuerpflicht.

e) Bei dem Betrieb des Schwimmbades handelt es sich um eine selbständige nachhaltige wirtschaftliche Betätigung, die sich aus der Gesamtbetätigung der juristischen Person des öffentlichen Rechts heraushebt. Es handelt sich weder um Vermögensverwaltung, noch um eine Tätigkeit der Land- und Forstwirtschaft. Demnach liegt eine unbeschränkte Körperschaft im Rahmen eines Betriebes gewerblicher Art vor (§ 1 Abs. 1 Nr. 6 i.V.m. § 4 Abs. 1 KStG). Die Nutzung des Schwimmbades für Schulschwimmen stellt grundsätzliche eine hoheitliche Betätigung dar, da der Bildungsauftrag dem hoheitlichen Bereich zuzuordnen ist. Die gemeinsame Nutzung des Schwimmbades sowohl für wirtschaftliche, wie auch hoheitliche Zwecke, verhindert aber nicht die Einordnung als Betrieb gewerblicher Art (R 10 Abs. 5 KStR). Im Rahmen der Ermittlung des zu versteuernden Einkommens sind die dem hoheitlichen Bereich zuzuordnenden Aufwendungen auszuscheiden.

f) Der Bereich der Abfallentsorgung ist dem hoheitlichen Bereich zuzuordnen, da insoweit öffentlichen Aufgaben erfüllt werden. Demnach liegt kein Betrieb gewerblicher Art und damit keine unbeschränkte Körperschaftsteuerpflicht vor (§ 1 Abs. 1 Nr. 6 i.V.m. § 4 Abs. 1 und 3 KStG, R 10 Abs. 6 KStR).

g) Der Betrieb des öffentlichen Nahverkehrs stellt eine selbständige nachhaltige wirtschaftliche Betätigung der juristischen Person des öffentlichen Rechts dar (§ 4 Abs. 1 und 3 KStG, R 6 Abs. 4 und 5 KStR). Die Einnahmen unterliegen daher im Rahmen eines Betriebes gewerblicher Art der unbeschränkten Körperschaftsteuerpflicht (§ 1 Abs. 1 Nr. 6 KStG).

Eine Zusammenfassung der vorgenannten Betriebe gewerblicher Art ist nur im Rahmen der Voraussetzungen des § 4 Abs. 6 KStG möglich. Demnach muss es sich um gleichartige Betriebe handeln, die nach dem Gesamtbild der tatsächlichen Verhältnisse eine enge wechselseitige wirtschaftlich-technische Verflechtung haben. Dies gilt ebenfalls für Betriebe gewerblicher Art im Rahmen des § 4 Abs. 3 KStG (§ 4 Abs. 6 S. 1 Nr. 3 KStG). Eine Zusammenfassung mit hoheitlichen Tätigkeiten ist nicht möglich (§ 4 Abs. 6 S. 2 KStG). Demnach kann die Betätigung im Rahmen der Stadtwerke und des öffentlichen Nahverkehrs zusammengefasst werden. Für eine Zusammenfassung des Schwimmbades mit den Stadtwerken fehlen die Angaben zu einer eventuellen engen wechselseitigen technisch-wirtschaftlichen Verflechtung.

1.2 Beschränkte Körperschaftsteuerpflicht
1.2.1 Beschränkte Steuerpflicht (§ 2 Nr. 1 KStG)

> **Fall 1: Grundfall beschränkte steuerpflichtige Körperschaften (§ 2 Nr. 1 KStG)**
> Die Art Hotel Société à responsabilité limitée (entspricht einer deutschen GmbH) mit Sitz und Geschäftsleitung in Paris betreibt neben mehreren Hotels in Frankreich auch ein Fünfsternehotel in Leipzig. Neben dem Hotelgrundstück verfügt sie über ein weiteres kleines Gebäude am Rande der Stadt, welches sie an eine kleine private Kaffeerösterei für monatlich 1.000 € zuzüglich gesetzlicher Mehrwertsteuer vermietet.
> **Aufgabe:** Wer ist Steuersubjekt und mit welchen Einkünften ist diese Person im Inland steuerpflichtig? Auf das DBA Deutschland-Frankreich ist nicht einzugehen.

Lösung:
Die Beurteilung der selbständigen Rechtsfähigkeit einer Gesellschaft richtet sich nach den Grundsätzen des internationalen Privatrechts, d.h. nach dem Recht des jeweiligen Staates, in dem die Gesellschaft gegründet wurde.

Eine andere Frage ist jedoch, ob eine rechtsfähige oder nicht rechtsfähige ausländische Gesellschaft in Deutschland selbst der Körperschaftsteuer unterliegt, damit der Gesellschafter nur mit den Ausschüttungen der Körperschaft steuerpflichtig ist oder aber der Gesellschafter als Mitunternehmer unmittelbar die Gewinne zugerechnet bekommt und deshalb der Einkommensteuer/Körperschaftsteuer unterliegt. Diese Frage ist ausschließlich nach deutschem Steuerrecht zu klären. Im letzteren Falle werden die Sondervergütungen zunächst als Betriebsausgaben erfasst, anschließend jedoch als Sonderbetriebseinnahmen dem Gewinnanteil zugerechnet. Eine Übersicht hierzu ist dem BMF-Schreiben vom 24.12.1999, BStBl I 1999, 1076 (Betriebsstätten-Verwaltungsgrundsätze) in dem Anhang 1/Tabelle 1 und 2 beigefügt. Die Einordnung im Gründungsstaat nach dem ausländischen Zivilrecht bzw. Steuerrecht ist daher für die Besteuerung in Deutschland grundsätzlich nicht von Bedeutung. Die Qualifizierung erfolgt nach dem sogenannten Rechtstypenvergleich. In diesem Vergleich werden im Rahmen einer Gesamtbetrachtung die für die jeweilige ausländische Gesellschaft maßgeblichen Strukturen, welche sich aus den ausländischen Bestimmungen ergeben, und die getroffenen Vereinbarungen über die Organisation und die Struktur der Gesellschaft mit den wesentlichen Merkmalen einer deutschen Kapitalgesellschaft oder einer deutschen Personengesellschaft verglichen. Gesonderte Regelungen in den einzelnen Gesellschaftsverträgen werden hierbei in der Regel nicht berücksichtigt.

Nach dem Rechtstypenvergleich entspricht die s.a.r.l. einer deutschen GmbH und unterliegt damit grundsätzlich dem Körperschaftsteuerrecht.

Eine unbeschränkte Steuerpflicht besteht nicht, weil diese Gesellschaft in Deutschland über keinen Sitz (§ 11 AO) und keine Geschäftsleitung (§ 10 AO) verfügt. Sie ist nach § 2 Nr. 1 KStG beschränkt steuerpflichtig, wenn sie inländische Einkünfte nach § 8 Abs. 1 KStG i.V.m. § 49 Abs. 1 EStG erzielt. Im Rahmen der Qualifizierung sind die Besteuerungsmerkmale im Ausland außer Betracht zu lassen, bei deren Berücksichtigung inländische Einkünfte nicht anzunehmen sind (isolierende Betrachtungsweise, § 49 Abs. 2 EStG). § 8 Abs. 2 KStG kommt in diesen Fällen nicht zur Anwendung, weil keine unbeschränkte Steuerpflicht nach § 1 Abs. 1 Nr. 1 bis 3 KStG besteht. Im Ergebnis führt dies dazu, dass die inländischen Einkunftsquellen ausschließlich nach den im Inland belegenen Besteuerungsmerkmalen einzuordnen sind. Eine Körperschaft kann demnach grundsätzlich alle in § 2 Abs. 1 EStG aufgeführten Einkünfte erzielen, wenn dies aufgrund der Art der Einkünfte nicht ausgeschlossen ist (zum Beispiel § 19 EStG).

Mit dem in Leipzig betriebenen Hotel erzielt die s.a.r.l. gewerbliche Einkünfte nach den §§ 2 Abs. 1 Nr. 2 und 15 Abs. 1 Nr. 1 EStG. Diese sind nur dann inländische Einkünfte i.S.d. § 49 Abs. 1 Nr. 2 Buchstabe a EStG, wenn und soweit die s.a.r.l. für diese Tätigkeit im Inland über eine Betriebsstätte nach § 12 AO verfügt. Das Hotel stellt eine feste Geschäftseinrichtung dar. Die Verfügungsmacht über diese

Einrichtung hat ausschließlich die s.a.r.l. Eine kurzfristige Überlassung an die Kunden des Hotels ist hierfür unerheblich. Die feste Geschäftseinrichtung dient ferner dem Unternehmen, weil die s.a.r.l. mit dieser Einrichtung die unternehmerische Tätigkeit ausübt.

Davon getrennt zu beurteilen ist die Vermietungstätigkeit i.Z.m. der Kaffeerösterei. Ist dieses Gebäude, bspw. aufgrund der Verwaltung durch das Hotel in Leipzig, ebenfalls der Betriebsstätte zuzuordnen, so liegen gewerbliche Einkünfte nach § 49 Abs. 1 Nr. 2 Buchst. a EStG, wie oben dargestellt, vor. Kann eine Zuordnung zu einer im Inland belegenen Betriebsstätte nicht erfolgen, so erzielt die s.a.r.l. Einkünfte aus der Vermietung und Verpachtung von Grundbesitz im Inland nach § 2 Abs. 1 Nr. 6 i.V.m. § 21 Abs. 1 Nr. 1 EStG. Diese Einkünfte sind in § 49 Abs. 1 Nr. 6 EStG aufgeführt. Hierbei ist jedoch zu beachten, dass die Zuordnung zu den gewerblichen Einkünften Vorrang nach § 49 Abs. 1 Nr. 6 S. 1 EStG genießt. Daher erzielt die s.a.r.l. inländische gewerbliche Einkünfte nach § 49 Abs. 1 Nr. 2 Buchstabe f EStG. Dies ist möglich, weil die s.a.r.l. mit einer Kapitalgesellschaft oder sonstigen juristischen Person nach § 1 Abs. 1 Nr. 1 bis 3 KStG (hier einer deutschen GmbH) vergleichbar ist (§ 49 Abs. 1 Nr. 2 Buchstabe f S. 2 EStG).

Rechtsfolgen:
Die s.a.r.l. ist beschränkt steuerpflichtig mit den Einkünften aus dem Hotelbetrieb und der Vermietung und Verpachtung. Da beide Einkünfte dem gewerblichen Bereich zuzuordnen sind, sind die Einkünfte der Gewinn nach § 2 Abs. 2 Satz 1 Nr. 1 EStG. Die Gewinnermittlung kann durch Betriebsvermögensvergleich oder nach § 4 Abs. 3 EStG erfolgen. Hierbei ist jedoch zu beachten, dass eine im Ausland gegebene Buchführungspflicht oder eine freiwillig erstellte Bilanz gem. § 140 AO ebenfalls zu einer Bilanzierungspflicht im Inland führt.[3]

> **Fall 2: Einkünfte aus Land- und Forstwirtschaft § 49 Abs. 1 Nr. 1 EStG**
> Die Agra Evolution AG mit Sitz in Vaduz, Liechtenstein entwickelt neue Saatsorten, die weniger Wasser zum Gedeihen benötigen. Daneben besitzt sie mehrere Hektar Agrarland in der Magdeburger-Börde. Diese nutzt sie zur Herstellung und anschließenden Vermarktung verschiedenster alter Getreidesorten.
> **Aufgabe:** Beschreiben Sie die Art und den Umfang der Einkünfte. Nach welchen Grundsätzen sind die Einkünfte zu ermitteln?
> **Abwandlung:** Die Bewirtschaftung des Agrarlandes erfolgt durch die Gemeinde Schaan/Liechtenstein. Sie hatte die Flächen im Rahmen einer Erbschaft übernommen.

Lösung:
Die Agra Evolution AG verfügt im Inland weder über eine Geschäftsleitung (§ 10 AO) noch über einen Sitz (§ 11 AO). Sie ist daher nicht unbeschränkt steuerpflichtig nach § 1 Abs. 1 KStG. Sie wird aber beschränkt steuerpflichtig, wenn und nur insoweit als sie inländische Einkünfte bezieht.

Die Bewirtschaftung der landwirtschaftlichen Flächen in der Magdeburger-Börde stellt grundsätzlich Einkünfte aus einer Land- und Fortwirtschaft nach § 13 Abs. 1 Nr. 1 EStG dar. Diese wird im Inland (§ 1 Abs. 3 KStG) betrieben. Somit erzielt diese Körperschaft inländische Einkünfte nach § 49 Abs. 1 Nr. 1 EStG. Nur mit diesen inländischen Einkünften ist sie in Deutschland beschränkt steuerpflichtig nach § 2 Nr. 1 KStG. Alle im Ausland erzielten Einkünfte werden nicht berücksichtigt. § 8 Abs. 2 KStG ist nicht anzuwenden, da die Körperschaft nicht nach § 1 Abs. 1 Nr. 1 bis 3 KStG unbeschränkt steuerpflichtig ist.

Werden in Deutschland in diesem Zusammenhang bspw. Kapitaleinkünfte oder Einkünfte aus Vermietung und Verpachtung erzielt, so sind diese über die entsprechenden Subsidiaritätsklauseln ebenfalls im Rahmen der land- und forstwirtschaftlichen Einkünfte zu erfassen.

---

[3] Vgl. Tz. 3 BMF vom 16.05.2011, BStBl I 2011, 530; AEAO zu § 140 BMF vom 31.01.2013, BStBl I 2013, 118.

1.2 Beschränkte Körperschaftsteuerpflicht

Die Einkünfteermittlung erfolgt ausschließlich nach deutschem Steuerrecht. Demnach könnte die Körperschaft grundsätzlich den Gewinn nach § 13a EStG ermitteln[4]. Die Gewinnermittlung nach § 13a Abs. 1 Nr. 1 EStG kommt nur dann in Betracht, wenn keine gesetzliche Buchführungspflicht besteht. Hierbei ist m.E. zu beachten, dass nach § 140 AO auch ausländische Rechtsnormen eine Buchführungspflicht begründen können, weshalb letztlich der Gewinn wohl regelmäßig durch Betriebsvermögensvergleich ermittelt werden muss. Darüber hinaus besteht die Möglichkeit den Freibetrag nach § 13 EStG zu berücksichtigen, wenn die hierfür erforderlichen Voraussetzungen erfüllt sind.

Abwandlung:
Die Gemeinde Schaan ist eine ausländische juristische Person des öffentlichen Rechts. Sie verfügt ebenfalls nicht über eine Geschäftsleitung (§ 10 AO) oder einen Sitz (§ 11 AO) im Inland (§ 1 Abs. 3 KStG) und kann daher nicht unbeschränkt steuerpflichtig sein. Sie ist beschränkt steuerpflichtig, soweit sie inländische Einkünfte nach § 49 Abs. 1 EStG erzielt. Dies ist gegeben, weil die im Inland bezogenen Einkünfte Land- und Forstwirtschaftliche Einkünfte nach § 13 EStG darstellen und diese in § 49 Abs. 1 Nr. 1 EStG aufgeführt sind.

Die Gemeinde Schaan fällt jedoch nicht unter die Regelung des § 2 Nr. 2 KStG, weil hiervon nur die Körperschaften erfasst werden, die nicht unbeschränkt steuerpflichtig sind und nicht bereits unter die Regelung des § 2 Nr. 1 KStG fallen. Dies wird mit dem Zusatz „sonstige" ausgedrückt. Somit kann von dieser Regelung nur eine inländische juristische Person des öffentlichen Rechts erfasst werden.

Hinsichtlich der Gewinnermittlungsart verweise ich auf die Ausführungen zum Grundfall.

> **Fall 3: Zinseinkünfte § 49 Abs. 1 Nr. 5 Buchstabe c EStG**
> Die Geldsack AG mit Geschäftsleitung und Sitz in der Schweiz überlässt an ihren alleinigen Gesellschafter Gustav Glanz ein Darlehen in 2012 in Höhe von 1.000.000 € zur Finanzierung seiner Villa in Leipzig. Dieses Darlehen wurde mit einer Hypothek, welche im Grundbuch der Villa eingetragen wurde, abgesichert. Das Darlehen wurde mit 8 % verzinst. Den verbleibenden Betrag im Zusammenhang mit dem Erwerb der Villa in Höhe von 400.000 € finanzierte sie ebenfalls 2012 über einen Kontokorrentkredit. Da hier keine Sicherheiten eingeräumt wurden, betrug der Zinssatz 13 %. Tilgungen erfolgten bisher nicht. Die Zinsen für das Kalenderjahr 2013 wurden in 2013 vollständig beglichen.
> Die Geldsack AG refinanzierte sich über ein Darlehen der Europäischen Zentralbank im Umfang von 1,4 Mio. € zu einem Zinssatz in Höhe von 2 %.
> **Aufgabe:** In welchem Umfang erzielte die Geldsack AG im Inland steuerpflichtige Einkünfte im Veranlagungszeitraum 2013?
> Sollte ein DBA zur Anwendung kommen, so ist das OECD Musterabkommen (OECD MA) zur Lösung heranzuziehen.

Lösung:
Die Geldsack AG (G AG) entspricht nach dem Rechtstypenvergleich einer deutschen Aktiengesellschaft. Sie ist im Inland beschränkt körperschaftsteuerpflichtig nach § 2 Nr. 1 KStG, da sie im Inland (§ 1 Abs. 3 KStG) weder über eine Geschäftsleitung (§ 10 AO) noch über einen Sitz (§ 11 AO) verfügt, wenn sie inländische Einkünfte nach § 8 Abs. 1 KStG in Verbindung mit § 49 Abs. 1 KStG erzielt. Bei der Qualifizierung der inländischen Einkünfte ist die isolierende Betrachtungsweise (§ 49 Abs. 2 EStG) zu berücksichtigen. Danach bleiben im Ausland gegebene Besteuerungsmerkmale außer Betracht, soweit bei ihrer Berücksichtigung inländische Einkünfte im Sinne des § 49 Abs. 1 EStG nicht angenommen werden könnten.

---

[4] Vgl. R 32 Abs. 2 S. 1 KStR 2004, hierbei ist zu beachten, dass die Einschränkung auf eine Buchführungspflicht nach dem Handelsrecht auf die Regelung des § 8 Abs. 2 KStG bis zur Änderung durch das SEStEG zum 13.12.2006 anknüpft, die besagte, dass eine Körperschaft, die nach dem Handelsgesetzbuch buchführungspflichtig ist, nur gewerbliche Einkünfte erzielen kann.

Da § 8 Abs. 2 KStG mangels unbeschränkter Steuerpflicht nach § 1 Abs. 1 Nr. 1 bis 3 KStG nicht zur Anwendung kommt, kann die G AG grundsätzlich sämtliche Einkünfte erwirtschaften.

Die durch Gustav Glanz an die G AG entrichteten Zinsen stellen Kapitalerträge nach § 20 Abs. 1 Nr. 5 EStG (Hypothekenzinsen) und § 20 Abs. 1 Nr. 7 EStG (Zinsen für das Kontokorrentkonto) dar. Diese Zinsen stellen inländische Einkünfte nach § 49 Abs. 1 Nr. 5 Buchstabe c Doppelbuchstabe aa EStG dar, wenn und nur soweit die Kapitalforderung durch inländischen Grundbesitz, durch inländische Rechte, die den Vorschriften des bürgerlichen Rechts über Grundstücke unterliegen, oder durch Schiffe, die in ein inländisches Schiffsregister eingetragen sind, unmittelbar oder mittelbar gesichert ist. Die Zinserträge, die die G AG aus dem Hypothekendarlehen vereinnahmt, stellen demnach inländische Einkünfte nach § 49 Abs. 1 Nr. 5 Buchstabe c Doppelbuchstabe aa EStG dar. Die Zinsen für den Kontokorrentkredit erfüllen diese Voraussetzungen (unmittelbare bzw. mittelbare Absicherung durch Grundbesitz bzw. Grundbesitz gleiche Rechte usw.) nicht, sodass insoweit keine inländischen Einkünfte vorliegen. Diesbezüglich erübrigt sich deshalb die weitere steuerrechtliche Prüfung, weil keine steuerbaren Einkünfte vorliegen.

Die für das Hypothekendarlehen entrichteten Zinsen unterliegen in Deutschland nicht dem Kapitalertragsteuerabzug nach § 43 Abs. 1 EStG, weil Kapitalerträge nach § 20 Abs. 1 Nr. 5 EStG im § 43 EStG nicht aufgeführt sind.

Die G AG ist demnach verpflichtet, nach § 31 Abs. 1 KStG eine Steuererklärung einzureichen.

Da die G AG nun Kapitalerträge nach § 49 Abs. 1 Nr. 5 Buchstabe c Doppelbuchstabe aa EStG erzielt, sind diese nach § 2 Abs. 2 Satz 1 Nr. 2 EStG der Überschuss der Einnahmen (§ 8 EStG) über die Werbungskosten (§ 9 EStG). Die Verpflichtung nach Schweizer Recht zur Erstellung einer Bilanz ist unerheblich, da sämtliche Einkünfte ausschließlich nach deutschem Recht zu ermitteln sind.

Die Körperschaftsteuer wird nach § 7 Abs. 1 KStG auf der Grundlage des zu versteuernden Einkommens berechnet. Dieses ist nach § 7 Abs. 2 KStG das Einkommen gem. § 8 Abs. 1 KStG vermindert um eventuelle Freibeträge nach § 24 und § 25 KStG. In diesem Falle kommen diese Freibeträge jedoch nicht in Betracht, da die Voraussetzungen nicht erfüll sind.

Ermittlungszeitraum ist das Kalenderjahr nach § 7 Abs. 3 S. 2 KStG. § 7 Abs. 4 KStG kommt nicht zur Anwendung, da die G AG nicht nach dem Handelsgesetzbuch zur Buchführung verpflichtet ist. Weil die G AG grundsätzlich sämtliche Einkünfte erzielen kann, ist § 8 Abs. 10 KStG zu beachten. Danach sind die Einkünfte, die keinem Steuerabzug unterlegen haben, in die Veranlagung einzubeziehen, weil § 2 Abs. 5b EStG ausdrücklich ausgeschlossen wurde. Des Weiteren ist die Verlustausgleichs- und die Verlustabzugsbeschränkung (§ 20 Abs. 6 EStG) und die Beschränkung zum Werbungskostenabzug nach § 20 Abs. 9 EStG zu beachten, da diese beiden Absätze nur dann nicht zur Anwendung kommen sollen, wenn die Ausnahmen des § 32d Abs. 2 Nr. 1 S. 1 und Nr. 3 S. 1 EStG gelten. § 32d Abs. 2 Nr. 1 EStG kommt jedoch nicht zur Anwendung, weil Kapitalerträge nach § 20 Abs. 1 Nr. 5 EStG hiervon nicht erfasst werden.

Einnahmen: 1.000.000 € × 8 % =	80.000,00 €
Werbungskosten § 9 EStG	0,00 €
Sparer-Pauschbetrag § 20 Abs. 9 EStG	./. 801,00 €
Einkünfte aus Kapitalvermögen	79.199,00 €
Tarifliche Körperschaftsteuer § 23 KStG 15 %	11.879,85 €
Solidaritätszuschlag § 3 Abs. 1 Nr. 1, § 4 SolZG	**653,39 €**

1.2 Beschränkte Körperschaftsteuerpflicht

Besteuerungsrecht nach dem Abkommen zur Vermeidung einer Doppelbesteuerung
Mit der Schweiz wurde ein Abkommen zur Vermeidung einer Doppelbesteuerung abgeschlossen[5]. Dieses gilt für Deutschland und die Schweiz ohne Einschränkungen (räumlicher Geltungsbereich).

Es erfasst aus deutscher Sicht auch die Körperschaftsteuer, da insoweit die Steuer auf den Ertrag erhoben wird (Art. 2 Abs. 1 und 2 OECD MA, sachlicher Geltungsbereich).

Die G AG gilt als Person nach Art. 3 Abs. 1 Buchstabe a und b OECD MA, da sie als Gesellschaft wie eine juristische Person der Besteuerung unterliegt. Sie ist in der Schweiz ansässig, weil sie in der Schweiz aufgrund ihrer Geschäftsleitung (§ 10 AO) und ihres Sitzes (§ 11 AO) im Rahmen einer unbeschränkten Steuerpflicht besteuert wird (Art. 4 Abs. 1 OECD MA). Sie erfüllt damit die Voraussetzungen des Art. 1 OECD MA (persönlicher Geltungsbereich).

Die Bezüge im Sinne des § 20 Abs. 1 Nr. 5 EStG stellen Zinseinkünfte nach Art. 11 Abs. 3 OECD MA dar. Das Besteuerungsrecht wird grundsätzlich der Schweiz nach Art. 11 Abs. 1 OECD MA zugewiesen. Deutschland als Quellenstaat hat jedoch ein eingeschränktes Besteuerungsrecht in Höhe von 10 % der Bruttoeinnahmen nach Art. 11 Abs. 2 OECD MA. Übersteigt die deutsche Körperschaftsteuer (inklusive Solidaritätszuschlag) die nach dem DBA zulässigerweise zu erhebende Quellensteuer, so wird der übersteigende Betrag nicht erhoben, d.h. es wird gleich der nach dem DBA zu erhebende Steuerbetrag festgesetzt.

Quellensteuersatz nach dem DBA: 80.000 € × 10 % =	8.000,00 €
Steuer nach der obigen Berechnung inklusive Solidaritätszuschlag	12.533,24 €

Die deutsche Körperschaftsteuer wird, da sie die nach dem DBA zu erhebenden Betrag übersteigt, nur in Höhe von 8.000 € festgesetzt. Ein zusätzlicher Solidaritätszuschlag wird nicht erhoben, weil der Solidaritätszuschlag ebenfalls vom Ertrag erhoben wird und damit das gleiche Schicksal wie die Körperschaftsteuer teilt.

> **Hinweis!** § 50d EStG kommt in diesem Falle nicht zur Anwendung, weil ein Steuerabzug für diese Einkünfte, wie oben dargestellt, nicht vorgesehen ist. Der nach dem DBA für Deutschland bestehende Höchstbetrag (10 % der Bruttoeinnahmen) muss deshalb bei der Besteuerung der ausländischen Körperschaft bereits im Rahmen der Veranlagung berücksichtigt werden.

> **Fall 4: Einkünfte aus Kapitalvermögen/Dividende § 49 Abs. 1 Nr. 5 EStG**
> Die Fuentes S.p.A., Colico, Italien ist die alleinige Gesellschafterin der Touristik Service Leipzig GmbH beteiligt. Im Rahmen der Gesellschafterversammlung vom 01.04.2013 beschließt die Gesellschafterin den Jahresüberschuss des Wirtschaftsjahres 2012 in Höhe von 50.000 € auf neue Rechnung vorzutragen und den verbleibenden Betrag in Höhe von 80.000 € an die Gesellschafter auszuschütten.
>
> **Aufgaben:** Welche steuerlichen Folgen sind aufgrund des oben geschilderten Sachverhaltes zu ziehen? Gehen Sie davon aus, dass eine Steuerbelastung so weit wie möglich vermieden werden soll. Welche Möglichkeiten bestehen, eine ggf. bestehende Steuerpflicht im Voraus zu vermeiden?

Lösung:
Der Gesellschafterbeschluss wirkt sich auf das Einkommen der TSL GmbH nicht aus, weil er erfolgsneutral zu buchen ist. Davon unabhängig sind durch die TSL GmbH ggf. Steuern für die Gesellschafterin einzubehalten, wenn und soweit, als die Gesellschafterin mit dieser Dividende in Deutschland steuerpflichtig ist.

Die Fuentis S.p.A. ist eine Kapitalgesellschaft, die nach italienischem Recht gegründet wurde. Sie entspricht nach dem Rechtstypenvergleich einer AG in Deutschland. Sie verfügt in Deutschland weder

---

[5] Vgl. BMF vom 22.01.2014, IV B 2 – S 1301/07/10017-05, BStBl I 2014, 171, Stand 01.01.2014.

über einen Sitz (§ 11 AO) noch über eine Geschäftsleitung (§ 10 AO). Sie ist deshalb nicht unbeschränkt steuerpflichtig. Nach § 2 Nr. 1 KStG kann sie beschränkt steuerpflichtig sein, wenn sie inländische Einkünfte nach § 49 Abs. 1 EStG i.V.m. § 8 Abs. 1 KStG bezieht.

Die beschlossene Dividende ist ein Kapitalertrag nach § 20 Abs. 1 Nr. 1 S. 1 i.V.m. § 2 Abs. 1 Satz 1 Nr. 5 EStG. Diese Kapitalerträge stellen inländische Einkünfte nach § 49 Abs. 1 Nr. 5 Buchstabe a EStG dar. Somit ist die Fuentis S.A. beschränkt steuerpflichtig. Die Steuer wird bei diesen inländischen Einkünften nach § 31 Abs. 1 KStG i.V.m. § 43 Abs. 1 S. 1 Nr. 1 EStG durch einen Steuerabzug erhoben. Der Steuerabzug ist auch dann vorzunehmen, wenn diese Dividenden i.R.d. Einkommensermittlung nach § 8b KStG grundsätzlich von der Besteuerung auszunehmen wäre.

Die Kapitalertragsteuer entsteht in dem Zeitpunkt, in dem die Kapitalerträge dem Gläubiger (Fuentis S.A.) zufließen. Sie ist im Zeitpunkt der Zahlung durch den Schuldner des Kapitalertrags (TSL GmbH) für die Steuerpflichtige (§ 44 Abs. 1 S. 1 EStG) einzubehalten und an das für die TSL GmbH zuständiges Finanzamt bis zum 10. des folgenden Kalendermonats abzuführen. Dem Steuerabzug unterliegt der volle Kapitalertrag ohne jeden Abzug (§ 43a Abs. 2 S. 1 EStG). Er beträgt 25 % des Bruttoertrages (§ 43a Abs. 1 S. 1 Nr. 1 EStG) zuzüglich 5,5 % Solidaritätszuschlag gem. § 3 Abs. 1 Nr. 5 und § 4 SolZG.

Wurde der Steuerabzug an der Quelle (durch die TSL GmbH) zutreffend vorgenommen, tritt die Abgeltungswirkung nach § 32 Abs. 1 Nr. 2 KStG ein. Eine Veranlagung dieser Dividende erfolgt anschließend nicht, sodass § 8b KStG nicht zur Anwendung kommen kann. Gleiches gilt für den Solidaritätszuschlag nach § 1 Abs. 3 SolZG.

> **Hinweis!** Nach § 50d Abs. 1 S. 1 EStG ist der Steuerabzug auch dann vorzunehmen, wenn diese Dividenden nach § 43b EStG oder nach einem Abkommen zur Vermeidung der Doppelbesteuerung nicht oder nur nach einem niedrigeren Steuersatz besteuert werden können. Ein ggf. bestehender Anspruch kann im Rahmen eines Erstattungsverfahrens in Anspruch genommen werden. Die Schuldnerin der Vergütung kann sich nicht auf die Rechte der Steuerschuldnerin berufen (§ 50d Abs. 1 S. 13 EStG).

Erstattungsantrag 1. – § 44a Abs. 9 EStG

Gem. § 44a Abs. 9 EStG werden auf Antrag der Fuentes S.p.A. (§ 50d Abs. 1 S. 3 EStG) $^2/_5$ der Kapitalertragsteuer einschließlich des Solidaritätszuschlages erstattet, wenn im Übrigen die Voraussetzungen des § 50d Abs. 3 EStG erfüllt werden. Diese sind erfüllt, wenn die Bruttoerträge der Fuentes S.p.A. aus eigener Wirtschaftstätigkeit stammen, für die Zwischenschaltung der Fuentes S.p.A. wirtschaftliche oder sonst beachtliche Gründe vorliegen und sie einen für den Geschäftszweck angemessen eingerichteten Geschäftsbetrieb unterhält. Der Nachweis hat durch die Fuentes S.p.A. zu erfolgen.

> **Hinweis!** Diese Erstattung kann jede beschränkt steuerpflichtige Körperschaft beantragen, die die Voraussetzungen des § 50d Abs. 3 EStG erfüllt. Die Ansässigkeit der Gesellschaft ist hierfür nicht von Bedeutung, weil durch die Erstattung das Steuerniveau der beschränkt steuerpflichtigen Körperschaften an das Steuerniveau der unbeschränkt steuerpflichtigen Körperschaften angeglichen wurde und somit eine Ungleichbehandlung vermieden wird.

Erstattungsantrag 2. – § 50d EStG

Darüber hinaus ist die Anwendung der Mutter-/Tochterrichtlinien (RL Nr. 90/435/EWG) zu prüfen. Diese hat ihre Umsetzung im nationalen Recht in § 43b EStG gefunden. Sind die Voraussetzungen erfüllt, wird die verbleibende Kapitalertragsteuer im vollen Umfang erstattet.

Die Gesellschafterin (Fuentes S.p.A.) ist eine Körperschaft i.S.d. Richtlinie (§ 43b Abs. 2 S. 1 EStG, vgl. Nr. 1 Buchstabe a, Anlage zu § 43b EStG). Sie ist im Zeitpunkt der Entstehung der Kapitalertragsteuer ununterbrochen zwölf Monate lang zu mindestens 10 % an der deutschen Tochtergesellschaft (TSL GmbH, vgl. Nr. 1 Buchstabe f, Anlage zu § 43b EStG) beteiligt. Somit sind alle Voraussetzungen erfüllt. Die Kapitalertragsteuer wird deshalb auf Antrag im Zeitpunkt der Bekanntgabe des Freistellungsbe-

1.2 Beschränkte Körperschaftsteuerpflicht

scheides durch das Bundeszentralamt für Steuern an die Fuentes S.p.A. erstattet, wenn die Steuerpflichtige auch die Voraussetzungen des § 50d Abs. 3 EStG erfüllt (vgl. hierzu obige Ausführungen). Anschließend hat die Dividende in Deutschland keiner Besteuerung mehr unterlegen. Auf die Prüfung des mit Italien abgeschlossenen Abkommens zur Vermeidung der Doppelbesteuerung wurde deshalb verzichtet.

> **Hinweis!** Deutschland als Quellenstaat hätte nach Art. 10 Abs. 3 DBA Italien das Recht eine Quellensteuer in Höhe von 10 % der Bruttoerträge zu erheben. Dies ist wesentlich ungünstiger als die Regelung der Mutter-/Tochterrichtlinie.

Vermeidung eines Steuerabzugs durch die TSL GmbH
Von eine Quellensteuerabzug kann die TSL GmbH nur dann und nur insoweit Abstand nehmen, wenn ihr im Zeitpunkt der Zahlung der Dividende ein Freistellungsbescheid vorliegt (§ 50d Abs. 2 S. 1 und 5 EStG). Die Fuentes S.p.A. kann daher vor der Dividendenzahlung einen Antrag auf Freistellung gem. § 50d Abs. 2 S. 1 EStG stellen. Sind die Voraussetzungen wie in dem oben geschilderten Sachverhalt erfüllt, so kann nach dem Zugang des Freistellungsbescheides die TSL GmbH die Dividende ohne jeden Abzug an die Gesellschafterin ausschütten. Zu beachten ist hierbei, dass die Geltungsdauer des Freistellungsbescheides maximal 3 Jahre beträgt (ab dem Tag des Antragseingangs, § 50d Abs. 2 S. 4 EStG). Der Antrag ist deshalb aller drei Jahre erneut zu stellen.

> **Fall 5: Betriebsstätteneinkünfte – § 49 Abs. 1 Nr. 2 Buchstabe a EStG**
> Die Hleb s.r.o. hat ihre Geschäftsleitung und den Sitz in Prag auf den Wenzelsplatz. Gegenstand des Unternehmens ist die Herstellung und der Vertrieb von tschechischen Backwaren. Aufgrund der neu eingeführten EU-Förderung investiert sie im Kalenderjahr 2012 zur Ausweitung ihres Umsatzes in eine neue Filiale in Chemnitz, Brückenstraße 10, die sie auch in das Handelsregister eintragen lässt. Aufgrund der zentralen Lage der Filiale erwirtschaftet sie seit der Gründung einen Gewinn.
> Im Wirtschaftsjahr 2013 (entspricht Kalenderjahr 2013) gestaltet sich die Bilanz der Chemnitzer Niederlassung wie folgt:

Teilbilanz zum 31.12.2013 in T€				GuV für 2013 in T€		
AV	150	Kapital	121	Einnahmen Handel		650
UV	60	Bilanzgewinn	65	Zinsertrag Äthiopien, brutto		10
Bank, Chemnitz	10	Rückstellungen	40			
Bank, Äthiopien	20	Bankdarlehen	15	Ausgaben		
Kasse	1			Material	200	
	241		241	Löhne, SV	150	
				Instandhaltung	50	
				Sonst. BA	200	./. 600
				Äthiopische Quellensteuer		./. 2
						58

> Da die deutschen Mehlpreise im Verhältnis zu den äthiopischen Preisen saisonabhängig um bis zu 40 % höher sind, kauft die Hleb s.r.o. nur die für Deutschland benötigten Rohstoffe direkt in Äthiopien ein. Hierzu unterhält sie in Äthiopien ein Bankkonto. Für das Kalenderjahr 2013 wurden zum 31.12.2013 auf diesem Bankkonto nach Abzug der äthiopischen „incom tax" Zinserträge in Höhe von 8.000 € gutgeschrieben (zutreffend umgerechnet). Eine Steuerbescheinigung bzw. vergleichbare Unterlagen konnten nicht vorgelegt werden. Ein Ermäßigungsantrag kann in Äthiopien nicht gestellt werden.
>
> Die Instandhaltungsaufwendungen betreffen die Hauptniederlassung in Tschechien. Sie wurden der deutschen Niederlassung zugeordnet, weil die Leistungen durch einen Chemnitzer Handwerker erbracht wurden. Alle weiteren Aufwendungen und Erträge, sowie die Verwaltungskosten wurden bereits zutreffend dem Stammhaus oder der Zweigniederlassung zugeordnet.
>
> **Aufgabe:** Ermitteln Sie das zu versteuernde Einkommen für den Veranlagungszeitraum 2013 und die eventuell anzurechnenden Steuerbeträge bzw. die dem Steuerabzug unterliegenden Einkünfte. Soweit ein DBA anzuwenden wäre, ist das OECD Musterabkommen (OECD MA) zugrunde zu legen. Alle Anträge gelten als gestellt. Die in Äthiopien entrichtete Steuer soll der deutschen Körperschaftsteuer entsprechen.

Lösung:

Die Hleb s.r.o. entspricht nach dem Rechtstypenvergleich einer deutschen GmbH.[6] Sie verfügt im Inland (§ 1 Abs. 3 KStG) weder über eine Geschäftsleitung (§ 10 AO) noch über einen Sitz (§ 11 AO). Soweit sie jedoch inländische Einkünfte gem. § 8 Abs. 1 KStG i.V.m. § 49 Abs. 1 EStG bezieht, ist sie nach § 2 Nr. 1 KStG beschränkt körperschaftsteuerpflichtig.

Bei der Qualifizierung der inländischen Einkünfte ist die isolierende Betrachtungsweise (§ 49 Abs. 2 EStG) zu berücksichtigen. Danach bleiben im Ausland gegebene Besteuerungsmerkmale außer Betracht, soweit bei ihrer Berücksichtigung inländische Einkünfte im Sinne des § 49 Abs. 1 EStG nicht angenommen werden könnten. Da § 8 Abs. 2 KStG mangels unbeschränkter Steuerpflicht nach § 1 Abs. 1 Nr. 1 bis 3 KStG nicht zur Anwendung kommt, kann die Hleb s.r.o. grundsätzlich sämtliche Einkünfte erwirtschaften.

Im Kalenderjahr 2013 erzielt sie inländische gewerbliche Einkünfte gem. § 49 Abs. 1 Nr. 2a EStG, da die im Inland eingetragene Zweigniederlassung (§§ 13 ff. HGB) eine Betriebsstätte nach § 12 S. 1 und S. 2 Nr. 2 AO darstellt.

Die im Inland erzielten Einkünfte stellen gewerbliche Einkünfte nach §§ 2 Abs. 1 Satz 1 Nr. 2 i.V.m. 15 Abs. 1 EStG dar. Die Einkünfte sind der Gewinn nach § 2 Abs. 2 Satz 1 Nr. 1 EStG. Die Gewinnermittlung erfolgt gem. § 5 i.V.m. § 4 Abs. 1 EStG durch Betriebsvermögensvergleich, weil die Hleb s.r.o. eine Bilanz freiwillig erstellt bzw. nach tschechischem Recht zur Buchführung verpflichtet ist und die Verpflichtung gem. § 140 AO auch auf die deutsche Gewinnermittlung durchschlägt.

Ein Steuerabzug ist für diese Einkunftsart nicht vorgesehen, deshalb wird die Körperschaftsteuer im Rahmen der Veranlagung erhoben. Deshalb hat die Hleb s.r.o. nach Ablauf des Kalenderjahres eine Steuererklärung einzureichen (§ 31 Abs. 1 KStG). Ermittlungszeitraum ist nach § 7 Abs. 4 KStG das Wirtschaftsjahr, für das sie regelmäßig Abschlüsse erstellt, weil die Hleb s.r.o. ein Handelsgewerbe betreibt und gleichzeitig in ein deutsches Handelsregister eingetragen ist.

DBA Recht

Mit Tschechien wurde ein DBA abgeschlossen. Laut Aufgabenstellung soll das DBA Tschechien dem OECD MA entsprechen. Dieses gilt für Deutschland und Tschechien ohne Einschränkungen (räumlicher Geltungsbereich). Das DBA erfasst gem. Art. 2 Abs. 1 und 2 OECD MA die Steuern vom Ertrag. Aus deutscher Sicht fällt daher die Körperschaftsteuer einschließlich des Solidaritätszuschlags ebenfalls unter

---

[6] Vgl. Tabelle 1 BMF vom 24.12.1999, BStBl I 1999, 1076.

1.2 Beschränkte Körperschaftsteuerpflicht

den Anwendungsbereich des Abkommens (sachlicher Geltungsbereich). Das DBA gilt gem. Art. 1 OECD MA für Personen, die in einem oder in beiden Staaten ansässig sind. Die Hleb s.r.o. ist eine Gesellschaft, die wie eine juristische Person besteuert wird (Art. 3 Abs. 1 Buchstabe a und b OECD MA). Ferner ist sie gem. Art. 4 Abs. 1 OECD MA in Tschechien ansässig, da sie dort aufgrund ihrer Geschäftsleitung bzw. ihres Sitzes der unbeschränkten Steuerpflicht unterliegt. Sie genießt daher den Abkommensschutz (persönlicher Geltungsbereich). Tschechien ist demnach der Ansässigkeitsstaat und Deutschland der Quellenstaat.

Die Hleb s.r.o. erzielt Einkünfte gem. Art. 7 Abs. 1 OECD MA aus sonstiger selbständiger Tätigkeit (Art. 3 Abs. 1 Buchstabe c i.V.m. h OECD MA). Das Unternehmen wird zunächst in Prag betrieben (Art. 3 Abs. 1 Buchstabe d OECD MA). Tschechien hat daher gem. Art. 7 Abs. 1 S. 1 1. Halbsatz OEDC MA insoweit das Besteuerungsrecht, es sei denn, die unternehmerische Tätigkeit wird in Deutschland im Rahmen einer Betriebsstätte gem. Art. 5 OECD MA ausüben. Die in Chemnitz eingetragene Zweigniederlassung stellt eine Betriebsstätte gem. Art. 5 Abs. 1 sowie Abs. 2 Buchstabe b OECD MA dar, da die Tätigkeit des Unternehmens hierdurch teilweise ausgeübt wird.

Gem. Art. 7 Abs. 1 S. 1 2. Halbsatz OECD MA wird daher Deutschland das Besteuerungsrecht insoweit zugewiesen, als die Einkünfte im Rahmen der dt. Betriebsstätte erwirtschaftet wurden.

Da das Unternehmen in Tschechien und in Deutschland betrieben wird, sind die ausgeübten Funktionen, die eingesetzten Wirtschaftsgüter und das übernommene Risiko zuzuordnen (Art. 7 Abs. 2 OECD MA). Da durch die Hleb s.r.o. die Einnahmen und Ausgaben bereits entsprechend zugeordnet wurden, ist eine weitere Korrektur nur insoweit erforderlich, als in der deutschen Bilanz Aufwendungen für die Instandhaltung der betrieblichen Räume in Tschechien enthalten sind, da diese Kosten durch das tschechische Stammhaus verursacht wurden.

Die in der deutschen Bilanz enthaltenen Zinserträge aus Äthiopien sind, da sie auf ein Guthaben entfallen, welches tatsächlich (funktional notwendiges Betriebsvermögen) der Betriebsstätte in Deutschland zuzuordnen ist, auch auf DBA Ebene Deutschland zuzurechnen (Art. 21 Abs. 2 OECD MA). Eine Einschränkung des Besteuerungsrechtes erfolgt daher nicht.

Mit Äthiopien hat Deutschland kein DBA abgeschlossen. Das deutsche Besteuerungsrecht für die Zinserträge wird daher nicht eingeschränkt.

Die Ermittlung der Einkünfte erfolgt grundsätzlich nach dt. Recht gem. § 8 Abs. 1 KStG i.V.m. § 50 Abs. 1 EStG. Hierbei werden nur die Betriebsausgaben berücksichtigt, die in wirtschaftlichen Zusammenhang mit der deutschen Betriebsstätte stehen (§ 50 Abs. 1 S. 1 EStG). Die Instandhaltungsaufwendungen für die betrieblichen Räume in Tschechien sind daher in Deutschland nicht abzugsfähig. Sie können nur in Tschechien berücksichtigt werden (siehe auch Art. 7 Abs. 2 OECD MA).

Soweit Quellensteuern als Betriebsausgabe verbucht wurden, dürfen diese gem. § 10 Nr. 2 KStG das Einkommen nicht mindern. Die äthiopische Quellensteuer ist daher wieder hinzuzurechnen. Im Rahmen der Ermittlung der deutschen Körperschaftsteuer kann dann geprüft werden, ob eine Steueranrechnung gem. § 31 Abs. 1, § 26 KStG i.V.m. § 50 Abs. 3 EStG in Betracht kommt.

Soweit die Voraussetzungen des § 26 Abs. 1 und 6 KStG i.V.m. § 34c Abs. 1 EStG erfüllt werden, kann die in Äthiopien gezahlte Steuer grundsätzlich gem. § 50 Abs. 3 EStG auf die deutsche Körperschaftsteuer angerechnet werden, weil die Firma Hleb s.r.o. in Äthiopien nicht einer der deutschen unbeschränkten Steuerpflicht vergleichbaren Steuerpflicht unterliegt und diese Einkünfte einer deutschen Betriebsstätte zuzurechnen sind.

Die auf dem äthiopischen Bankkonto gutgeschriebenen Zinserträge stellen ausländische Einkünfte nach § 34d Nr. 6 i.V.m. § 20 Abs. 1 Nr. 7 EStG dar.

Die in Äthiopien gezahlte incom tax entspricht der deutschen Körperschaftsteuer.

Die Steuer wurde gezahlt und unterliegt laut Sachverhalt keiner Ermäßigung mehr. Ein Nachweis über diese Steuerzahlung kann jedoch nicht erbracht werden (§ 68a EStDV). Die gezahlte Körperschaftsteuer kann daher nicht angerechnet werden. Ferner kann ein Abzug nach § 34c Abs. 2 EStG nicht erfolgen, da auch in diesem Falle eine Steuerzahlung nachgewiesen werden muss.

Des Weiteren kann die gezahlte Steuer auch nicht nach § 26 Abs. 6 S. 1 KStG i.V.m. § 34c Abs. 3 EStG von Amtswegen als Betriebsausgabe abgezogen werden, da die Voraussetzungen (keine anrechenbare Steuer nach § 34c Abs. 1 EStG) hierfür ebenfalls nicht erfüllt sind, denn mit einem entsprechenden Nachweis wären die Steuerbeträge grundsätzlich anzurechnen.

Ermittlung der Einkünfte:

Jahresüberschuss gem. GuV	58.000,00 €
+ Instandhaltungsaufwendungen	50.000,00 €
+ Äthiopische incom tax	2.000,00 €
Gewerbliche Einkünfte	110.000,00 €
Körperschaftsteuer gem. § 23 KStG 15 % von 110.000 €	16.500,00 €
Solidaritätszuschlag gem. §§ 1, 3 Abs. 1 Nr. 1, 4 SolZG	**907,50 €**

Fall 6: Lizenzrechte – § 49 Abs. 1 Nr. 2 Buchstabe f und Nr. 6 EStG

Alfred Schlau betreibt ein kleines Einzelhandelsgeschäft mit Elektroartikeln in Leipzig. Um seinen Umsatz zu steigern, beschließt er 2013 sein Warensortiment auf elektronischen Handelsplattformen anzubieten. Nach anfänglichen Schwierigkeiten bemerkt er, dass ein wesentlich höherer Verkaufserlös erzielt werden kann, wenn er seine Produkte mit entsprechend aufgearbeiteten Aufnahmen präsentiert. Um diese aufwendigen Arbeiten zu vermeiden, kopiert er die notwendigen Aufnahmen vom Internetauftritt eines großen Elektronikkonzerns (A Corporation) mit Sitz und Geschäftsleitung in den USA. Daraufhin vervielfachen sich umgehend seine Umsätze.

Zum 01.09.2013 wird ihm dann ein Schreiben einer Berliner Anwaltskanzlei zugestellt, wonach die amerikanische Firma die Kanzlei mit der Durchsetzung des Anspruchs auf Unterlassung und Schadensersatz nach § 97 Abs. 1 S. 1 UrhG beauftragt hat. In dem nachfolgenden Schriftsatz wurde er aufgefordert, unverzüglich die Verwendung der Lichtbilder bzw. Fotos zu unterlassen. Darüber hinaus wurde er aufgefordert, eine Lizenzentschädigung in Höhe von 70.000 € zu entrichten. Sämtliche zusätzlichen Abgaben sind durch Alfred Schlau zu tragen. Die Entschädigung wurde auf der Grundlage der getätigten Veräußerungsgeschäfte berechnet und deckt somit die zurückliegende Nutzung ab. Da Alfred Schlau auch nach Abzug dieser Lizenzentschädigung ein erheblicher Gewinn verblieb, willigte er sofort ein und überwies den geforderten Betrag am 01.10.2013 auf ein Bankkonto der A Corporation in Liechtenstein.

Aufgabe: Wie ist der oben geschilderte Sachverhalt steuerlich aus Sicht der A Corporation zu würdigen? Wie bzw. wann wird die Steuer, so eine deutsche Steuerpflicht begründet wird, in Deutschland erhoben? Sollte ein DBA zu Anwendung kommen, ist die Lösung anhand des OECD Musterabkommens (OECD MA) zu erstellen.

Lösung:

Die A Corporation ist eine Kapitalgesellschaft, die nach amerikanischem Recht gegründet wurde. Sie entspricht nach dem Rechtstypenvergleich einer Aktiengesellschaft in Deutschland.[7]

Die A Corporation verfügt in Deutschland (Inland nach § 1 Abs. 3 KStG) weder über eine Geschäftsleitung (§ 10 AO) noch über einen Sitz (§ 11 AO). Sie ist demnach nur dann und nur insoweit beschränkt

---

[7] Vgl. Tabelle 1 BMF vom 24.12.1999, BStBl I 1999, 1076.

1.2 Beschränkte Körperschaftsteuerpflicht

körperschaftsteuerpflichtig nach § 2 Nr. 1 KStG, als diese Firma inländische Einkünfte nach § 8 Abs. 1 KStG i.V.m. § 49 Abs. 1 EStG erzielt.

Bei der Qualifizierung der inländischen Einkünfte ist die isolierende Betrachtungsweise (§ 49 Abs. 2 EStG) zu berücksichtigen. Danach bleiben im Ausland gegebene Besteuerungsmerkmale außer Betracht, soweit bei ihrer Berücksichtigung inländische Einkünfte im Sinne des § 49 Abs. 1 EStG nicht angenommen werden könnten. Da § 8 Abs. 2 KStG mangels unbeschränkter Steuerpflicht nach § 1 Abs. 1 Nr. 1 bis 3 KStG nicht zur Anwendung kommt, kann die A Corporation grundsätzlich sämtliche Einkünfte erwirtschaften.

Die A Corporation verfügt in Deutschland über keine Betriebsstätte nach § 12 AO und keinen ständigen Vertreter nach § 13 AO. Die erzielten Einnahmen stehen daher nicht im Zusammenhang mit den unter § 49 Abs. 1 Nr. 2 Buchstabe a EStG aufgeführten gewerblichen Einkünften.

Soweit Rechte zur Nutzung für einen abgegrenzten Zeitraum überlassen werden, erzielt die A Corp. zunächst Einkünfte nach § 21 Abs. 1 Nr. 3 EStG. Diese Einkünfte stellen grundsätzlich inländische Einkünfte nach § 49 Abs. 1 Nr. 6 EStG dar. Da die A Corp. mit einer deutschen Körperschaft nach § 1 Abs. 1 Nr. 1 KStG vergleichbar ist und diese nur gewerbliche Einkünfte erzielen kann, hat die Zuordnung dieser Einkünfte zu § 49 Abs. 1 Nr. 2 Buchstabe f EStG Vorrang vor der Zuordnung unter § 49 Abs. 1 Nr. 6 EStG (§ 49 Abs. 1 Nr. 2 Buchstabe f S. 2 i.V.m. Nr. 6 S. 1 EStG). Die A Corporation ist demnach beschränkt steuerpflichtig. Eine Gewerbesteuerpflicht entsteht hierdurch jedoch nicht, da es an einer im Inland belegenen Betriebsstätte fehlt (§ 2 Abs. 1 S. 1 GewStG).

Die Steuer für diese Einkünfte wird grundsätzlich im Wege des Steuerabzugs erhoben (§ 31 Abs. 1 KStG i.V.m. § 50a Abs. 1 Nr. 3 EStG), da hier eine Lizenzzahlung durch Alfred Schlau getätigt wurde und dieses Entgelt für eine zeitlich begrenzte Überlassung von Urheberrechten (§ 73a Abs. 2 EStDV) entrichtet wurde.

Die Steuer ist im Zeitpunkt der Zahlung (§ 73c EStDV) durch den Schuldner der Vergütung (Alfred Schlau) für die Steuerpflichtige (A Corp. § 50a Abs. 5 S. 2 EStG) einzubehalten und an das Bundeszentralamt für Steuern bis zum 10.01.2014 abzuführen. Die einbehaltene und abgeführte Steuer ist anschließend auf Verlangen der A Corp. mittels einer Steuerbescheinigung durch Alfred Schlau zu bescheinigen.

Dem Steuerabzug unterliegen die Bruttoeinnahmen ohne jeden Abzug (§ 50a Abs. 2 S. 1 EStG). Er beträgt grundsätzlich 15 % des Bruttoertrages (§ 50a Abs. 2 S. 1 EStG) zuzüglich 5,5 % Solidaritätszuschlag gem. §§ 3 Abs. 1 Nr. 6 i.V.m. 4 SolZG. Ein Abzug von unmittelbaren Betriebsausgaben nach § 50a Abs. 3 EStG kommt nicht in Betracht, da dies lediglich für Einkünfte nach § 50a Abs. 1 Nr. 1, 2 und 4 EStG vorgesehen ist. Gleiches gilt für einen Antrag auf Veranlagung nach § 32 Abs. 2 Nr. 2 KStG i.V.m. § 50 Abs. 2 S. 2 Nr. 5 EStG.

Da die Vertragsparteien jedoch eine Nettovergütung vereinbart haben, ist von einer Steuerübernahme auszugehen. In diesem Falle sind dann die in H 50a.2 „Übersicht" EStH ausgewiesenen Steuersätze anzuwenden.

Entgelt	70.000,00 €
Steuerabzug § 50a EStG 17,82 % von 70.000 € =	12.474,00 €
Solidaritätszuschlag 0,98 % von 70.000 €	**686,00 €**

Wurde der Steuerabzug an der Quelle (durch Alfred Schlau) zutreffend vorgenommen, tritt die Abgeltungswirkung nach § 32 Abs. 1 Nr. 2 KStG ein. Eine Veranlagung dieser Einkünfte erfolgt anschließend nicht.

DBA-Recht

Mit den USA wurde ein DBA abgeschlossen.[8] Laut Aufgabenstellung soll das DBA Deutschland/USA dem OECD MA entsprechen. Dieses gilt für Deutschland ohne Einschränkungen. Auf amerikanischer Seite gilt es lediglich für den Bundesstaat USA (Geografisch, jedoch ohne: Puerto Rico, Virgin Islands, Guam und andere Besitzungen und Territorien der USA – dies ergibt sich nur aus dem mit den USA abgeschlossenen DBA, nicht aus dem OECD MA). Das DBA erfasst gem. Art. 2 Abs. 1 und 2 OECD MA die Steuern vom Ertrag. Aus deutscher Sicht fallen daher die Körperschaftsteuer und der Solidaritätszuschlag unter den Anwendungsbereich des Abkommens. Das DBA gilt gem. Art. 1 OECD MA für Personen, die in einem oder in beiden Staaten ansässig sind. Die A Corporation ist eine Gesellschaft, die wie eine juristische Person besteuert wird (Art. 3 Abs. 1 Buchstabe a und b OECD MA). Ferner ist sie gem. Art. 4 Abs. 1 OECD MA in den USA ansässig, da sie aufgrund ihrer Geschäftsleitung bzw. ihres Sitzes der unbeschränkten Steuerpflicht unterliegt. Sie genießt daher den Abkommensschutz. Die USA sind demnach der Ansässigkeitsstaat und Deutschland der Quellenstaat.

Die A Corporation erzielt Einkünfte gem. Art. 7 Abs. 1 OECD MA aus sonstiger selbständiger Tätigkeit (Art. 3 Abs. 1 Buchstabe c i.V.m. h OECD MA). Nach Art. 7 Abs. 4 OECD MA genießen besondere Regelungen jedoch einen Vorrang vor dem Art. 7 OECD MA.

Das durch Alfred Schlau entrichtete Entgelt stellt nach Art. 12 Abs. 2 OECD MA eine Lizenzzahlung dar. Art. 12 Abs. 3 OECD MA (Betriebsstättenvorbehalt) ist nicht anzuwenden, weil das Lizenzrecht kein funktional notwendiges Betriebsvermögen einer in Deutschland belegenen Betriebsstätte nach Art. 5 OECD MA darstellt. Das Besteuerungsrecht für diese Lizenzeinkünfte wird deshalb ausschließlich nach Art. 12 OECD MA zugeordnet. Die USA haben, da die A Corporation in den USA ansässig, ist gem. Art. 12 Abs. 1 OEDC MA das alleinige Besteuerungsrecht. Deutschland als Quellenstaat hat kein Besteuerungsrecht.

Die durch Deutschland erhobene Steuer wird daher auf Antrag nach § 50d Abs. 1 S. 2 EStG im vollen Umfang erstatten. Die Erstattung erfolgt auf der Grundlage eines Freistellungsbescheides (§ 50d Abs. 2 S. 1 EStG). Mit Bekanntgabe dieses Bescheides werden durch das Bundeszentralamt für Steuern die zu viel einbehaltenen Steuern erstattet. Der Freistellungsbescheid wird jedoch nur dann erteilt, wenn die A Corporation die Voraussetzungen des § 50d Abs. 3 EStG erfüllt, z.B. über einen eingerichteten wirtschaftlichen Geschäftsbetrieb verfügt.

1.2.2 Beschränkte Steuerpflicht (§ 2 Nr. 2 KStG)

> **Fall 1: Inländische Einkünfte mit Steuerabzug – § 2 Nr. 2 1. Halbsatz KStG**
> Die Stadt L. ist mit 15 % an der Citytunnel GmbH zu Leipzig beteiligt. Aufgrund der guten wirtschaftlichen Lage beschließt die GmbH im Jahr 2013 für das Jahr 2012 eine offene Gewinnausschüttung. Der auf die Stadt L. entfallende Anteil beträgt 10.000 €. Die Zahlung erfolgte am 01.04.2013.
> **Aufgabe:** Ermitteln Sie den Besteuerungsumfang der Stadt L!

Lösung:
Die Stadt L. ist eine juristische Person des öffentlichen Rechts (R 6 Abs. 1 KStR) und deshalb grundsätzlich nur dann und nur insoweit steuerpflichtig, als die wirtschaftliche Betätigung einen Betrieb gewerblicher Art darstellt. Die Beteiligung an einer GmbH erfüllt diese Voraussetzungen regelmäßig nicht (§ 1 Abs. 1 Nr. 6 KStG i.V.m. § 4 KStG; R 6 Abs. 7 KStR). Vielmehr handelt es sich hierbei um eine reine Vermögensverwaltung. Zur Vermeidung von Wettbewerbsverzerrungen regelt deshalb § 2 Nr. 2 1. Halbsatz KStG, dass sonstige Körperschaften, Personenvereinigungen und Vermögensmassen, die nicht unbeschränkt körperschaftsteuerpflichtig sind, insoweit beschränkt steuerpflichtig sind, als sie inländische Einkünfte erzielen, die einem Steuerabzug unterliegen.

---

[8] Vgl. BMF vom 22.01.2014, IV B 2 – S 1301/07/10017-05, BStBl I 2014, 171, Stand 01.01.2014.

1.2 Beschränkte Körperschaftsteuerpflicht

Der Begriff der inländischen Einkünfte ist hierbei anhand des EStG auszulegen und geht über den Umfang der in § 49 EStG geregelten inländischen Einkünfte weit hinaus. Es erfasst alle Einkünfte, die im Inland erzielt werden und für die das deutsche Ertragsteuerrecht einen Steuerabzug an der Quelle vorsieht. Die Dividende wird von einer in Deutschland ansässigen Körperschaft entrichtet. Es liegen Einkünfte nach § 2 Abs. 1 Satz 1 Nr. 5 i.V.m. § 20 Abs. 1 Nr. 1 EStG vor. Diese unterliegt nach § 43 Abs. 1 S. 1 Nr. 1 EStG dem Steuerabzug. Dies gilt auch dann, wenn diese Einkünfte gem. § 8b KStG von der Besteuerung auszunehmen wären (§ 43 Abs. 1 S. 3 EStG).

Der Kapitalertragsteuerabzug beträgt nach § 43a Abs. 1 S. 1 Nr. 1 i.V.m. § 44a Abs. 8 S. 1 Nr. 2 EStG 15 % (25 % × $^3/_5$). Darüber hinaus ist ein Solidaritätszuschlag in Höhe von 5,5 % einzubehalten (§ 1 Abs. 1 und 3 i.V.m. § 3 Abs. 1 Nr. 5 SolZG).

Dem Steuerabzug unterliegen die Bruttoerträge, d.h. Werbungskosten bzw. Betriebsausgaben sind nicht abzugsfähig (§ 43a Abs. 2 S. 1 EStG). Wurden durch die Stadt L. in Zusammenhang mit der Verwaltung der Beteiligung Betriebsausgaben getragen, so könne diese steuerlich nicht berücksichtigt werden (§ 8 Abs. 6 KStG).

Die Kapitalertragsteuer entsteht in dem Zeitpunkt, in dem die Kapitalerträge dem Gläubiger zufließen (§ 44 Abs. 1 S. 2 EStG). Sie ist im Zeitpunkt der Zahlung durch den Schuldner der Kapitalerträge (die Citytunnel GmbH) für den Steuerschuldner (Stadt L.) einzubehalten und an das für die Citytunnel GmbH zuständige Finanzamt abzuführen. Wurde der Steuerabzug zutreffend durchgeführt, tritt anschließend die Abgeltungswirkung des § 32 Abs. 1 Nr. 2 KStG ein, d.h. diese Einkünfte werden nicht mehr veranlagt. Eine Anrechnung der einbehaltenen Steuern kann nicht erfolgen.

Berechnung:	
10.000 € × 15 % =	1.500,00 €
davon 5,5 % SolZ =	82,50 €
Auszahlungsbetrag	**8.417,50 €**

Fall 2: Wertpapierleihe – § 2 Nr. 2 2. Halbsatz KStG
Die Stadt L. ist mit 15 % an der Citytunnel GmbH zu Leipzig beteiligt. Zum 01.10.2012 schließt sie mit einem weiteren Gesellschafter der Citytunnel GmbH einen Sachdarlehensvertrag. Nach Ablauf der Vertragszeit von 12 Monaten ist der Darlehensnehmer verpflichtet, die Beteiligung an der Citytunnel GmbH wieder zurückzugeben. Als Entgelt für die zeitweise Überlassung der Beteiligung verpflichtet sich der Darlehensnehmer zur Zahlung eines Betrages i.H.v. 12.000 € für die entgangene jährliche Dividende einschließlich einer Verwaltungskostenpauschale. Zwischen den Vertragsparteien bestehen keine wirtschaftlichen oder gesellschaftsrechtlichen Beziehungen. Das Entgelt wurde am 01.07.2013 entrichtet.
Aufgabe: Ermitteln Sie den Besteuerungsumfang der Stadt L! Wie wird die Steuer erhoben?

Lösung:
Die Stadt L. stellt eine juristische Person des öffentlichen Rechts dar. Sie ist nur insoweit steuerpflichtig, als sie Einkünfte i.S.d. § 1 Abs. 1 Nr. 6 bzw. § 2 Nr. 2 KStG erzielt. Die Überlassung eines Vermögensgegenstandes (hier die Anteile an der Citytunnel GmbH) zur Nutzung an einen fremden Dritten stellt keinen Betrieb gewerblicher Art nach § 1 Abs. 1 Nr. 6 i.V.m. § 4 KStG dar. Es handelt sich grundsätzlich um eine Vermögensverwaltung. Diese Einkünfte sind i.R.d. beschränkten Steuerpflicht nach § 2 Nr. 2 KStG nur insoweit steuerpflichtig, als hierfür ein Steuerabzug vorgesehen ist.

Das Entgelt für die Überlassung der Anteile stellt keine Dividende i.S.d. § 20 Abs. 1 Nr. 1 S. 1 EStG dar. Ein Steuerabzug kommt daher nach § 43 EStG nicht in Betracht. Mit einer entsprechenden Gestaltung könnte daher die Besteuerung derartiger Einkünfte vermieden werden.

Zur Vermeidung derartiger Steuergestaltungen (i.Z.m. der Wertpapierleihe) bestimmt deshalb § 2 Nr. 2 2. Halbsatz KStG[9], dass inländische Einkünfte auch dann vorliegen, wenn eine juristische Person des öffentlichen Rechts Entgelte für die Überlassung von Anteilen an einer Kapitalgesellschaft mit Sitz oder Geschäftsleitung im Inland vereinnahmt, wenn der Entleiher diese oder gleichartige Anteile nach Ablauf der Vertragszeit zurückzugeben hat. Diese Voraussetzungen sind in diesem Falle erfüllt.

Das Entgelt für die Überlassung der Wertpapiere im Sinne des § 2 Nr. 2 2. Halbsatz KStG unterliegt nach § 32 Abs. 3 KStG ebenfalls dem Steuerabzug. Der Steuerabzug beträgt 15 % des Entgeltes und ist im Zeitpunkt der Zahlung nach § 44 Abs. 1 S. 3 EStG durch den Entleiher für den Verleiher (Steuerschuldner) vorzunehmen. Wurde der Steuerabzug zutreffend vorgenommen, gilt nach § 32 Abs. 1 Nr. 2 KStG die Besteuerung als abgegolten. Eine Veranlagung dieser Einkünfte erfolgt daher ebenfalls nicht mehr.

Berechnung:	
12.000 € × 15 % =	1.800,00 €
davon 5,5 % SolZ =	99,00 €
Auszahlungsbetrag	**10.101,00 €**

Hinweis! Die in Zusammenhang mit der Wertpapierleihe entrichteten Entgelte dürfen sich nach § 8b Abs. 10 KStG nicht auf das Einkommen des Entleihers auswirken. Diese Rechtsfolgen treten in dem oben genannten Fall jedoch nicht ein, weil das Entgelt aufgrund der gesonderten Regelung zum Steuerabzug abschließend besteuert wurde (§ 8b Abs. 10 S. 8 KStG) und somit das gleiche steuerliche Ergebnis hergestellt wurde, welches ohne eine Wertpapierleihe entstehen würde.

---

[9] Eingeführt durch das Unternehmensteuerreformgesetz 2008 vom 14.08.2007. Erstmals anzuwenden auf Entgelte, die nach dem 17.08.2007 zufließen.

2. Steuerbefreiungen

> **Fall 1: Rechtssubjekte**
> Bei den nachfolgenden Körperschaften und Personenvereinigungen handelt es sich um Steuersubjekte i.S.d. § 1 KStG:
> a) Mieterverein Dresden,
> b) Hauseigentümerverein Leipzig,
> c) Wohnungsgenossenschaft Aufbau Schwarzenberg,
> d) Ballsportverein Ludwigsfelde,
> e) Winzergenossenschaft Radebeul.
> **Aufgabe:** Prüfen Sie eine mögliche Steuerbefreiung (ganz oder teilweise) für die o.g. Steuersubjekte.

Lösung:
Die o.g. Steuersubjekte sind alle nach § 1 KStG unbeschränkt körperschaftsteuerpflichtig, da sich der jeweilige Sitz (§ 11 AO) bzw. die Geschäftsleitung (§ 10 AO) im Inland befinden. Im nächsten Schritt ist zu prüfen, ob eine Steuerbefreiung nach § 5 KStG vorliegt. Dabei ist zwischen persönlichen Steuerbefreiungen und sachlichen Steuerbefreiungen zu unterscheiden.

Bei einer persönlichen Steuerbefreiung, z.B. bei der Deutschen Bundesbank (§ 5 Abs. 1 Nr. 2 KStG), werden sämtliche Einkünfte von der Besteuerung ausgenommen. Eine Ausnahme ergibt sich nur bei Einnahmen i.S.d. § 5 Abs. 2 KStG.

Handelt es sich demgegenüber um eine sachliche Steuerbefreiung, werden bei einem Steuersubjekt lediglich bestimmte Arten von Einkünften nicht besteuert. Sind die hierfür notwendigen Voraussetzungen nicht erfüllt, werden die Einkünfte jedoch einer Besteuerung unterworfen. Beispielhaft sei hier der wirtschaftliche Geschäftsbetrieb bei einem gemeinnützigen Verein genannt (§ 5 Abs. 1 Nr. 9 KStG).

a) Mieterverein Dresden
Hier könnte zunächst die Vorschrift des § 5 Abs. 1 Nr. 5 KStG geprüft werden. Allerdings handelt es sich bei einem Mieterverein nicht um einen Berufsverband (H 16 „Abgrenzung" KStH). Damit scheidet diese Steuerbefreiung aus. Alternativ könnte noch eine Steuerbefreiung nach § 5 Abs. 1 Nr. 9 KStG zur Anwendung kommen. Hierfür ist es notwendig, dass sich der Verein ausschließlich und unmittelbar gemeinnützigen, mildtätigen oder kirchlichen Zwecken widmet (§§ 51 ff. AO). Die Tätigkeit des Mietervereins ist nicht als gemeinnützig einzuordnen, da sie den eigenwirtschaftlichen Interessen der Mitglieder dient. Eine Ausnahme kommt hier den satzungsmäßigen Mitgliederbeiträgen zu. Diese unterliegen keiner Besteuerung (§ 8 Abs. 5 KStG). Einschränkend ist anzumerken, dass es sich um echte Mitgliedsbeiträge handeln muss. Liegt ein Zusammenhang zwischen dem Beitrag und einer konkreten Gegenleistung vor, handelt es sich um einen unechten Mitgliedsbeitrag. Dieser unterliegt der Körperschaftsteuer.

b) Hauseigentümerverein Leipzig
Bei diesem Steuersubjekt ist ebenfalls zunächst die Vorschrift des § 5 Abs. 1 Nr. 5 KStG zu prüfen. Demnach handelt es sich beim Hauseigentümerverein um einen begünstigten Berufsverband (R 16 Abs. 2 KStR). Hiervon ausgenommen ist jedoch ein etwa unterhaltener wirtschaftlicher Geschäftsbetrieb (§ 5 Abs. 1 Nr. 5 S. 2 Buchst. a KStG). Die Steuerbefreiung ist ebenfalls zu versagen, wenn mehr als 10 % der Einnahmen zur mittelbaren und unmittelbaren Unterstützung von politischen Parteien genutzt werden. Im vorliegenden Fall kann daher von einer Steuerbefreiung ausgegangen werden.

c) Wohnungsgenossenschaft Aufbau Schwarzenberg
Hier ist die Steuerbefreiung nach § 5 Abs. 1 Nr. 10 KStG zu prüfen. Demnach kann eine Wohnungsgenossenschaft von der Körperschaftsteuer befreit werden, wenn sie Wohnungen selbst herstellt bzw. erwirbt und sie den eigenen Mitgliedern zur Nutzung überlässt (vgl. auch H 18 „Vermietungsgenossenschaften und -vereine" KStH). Abzugrenzen sind in diesem Fall jedoch die begünstigten von den nicht begünsti-

gten Tätigkeiten (bspw. Verwaltung von Eigentumswohnungen, Vermietung an Nichtmitglieder). Überschreiten die Einnahmen aus den nicht begünstigten Tätigkeiten 10 % der gesamten Einnahmen, ist die Steuerbefreiung für die komplette Genossenschaft zu versagen. Wird die Grenze nicht überschritten, unterliegen nur die nicht begünstigten Tätigkeiten einer Besteuerung.

d) Ballsportverein Ludwigsfelde
Für einen Sportverein ist die Steuerbefreiung nach § 5 Abs. 1 Nr. 9 KStG zu prüfen. Hierfür ist es notwendig, dass sich der Verein ausschließlich und unmittelbar gemeinnützigen, mildtätigen oder kirchlichen Zwecken widmet (§§ 51 ff. AO). Hierbei ist der Sport bei den gemeinnützigen Zwecken genannt (§ 52 Abs. 2 Nr. 21 AO). Demnach kann die Steuerbefreiung angewandt werden. Unterhält der Verein einen wirtschaftlichen Geschäftsbetrieb (bspw. Gastwirtschaft, Werbung) ist eine partielle Körperschaftsteuerpflicht gegeben. Liegt demgegenüber ein Zweckbetrieb i.S.d. §§ 65-68 AO vor, unterbleibt eine Besteuerung.

e) Winzergenossenschaft Radebeul
Bei einer Winzergenossenschaft bietet sich die Prüfung der Steuerbefreiung nach § 5 Abs. 1 Nr. 14 KStG an (R 22 KStR). Demnach kann eine Besteuerung unterbleiben, wenn sich der Geschäftsbetrieb auf die gemeinschaftliche Nutzung land- und forstwirtschaftlicher Betriebseinrichtungen beschränkt (§ 5 Abs. 1 Nr. 14 Buchst. a KStG). Alternativ können den Mitgliedern auch Dienstleistungen für die Produktion oder die Verwertung von land- und forstwirtschaftlichen Erzeugnissen angeboten werden (§ 5 Abs. 1 Nr. 14 Buchst. b und c KStG). Ebenso können Beratungsleistungen in diesem Bereich für die Mitglieder angeboten werden (§ 5 Abs. 1 Nr. 14 Buchst. d KStG).

Werden Einnahmen aus nicht begünstigten Bereichen erzielt, sind diese einer Besteuerung zuzuführen (partielle Steuerpflicht). Übersteigen die Einnahmen aus den nicht begünstigten Bereichen 10 % der gesamten Einnahmen, so ist die Genossenschaft insgesamt als körperschaftsteuerpflichtig zu behandeln (§ 5 Abs. 1 Nr. 14 S. 2 KStG).

Fall 2: Partielle Steuerpflicht
Die nachfolgenden Körperschaften und Personenvereinigungen handelt es sich um Steuersubjekte i.S.d. § 1 KStG, welche die Grundvoraussetzungen an eine unbeschränkte Körperschaftsteuerpflicht erfüllen:

a) Ballsportverein Ludwigsfelde e.V.
Der Ballsportverein Ludwigsfelde e.V. erhält Zinsen aus einer Kapitalanlage auf seinem Konto gutgeschrieben. Im Rahmen dieser Kapitalanlage werden die Mitgliedsbeiträge und sonstigen Zuwendungen bis zu ihrer Verwendung gesammelt und verzinslich angelegt. Die Bankgutschrift beträgt 1.472,50 €. Weiteren wirtschaftlichen Tätigkeiten geht der Verein nicht nach.

b) Wohnungsgenossenschaft Aufbau Schwarzenberg e.G.
Die Wohnungsgenossenschaft Aufbau Schwarzenberg e.G. vermietet ihren umfangreichen Wohnungsbestand an ihre Mitglieder zu Wohnzwecken. Hieraus erzielt sie Einnahmen i.H.v. 1.300.000 €. Daneben ist sie auch in Besitz von einigen Gewerbegrundstücken, welche an Nichtmitglieder vermietet sind. Aus diesen Objekten generiert sie Einnahmen i.H.v. 100.000 €.

Aufgabe: Prüfen Sie eine mögliche Steuerbefreiung (ganz oder teilweise) für die o.g. Steuersubjekte.

Lösung:
a) Ballsportverein Ludwigsfelde e.V.
Der Ballsportverein ist unbeschränkt körperschaftsteuerpflichtig i.S.d. § 1 Abs. 1 Nr. 4 KStG, da Geschäftsleitung (§ 10 AO) und Sitz (§ 11 AO) sich im Inland (§ 1 Abs. 3 KStG) befinden. Grundsätzlich unterliegen sämtliche in- und ausländische Einkünfte der Körperschaftsteuer (§ 1 Abs. 2 KStG).

Für den Ballsportverein Ludwigsfelde e.V. ist jedoch die Steuerbefreiung nach § 5 Abs. 1 Nr. 9 KStG zu prüfen. Hierfür ist es notwendig, dass sich der Verein ausschließlich und unmittelbar gemeinnützigen

2. Steuerbefreiungen

Zwecken widmet (§§ 51 ff. AO). Hierbei ist der Sport bei den gemeinnützigen Zwecken genannt (§ 52 Abs. 2 Nr. 21 AO). Ein wirtschaftlicher Geschäftsbetrieb wird lt. Sachverhalt nicht unterhalten. Demnach kann die Steuerbefreiung angewandt werden. Eventuell vorhandene Zweckbetriebe unterliegen nicht der Körperschaftsteuer, soweit die Voraussetzungen des §§ 65-68 AO erfüllt werden. Geleistete echte Mitgliedsbeiträge sind ebenfalls von der Besteuerung ausgenommen (§ 8 Abs. 5 KStG).

Gem. § 5 Abs. 2 Nr. 1 KStG sind jedoch steuerabzugspflichtige Einkünfte von der Steuerbefreiung nicht betroffen. Bei den Zinsen handelt es sich um Einkünfte aus Kapitalvermögen i.S.d. § 20 Abs. 1 Nr. 7 EStG. Eine Umqualifizierung in eine andere Einkunftsart findet nicht statt (R 32 Abs. 2 KStR), da die Zinsen nicht im Rahmen eines wirtschaftlichen Geschäftsbetriebes entstanden sind (§ 20 Abs. 8 EStG). Für Zinsen ergibt sich eine Kapitalertragsteuerpflicht nach § 43 Abs. 1 S. 1 Nr. 7 Buchst. b EStG, da der Schuldner ein inländisches Kreditinstitut ist. Die Kapitalertragsteuer beträgt 25 % des Zinsertrags (500 € = 2.000 € × 25 %). Daneben entsteht ein Solidaritätszuschlag i.H.v. 5,5 % der Kapitalertragsteuer (27,50 € = 500 € × 5,5 %; § 3 Abs. 1 Nr. 5, § 4 S. 1 SolZG).

Daneben ist zu prüfen, ob eine Abstandnahme vom Steuerabzug nach § 44a Abs. 4 EStG zur Anwendung kommt. Der Verein ist eine begünstigte Körperschaft (§ 44a Abs. 4 S. 1 Nr. 1 EStG) und muss der Bank mittels einer Bescheinigung des Finanzamts die Körperschaftsteuerbefreiung nachweisen (§ 44a Abs. 4 S. 3 EStG). Wurde der Steuerabzug bereits vorgenommen, ist eine Erstattung nach § 44b Abs. 5 EStG zu prüfen.

b) Wohnungsgenossenschaft Aufbau Schwarzenberg e.G.
Die Wohnungsgenossenschaft Aufbau Schwarzenberg e.V. ist unbeschränkt körperschaftsteuerpflichtig i.S.d. § 1 Abs. 1 Nr. 2 KStG, da Geschäftsleitung (§ 10 AO) und Sitz (§ 11 AO) sich im Inland (§ 1 Abs. 3 KStG) befinden. Grundsätzlich unterliegen sämtliche in- und ausländische Einkünfte der Körperschaftsteuer (§ 1 Abs. 2 KStG). Als Körperschaft i.S.d. § 1 Abs. 1 Nr. 2 KStG erzielt sie ausschließlich gewerbliche Einkünfte (§ 8 Abs. 2 KStG).

Für die Genossenschaft ist die Steuerbefreiung nach § 5 Abs. 1 Nr. 10 KStG zu prüfen. Eine Steuerbefreiung liegt vor, wenn sie Wohnungen selbst herstellt bzw. erwirbt und sie den eigenen Mitgliedern zur Nutzung überlässt (vgl. auch H 18 „Vermietungsgenossenschaften und -vereine" KStH). Es ist jedoch eine Abgrenzung zwischen begünstigten und den nicht begünstigten Tätigkeiten vorzunehmen. Die Vermietung von Wohnungen an die Mitglieder stellt eine begünstigte Tätigkeit dar. Eine Nutzungsüberlassung zu gewerblichen Zwecken an Nichtmitglieder ist demgegenüber eine nicht begünstigte Tätigkeit. Insgesamt erzielt die Genossenschaft Einnahmen i.H.v. 1.400.000 €. Hieran haben die begünstigten Tätigkeiten einen Anteil von 92,85 %. Damit kann die Steuerbefreiung nach § 5 Abs. 1 Nr. 10 KStG zur Anwendung kommen.

Die Einnahmen aus der nicht begünstigten Tätigkeit sind hingegen der Körperschaftsteuer zu unterwerfen. Dabei können nur die Aufwendungen mindernd berücksichtigt werden, die mit diesen Tätigkeiten in einem wirtschaftlichen Zusammenhang stehen. Für Gemeinkosten ist ein geeigneter Aufteilungsmaßstab zu finden.

Fall 3: Abgrenzung zwischen Zweckbetrieb und wirtschaftlichem Geschäftsbetrieb
Der Ballsportverein Ludwigsfelde e.V. ist ein gemeinnütziger Verein, der u.a. die nachfolgenden Tätigkeiten ausübt bzw. Einnahmen erzielt:

a) Vereinsheim
Die Vereinsgaststätte befindet sich auf dem Gelände des Vereins und steht neben den Mitgliedern auch weiteren Personen zur Verfügung. Der nach § 4 Abs. 1 EStG ermittelte Gewinn beträgt 15.000 €.

b) Weihnachtsbasar
Auf dem vom Verein veranstalteten Weihnachtsbasar wurden durch den Verkauf von Glühwein und Bratwürsten Einnahmen i.H.v. 2.500 € erzielt. Dem standen Aufwendungen von 1.200 € gegenüber.

c) Vereinskalender
Der vom Verein herausgegebene Vereinskalender wurde vorrangig durch den Verkauf von Anzeigen finanziert.

d) Sporteinrichtungen
Verschiedene sportliche Einrichtungen des Vereins können von Mitgliedern und Nichtmitglieder gegen Entgelt gemietet werden. Dabei werden die Mitglieder grundsätzlich bevorzugt berücksichtigt. Ferner haben die Vereinsmitglieder ein zwar kostendeckendes, aber niedrigeres Entgelt zu zahlen.

e) Sportveranstaltungen
Bei verschiedenen Sportveranstaltungen (bspw. Vereinsmeisterschaften) wurden Eintrittsgelder i.H.v. 4.000 € erzielt.

Aufgabe: Prüfen Sie eine mögliche Besteuerung der o.g. Tätigkeiten.

Lösung:
Der Ballsportverein ist unbeschränkt körperschaftsteuerpflichtig i.S.d. § 1 Abs. 1 Nr. 4 KStG, da Geschäftsleitung (§ 10 AO) und Sitz (§ 11 AO) sich im Inland (§ 1 Abs. 3 KStG) befinden. Grundsätzlich sind sämtliche in- und ausländische Einkünfte von der Körperschaftsteuerpflicht betroffen (§ 1 Abs. 2 KStG).

Für den Ballsportverein Ludwigsfelde e.V. ist jedoch die Steuerbefreiung nach § 5 Abs. 1 Nr. 9 KStG zu prüfen. Hierfür ist es notwendig, dass sich der Verein ausschließlich und unmittelbar gemeinnützigen Zwecken widmet (§§ 51 ff. AO). Hierbei ist der Sport bei den gemeinnützigen Zwecken genannt (§ 52 Abs. 2 Nr. 21 AO). Für unterhaltene Zweckbetriebe und wirtschaftliche Geschäftsbetriebe ist eine Besteuerung zu prüfen (§§ 64, 65 AO, § 5 Abs. 1 Nr. 9 S. 2 KStG).

a) Vereinsheim
Bei einem Vereinsheim handelt es sich um einen wirtschaftlichen Geschäftsbetrieb i.S.d. § 64 AO, da es sich um eine selbständige, nachhaltige Tätigkeit handelt, mit welcher Einnahmen erzielt werden. Letztlich dürfte hier auch eine Gewinnerzielungsabsicht vorliegen. Ferner nimmt der Verein mit dieser Tätigkeit auch am allgemeinen wirtschaftlichen Verkehr teil und tritt auch in Konkurrenz zu anderen Unternehmungen. Das Betreiben einer Gaststätte hängt nicht unmittelbar mit den zu erreichenden steuerbegünstigten Zwecken zusammen. Es handelt sich vielmehr um eine Hilfstätigkeit, mit deren Hilfe freie Mittel für den gemeinnützigen Bereich erwirtschaftet werden sollen. Bei einem Verzicht auf diese Tätigkeit wären die begünstigten Zwecke nicht gefährdet.

Der Verein erzielt mit dieser Gaststätte Einkünfte aus Gewerbebetrieb i.S.d. § 15 Abs. 1 i.V.m. Abs. 2 EStG (R 32 Abs. 2 KStR). Diese unterliegen der Besteuerung (§ 5 Abs. 1 Nr. 9 S. 2 KStG). Die Einkünfte sind auf der Basis des Gewinns nach § 4 Abs. 1 EStG zu ermitteln. Gewinnermittlungszeitraum ist das Wirtschaftsjahr, welches hier dem Kalenderjahr entspricht (§ 7 Abs. 3 und 4 KStG).

b) Weihnachtsbasar
Der Weihnachtsbasar stellt ebenfalls einen wirtschaftlichen Geschäftsbetrieb i.S.d. § 64 AO dar, da auch hier eine selbständige, nachhaltige Tätigkeit vorliegt, mit welcher Einnahmen erzielt werden. Eine Gewinnerzielungsabsicht kann aufgrund des wirtschaftlichen Ergebnisses angenommen werden. Ferner nimmt der Verein mit dieser Tätigkeit auch am allgemeinen wirtschaftlichen Verkehr teil und tritt auch in Konkurrenz zu anderen Unternehmungen. Es liegt kein unmittelbarer Zusammenhang mit den zu erreichenden steuerbegünstigten Zwecken vor. Es handelt wiederum um eine Hilfstätigkeit, mit deren Hilfe freie Mittel für den gemeinnützigen Bereich erwirtschaftet werden sollen. Bei einem Verzicht auf diese Tätigkeit wären die begünstigten Zwecke nicht gefährdet.

Der Verein erzielt auch hier Einkünfte aus Gewerbebetrieb i.S.d. § 15 Abs. 1 i.V.m. Abs. 2 EStG (R 32 Abs. 2 KStR). Diese unterliegen der Besteuerung (§ 5 Abs. 1 Nr. 9 S. 2 KStG). Die Einkünfte sind auf der Basis des Gewinns nach § 4 Abs. 1 EStG zu ermitteln. Gewinnermittlungszeitraum ist das Wirtschaftsjahr, welches hier dem Kalenderjahr entspricht (§ 7 Abs. 3 und 4 KStG).

2. Steuerbefreiungen

c) Kalender
Die Herstellung und der Vertrieb eines Kalenders sind ebenfalls den wirtschaftlichen Geschäftsbetrieben i.S.d. § 64 AO zuzuordnen, da eine selbständige, nachhaltige Tätigkeit vorliegt, mit welcher Einnahmen erzielt werden. Eine Gewinnerzielungsabsicht kann ebenso angenommen werden, wie eine Konkurrenzsituation zu anderen Unternehmungen (= Beteiligung am allgemeinen wirtschaftlichen Verkehr). Es liegt kein unmittelbarer Zusammenhang mit den zu erreichenden steuerbegünstigten Zwecken vor. Es handelt wiederum um eine Hilfstätigkeit, mit deren Hilfe freie Mittel für den gemeinnützigen Bereich erwirtschaftet werden sollen. Bei einem Verzicht auf diese Tätigkeit wären die begünstigten Zwecke nicht gefährdet.

Der Verein erzielt hier Einkünfte aus Gewerbebetrieb i.S.d. § 15 Abs. 1 i.V.m. Abs. 2 EStG (R 32 Abs. 2 KStR). Diese unterliegen der Besteuerung (§ 5 Abs. 1 Nr. 9 S. 2 KStG). Die Einkünfte sind auf der Basis des Gewinns nach § 4 Abs. 1 EStG zu ermitteln. Gewinnermittlungszeitraum ist das Wirtschaftsjahr, welches hier dem Kalenderjahr entspricht (§ 7 Abs. 3 und 4 KStG).

d) Sporteinrichtungen
Die Vermietung von Sporteinrichtungen ist mit Blick auf den Kreis der mietenden Personen zu unterteilen. Demnach handelt es sich bei der Vermietung an Nichtmitglieder um einen wirtschaftlichen Geschäftsbetrieb i.S.d. § 64 AO. Es liegt eine selbständige, nachhaltige Betätigung vor, mit welcher Einnahmen erzielt werden. Daneben handelt es sich auch um eine Beteiligung am allgemeinen wirtschaftlichen Verkehr. Ein unmittelbarer Zusammenhang zu den steuerbegünstigten Zwecken liegt nicht vor.

Der Verein erzielt mit der kurzfristigen, fallweisen Vermietung der Sporteinrichtungen Einkünfte aus Gewerbebetrieb i.S.d. § 15 Abs. 1 i.V.m. Abs. 2 EStG (R 32 Abs. 2 KStR). Diese unterliegen der Besteuerung (§ 5 Abs. 1 Nr. 9 S. 2 KStG). Die Einkünfte sind auf der Basis des Gewinns nach § 4 Abs. 1 EStG zu ermitteln. Gewinnermittlungszeitraum ist das Wirtschaftsjahr, welches hier dem Kalenderjahr entspricht (§ 7 Abs. 3 und 4 KStG).

Die Vermietung der Sporteinrichtungen an die Vereinsmitglieder zu einem günstigeren, aber kostendeckenden Preis ist nicht den wirtschaftlichen Geschäftsbetrieben zuzurechnen (§ 64 AO). Es handelt sich vielmehr um einen Zweckbetrieb i.S.d. § 65 AO. Die Vermietung dient unmittelbar dem Erreichen der steuerbegünstigten, satzungsmäßigen Zwecke. Eine andere Form der Erreichung dieser Zwecke ist nicht möglich und eine Konkurrenzsituation liegt nicht vor. Demnach unterliegen die Einnahmen aus diesem Zweckbetrieb nicht der Besteuerung. Im Hinblick auf die angefallenen Aufwendungen ist eine Aufteilung zwischen wirtschaftlichem Geschäftsbetrieb und dem Zweckbetrieb nach einem angemessenen Verhältnis vorzunehmen.

e) Sportveranstaltung
Bei den Eintrittsgeldern aus Sportveranstaltungen handelt es sich nicht um einen wirtschaftlichen Geschäftsbetrieb i.S.d. § 64 AO. Hier liegt ebenfalls ein Zweckbetrieb i.S.d. § 65 AO vor. Die Sportveranstaltungen dienen unmittelbar dem Erreichen der steuerbegünstigten, satzungsmäßigen Zwecke. Eine andere Form der Erreichung dieser Zwecke ist nicht möglich und eine Konkurrenzsituation liegt nicht vor. Demnach unterliegen die Einnahmen aus diesem Zweckbetrieb nicht der Besteuerung. Negativ abzugrenzen sind allerdings Einnahmen aus dem Verkauf von Speisen und Getränken sowie Werbung. Hier liegt ein wirtschaftlicher Geschäftsbetrieb vor. Ferner ist die Grenze des § 67a Abs. 1 AO zu beachten. Demnach liegt ein Zweckbetrieb nur vor, wenn die Einnahmen 45.000 € im Jahr nicht überschritten werden. Dies ist im vorliegenden Fall nicht gegeben. Daher unterbleibt eine Besteuerung.

> **Fall 4: Beginn einer Steuerbefreiung**
> Die Wohnungsgenossenschaft Aufbau Schwarzenberg e.G. vermietet eigene Wohnungen an ihre Mitglieder und fremde Personen. Hieraus erzielt sie im Jahr 2012 Einnahmen i.H.v. 2.000.000 €. Dem stehen Aufwendungen für die Wohnungsvermietung i.H.v. 1.900.000 € gegenüber. Die Einnahmen aus der Vermietung an Nichtmitglieder betragen 250.000 €.
> Im Jahr 2013 sinken die Einnahmen aus der Vermietung an Nichtmitglieder auf nur noch 190.000 €. In gleichem Umfang konnten die Einnahmen aus der Vermietung an Mitglieder der Genossenschaft gesteigert werden. Die stillen Reserven des Betriebsvermögens betragen 500.000 € und können anhand der Einnahmen verteilt werden.
> **Aufgabe:** Prüfen Sie eine mögliche Steuerbefreiung und erläutern Sie die Rechtsfolgen für das Jahr 2013.

Lösung:

2012

Die Wohnungsgenossenschaft Aufbau Schwarzenberg e.V. ist unbeschränkt körperschaftsteuerpflichtig i.S.d. § 1 Abs. 1 Nr. 2 KStG, da Geschäftsleitung (§ 10 AO) und Sitz (§ 11 AO) sich im Inland (§ 1 Abs. 3 KStG) befinden. Grundsätzlich sind sämtliche in- und ausländische Einkünfte von der Körperschaftsteuerpflicht betroffen (§ 1 Abs. 2 KStG). Als Körperschaft i.S.d. § 1 Abs. 1 Nr. 2 KStG erzielt sie ausschließlich gewerbliche Einkünfte (§ 8 Abs. 2 KStG).

Für die Genossenschaft ist die Steuerbefreiung nach § 5 Abs. 1 Nr. 10 KStG zu prüfen. Eine Steuerbefreiung liegt vor, wenn sie Wohnungen selbst herstellt bzw. erwirbt und sie den eigenen Mitgliedern zur Nutzung überlässt (vgl. auch H 18 „Vermietungsgenossenschaften und -vereine" KStH). Es ist jedoch eine Abgrenzung zwischen begünstigten und den nicht begünstigten Tätigkeiten vorzunehmen. Die Vermietung von Wohnungen an die Mitglieder stellt eine begünstigte Tätigkeit dar. Eine Nutzungsüberlassung zu gewerblichen Zwecken an Nichtmitglieder ist demgegenüber eine nicht begünstigte Tätigkeit. Insgesamt erzielt die Genossenschaft Einnahmen i.H.v. 2.000.000 €. Hieran haben die begünstigten Tätigkeiten einen Anteil von 87,5 % (1.750.000 €/2.000.000 € × 100). Damit ist die Steuerbefreiung nach § 5 Abs. 1 Nr. 10 S. 2 KStG ausgeschlossen.

Die insgesamt erzielten Einnahmen i.H.v. 2.000.000 € sind der Körperschaftsteuer zu unterwerfen. Dabei können auch die gesamten Aufwendungen mindernd berücksichtigt werden (lt. Sachverhalt 1.900.000 €). Daher ergibt sich für den Veranlagungszeitraum 2012 ein körperschaftsteuerpflichtiger Gewinn i.H.v. 100.000 €.

2013

Im Rahmen der Prüfung der Voraussetzungen für die Steuerbefreiung nach § 5 Abs. 1 Nr. 10 KStG für den Veranlagungszeitraum 2013 ist festzustellen, dass die Einnahmen aus der nicht begünstigten Tätigkeit die im Gesetz fixierte Grenze von 10 % unterschreiten. Der Anteil der schädlichen Einnahmen beträgt 9,5 % (190.000 €/2.000.000 € × 100). Damit ist eine Anwendung der Steuerbefreiung möglich (§ 5 Abs. 1 Nr. 10 KStG).

Die Einnahmen aus der nicht begünstigten Tätigkeit sind weiterhin der Körperschaftsteuer zu unterwerfen. Die steuerpflichtigen Einnahmen betragen daher 190.000 €.

Die Genossenschaft hat auf das Ende der Steuerpflicht (31.12.2012) eine Schlussbilanz zu erstellen (§ 13 Abs. 1 KStG). Der Ausweis des bisher dem steuerpflichtigen Bereich zugeordneten Vermögens hat dabei mit dem Teilwert zu erfolgen (§ 13 Abs. 3 KStG). Die aufgedeckten stillen Reserven i.H.v. 452.500 € (= 1.810.000 €/2.000.000 € × 500.000 €) unterliegen der Körperschaftsteuer, da sie während des steuerpflichtigen Zeitraums entstanden sind. Soweit die Steuerverstrickung (Einnahmen 190.000 €) bestehen bleibt, ist eine Aufdeckung der stillen Reserven nicht notwendig.

2. Steuerbefreiungen

> **Fall 5: Beendigung einer Steuerbefreiung**
> Die Wohnungsgenossenschaft Aufbau Schwarzenberg e.G. vermietet vorrangig eigene Wohnungen an ihre Mitglieder. Hieraus erzielt sie im Jahr 2012 Einnahmen i.H.v. 1.880.000 €. Dem stehen Aufwendungen für die Wohnungsvermietung i.H.v. 1.800.000 € gegenüber. Weiterhin erzielt sie im Jahr 2012 Einnahmen aus der Vermietung von Gewerberäumen i.H.v. 120.000 €. Hier entstehen Aufwendungen i.H.v. 100.000 €. Für das Jahr 2013 ergeben sich die nachfolgenden Alternativen:
>
> **a) Überschreitung der 10 Prozent-Grenze**
> Im Wirtschaftsjahr 2013 erhöht die Genossenschaft ihre Einnahmen aus der Vermietung der Gewerbeobjekte auf 240.000 €. Die Einnahmen aus der Wohnungsvermietung bleiben hingegen konstant.
>
> **b) Umwidmung von Betriebsvermögen**
> Im Wirtschaftsjahr 2013 wird ein bisher ausschließlich zur Wohnungsvermietung eingesetztes bebautes Grundstück dem gewerblichen Bereich zugeordnet, da ab diesem Zeitpunkt eine vollumfängliche gewerbliche Vermietung gegeben ist. In der Bilanz zum 31.12.2012 ist das Grundstück mit einem Buchwert von 150.000 € ausgewiesen. Die stillen Reserven betragen 50.000 €. Das Verhältnis der Einnahmen aus begünstigten und nicht begünstigten Tätigkeiten verändert sich durch die Nutzungsänderung nicht.
>
> **Aufgabe:** Prüfen Sie eine mögliche Steuerbefreiung und erläutern Sie die Rechtsfolgen für das Jahr 2013.

Lösung:
Die Wohnungsgenossenschaft Aufbau Schwarzenberg e.V. ist unbeschränkt körperschaftsteuerpflichtig i.S.d. § 1 Abs. 1 Nr. 2 KStG, da Geschäftsleitung (§ 10 AO) und Sitz (§ 11 AO) sich im Inland (§ 1 Abs. 3 KStG) befinden. Grundsätzlich sind sämtliche in- und ausländische Einkünfte von der Körperschaftsteuerpflicht betroffen (§ 1 Abs. 2 KStG). Als Körperschaft i.S.d. § 1 Abs. 1 Nr. 2 KStG erzielt sie ausschließlich gewerbliche Einkünfte (§ 8 Abs. 2 KStG).

Für die Genossenschaft ist die Steuerbefreiung nach § 5 Abs. 1 Nr. 10 KStG zu prüfen. Eine Steuerbefreiung liegt vor, wenn sie Wohnungen selbst herstellt bzw. erwirbt und sie den eigenen Mitgliedern zur Nutzung überlässt (vgl. auch H 18 „Vermietungsgenossenschaften und -vereine" KStH). Es ist jedoch eine Abgrenzung zwischen begünstigten und den nicht begünstigten Tätigkeiten vorzunehmen. Die Vermietung von Wohnungen an die Mitglieder stellt eine begünstigte Tätigkeit dar. Eine Nutzungsüberlassung zu gewerblichen Zwecken an Nichtmitglieder ist demgegenüber eine nicht begünstigte Tätigkeit. Insgesamt erzielt die Genossenschaft Einnahmen i.H.v. 2.000.000 €. Hieran haben die begünstigten Tätigkeiten einen Anteil von 94 % (1.880.000 €/2.000.000 € × 100). Damit kann die Steuerbefreiung nach § 5 Abs. 1 Nr. 10 KStG zur Anwendung kommen.

Die Einnahmen i.H.v. 120.000 € aus der nicht begünstigten Tätigkeit sind hingegen der Körperschaftsteuer zu unterwerfen. Dabei können nur die Aufwendungen mindernd berücksichtigt werden, die mit diesen Tätigkeiten in einem wirtschaftlichen Zusammenhang stehen (lt. Sachverhalt 100.000 €). Daher ergibt sich für den Veranlagungszeitraum 2012 ein körperschaftsteuerpflichtiger Gewinn i.H.v. 20.000 €.

a) Überschreitung der 10 Prozent-Grenze
Im Rahmen der Prüfung der Voraussetzungen für die Steuerbefreiung nach § 5 Abs. 1 Nr. 10 KStG für den Veranlagungszeitraum 2013 ist festzustellen, dass die Einnahmen aus der nicht begünstigten Tätigkeit die im Gesetz fixierte Grenze von 10 % überschreiten. Der Anteil der schädlichen Einnahmen beträgt 11,3 % (240.000 € / 2.120.000 € × 100). Damit ist eine Anwendung der Steuerbefreiung ausgeschlossen (§ 5 Abs. 1 Nr. 10 S. 2 KStG). Die komplette wirtschaftliche Betätigung der Genossenschaft ist ab dem Veranlagungszeitraum 2013 der Körperschaftsteuer zu unterwerfen. Für folgende Veranlagungszeiträume ist die Steuerbefreiung nach § 5 Abs. 1 Nr. 10 KStG erneut zu prüfen.

Die Genossenschaft hat auf den Beginn der Steuerpflicht (01.01.2013) eine Anfangsbilanz zu erstellen (§ 13 Abs. 2 KStG). Der Ausweis des bisher dem steuerfreien Bereich zugeordneten Vermögens hat dabei mit dem Teilwert zu erfolgen (§ 13 Abs. 3 KStG). Die aufgedeckten stillen Reserven unterliegen dabei nicht der Körperschaftsteuer, da sie während der Geltung der Steuerbefreiung entstanden sind.

b) Umwidmung von Betriebsvermögen

Im Rahmen der Prüfung der Voraussetzungen für die Steuerbefreiung nach § 5 Abs. 1 Nr. 10 KStG für den Veranlagungszeitraum 2013 ist festzustellen, dass die Einnahmen aus der nicht begünstigten Tätigkeit die im Gesetz fixierte Grenze von 10 % nicht überschreiten. Der Anteil der schädlichen Einnahmen beträgt 6 % (120.000 €/2.000.000 € × 100). Damit ist eine Anwendung der Steuerbefreiung möglich (§ 5 Abs. 1 Nr. 10 S. 2 KStG).

Die Genossenschaft hat auf den Beginn der Umnutzung (01.01.2013) das bebaute Grundstück mit dem Teilwert im Zeitpunkt der Nutzungsänderung auszuweisen (§ 13 Abs. 5 i.V.m. § 13 Abs. 3 KStG). Die aufgedeckten stillen Reserven unterliegen dabei nicht der Körperschaftsteuer, da sie während der Geltung der Steuerbefreiung entstanden sind.

Die Einnahmen aus der nicht begünstigten Tätigkeit sind der Körperschaftsteuer zu unterwerfen. Dabei können nur die Aufwendungen mindernd berücksichtigt werden, die mit diesen Tätigkeiten in einem wirtschaftlichen Zusammenhang stehen. Für die Ermittlung der Absetzung für Abnutzung des neu gewerblich genutzten Grundstücks ist der Teilwert zum 01.01.2013 maßgebend.

3. Einkommensermittlung
3.1 Grundfälle der Einkommensermittlung

Fall 1: § 2a Abs. 1 EStG

Christian W. und Clara W. sind auf dem Gebiet der Paläontologie zwei der führenden Experten für Sauropoden. Beide sind zu jeweils 50 % Gesellschafter der Archäologischen Gesellschaft zu Leipzig GmbH (AGL) mit Sitz und Geschäftsleitung in Leipzig.

Gegenstand der Gesellschaft ist das Aufsuchen, Erforschen und das Überlassen des Know-how „wo finde ich Sauropoden". Da alle entsprechenden Fundorte in Deutschland bereits in vollen Umfang erforscht waren, gründete die Firma AGL nach ersten erfolgversprechenden Funden im Wirtschaftsjahr 2011 im Hochgebirge von Bhutan eine Betriebsstätte.

Gegenstand der Betriebsstätte war zum einen der Handel mit Schaufeln (ca. 50 % des Bruttoumsatzes) und das Überlassen von Know-how. Die Umsatzanteile änderten sich im gesamten Zeitraum im Verhältnis zueinander nur unwesentlich.

Nachdem in den ersten beiden Wirtschaftsjahren in Bhutan erhebliche Gewinne erwirtschaftet wurden, erzielte die Firma AGL im Wirtschaftsjahr 2013 wegen eines zu langen Winters in Bhutan lediglich einen Jahresüberschuss in Höhe von 45.000 €. Darin enthalten ist ein Verlust in Höhe von 25.000 €, der auf die Geschäftstätigkeit in Bhutan zurückzuführen ist.

Aufgabe: Wie ist der Verlust im Wirtschaftsjahr 2013 steuerlich zu berücksichtigen?
Ein zu versteuerndes Einkommen ist nicht zu ermitteln.

Lösung:

Die Firma AGL hat im Wirtschaftsjahr 2013 sowohl ihren Sitz (§ 11 AO) als auch ihre Geschäftsleitung (§ 10 AO) im Inland (§ 1 Abs. 3 KStG). Sie ist daher mit sämtlichen Einkünften unbeschränkt körperschaftsteuerpflichtig. § 1 Abs. 1 Nr. 1 und Abs. 2 KStG, soweit dies nicht durch ein DBA eingeschränkt wird (§ 2 AO). Mit Bhutan wurde kein DBA abgeschlossen. Einschränkungen aufgrund eines DBA`s bestehen daher nicht.

Zu prüfen ist, ob das „Prinzip der Besteuerung sämtlicher Einkünfte" (§ 7 Abs. 1 und 2 KStG) gem. § 8 Abs. 1 KStG i.V.m. § 2a EStG eingeschränkt wird.

Die Steuerpflichtige verfügt in Bhutan aufgrund der festen Einrichtung, die der Tätigkeit der Steuerpflichtigen dient über eine Betriebsstätte gem. § 12 S. 1 AO. Diese Einkünfte stellen gem. § 8 Abs. 1 KStG i.V.m. § 34d Nr. 2a EStG ausländische Einkünfte dar, da die Betriebsstätte im Ausland belegen ist.

Bhutan ist ein Drittstaat nach § 2a Abs. 2a S. 1 EStG, weil dieser Staat weder ein Mitgliedstaat der Europäischen Union noch ein Staat ist, auf den das Abkommen über den Europäischen Wirtschaftsraum anwendbar ist.

Im Wirtschaftsjahr 2013 wurde durch diese Betriebsstätte ein Verlust in Höhe von 25.000 € erzielt. Diese negativen Einkünfte dürfen zunächst nach § 2a Abs. 1 S. 1 Nr. 2 EStG nur mit positiven Einkünften derselben Art und aus demselben Staat ausgeglichen werden, soweit nicht § 2a Abs. 2 S. 1 zur Anwendung kommt.

Im Wirtschaftsjahr 2013 werden in Bhutan sowohl produktive Einkünfte (Handel mit Schaufeln § 2a Abs. 2 S. 1 EStG) als auch nicht produktive Einkünfte (Überlassung von Know-how) erzielt.

Für die Qualifizierung der Betriebsstätte ist daher zunächst zu prüfen, ob die Betriebsstätte fast ausschließlich produktive Erträge erzielt (R 5 Abs. 3 EStR i.V.m. A 76 Abs. 8 und Abs. 9 S. 1 und 2 KStR 1995). Aufgrund der Darstellung im Sachverhalt betragen die unproduktiven Erträge im Wirtschaftsjahr ca. 50 % der Bruttoerträge dieser Betriebsstätte. Die Grenze von mind. 90 % Erträge aus produktiver Tätigkeit wurde deshalb nicht erfüllt. Die Erträge dieser Betriebsstätte sind daher im Wirtschaftsjahr 2013 als unproduktiv zu qualifizieren. Die Ausnahmeregelung in § 2 Abs. 2 S. 1 EStG ist daher für das Wirtschaftsjahr 2013 nicht anzuwenden.

In dem Veranlagungszeitraum 2013 dürfen deshalb die Betriebsstätteneinkünfte aus Bhutan das Einkommen der Steuerpflichtige gem. § 2a Abs. 1 S. 1 EStG (Verlustausgleichsbeschränkung und Verlustabzugsbeschränkung) nicht mindern. Sie können nur mit Einkünften derselben Art (unproduktive gewerbliche Betriebsstätteneinkünfte) und aus demselben Staat (Bhutan) ausgeglichen werden. Ein Ausgleich ist wegen fehlender weiterer Betriebsstätteneinkünfte in 2013 jedoch nicht möglich.

Ein Verlustrücktrag gem. § 10d EStG ist für diese Einkünfte ebenfalls nicht möglich (§ 2a Abs. 1 S. 1 EStG). Die negativen Einkünfte aus Bhutan können jedoch mit positiven Einkünfte derselben Art und aus demselben Staat in den folgenden Veranlagungszeiträumen ausgeglichen werden (§ 2a Abs. 1 S. 3 EStG).

Des Weiteren ist, insoweit als ein Ausgleich dieses Verlustes im Veranlagungszeitraum 2013 nicht erfolgen konnte, eine gesonderte Feststellung für die verbleibenden negativen Einkünfte (25.000 €) zu fertigen. Hierbei sind die negativen Einkünfte entsprechend § 10d Abs. 4 EStG nach ihrer Art und nach dem Quellenstaat gesondert festzustellen.

> **Fall 2: Spendenabzug**
> Die Dresdner Wirtschaftsauskunft GmbH mit Sitz und Geschäftsleitung in Dresden sammelt deutschlandweit wirtschaftliche Daten von Unternehmen, um diese gegen Entgelt Dritten zur Verfügung zu stellen. Sie ermittelt ihren Gewinn nach einem kalendergleichen Wirtschaftsjahr durch Betriebsvermögensvergleich. Umsatzsteuerlich gilt für sie die Regelbesteuerung. Im Wirtschaftsjahr 2013 erzielt sie einen Jahresüberschuss i.H.v. 120.000 €. Dabei wurden die nachfolgenden Aufwendungen innerbilanziell als Betriebsausgaben verbucht:
> - Spende an das Deutsche Rote Kreuz i.H.v. 2.000 €.
> - Spende an die Technische Universität Dresden i.H.v. 3.000 € zur Verwendung für wissenschaftliche Zwecke.
> - Parteispende an die FDP i.H.v. 1.000 €.
> - Spende an die evangelische Kirche in Dresden i.H.v. 4.000 €.
> - Zuwendung an den Greenpeace e.V. i.H.v. 3.000 €, die Zuwendung erfolgte zur Einstellung eines Gerichtsverfahrens wegen Verletzung von Persönlichkeitsrechten bei einem Dresdner Gericht.
>
> Sämtliche Aufwendungen wurden durch Banküberweisung beglichen. Soweit besondere Belege zur steuerlichen Abzugsfähigkeit erforderlich sind, liegen diese vor. Die Summe aus Umsatz, sowie Löhne und Gehältern beträgt im Wirtschaftsjahr 2013 insgesamt 8.000.000 €
>
> **Aufgabe:** Ermitteln Sie das zu versteuernde Einkommen der Dresdner Wirtschaftsauskunft GmbH für den Veranlagungszeitraum 2013!

Lösung:
Die Dresdner Wirtschaftsauskunft GmbH ist als Kapitalgesellschaft mit Geschäftsleitung (§ 10 AO) und Sitz (§ 11 AO) im Inland (§ 1 Abs. 3 KStG) unbeschränkt körperschaftsteuerpflichtig (§ 1 Abs. 1 Nr. 1 KStG). Die Steuerpflicht erstreckt sich auf das Welteinkommen (§ 1 Abs. 2 KStG). Die GmbH ist als Handelsgesellschaft (§ 13 Abs. 3 GmbHG) auch Kaufmann (§ 6 Abs. 1 HGB). Demnach besteht eine Buchführungspflicht (§ 238 Abs. 1 HGB). Diese gilt auch steuerlich (§ 140 AO). Die GmbH hat daher ihren Gewinn durch Betriebsvermögensvergleich zu ermitteln (§ 5 Abs. 1 EStG). Sie erzielt ausschließlich Einkünfte aus Gewerbebetrieb, da die GmbH als Kapitalgesellschaft nach § 1 Abs. 1 Nr. 1 KStG unbeschränkt körperschaftsteuerpflichtig ist.

Die Behandlung sämtlicher im Sachverhalt genannter Aufwendungen als Betriebsausgabe (§ 4 Abs. 4 EStG) ist korrekt, da bei einer Kapitalgesellschaft kein privater Bereich besteht. Die Abzugsfähigkeit von Spenden und Mitgliedsbeiträgen richtet sich nach § 9 Abs. 1 Nr. 2 KStG. Hierzu sind sämtliche Aufwendungen zunächst außerbilanziell hinzuzurechnen (Zurechnung i.H.v. 13.000 €). Grundlage hierfür ist u.a. § 9 Abs. 2 S. 1 KStG, da als Bemessungsgrundlage für den Spendenabzug, das Einkommen vor Spenden und Verlustabzug heranzuziehen ist.

3.1 Grundfälle der Einkommensermittlung

Die Spende an das Deutsche Rote Kreuz ist begünstigt. Es handelt sich um gemeinnützige Zwecke i.S.d. § 52 Abs. 2 Nr. 9 AO, die Zuwendung erfolgt freiwillig und ohne direkte Gegenleistung. Der Belegnachweis i.S.d. § 50 Abs. 1 EStDV liegt lt. Sachverhalt vor.

Die Spende an die Technische Universität Dresden ist begünstigt. Es handelt sich um gemeinnützige Zwecke i.S.d. § 52 Abs. 2 Nr. 1 AO, die Zuwendung erfolgt freiwillig und ohne direkte Gegenleistung. Der Belegnachweis i.S.d. § 50 Abs. 1 EStDV liegt lt. Sachverhalt vor.

Die Spende an die FDP ist eine freiwillige Zuwendung, die jedoch im § 9 Abs. 1 Nr. 2 KStG nicht genannt wird. Ein Abzug nach dieser Vorschrift scheidet demnach aus. Ferner unterliegen Aufwendungen zur Förderung staatspolitischer Zwecke dem Abzugsverbot nach § 4 Abs. 6 EStG (R 32 Abs. 1 KStR). Es verbleibt daher bei der außerbilanziellen Zurechnung.

Die Spende an die evangelische Kirche ist begünstigt. Es handelt sich um eine Zuwendung an eine religiöse Gemeinschaft i.S.d. § 54 AO, die Zuwendung erfolgt freiwillig und ohne direkte Gegenleistung. Der Belegnachweis i.S.d. § 50 Abs. 1 EStDV liegt lt. Sachverhalt vor.

Die Zahlung an Greenpeace e.V. stellt keine Spende i.S.d. § 9 Abs. 1 Nr. 2 KStG dar, da es an der notwendigen Freiwilligkeit mangelt. Die Zahlung wird vielmehr geleistet, um die Einstellung eines Gerichtsverfahrens zu erreichen. Der Abzug der Aufwendungen ist gleichwohl nach § 4 Abs. 5 S. 1 Nr. 8 EStG (R 32 Abs. 1 KStR) und § 10 Nr. 3 KStG zu versagen. Es verbleibt daher bei der außerbilanziellen Zurechnung.

Insgesamt ergeben sich nach § 9 Abs. 1 Nr. 2 KStG begünstigte Aufwendungen i.H.v. 9.000 €. Bemessungsgrundlage für die Ermittlung des abzugsfähigen Betrages ist das Einkommen i.S.d. § 9 Abs. 2 S. 1 KStG. Dieses ermittelt sich wie folgt:

Jahresüberschuss	120.000 €
Außerbilanzielle Zurechnung	+ 13.000 €
Bemessungsgrundlage	**= 133.000 €**

Der Höchstbetrag ermittelt sich nach § 9 Abs. 1 Nr. 2 S. 1 a KStG mit 20 % von 133.000 €. Damit ergibt sich ein Betrag von 26.600 €. Alternativ ergibt sich ein Höchstbetrag nach § 9 Abs. 1 Nr. 2 S. 1b KStG i.H.v. 32.000 € (= 8.000.000 € × 0,4 %). Die tatsächlich geleisteten und nachgewiesenen Aufwendungen betragen nur 9.000 €. Sie können daher in voller Höhe berücksichtigt werden. Das zu versteuernde Einkommen ermittelt sich wie folgt:

Jahresüberschuss	120.000 €
Außerbilanzielle Zurechnung	+ 13.000 €
Abzugsfähige Spenden	./. 9.000 €
Zu versteuerndes Einkommen	**= 124.000 €**

Fall 3: Spendenabzug – Alternative

Die Dresdner Wirtschaftsauskunft GmbH mit Sitz und Geschäftsleitung in Dresden sammelt deutschlandweit wirtschaftliche Daten von Unternehmen, um diese gegen Entgelt Dritten zur Verfügung zu stellen. Sie ermittelt ihren Gewinn nach einem kalendergleichen Wirtschaftsjahr durch Betriebsvermögensvergleich. Umsatzsteuerlich gilt für sie die Regelbesteuerung. Im Wirtschaftsjahr 2013 erzielt sie einen Jahresüberschuss i.H.v. 12.000 €. Dabei wurden die nachfolgenden Aufwendungen innerbilanziell als Betriebsausgaben verbucht.

- Spende an das Deutsche Rote Kreuz i.H.v. 2.000 €.
- Spende an die Technische Universität Dresden i.H.v. 3.000 € zur Verwendung für wissenschaftliche Zwecke.
- Parteispende an die FDP i.H.v. 1.000 €.
- Spende an die evangelische Kirche in Dresden i.H.v. 4.000 €.
- Zuwendung an den Greenpeace e.V. i.H.v. 3.000 €; die Zuwendung erfolgte zur Einstellung eines Gerichtsverfahrens wegen Verletzung von Persönlichkeitsrechten bei einem Dresdner Gericht.

Sämtliche Aufwendungen wurden durch Banküberweisung beglichen. Soweit besondere Belege zur steuerlichen Abzugsfähigkeit erforderlich sind, liegen diese vor. Die Summe aus Umsatz, sowie Löhne und Gehältern beträgt im Wirtschaftsjahr 2013 insgesamt 800.000 €.

Aufgabe: Ermitteln Sie das zu versteuernde Einkommen der Dresdner Wirtschaftsauskunft GmbH für den Veranlagungszeitraum 2013!

Lösung:
Die Dresdner Wirtschaftsauskunft GmbH ist als Kapitalgesellschaft mit Geschäftsleitung (§ 10 AO) und Sitz (§ 11 AO) im Inland unbeschränkt körperschaftsteuerpflichtig (§ 1 Abs. 1 Nr. 1 KStG). Die Steuerpflicht erstreckt sich auf das Welteinkommen (§ 1 Abs. 2 KStG). Die GmbH ist als Handelsgesellschaft (§ 13 Abs. 3 GmbHG) auch Kaufmann (§ 6 Abs. 1 HGB). Demnach besteht eine Buchführungspflicht (§ 238 Abs. 1 HGB). Diese gilt auch steuerlich (§ 140 AO). Die GmbH hat daher ihren Gewinn durch Betriebsvermögensvergleich zu ermitteln (§ 5 Abs. 1 EStG). Sie erzielt ausschließlich Einkünfte aus Gewerbebetrieb, da die GmbH als Kapitalgesellschaft nach § 1 Abs. 1 Nr. 1 KStG unbeschränkt körperschaftsteuerpflichtig ist.

Die Behandlung sämtlicher im Sachverhalt genannter Aufwendungen als Betriebsausgabe (§ 4 Abs. 4 EStG) ist korrekt, da bei einer Kapitalgesellschaft kein privater Bereich besteht. Die Abzugsfähigkeit von Spenden und Mitgliedsbeiträgen richtet sich nach § 9 Abs. 1 Nr. 2 KStG. Hierzu sind sämtliche Aufwendungen zunächst außerbilanziell hinzuzurechnen (Zurechnung i.H.v. 13.000 €). Grundlage hierfür ist u.a. § 9 Abs. 2 S. 1 KStG, da als Bemessungsgrundlage für den Spendenabzug, das Einkommen vor Spenden und Verlustabzug heranzuziehen ist.

Die Spende an das Deutsche Rote Kreuz ist begünstigt. Es handelt sich um gemeinnützige Zwecke i.S.d. § 52 Abs. 2 Nr. 9 AO, die Zuwendung erfolgt freiwillig und ohne direkte Gegenleistung. Der Belegnachweis i.S.d. § 50 Abs. 1 EStDV liegt lt. Sachverhalt vor.

Die Spende an die Technische Universität Dresden ist begünstigt. Es handelt sich um gemeinnützige Zwecke i.S.d. § 52 Abs. 2 Nr. 1 AO, die Zuwendung erfolgt freiwillig und ohne direkte Gegenleistung. Der Belegnachweis i.S.d. § 50 Abs. 1 EStDV liegt lt. Sachverhalt vor.

Die Spende an die FDP ist eine freiwillige Zuwendung, die jedoch im § 9 Abs. 1 Nr. 2 KStG nicht genannt wird. Ein Abzug nach dieser Vorschrift scheidet demnach aus. Ferner unterliegen Aufwendungen zur Förderung staatspolitischer Zwecke dem Abzugsverbot nach § 4 Abs. 6 EStG (R 32 Abs. 1 KStR). Es verbleibt daher bei der außerbilanziellen Zurechnung.

Die Spende an die evangelische Kirche ist begünstigt. Es handelt sich um eine Zuwendung an eine religiöse Gemeinschaft i.S.d. § 54 AO, die Zuwendung erfolgt freiwillig und ohne direkte Gegenleistung. Der Belegnachweis i.S.d. § 50 Abs. 1 EStDV liegt lt. Sachverhalt vor.

Die Zahlung an Greenpeace e.V. stellt keine Spende i.S.d. § 9 Abs. 1 Nr. 2 KStG dar, da es an der notwendigen Freiwilligkeit mangelt. Die Zahlung wird vielmehr geleistet, um die Einstellung eines Gerichtsverfahrens zu erreichen. Der Abzug der Aufwendungen ist gleichwohl nach § 4 Abs. 5 S. 1 Nr. 8 EStG (R 32 Abs. 1 KStR) und § 10 Nr. 3 KStG zu versagen. Es verbleibt daher bei der außerbilanziellen Zurechnung.

3.1 Grundfälle der Einkommensermittlung

Insgesamt ergeben sich nach § 9 Abs. 1 Nr. 2 KStG begünstigte Aufwendungen i.H.v. 9.000 €. Bemessungsgrundlage für die Ermittlung des abzugsfähigen Betrages ist das Einkommen i.S.d. § 9 Abs. 2 S. 1 KStG. Dieses ermittelt sich wie folgt:

Jahresüberschuss	12.000 €
Außerbilanzielle Zurechnung	+ 13.000 €
Bemessungsgrundlage	**= 25.000 €**

Der Höchstbetrag ermittelt sich nach § 9 Abs. 1 Nr. 2 S. 1a KStG mit 20 % von 25.000 €. Damit ergibt sich ein Betrag von 5.000 €. Alternativ ergibt sich ein Höchstbetrag nach § 9 Abs. 1 Nr. 2 S. 1b KStG i.H.v. 3.200 € (= 800.000 € × 0,4 %). Die tatsächlich geleisteten und nachgewiesenen Aufwendungen betragen 9.000 €. Es ist daher nur ein Abzug i.H.d. Höchstbetrages von 5.000 € möglich. Das zu versteuernde Einkommen ermittelt sich wie folgt:

Jahresüberschuss	12.000 €
Außerbilanzielle Zurechnung	+ 13.000 €
Abzugsfähige Spenden	./. 5.000 €
Zu versteuerndes Einkommen	**= 20.000 €**

Der Betrag der nicht ausgeschöpften Spenden i.H.v. 4.000 € (= 9.000 € abzüglich 5.000 €) ist gesondert festzustellen (§ 9 Abs. 1 Nr. 2 S. 10 KStG i.V.m. § 10d Abs. 4 EStG) und kann in Folgejahren im Rahmen der Höchstbeträge als Spende berücksichtigt werden (§ 9 Abs. 1 Nr. 2 S. 9 KStG).

Fall 4: Verein
Der „Wir wissen nicht was wir tun" e.V. ist als nicht gemeinnütziger Verein seit 1993 im Vereinsregister eingetragen. Er hat seinen Sitz in Radebeul bei Dresden. Im Jahr 2013 erzielt er die nachfolgenden Einkünfte/Einnahmen:
Im Veranlagungszeitraum 2013 betrugen die zuzurechnenden Einkünfte aus einer Forstwirtschaft insgesamt 3.500 € (Umsatz im Jahr 2013 insgesamt 20.000 €).
Die Zinsen aus einer Spareinlage betrugen 2.500 €. Die auszahlende Bank behielt die gesetzlichen Abzugsbeträge ein.
Die Einnahmen aus der Vermietung einer Eigentumswohnung (Baujahr 1992) in Meißen betrugen 350 €/Monat. Die laufenden Kosten der Wohnung beliefen sich auf 50 €/Monat. Der Verein hatte die Eigentumswohnung im Januar 2007 erworben. Die Anschaffungskosten betrugen 50.000 € (Anteil Grund und Boden 20 %). Zum 31.12.2013 veräußerte der Verein die Wohnung für 60.000 €. Die Zahlung des Kaufpreises erfolgte noch am 31.12.2013.

Aufgabe: Ermitteln Sie das zu versteuernde Einkommen der Wir wissen nicht was wir tun e.V. für den Veranlagungszeitraum 2013!

Lösung:
Der Wir wissen nicht was wir tun e.V. ist als juristische Person des privaten Rechts mit Geschäftsleitung (§ 10 AO) und Sitz (§ 11 AO) im Inland unbeschränkt körperschaftsteuerpflichtig (§ 1 Abs. 1 Nr. 4 KStG). Die Steuerpflicht erstreckt sich auf das Welteinkommen (§ 1 Abs. 2 KStG). Der Verein ist keine Körperschaft nach § 1 Abs. 1 Nr. 1-3 KStG und kann demnach alle Einkunftsarten erzielen (§ 8 Abs. 2 KStG, R 32 Abs. 2 KStR). Der Ermittlungszeitraum ist dabei grundsätzlich das Kalenderjahr (§ 7 Abs. 3 KStG). Eine Buchführungspflicht nach § 140 AO kommt nicht in Betracht, da der Verein kein Kaufmann i.S.d. HGB ist. Die Buchführungspflicht nach § 141 AO scheidet aufgrund des zu geringen Umsatzes bzw. Gewinns ebenfalls aus.

Hinsichtlich der Forstwirtschaft erzielt der Verein Einkünfte aus einer Land- und Forstwirtschaft nach § 13 Abs. 1 Nr. 1 EStG. Die Einkünfte sind der Gewinn (§ 2 Abs. 2 S. 1 Nr. 1 EStG), welcher im vorliegenden Fall auch nach § 4 Abs. 3 EStG ermittelt werden kann. Die Einkünfte sind durch den Sachverhalt bereits mit 3.500 € vorgegeben. Es ergeben sich keine Änderungen.

Hinsichtlich der Zinsen erzielt der Verein Einkünfte aus Kapitalvermögen nach § 20 Abs. 1 Nr. 7 EStG. Es handelt sich um Überschusseinkünfte (§ 2 Abs. 2 S. 1 Nr. 2 EStG). Diese werden bei Zufluss (§ 11 Abs. 1 EStG) besteuert. Die Kapitalertragsteuer i.H.v. 625 € (§ 43 Abs. 1 S. 1 Nr. 7, § 43a Abs. 1 S. 1 Nr. 1 EStG) und der Solidaritätszuschlag i.H.v. 34,37 € (§ 3 Abs. 1 Nr. 5, § 4 S. 1 SolZG) dürfen weder die Einkünfte noch das zu versteuernde Einkommen mindern (§ 10 Nr. 2 KStG, H 48 „Nichtabziehbare Steuern" KStH). Sie können jedoch auf die festzusetzende Körperschaftsteuer bzw. Solidaritätszuschlag angerechnet werden (§ 31 Abs. 1 KStG i.V.m. § 36 Abs. 2 Nr. 2 EStG bzw. § 51a Abs. 1 i.V.m. § 36 Abs. 2 Nr. 2 EStG). Von den Einnahmen ist weiterhin der Sparerpauschbetrag nach § 20 Abs. 9 S. 1 EStG (§ 8 Abs. 10 KStG; R 32 Abs. 2 S. 2 KStR analog) zum Abzug zu bringen. Damit ergeben sich Einkünfte aus Kapitalvermögen i.H.v. 1.699 € (= 2.500 € ./. 801 €).

Die Vermietung der Eigentumswohnung führt zu Einkünften aus Vermietung und Verpachtung i.S.d. § 21 Abs. 1 Nr. 1 EStG. Es handelt sich um Überschusseinkünfte (§ 2 Abs. 2 S. 1 Nr. 2 EStG). § 11 gilt. Die monatliche Miete stellt eine Einnahme i.S.d. § 8 Abs. 1 EStG dar und ist bei Zufluss (§ 11 Abs. 1 EStG) zu erfassen (12 Monate × 350 € = 4.200 €). Die laufenden Kosten sind als Werbungskosten nach § 9 Abs. 1 S. 1 EStG bei Abfluss (§ 11 Abs. 2 EStG) zu berücksichtigen (12 Monate × 50 € = 600 €). Ferner ist auch die Absetzung für Abnutzung als Werbungskosten berücksichtigungsfähig (§ 9 Abs. 1 S. 3 Nr. 7 EStG). Bemessungsgrundlage bilden die Anschaffungskosten des Gebäudeteils (R 7.3 Abs. 1 EStR). Dieser ermittelt sich durch Aufteilung der Gesamtanschaffungskosten i.H.v. 50.000 € (§ 255 Abs. 1 HGB) in Gebäude sowie Grund und Boden (H 7.3 „Kaufpreis-Aufteilung," EStH). Demnach ergeben sich Anschaffungskosten für den Gebäudeteil i.H.v. 40.000 €. Die Absetzung für Abnutzung ermittelt sich nach § 7 Abs. 4 S. 1 Nr. 2a EStG mit 2 Prozent (= 800 €). Die Einkünfte aus Vermietung und Verpachtung ermitteln sich wie folgt:

Einnahmen	4.200 €
Laufende Kosten	./. 600 €
Absetzung für Abnutzung	./. 800 €
Einkünfte aus Vermietung und Verpachtung	**2.800 €**

Hinsichtlich der Veräußerung der Eigentumswohnung ist ein privates Veräußerungsgeschäft i.S.d. § 23 Abs. 1 S. 1 Nr. 1 EStG zu prüfen. Die Anschaffung (= Januar 2007) und die Veräußerung (= Dezember 2012) liegen offensichtlich innerhalb der 10-Jahresfrist. Die Steuerbefreiung nach § 23 Abs. 1 S. 1 Nr. 1 S. 3 EStG ist nicht erfüllt, da der Verein die Wohnung nicht zu eigenen Wohnzwecken nutzen kann. Somit erzielt der Verein sonstige Einkünfte aus einem privaten Veräußerungsgeschäft (§ 22 Nr. 2 i.V.m. § 23 Abs. 1 S. 1 Nr. 1 EStG). Es handelt sich um Überschusseinkünfte (§ 2 Abs. 2 S. 1 Nr. 2 EStG). Der Besteuerungszeitpunkt ermittelt sich ausschließlich nach dem Zuflussprinzip (§ 11 Abs. 1 EStG, H 23 „Werbungskosten" EStH). Der Veräußerungsgewinn ist nach § 23 Abs. 3 S. 1 EStG zu ermitteln. Die Anschaffungskosten des Gebäudeteils sind dabei um die in Anspruch genommenen Beträge der Absetzung für Abnutzung zu kürzen (5.600 € = 7 Jahre × 800 €). Demnach ergibt sich der nachfolgende Veräußerungsgewinn:

Veräußerungspreis	60.000 €
Anschaffungskosten Grund und Boden	./. 10.000 €
Gekürzte Anschaffungskosten Gebäudeteil	./. 34.400 €
Veräußerungsgewinn	**= 15.600 €**

3.1 Grundfälle der Einkommensermittlung

Die Summe der Einkünfte ermittelt sich wie folgt:

Einkünfte aus Land- und Forstwirtschaft	3.500 €
Einkünfte aus Kapitalvermögen	+ 1.699 €
Einkünfte aus Vermietung und Verpachtung	+ 2.800 €
Sonstige Einkünfte	+ 15.600 €
Summe der Einkünfte	**= 23.599 €**

Im nächsten Schritt ist der Freibetrag für Land- und Forstwirtschaft nach § 13 Abs. 3 S. 1 EStG (R 32 Abs. 1 Nr. 1 KStR) abzuziehen. Eine Kürzung unterbleibt, da die Summe der Einkünfte 30.700 € nicht übersteigt (§ 13 Abs. 3 S. 2 EStG). Ferner übersteigen die zu berücksichtigenden Einkünfte aus Land- und Forstwirtschaft den Freibetrag. Ein Verlustabzug ist mangels gesondert festgestellten Verlustvortrages nicht vorzunehmen. Der Freibetrag nach § 25 KStG kann nicht berücksichtigt werden, da sich die Tätigkeit des Vereins nicht auf den Betrieb einer Land- und Forstwirtschaft beschränkt. Demnach ist der Freibetrag nach § 24 KStG zum Abzug bringen. Die Voraussetzungen hierfür sind erfüllt, da weder bei den Mitgliedern des Vereins Einnahmen nach § 20 Abs. 1 Nr. 1 EStG zu versteuern wären, noch kann der Freibetrag nach § 25 KStG gewährt werden. Das zu versteuernde Einkommen ermittelt sich daher wie folgt:

Summe der Einkünfte	23.599 €
Freibetrag für Land- und Forstwirtschaft	./. 670 €
Freibetrag nach § 24 KStG	./. 5.000 €
Zu versteuerndes Einkommen	**= 17.929 €**

Fall 5: GmbH

Die „Volkskunst Erzgebirge GmbH" mit Sitz in Tharandt, bei Dresden, wurde im September 1994 gegründet. Alleiniger Gründungsgesellschafter war Roy Rolowski. Der notariell beurkundete Gesellschaftsvertrag sah ein Stammkapital von 50.000 € vor. Geschäftszweck der GmbH ist der Vertrieb von original erzgebirgischer Volkskunst. Im Sommer 1995 übertrug Roy Rolowski Anteile auf einen Geschäftspartner. Die Beteiligungsverhältnisse stellen sich seither wie folgt dar:

Roy Rolowski	24.000 €	48 %
Robert Schnitzer	26.000 €	52 %

Als alleiniger Geschäftsführer ist Roy Rolowski bestellt. Er ist von den Beschränkungen des § 181 BGB wirksam befreit. Lt. Gesellschaftsvertrag müssen sämtliche Beschlüsse einstimmig geschlossen werden.

Roy Rolowski erhält seit 2008 ein monatliches Geschäftsführergehalt i.H.v. 2.700 €. Nachdem er jedoch in der September-Ausgabe der Zeitschrift „GmbH-Report" las, dass sich die Gehälter für Geschäftsführer vergleichbarer Unternehmen mittlerweile auf 5.500 € erhöht hatten, sah er einen gewissen Anpassungsbedarf. Noch am selben Abend (09.09.2013) berief er zulässigerweise eine Gesellschafterversammlung ein. Dabei beschlossen die Gesellschafter eine Erhöhung des Monatsgehalts auf 5.500 €. Die Erhöhung trat rückwirkend zum 01.01.2013 in Kraft. Die Nachzahlung erfolgte im Oktober 2013. Auf der Gesellschafterversammlung vom 22.03.2013 wurde über die Verwendung des Bilanzgewinns 2012 wie folgte beschlossen:

Ausschüttung	80.000 €
Vortrag auf neue Rechnung	5.235 €

Die Auszahlung wurde noch im März 2013 vollzogen. Dabei wurden die einzubehaltenden Steuern ordnungsgemäß an das Finanzamt abgeführt.

Der Jahresabschluss 2013 der GmbH wies einen Bilanzgewinn von 72.242 € aus.
In der GuV-Rechnung wurden u.a. folgende Aufwendungen berücksichtigt:

Körperschaftsteueraufwand	7.000 €
Solidaritätszuschlag-Aufwand	385 €
Gewerbesteueraufwand	2.500 €

In der Gewinnermittlung 2013 der Volkskunst Erzgebirge GmbH befindet sich auch ein Posten Kundengeschenke. Dieser enthält Aufwendungen von insgesamt 8.000 € (netto), welche den Erwerb von kleinen Holzfiguren (Stückpreis netto 80 €) betreffen. Bei Anschaffung hatte die GmbH den vollen Vorsteuerabzug hierauf geltend gemacht. Roy Rolowski verschenkte die Figuren zu besonderen Anlässen an seine Kunden. Hierüber wurden ordnungsgemäße Aufzeichnungen geführt. Aus diesen ergibt sich weiterhin, dass zum 31.12.2013 noch 40 Holzfiguren vorhanden waren, welche im Frühjahr 2014 verschenkt wurden. Weitere Konsequenzen wurden hieraus bisher nicht gezogen.

Am späten Nachmittag des 25.08.2013 besuchte Madlen Rolowski (13 Jahre) ihren Vater im Büro. Dieser war äußerst erfreut und kümmerte sich rührend um seine Tochter. Als er jedoch mit ihr, nach Ladenschluss nach Hause gehen wollte, ließ sich Madlen nicht dazu bewegen. Sie hatte in einer Vitrine einen Miniatur-Nußknacker gesehen, welchen sie unbedingt haben wollte. RR lehnte dies zunächst mit Hinweis auf den Verkaufspreis von 119 € (Einkaufspreis netto 50 €) ab. Davon ließ sich Madlen aber nicht beirren. Da es Roy Rolowski auch nach längerem Einwirken nicht gelang seine Tochter zu beruhigen, gab er schließlich entnervt auf und schenkte seiner Tochter die Figur. In der Buchführung wurde zu diesem Sachverhalt nichts veranlasst.

Weiterhin ist die Volkskunst Erzgebirge GmbH schon seit 1999 mit 30 % an der „Im- und Export" GmbH, einem Großhändler für Volkskunst aus den verschiedensten Ländern der Welt, beteiligt. Aus dieser Beteiligung floss der GmbH eine Gewinnausschüttung zu. Dabei wurde dem Bankkonto ein Betrag i.H.v. 14.725 € gutgeschrieben.

Aufgabe: Ermitteln Sie das zu versteuernde Einkommen der GmbH, die festzusetzende Körperschaftsteuer/Solidaritätszuschlag, sowie die entsprechenden Rückstellungen! Stellen Sie ferner die Auswirkungen auf die Gesellschafter dar! Ein Antrag nach § 32d Abs. 2 Nr. 3 EStG wurde nicht gestellt.

Lösung:
Kapitalgesellschaft

Die Volkskunst Erzgebirge GmbH ist eine unbeschränkt körperschaftsteuerpflichtige Kapitalgesellschaft (§ 1 Abs. 1 Nr. 1 KStG), da ihre Geschäftsleitung (§ 10 AO) und ihr Sitz (§ 11 AO) in Tharandt (= Inland § 1 Abs. 3 KStG) hat. Die Steuerpflicht erstreckt sich auf das Welteinkommen (§ 1 Abs. 2 KStG).

Die Körperschaftsteuer bemisst sich nach dem zu versteuernden Einkommen, § 7 Abs. 1 KStG, R 29 Abs. 1 KStR. Das zu versteuernde Einkommen ist das Einkommen nach § 8 Abs. 1 KStG, § 7 Abs. 2 KStG. Die Ermittlung des zu versteuernden Einkommens bestimmt sich nach den Vorschriften des Einkommensteuergesetzes und des Körperschaftsteuergesetzes, § 8 Abs. 1 KStG, R 32 Abs. 1 KStR.

Die GmbH erzielt als Körperschaft nach § 1 Abs. 1 Nr. 1 KStG ausschließlich gewerbliche Einkünfte (§ 8 Abs. 2 KStG, R 32 Abs. 2 KStR). Die GmbH ist eine Handelsgesellschaft i.S.d. § 13 Abs. 3 GmbHG, auch Formkaufmann i.S.d. § 6 HGB und unterliegt daher der Buchführungspflicht (§ 238 Abs. 1 HGB). Sie ermittelt daher ihren Gewinn durch Betriebsvermögensvergleich (§ 5 Abs. 1 EStG i.V.m. § 140 AO). Die Körperschaftsteuer ist eine Jahressteuer. Ihre Grundlagen sind jeweils für ein Kalenderjahr zu ermitteln, § 7 Abs. 3 S. 1, 2 KStG. Der Ermittlungszeitraum ist dabei das Wirtschaftsjahr, welches dem Kalenderjahr entspricht (§ 7 Abs. 4 KStG; 01.01.-31.12.2013).

Im Jahr 2013 ist Robert Schnitzer beherrschender Gesellschafter, da er über 52 % der Gesellschaftsanteile verfügt (H 36 „III. Veranlassung durch das Gesellschaftsverhältnis – Beherrschender Gesellschafter" KStH).

3.1 Grundfälle der Einkommensermittlung

Der Beschluss über die offene Gewinnausschüttung für das Wirtschaftsjahr 2012 vom 22.03.2013 i.H.v. 80.000 € stellt eine Ergebnisverwendung dar. Diese darf sich nicht auf das Einkommen der GmbH auswirken (§ 8 Abs. 3 S. 1 KStG). Aus dem Sachverhalt ergeben sich keine Indizien auf eine fehlerhafte Behandlung des Sachverhaltes. Demnach kann eine korrekte Behandlung unterstellt werden.

Der Ausgangsbetrag für die Einkommensermittlung des Wj. 2013 ist der Jahresüberschuss. Nachdem die GmbH ihren Jahresabschluss offensichtlich gem. § 268 Abs. 1 HGB unter Verwendung des Jahresergebnisses aufgestellt hat, muss der Jahresüberschuss aus dem Bilanzgewinn abgeleitet werden.

72.242 €	Bilanzgewinn 2013, lt. Bilanz
./. 5.235 €	Gewinnvortrag aus dem Vorjahr (= 2012), da dieser bereits im Jahr 2012 versteuert wurde und ein nochmaliger Ansatz im Jahr 2013 zu einer doppelten Besteuerung führen würde
= 67.007 €	**Jahresüberschuss**

Das Geschäftsführergehalt stellt „innerhalb der Bilanz" zutreffend Aufwand und somit eine Betriebsausgabe i.S.d. § 4 Abs. 4 EStG dar, weil eine schuldrechtliche Verpflichtung zur Zahlung besteht. Insoweit erfolgte die Behandlung bisher richtig.

Das monatliche Gehalt stellt grundsätzlich eine Vermögensminderung (= Geldabfluss) dar, die sich auf die Höhe des Einkommens der GmbH auswirkt (= Erhöhung des Betriebsausgaben) und nicht auf einen ordentlichen Gewinnverteilungsbeschluss beruht. Eine Veranlassung im Gesellschaftsverhältnis liegt grundsätzlich nicht vor, da die Zahlung einem Fremdvergleich standhält, R 36 Abs. 1 KStR.

Der rückwirkende Erhöhung des Geschäftsführergehalts ist bei der GmbH innerbilanziell zutreffend ebenfalls eine Betriebsausgabe (§ 4 Abs. 4 EStG). Ferner handelt es sich um eine Vermögensminderung, welche sich auf den Unterschiedsbetrag nach § 4 Abs. 1 EStG ausgewirkt hat. Ein Gewinnverteilungsbeschluss liegt nicht vor. Der Gesellschafterbeschluss vom 09.09.2013 stellt keinen einen anderen Gesellschafterbeschluss dar und eben keinen Gewinnverteilungsbeschluss. Die Höhe des erhöhten Gehalts liegt im angemessenen Bereich. Demnach fehlt es insoweit an einer Veranlassung im Gesellschaftsverhältnis.

Allerdings fehlt es im vorliegenden Fall an einer klaren im Vorhinein getroffenen Vereinbarung (R 36 Abs. 2 KStR). Dies ist jedoch unschädlich, da Roy Rolowski nicht als beherrschender Gesellschafter anzusehen ist (48 %; H 36 III. „Veranlassung durch das Gesellschaftsverhältnis – Beherrschender Gesellschafter" KStH). Eine Beherrschung über gleichgerichtete Interessen scheidet ebenfalls aus, da Robert Schnitzer keinerlei Vorteil aus der Erhöhung der Vergütung hat. Die Ausführungen zu den nahestehenden Personen sind ebenso nicht anwendbar. Eine verdeckte Gewinnausschüttung liegt daher nicht vor (§ 8 Abs. 3 S. 2 KStG).

Die Vorauszahlung für die Körperschaftsteuer und Solidaritätszuschlag i.H.v. 7.385 € stellen „innerhalb der Bilanz" zutreffend eine Betriebsausgabe (§ 4 Abs. 4 EStG) dar, die ordnungsgemäß verbucht wurde. Dies gilt ebenso für die Gewerbesteuer (§ 4 Abs. 4 EStG).

Allerdings stellen die Steuern vom Einkommen (Körperschaftsteuer/Solidaritätszuschlag) nicht abziehbare Aufwendungen i.S.d. § 10 Nr. 2 KStG dar (R 48 Abs. 2 KStR, H 48 „Nichtabziehbare Steuern" KStH). Für die Gewerbesteuer gilt das Abzugsverbot nach § 4 Abs. 5b EStG.

→ Zurechnung außerhalb der Bilanz: + 7.000 €
+ 385 €
+ 2.500 €

Die Aufwendungen für die Kundengeschenke sind innerhalb der Bilanz als Betriebsausgabe abzugsfähig (§ 4 Abs. 4 EStG). Ein Vorsteuerabzug ist nach § 15 Abs. 1 Nr. 1 UStG möglich. Das Vorsteuerabzugsverbot des § 15 Abs. 1a UStG greift zunächst nicht, da zunächst noch keine Schenkung i.S.d. § 4 Abs. 5 S. 1 Nr. 1 EStG vorliegt.

Hinsichtlich der 60 bereits verschenkten Holzfiguren ist das Abzugsverbot nach § 4 Abs. 5 S. 1 Nr. 1 EStG zu prüfen. Die Aufzeichnungsvorschriften nach § 4 Abs. 7 EStG sind lt. Sachverhalt erfüllt. Die Anschaffungskosten (netto, § 255 Abs. 1 HGB, R 4.10 Abs. 3 S. 1 EStR) betragen 80 € und überschreiten damit die gesetzlich vorgegeben Grenze von 35 €. Somit unterliegen die Schenkungen dem Abzugsverbot nach § 4 Abs. 5 S. 1 Nr. 1 EStG. Das Einkommen der GmbH ist außerhalb der Bilanz um 4.800 € zu erhöhen. Weiterhin greift nun das Vorsteuerabzugsverbot nach § 15 Abs. 1a UStG, da die Geschenke dem Abzugsverbot nach § 4 Abs. 5 EStG unterliegen. Der Vorsteuerabzug ist nach § 17 Abs. 2 Nr. 5 UStG um 912 € (= 4.800 € × 19 %) zu korrigieren. Dabei handelt es sich innerhalb der Bilanz um eine Betriebsausgabe (§ 4 Abs. 4 EStG), welche aber dem Abzugsverbot nach § 10 Nr. 2 KStG unterliegt und daher außerbilanziell hinzuzurechnen ist.

Die am Bilanzstichtag noch vorhandenen Geschenke sind als Umlaufvermögen (R 6.1 Abs. 2 EStR) zu aktivieren und nach § 6 Abs. 1 Nr. 2 EStG mit den Anschaffungskosten zu bewerten (netto, § 9b Abs. 1 EStG, § 255 Abs. 1 HGB). Bislang wurden die Geschenke vollumfänglich aufwandswirksam erfasst. Demnach ist innerhalb der Bilanz ein Aktivansatz i.H.v. 3.200 € zu berücksichtigen. Das Einkommen erhöht sich um diesen Betrag.

→ Korrekturen innerhalb der Bilanz: ./. 912 €
+ 3.200 €

→ Korrekturen außerhalb der Bilanz: + 4.800 €
+ 912 €

Hinsichtlich der Schenkung an seine Tochter ist eine verdeckte Gewinnausschüttung zu prüfen (R 36 Abs. 1 KStR). Die unentgeltliche Abgabe der Holzfigur stellt eine verhinderte Vermögensmehrung dar, da Roy Rolowski auf Betriebseinnahmen verzichtet. Eine Auswirkung auf den Unterschiedsbetrag nach § 4 Abs. 1 EStG ist ebenfalls gegeben, da der Gewinn durch die fehlenden Einnahmen zu niedrig ist. Ein Gewinnverteilungsbeschluss liegt nicht vor. Die Veranlassung im Gesellschaftsverhältnis ist gegeben, da ein ordentlicher und gewissenhafter Geschäftsführer diese verhinderte Vermögensmehrung nicht hingenommen hätte. Die verdeckte Gewinnausschüttung ist mit dem gemeinen Wert unter Berücksichtigung der tatsächlich entstehenden Umsatzsteuer zu bewerten (H 37 „Hingabe von Wirtschaftsgütern" KStH). Demnach ergibt sich ein Betrag i.H.v. 109,50 €. Dieser ist nach § 8 Abs. 3 S. 2 KStG außerbilanziell dem körperschaftsteuerlichen Einkommen hinzuzurechnen.

Die verdeckte Gewinnausschüttung stellt daneben eine gleichgestellte Leistung i.S.d. § 3 Abs. 1b UStG dar. Die Bemessungsgrundlage für die Umsatzsteuer bildet der Einkaufspreis im Zeitpunkt der verdeckten Gewinnausschüttung (§ 10 Abs. 4 Nr. 1 UStG). Demnach entsteht eine Umsatzsteuer i.H.v. 9,50 € (= 50 € × 19 %). Die Erhöhung der Umsatzsteuerverbindlichkeit führt innerhalb der Bilanz zu einer Gewinnminderung. Diese ist jedoch grundsätzlich außerbilanziell zu korrigieren, da die Umsatzsteuer auf verdeckte Gewinnausschüttungen dem Abzugsverbot nach § 10 Nr. 2 KStG unterliegt. Allerdings unterbleibt die Hinzurechnung, da die Umsatzsteuer bereits bei der Hinzurechnung der verdeckten Gewinnausschüttung berücksichtigt wurde (R 37 KStR).

→ Korrekturen innerhalb der Bilanz: ./. 9,50 €
→ Korrekturen außerhalb der Bilanz: + 109,50 €

Die Beteiligung an der „Im- und Export" GmbH stellt zutreffend Betriebsvermögen der Volkskunst Erzgebirge GmbH dar, da die Beteiligung ihr zuzurechnen ist (§ 39 AO). Die Bewertung erfolgt mit den Anschaffungskosten (§ 255 Abs. 1 HGB) oder einem dauerhaft niederen Teilwert (§ 6 Abs. 1 Nr. 2 EStG). Notwendige Korrekturen sind aus dem Sachverhalt nicht ersichtlich.

Die offene Gewinnausschüttung stellt bei der Volkskunst Erzgebirge GmbH eine Betriebseinnahme dar. Dabei werden die Einnahmen nach § 20 Abs. 1 Nr. 1 EStG in gewerbliche Einkünfte umqualifiziert (§ 8 Abs. 2 KStG).

3.1 Grundfälle der Einkommensermittlung

Die ausschüttende Gesellschaft ist verpflichtet eine Kapitalertragsteuer i.H.v. 25 % einzubehalten (§ 43 Abs. 1 S. 1 Nr. 1, § 43a Abs. 1 S. 1 Nr. 1 EStG). Daneben ist auch eine Solidaritätszuschlag einzubehalten (§ 3 Abs. 1 Nr. 5, § 4 S. 1 SolZG). Der Betrag der zu erfassenden Ausschüttung ermittelt sich wie folgt:

14.725 €	Zahlbetrag (entspricht 73,625 % von 20.000 €)
+ 5.000 €	Kapitalertragsteuer (entspricht 25 % von 20.000 €)
+ 275 €	Solidaritätszuschlag (entspricht 1,375 % von 20.000 €)
= 20.000 €	**Ausschüttung**

Innerhalb der Gewinnermittlung ist der Bruttobetrag der Ausschüttung als Betriebseinnahmen zu erfassen (= 20.000 €). Demnach erhöht sich innerhalb der Bilanz der Jahresüberschuss um 5.275 €. Gleichzeitig stellen die Aufwendungen für die Kapitalertragsteuer und den Solidaritätszuschlag innerbilanziell Betriebsausgaben (§ 4 Abs. 4 EStG) dar. Daher vermindert sich der Jahresüberschuss entsprechend. Die Aufwendungen unterliegen allerdings dem Abzugsverbot für Personensteuern nach § 10 Nr. 2 KStG und sind außerbilanziell wieder hinzuzurechnen.

Ferner ist die Ausschüttung als Einnahmen i.S.d. § 20 Abs. 1 Nr. 1 EStG von der Körperschaftsteuer befreit (§ 8b Abs. 1 S. 1 KStG). Dem steht auch die Mindestbeteiligung nach § 8 Abs. 4 KStG nicht entgegen, da die Gesellschaft zu Beginn des Kalenderjahres mit mindestens 10 % beteiligt war. Die Korrektur ist durch eine außerbilanzielle Abrechnung vorzunehmen. Daneben ist eine pauschale Hinzurechnung i.H.v. 1.000 € (= 20.000 € × 5 %) nach § 8b Abs. 5 KStG zu berücksichtigen.

→ Korrekturen innerhalb der Bilanz: + 5.275 €
./. 5.275 €

→ Korrekturen außerhalb der Bilanz: + 5.275 €
./. 20.000 €
+ 1.000 €

Damit ergibt sich ein zu versteuerndes Einkommen i.H.v. 71.267 €. Die Tarifbelastung beträgt 10.690 € (= 71.267 € × 15 %; § 23 Abs. 1 KStG). Dies entspricht gleichzeitig der festzusetzenden Körperschaftsteuer. Die zu erfassende Forderung/Rückstellung ermittelt sich wie folgt:

10.690 €	Tarifbelastung/festzusetzende Körperschaftsteuer
+ 7.000 €	Vorauszahlungen (§ 31 KStG i.V.m. § 36 Abs. 2 Nr. 1 EStG)
+ 5.000 €	Kapitalertragsteuer (§ 31 KStG i.V.m. § 36 Abs. 2 Nr. 2 EStG)
= 1.310 €	**Körperschaftsteuer-Forderung**

Der festzusetzende Solidaritätszuschlag beträgt 587,95 € (= 10.690 € × 5,5 %). Die zu erfassende Forderung/Rückstellung ermittelt sich wie folgt:

587,95 €	Festzusetzender Solidaritätszuschlag
+ 385,00 €	Vorauszahlungen (§ 51a Abs. 1 i.V.m. § 36 Abs. 2 Nr. 1 EStG)
+ 275,00 €	SolZ auf Ausschüttung (§ 51a Abs. 1 i.V.m. § 36 Abs. 2 Nr. 2 EStG)
= 72,05 €	**Solidaritätszuschlag-Forderung**

Die Forderungen sind innerhalb der Bilanz gewinnwirksam zu erfassen. Eine Auswirkung auf das zu versteuernde Einkommen ergibt sich jedoch nicht, da sich die außerbilanziellen Korrekturen entsprechend verändern (§ 10 Nr. 2 KStG).

Gesellschafter
Hinsichtlich des Arbeitslohns erzielt Roy Rolowski Einkünfte aus nichtselbständiger Arbeit nach § 19 Abs. 1 S. 1 Nr. 1 EStG. Diese unterliegen der Einkommensteuer (§ 2 Abs. 1 S. 1 Nr. 4 EStG). Es handelt

sich um Überschusseinkünfte (§ 2 Abs. 2 S. 1 Nr. 2 EStG). Der Besteuerungszeitpunkt für die Einnahmen ermittelt sich nach § 11 Abs. 1 S. 4 i.V.m. § 38a Abs. 1 S. 2, 3 EStG. Der Ermittlungszeitraum ist das Kalenderjahr (§ 2 Abs. 7 S. 1, 2 EStG). Lohnsteuer und Solidaritätszuschlag dürfen die Einnahmen und die Einkünfte nicht mindern (§ 12 Nr. 3 EStG). Die Einnahmen betragen im Jahr 2013 insgesamt 66.000 € (= 12 Monate × 5.500 €). Mangels tatsächlicher Werbungskosten ist der Pauschbetrag i.H.v. 1.000 € (§ 9a S. 1 Nr. 1 Buchst. a EStG) zum Abzug zu bringen. Es ergeben sich Einkünfte aus nichtselbständiger Arbeit i.H.v. 65.000 €.

Die offene Gewinnausschüttung führt zu Einkünften aus Kapitalvermögen nach § 20 Abs. 1 Nr. 1 S. 1 EStG. Die Besteuerung erfolgt bei Zufluss (§ 11 Abs. 1 S. 1 EStG, H 20.2 „Zuflusszeitpunkt bei Gewinnausschüttungen – Grundsatz" EStH). Dies gilt ebenso für die verdeckte Gewinnausschüttung (§ 20 Abs. 1 Nr. 1 S. 2 EStG). Die Einkünfte unterliegen der Einkommensteuer (§ 2 Abs. 1 S. 1 Nr. 5 EStG). Es handelt sich um Überschusseinkünfte (§ 2 Abs. 2 S. 1 Nr. 2 EStG). Ermittlungszeitraum ist das Kalenderjahr (§ 2 Abs. 7 S. 1, 2 EStG). Die Abgeltungsbesteuerung nach § 32d Abs. 1 EStG ist, mangels Ausnahmen anzuwenden. Die Einkünfte sind nicht im Gesamtbetrag der Einkünfte zu erfassen (§ 2 Abs. 5b EStG). Kapitalertragsteuer (= 9.600 €; § 43 Abs. 1 S. 1 Nr. 1 und § 43a Abs. 1 S. 1 Nr. 1 EStG) und Solidaritätszuschlag (= 528 €; § 3 Abs. 1 Nr. 5 und § 4 S. 1 SolZG) dürfen die Einnahmen bzw. die Einkünfte nicht mindern (§ 12 Nr. 3 EStG). Demnach ist die offene Gewinnausschüttung mit 38.400 € (= 80.000 € × 48 %) zu berücksichtigen. Ein Ansatz der verdeckten Gewinnausschüttung erfolgt mit dem gemeinen Wert. Hier ist aufgrund des Bereicherungsgedankens (= angesetzt wird der Wert, den der Gesellschafter für das Wirtschaftsgut hätte aufwenden müssen, wenn er es selbst erwerben müsste). Demnach erfolgt der Ansatz mit 119 €. Die Einnahmen aus Kapitalvermögen betragen insgesamt 38.519 €. Nach Abzug des Sparerpauschbetrages (§ 20 Abs. 9 S. 1 EStG) ergeben sich Einkünfte aus Kapitalvermögen i.H.v. 37.718 €. Hieraus ergibt sich eine Einkommensteuer nach § 32d Abs. 1 EStG i.H.v. 9.429 €. Zur Anrechnung der Kapitalertragsteuer ist ein Antrag nach § 32d Abs. 4 EStG notwendig.

> **Fall 6: Wirtschaftsjahr I**
> Die Möbel-Manufaktur GmbH mit Sitz in Berlin wurde mit notariellem Vertrag vom 22.03.2011 gegründet. Alleiniger Gründungsgesellschafter war Peter Rot. Für ihren Betrieb mietete die GmbH zunächst die notwendigen Büro- und Produktionsflächen in Berlin an. Hier hatte auch Peter Rot sein Büro. Nach Einzahlung des kompletten Stammkapitals von 50.000 € wurde die GmbH am 04.05.2011 in das Handelsregister eingetragen. Die Gründungsurkunde sah ferner ein Wirtschaftsjahr vom 01.03. bis 28.02. vor. Nach dem ersten Wirtschaftsjahr stellte Peter Rot jedoch fest, dass sich die Vorteile eines abweichenden Wirtschaftsjahres in Grenzen hielten. Daher wurde das Wirtschaftsjahr der GmbH in rechtlich zutreffender Form dem Kalenderjahr angeglichen. Aus der Buchführung der GmbH ergeben sich die nachfolgenden Jahresergebnisse:
> - Wirtschaftsjahr 01.03.2011–28.02.2012   50.000 €
> - Wirtschaftsjahr 01.03.2012–31.12.2012   40.000 €
> - Wirtschaftsjahr 01.01.2013–31.12.2013   60.000 €
>
> **Aufgabe:** Ermitteln Sie den Besteuerungszeitpunkt für die Gewinne der einzelnen Wirtschaftsjahre!

Lösung:
Kapitalgesellschaft
Die Möbel Manufaktur GmbH ist eine unbeschränkt körperschaftsteuerpflichtige Kapitalgesellschaft (§ 1 Abs. 1 Nr. 1 KStG), da sie ihren Sitz (§ 11 AO) und ihre Geschäftsleitung (§ 10 AO) in Berlin (= Inland § 1 Abs. 3 KStG) hat. Die Steuerpflicht erstreckt sich auf das Welteinkommen (§ 1 Abs. 2 KStG).

Die Körperschaftsteuer bemisst sich nach dem zu versteuernden Einkommen, § 7 Abs. 1 KStG, R 29 Abs. 1 KStR. Das zu versteuernde Einkommen ist das Einkommen nach § 8 Abs. 1 KStG, § 7 Abs. 2 KStG. Die Ermittlung des zu versteuernden Einkommens bestimmt sich nach den Vorschriften des Einkommensteuergesetzes und des Körperschaftsteuergesetzes, § 8 Abs. 1 KStG, R 32 Abs. 1 KStR.

3.1 Grundfälle der Einkommensermittlung

Die GmbH erzielt als Körperschaft nach § 1 Abs. 1 Nr. 1 KStG ausschließlich gewerbliche Einkünfte (§ 8 Abs. 2 KStG, R 32 Abs. 2 KStR). Die GmbH ist eine Handelsgesellschaft i.S.d. § 13 Abs. 3 GmbHG, auch Formkaufmann i.S.d. § 6 HGB und unterliegt daher der Buchführungspflicht (§ 238 Abs. 1 HGB). Sie ermittelt daher ihren Gewinn durch Betriebsvermögensvergleich (§ 5 Abs. 1 EStG i.V.m. § 140 AO). Die Körperschaftsteuer ist eine Jahressteuer. Ihre Grundlagen sind jeweils für ein Kalenderjahr zu ermitteln, § 7 Abs. 3 S. 1, 2 KStG. Der Ermittlungszeitraum ist dabei das Wirtschaftsjahr (§ 7 Abs. 4 KStG). Dies ist der Zeitraum für den die GmbH typischerweise Abschlüsse erstellt und der sich aus der Gründungsurkunde bzw. dem Handelsregistereintrag ergibt. Er beträgt maximal 12 Monate (§ 240 Abs. 2 S. 2 HGB, § 8b S. 1 EStDV). Demnach ist der Gewinn zunächst für den Zeitraum 01.03.2011–28.02.2012 zu ermitteln. Der Gewinn des Wirtschaftsjahres ist im Veranlagungszeitraum 2012 zu versteuern, da das Wirtschaftsjahr im Veranlagungszeitraum 2012 endet (§ 7 Abs. 4 S. 2 KStG).

Die Umstellung des Wirtschaftsjahres auf das Kalenderjahr bedarf eines notariell beurkundeten Gesellschafterbeschlusses (§ 53 GmbHG). Dieser ist zur Wirksamkeit im Handelsregister einzutragen (§ 54 GmbHG). Dabei gilt das Rückwirkungsverbot, d.h. die Änderung der Satzung muss vor Beginn des neuen Wirtschaftsjahres erfolgen. Die Umstellung des Wirtschaftsjahres bedarf nicht der Zustimmung des Finanzamts, da auf einen kalenderjahrgleichen Ermittlungszeitraum umgestellt wird (§ 7 Abs. 4 S. 3 KStG). Es entsteht ein Rumpfwirtschaftsjahr (01.03.–31.12.2012; § 8b S. 2 Nr. 2 EStDV). Der Gewinn dieses Rumpfwirtschaftsjahres ist im Veranlagungszeitraum 2012 zu versteuern, da das Wirtschaftsjahr im Veranlagungszeitraum 2012 endet (§ 7 Abs. 4 S. 2 KStG).

Mit Beginn des Veranlagungszeitraums 2013 beginnt das dem Kalenderjahr entsprechende Wirtschaftsjahr der GmbH (01.01.–31.12.2013). Die Besteuerung des Gewinns erfolgt im Veranlagungszeitraum 2013.

Fall 7: Wirtschaftsjahr II
Die Möbel-Manufaktur GmbH mit Sitz in Berlin wurde mit notariellem Vertrag vom 22.03.2011 gegründet. Alleiniger Gründungsgesellschafter war Peter Rot. Für ihren Betrieb mietete die GmbH zunächst die notwendigen Büro- und Produktionsflächen in Berlin an. Hier hatte auch Peter Rot sein Büro. Nach Einzahlung des kompletten Stammkapitals von 50.000 € wurde die GmbH am 04.05.2011 in das Handelsregister eingetragen. Die Gründungsurkunde sah ferner ein Wirtschaftsjahr vom 01.01. bis 31.12. vor. Nach dem ersten Wirtschaftsjahr stellte Peter Rot jedoch fest, dass eine Inventur um den Jahreswechsel recht aufwändig ist. Ferner hatten alle seine größeren Kunden ein abweichendes Wirtschaftsjahr (01.10.–30.09.) Daher wurde das Wirtschaftsjahr der GmbH in rechtlich zutreffender Form zum 01.10.2014 dem Wirtschaftsjahr seiner Kunden angeglichen. Das Finanzamt stimmte der Änderung des Wirtschaftsjahres zu. Aus der Buchführung der GmbH ergeben sich die nachfolgenden Jahresergebnisse:
- Wirtschaftsjahr 01.03.2011–31.12.2011   50.000 €
- Wirtschaftsjahr 01.01.2012–31.12.2012   40.000 €
- Wirtschaftsjahr 01.01.2013–31.12.2013   60.000 €
- Wirtschaftsjahr 01.01.2014–30.09.2014   30.000 €
- Wirtschaftsjahr 01.10.2014–30.09.2015   70.000 €

Aufgabe: Ermitteln Sie den Besteuerungszeitpunkt für die Gewinne der einzelnen Wirtschaftsjahre!

Lösung:
Die Möbel Manufaktur GmbH ist eine unbeschränkt körperschaftsteuerpflichtige Kapitalgesellschaft (§ 1 Abs. 1 Nr. 1 KStG), da sie ihren Sitz (§ 11 AO) und ihre Geschäftsleitung (§ 10 AO) in Berlin (= Inland § 1 Abs. 3 KStG) hat. Die Steuerpflicht erstreckt sich auf das Welteinkommen (§ 1 Abs. 2 KStG).

Die Körperschaftsteuer bemisst sich nach dem zu versteuernden Einkommen, § 7 Abs. 1 KStG, R 29 Abs. 1 KStR. Das zu versteuernde Einkommen ist das Einkommen nach § 8 Abs. 1 KStG, § 7 Abs. 2 KStG.

Die Ermittlung des zu versteuernden Einkommens bestimmt sich nach den Vorschriften des Einkommensteuergesetzes und des Körperschaftsteuergesetzes, § 8 Abs. 1 KStG, R 32 Abs. 1 KStR.

Die GmbH erzielt als Körperschaft nach § 1 Abs. 1 Nr. 1 KStG ausschließlich gewerbliche Einkünfte (§ 8 Abs. 2 KStG, R 32 Abs. 2 KStR). Die GmbH ist eine Handelsgesellschaft i.S.d. § 13 Abs. 3 GmbHG, auch Formkaufmann i.S.d. § 6 HGB und unterliegt daher der Buchführungspflicht (§ 238 Abs. 1 HGB). Sie ermittelt daher ihren Gewinn durch Betriebsvermögensvergleich (§ 5 Abs. 1 EStG i.V.m. § 140 AO). Die Körperschaftsteuer ist eine Jahressteuer. Ihre Grundlagen sind jeweils für ein Kalenderjahr zu ermitteln, § 7 Abs. 3 S. 1, 2 KStG. Der Ermittlungszeitraum ist dabei das Wirtschaftsjahr (§ 7 Abs. 4 KStG). Dies ist der Zeitraum für den die GmbH typischerweise Abschlüsse erstellt und der sich aus der Gründungsurkunde bzw. dem Handelsregistereintrag ergibt. Er beträgt maximal 12 Monate (§ 240 Abs. 2 S. 2 HGB, § 8b S. 1 EStDV). Nach der Gründungsurkunde wurde ein kalendergleiches Wirtschaftsjahr gewählt. Demnach entsteht zunächst ein Rumpfwirtschaftsjahr (vgl. § 8b S. 2 Nr. 1 EStDV). Der Gewinn ist zunächst für den Zeitraum 01.03.2011-31.12.2011 zu ermitteln. Der Gewinn des Wirtschaftsjahres ist im Veranlagungszeitraum 2011 zu versteuern, da das Wirtschaftsjahr im Veranlagungszeitraum 2011 endet (§ 7 Abs. 4 S. 2 KStG).

Mit Beginn des Veranlagungszeitraums 2012 beginnt das dem Kalenderjahr entsprechende Wirtschaftsjahr der GmbH mit einer Dauer von 12 Monaten (01.01.-31.12.2012; § 240 Abs. 2 S. 2 HGB, § 8b S. 1 EStDV). Die Besteuerung des Gewinns erfolgt im Veranlagungszeitraum 2012. Dies gilt ebenso für das Wirtschaftsjahr/Veranlagungszeitraum 2013.

Die Umstellung des Wirtschaftsjahres auf einen vom Kalenderjahr abweichenden Zeitraum bedarf eines notariell beurkundeten Gesellschafterbeschlusses (§ 53 GmbHG). Dieser ist zur Wirksamkeit im Handelsregister einzutragen (§ 54 GmbHG). Dabei gilt das Rückwirkungsverbot, d.h. die Änderung der Satzung muss vor Beginn des neuen Wirtschaftsjahres erfolgen. Die Umstellung des Wirtschaftsjahres bedarf zusätzlich der Zustimmung des Finanzamts (§ 7 Abs. 4 S. 3 KStG). Es entsteht ein Rumpfwirtschaftsjahr (01.01.-30.09.2014; § 8b S. 2 Nr. 2 EStDV). Der Gewinn dieses Rumpfwirtschaftsjahres ist im Veranlagungszeitraum 2014 zu versteuern, da das Wirtschaftsjahr im Veranlagungszeitraum 2014 endet (§ 7 Abs. 4 S. 2 KStG).

Der Gewinn des abweichenden Wirtschaftsjahres (01.10.-30.09.2015) ist im Veranlagungszeitraums 2015 zu versteuern, da das Wirtschaftsjahr im Veranlagungszeitraum 2015 endet (§ 7 Abs. 4 S. 2 KStG).

3.2 Rechtsbeziehungen zwischen Gesellschaft und Gesellschafter

Fall 1: Gesellschafter gewährt der Gesellschaft ein Darlehen
Der in Dresden wohnhafte Rüdiger Gier ist alleiniger Gesellschafter der Finanzanlagen GmbH. Diese hat ihren Sitz in der Goetheallee 5 in Dresden. Geschäftszweck ist die Vermittlung von Kapitalanlagen. Rüdiger Gier ist ebenfalls als alleinvertretungsberechtigter Geschäftsführer der GmbH bestellt und von den Beschränkungen des § 181 BGB wirksam befreit.
Aufgrund eines verlorenen Rechtsstreits sah sich die GmbH gezwungen, kurzfristig 100.000 € Schadenersatz an einen Kapitalanleger zu leisten. Die hierfür benötigten liquiden Mittel waren jedoch nicht vorhanden. Daher entschloss sich Gier der Gesellschaft ein Darlehen i.H.v. 100.000 € zu gewähren. Die Mittel wurden am 02.01.2013 dem Bankkonto der GmbH gutgeschrieben. Der Darlehensvertrag sah eine fremdübliche Verzinsung i.H.v. 8 % und eine jährliche Zahlung am 31.12. vor. Die erste Zahlung der Zinsen erfolgte am 02.01.2014. Innerhalb der Bilanz der GmbH wurde lediglich der Erhalt des Darlehens richtig verbucht. Weitere Buchungen wurden diesbezüglich bisher nicht vorgenommen.
Aufgabe: Stellen Sie die ertragsteuerlichen Auswirkungen für den Veranlagungszeitraum 2013 auf die GmbH und den Gier dar.

Lösung:
Kapitalgesellschaft
Die Finanzanlagen GmbH ist als Kapitalgesellschaft mit Geschäftsleitung (§ 10 AO) und Sitz (§ 11 AO) im Inland (§ 1 Abs. 3 KStG) unbeschränkt körperschaftsteuerpflichtig (§ 1 Abs. 1 Nr. 1 KStG). Die Steuerpflicht erstreckt sich auf das Welteinkommen (§ 1 Abs. 2 KStG). Die GmbH erzielt als Körperschaft nach § 1 Abs. 1 Nr. 1 KStG ausschließlich gewerbliche Einkünfte (§ 8 Abs. 2 KStG, R 32 Abs. 2 KStR). Die GmbH ist eine Handelsgesellschaft i.S.d. § 13 Abs. 3 GmbHG, auch Formkaufmann i.S.d. § 6 HGB und unterliegt daher der Buchführungspflicht (§ 238 Abs. 1 HGB). Sie ermittelt daher ihren Gewinn durch Betriebsvermögensvergleich (§ 5 Abs. 1 EStG i.V.m. § 140 AO). Der Ermittlungszeitraum ist dabei das Wirtschaftsjahr, welches dem Kalenderjahr entspricht (§ 7 Abs. 4 KStG).

Der Darlehensvertrag ist zivilrechtlich wirksam und dem Grunde nach auch steuerlichen anzuerkennen, da keine Anhaltspunkte dagegen sprechen. Die verspätete Zinszahlung allein, genügt nicht um die Wirksamkeit des Vertrages anzuzweifeln. Das Darlehen ist als betriebliche Verbindlichkeit mit dem Nennwert zu passivieren (§ 6 Abs. 1 Nr. 3 EStG). Eine Abzinsung unterbleibt, da es sich um eine verzinste Verbindlichkeit handelt. Die Zinsen sind als Betriebsausgaben aufzuzeichnen (§ 4 Abs. 4 EStG). Im vorliegenden Fall sind die Zinsen für das Wirtschaftsjahr 2013 bereits entstanden, aber noch nicht beglichen. Demnach ist eine Zinsverbindlichkeit zu erfassen (100.000 € × 8 % = 8.000 €). Der laufende Gewinn mindert sich um 8.000 €, da sich die Betriebsausgaben erhöhen. Weitere Anhaltspunkte, die für das Vorliegen einer verdeckten Gewinnausschüttung sprechen, liegen nicht vor.

Gesellschafter
Hinsichtlich der Zinsen erzielt Rüdiger Gier Einkünfte aus Kapitalvermögen nach § 20 Abs. 1 Nr. 7 EStG. Es handelt sich um Überschusseinkünfte (§ 2 Abs. 2 S. 1 Nr. 2 EStG). Diese werden bei Zufluss (§ 11 Abs. 1 EStG) besteuert. Es handelt sich um regelmäßig wiederkehrende Einnahmen, deren Fälligkeit und Zufluss innerhalb der kurzen Zeit liegt (H 11 „Allgemeines" EStH). Demnach erfolgt eine Besteuerung im Jahr der wirtschaftlichen Zugehörigkeit, also 2013 (§ 11 Abs. 1 S. 2 EStG). Die Abgeltungsbesteuerung nach § 32d Abs. 1 EStG ist nicht anzuwenden, da Gier an der GmbH zu mindestens 10 % beteiligt ist und Einnahmen nach § 20 Abs. 1 Nr. 7 EStG vorliegen (§ 32d Abs. 2 Nr. 1 Buchst. b EStG). Eine Kapitalertragsteuerpflicht auf Seiten der GmbH besteht nicht (§ 43 Abs. 1 S. 1 Nr. 7 EStG). Der Sparerpauschbetrag kann nicht abgezogen werden (§ 32d Abs. 2 Nr. 2 S. 2 EStG). Gier erzielt daher Einkünfte aus Kapitalvermögen i.H.v. 8.000 €. Diese sind im zu versteuernden Einkommen zu erfassen und werden mit dem persönlichen Steuersatz gem. § 32a EStG besteuert.

Fall 2: Gesellschafter gewährt Gesellschaft ein Darlehen zu einem überhöhten Zins
Der in Dresden wohnhafte Rüdiger Gier ist alleiniger Gesellschafter der Freibad GmbH. Diese hat ihren Sitz in der Goetheallee 5 in Dresden. Geschäftszweck ist der von Freibädern. Rüdiger Gier ist ebenfalls als alleinvertretungsberechtigter Geschäftsführer der GmbH bestellt und von den Beschränkungen des § 181 BGB wirksam befreit.
Aufgrund eines verlorenen Rechtsstreits sah sich die GmbH gezwungen kurzfristig 100.000 € Schadenersatz an einen Besucher zu leisten, welcher sich bei einem Besuch eines Freibades verletzt hatte. Die hierfür benötigten liquiden Mittel waren jedoch nicht vorhanden. Daher entschloss sich Gier der Gesellschaft ein Darlehen i.H.v. 100.000 € zu gewähren. Die Mittel wurden am 02.01.2013 dem Bankkonto der GmbH gutgeschrieben. Der Darlehensvertrag sah eine Verzinsung i.H.v. 12 % und eine jährliche Zahlung am 31.12. vor. Die erste Zahlung der Zinsen erfolgte am 02.01.2014. Der fremdübliche Zins beträgt 8 %. Innerhalb der Bilanz der GmbH wurde lediglich der Erhalt des Darlehens richtig verbucht. Weitere Buchungen wurden diesbezüglich bisher nicht vorgenommen.

Aufgabe: Stellen Sie die ertragsteuerlichen Auswirkungen für den Veranlagungszeitraum 2013 auf die GmbH und den Gier dar. Ein Antrag nach § 32d Abs. 2 Nr. 3 EStG soll nicht gestellt werden.

Lösung:
Kapitalgesellschaft

Die Freibad GmbH ist als Kapitalgesellschaft mit Geschäftsleitung (§ 10 AO) und Sitz (§ 11 AO) im Inland (§ 1 Abs. 3 KStG) unbeschränkt körperschaftsteuerpflichtig (§ 1 Abs. 1 Nr. 1 KStG). Die Steuerpflicht erstreckt sich auf das Welteinkommen (§ 1 Abs. 2 KStG). Die GmbH erzielt als Körperschaft nach § 1 Abs. 1 Nr. 1 KStG ausschließlich gewerbliche Einkünfte (§ 8 Abs. 2 KStG, R 32 Abs. 2 KStR). Die GmbH ist eine Handelsgesellschaft i.S.d. § 13 Abs. 3 GmbHG, auch Formkaufmann i.S.d. § 6 HGB und unterliegt daher der Buchführungspflicht (§ 238 Abs. 1 HGB). Sie ermittelt daher ihren Gewinn durch Betriebsvermögensvergleich (§ 5 Abs. 1 EStG i.V.m. § 140 AO). Der Ermittlungszeitraum ist dabei das Wirtschaftsjahr, welches dem Kalenderjahr entspricht (§ 7 Abs. 4 KStG).

Der Darlehensvertrag ist zivilrechtlich wirksam und dem Grunde nach auch steuerlich anzuerkennen, da keine Anhaltspunkte dagegen sprechen. Die verspätete Zinszahlung allein, genügt nicht um die Wirksamkeit des Vertrages anzuzweifeln. Das Darlehen ist als betriebliche Verbindlichkeit mit dem Nennwert zu passivieren (§ 6 Abs. 1 Nr. 3 EStG). Eine Abzinsung unterbleibt, da es sich um eine verzinste Verbindlichkeit handelt. Die Zinsen sind als Betriebsausgaben aufzuzeichnen (§ 4 Abs. 4 EStG). Im vorliegenden Fall sind die Zinsen für das Wirtschaftsjahr 2013 bereits entstanden, aber noch nicht beglichen. Demnach ist eine Zinsverbindlichkeit zu erfassen (100.000 € × 12 % = 12.000 €). Der laufende Gewinn mindert sich um 12.000 €, da sich die Betriebsausgaben erhöhen.

Es liegt eine Rechtsbeziehung zwischen Gesellschaft und Gesellschafter vor. Daher ist das Vorliegen einer verdeckten Gewinnausschüttung zu prüfen (R 36 Abs. 1 KStR). Es liegt eine Vermögensminderung vor, da eine entsprechende Verbindlichkeit zu erfassen ist. Die Aufzeichnung als Betriebsausgabe führt zu einer Verminderung des Unterschiedsbetrags nach § 4 Abs. 1 EStG. Ein Gewinnverteilungsbeschluss liegt nicht vor. Die Veranlassung im Gesellschaftsverhältnis ist gegeben, da die Höhe des Zinses nicht fremdüblich ist. Ein fremder ordentlicher und gewissenhafter Geschäftsführer hätte diese Vermögensminderung nicht zugelassen. Demnach liegt eine verdeckte Gewinnausschüttung vor (R 36 Abs. 1 KStR). Die Bewertung erfolgt auf der Basis des Fremdvergleichs (angemessen: 8 %). Der den angemessenen Zins übersteigende Teil (= 4 %) ist als verdeckte Gewinnausschüttung anzusehen. Es ist daher ein Betrag von 4.000 € (= 100.000 € × 4 %) als verdeckte Gewinnausschüttung außerhalb der Gewinnermittlung dem zu versteuernden Einkommen des Jahres 2013 hinzuzurechnen (§ 8 Abs. 3 S. 2 KStG).

Gesellschafter

Der unangemessene Teil der Zinsen führt als verdeckte Gewinnausschüttung zu Einkünften aus Kapitalvermögen gem. § 20 Abs. 1 Nr. 1 S. 2 EStG und § 2 Abs. 1 S. 1 Nr. 5 EStG. Es handelt sich um Überschusseinkünfte (§ 2 Abs. 2 S. 1 Nr. 2 EStG). Die Besteuerung erfolgt grundsätzlich bei Zufluss (§ 11 Abs. 1 EStG). Aufgrund des Dauerschuldcharakters des unangemessenen Teils der Zinsen ermittelt sich der Besteuerungszeitpunkt nach § 11 Abs. 1 S. 2 EStG, 2013. Es ist die Abgeltungsbesteuerung gem. § 32d Abs. 1 EStG anzuwenden. Eine Antragsberechtigung nach § 32d Abs. 2 Nr. 3 EStG wäre gegeben, da Gier zu mindestens 25 % an der GmbH beteiligt ist. Allerdings ist der Antrag laut Sachverhalt nicht gestellt. Die Ausnahme nach § 32d Abs. 2 Nr. 4 EStG soll nicht zur Anwendung kommen, da die außerbilanzielle Zurechnung bei der Kapitalgesellschaft bereits vorgenommen wurde. Es besteht grundsätzlich eine Kapitalertragsteuerpflicht, da es sich um Einnahmen nach § 43 Abs. 1 S. 1 Nr. 1 EStG handelt. Diese wird jedoch typischerweise nicht einbehalten, wenn der Empfänger der verdeckten Gewinnausschüttung mit diesen Einnahmen im Inland steuerpflichtig ist. Gier erzielt Einnahmen i.H.v. 4.000 € (= unangemessener Teil der Zinsen). Hiervon ist der Sparerpauschbetrag gem. § 20 Abs. 9 S. 1 EStG abzusetzen. Damit ergeben sich Einkünfte aus Kapitalvermögen i.H.v. 3.199 €. Diese sind nicht im zu versteuernden Einkommen zu erfassen (§ 2 Abs. 5b EStG). Eine Abgeltungswirkung kann aufgrund der Nichteinbehaltung der Kapitalertragsteuer nicht eintreten (§ 43 Abs. 5 EStG). Gier hat die Einnahmen nach § 32d Abs. 3 EStG beim Finanzamt zu erklären.

3.2 Rechtsbeziehungen zwischen Gesellschaft und Gesellschafter

Hinsichtlich der angemessenen Zinsen erzielt Rüdiger Gier Einkünfte aus Kapitalvermögen nach § 20 Abs. 1 Nr. 7 i.V.m. § 2 Abs. 1 S. 1 Nr. 5 EStG. Es handelt sich um Überschusseinkünfte (§ 2 Abs. 2 S. 1 Nr. 2 EStG). Diese werden bei Zufluss (§ 11 Abs. 1 EStG) besteuert. Es handelt sich um regelmäßig wiederkehrende Einnahmen, deren Fälligkeit und Zufluss innerhalb der kurzen Zeit liegen (H 11 „Allgemeines" EStH). Demnach erfolgt eine Besteuerung im Jahr der wirtschaftlichen Zugehörigkeit, also 2013 (§ 11 Abs. 1 S. 2 EStG). Die Abgeltungsbesteuerung nach § 32d Abs. 1 EStG ist nicht anzuwenden, da Gier an der GmbH zu mindestens 10 % beteiligt ist und Einnahmen nach § 20 Abs. 1 Nr. 7 EStG vorliegen (§ 32d Abs. 2 Nr. 1 Buchst. b EStG). Eine Kapitalertragsteuerpflicht aufseiten der GmbH besteht nicht, da weder der Eintrag in ein öffentliches Schuldbuch erfolgte, noch der Schuldner ein inländisches Finanzdienstleistungsinstitut ist (§ 43 Abs. 1 S. 1 Nr. 7 EStG). Der Sparerpauschbetrag nach § 20 Abs. 9 EStG kann nicht abgezogen werden (§ 32d Abs. 2 Nr. 2 S. 2 EStG). Eventuelle tatsächliche Werbungskosten (§ 9 EStG) im Zusammenhang mit der Refinanzierung des Darlehens können deshalb im vollen Umfang berücksichtigt werden. Gier erzielt daher Einkünfte aus Kapitalvermögen i.H.v. 8.000 €. Diese sind im zu versteuernden Einkommen zu erfassen und werden mit dem persönlichen Steuersatz gem. § 32a EStG besteuert.

> **Fall 3: Gesellschafter gewährt Gesellschaft ein Darlehen und verzichtet auf die Rückzahlung**
> Der in Dresden wohnhafte Rüdiger Gier ist alleiniger Gesellschafter der Finanzanlagen GmbH. Diese hat ihren Sitz in der Goetheallee 5 in Dresden. Geschäftszweck ist die Vermittlung von Kapitalanlagen. Rüdiger Gier ist ebenfalls als alleinvertretungsberechtigter Geschäftsführer der GmbH bestellt und von den Beschränkungen des § 181 BGB wirksam befreit.
> Aufgrund eines verlorenen Rechtsstreits sah sich die GmbH gezwungen kurzfristig 100.000 € Schadenersatz an einen Kapitalanleger zu leisten. Die hierfür benötigten liquiden Mittel waren jedoch nicht vorhanden. Daher entschloss sich Gier der Gesellschaft ein Darlehen i.H.v. 100.000 € zu gewähren. Die Mittel wurden am 02.01.2013 dem Bankkonto der GmbH gutgeschrieben. Der Darlehensvertrag sah eine angemessene Verzinsung i.H.v. 8 % und eine jährliche Zahlung am 31.12. vor. Die Rückzahlung des Darlehens sollte am 30.12.2014 in einer Summe erfolgen. Am 31.12.2012 verzichtet Gier auf die Zahlung des Zinses für 2013 und 2014. Innerhalb der Bilanz der GmbH wurde lediglich der Erhalt des Darlehens richtig verbucht. Weitere Buchungen wurden diesbezüglich bisher nicht vorgenommen. Die GmbH befindet sich nicht in wirtschaftlichen Schwierigkeiten.
> **Aufgabe:** Stellen Sie die ertragsteuerlichen Auswirkungen für den Veranlagungszeitraum 2013 und 2014 auf die GmbH und den Gier dar.

Lösung
Kapitalgesellschaft
Die Finanzanlagen GmbH ist als Kapitalgesellschaft mit Geschäftsleitung (§ 10 AO) und Sitz (§ 11 AO) im Inland (§ 1 Abs. 3 KStG) unbeschränkt körperschaftsteuerpflichtig (§ 1 Abs. 1 Nr. 1 KStG). Die Steuerpflicht erstreckt sich auf das Welteinkommen (§ 1 Abs. 2 KStG). Die GmbH erzielt als Körperschaft nach § 1 Abs. 1 Nr. 1 KStG ausschließlich gewerbliche Einkünfte (§ 8 Abs. 2 KStG, R 32 Abs. 2 KStR). Die GmbH ist eine Handelsgesellschaft i.S.d. § 13 Abs. 3 GmbHG, auch Formkaufmann i.S.d. § 6 HGB und unterliegt daher der Buchführungspflicht (§ 238 Abs. 1 HGB). Sie ermittelt daher ihren Gewinn durch Betriebsvermögensvergleich (§ 5 Abs. 1 EStG i.V.m. § 140 AO). Der Ermittlungszeitraum ist dabei das Wirtschaftsjahr, welches dem Kalenderjahr entspricht (§ 7 Abs. 4 KStG).

Der Darlehensvertrag ist zivilrechtlich wirksam und dem Grunde nach auch steuerlichen anzuerkennen, da keine Anhaltspunkte dagegen sprechen. Die verspätete Zinszahlung allein, genügt nicht um die Wirksamkeit des Vertrages anzuzweifeln. Das Darlehen ist als betriebliche Verbindlichkeit mit dem Nennwert zu passivieren (§ 6 Abs. 1 Nr. 3 EStG). Eine Abzinsung unterbleibt, da es sich um eine verzinste Verbindlichkeit handelt. Die Zinsen sind als Betriebsausgaben aufzuzeichnen (§ 4 Abs. 4 EStG).

Im vorliegenden Fall sind die Zinsen für das Wirtschaftsjahr 2013 bereits entstanden, aber noch nicht beglichen. Demnach ist eine Zinsverbindlichkeit in der Handels- und in der Steuerbilanz zu erfassen (100.000 € × 8 % = 8.000 €). Der laufende Gewinn mindert sich um 8.000 €, da sich die Betriebsausgaben erhöhen.

Für das Jahr 2014 können die Zinsen nicht als Betriebsausgabe bei der GmbH erfasst werden, da Gier bereits vor deren Entstehung auf eine Zinszahlung verzichtet hat. Eine Abzinsung der Darlehensverpflichtung in 2014 hat zu unterbleiben, da die unverzinste Restlaufzeit des Darlehens zwölf Monate nicht überschreitet (§ 6 Abs. 1 Nr. 3 S. 2 EStG).

Es liegt eine Rechtsbeziehung zwischen Gesellschaft und Gesellschafter vor. Daher ist das Vorliegen einer verdeckten Gewinnausschüttung zu prüfen (R 36 Abs. 1 KStR). Aufgrund der Angemessenheit der Verzinsung liegt keine Veranlassung im Gesellschaftsverhältnis vor und damit auch keine verdeckte Gewinnausschüttung.

Hinsichtlich des Zinsverzichts für das Jahr 2013 ist aber eine verdeckte Einlage (R 40 Abs. 1 KStR) zu prüfen. Beim Verzicht auf die Zinsen handelt es sich um eine verdeckte Einlage, da Gier auf einen bilanzierungsfähigen Vermögensgegenstand verzichtet. Die Forderung des Gesellschafters auf Zinszahlung ist bereits entstanden und daher auch in der Bilanz der Gesellschaft als Verbindlichkeit zu berücksichtigen (H 40 „Einlagefähige Vermögensgegenstand" KStH). Die Veranlassung liegt im Gesellschaftsverhältnis, da ein fremder Dritter auf die Zahlung der Zinsen nicht verzichtet hätte (H 40 „Gesellschaftsrechtliche Veranlassung" KStH). Die Bewertung der verdeckten Einlage erfolgt nach § 6 Abs. 1 Nr. 5 EStG mit dem Teilwert (R 40 Abs. 4 KStR). Dieser ist bei der Zinsforderung mit 8.000 € anzunehmen, da sich keine Anhaltspunkte im Sachverhalt ergeben, die gegen eine Vollwertigkeit sprechen. Innerhalb der Bilanz ist die Zinsverbindlichkeit erfolgswirksam auszubuchen. Hier ergibt sich eine Gewinnerhöhung von 8.000 €. Jedoch dürfen sich gesellschaftsrechtliche Vorgänge nicht auf das zu versteuernde Einkommen auswirken (R 40 Abs. 2 KStR). Demnach ist eine außerbilanzielle Abrechnung im Rahmen der Einkommensermittlung i.H.v. 8.000 € vorzunehmen (§ 8 Abs. 3 S. 3 KStG).

Ferner liegt ein Zugang beim steuerlichen Einlagekonto gem. § 27 KStG vor. Das steuerliche Einlagekonto ist deshalb zum Schluss des Wirtschaftsjahres fortzuschreiben (§ 27 Abs. 2 KStG).

Der Zinsverzicht für das Jahr 2014 erfolgt, bevor die Schuldzinsen überhaupt entstehen. Damit verzichtet Gier nicht auf eine bereits bestehende Forderung, sondern auf einen in der Zukunft entstehenden Zins. Es liegt kein einlagefähiger Vermögensgegenstand vor, sondern lediglich eine unentgeltliche Nutzungsüberlassung. Diese kann nicht Gegenstand einer verdeckten Einlage sein (H 40 „Einlagefähiger Vermögensvorteil" und „Nutzungsvorteile" KStH).

Gesellschafter

Hinsichtlich der Zinsen für das Jahr 2013 erzielt Rüdiger Gier Einkünfte aus Kapitalvermögen nach § 2 Abs. 1 Nr. 5 i.V.m. § 20 Abs. 1 Nr. 7 EStG. Es handelt sich um Überschusseinkünfte (§ 2 Abs. 2 S. 1 Nr. 2 EStG). Diese werden bei Zufluss (§ 11 Abs. 1 EStG) besteuert. Ein Zufluss i.S.d. § 11 Abs. 1 EStG ist bei Gier aufgrund des Verzichts anzunehmen. Dieser gilt insoweit als wirtschaftliche Verfügung (H 11 „Allgemeines" EStH). Die Abgeltungsbesteuerung nach § 32d Abs. 1 EStG ist nicht anzuwenden, da Gier an der GmbH zu mindestens 10 % beteiligt ist und Einnahmen nach § 20 Abs. 1 Nr. 7 EStG vorliegen (§ 32d Abs. 2 Nr. 1 Buchst. b EStG). Eine Kapitalertragsteuerpflicht aufseiten der GmbH besteht nicht (§ 43 Abs. 1 S. 1 Nr. 7 EStG). Der Sparerpauschbetrag nach § 20 Abs. 9 S. 1 EStG kann nicht abgezogen werden (§ 32d Abs. 2 Nr. 2 S. 2 EStG). Ein Abzug tatsächlicher Werbungskosten unterbleibt, da nach dem Sachverhalt keine angefallen sind. Gier erzielt daher Einkünfte aus Kapitalvermögen i.H.v. 8.000 €. Diese sind im zu versteuernden Einkommen zu erfassen und werden mit dem persönlichen Steuersatz gem. § 32a EStG besteuert.

Der Zinsverzicht für 2014 führt bei Gier nicht zu Einkünften aus Kapitalvermögen i.S.d. § 20 Abs. 1 Nr. 7 EStG, da aufgrund des vorherigen Verzichts im Jahr 2014 keine Zinsen entstehen.

3.2 Rechtsbeziehungen zwischen Gesellschaft und Gesellschafter

Daneben sind die Anschaffungskosten der Beteiligung an der Finanzanlagen GmbH um den Betrag der verdeckten Einlage (= 8.000 €) zu erhöhen (§ 6 Abs. 6 S. 2 EStG, H 40 „Behandlung beim Gesellschafter" KStH).

> **Fall 4: Gesellschafter gewährt Gesellschaft ein Darlehen und verzichtet auf die Rückzahlung II**
> Der in Dresden wohnhafte Rüdiger Gier ist alleiniger Gesellschafter der Finanzanlagen GmbH. Diese hat ihren Sitz in der Goetheallee 5 in Dresden. Geschäftszweck ist die Vermittlung von Kapitalanlagen. Rüdiger Gier ist ebenfalls als alleinvertretungsberechtigter Geschäftsführer der GmbH bestellt und von den Beschränkungen des § 181 BGB wirksam befreit.
> Aufgrund eines verlorenen Rechtsstreits sah sich die GmbH gezwungen kurzfristig 100.000 € Schadenersatz an einen Kapitalanleger zu leisten. Die hierfür benötigten liquiden Mittel waren jedoch nicht vorhanden. Daher entschloss sich Gier der Gesellschaft ein Darlehen i.H.v. 100.000 € zu gewähren. Die Mittel wurden am 02.01.2013 dem Bankkonto der GmbH gutgeschrieben. Der Darlehensvertrag sah eine angemessene Verzinsung i.H.v. 8 % und eine jährliche Zahlung am 31.12. vor. Die Rückzahlung des Darlehens sollte am 30.12.2014 in einer Summe erfolgen. Am 31.12.2013 verzichtet Gier zunächst nur auf die Zahlung des Zinses für 2013. Innerhalb der Bilanz der GmbH wurde lediglich der Erhalt des Darlehens richtig verbucht. Weitere Buchungen wurden diesbezüglich bisher nicht vorgenommen. Die GmbH befindet sich seit Ende 2013 aufgrund mehrerer laufender Prozesse in wirtschaftlichen Schwierigkeiten. Etwaige Forderungen des Gesellschafters sind daher nur 70 % werthaltig.
> **Aufgabe:** Stellen Sie die ertragsteuerlichen Auswirkungen für den Veranlagungszeitraum 2013 auf die GmbH und den Gier dar.

Lösung:
Kapitalgesellschaft
Die Finanzanlagen GmbH ist als Kapitalgesellschaft mit Geschäftsleitung (§ 10 AO) und Sitz (§ 11 AO) im Inland (§ 1 Abs. 3 KStG) unbeschränkt körperschaftsteuerpflichtig (§ 1 Abs. 1 Nr. 1 KStG). Die Steuerpflicht erstreckt sich auf das Welteinkommen (§ 1 Abs. 2 KStG). Die GmbH erzielt als Körperschaft nach § 1 Abs. 1 Nr. 1 KStG ausschließlich gewerbliche Einkünfte (§ 8 Abs. 2 KStG, R 32 Abs. 2 KStR). Die GmbH ist eine Handelsgesellschaft i.S.d. § 13 Abs. 3 GmbHG, auch Formkaufmann i.S.d. § 6 HGB und unterliegt daher der Buchführungspflicht (§ 238 Abs. 1 HGB). Sie ermittelt daher ihren Gewinn durch Betriebsvermögensvergleich (§ 5 Abs. 1 EStG i.V.m. § 140 AO). Der Ermittlungszeitraum ist dabei das Wirtschaftsjahr, welches dem Kalenderjahr entspricht (§ 7 Abs. 4 KStG).

Der Darlehensvertrag ist zivilrechtlich wirksam und dem Grunde nach auch steuerlichen anzuerkennen, da keine Anhaltspunkte dagegen sprechen. Die verspätete Zinszahlung allein, genügt nicht um die Wirksamkeit des Vertrages anzuzweifeln. Das Darlehen ist als betriebliche Verbindlichkeit mit dem Nennwert zu passivieren (§ 6 Abs. 1 Nr. 3 EStG, § 253 Abs. 1 S. 2 HGB). Eine Abzinsung unterbleibt, da es sich um eine verzinste Verbindlichkeit handelt. Die Zinsen sind als Betriebsausgaben aufzuzeichnen (§ 4 Abs. 4 EStG). Im vorliegenden Fall sind die Zinsen für das Wirtschaftsjahr 2013 bereits entstanden, aber noch nicht beglichen. Demnach ist eine Zinsverbindlichkeit in der Handelsbilanz zu erfassen (100.000 € × 8 % = 8.000 €). Der laufende Gewinn mindert sich um 8.000 €, da sich die Betriebsausgaben erhöhen.

Es liegt eine Rechtsbeziehung zwischen Gesellschaft und Gesellschafter vor. Daher ist das Vorliegen einer verdeckten Gewinnausschüttung zu prüfen (R 36 Abs. 1 KStR). Aufgrund der Angemessenheit der Verzinsung, liegt keine Veranlassung im Gesellschaftsverhältnis vor und damit auch keine verdeckte Gewinnausschüttung. Auch der erweiterte Fremdvergleich nach R 36 Abs. 2 KStR ist nicht erfüllt, da eine zivilrechtlich wirksame, klar und im Voraus getroffene Vereinbarung vorliegt.

Hinsichtlich des Zinsverzichts ist aber eine verdeckte Einlage (R 40 Abs. 1 KStR) zu prüfen. Beim Verzicht auf die Zinsen handelt es sich um eine verdeckte Einlage, da Gier auf einen bilanzierungsfähigen

Vermögensgegenstand verzichtet. Die Forderung des Gesellschafters auf Zinszahlung ist bereits entstanden und daher auch in der Handelsbilanz der Gesellschaft als Verbindlichkeit zu berücksichtigen (H 40 „Einlagefähige Vermögensgegenstand" KStH). Die Veranlassung liegt im Gesellschaftsverhältnis, da ein fremder Dritter auf die Zahlung der Zinsen nicht verzichtet hätte (H 40 „Gesellschaftsrechtliche Veranlassung" KStH). Die Bewertung der verdeckten Einlage erfolgt nach § 6 Abs. 1 Nr. 5 EStG mit dem Teilwert (R 40 Abs. 4 KStR). Aufgrund der wirtschaftlichen Schwierigkeiten ist die Zinsforderung nicht als vollwertig anzusehen. Vielmehr liegt eine Werthaltigkeit lt. Sachverhalt nur i.H.v. 70 % (= 5.600 €) vor. Innerhalb der Handelsbilanz ist die Zinsverbindlichkeit im vollen Umfang erfolgswirksam auszubuchen. Hier ergibt sich eine Gewinnerhöhung von 8.000 €. Jedoch dürfen sich gesellschaftsrechtliche Vorgänge nicht auf das zu versteuernde Einkommen auswirken (R 40 Abs. 2 KStR, H 40 „Forderungsverzicht" KStH). Demnach ist eine außerbilanzielle Abrechnung im Rahmen der Einkommensermittlung i.H.v. 5.600 € vorzunehmen (§ 8 Abs. 3 S. 3 KStG). Ferner liegt ein Zugang beim steuerlichen Einlagekonto gem. § 27 KStG i.H.v. 5.600 € vor. Dieses ist deshalb zum Schluss des Wirtschaftsjahres nach § 27 Abs. 2 KStG fortzuschreiben.

Gesellschafter
Hinsichtlich der Zinsen erzielt Rüdiger Gier Einkünfte aus Kapitalvermögen nach § 2 Abs. 1 Nr. 5 EStG i.V.m. § 20 Abs. 1 Nr. 7 EStG. Es handelt sich um Überschusseinkünfte (§ 2 Abs. 2 S. 1 Nr. 2 EStG). Diese werden bei Zufluss (§ 11 Abs. 1 EStG) besteuert. Ein Zufluss i.S.d. § 11 Abs. 1 EStG ist bei Gier aufgrund des Verzichts anzunehmen. Dieser gilt insoweit als wirtschaftliche Verfügung (H 11 „Allgemeines" EStH). Allerdings kann nur ein Zufluss i.H.d. werthaltigen Teils der Zinsforderung vorliegen (= 5.600 €), da hinsichtlich des nicht werthaltigen Teils der Forderung mit einem Eingang nicht gerechnet werden kann. Die Abgeltungsbesteuerung nach § 32d Abs. 1 EStG ist nicht anzuwenden, da Gier an der GmbH zu mindestens 10 % beteiligt ist und Einnahmen nach § 20 Abs. 1 Nr. 7 EStG vorliegen (§ 32d Abs. 2 Nr. 1 Buchst. b EStG). Eine Kapitalertragsteuerpflicht aufseiten der GmbH besteht nicht (§ 43 Abs. 1 S. 1 Nr. 7 EStG). Der Sparerpauschbetrag kann nicht abgezogen werden (§ 32d Abs. 2 Nr. 1 S. 2 EStG). Ein Abzug tatsächlicher Werbungskosten unterbleibt, da keine im Sachverhalt ersichtlich sind. Gier erzielt daher Einkünfte aus Kapitalvermögen i.H.v. 5.600 €. Diese sind im zu versteuernden Einkommen zu erfassen und werden mit dem persönlichen Steuersatz gem. § 32a EStG besteuert.

Daneben sind die Anschaffungskosten der Beteiligung an der Finanzanlagen GmbH um den Betrag der verdeckten Einlage (= 5.600 €) zu erhöhen (§ 6 Abs. 6 S. 2 EStG; H 40 „Behandlung beim Gesellschafter" KStH).

> **Fall 5: Gesellschaft erwirbt unbebautes Grundstück von Gesellschafter I**
> Der in Glashütte wohnhafte Bertold Gross ist alleiniger Gesellschafter der Uhrenwerke GmbH. Diese hat ihren Sitz ebenfalls in Glashütte. Geschäftszweck ist die Herstellung und der Vertrieb von Uhren. Bertold Gross ist als alleinvertretungsberechtigter Geschäftsführer der GmbH bestellt und von den Beschränkungen des § 181 BGB wirksam befreit.
> Bertold Gross erwarb im Jahr 1999 das unbebautes Grundstück (3.000 m²), An der Unruh 5, in Glashütte zum Preis von 30.000 €. Ferner musste er Nebenkosten i.H.v. 2.500 € begleichen. Der Grund und Boden war seither für 800 € im Monat an die Stadt Glashütte vermietet. Im Jahr 2010 erwarb die GmbH das Grundstück An der Unruh 3 für 100.000 €. Die Nebenkosten hatte der Veräußerer zu tragen. Sie errichtete auf dem Grundstück ein neues Produktionsgebäude, welches im Jahr 2011 fertiggestellt wurde. Um die Parkplatzsituation der Mitarbeiter zu entspannen, erschien es Bertold Gross sinnvoll, das Grundstück aus seinem Privatvermögen an die GmbH zu veräußern. Diese sollte darauf dann Stellplätze errichten. Mit notariellem Vertrag vom 12.05.2013 wurde das Grundstück An der Unruh 5 mit Übergang von Nutzen und Lasten am 01.06.2013 auf die GmbH übertragen. Der Kaufpreis war mit 120.000 € vereinbart und wurde am 03.06.2013 durch Überweisung beglichen. Die örtliche Bodenrichtwerttabelle weist für Grundstücke ähnlicher Lage und Bebaubarkeit einen Wert von 25 €/m² aus.

3.2 Rechtsbeziehungen zwischen Gesellschaft und Gesellschafter

Aufgabe: Stellen Sie die ertragsteuerlichen Auswirkungen für den Veranlagungszeitraum 2013 auf die GmbH und ihren Gesellschafter dar. Ein Antrag nach § 32d Abs. 2 Nr. 3 EStG wurde nicht gestellt.

Lösung:
Kapitalgesellschaft
Die Uhrenwerke GmbH ist als Kapitalgesellschaft mit Geschäftsleitung (§ 10 AO) und Sitz (§ 11 AO) im Inland (§ 1 Abs. 3 KStG) unbeschränkt körperschaftsteuerpflichtig (§ 1 Abs. 1 Nr. 1 KStG). Die Steuerpflicht erstreckt sich auf das Welteinkommen (§ 1 Abs. 2 KStG). Die GmbH erzielt als Körperschaft nach § 1 Abs. 1 Nr. 1 KStG ausschließlich gewerbliche Einkünfte (§ 8 Abs. 2 KStG, R 32 Abs. 2 KStR). Die GmbH ist eine Handelsgesellschaft i.S.d. § 13 Abs. 3 GmbHG, auch Formkaufmann i.S.d. § 6 HGB und unterliegt daher der Buchführungspflicht (§ 238 Abs. 1 HGB). Sie ermittelt daher ihren Gewinn durch Betriebsvermögensvergleich (§ 5 Abs. 1 EStG i.V.m. § 140 AO). Der Ermittlungszeitraum ist dabei das Wirtschaftsjahr, welches dem Kalenderjahr entspricht (§ 7 Abs. 4 KStG).

Der Kaufvertrag ist zivilrechtlich wirksam zustande gekommen und steuerlich grundsätzlich anzuerkennen. Allerdings liegt eine Rechtsbeziehung zwischen Gesellschaft und Gesellschafter vor. Daher ist hier das Vorliegen einer verdeckten Gewinnausschüttung zu prüfen (R 36 Abs. 1 KStR). Das Grundstück ist zunächst mit den Anschaffungskosten i.H.v. 120.000 € zu aktivieren (§ 255 Abs. 1 HGB). Allerdings dürfen maximal die steuerlich angemessenen Anschaffungskosten ausgewiesen werden. Diese basieren auf dem fremdüblichen Preis, also 75.000 € (= 3.000 m² × 25 €/m²). die Differenz zwischen den fremdüblichen Anschaffungskosten und dem tatsächlich geleistete Betrag ist als außerordentlicher Aufwand innerhalb der Handelsbilanz aufzuzeichnen. Damit wird der Gewinn um 45.000 € gemindert. Die Aufzeichnung als Betriebsausgabe führt zu einer Verminderung des Unterschiedsbetrags nach § 4 Abs. 1 EStG. Es liegt eine Vermögensminderung vor, da seitens der GmbH ein Überpreis geleistet wurde. Ein Gewinnverteilungsbeschluss liegt nicht vor. Die Veranlassung im Gesellschaftsverhältnis ist gegeben, da die Höhe des Kaufpreises nicht fremdüblich ist. Ein fremder ordentlicher und gewissenhafter Geschäftsführer hätte diese Vermögensminderung nicht zugelassen. Demnach liegt eine verdeckte Gewinnausschüttung vor (R 36 Abs. 1 KStR). Die Bewertung erfolgt auf der Basis des Fremdvergleichs i.H.d. Differenz zwischen dem Zahlbetrag und dem angemessenen Betrag (= 45.000 €). Hierin liegt eine verdeckte Gewinnausschüttung vor. Es ist daher ein Betrag von 45.000 € außerhalb der Gewinnermittlung dem zu versteuernden Einkommen des Jahres 2013 hinzuzurechnen (§ 8 Abs. 3 S. 2 KStG), da sich verdeckte Gewinnausschüttungen nicht auf das Einkommen der Körperschaft auswirken dürfen.

Gesellschafter
Der unangemessene Teil des Kaufpreises führt als verdeckte Gewinnausschüttung zu Einkünften aus Kapitalvermögen gem. § 20 Abs. 1 Nr. 1 S. 2 EStG und § 2 Abs. 1 S. 1 Nr. 5 EStG. Es handelt sich um Überschusseinkünfte (§ 2 Abs. 2 S. 1 Nr. 2 EStG). Die Besteuerung erfolgt grundsätzlich bei Zufluss (§ 11 Abs. 1 EStG), hier also mit Zufluss des Kaufpreises am 03.06.2013. Es ist die Abgeltungsbesteuerung gem. § 32d Abs. 1 EStG anzuwenden. Eine Antragsberechtigung nach § 32d Abs. 2 Nr. 3 EStG wäre gegeben, da Gross zu mindestens 25 % an der GmbH beteiligt ist. Allerdings ist der Antrag laut Sachverhalt nicht gestellt. Die Ausnahme nach § 32d Abs. 2 Nr. 4 EStG soll nicht zur Anwendung kommen, da die außerbilanzielle Zurechnung bei der Kapitalgesellschaft bereits vorgenommen wurde. Es besteht grundsätzlich eine Kapitalertragsteuerpflicht, da es sich um Einnahmen nach § 43 Abs. 1 S. 1 Nr. 1 EStG handelt. Diese wird jedoch typischerweise nicht einbehalten. Gross erzielt Einnahmen i.H.v. 45.000 €. Hiervon ist der Sparerpauschbetrag gem. § 20 Abs. 9 S. 1 EStG abzusetzen. Damit ergeben sich Einkünfte aus Kapitalvermögen i.H.v. 44.199 €. Diese sind nicht im zu versteuernden Einkommen zu erfassen (§ 2 Abs. 5b EStG). Eine Abgeltungswirkung kann aufgrund der Nichteinbehaltung der Kapitalertragsteuer nicht eintreten (§ 43 Abs. 5 EStG). Gross hat die Einnahmen nach § 32d Abs. 3 EStG beim Finanzamt zu erklären.

Im Hinblick auf die Veräußerung des Grundstücks ist ferner ein privates Veräußerungsgeschäft gem. § 23 Abs. 1 S. 1 Nr. 1 EStG zu prüfen. Hier ist aber offensichtlich die 10-Jahresfrist bereits abgelaufen. Die Veräußerung ist daher auf der privaten Vermögensebene ist nicht steuerbar anzusehen. Soweit eine Besteuerung nach § 23 EStG infrage käme, ist allerdings nur auf den angemessenen Teil des Kaufpreises abzustellen.

> **Fall 6: Gesellschaft erwirbt verbilligt ein Grundstück vom Gesellschafter**
> Alois Schenk ist alleinvertretungsberechtigter Geschäftsführer der Spedition Zack-Zack GmbH. Er ist von den Beschränkungen des § 181 BGB wirksam befreit. Das Stammkapital der GmbH beträgt 50.000 €. Hieran ist Alois Schenk mit 40 % beteiligt. Die GmbH erfreut sich seit Jahren steigender Umsätze und Gewinne. Hieraus resultiert aber auch ein erhöhter Platzbedarf. Daher entschließt sich Alois Schenk zum Verkauf eines bisher vom ihm als Garten genutzten unbebauten Grundstücks. Der abgeschlossene Kaufvertrag sieht einen Übergang von Nutzen und Lasten zum 01.03.2013 vor. Der Kaufpreis war mit 50.000 € vereinbart und wurde Anfang April auf ein privates Bankkonto des Gesellschafters geleistet. Alois Schenk hatte das Grundstück vor vielen Jahren für genau diesen Betrag selbst erworben. Dem Umstand, dass der Kaufpreis für vergleichbare Grundstücke mittlerweile bei 80.000 € lag, maß er keine Bedeutung bei.
> **Aufgabe:** Stellen Sie die ertragsteuerlichen Auswirkungen für den Veranlagungszeitraum 2013 auf die GmbH und den Schenk dar.

Lösung:
Kapitalgesellschaft
Die Spedition Zack-Zack GmbH ist als Kapitalgesellschaft mit Geschäftsleitung (§ 10 AO) und Sitz (§ 11 AO) im Inland (§ 1 Abs. 3 KStG) unbeschränkt körperschaftsteuerpflichtig (§ 1 Abs. 1 Nr. 1 KStG). Die Steuerpflicht erstreckt sich auf das Welteinkommen (§ 1 Abs. 2 KStG). Die GmbH erzielt als Körperschaft nach § 1 Abs. 1 Nr. 1 KStG ausschließlich gewerbliche Einkünfte (§ 8 Abs. 2 KStG, R 32 Abs. 2 KStR). Die GmbH ist eine Handelsgesellschaft i.S.d. § 13 Abs. 3 GmbHG, auch Formkaufmann i.S.d. § 6 HGB und unterliegt daher der Buchführungspflicht (§ 238 Abs. 1 HGB). Sie ermittelt daher ihren Gewinn durch Betriebsvermögensvergleich (§ 5 Abs. 1 EStG i.V.m. § 140 AO). Der Ermittlungszeitraum ist dabei das Wirtschaftsjahr, welches dem Kalenderjahr entspricht (§ 7 Abs. 4 KStG).

Der Kaufvertrag ist zivilrechtlich wirksam entstanden und steuerlich anzuerkennen. Das Grundstück ist zunächst mit Kaufpreis zzgl. etwaiger Nebenkosten zu aktivieren (Bilanzansatz 50.000 €; § 255 Abs. 1 HGB).

Es liegt eine Rechtsbeziehung zwischen Gesellschaft und Gesellschafter vor. Aufgrund der verbilligten Übertragung ist daher das Vorliegen einer verdeckten Einlage zu prüfen (R 40 Abs. 1 KStR). Das Grundstück stellt einen bilanzierungsfähigen Vermögensgegenstand dar (H 40 „Einlagefähiger Vermögensgegenstand" KStH). Die Veranlassung liegt im Gesellschaftsverhältnis, da ein fremder Dritter auf einem angemessenen Kaufpreis bestanden hätte (H 40 „Gesellschaftsrechtliche Veranlassung" KStH). Die Bewertung der verdeckten Einlage erfolgt nach § 6 Abs. 1 Nr. 5 EStG mit dem Teilwert (R 40 Abs. 4 KStR). Der Teilwert des Grundstücks beträgt 80.000 €. Hiervon ist die tatsächliche Zahlung der GmbH in Abzug zu bringen. Es verbleibt ein Betrag i.H.v. 30.000 €. Die steuerlichen Anschaffungskosten des Grundstücks belaufen sich daher auf 80.000 € (= Zahlung 50.000 € zzgl. verdeckte Einlage 30.000 €). Innerhalb der Handelsbilanz und in der Folge auch in der Steuerbilanz ist das Grundstück mit 80.000 € auszuweisen. Es hat eine erfolgswirksame Aufstockung des Buchwertes zu erfolgen. Hieraus ergibt sich eine Gewinnerhöhung von 30.000 €. Jedoch dürfen sich gesellschaftsrechtliche Vorgänge nicht auf das zu versteuernde Einkommen auswirken (R 40 Abs. 2 KStR). Demnach ist eine außerbilanzielle Abrechnung i.H.v. 30.000 € vorzunehmen (§ 8 Abs. 3 S. 3 KStG). Ferner liegt ein Zugang beim steuerlichen

3.2 Rechtsbeziehungen zwischen Gesellschaft und Gesellschafter

Einlagekonto gem. § 27 KStG i.H.v. 30.000 € vor. Das steuerliche Einlagekonto ist daher zum Ende des Wirtschaftsjahres nach § 27 Abs. 2 KStG fortzuschreiben.

Gesellschafter
Hinsichtlich des Grundstücksverkaufs an die GmbH ist bei Schenk ein privates Veräußerungsgeschäft gem. § 23 Abs. 1 S. 1 Nr. 1 EStG zu prüfen. Bezogen auf die verdeckte Einlage ist privates Veräußerungsgeschäft gem. § 23 Abs. 1 S. 5 Nr. 2 EStG zu prüfen. Aufgrund fehlender Sachverhaltsangaben kann eine weitergehende Prüfung hier unterbleiben.

Daneben sind die Anschaffungskosten der Beteiligung an der Spedition Zack-Zack GmbH um den Betrag der verdeckten Einlage (= 30.000 €) zu erhöhen (§ 6 Abs. 6 S. 2 EStG; H 40 „Behandlung beim Gesellschafter" KStH).

> **Fall 7: Darlehen I**
> Alois Schenk ist alleinvertretungsberechtigter Geschäftsführer der Spedition Zack-Zack GmbH. Er ist von den Beschränkungen des § 181 BGB wirksam befreit. Das Stammkapital der GmbH beträgt 50.000 €. Hieran ist Alois Schenk mit 100 % beteiligt. Um die weitere Expansion zu finanzieren, gewährte er der GmbH ein Darlehen i.H.v. 300.000 €. Der 2010 abgeschlossene Vertrag sah eine angemessene Verzinsung i.H.v. 6 % vor. Die Auszahlung des Darlehens erfolgte zum 01.07.2010. Die Rückzahlung sollte in einer Summe am 31.12.2015 erfolgen, während die Zinsen jeweils zum 31.12. eines jeden Jahres zu leisten waren. Die Zahlungen wurden von der GmbH zutreffend gebucht. Aufgrund einer sich schnell verschlechternden gesamtwirtschaftlichen Lage, sah sich die GmbH im Jahr 2012 in Liquiditätsschwierigkeiten. Für das Wirtschaftsjahr 2012 ergab sich ein Jahresfehlbetrag von 100.000 €. Um den Bestand der GmbH nicht zu gefährden, verzichtet Alois Schenk im Dezember 2012 auf eine außerordentliche Kündigung des Darlehensvertrages. Ebenso setzt er die Verzinsung ab dem 01.01.2013 zunächst aus. Im März 2013 verzichtet Alois Schenk schließlich endgültig auf die Rückzahlung des Darlehens. Der Teilwert des Darlehens lag im Dezember 2012 bei 60 % des Nennwertes und im März 2013 bei 40 % des Nennwertes.
> **Aufgabe:** Stellen Sie die ertragsteuerlichen Auswirkungen auf die GmbH und den Schenk dar.

Lösung:
Kapitalgesellschaft
Die Spedition Zack-Zack GmbH ist als Kapitalgesellschaft mit Geschäftsleitung (§ 10 AO) und Sitz (§ 11 AO) im Inland (§ 1 Abs. 3 KStG) unbeschränkt körperschaftsteuerpflichtig (§ 1 Abs. 1 Nr. 1 KStG). Die Steuerpflicht erstreckt sich auf das Welteinkommen (§ 1 Abs. 2 KStG). Die GmbH erzielt als Körperschaft nach § 1 Abs. 1 Nr. 1 KStG ausschließlich gewerbliche Einkünfte (§ 8 Abs. 2 KStG, R 32 Abs. 2 KStR). Die GmbH ist eine Handelsgesellschaft i.S.d. § 13 Abs. 3 GmbHG, auch Formkaufmann i.S.d. § 6 HGB und unterliegt daher der Buchführungspflicht (§ 238 Abs. 1 HGB). Sie ermittelt daher ihren Gewinn durch Betriebsvermögensvergleich (§ 5 Abs. 1 EStG i.V.m. § 140 AO). Der Ermittlungszeitraum ist dabei das Wirtschaftsjahr, welches dem Kalenderjahr entspricht (§ 7 Abs. 4 KStG).

Der Darlehensvertrag ist zivilrechtlich wirksam entstanden und steuerlich anzuerkennen. Indizien für eine verdeckte Gewinnausschüttung sind nicht erkennbar, da die Verzinsung angemessen ist und der Vertrag tatsächlich durchgeführt wird.

Hinsichtlich des Darlehensverzichts ist die gesellschaftsrechtliche Veranlassung, genauer eine verdeckte Einlage zu prüfen (§ 8 Abs. 3 S. 3 KStG, R 40 Abs. 1 KStR). Der Darlehensverzicht stellt einen bilanzierungsfähigen Vermögensgegenstand dar (H 40 „Einlagefähige Vermögensgegenstand" KStH). Demgegenüber ist der Verzicht auf die laufende Verzinsung im Jahr 2013 keine verdeckte Einlage, da es sich lediglich um einen Nutzungsvorteil handelt (H 40 „Nutzungsvorteile" KStH). Die Veranlassung liegt im Gesellschaftsverhältnis, da ein fremder Dritter auf das Darlehen nicht verzichtet hätte (H 40 „Gesellschaftsrechtliche Veranlassung" KStH). Die Bewertung der verdeckten Einlage erfolgt nach § 6 Abs. 1 Nr. 5 EStG mit dem Teilwert (R 40 Abs. 4 KStR). Fraglich ist hier allerdings der Bewertungszeitpunkt.

Im vorliegenden Fall handelt es sich um ein „stehen gelassenes Darlehen", da Schenk bei Eintritt des Unternehmens in die Krise auf eine Kündigung verzichtet. Ein Fall, welcher nach der Insolvenzordnung zu beurteilen ist, liegt ebenso wenig vor, wie ein Anfechtungsgrund i.S.d. § 6 AnfG. Demnach ist der gemeine Wert des Darlehens, in dem Zeitpunkt maßgeblich, in welchem der Gesellschafter auf eine Kündigung des Darlehens verzichtet hat (vgl. Tz. 3b des BMF vom 21.10.2010, BStBl I 2010, 838). Die Bewertung erfolgt daher mit 60 % des Nennwertes = 180.000 €. Das Darlehen ist daher im Jahr 2013 erfolgswirksam auszubuchen, da die Verbindlichkeit durch den Rückzahlungsverzicht nicht mehr existiert. Jedoch dürfen sich gesellschaftsrechtliche Vorgänge nicht auf das zu versteuernde Einkommen auswirken (R 40 Abs. 2 KStR). Demnach ist eine außerbilanzielle Abrechnung i.H.v. 180.000 € vorzunehmen (§ 8 Abs. 3 S. 3 KStG). Ferner liegt ein Zugang i.H.v. 180.000 € beim steuerlichen Einlagekonto gem. § 27 KStG vor. Das steuerliche Einlagekonto ist dann zum Schluss des Wirtschaftsjahres gesondert festzustellen.

Gesellschafter

Hinsichtlich der Zinsen erzielt Schenk in 2012 Einkünfte aus Kapitalvermögen gem. § 20 Abs. 1 Nr. 7 EStG i.V.m. § 2 Abs. 1 S. 1 Nr. 5 EStG. Es handelt sich um Überschusseinkünfte (§ 2 Abs. 2 S. 1 Nr. 2 EStG). Die Besteuerung erfolgt bei Zufluss (§ 11 Abs. 1 EStG). Der Ermittlungszeitraum ist das Kalenderjahr (§ 2 Abs. 7 S. 1 und 2 EStG). Es erfolgt eine Besteuerung mit dem persönlichen Steuersatz nach § 32a EStG, da die Abgeltungsbesteuerung nicht anzuwenden ist. Schenk ist mit 100 % an der GmbH beteiligt. Somit greift die Ausnahme des § 32d Abs. 2 Nr. 1 Buchst. b EStG. Es entstehen Zinsen i.H.v. 18.000 € (= 300.000 € × 6 %). Eine Kapitalertragsteuerpflicht besteht nicht (§ 43 Abs. 1 S. 1 Nr. 7 EStG). Von den Einnahmen sind die tatsächlichen Werbungskosten abzusetzen, da das Abzugsverbot und der Sparerpauschbetrag nicht zur Anwendung kommen (§ 32d Abs. 2 Nr. 1 S. 2 i.V.m. § 20 Abs. 9 EStG). Die Einkünfte aus Kapitalvermögen entsprechen daher den Einnahmen i.H.v. 18.000 €.

Bei dem Darlehen handelt es sich um Wertpapier, welches nach dem 31.12.2008 entstanden ist. Demnach ist bei der Veräußerung das Vorliegen von Einkünften aus Kapitalvermögen zu prüfen (§ 52a Abs. 10 S. 6 EStG). Die verdeckte Einlage in das Vermögen einer Kapitalgesellschaft gilt dabei ebenfalls als Veräußerung (§ 20 Abs. 2 S. 2 EStG). Somit erzielt Schenk mit dem Verzicht Einkünfte aus Kapitalvermögen i.S.d. § 20 Abs. 2 S. 1 Nr. 7 EStG i.V.m. § 2 Abs. 1 S. 1 Nr. 5 EStG. Es handelt sich um Überschusseinkünfte (§ 2 Abs. 2 S. 1 Nr. 2 EStG). Demnach findet die Besteuerung bei Zufluss (§ 11 Abs. 1 S. 1 EStG) statt. Als Zufluss gilt hier das Jahr der verdeckten Einlage = 2013 (§ 20 Abs. 4 S. 2 EStG). Die Abgeltungsbesteuerung ist nicht anzuwenden, da Schenk alleiniger Anteilseigner der GmbH ist (§ 32d Abs. 2 Nr. 1 Buchst. b EStG). Der Veräußerungsgewinn ermittelt sich nach § 20 Abs. 4 S. 1 und 2 EStG:

Veräußerungspreis = gemeiner Wert	180.000 €
Veräußerungskosten	./. 0 €
Anschaffungskosten	./. 300.000 €
Veräußerungsverlust	**./. 120.000 €**

Ein Abzug des Sparerpauschbetrages ist nicht zulässig (§ 20 Abs. 9 i.V.m. § 32d Abs. 2 Nr. 1 S. 2 EStG). Schenk erzielt daher Einkünfte aus Kapitalvermögen i.H.v. ./. 120.000 €. Diese können mit anderen positiven Einkünften, auch aus anderen Einkunftsarten, ausgeglichen werden, da das Verlustverrechnungsverbot des § 20 Abs. 6 EStG nicht gilt (§ 32d Abs. 2 Nr. 1 S. 2 EStG).

Daneben sind die Anschaffungskosten der Beteiligung an der Spedition Zack-Zack GmbH im Jahr 2013 um den Betrag der verdeckten Einlage (= 180.000 €) zu erhöhen (§ 6 Abs. 6 S. 2 EStG; H 40 „Behandlung beim Gesellschafter" KStH).

3.2 Rechtsbeziehungen zwischen Gesellschaft und Gesellschafter

Fall 8: Darlehen II
Alois Schenk ist alleinvertretungsberechtigter Geschäftsführer der Spedition Zack-Zack GmbH. Er ist von den Beschränkungen des § 181 BGB wirksam befreit. Das Stammkapital der GmbH beträgt 50.000 €. Hieran ist Alois Schenk mit 100 % beteiligt. Aufgrund einer sich schnell verschlechternden gesamtwirtschaftlichen Lage, sah sich die GmbH im Jahr 2012 in Liquiditätsschwierigkeiten. Für das Wirtschaftsjahr 2012 ergab sich ein Jahresfehlbetrag von 100.000 €. Um den Bestand der GmbH nicht zu gefährden, gewährte Alois Schenk der GmbH Anfang Dezember 2012 ein Darlehen i.H.v. 100.000 €. Die Hausbank der GmbH war zu diesem Zeitpunkt nicht bereit der GmbH ein weiteres Darlehen zu gewähren. Der Vertrag zwischen Alois Schenk und der GmbH sah eine Auszahlung des Darlehens zum 01.12.2012 und eine Verzinsung von 3 % vor. Die Zinszahlung erfolgte monatlich und wurde von der GmbH zutreffend verbucht. Zum 31.08.2013 verzichtete Alois Schenk schließlich endgültig auf die Rückzahlung des Darlehens. Der Teilwert des Darlehens lag August 2013 bei 40 % des Nennwertes.
Aufgabe: Stellen Sie die ertragsteuerlichen Auswirkungen auf die GmbH und den Schenk dar.

Lösung:
Kapitalgesellschaft
Die Spedition Zack-Zack GmbH ist als Kapitalgesellschaft mit Geschäftsleitung (§ 10 AO) und Sitz (§ 11 AO) im Inland (§ 1 Abs. 3 KStG) unbeschränkt körperschaftsteuerpflichtig (§ 1 Abs. 1 Nr. 1 KStG). Die Steuerpflicht erstreckt sich auf das Welteinkommen (§ 1 Abs. 2 KStG). Die GmbH erzielt als Körperschaft nach § 1 Abs. 1 Nr. 1 KStG ausschließlich gewerbliche Einkünfte (§ 8 Abs. 2 KStG, R 32 Abs. 2 KStR). Die GmbH ist eine Handelsgesellschaft i.S.d. § 13 Abs. 3 GmbHG, auch Formkaufmann i.S.d. § 6 HGB und unterliegt daher der Buchführungspflicht (§ 238 Abs. 1 HGB). Sie ermittelt daher ihren Gewinn durch Betriebsvermögensvergleich (§ 5 Abs. 1 EStG i.V.m. § 140 AO). Der Ermittlungszeitraum ist dabei das Wirtschaftsjahr, welches dem Kalenderjahr entspricht (§ 7 Abs. 4 KStG).

Der Darlehensvertrag ist zivilrechtlich wirksam entstanden und steuerlich anzuerkennen. Indizien für eine verdeckte Gewinnausschüttung sind nicht erkennbar, da die Verzinsung nicht unangemessen hoch ist und der Vertrag tatsächlich durchgeführt wird. Die scheinbar zu geringe Verzinsung führt nicht zu einer verdeckten Einlage, da es sich insoweit um einen Nutzungsvorteil handelt. Dieser ist nicht einlagefähig (H 40 „Nutzungsvorteile" KStH).

Hinsichtlich des Darlehensverzichts ist die gesellschaftsrechtliche Veranlassung, genauer eine verdeckte Einlage zu prüfen (§ 8 Abs. 3 S. 3 KStG, R 40 Abs. 1 KStR). Der Darlehensverzicht stellt einen bilanzierungsfähigen Vermögensgegenstand dar (H 40 „Einlagefähige Vermögensgegenstand" KStH). Die Veranlassung liegt im Gesellschaftsverhältnis, da ein fremder Dritter auf das Darlehen nicht verzichtet hätte (H 40 „Gesellschaftsrechtliche Veranlassung" KStH). Die Bewertung der verdeckten Einlage erfolgt nach § 6 Abs. 1 Nr. 5 EStG mit dem Teilwert (R 40 Abs. 4 KStR). Fraglich ist hier allerdings der Bewertungszeitpunkt.

Im vorliegenden Fall handelt es sich um eine „Darlehensgewährung in der Krise", da Schenk das Darlehen erst nach Eintritt des Unternehmens in die Krise gewährt hat. Demnach ist der Nennwert des Darlehens maßgeblich, und nicht der Teilwert bei Verzicht (vgl. Tz. 3a des BMF vom 21.10.2010, BStBl I 2010, 832). Die Bewertung erfolgt daher mit dem Nennwert = 100.000 €. Das Darlehen ist im Jahr 2013 erfolgswirksam auszubuchen, da die Verbindlichkeit durch den Rückzahlungsverzicht nicht mehr existiert. Jedoch dürfen sich gesellschaftsrechtliche Vorgänge nicht auf das zu versteuernde Einkommen auswirken (R 40 Abs. 2 KStR). Demnach ist eine außerbilanzielle Abrechnung i.H.v. 100.000 € vorzunehmen (§ 8 Abs. 3 S. 3 KStG). Ferner liegt ein Zugang i.H.v. 100.000 € beim steuerlichen Einlagekonto gem. § 27 KStG vor. Das steuerliche Einlagekonto ist zum Schluss des Wirtschaftsjahres gesondert festzustellen.

Gesellschafter
Hinsichtlich der Zinsen erzielt Schenk in 2012 Einkünfte aus Kapitalvermögen gem. § 20 Abs. 1 Nr. 7 EStG i.V.m. § 2 Abs. 1 S. 1 Nr. 5 EStG. Es handelt sich um Überschusseinkünfte (§ 2 Abs. 2 S. 1 Nr. 2 EStG). Die Besteuerung erfolgt bei Zufluss (§ 11 Abs. 1 EStG). Der Ermittlungszeitraum ist das Kalenderjahr (§ 2 Abs. 7 S. 1 und 2 EStG). Es erfolgt eine Besteuerung mit dem persönlichen Steuersatz nach § 32a EStG, da die Abgeltungsbesteuerung nicht anzuwenden ist. Schenk ist mit 100 % an der GmbH beteiligt. Somit greift die Ausnahme des § 32d Abs. 2 Nr. 1 Buchst b EStG. Es entstehen Zinsen i.H.v. 250 € (= 100.000 € × 3 % × $^{1}/_{12}$). Eine Kapitalertragsteuerpflicht besteht nicht (§ 43 Abs. 1 S. 1 Nr. 7 EStG). Von den Einnahmen sind die tatsächlichen Werbungskosten abzusetzen, da das Abzugsverbot und der Sparerpauschbetrag nicht zur Anwendung kommen (§ 32d Abs. 2 Nr. 1 S. 2 i.V.m. § 20 Abs. 9 EStG). Die Einkünfte aus Kapitalvermögen entsprechen daher den Einnahmen i.H.v. 250 €.

Für das Jahr 2013 sind die Zinsen ebenfalls den normal zu versteuernden Einkünften aus Kapitalvermögen zuzuordnen (§ 20 Abs. 1 Nr. 7 i.V.m. § 32d Abs. 2 Nr. 1 Buchst. b EStG). Mangels tatsächlicher Werbungskosten entsprechen auch hier die Einnahmen den Einkünften aus Kapitalvermögen. Es ergibt sich ein steuerpflichtiger Betrag i.H.v. 2.000 € (= 100.000 € × 3 % × $^{8}/_{12}$).

Bei dem Darlehen handelt es sich um ein Wertpapier, welches nach dem 31.12.2008 entstanden ist. Demnach ist bei der Veräußerung das Vorliegen von Einkünften aus Kapitalvermögen zu prüfen (§ 52a Abs. 10 S. 6 EStG). Die verdeckte Einlage in das Vermögen einer Kapitalgesellschaft gilt dabei ebenfalls als Veräußerung (§ 20 Abs. 2 S. 2 EStG). Somit erzielt Schenk mit dem Verzicht Einkünfte aus Kapitalvermögen i.S.d. § 20 Abs. 2 S. 1 Nr. 7 EStG i.V.m. § 2 Abs. 1 S. 1 Nr. 5 EStG. Es handelt sich um Überschusseinkünfte (§ 2 Abs. 2 S. 1 Nr. 2 EStG). Demnach findet die Besteuerung bei Zufluss (§ 11 Abs. 1 S. 1 EStG) statt. Als Zufluss gilt hier das Jahr der verdeckten Einlage = 2013 (§ 20 Abs. 4 S. 2 EStG). Die Abgeltungsbesteuerung ist nicht anzuwenden, da Schenk alleiniger Anteilseigner der GmbH ist (§ 32d Abs. 2 Nr. 1 Buchst. b EStG). Der Veräußerungsgewinn ermittelt sich nach § 20 Abs. 4 S. 1 und 2 EStG.

Veräußerungspreis = gemeiner Wert	100.000 €
Veräußerungskosten	./. 0 €
Anschaffungskosten	./. 100.000 €
Veräußerungsverlust	./. 0 €

Ein Abzug des Sparerpauschbetrages ist nicht zulässig (§ 20 Abs. 9 i.V.m. § 32d Abs. 2 Nr. 1 S. 2 EStG). Schenk erzielt daher Einkünfte aus Kapitalvermögen i.H.v. 0 €.

Daneben sind die Anschaffungskosten der Beteiligung an der Spedition Zack-Zack GmbH im Jahr 2013 um den Betrag der verdeckten Einlage (= 100.000 €) zu erhöhen (§ 6 Abs. 6 S. 2 EStG; H 40 „Behandlung beim Gesellschafter" KStH).

Fall 9: Darlehen III
Alois Schenk ist alleinvertretungsberechtigter Geschäftsführer der Spedition Zack-Zack GmbH. Er ist von den Beschränkungen des § 181 BGB wirksam befreit. Das Stammkapital der GmbH beträgt 50.000 €. Hieran ist Alois Schenk mit 100 % beteiligt. Die Ausstattung der GmbH mit Kapital erfolgte z.T. mit der Zuführung von Eigenkapital und z.T. mit der Gewährung von Gesellschafterdarlehen. Diese wurde im Rahmen eines langfristigen Investitionsplanes geplant und nach dem jeweiligen Fortschritt gewährt. Zu Beginn des Wirtschaftsjahres 2012 erwarb die GmbH planmäßig einen neuen Lkw. Zur Finanzierung war ein entsprechendes Gesellschafterdarlehen des Schenk vorgesehen, welches dieser auch Anfang März 2012 gewährte. Das Darlehen i.H.v. 100.000 € sollte mit 5 % verzinst werden. Eine Auszahlung der Zinsen war monatlich vorgesehen, wurde tatsächlich durchgeführt und korrekt verbucht. Aufgrund einer sich schnell verschlechternden gesamtwirtschaftlichen Lage sah sich die

3.2 Rechtsbeziehungen zwischen Gesellschaft und Gesellschafter

> GmbH im Jahr 2012 in Liquiditätsschwierigkeiten. Für das Wirtschaftsjahr 2012 ergab sich ein Jahresfehlbetrag von 100.000 €. Zum 31.08.2013 verzichtete Alois Schenk schließlich endgültig auf die Rückzahlung des Darlehens. Der Teilwert des Darlehens lag August 2013 bei 40 % des Nennwertes.
>
> **Aufgabe:** Stellen Sie die ertragsteuerlichen Auswirkungen auf die GmbH und den Schenk dar.

Lösung:
Kapitalgesellschaft
Die Spedition Zack-Zack GmbH ist als Kapitalgesellschaft mit Geschäftsleitung (§ 10 AO) und Sitz (§ 11 AO) im Inland (§ 1 Abs. 3 KStG) unbeschränkt körperschaftsteuerpflichtig (§ 1 Abs. 1 Nr. 1 KStG). Die Steuerpflicht erstreckt sich auf das Welteinkommen (§ 1 Abs. 2 KStG). Die GmbH erzielt als Körperschaft nach § 1 Abs. 1 Nr. 1 KStG ausschließlich gewerbliche Einkünfte (§ 8 Abs. 2 KStG, R 32 Abs. 2 KStR). Die GmbH ist eine Handelsgesellschaft i.S.d. § 13 Abs. 3 GmbHG, auch Formkaufmann i.S.d. § 6 HGB und unterliegt daher der Buchführungspflicht (§ 238 Abs. 1 HGB). Sie ermittelt daher ihren Gewinn durch Betriebsvermögensvergleich (§ 5 Abs. 1 EStG i.V.m. § 140 AO). Der Ermittlungszeitraum ist dabei das Wirtschaftsjahr, welches dem Kalenderjahr entspricht (§ 7 Abs. 4 KStG).

Der Darlehensvertrag ist zivilrechtlich wirksam entstanden und steuerlich anzuerkennen. Indizien für eine verdeckte Gewinnausschüttung sind nicht erkennbar, da die Verzinsung nicht unangemessen hoch ist und der Vertrag tatsächlich durchgeführt wird. Die scheinbar zu geringe Verzinsung führt nicht zu einer verdeckten Einlage, da es sich insoweit um einen Nutzungsvorteil handelt. Dieser ist nicht einlagefähig (H 40 „Nutzungsvorteile" KStH).

Hinsichtlich des Darlehensverzichts ist die gesellschaftsrechtliche Veranlassung, genauer eine verdeckte Einlage zu prüfen (§ 8 Abs. 3 S. 3 KStG, R 40 Abs. 1 KStR). Der Darlehensverzicht stellt einen bilanzierungsfähigen Vermögensgegenstand dar (H 40 „Einlagefähige Vermögensgegenstand" KStH). Die Veranlassung liegt im Gesellschaftsverhältnis, da ein fremder Dritter auf das Darlehen nicht verzichtet hätte (H 40 „Gesellschaftsrechtliche Veranlassung" KStH). Die Bewertung der verdeckten Einlage erfolgt nach § 6 Abs. 1 Nr. 5 EStG mit dem Teilwert (R 40 Abs. 4 KStR). Fraglich ist hier allerdings der Bewertungszeitpunkt.

Im vorliegenden Fall handelt es sich um ein „Finanzplandarlehen", da Schenk das Darlehen im Rahmen eines langfristigen Investitionsplanes gewährt hat. Demnach ist der Nennwert des Darlehens maßgeblich, und nicht der Teilwert bei Verzicht (vgl. Tz. 3c des BMF vom 21.10.2010, BStBl I 2010, 832). Die Bewertung erfolgt daher mit dem Nennwert = 100.000 €. Das Darlehen ist im Jahr 2013 erfolgswirksam auszubuchen, da die Verbindlichkeit durch den Rückzahlungsverzicht nicht mehr existiert. Jedoch dürfen sich gesellschaftsrechtliche Vorgänge nicht auf das zu versteuernde Einkommen auswirken (R 40 Abs. 2 KStR). Demnach ist eine außerbilanzielle Abrechnung i.H.v. 100.000 € vorzunehmen (§ 8 Abs. 3 S. 3 KStG). Ferner liegt ein Zugang i.H.v. 100.000 € beim steuerlichen Einlagekonto gem. § 27 KStG vor. Das steuerliche Einlagekonto ist zum Schluss des Wirtschaftsjahres gesondert festzustellen.

Gesellschafter
Hinsichtlich der Zinsen erzielt Schenk in 2012 Einkünfte aus Kapitalvermögen gem. § 20 Abs. 1 Nr. 7 EStG i.V.m. § 2 Abs. 1 S. 1 Nr. 5 EStG. Es handelt sich um Überschusseinkünfte (§ 2 Abs. 2 S. 1 Nr. 2 EStG). Die Besteuerung erfolgt bei Zufluss (§ 11 Abs. 1 EStG). Der Ermittlungszeitraum ist das Kalenderjahr (§ 2 Abs. 7 S. 1 und 2 EStG). Es erfolgt eine Besteuerung mit dem persönlichen Steuersatz nach § 32a EStG, da die Abgeltungsbesteuerung nicht anzuwenden ist. Schenk ist mit 100 % an der GmbH beteiligt. Somit greift die Ausnahme des § 32d Abs. 2 Nr. 1 Buchst. b EStG. Es entstehen Zinsen i.H.v. 4.166 € (= 100.000 € × 5 % × $^{10}/_{12}$). Eine Kapitalertragsteuerpflicht besteht nicht (§ 43 Abs. 1 S. 1 Nr. 7 EStG). Von den Einnahmen sind die tatsächlichen Werbungskosten abzusetzen, da das Abzugsverbot und der Sparerpauschbetrag nicht zur Anwendung kommen (§ 32d Abs. 2 Nr. 1 S. 2 i.V.m. § 20 Abs. 9 EStG). Die Einkünfte aus Kapitalvermögen entsprechen daher den Einnahmen i.H.v. 4.166 €.

Für das Jahr 2013 sind die Zinsen ebenfalls den normal zu versteuernden Einkünften aus Kapitalvermögen zuzuordnen (§ 20 Abs. 1 Nr. 7 i.V.m. § 32d Abs. 2 Nr. 1 Buchst. b EStG). Mangels tatsächlicher Werbungskosten entsprechen auch hier die Einnahmen den Einkünften aus Kapitalvermögen. Es ergibt sich ein steuerpflichtiger Betrag i.H.v. 3.333 € (= 100.000 € × 5 % × 8/12).

Bei dem Darlehen handelt es sich um ein Wertpapier, welches nach dem 31.12.2008 entstanden ist. Demnach ist bei der Veräußerung das Vorliegen von Einkünften aus Kapitalvermögen zu prüfen (§ 52a Abs. 10 S. 6 EStG). Die verdeckte Einlage in das Vermögen einer Kapitalgesellschaft gilt dabei ebenfalls als Veräußerung (§ 20 Abs. 2 S. 2 EStG). Somit erzielt Schenk mit dem Verzicht Einkünfte aus Kapitalvermögen i.S.d. § 20 Abs. 2 S. 1 Nr. 7 EStG i.V.m. § 2 Abs. 1 S. 1 Nr. 5 EStG. Es handelt sich um Überschusseinkünfte (§ 2 Abs. 2 S. 1 Nr. 2 EStG). Demnach findet die Besteuerung bei Zufluss (§ 11 Abs. 1 S. 1 EStG) statt. Als Zufluss gilt hier das Jahr der verdeckten Einlage = 2013 (§ 20 Abs. 4 S. 2 EStG). Die Abgeltungsbesteuerung ist nicht anzuwenden, da Schenk alleiniger Anteilseigner der GmbH ist (§ 32d Abs. 2 Nr. 1 Buchst. b EStG). Der Veräußerungsgewinn ermittelt sich nach § 20 Abs. 4 S. 1 und 2 EStG:

Veräußerungspreis = gemeiner Wert	100.000 €
Veräußerungskosten	./. 0 €
Anschaffungskosten	./. 100.000 €
Veräußerungsverlust	./. 0 €

Ein Abzug des Sparerpauschbetrages ist nicht zulässig (§ 20 Abs. 9 i.V.m. § 32d Abs. 2 Nr. 1 S. 2 EStG). Schenk erzielt daher Einkünfte aus Kapitalvermögen i.H.v. 0 €.

Daneben sind die Anschaffungskosten der Beteiligung an der Spedition Zack-Zack GmbH im Jahr 2013 um den Betrag der verdeckten Einlage (= 100.000 €) zu erhöhen (§ 6 Abs. 6 S. 2 EStG; H 40 „Behandlung beim Gesellschafter" KStH).

Fall 10: Darlehen IV
Alois Schenk ist alleinvertretungsberechtigter Geschäftsführer der Spedition Zack-Zack GmbH. Er ist von den Beschränkungen des § 181 BGB wirksam befreit. Das Stammkapital der GmbH beträgt 50.000 €. Hieran ist Alois Schenk mit 100 % beteiligt. Zum 01.07.2011 gewährte Alois Schenk der GmbH ein Darlehen i.H.v. 100.000 €. Die vertraglichen Bestimmungen sahen eine Verzinsung mit 5 % vor. Eine Auszahlung der Zinsen war monatlich vorgesehen, wurde tatsächlich durchgeführt und korrekt verbucht. Ferner verzichtete Schenk in dem Darlehensvertrag bereits auf eine eventuelle außerordentliche Kündigung, falls die GmbH in wirtschaftliche Schwierigkeiten geraten würde. Aufgrund einer sich schnell verschlechternden gesamtwirtschaftlichen Lage, sah sich die GmbH zum Ende des Jahres 2012 in Liquiditätsschwierigkeiten. Für das Wirtschaftsjahr 2012 ergab sich ein Jahresfehlbetrag von 100.000 €. Zum 31.08.2013 verzichtete Alois Schenk schließlich auf die Rückzahlung des Darlehens. Der Teilwert des Darlehens lag August 2013 bei 40 % des Nennwertes.

Aufgabe: Stellen Sie die ertragsteuerlichen Auswirkungen auf die GmbH und den Schenk dar.

Lösung:
Kapitalgesellschaft
Die Spedition Zack-Zack GmbH ist als Kapitalgesellschaft mit Geschäftsleitung (§ 10 AO) und Sitz (§ 11 AO) im Inland (§ 1 Abs. 3 KStG) unbeschränkt körperschaftsteuerpflichtig (§ 1 Abs. 1 Nr. 1 KStG). Die Steuerpflicht erstreckt sich auf das Welteinkommen (§ 1 Abs. 2 KStG). Die GmbH erzielt als Körperschaft nach § 1 Abs. 1 Nr. 1 KStG ausschließlich gewerbliche Einkünfte (§ 8 Abs. 2 KStG, R 32 Abs. 2 KStR). Die GmbH ist eine Handelsgesellschaft i.S.d. § 13 Abs. 3 GmbHG, auch Formkaufmann i.S.d. § 6 HGB und unterliegt daher der Buchführungspflicht (§ 238 Abs. 1 HGB). Sie ermittelt daher ihren Gewinn durch

Betriebsvermögensvergleich (§ 5 Abs. 1 EStG i.V.m. § 140 AO). Der Ermittlungszeitraum ist dabei das Wirtschaftsjahr, welches dem Kalenderjahr entspricht (§ 7 Abs. 4 KStG).

Der Darlehensvertrag ist zivilrechtlich wirksam entstanden und steuerlich anzuerkennen. Indizien für eine verdeckte Gewinnausschüttung sind nicht erkennbar, da die Verzinsung nicht unangemessen hoch ist und der Vertrag tatsächlich durchgeführt wird. Die scheinbar zu geringe Verzinsung führt nicht zu einer verdeckten Einlage, da es sich insoweit um einen Nutzungsvorteil handelt. Dieser ist nicht einlagefähig (H 40 „Nutzungsvorteile" KStH).

Hinsichtlich des Darlehensverzichts ist die gesellschaftsrechtliche Veranlassung, genauer eine verdeckte Einlage zu prüfen (§ 8 Abs. 3 S. 3 KStG, R 40 Abs. 1 KStR). Der Darlehensverzicht stellt einen bilanzierungsfähigen Vermögensgegenstand dar (H 40 „Einlagefähige Vermögensgegenstand" KStH). Die Veranlassung liegt im Gesellschaftsverhältnis, da ein fremder Dritter auf das Darlehen nicht verzichtet hätte (H 40 „Gesellschaftsrechtliche Veranlassung" KStH). Die Bewertung der verdeckten Einlage erfolgt nach § 6 Abs. 1 Nr. 5 EStG mit dem Teilwert (R 40 Abs. 4 KStR). Fraglich ist hier allerdings der Bewertungszeitpunkt.

Im vorliegenden Fall handelt es sich um ein „krisenbestimmtes Darlehen", da Schenk aufgrund von vertraglichen Vereinbarungen bereits zu Beginn auf eine Kündigung im Falle der Krise verzichtet hat. Dieser Verzicht ist als gesellschaftsrechtlich veranlasst anzusehen. Demnach ist der Nennwert des Darlehens maßgeblich, und nicht der Teilwert bei Verzicht (vgl. Tz. 3d des BMF vom 21.10.2010, BStBl I 2010, 832). Die Bewertung erfolgt daher mit dem Nennwert = 100.000 €. Das Darlehen ist im Jahr 2013 erfolgswirksam auszubuchen, da die Verbindlichkeit durch den Rückzahlungsverzicht nicht mehr existiert. Jedoch dürfen sich gesellschaftsrechtliche Vorgänge nicht auf das zu versteuernde Einkommen auswirken (R 40 Abs. 2 KStR). Demnach ist eine außerbilanzielle Abrechnung i.H.v. 100.000 € vorzunehmen (§ 8 Abs. 3 S. 3 KStG). Ferner liegt ein Zugang i.H.v. 100.000 € beim steuerlichen Einlagekonto gem. § 27 KStG vor. Das steuerliche Einlagekonto ist zum Schluss des Wirtschaftsjahres gesondert festzustellen.

Gesellschafter

Hinsichtlich der Zinsen erzielt Schenk in 2012 Einkünfte aus Kapitalvermögen gem. § 20 Abs. 1 Nr. 7 EStG i.V.m. § 2 Abs. 1 S. 1 Nr. 5 EStG. Es handelt sich um Überschusseinkünfte (§ 2 Abs. 2 S. 1 Nr. 2 EStG). Die Besteuerung erfolgt bei Zufluss (§ 11 Abs. 1 EStG). Der Ermittlungszeitraum ist das Kalenderjahr (§ 2 Abs. 7 S. 1 und 2 EStG). Es erfolgt eine Besteuerung mit dem persönlichen Steuersatz nach § 32a EStG, da die Abgeltungsbesteuerung nicht anzuwenden ist. Schenk ist mit 100 % an der GmbH beteiligt. Somit greift die Ausnahme des § 32d Abs. 2 Nr. 1 Buchst. b EStG. Es entstehen Zinsen i.H.v. 5.000 € (= 100.000 € × 5 % × $^{12}/_{12}$). Eine Kapitalertragsteuerpflicht besteht nicht (§ 43 Abs. 1 S. 1 Nr. 7 EStG). Von den Einnahmen sind die tatsächlichen Werbungskosten abzusetzen, da das Abzugsverbot und der Sparerpauschbetrag nicht zur Anwendung kommen (§ 32d Abs. 2 Nr. 1 S. 2 i.V.m. § 20 Abs. 9 EStG). Die Einkünfte aus Kapitalvermögen entsprechen daher den Einnahmen i.H.v. 5.000 €.

Für das Jahr 2013 sind die Zinsen ebenfalls den normal zu versteuernden Einkünften aus Kapitalvermögen zuzuordnen (§ 20 Abs. 1 Nr. 7 i.V.m. § 32d Abs. 2 Nr. 1 Buchst. b EStG). Mangels tatsächlicher Werbungskosten entsprechen auch hier die Einnahmen den Einkünften aus Kapitalvermögen. Es ergibt sich ein steuerpflichtiger Betrag i.H.v. 3.333 € (= 100.000 € × 5 % × $^{8}/_{12}$).

Bei dem Darlehen handelt es sich um ein Wertpapier, welches nach dem 31.12.2008 entstanden ist. Demnach ist bei der Veräußerung das Vorliegen von Einkünften aus Kapitalvermögen zu prüfen (§ 52a Abs. 10 S. 6 EStG). Die verdeckte Einlage in das Vermögen einer Kapitalgesellschaft gilt dabei ebenfalls als Veräußerung (§ 20 Abs. 2 S. 2 EStG). Somit erzielt Schenk mit dem Verzicht Einkünfte aus Kapitalvermögen i.S.d. § 20 Abs. 2 S. 1 Nr. 7 EStG i.V.m. § 2 Abs. 1 S. 1 Nr. 5 EStG. Es handelt sich um Überschusseinkünfte (§ 2 Abs. 2 S. 1 Nr. 2 EStG). Demnach findet die Besteuerung bei Zufluss (§ 11 Abs. 1 S. 1 EStG) statt. Als Zufluss gilt hier das Jahr der verdeckten Einlage = 2013 (§ 20 Abs. 4 S. 2 EStG). Die

Abgeltungsbesteuerung ist nicht anzuwenden, da Schenk alleiniger Anteilseigner der GmbH ist (§ 32d Abs. 2 Nr. 1 Buchst. b EStG). Der Veräußerungsgewinn ermittelt sich nach § 20 Abs. 4 S. 1 und 2 EStG:

Veräußerungspreis = gemeiner Wert	100.000 €
Veräußerungskosten	./. 0 €
Anschaffungskosten	./. 100.000 €
Veräußerungsverlust	./. 0 €

Ein Abzug des Sparerpauschbetrages ist nicht zulässig (§ 20 Abs. 9 i.V.m. § 32d Abs. 2 Nr. 1 S. 2 EStG). Schenk erzielt daher Einkünfte aus Kapitalvermögen i.H.v. 0 €.

Daneben sind die Anschaffungskosten der Beteiligung an der Spedition Zack-Zack GmbH im Jahr 2013 um den Betrag der verdeckten Einlage (= 100.000 €) zu erhöhen (§ 6 Abs. 6 S. 2 EStG; H 40 „Behandlung beim Gesellschafter" KStH).

Fall 11: Pensionszusage

Alleiniger Gesellschafter und Geschäftsführer der Think Big GmbH ist Nina Niemand. Die Firma hatte sie vor 10 Jahren unmittelbar nach der bestandenen Abiturprüfung gegründet. Gegenstand der TB-GmbH ist die Entwicklung neuer Geraniensorten. Aufgrund ihres sorgsamen Umgangs mit den einzelnen Arten gelang es ihr, neue und widerstandsfähigeren Arten zu entwickeln. Diese bildeten den Grundpfeiler für die relativ gleichmäßigen und sehr hohen Erträge (ca. 150.000 €, Firmenwert ca. 600.000 €). Nina Niemand ist von den Beschränkungen des § 181 BGB wirksam befreit. Für ihre Tätigkeit als Geschäftsführerin erhält sie ein angemessenes Entgelt in Höhe von 5.000 €. Zum 30. Geburtstag erhält sie von einem Geburtstagsgast einen Gutschein für eine Rentenberatung. In diesem Zusammenhang erfährt sie, dass sie keinen Anspruch auf eine gesetzliche Rente besitzt. Unmittelbar nach der Beratung hält sie deshalb eine Gesellschafterversammlung ab. Gegenstand der Versammlung ist die Absicherung der Geschäftsführerin im Alter. Nach dem Gesellschafterbeschluss wird ihr eine Pensionszusage über monatlich 3.000 € zugesagt (Pensionsalter 65. Lebensjahr, max. 65 % der letzten Bezüge). Die Pension soll monatlich ausgezahlt werden. Die Zusage wurde anschließend schriftlich festgehalten. Die Zusage ist aufgrund der hohen Erträge der Gesellschaft finanzierbar. Auch unter Berücksichtigung dieser Zusage ist die Gesamtausstattung der Geschäftsführerin noch angemessen.

Um die Gesellschaft im Pensionsfalle nicht mit den laufenden Zahlungen zu belasten, schließt sie eine Rückdeckungsversicherung ab. Die Versicherungsprämien in Höhe von 12.000 € werden regelmäßig entrichtet und sofort als Aufwand verbucht. Dem Steuerberater fallen diese Zahlungen nicht auf, sodass mit Ausnahme der Prämienzahlungen keine weiteren Buchungen in den Abschlüssen 2012 und 2013 vorgenommen wurden.

Anlässlich einer Betriebsprüfung für das Jahr 2013 im Kalenderjahr 2014 wird dieser Sachverhalt aufgedeckt. Die Prüferin ermittelte hierbei folgende Werte zum Ende der Wirtschaftsjahre:

	2012	2013
Anspruch aus der Rückdeckungsversicherung	10.000 €	12.000 €
Rückstellungswert gem. Gutachten der Versicherung		
für die Handelsbilanz	15.000 €	18.000 €
für die Steuerbilanz (bewertet nach § 6a Abs. 3 EStG)	12.000 €	14.000 €

3.2 Rechtsbeziehungen zwischen Gesellschaft und Gesellschafter

> Darüber hinaus wurde der Anspruch aus der Rückdeckungsversicherung an die pensionsberechtige Gesellschafterin aufschiebend bedingt abgetreten. Weitere Zusagen wurden nicht gewährt. Der Veranlagungszeitraum 2012 wurde nicht mit geprüft, weil die Bescheide bereits bestandskräftig veranlagt wurden.
>
> **Aufgabe:** Ergeben sich Änderungen in den jeweiligen Abschlüssen?
> Welche steuerlichen Folgen sind aus dem oben geschilderten Sachverhalt zu ziehen?

Lösung:

a) Handelsbilanzansatz

Aufgrund des Gesellschafterbeschlusses und der schriftlichen Fixierung der Pensionszusage ist die TB-GmbH zivilrechtlich wirksam zur Zahlung verpflichtet. Offen ist lediglich der Umfang der künftigen Pensionslasten. In der Handelsbilanz ist daher eine Rückstellung nach § 249 Abs. 1 S. 1 HGB einzustellen. Ein Wahlrecht besteht nicht, sodass der handelsrechtliche Abschluss zu berichtigen ist.

Die Bewertung der Rückstellung erfolgt nach § 253 Abs. 1 S. 3 HGB mit dem Erfüllungsbetrag.

Anspruchsberechtigt aus der Rückdeckungsversicherung ist ausschließlich die TB-GmbH, die die entsprechende Police abgeschlossen hat. Hieran ändert eine Abtretung an die pensionsberechtigte Gesellschafterin nichts (R 6a Abs. 23 EStR). Der Anspruch, in der durch die Versicherung bescheinigten Höhe, ist deshalb ebenfalls in der Handelsbilanz als Vermögensgegenstand abzubilden. Aufgrund der Abtretung des Anspruchs ist dieser Vermögensgegenstand dem Zugriff der übrigen Gläubiger entzogen. Nach § 246 Abs. 2 S. 2 HGB ist deshalb eine Verrechnung mit dem Rückstellungswert vorzunehmen. Das Saldo ist anschließend in der Handelsbilanz auszuweisen.

Wirtschaftsjahr	2012	2013
Anspruch aus der Rückdeckungsversicherung	10.000 €	12.000 €
Handelsrechtliche Rückstellung gem. § 249 Abs. 1 S. 1 HGB	15.000 €	18.000 €
Ausweis in der Handelsbilanz nach § 246 Abs. 2 S. 2 HGB	5.000 €	6.000 €
Auswirkung auf den handelsrechtlichen Jahresüberschuss	**./. 5.000 €**	**./. 6.000 €**

Der Jahresüberschuss der TB-GmbH mindert sich deshalb im Wirtschaftsjahr 2013 um 6.000 € nach der Berichtigung. Die berichtigte Handelsbilanz für das Wirtschaftsjahr 2012 ist unbeachtlich, da diese aufgrund der Bestandskraft der Veranlagung für diesen Veranlagungszeitraum zu keiner Änderung führt.

b) Steuerbilanzansatz

Steuerrechtlich ist eine Saldierung des Anspruchs aus der Rückdeckungsversicherung und der Pensionsrückstellung nach § 5 Abs. 1a EStG nicht zulässig, d.h. die Werte sind grundsätzlich getrennt auszuweisen. Der Anspruch aus der Rückdeckungsversicherung ist deshalb als unbewegliches und nicht abnutzbares Anlagevermögen (R 6.1 Abs. 1 S. 5 und 6 EStR) gewinnerhöhend in der Steuerbilanz zu erfassen. Die Bewertung erfolgt mit den Anschaffungskosten der Forderung (§ 6 Abs. 1 Nr. 2 EStG, H 6a „Rückdeckungsanspruch" EStH). Da die Steuerbilanz aufgrund der bestandskräftigen Veranlagung für den Veranlagungszeitraum 2012 nicht mehr geändert werden kann, ist der Anspruch in der ersten noch änderbaren Steuerbilanz erfolgswirksam im vollen Umfang zu erfassen (+ 12.000 €). Dieser Wert entspricht dem handelsrechtlichen Wertansatz nach Korrektur. Eine Anpassung nach § 60 Abs. 2 EStDV ist deshalb nicht erforderlich.

$$+/./. 0 €$$

Die Verpflichtung zur Zahlung einer Pension ist auch in der Steuerbilanz auszuweisen. Der Ansatz und die Bewertung dieser Verpflichtung ist jedoch abweichend zum Handelsrecht in § 6a EStG geregelt. Danach darf eine Pensionsrückstellung nur gebildet werden, wenn ein Rechtsanspruch besteht. Diese ist aufgrund des Gesellschafterbeschlusses und der schriftlichen Fixierung gegeben (§ 6a Abs. 1 Nr. 1

und 3 EStG). Der Pensionsanspruch beruht nicht auf künftigen gewinnabhängigen Bezügen und enthält keinen Vorbehalt (§ 6a Abs. 1 Nr. 2 EStG). Darüber hinaus hat die Pensionsberechtigte das 27. Lebensjahr vollendet, sodass eine Rückstellung dem Grunde nach angesetzt werden kann (§ 6a Abs. 2 Nr. 1 EStG).

Die Rückstellung darf höchstens mit dem Teilwert, der nach § 6a Abs. 3 EStG zu ermitteln ist, angesetzt werden. Die Pensionsrückstellung darf jedoch höchstens mit dem Unterschiedsbetrag zwischen dem Teilwert der Pensionsverpflichtung am Schluss des Wirtschaftsjahres und am Schluss des vorangegangenen Wirtschaftsjahres erhöht werden (Nachholverbot, § 6a Abs. 4 S. 1 EStG). Demzufolge kann die Rückstellung in der Steuerbilanz nur in dem Umfang erhöht werden, als sich der Teilwert erhöht hat. Die im Wirtschaftsjahr 2012 unterlassene Zuführung ist als Fehlbetrag nachrichtlich zu erfassen. Dieser Fehlbetrag kann erst bei Eintritt des Versorgungsfalls ausgeglichen werden (R 6a Abs. 20 EStR, H 6a Abs. 20 „Nachholverbot" EStH).

Wirtschaftsjahr		2012	2013
Ansatz in der Handelsbilanz		15.000 €	18.000 €
Ansatz in der Steuerbilanz: kein Ansatz, da bestandskräftig veranlagt		0 €	
Berechnung für das Wirtschaftsjahr 2013 nach § 6a Abs. 4 EStG:			
Teilwert zum Ende des Wirtschaftsjahres 2012	12.000 €		
Teilwert zum Ende des Wirtschaftsjahres 2013	14.000 €		
Erhöhung des Teilwerts	2.000 €		
Differenz zwischen Handelsbilanz und Steuerbilanz		**15.000 €**	**16.000 €**

Die Differenz 2012 kann nicht berücksichtigt werden, da die Veranlagung 2012 bestandskräftig ist und damit keine Berichtigung nicht möglich ist. Die Differenz im Wirtschaftsjahr 2013 ist nach § 60 Abs. 2 EStDV zu berichtigen. Dies führt zu einer Gewinnerhöhung in Höhe von 16.000 €.   **+ 16.000 €**

Die zuvor dargestellten Änderungen führen in Summe zu einer Änderung des steuerlichen Jahresüberschusses in Höhe von 10.000 € (Anpassung Handelsbilanz ./. 6.000 €, Anpassung Rückstellung nach § 6a EStG + 16.000 €).

c) Auswirkung auf das Einkommen

Da die Pensionsberechtigte zugleich Gesellschafterin ist, ist zu prüfen, ob ggf. die Voraussetzungen einer verdeckten Gewinnausschüttung erfüllt sind.

Die Vereinbarung stellt dem Grunde nach eine Vermögensminderung dar, da die TB-GmbH Aufwendungen in diesem Zusammenhang trägt. Dieser Aufwand hat sich auf den Unterschiedsausweis nach § 4 Abs. 1 EStG ausgewirkt und es wurde kein offener Gesellschafterbeschluss getroffen. Fraglich ist nun, ob auch eine gesellschaftsrechtliche Veranlassung gegeben ist. Nach R 36 Abs. 1 KStR ist dies dann gegeben, wenn die Vereinbarung unangemessen ist. Gem. Sachverhalt ist die Gesamtausstattung der Geschäftsführerin nicht unangemessen.

Darüber hinaus wurde die Zusage vor dem 60. Lebensjahr erteilt und der Versorgungsfall tritt nicht vor dem 65. Lebensjahr ein. Ebenfalls wurde die Wartezeit/Probezeit beachtet, wonach die Zusage nur außerhalb einer Probezeit erfolgen darf. Diese beträgt in Neugründungsfällen ca. 5 Jahre.[1]

Die zugesagte Pension kann in dem Zeitraum zwischen der Zusage der Pension und dem vorgesehenen Eintritt in den Ruhestand erdient werden, da der Zeitraum die 10-Jahresfrist übersteigt (H 38 „Erdienbarkeit" KStH). Unerheblich in diesem Zusammenhang ist, seit wann Nina Niemand im Anstellungsverhält-

---

[1] Vgl. BMF vom 14.12.2012, IV C 2 - S 2742/10/10001, BStBl I 2013, 58.

3.2 Rechtsbeziehungen zwischen Gesellschaft und Gesellschafter

nis zur GmbH steht, da sie aufgrund ihrer Beteiligung als beherrschender Gesellschafter einzustufen ist (H 38 „Erdienbarkeit" KStH).

Die Pensionszusage ist auch finanzierbar, da die TB-GmbH aufgrund der sehr guten Ertragslage auch bei Aufstellung einer Überschuldungsbilanz zum Zeitpunkt der Pensionszusage nicht als überschuldet anzusehen ist.[2]

Nach R 36 Abs. 2 KStR ist beim beherrschenden Gesellschafter eine gesellschaftsrechtliche Veranlassung auch dann gegeben, wenn es an einer zivilrechtlich wirksamen, klaren, eindeutigen und im Voraus abgeschlossenen Vereinbarung darüber fehlt, ob und in welcher Höhe ein Entgelt für eine Leistung des Gesellschafters zu zahlen ist, oder wenn nicht einer klaren Vereinbarung entsprechend verfahren wird. Frau Niemand ist die alleinige Gesellschafterin. Sie verfügt damit über die Stimmenmehrheit.

Die Pensionszusage ist zivilrechtlich wirksam, klar und im Voraus abgeschlossen worden. Auch die Höhe des Pensionsanspruchs ist eindeutig geregelt. Allerdings wurde diese Vereinbarung nicht umgesetzt. Hierzu bedurfte es einer entsprechenden Abbildung in der Handelsbilanz. Das Fehlen einer Pensionsrückstellung hätte der Geschäftsführerin auffallen müssen, da es zum einen die eigene Zusage gewesen ist und zum anderen keine weiteren Zusagen getroffen wurden. Somit ist die Pensionszusage gesellschaftsrechtlich veranlasst. Die in der Steuerbilanz verbuchten Aufwendungen (i.Z.m. der Pensionsrückstellung) sind deshalb als verdeckte Gewinnausschüttung außerhalb der Bilanz im Rahmen der Einkommensermittlung hinzuzurechnen.

+ 2.000 €

In dem Umfang als in der Steuerbilanz wegen des Nachholverbotes eine Rückstellung nicht gebildet werden konnte, liegt keine verdeckte Gewinnausschüttung vor, da es an einer Auswirkung auf den Unterschiedsbetrag nach § 4 Abs. 1 EStG fehlt. Diese ist erst dann gegeben, wenn der Betrag im Versorgungsfall nacherfasst wird.

Versicherungsprämie
Fraglich ist nun, ob die jährlich zu entrichtende Versicherungsprämie ebenfalls als verdeckte Gewinnausschüttung zu qualifizieren ist.

Der Versicherungsaufwand stellt eine Vermögensminderung dar, die gesellschaftsrechtlich veranlasst ist (Folgeaufwand der Pensionszusage). Der Versicherungsaufwand hat sich auch auf den Unterschiedsausweis nach § 4 Abs. 1 EStG ausgewirkt und beruht nicht auf einem offenen Gewinnverwendungsbeschluss. Allerding hat dieser Aufwand nicht die Eignung einen Zufluss beim Gesellschafter auszulösen, weil grundsätzlich nur die TG-GmbH aus dem Versicherungsvertrag begünstigt ist. Eine verdeckte Gewinnausschüttung ist deshalb nicht anzunehmen. Der Versicherungsaufwand mindert daher zutreffend das Einkommen (H 38 „Rückdeckungsversicherung" KStH).

> **Hinweis!** Die Pensionszusage wurde dem Grunde nach als verdeckte Gewinnausschüttung qualifiziert. Entsprechend BMF-Schreiben vom 28.05.2002 (BStBl I 2002, 603) sollte zur besseren Nachverfolgbarkeit eine steuerliche Nebenrechnung erstellt werden. Demnach wäre ein Teilbetrag I in Höhe von 2.000 € zu bilden. Dieser erfasst den Aufwand, der grundsätzlich eine verdeckte Gewinnausschüttung darstellt. Ferner wäre ein Teilbetrag II zu bilden, welcher den im Rahmen der Einkommensermittlung zugerechneten Betrag erfasst. Im vorliegenden Falle wurde der Aufwand im vollen Umfang (soweit er in der Steuerbilanz erfasst wurde) nach § 8 Abs. 3 S. 2 KStG hinzugerechnet. Der Teilbetrag II beträgt deshalb ebenfalls 2.000 €. Diese steuerliche Nebenrechnung ist bis zur vollständigen Auflösung der Verpflichtung fortzuführen.
> Bei Eintritt des Versorgungsfalls mindert sich dieser Posten in Höhe der Tilgungsraten.
> Im Zeitpunkt des Zuflusses wird das Entgelt nach dem Verhältnis zwischen der jeweiligen Verpflichtung in der Steuerbilanz und dem Teilbetrag I aufgeteilt. In Höhe des Teilbetrags I liegen dann Ein-

---

[2] Vgl. BMF vom 06.09.2005, BStBl I 2005, 875.

künfte im Sinne des § 20 Abs. 1 Nr. 1 S. 2 i.V.m. § 2 Abs. 1 S. 1 Nr. 5 EStG vor. Gleichzeitig kann anhand der Teilbeträge I und Teilbeträge II ermittelt werden, in welchem Umfang eine verdeckte Gewinnausschüttung sich auf das Einkommen ausgewirkt hat. Das Verhältnis zwischen Teilbetrag I und Teilbetrag II bildet dann die Grundlage für die Anwendung des § 8b Abs. 1 S. 2 KStG, § 3 Nr. 40 Buchst. d S. 2 EStG und § 32d Abs. 2 Nr. 4 EStG beim Einkünftebezieher.

Auswirkungen bei Nina Niemand
Unabhängig von der steuerlichen Behandlung bei der TB-GmbH ist eine verdeckte Gewinnausschüttung als Kapitalertrag erst dann zu erfassen, wenn dieser zugeflossen ist. Da die Pensionsansprüche erst mit Eintritt in die Pension gezahlt werden, fließen Nina Niemand diese Bezüge erst zu diesem Zeitpunkt zu. Der Pensionsanspruch stellt dann, weil der gesamte Anspruch als verdeckte Gewinnausschüttung zu qualifizieren ist, ein Kapitalertrag dar (§§ 2 Abs. 1 S. 1 Nr. 5, 20 Abs. 1 Nr. 1 S. 2 EStG, vgl. Rz. 35 BMF vom 28.05.2002, IV A 2 – S 2742 – 32/02, BStBl I 2002, 603).

3.3 Berücksichtigung von Schuldzinsen

Fall 1: Grundfall/kein Konzern
Alleinige Gesellschafterin der AB GmbH ist Anna Baum. Die Beteiligung ist dem Privatvermögen zugeordnet. Einer weiteren gewerblichen Tätigkeit geht Anna Baum nicht nach. Die Firma AB GmbH hält keine weiteren Beteiligungen. Zur Finanzierung der Neuausrichtung der Produktion gewährte die Gesellschafterin am 01.01.2013 ein Darlehen im Umfang von 10.000.000 € zu einem angemessenen Zinssatz von 8 %. Das steuerliche EBITDA der AB GmbH beträgt 3.000.000 € (Einkommen vor Anwendung des § 4h EStG 2.000.000 €). Die Zinserträge der Gesellschaft beliefen sich auf 900.000 €. Neben den Zinsaufwendungen für die Gesellschafterin wurden Finanzierungskosten für ein Bankendarlehen in Höhe von 3.100.000 € verbucht, welches ausschließlich mit Sicherheiten der AB GmbH abgesichert wurde. Das Bankendarlehen wurde ebenfalls am 01.01.2013 aufgenommen. Die Finanzierung wurde auf 10 Jahre ausgerichtet und zu 98 % ausgezahlt, d.h. die Bank behielt ein Damnum in Höhe von 400.000 € ein.

Aufgabe: Welche steuerrechtlichen Folgen ergeben sich aus diesem Sachverhalt?

Lösung:
Finanzierungskosten stellen grundsätzlich abzugsfähige Betriebsausgaben dar. Dies gilt auch für die Darlehen, die durch einen Gesellschafter gewährt werden, da insoweit zivilrechtlich wirksame Vereinbarungen getroffen werden können.

Die Zinsaufwendungen für das Darlehen der Gesellschafterin Anna Baum stellen grundsätzlich Betriebsausgaben dar. Eine Korrektur nach § 8 Abs. 3 S. 2 KStG ist nicht erforderlich, da die Vereinbarung klar und im Voraus getroffen wurde und sie dem Fremdvergleich entspricht (R 36 Abs. 1, 2 KStR).

Eine Einschränkung der Abzugsfähigkeit dieser Finanzierungskosten kann sich jedoch aus § 4h EStG i.V.m. § 8a KStG ergeben, da diese Vorschrift nach § 8 Abs. 1 KStG im Rahmen der Einkommensermittlung der Kapitalgesellschaft anzuwenden ist. Soweit sich hiernach eine Einschränkung der Abzugsfähigkeit ergeben sollte, erfolgt die Korrektur außerhalb der Bilanz durch eine Zu- oder Abrechnung.

Die AB GmbH gilt als ein Betrieb (BMF vom 04.07.2008, IV C 7 – S 2742-a/07/10001, BStBl I 2008, 718 Tz. 7).

Nach § 4h Abs. 3 S. 2 EStG sind Zinsaufwendungen Vergütungen für Fremdkapital, die den maßgeblichen steuerlichen Gewinn gemindert haben. Unerheblich ist hierbei, durch wen das Fremdkapital gewährt wurde und ob es sich um lang- bzw. kurzfristiges Fremdkapital handelt (BMF vom 04.07.2008, IV C 7 – S 2742-a/07/10001, BStBl I 2008, 718 Tz. 11). Das in Zusammenhang mit dem Bankendarlehen entrichtete Damnum hat sich im Wirtschaftsjahr 2013 nur in Höhe von 1/10 auf den Gewinn ausgewirkt,

3.3 Berücksichtigung von Schuldzinsen

da es aktivisch als Rechnungsabgrenzungsposten abzugrenzen ist und entsprechend der Laufzeit des Darlehens (10 Jahre) aufgelöst wird (§ 5 Abs. 5 Nr. 1 EStG, H 6.10 „Damnum" EStH).

Dem Fremdkapital sind hier folgende Darlehen zuzuordnen:

Gesellschafterdarlehen: 10.000.000 €	Zinsaufwand	800.000 €
Bankendarlehen		3.100.000 €
	Damnum, nur soweit Betriebsausgaben	40.000 €
Gesamtbetrag		**3.940.000 €**

Im Umkehrschluss werden als Zinserträge (§ 4h Abs. 3 S. 3 EStG) alle Vergütungen für die Überlassung von Geldkapital erfasst, die die AB GmbH vereinnahmt hat und die sich auf den Gewinn ausgewirkt haben. Im Wirtschaftsjahr 2013 belaufen sich diese auf 900.000 €.

Gem. § 4h Abs. 1 S. 1 i.V.m. Abs. 2 S. 1 Buchstabe a EStG sind demnach die Zinsaufwendungen 2013 in Höhe der Zinserträge im vollen Umfang abzugsfähig. Ein die Zinserträge übersteigender Betrag ist weiter im Rahmen der Freigrenze von weniger als 3.000.000 € vollständig abzugsfähig.

Nach Saldierung der Zinsaufwendungen (3.940.000 €) mit den Zinserträgen (900.000 €) ergibt sich ein Zinsüberhang in Höhe von 3.040.000 €. Die Freigrenze ist überschritten, daher ist der Zinsüberhang im vollen Umfang und nicht nur in dem Umfang, wie die Freigrenze überschritten wurde, nach § 4h Abs. 1 S. 2 EStG grundsätzlich nur in Höhe von 30 % eines positiven verrechenbaren EBITDA abzugsfähig. Das verrechenbare EBITDA ermittelt sich hierfür nach § 4h Abs. 1 S. 2 EStG i.V.m. § 8a Abs. 1 KStG und beträgt gem. Sachverhalt 3.000.000 €.

Die Zinsschranke ist nach § 4h Abs. 2 S. 1 Buchstabe b EStG (Escape I) dann nicht anzuwenden, wenn die Firma AB GmbH nicht in einen Konzern eingebunden ist. Ein Betrieb gehört für Zwecke des § 4h Abs. 2 S. 1 Buchstabe b EStG zu einem Konzern im Sinne des § 4h Abs. 3 S. 5 EStG, wenn er nach den für die Anwendung des § 4h Abs. 2 S. 1 Buchstabe c EStG zugrunde zu legenden Rechnungslegungsstandards mit einem oder mehreren anderen Betrieben konsolidiert wird oder werden könnte. Auf die tatsächliche Konsolidierung kommt es hierfür nicht an.

Die AB GmbH gehört nicht zu einem Konzern, da sie über keine Beteiligungen verfügt, die sie beherrscht, noch ist sie über die Gesellschafterin in einen Konzern/Gleichordnungskonzern (§ 4h Abs. 3 S. 6 EStG) eingebunden, da die Gesellschafterin keine weiteren Beteiligungen hält und keinen weiteren gewerblichen Tätigkeiten nachgeht (BMF vom 04.07.2008, IV C 7 – S 2742-a/07/10001, BStBl I 2008, 718 Tz. 59, 60).

Diese Escape-Klausel gilt für Kapitalgesellschaften nach § 8a Abs. 2 KStG (schädliche Gesellschafterfremdfinanzierung) nur, wenn die Kapitalgesellschaft (hier die AB GmbH) nachweist, dass die Vergütungen für Fremdkapital an die wesentlich beteiligte Gesellschafterin, welche zu mehr als einem Viertel unmittelbar am Stammkapital beteiligt ist, nicht mehr als 10 % des Zinsüberhangs der AB GmbH betragen. Anna Baum ist die alleinige Gesellschafterin und damit wesentlich beteiligt. Die Vergütungen betragen im Wirtschaftsjahr 2013 800.000 € und überschreiten hiermit die 10 %-Grenze (von 3.040.000 €). Die Escape-Klausel ist daher für die AB GmbH nicht anzuwenden.

Der Zinsüberhang kommt nur im Umfang von 30 % des positiven steuerlichen EBITDA im Veranlagungszeitraum 2013 zum Abzug. Soweit ein Abzug nicht in Betracht kommt, erfolgt ein Zinsvortrag § 4h Abs. 1 S. 5 EStG. Der Zinsvortrag ist gesondert festzustellen (§ 4h Abs. 4 EStG).

Zinsüberhang		3.040.000 €
Positives verrechenbares EBITDA	3.000.000 € × 30 % =	900.000 €
Zinsvortrag § 4h Abs. 1 S. 5 EStG		2.140.000 €
Positives verrechenbares EBITDA	3.000.000 € × 30 % =	900.000 €

Mit dem Zinsüberhang 2013 verrechnet in Höhe von	./. 900.000 €
Verrechenbarer EBITDA Vortrag (ab VZ 2010 möglich)	**0 €**

Ein EBITDA Vortrag ergibt sich für den Veranlagungszeitraum 2013 nicht, weil das verrechenbare EBITDA vollständig aufgebraucht wurde.

Das Einkommen der AB GmbH entwickelt sich daher wie folgt:

Steuerliches Einkommen vor § 4h EStG	2.000.000 €
Zurechnung § 4h EStG/§ 8a KStG (Zinsaufwand, der nicht verrechenbar ist)	+ 2.140.000 €
Steuerliches Einkommen nach Anwendung § 4h EStG und § 8a KStG	**4.140.000 €**

Fall 2: Konzernfall – § 4h Abs. 2 Buchstabe c EStG
Alleinige Gesellschafterin der AB GmbH ist Anna Baum. Die Beteiligung ist dem Privatvermögen zugeordnet. Einer weiteren gewerblichen Tätigkeit geht Anna Baum nicht nach. Die Firma AB GmbH hält folgende Beteiligungen:
- Wolle GmbH 100 %,
- Zucht sp.z.o.o. 70 %, die verbleibenden Anteile werden durch Fred Baum, dem Ehemann, gehalten.

Zur Finanzierung der Neuausrichtung der Produktion der AB GmbH gewährte Fred Baum am 01.01.2013 ein Darlehen im Umfang von 10.000.000 € zu einem Zinssatz von 12 %. Für ein entsprechendes Darlehen hätte eine Bank einen Zinssatz von 8 % berechnet. Das steuerliche EBITDA der AB GmbH beträgt 3.000.000 € (Einkommen vor Anwendung des § 4h EStG 2.000.000 €). Die Zinserträge der Gesellschaft beliefen sich auf 900.000 €. Neben den Zinsaufwendungen für Fred Baum wurden Finanzierungskosten für ein Bankendarlehen in Höhe von 3.100.000 € verbucht, welches ausschließlich mit Sicherheiten der Wolle GmbH abgesichert wurde. Hinsichtlich der übrigen Darlehen im Konzern kann ein Nachweis gem. § 8a Abs. 3 KStG geführt werden, dass keine schädliche Finanzierung von außen (schädliche Gesellschafterfremdfinanzierung) vorliegt.

3.3 Berücksichtigung von Schuldzinsen

Konzernbilanz	Summe	AB GmbH	W GmbH	Z sp.z.o.o.
Sachanlagevermögen	14.562	6.747	4.808	3.007
Finanzanlagevermögen	0	125	0	0
Vorräte	870	350	420	100
Lieferforderungen	1.060	800	200	60
Forderungen verbunde Unternehmen	85	85	0	0
Forderungen Beteiligungsunternehmen	0	0	0	0
Sonstige Forderungen	255	95	75	85
Wertpapiere/Eigene Anteile	200	200	0	0
Liquide Mittel	280	118	112	50
Aktive Rechnungsabgrenzung	80	35	45	0
Summe Aktiva	**17.792**	**8.805**	**5.760**	**3.352**
Grundkapital	200	200	100	25
Kapitalrücklagen	145	85	25	35
Gewinnrücklagen	1.100	400	600	100
Rücklagen für eigene Anteile	200	200	0	0
Bilanzgewinn/-verlust	470	300	80	90
Anteile fremde Gesellschafter	107	0	0	107
Unversteuerte Rücklagen	10	10	0	0
Steuerrückstellung	75	15	25	35
Sonstige Rückstellungen	210	70	80	60
Bankverbindlichkeiten	12.900	6.000	4.400	2.500
Lieferverbindlichkeiten	950	450	300	200
Verbindlichkeiten gegenüber Gesellschafter	800	800	0	0
Verbindlichkeiten verbundene Unternehmen	150	150	0	0
Sonstige Verbindlichkeiten	450	100	150	200
Passive Rechnungsabgrenzung	25	25	0	0
Summe Passiva	**17.792**	**8.805**	**5.760**	**3.352**

Aufgabe: In welchem Umfang sind die Zinsaufwendungen bei der AB GmbH abzugsfähig?

Lösung:
Finanzierungskosten stellen grundsätzlich abzugsfähige Betriebsausgaben dar. Dies gilt auch für die Darlehen, die durch einen Gesellschafter gewährt werden, da insoweit zivilrechtlich wirksame Vereinbarungen getroffen werden können.

Die Zinsaufwendungen für das Darlehen des Fred Baum stellen grundsätzlich Betriebsausgaben dar, aber nur in dem Umfang, wie sie dem Fremdvergleich entsprechen. Fred Baum stellt eine nahestehende Person nach H 36 III. „Veranlassung durch das Gesellschaftsverhältnis – nahestehende Person" KStH dar. Eine Korrektur nach § 8 Abs. 3 S. 2 KStG ist erforderlich, da die aufgrund der klar und im Voraus getroffenen Vereinbarung gezahlten Zinsen nicht dem Fremdvergleich standhalten, weil ein ordentlicher und gewissenhafter Geschäftsleiter (§ 43 Abs. 1 GmbHG) die Vermögensminderung gegenüber einer Person, die nicht Gesellschafter ist, unter sonst gleichen Umständen nicht hingenommen hätte (H 36

III. „Veranlassung durch das Gesellschaftsverhältnis – Allgemeines" KStH). Hierin ist die gesellschaftsrechtliche Veranlassung gegeben. Die Verbuchung der überhöhten Zinsaufwendungen (12 % ./. 8 % = 4 % von 10.000.000 €) stellt eine Vermögensminderung dar. Diese hat sich auf den Unterschiedsbetrag nach § 4 Abs. 1 EStG ausgewirkt. Ein offener Gewinnverwendungsbeschluss wurde diesbezüglich nicht getroffen. Die Zinsaufwendungen in Höhe von 400.000 € werden im Rahmen der Einkommensermittlung außerhalb der Bilanz hinzugerechnet.

Eine Einschränkung der Abzugsfähigkeit dieser Finanzierungskosten kann sich ferner aus § 4h EStG i.V.m. § 8a KStG ergeben, da diese Vorschrift nach § 8 Abs. 1 KStG im Rahmen der Einkommensermittlung der Kapitalgesellschaft anzuwenden ist. Soweit sich hiernach eine Einschränkung der Abzugsfähigkeit ergeben sollte, erfolgt die Korrektur außerhalb der Bilanz durch eine Zu- oder Abrechnung.

Die AB GmbH gilt hierbei als ein Betrieb (BMF vom 04.07.2008, BStBl I 2008, 718 Tz. 7).

Nach § 4h Abs. 3 S. 2 EStG sind Zinsaufwendungen Vergütungen für Fremdkapital, die den maßgeblichen steuerlichen Gewinn gemindert haben. Unerheblich ist hierbei, durch wen das Fremdkapital gewährt wurde (BMF vom 04.07.2008, BStBl I 2008, 718 Tz. 11). Soweit Zinsaufwendungen sich aufgrund der Zurechnung nach § 8 Abs. 3 S. 2 KStG nicht auf den Gewinn ausgewirkt haben, erfolgt auch keine Erfassung im Rahmen der Zinsschranke.

Dem Fremdkapital sind demnach folgende Darlehen zuzuordnen:

Gesellschafterdarlehen: 10.000.000 € Zinsaufwand soweit nicht als vGA zugerechnet	800.000 €
Bankendarlehen	3.100.000 €
Gesamtbetrag	**3.900.000 €**

Im Umkehrschluss werden als Zinserträge (§ 4h Abs. 3 S. 3 EStG) alle Vergütungen für die Überlassung von Geldkapital erfasst, die die AB GmbH vereinnahmt hat und die sich auf den Gewinn ausgewirkt haben. Im Wirtschaftsjahr 2013 belaufen sich diese auf 900.000 €.

Gem. § 4h Abs. 1 S. 1 i.V.m. Abs. 2 S. 1 Buchstabe a EStG sind demnach die Zinsaufwendungen in Höhe der Zinserträge im vollen Umfang abzugsfähig. Ein die Zinserträge übersteigender Betrag ist weiter im Rahmen der Freigrenze von weniger als 3.000.000 € vollständig abzugsfähig.

Nach Saldierung der Zinsaufwendungen mit den Zinserträgen ergibt sich ein Zinsüberhang in Höhe von 3.000.000 €. Die Freigrenze ist überschritten, daher ist der Zinsüberhang nach § 4h Abs. 1 S. 1 und S. 2 EStG grundsätzlich nur in Höhe von 30 % eines positiven steuerlichen EBITDA abzugsfähig. Das steuerliche EBITDA ermittelt sich hierfür nach § 8a Abs. 1 KStG und beträgt gem. Sachverhalt 3.000.000 €.

Dies kommt nach § 4h Abs. 2 S. 1 Buchstabe b EStG (Escape I) dann nicht zum Tragen, wenn die Firma AB GmbH nicht in einen Konzern eingebunden ist. Ein Betrieb gehört für Zwecke des § 4h Abs. 2 S. 1 Buchstabe b EStG zu einem Konzern, wenn er nach dem für die Anwendung des § 4h Abs. 2 S. 1 Buchstabe c EStG zugrunde gelegten Rechnungslegungsstandard mit einem oder mehreren anderen Betrieben konsolidiert wird oder werden könnte.

Die AB GmbH gehört zu einem Konzern, da sie zum Ende des vorangegangenen Abschlussstichtags über mehrere Beteiligungen verfügt, die sie beherrscht (BMF vom 04.07.2008, BStBl I 2008, 718 Tz. 59, 60, 68). Diese Escape-Klausel ist daher hier nicht anwendbar.

Nach § 4h Abs. 2 S. 1 Buchstabe c EStG (Escape II) ist die Zinsschranke bei einer zu einem Konzern gehörenden Gesellschaft dann nicht anzuwenden, wenn der Betrieb nachweist, dass seine Eigenkapitalquote am Schluss des vorangegangenen Abschlussstichtages gleich hoch oder höher ist als die des Konzerns (Eigenkapitalquotenvergleich). Ein Unterschreiten der Eigenkapitalquote des Konzerns bis zu zwei Prozentpunkten ist unschädlich.

Die Eigenkapitalquote ist das Verhältnis des Eigenkapitals zur Bilanzsumme; sie bemisst sich nach dem Konzernabschluss, der den Betrieb umfasst, und ist für den Betrieb auf der Grundlage des Jahres-

3.3 Berücksichtigung von Schuldzinsen

abschlusses oder Einzelabschlusses zu ermitteln. Wahlrechte sind im Konzernabschluss und im Jahresabschluss oder Einzelabschluss einheitlich auszuüben. Für die Berechnung der Eigenkapitalquote des Konzerns ist der Konzernabschluss unverändert zu übernehmen.

Die Eigenkapitalquote des Konzerns beträgt demnach:
Eigenkapital: 2.222 T€/17.792 T€ = 12,48 %

Vor einer Berechnung der Eigenkapitalquote für den Betrieb der AB GmbH sind die einzelnen Grundlagen anzupassen (zu bereinigen):

1. Eigenkapital laut Konsolidierungsbilanz der AB GmbH	1.185
Anpassung eines Firmenwertes soweit nur in der Konzernbilanz enthalten (hier nicht erforderlich)	+/./. 0
Korrektur der Wertansätze für Vermögensgegenstände & Schulden nicht erforderlich, da keine Abweichungen bekannt sind	+/./. 0
Zurechnung 50 % des Sonderpostens mit Rücklagenanteil (Wahlrecht § 67 Abs. 3 EGHGB)	+ 5
abzüglich Anteile an anderen Konzerngesellschaften	./. 125
= **modifiziertes Eigenkapital des Betriebs**	**1.065**
2. Ermittlung der relevanten Bilanzsumme des Betriebs	
Bilanzsumme lt. Konsolidierungsbilanz	8.805
Anpassung eines Firmenwertes soweit nur in der Konzernbilanz enthalten (hier nicht erforderlich)	+/./. 0
Korrektur der Wertansätze für Vermögensgegenstände & Schulden nicht erforderlich, da keine Abweichungen bekannt sind	+/./. 0
abzüglich Anteile an anderen Konzerngesellschaften	./. 125
= **modifizierte Bilanzsumme des Betriebs**	**8.680**

Aus der Gegenüberstellung beider Werte ergibt sich eine Eigenkapitalausstattung von 12,26 %. D.h. die Eigenkapitalquote ist niedriger als die des Konzerns. Da die Abweichung jedoch niedriger als 2 % ist, ist sie unbeachtlich (§ 4h Abs. 2 S. 1 Buchstabe c S. 2 EStG).

Nach § 8a Abs. 3 KStG kommt die Anwendung der Escape-Klausel bei Kapitalgesellschaften nur dann in Betracht, wenn ferner nachgewiesen wird, dass keine schädliche Gesellschafterfremdfinanzierung bei irgendeinem Betrieb des Konzerns vorliegt.

Eine schädliche Gesellschafterfremdfinanzierung ist dann gegeben, wenn die Vergütungen für Fremdkapital der AB GmbH oder eines anderen demselben Konzern zugehörenden Rechtsträgers an einen zu mehr als 25 % unmittelbar oder mittelbar am Kapital beteiligten Gesellschafter einer konzernzugehörigen Gesellschaft, oder eine diesem nahestehende Person i.S.d. § 1 Abs. 2 AStG, mehr als 10 % des Zinsüberhangs (= Zinsaufwand ./. Zinsertrag) des Rechtsträgers i.S.d. § 4h Abs. 3 EStG betragen. Dies gilt nur für Zinsaufwendungen aus Verbindlichkeiten, die in dem voll konsolidierten Konzernabschluss nach § 4h Abs. 2 S. 1 Buchstabe c EStG ausgewiesen sind.

Fred Baum ist mit 30 % an der im Ausland ansässigen Zucht Sp.z.o.o. beteiligt. Diese Beteiligung stellt demnach eine wesentliche Beteiligung (> 25 %) im Sinne des § 8 Abs. 3 S. 1 KStG dar. Unerheblich ist es hierbei, dass die Beteiligung an einer im Ausland ansässigen Gesellschaft besteht, auf die die §§ 4h EStG und § 8a KStG dem Grunde nach nicht anzuwenden sind. Es reicht vielmehr aus, dass ein Rechtsträger des Konzerns durch den wesentlich beteiligten Gesellschafter eines Rechtsträgers desselben Konzerns fremdfinanziert wird.[3]

Das durch Fred Baum ausgereiche Darlehen fällt unter die Regelung des § 8a Abs. 3 KStG, da es im Rahmen der voll konsolidierten Bilanz des Konzerns auszuweisen ist. Das weitere Bankendarlehen ist hier nicht zu berücksichtigen, da seitens der Bank als rückgriffsberechtigter Dritte ein Rückgriff nur auf die Firmen erfolgen kann, die ebenfalls zum Konzern gehört, d.h. eine schädliche Finanzierung von außen ist hier nicht anzunehmen. Auf die Art des Rückgriffs kommt es hierbei nicht an (BMF vom 04.07.2008, BStBl I 2008, 718 Tz. 80).

Die an Fred Baum entrichten Zinsaufwendungen betragen, nach der Korrektur gem. § 8 Abs. 3 S. 2 KStG, 800.000 €. Damit übersteigen diese Zinsaufwendungen den Zinsüberhang von 3.000.000 € um mehr als 10 % bei der AB GmbH. Nach § 8a Abs. 3 KStG kommt deshalb die Escape-Klausel nicht zur Anwendung.

Der Zinsüberhang kommt daher nur im Umfang von 30 % des steuerlichen EBITDA im Veranlagungszeitraum 2013 zum Abzug. Soweit ein Abzug nicht in Betracht kommt, erfolgt ein Zinsvortrag § 4h Abs. 1 S. 5 EStG. Der Zinsvortrag ist gesondert festzustellen (§ 4h Abs. 4 EStG).

Zinsüberhang	3.000.000 €
Steuerliches EBITDA 3.000.000 € × 30 % =	./. 900.000 €
Zinsvortrag § 4h Abs. 1 S. 5 EStG	**2.100.000 €**

Das Einkommen der AB GmbH entwickelt sich daher wie folgt:

Steuerliches Einkommen vor § 4h EStG	2.000.000 €
Zurechnung § 8 Abs. 3 S. 2 KStG	+ 400.000 €
Zurechnung § 4h EStG/§ 8a KStG	+ 2.100.000 €
Steuerliches Einkommen nach Anwendung § 4h EStG	**4.500.000 €**

> **Fall 3: Zinsvortrag – § 4h Abs. 1 S. 5 EStG**
> Alleinige Gesellschafterin der AB GmbH ist Anna Baum. Die Anteile sind dem Privatvermögen zuzuordnen. Anna Baum geht keiner weiteren Tätigkeit nach. Zum 31.12.2012 wurde ein Zinsvortrag nach § 4h Abs. 1 S. 5 EStG in Höhe von 2.960.000 € festgestellt. Die AB GmbH ist an zwei Tochtergesellschaften mit jeweils 25 % beteiligt. Der T1 GmbH gewährte sie in 2013 ein Darlehen im Umfang von 1.000.000 € zu einem Zinssatz von 6 %. Dieses Darlehen wurde mit einem Darlehen im Umfang von 2.000.000 € der T2 GmbH refinanziert, für welches sie 100.000 € Zinsen (feste Vergütung) jährlich entrichtet. Auf dem Kapitalmarkt wird für vergleichbare Darlehen ein Zinssatz in Höhe von 4 % berechnet. Verwaltungskosten sind in diesem Zusammenhang nicht angefallen.
> Die übermittelte Gewinn- und Verlustrechnung weist folgende Werte auf:

---

[3] Vgl. BT-Drs. 16/4841 bzw. Tz. 80 BMF vom 04.07.2008, BStBl I 2008, 718.

3.3 Berücksichtigung von Schuldzinsen

Aufwand		Ertrag	
Material	800.000	Einnahmen	2.180.000
Löhne	150.000	Zinsertrag	60.000
AfA	150.000		
Sammelposten	20.000		
Zinsaufwand	100.000		
Steuern v. Ertrag	20.000		
Gewinn	1.000.000		

Bei den Tochtergesellschaften wurden bisher keine Korrekturen vorgenommen.
Ein Nachweis nach § 8a Abs. 2 KStG konnte durch die AB GmbH nicht geführt werden.

Aufgabe: Sind die Finanzierungskosten bei der AB GmbH im vollen Umfang abzugsfähig?

Lösung:
Die Zinsschranke ist die letzte Position in der Einkommensermittlung, d.h. zuvor sind alle anderen Positionen der Einkommensermittlung steuerlich zu würdigen.

Ausgangsgrundlage ist der Jahresüberschuss laut Steuerbilanz. 1.000.000 €

Die durch die AB GmbH in 2013 entrichteten Steuern vom Ertrag sind nach § 10 Nr. 2 KStG außerhalb der Bilanz im Rahmen der Einkommensermittlung hinzuzurechnen. + 20.000 €

Für das an die T1 GmbH ausgereichte Darlehen wurde eine 6 %-ige Verzinsung vereinbart. Diese Verzinsung führte bei der Darlehensnehmerin (T1 GmbH) zu einer Vermögensminderung, weil für ein entsprechendes Darlehen auf dem freien Markt lediglich 4 % p.a. entrichtet worden wären. Diese überhöhte Vergütung ist auf das Gesellschaftsverhältnis zurückzuführen, weil ein ordentlicher und gewissenhafter Geschäftsleiter (§ 43 Abs. 1 GmbHG) die Vermögensminderung gegenüber einer Person, die nicht Gesellschafter ist, unter sonst gleichen Umständen nicht hingenommen hätte. Sie hat sich auch auf den Unterschiedsbetrag nach § 4 Abs. 1 EStG ausgewirkt und ist nicht auf einen den gesellschaftsrechtlichen Vorschriften entsprechenden Gewinnverwendungsbeschluss zurückzuführen. Die verdeckte Gewinnausschüttung (R 36 Abs. 1 KStR) ist deshalb bei der T1 GmbH außerhalb der Bilanz im Rahmen der Einkommensermittlung hinzuzurechnen. Eine entsprechende Korrektur erfolgte bisher nicht.

Bei der AB GmbH sind die Zinserträge, soweit sie eine verdeckte Gewinnausschüttung darstellen in Beteiligungserträge umzuqualifizieren. Anschließend wäre die verdeckte Gewinnausschüttung grundsätzlich nach § 8b Abs. 1 S. 1 KStG von der Besteuerung freizustellen, weil sie einen Bezug nach § 20 Abs. 1 Nr. 1 S. 2 EStG darstellt. Aufgrund der fehlenden Zurechnung im Rahmen der Einkommensermittlung der T1 GmbH, kann eine Freistellung gem. § 8b Abs. 1 S. 2 KStG jedoch nicht erfolgen, d.h. das Einkommen ändert sich aufgrund dieses Sachverhaltes nicht. +/./. 0 €

Eine pauschale Kürzung nach § 8b Abs. 5 S. 1 KStG kann nicht erfolgen, weil bisher kein Beteiligungsertrag von der Besteuerung nach § 8b Abs. 1 S. 1 KStG freigestellt wurde.

Die an die T2 GmbH zu entrichtenden Zinsaufwendungen stellen in Höhe von 20.000 € (100.000 € ./. [2.000.000 € × 4 %] =) eine verdeckte Einlage im Sinne der R 40 Abs. 1 KStR dar, weil ein Nichtgesellschafter bei Anwendung der Sorgfalt eines ordentlichen Kaufmannes diese Vermögensmehrung der T2 GmbH nicht eingeräumt hätte. Die Vermögensmehrung stellt ein einlagefähiges Wirtschaftsgut (hier die Forderung) dar und beruht nicht auf einem offenen Einlagebeschluss. Soweit die AB GmbH eine verdeckte Einlage leistet, erhöhen sich die Anschaffungskosten der Beteiligung an der T2 GmbH (§ 6 Abs. 6 S. 2 EStG). (Buchung: Beteiligung T2 GmbH 20.000 € an Zinsaufwand 20.000 €.) Die Korrektur erfolgt in der Handelsbilanz. Dieser Wert ist anschließend so in die Steuerbilanz zu übernehmen. Aufgrund dessen ändert sich der Jahresüberschuss und in der Folge das Einkommen. + 20.000 €

Als letzte Einkommensermittlungsvorschrift ist dann die Zinsschranke zu prüfen. Dabei stellt die Kapitalgesellschaft einen Betrieb dar. Die Zinsaufwendungen sind nach § 4h Abs. 1 S. 1 EStG i.V.m. § 8 Abs. 1 KStG in Höhe der Zinserträge abzugsfähig. Zinsaufwendungen sind alle Vergütungen, die die AB GmbH für ein Fremdkapital entrichtet (§ 4h Abs. 3 S. 2 EStG) und die sich auf den Gewinn ausgewirkt haben. Soweit die Aufwendungen eine verdeckte Einlage darstellen, haben sie den Gewinn nicht gemindert, sondern den Beteiligungswertansatz erhöht. Eine Berücksichtigung kann insoweit nicht erfolgen. Darüber hinaus ist der zum Schluss des vorangegangenen Wirtschaftsjahres gesondert festgestellten Zinsvortrag als Zinsaufwand zu berücksichtigen. Eine nochmalige Hinzurechnung zum Gewinn erfolgt jedoch nicht (§ 4h Abs. 1 S. 6 EStG).

Zinsaufwand (Darlehen der T2 an die AB GmbH) bisher	100.000 €
Zinsvortrag zum 31.12.2012	2.960.000 €
Verdeckte Einlage in die T2 GmbH	./. 20.000 €
Gewinn mindernd berücksichtigter Zinsaufwand	**= 3.040.000 €**

Zinserträge sind alle Erträge aus Kapitalforderungen, die den Gewinn erhöht haben. Soweit die Zinserträge eine verdeckte Gewinnausschüttung darstellen, liegen anschließend keine Vergütungen für die Überlassung von Kapital mehr vor, sondern Beteiligungserträge. Eine Berücksichtigung kann deshalb nicht erfolgen. Dies gilt auch dann, wenn die verdeckte Gewinnausschüttung wie oben dargestellt gem. § 8b Abs. 1 S. 2 KStG wegen der materiellen Korrespondenz voll besteuert wird.

Zinsertrag bisher (100.000 € × 6 % =)	60.000 €
Verdeckte Gewinnausschüttung der T1 GmbH an die AB GmbH	./. 20.000 €
Gewinn erhöhend berücksichtigte Zinserträge	**40.000 €**

In Höhe von 40.000 € sind daher die Zinsaufwendungen gewinnmindernd zu berücksichtigen. Soweit die Zinsauswendungen diesen Betrag übersteigen, kann eine steuerliche Berücksichtigung nur in Höhe von 30 % eines positiven EBITDA erfolgen. Eine Berechnung ist aber erst dann erforderlich, wenn die Ausnahmeregelungen des § 4h Abs. 2 EStG nicht anzuwenden sind.

Nach § 4h Abs. 2 S. 1 Buchstabe a EStG ist die Zinsschrankenregelung nicht anzuwenden, wenn der Zinsüberhang weniger als 3.000.000 € beträgt. Der Zinsüberhang beträgt 3.000.000 € (3.040.000 € ./. 40.000 € =). Damit wurde die Freigrenze überschritten. Darüber hinaus kommt eine Anwendung nach § 4h Abs. 2 S. 1 Buchstabe b EStG nicht in Betracht, wenn der Betrieb in keinen Konzern (§ 4h Abs. 3 S. 5 EStG) eingebunden ist. Die AB GmbH ist nicht Teil eines Konzerns, da sie von keinem anderen Unternehmen beherrscht wird (mehr als 50 % der Stimmrechte eines Gesellschafters und die Pflicht zur Konsolidierung bzw. die Möglichkeit zur Konsolidierung nach § 4h Abs. 2 Buchstabe c EStG) und auch sie als Gesellschafterin keine Gesellschaften in diesem Sinne beherrscht (nur zu 25 % beteiligt). Darüber hinaus ist die AB GmbH nicht Teil eines Gleichordnungskonzerns (§ 4h Abs. 3 S. 6 EStG), weil die Gesellschafterin keiner weiteren gewerblichen Tätigkeit nachgeht und auch über keine weiteren Beteiligungen verfügt.

Nach § 8a Abs. 2 KStG kommt die Escape-Klausel nur dann zur Anwendung, wenn die AB GmbH nachweisen kann, dass keine schädliche Gesellschafterfinanzierung vorliegt. Dieser Nachweis ist laut Sachverhalt nicht möglich, sodass die Escape-Klausel hier nicht anzuwenden ist. Der Zinsüberhang kann deshalb nur nach Maßgabe des § 4h Abs. 1 S. 1 EStG steuerlich berücksichtigt werden.

3.3 Berücksichtigung von Schuldzinsen

Berechnung des steuerlichen EBITDA gem. § 4h Abs. 1 S. 2 EStG i.V.m. § 8a Abs. 1 KStG	
Vorläufiges Einkommen der AB GmbH (nach den oben geschilderten Änderungen)	1.040.000 €
Zinsaufwendungen, nach Korrektur um die verdeckte Einlage	+ 80.000 €
Zinserträge, nach Korrektur um die verdeckte Gewinnausschüttung	./. 40.000 €
Abschreibung § 7 EStG	+ 150.000 €
Aufwendungen Sammelposten (§ 6 Abs. 2a EStG)	+ 20.000 €
Steuerliches EBITDA	1.250.000 €
Vom positivem EBITDA 30 % = verrechenbarer EBITDA, § 4h Abs. 1 S. 2 EStG	375.000 €
Zinsüberhang	3.000.000 €
Verrechenbarer EBITDA	./. 375.000 €
Verbleibende nicht abziehbare Zinsaufwendungen	**2.625.000 €**

Soweit ein Ausgleich der Zinsen mit Zinserträgen oder einem verrechenbaren EBITDA nicht erfolgen kann, erfolgt ein Vortrag in die folgenden Wirtschaftsjahre. Der Vortrag ist gesondert festzustellen in Höhe von 2.625.000 € nach § 4h Abs. 4 EStG.

Berechnung des endgültigen Einkommens:		
Vorläufiges Einkommen		1.040.000 €
Zinsaufwand des Jahres 2013, bereits als BA berücksichtigt, daher keine Änderung des Einkommens		
Aufgrund des verrechenbaren EBITDA zusätzlich abzugsfähiger Zinsaufwand:		
verrechenbarer EBITDA	375.000 €	
laufender Zinsaufwand nach Verrechnung mit dem laufenden Zinsertrag (80.000 € ./. 40.000 € =)	./. 40.000 €	
aus dem Zinsvortrag verwendeter Betrag	335.000 €	./. 335.000 €
Endgültiges Einkommen VZ 2013		**705.000 €**

Fall 4: EBITDA-Vortrag – § 4h Abs. 1 S. 3 EStG

Die AB GmbH erwirtschaftete im Veranlagungszeitraum 2013 ein Einkommen i.H.v. 1.000.000 €. In diesem Wirtschaftsjahr sind Zinsaufwendungen i.H.v. 3.500.000 €, Zinserträge i.H.v. 450.000 €, nach § 7 EStG abgesetzte Beträge i.H.v. 2.000.000 € und Beträge nach § 6 Abs. 2a EStG i.H.v. 1.200.000 € gewinnmindernd berücksichtigt. Darüber hinaus wurden 100.000 € an eine politische Partei gespendet. Zum Ende des vorangegangenen Wirtschaftsjahres wurde ein EBITDA-Vortrag nach § 4h Abs. 1 S. 3 i.V.m. Abs. 4 EStG i.H.v. 4.000.000 € gesondert festgestellt.
Einen Nachweis entsprechend § 8a Abs. 2 und 3 KStG gelingt der AB GmbH nicht.

Aufgaben: In welchem Umfang sind die Finanzierungskosten abzugsfähig?
Welche weiteren steuerrechtlichen Folgen ergeben sich aus dem geschilderten Sachverhalt?

Lösung:
Berechnung der Zinsschranke
Nach § 4h Abs. 1 S. 1 EStG sind die Zinsaufwendungen in Höhe der Zinserträge im vollen Umfang abzugsfähig. Darüber hinaus nur i.H.d. verrechenbaren EBITDA. Dieser beträgt 30 % des positiven EBITDA zuzüglich eines ggf. bestehenden EBITDA-Vortrags aus früheren Wirtschaftsjahren.

Zinsaufwendungen	3.500.000 €
Zinserträge	./. 450.000 €
Zinsüberhang	**3.050.000 €**

Die Freigrenze nach § 4h Abs. 2 S. 1 Buchstabe a EStG ist überschritten. Da der AB GmbH kein Nachweis nach § 8a Abs. 2 und 3 KStG gelingt, ist die Zinsschranke grundsätzlich anzuwenden. Deshalb ist der Zinsüberhang nur i.H.d. verrechenbaren EBITDA steuerlich zu berücksichtigen.

Berechnung EBITDA:	
Steuerlichen Einkommen gem. Sachverhalt (§ 8a Abs. 1 KStG)	1.000.000 €
Zinsertrag § 4h Abs. 3 S. 3 EStG	./. 450.000 €
Zinsaufwand § 4h Abs. 3 S. 2 EStG	+ 3.500.000 €
Abschreibung für Abnutzung § 7 EStG	+ 2.000.000 €
Aufwand i.Z.m. einem Sammelposten § 6 Abs. 2a EStG	+ 1.200.000 €
Spende, keine Berichtigung, da nach § 4 Abs. 6 EStG nicht als Betriebsausgabe berücksichtigt	+/./. 0 €
Steuerliches EBITDA nach § 4h Abs. 1 S. 2 EStG i.V.m. § 8a Abs. 1 KStG	7.250.000 €
davon 30 % =	2.175.000 €
zuzüglich EBITDA-Vortrag aus dem Wj. 2012	+ 4.000.000 €
Summe verrechenbarer EBITDA im Wj. 2013	6.175.000 €
Verrechnung mit dem Zinsüberhang im Wj. 2013:	3.050.000 €
1. Position: 30 % des EBITDA aus dem laufenden Wj.	./. 2.175.000 €
2. Position: EBITDA Vortrag, wobei die ältesten Vorträge zuerst zu verrechnen sind, da diese nur maximal fünf Wj. vorgetragen werden können	./. 875.000 €
Verbleibender Zinsüberhang	**0 €**

Da der Zinsüberhang im vollen Umfang verrechnet werden konnte, sind die Zinsaufwendungen im vollen Umfang als Betriebsausgabe abzugsfähig. Es verbleibt nun lediglich die Verpflichtung zur gesonderten Feststellung des verrechenbaren EBITDA, soweit dieses nicht mit Zinsaufwendungen verrechnet werden konnte.

Vortrag aus dem Wj. 2012	4.000.000 €
Verbrauch im Wj. 2013	./. 875.000 €
Verbleibendes Volumen zum Ende des Wj. 2013	**3.125.000 €**

Hinweis! Da die Verrechnung auf fünf Wirtschaftsjahre begrenzt ist, muss die Feststellung für jedes Wirtschaftsjahr gesondert erfolgen. Eine Zusammenrechnung mit den anderen Wirtschaftsjahren ist nicht zulässig, da in den folgenden Wirtschaftsjahren dann keine Aussage zur Herkunft des verrechenbaren EBITDA getroffen werden kann.

Die gesonderte Feststellung eines Zinsvortrags und eines verrechenbaren EBITDA-Vortrags zum Ende eines Wirtschaftsjahres kann nicht erfolgen, da einerseits ein Zinsvortrag nur entsteht, wenn das verrechenbare EBITDA nicht im ausreichenden Maße vorhanden ist und andererseits ein EBITDA-Vortrag nur entsteht, wenn das verrechenbare EBITDA den Zinsüberhang übersteigt.

3.4 Beteiligung an anderen Körperschaften

Fall 1: Streubesitzdividende

Die A-GmbH ist mit 9 % an der inländischen B-GmbH beteiligt. Der Buchwert (entspricht den Anschaffungskosten) beträgt 100.000,00 €. Die Beteiligung wurde zum 01.02.2012 erworben und ist mit einem endfälligen Darlehen voll finanziert. Der Zinssatz beträgt 6 % per anno. Zum 01.02.2013 beschließt die B-GmbH eine Dividende in Höhe von 10.000,00 €, welche noch am selben Tag ausbezahlt wird. Daraufhin bucht die A-GmbH Bank 7.362,50 €, Kapitalertragsteuer 2.500,00 € und SolZ 137,50 € an Beteiligungsertrag 10.000,00 €.

Aufgabe: Wie sind die Beteiligungserträge steuerlich zu würdigen?

Abwandlung 1: Sachverhalt wie im Grundfall, jedoch wurde der Beschluss am 01.05.2013 getroffen. Unmittelbar nach der Beschlussfassung erfolgt die Auszahlung.

Aufgabe: Welche steuerlichen Konsequenzen ergeben sich?

Abwandlung 2: Sachverhalt wie Abwandlung 1, allerdings erwirbt die A-GmbH zum 01.04.2013 weitere Anteile an der B-GmbH im Umfang von 8 %. Der Umfang der Dividende sowie alle weiteren Daten ändern sich nicht.

Aufgabe: Welche Änderungen ergeben sich aufgrund des Erwerbs?

Lösung:

Die Ausschüttung wurde zutreffend brutto als Beteiligungsertrag in der Handelsbilanz erfasst. Soweit eine Kapitalertragsteuer und ein Solidaritätszuschlag für die A-GmbH von der ausschüttenden B-GmbH einbehalten wurden, sind diese zutreffend als Betriebsausgabe verbucht worden. Dieser Vorgang ist gem. § 60 Abs. 2 EStDV unverändert in der Steuerbilanz abzubilden, weil keine abweichenden steuerlichen Ansatz- bzw. Bewertungsvorschriften bestehen.

Die Kapitalertragsteuer sowie der Solidaritätszuschlag stellen Steuern vom Einkommen dar. Sie sind deshalb im Rahmen der Einkommensermittlung außerhalb der Bilanz nach § 10 Nr. 2 KStG dem Einkommen hinzuzurechnen.

Gem. § 8b Abs. 1 S. 1 KStG werden Bezüge im Sinne des § 20 Abs. 1 Nr. 1, 2, 9 und 10 Buchst. a EStG von der Besteuerung freigestellt. Ziel dieser Regelung ist es, Gewinne einer Körperschaft nur auf der Ebene zu besteuern, auf der sie erwirtschaftet wurden. Darüber hinaus sollen diese Gewinne ein weiteres Mal nur dann besteuert werden, wenn und soweit eine Ausschüttung an eine natürliche Person erfolgt. Bei dieser Person unterliegen diese dann dem besonderen Steuersatz bzw. dem Teileinkünfteverfahren. Um eine mehrfache Besteuerung auf der Ebene der Körperschaft bei der Durchleitung zu vermeiden, werden diese Ausschüttungen im Rahmen der Einkommensermittlung im vollen Umfang von der Besteuerung freigestellt. Die Korrekturen erfolgen demnach im dritten Schritt außerhalb der Steuerbilanz. Da die Regelung bis zum 28.02.2013 weder eine Mindestbeteiligung noch eine Mindestbesitzzeit voraussetzt, werden grundsätzlich alle Bezüge erfasst. Dies gilt auch unabhängig davon, ob die ausschüttende

Gesellschaft einer aktiven oder passiven Tätigkeit nachgeht und ob es sich um eine ausländische oder inländische Gesellschaft handelt, die die Ausschüttung vornimmt.

Da die Ausschüttung der B-GmbH einen Bezug nach § 20 Abs. 1 Nr. 1 S. 1 EStG darstellt, ist sie nach § 8b Abs. 1 S. 1 KStG im vollen Umfang im Rahmen der Einkommensermittlung abzuziehen (R 29 Abs. 1 Nr. 8 KStR). Gem. § 8b Abs. 5 S. 1 KStG gelten 5 % der freizustellenden Dividenden als nicht abzugsfähige Betriebsausgaben. Dies gilt unabhängig von den tatsächlich angefallenen Betriebsausgaben, weil nach erfolgter Zurechnung § 3c EStG nicht mehr anzuwenden ist.

§ 8b Abs. 4 KStG[4] ist noch nicht anzuwenden, weil die Ausschüttung vor dem 01.03.2013 zugeflossen ist.

Die im Rahmen der Ausschüttung durch die B-GmbH für die A-GmbH einbehaltene Kapitalertragsteuer und der Solidaritätszuschlag können gem. § 31 Abs. 1 KStG i.V.m. § 36 Abs. 2 Nr. 2 EStG auf die zu zahlende Körperschaftsteuer bzw. Solidaritätszuschlag (§ 51a Abs. 1 EStG) angerechnet werden. Ein ggf. übersteigender Betrag wird erstattet.

Einkommensermittlung

Jahresüberschuss gem. Handelsbilanz	
10.000 € Beteiligungserträge ./. 2.637,50 € Steuern ./. 6.000 € Zinsaufwendungen =	1.362,50 €
Anpassung gem. § 60 Abs. 2 EStDV	0,00 €
Jahresüberschuss gem. Steuerbilanz/Ausgangsgrundlage für die Einkommensermittlung	1.362,50 €
Hinzurechnung der Steuern vom Einkommen gem. § 10 Nr. 2 KStG	+ 2.637,50 €
Kürzung gem. § 8b Abs. 1 S. 1 KStG	./. 10.000,00 €
Hinzurechnung gem. § 8b Abs. 5 S. 1 KStG	+ 500,00 €
Einkommen gem. § 8 Abs. 1 KStG	./. 5.500,00 €

Abwandlung 1: Zufluss der Dividende nach dem 28.02.2013

Die Ausschüttung wurde zutreffend brutto als Beteiligungsertrag in der Handelsbilanz erfasst. Soweit eine Kapitalertragsteuer und ein Solidaritätszuschlag für die A-GmbH von der ausschüttenden B-GmbH einbehalten wurden, sind diese zutreffend als Betriebsausgabe verbucht worden. Dieser Vorgang ist gem. § 60 Abs. 2 EStDV unverändert in der Steuerbilanz abzubilden, weil keine abweichenden steuerlichen Ansatz- bzw. Bewertungsvorschriften bestehen.

Die Kapitalertragsteuer sowie der Solidaritätszuschlag stellen Steuern vom Einkommen dar. Sie sind deshalb im Rahmen der Einkommensermittlung außerhalb der Bilanz nach § 10 Nr. 2 KStG dem Einkommen hinzuzurechnen.

Die A-GmbH ist zum Beginn des Kalenderjahres 2013 mit weniger als 10 % am Stammkapital der B-GmbH unmittelbar beteiligt; damit stellt diese Beteiligung für die A-GmbH eine Streubesitzbeteiligung nach § 8b Abs. 4 S. 1 KStG dar.

Die Ausschüttung erfolgte zum 01.05.2013, daher ist die Ausschüttung gem. § 8b Abs. 4 S. 1 KStG nicht von der Besteuerung freizustellen. Darüber hinaus ist eine pauschale Hinzurechnung gem. § 8b Abs. 5 KStG nicht vorzunehmen, weil eine Freistellung der Bezüge nicht erfolgte (§ 8b Abs. 4 S. 7 KStG). Die Finanzierungskosten sind, da nun die Beteiligungserträge im vollen Umfang steuerpflichtig sind, ebenfalls im vollen Umfang als Betriebsausgabe abzugsfähig.

Die im Rahmen der Ausschüttung durch die B-GmbH für die A-GmbH einbehaltene Kapitalertragsteuer und der Solidaritätszuschlag können gem. § 31 Abs. 1 KStG i.V.m. § 36 Abs. 2 Nr. 2 EStG auf die zu

---

4 Eingeführt mit Gesetz zur Umsetzung des EuGH-Urteils vom 21.03.2013, BGBl I 2013, 561.

3.4 Beteiligung an anderen Körperschaften

zahlende Körperschaftsteuer bzw. Solidaritätszuschlag (§ 51a Abs. 1 EStG) angerechnet werden. Ein ggf. übersteigender Betrag wird erstattet.

Jahresüberschuss gem. Handelsbilanz	
10.000 € Beteiligungserträge ./. 2.637,50 € Steuern ./. 6.000 € Zinsaufwendungen =	1.362,50 €
Anpassung gem. § 60 Abs. 2 EStDV	0,00 €
Jahresüberschuss gem. Steuerbilanz/Ausgangsgrundlage für die Einkommensermittlung	1.362,50 €
Hinzurechnung der Steuern vom Einkommen gem. § 10 Nr. 2 KStG	+ 2.637,50 €
Einkommen gem. § 8 Abs. 1 KStG	**4.000,00 €**

Abwandlung 2: Erwerb weiterer Anteile im Umfang von 8 %
An der oben dargestellten Lösung ändert sich grundsätzlich nichts, weil die zum 01.04.2013 erworbenen Anteile nicht bereits zum Beginn des Kalenderjahres vorgelegen haben (§ 8b Abs. 4 S. 6 KStG). Im Rahmen des Beteiligungstestes können sie deshalb nicht berücksichtigt werden, d.h. die A-GmbH ist zum Beginn des Kalenderjahres nur mit 9 % beteiligt. Diese Beteiligung stellt im vollen Umfang eine Streubesitzbeteiligung dar. Die aufgrund der Beteiligung erzielten Dividenden unterliegen demnach nicht der Regelung des § 8b Abs. 1 S. 1 KStG.

> **Hinweis!** Ein Beteiligungserwerb wird nur dann im Rahmen des Beteiligungstests berücksichtigt, wenn im Rahmen eines Erwerbs Anteile im Umfang von mindestens 10 % erworben werden, d.h. unabhängig in welchem Umfang Anteile erworben werden, können diese nur dann und nur in dem Umfang berücksichtigt werden, wie der jeweilige Erwerbsvorgang die in § 8b Abs. 4 S. 6 KStG dargestellte Grenze übersteigt.
>
> In Konzernfällen ist darüber hinaus zu berücksichtigen, dass in den Beteiligungstest nur unmittelbare Beteiligungen einbezogen werden. Mittelbare Beteiligungen können keine Berücksichtigung finden. Werden Ausschüttungen für die Folgejahre angestrebt, kann es sinnvoll sein, wenn wirtschaftliche Gründe nicht dagegen sprechen, die Beteiligungen innerhalb eines Konzerns zu bündeln. Auch in diesem Zusammenhang müssen die Beteiligungen vor Beginn des Kalenderjahres übertragen werden, um die Voraussetzungen zeitnah erfüllen zu können.

Fall 2: Dividende und steuerliches Einlagekonto
Die A-GmbH ist seit vielen Jahren an der C-GmbH mit mehr als 10 % beteiligt. Der Buchwert, der zugleich den Anschaffungskosten entspricht, beträgt 10.000 €. Zum 01.04.2013 beschließt die C-GmbH eine Dividende im Umfang von 10.000 €. Auf dem Bankkonto der A-GmbH wurde daraufhin ein Betrag im Umfang von 7.890 € gutgeschrieben. Nach erfolgter Ausschüttung erstellte die C-GmbH eine Steuerbescheinigung, wonach 2.000 € aus dem steuerlichen Einlagekonto als verwendet galten.
In der Buchhaltung wurde dieser Vorgang wie folgt erfasst:

Bank	7.890 €	an	Beteiligungserträge	7.890 €

Aufgabe: Wie sind die Beteiligungserträge steuerlich zu würdigen?

Lösung:
Schritt 1: HGB-Bilanz: Die Beteiligungserträge sind grundsätzlich als Bardividende in der Handelsbilanz zu erfassen (Aufrechnungsverbot gem. § 246 Abs. 2 HGB). Daraus folgt, dass die Kapitalertragsteuer und der Solidaritätszuschlag als Betriebsausgabe mindernd zu berücksichtigen sind. Der Jahresüberschuss ändert sich hierdurch aber nicht.

Buchung:

| Personensteuern | 2.110 € | an | Beteiligungsertrag | 2.110 € |

Soweit im Rahmen der Ausschüttung das steuerliche Einlagekonto als verwendet gilt und die ausschüttende Gesellschaft dies mit einer Steuerbescheinigung gem. § 27 Abs. 3 KStG bescheinigt, liegen keine Bezüge nach § 20 Abs. 1 Nr. 1 S. 3 EStG i.V.m. § 8 Abs. 1 KStG vor. Dieser Teil der Ausschüttung gilt als Rückzahlung der Anschaffungskosten. Er mindert daher den Buchwert bis auf maximal 0 €. Ein ggf. übersteigender Betrag führt anschließend zu einem Veräußerungsgewinn gem. § 8b Abs. 2 S. 1 KStG. Da der Buchhalter bisher lediglich Beteiligungserträge erfasst hat, ist wie folgt umzubuchen:

Buchung:

| Beteiligungsertrag | 2.000 € | an | Beteiligung C-GmbH | 2.000 € |

Nach der Korrekturbuchung beträgt der Buchwert nun 8.000 € (10.000 € ./. 2.000 €).

Schritt 2: Steuerbilanz: Es sind keine abweichenden Ansatz bzw. Bewertungsvorschriften nach der Korrektur in der Handelsbilanz vorzunehmen.

Schritt 3: Einkommensermittlung: Soweit die Ausschüttung nicht aus dem steuerlichen Einlagekonto erfolgte, liegen Bezüge nach § 20 Abs. 1 Nr. 1 S. 1 EStG vor. Diese Bezüge sind nach § 8b Abs. 1 S. 1 KStG von der Besteuerung freizustellen. Die Freistellung erfolgt durch Abzug außerhalb der Bilanz. Nach § 8b Abs. 5 S. 1 KStG gelten 5 % der freigestellten Bezüge als nicht abzugsfähige Betriebsausgaben. In diesem Umfang erhöht sich das Einkommen. Die Zurechnung erfolgt ebenfalls außerhalb der Bilanz.

§ 8b Abs. 4 KStG kommt nicht zum Tragen, weil keine Streubesitzbeteiligung vorliegt.

Die Kapitalertragsteuer und der Solidaritätszuschlag sind nach § 31 Abs. 1 KStG und § 51a Abs. 1 EStG i.V.m. § 36 Abs. 2 Nr. 2 EStG auf die Steuern vom Einkommen anzurechnen. Steuern vom Einkommen dürfen jedoch nicht das Einkommen mindern und sind daher nach § 10 Nr. 2 KStG außerhalb der Steuerbilanz im Rahmen der Einkommensermittlung hinzuzurechnen.

Jahresüberschuss gem. Handelsbilanz	
7.890 € Beteiligungserträge	7.890 €
Korrekturbuchung 1: Steueraufwand an Beteiligungsertrag	+/./. 0 €
Korrekturbuchung 2: Beteiligungsertrag an Beteiligung B-GmbH	./. 2.000 €
Anpassung gem. § 60 Abs. 2 EStDV	0 €
Jahresüberschuss gem. Steuerbilanz/Ausgangsgrundlage für die Einkommensermittlung	**5.890 €**
Hinzurechnung der Steuern vom Einkommen gem. § 10 Nr. 2 KStG	+ 2.110 €
Kürzung gem. § 8b Abs. 1 S. 1 KStG	./. 8.000 €
Hinzurechnung gem. § 8b Abs. 5 S. 1 KStG	+ 400 €
Einkommen gem. § 8 Abs. 1 KStG	**400 €**

Hinweis! Im Rahmen der Beurteilung des Sachverhalts muss stets auf die einzelnen Absätze getrennt eingegangen werden, da nur dann sichergestellt werden kann, dass alle für die Benotung erforderlichen Begründungen dargestellt wurden.

3.4 Beteiligung an anderen Körperschaften

Fall 3: Materielle Korrespondenz
Die A-AG hat ihren Sitz in Leipzig (Wj. = Kj.) und ist zu 100 % an der D-GmbH (Wj. = Kj.) mit Sitz in Chemnitz beteiligt. Am 19.12.2013 veräußert die D-GmbH ein Betriebsgrundstück (gemeiner Wert 100.000 €) an ihre Gesellschafterin für 50.000 €. Da dieser Sachverhalt im Rahmen der Erstellung der Steuererklärung nicht festgestellt wurde, erfolgte keine Hinzurechnung gem. § 8 Abs. 3 S. 2 KStG. Die D-GmbH wurde zunächst wie erklärt veranlagt.

Aufgabe: Welche steuerlichen Konsequenzen sind ggf. zu ziehen?
Was geschieht, wenn seitens der Finanzverwaltung zum 31.10.2014 die Gewinnminderung festgestellt wird und eine entsprechende Korrektur erfolgt?

Lösung:
Die verbilligte Veräußerung eines Grundstücks stellt eine verdeckte Gewinnausschüttung nach § 8 Abs. 3 S. 2 KStG i.V.m. R 36 Abs. 1 S. 1 KStR dar, weil der geringere Kaufpreis zu einer verhinderten Vermögensmehrung führt. Diese Minderung ist durch das Gesellschaftsverhältnis begründet, da ein ordentlicher und gewissenhafter fremder dritter Geschäftsleiter diese Vereinbarung unter sonst gleichen Umständen nicht hingenommen hätte (§ 43 Abs. 1 GmbHG). Darüber hinaus hat sich diese auf die Höhe des Unterschiedsbetrags i.S.d. § 4 Abs. 1 S. 1 EStG ausgewirkt und beruht nicht auf einem den gesellschaftsrechtlichen Vorschriften entsprechenden Gewinnverteilungsbeschluss. Das Grundstück ist deshalb innerhalb der Bilanz der A-AG mit dem fremdüblichen Preis (gemeiner Wert) zu erfassen. Das ist gem. § 255 Abs. 1 HGB der Kaufpreis, den ein fremder Dritter für den Erwerb des Vermögensgegenstandes aufwenden würde.

Es wird daher zu buchen sein:

Gebäude	50.000 €	an	Beteiligungserträge	50.000 €

Hinweis! Die Berichtigung der Handelsbilanz ist erforderlich, um ggf. Folgewirkungen (z.B. Abschreibung, Buchwertabgang bei Veräußerung usw.) zutreffend abbilden zu können.

In der Steuerbilanz ist das Grundstück ebenfalls mit 100.000 € anzusetzen, d.h. es bestehen keine abweichenden Bewertungs- und Ansatzvorschriften die eine Anpassung gem. § 60 Abs. 2 EStDV erfordern.

Im Rahmen der Einkommensermittlung ist nun zu prüfen, ob die vGA, die einen Bezug nach § 20 Abs. 1 Nr. 1 S. 2 EStG darstellt, gem. § 8b Abs. 1 S. 1 KStG von der Besteuerung auszunehmen ist. Die Freistellung kann nach § 8b Abs. 1 S. 2 KStG nur dann und nur insoweit erfolgen, als die verdeckte Gewinnausschüttung sich auf das Einkommen der D-GmbH nicht ausgewirkt hat, d.h. eine Zurechnung nach § 8 Abs. 3 S. 2 KStG i.R.d. Einkommensermittlung bei der D-GmbH vorgenommen wurde. Dies ist gem. Sachverhalt nicht geschehen, sodass sich die verdeckte Gewinnausschüttung bisher gewinnmindernd bei der D-GmbH ausgewirkt hat. Eine Freistellung gem. § 8b Abs. 1 S. 1 KStG kann deshalb nicht erfolgen. Mangels Freistellung der verdeckten Gewinnausschüttung entfällt die Hinzurechnung gem. § 8b Abs. 5 KStG.

Jahresüberschuss gem. Handelsbilanz 50.000 € Beteiligungserträge	50.000 €
Anpassung gem. § 60 Abs. 2 EStDV	0 €
Jahresüberschuss gem. Steuerbilanz/Ausgangsgrundlage für die Einkommensermittlung	50.000 €
Kürzung gem. § 8b Abs. 1 S. 1 KStG entfällt wegen § 8b Abs. 1 S. 2 KStG	./. 0 €
Hinzurechnung gem. § 8b Abs. 5 S. 1 KStG entfällt vorerst mangels Freistellung	+ 0 €
Einkommen gem. § 8 Abs. 1 KStG	**50.000 €**

Hinweis! Zur Abgrenzung ob und in welchem Umfang eine vGA bei der ausschüttenden Gesellschaft sich steuerlich nicht ausgewirkt hat, weil sie im Rahmen der Einkommensermittlung zugerechnet wurde oder ob eine entsprechende Zurechnung erfolgte, kann auf die Teilbetragsberechnung I und II zurückgegriffen werden, welche als steuerliche Nebenrechnung bei der ausschüttenden Gesellschaft geführt werden (BMF vom 28.05.2002, IV A 2 – S 2742 – 32/02, BStBl I 2002, 603).

Abwandlung:
Wird nun zum 31.10.2014 die verdeckte Gewinnausschüttung bei der D-GmbH (Tochtergesellschaft) festgestellt und außerhalb der Bilanz hinzugerechnet, so hat sich die verdeckte Gewinnausschüttung danach nicht mehr auf den Gewinn der D-GmbH ausgewirkt. Die verdeckte Gewinnausschüttung kann daher entsprechend § 8b Abs. 1 S. 1 KStG von der Besteuerung freigestellt werden. Gleichzeitig erfolgt eine Kürzung um 5 % nach § 8b Abs. 5 S. 1 KStG. Die Korrektur erfolgt rückwirkend im Veranlagungszeitraum 2013. Soweit die Bestandskraft bei der D AG bereits eingetreten ist, erfolgt eine Korrektur nach § 32a Abs. 1 S. 1 KStG, da zuvor der Bescheid der Tochtergesellschaft berichtigt wurde.

Jahresüberschuss gem. Handelsbilanz 50.000 € Beteiligungserträge	50.000 €
Anpassung gem. § 60 Abs. 2 EStDV	0 €
Jahresüberschuss gem. Steuerbilanz/Ausgangsgrundlage für die Einkommensermittlung	50.000 €
Kürzung gem. § 8b Abs. 1 S. 1 KStG	./. 50.000 €
Hinzurechnung gem. § 8b Abs. 5 S. 1 KStG	+ 2.500 €
Einkommen gem. § 8 Abs. 1 KStG	**2.500 €**

Da eine verdeckte Gewinnausschüttung regelmäßig nach Erstellung der Bilanzen und Steuererklärungen festgestellt wird, kann durch die D-GmbH folglich keine Bescheinigung nach § 27 Abs. 3 KStG ausgestellt worden sein. Sind zwischenzeitlich Feststellungsbescheide zum steuerlichen Einlagekonto erlassen worden, kann eine Berichtigung auch dann nicht erfolgen, wenn später der Fehler erkannt wird und sich herausstellt, dass Beträge aus dem steuerlichen Einlagekonto für die Ausschüttung verwendet wurden (§ 27 Abs. 5 S. 3 KStG). Daraus folgt, dass eine verdeckte Gewinnausschüttung grundsätzlich immer zu den laufenden Bezügen im Sinne des § 20 Abs. 1 Nr. 1 EStG gehört.

Fall 4: Dividenden aus dem Ausland und Steueranrechnung gem. § 26 KStG
Die Firma Kirschbier GmbH mit Sitz und Geschäftsleitung in Dresden ist Marktführer im Bereich der Fruchtbiere. Im Wirtschaftsjahr 2013 erwirtschaftet sie einen Jahresüberschuss in Höhe von 600.000 €. Im Jahresüberschuss ist unter anderem eine Dividendenzahlung (65.000 €, nach Abzug einer Quellensteuer in Höhe von 35 %) der Tochtergesellschaft Bananenbier mit Sitz und Geschäftsleitung im Staat Österreich enthalten. Der Erwerb der Beteiligung im Umfang von 100 % wurde zum Teil fremdfinanziert. In diesem Zusammenhang fallen jährlich Zinsaufwendungen in Höhe von 20.000 € an. Sämtliche Vorgänge wurden zutreffend verbucht.

Aufgaben: Welche steuerlichen Folgen sind zu ziehen?
In welchem Umfang sind sie österreichischen Steuern anzurechnen?
Soweit ein DBA anzuwenden ist, ist das OECD Musterabkommen zugrunde zu legen.

Abwandlung: Sachverhalt wie Grundsachverhalt. Die Beteiligung an der Tochtergesellschaft beträgt lediglich 9 %. Die Dividende wurde am 03.10.2013 beschlossen und sogleich überwiesen.
Welche steuerrechtlichen Folgen ergeben sich aufgrund des geänderten Sachverhaltes?

3.4 Beteiligung an anderen Körperschaften

Lösung:
In der Handelsbilanz und anschließend der Steuerbilanz sind keine Korrekturen vorzunehmen, weil die einzelnen Vorgänge zutreffend abgebildet wurden. Im Rahmen der Einkommensermittlung ist nun zu prüfen, ob und wie diese Sachverhalte sich auf das Einkommen auswirken dürfen.

Die Dividende ist grundsätzlich steuerbar, wird jedoch nach nationalem Recht von der Besteuerung freigestellt (§ 8b Abs. 1 S. 1 KStG), da es sich um Bezüge gem. § 20 Abs. 1 Nr. 1 S. 1 EStG handelt und die Beteiligung keinen Streubesitz gem. § 8b Abs. 4 KStG darstellt. Die Bardividende ist demnach außerhalb der Bilanz im vollen Umfang abzurechnen. ./. **100.000 €**

Darüber hinaus gelten pauschal 5 % der Bezüge als nicht abzugsfähige Betriebsausgaben, welche nach § 8b Abs. 5 KStG im Rahmen der Einkommensermittlung hinzuzurechnen sind. + **5.000 €**

Soweit in Österreich eine Quellensteuer einbehalten wurde, ist diese gem. § 10 Nr. 2 KStG im Rahmen der Einkommensermittlung außerhalb der Bilanz hinzuzurechnen, weil es sich insoweit um Steuern vom Einkommen handelt (einer der deutschen Körperschaftsteuer vergleichbare Steuern; Art. 2 Abs. 1 und 2 OECD MA). + **35.000 €**

Der Zinsaufwand im Zusammenhang mit der Finanzierung der Beteiligung ist im vollen Umfang abzugsfähig, weil nach § 8b Abs. 5 S. 2 KStG nach einer pauschalen Hinzurechnung die Anwendung des § 3c EStG ausgeschlossen ist.

Jahresüberschuss gem. Handelsbilanz	600.000 €
Anpassung gem. § 60 Abs. 2 EStDV	+/./. 0 €
Jahresüberschuss gem. Steuerbilanz/Ausgangsgrundlage für die Einkommensermittlung	600.000 €
Kürzung gem. § 8b Abs. 1 S. 1 KStG (Überweisungsbetrag 65.000 € + Steuern 35.000 €)	./. 100.000 €
Hinzurechnung gem. § 8b Abs. 5 S. 1 KStG	+ 5.000 €
Hinzurechnung der Personensteuern gem. § 10 Nr. 2 KStG	+ 35.000 €
Einkommen gem. § 8 Abs. 1 KStG	**540.000 €**

Die in Österreich einbehaltene Quellensteuer kann aus zwei Gründen nicht angerechnet werden. Einerseits ist eine Quellenbesteuerung gem. Mutter-Tochterrichtlinie (RL 2011/96 EU) nicht zulässig, wenn eine Gesellschaft an einer anderen Gesellschaft zu mindestens 10 % beteiligt ist und die Gesellschaften in verschiedenen Mitgliedsstaaten ansässig sind. Andererseits kann eine Anrechnung nicht erfolgen, weil die Dividende gem. § 8b Abs. 1 S. 1 KStG nicht besteuert wurde. Eine Anrechnung kommt selbst dann nicht in Betracht, wenn ein Antrag auf Erstattung nicht gestellt wird oder die Antragsfrist für eine Erstattung versäumt wurde.

Ein Abzug als Betriebsausgabe nach § 34c Abs. 2 EStG ist gem. § 26 Abs. 6 S. 3 KStG ausgeschlossen, da die Dividendeneinnahmen nach § 8b Abs. 1 S. 1 KStG in Deutschland von der Besteuerung freizustellen sind.

Abwandlung:
In der Handelsbilanz und anschließend der Steuerbilanz sind keine Korrekturen vorzunehmen, weil die einzelnen Vorgänge zutreffend abgebildet wurden. Im Rahmen der Einkommensermittlung ist nun zu prüfen, ob und wie diese Sachverhalte sich auf das Einkommen auswirken dürfen.

Die Dividende ist grundsätzlich steuerbar, eine Freistellung nach § 8b Abs. 1 S. 1 KStG kommt nicht in Betracht, weil die Beteiligung an der Tochtergesellschaft zum Beginn des Kalenderjahres weniger als 10 % am Stammkapital beträgt (§ 8b Abs. 4 S. 1 KStG). Die Dividende ist daher in vollem Umfang steuerpflichtig. Darüber hinaus erfolgt auch keine pauschale Kürzung nach § 8b Abs. 5 S. 1 KStG, weil keine Bezüge nach § 8b Abs. 1 S. 1 KStG freigestellt werden.

Der Zinsaufwand aus der Finanzierung der Beteiligung ist im vollen Umfang abzugsfähig, weil auch die Beteiligungserträge steuerpflichtig sind. Die Anwendung des § 3c EStG ist deshalb ausgeschlossen.

Soweit in Österreich eine Quellensteuer einbehalten wurde, ist diese gem. § 10 Nr. 2 KStG im Rahmen der Einkommensermittlung außerhalb der Bilanz hinzuzurechnen, weil es sich insoweit um Steuern vom Einkommen handelt (einer der deutschen Körperschaftsteuer vergleichbare Steuer; Art. 2 Abs. 1 und 2 OECD MA).
+ 35.000 €

Jahresüberschuss gem. Handelsbilanz	600.000 €
Anpassung gem. § 60 Abs. 2 EStDV	+/./. 0 €
Jahresüberschuss gem. Steuerbilanz/Ausgangsgrundlage für die Einkommensermittlung	600.000 €
Kürzung nach § 8b Abs. 1 S. 1 KStG entfällt nach § 8b Abs. 4 S. 1 KStG	./. 0 €
Hinzurechnung gem. § 8b Abs. 5 S. 1 KStG entfällt	+ 0 €
Hinzurechnung der Personensteuern gem. § 10 Nr. 2 KStG	+ 35.000 €
Einkommen gem. § 8 Abs. 1 KStG/zu versteuerndes Einkommen gem. § 7 Abs. 1 und 2 KStG	**635.000 €**

Die Mutter-Tochterrichtlinie (RL 2011/96 EU) ist nicht anzuwenden, weil die Beteiligung an der Bananenbier 10 % nicht übersteigt.

Nach Art. 10 Abs. 3 OECD MA stellen die Bezüge der Bananenbier GmbH Dividenden dar. Gem. Art. 10 Abs. 1 OEDC MA darf Deutschland als Ansässigkeitsstaat diese Dividende in vollem Umfang besteuern. Auch Österreich ist berechtigt, nach Art. 10 Abs. 2 lit. h OECD MA eine Quellensteuer zu erheben. Diese darf jedoch 15 % der Bruttodividende nicht übersteigen. Österreich hat jedoch 35 % Quellensteuer erhoben, d.h. soweit die Quellensteuer 15 % übersteigt, kann die Kirschbier GmbH einen Antrag auf Erstattung bei den österreichischen Behörden stellen. Da nun beide Staaten besteuert haben, ist nach Art. 23a Abs. 2 OECD MA Deutschland verpflichtet, die Doppelbesteuerung durch Steueranrechnung zu vermeiden.

Die in Österreich erhobene Steuer kann aber nur nach § 26 Abs. 1 und Abs. 6 S. 1 KStG angerechnet werden, wenn die nachfolgenden Voraussetzungen erfüllt sind. Die Kirschbier GmbH ist unbeschränkt steuerpflichtig nach § 1 Abs. 1 Nr. 1 KStG. Die Dividende stellt ausländische Einkünfte nach § 8 Abs. 1 KStG i.V.m. § 34d Nr. 6 EStG dar. Nach § 8 Abs. 1 KStG i.V.m. § 34c Abs. 1 S. 4 EStG sind die Einnahmen um die im wirtschaftlichen Zusammenhang stehenden Betriebsausgaben zu kürzen, d.h. die Kosten aus der Finanzierung sind mindernd zu berücksichtigen. Der Besteuerungsstaat entspricht dem Quellenstaat. Die ausländische Steuer wurde gezahlt und ist nur insoweit anzurechnen, als nach dem DBA der Quellenstaat eine Steuer erheben darf. Dies wären 15 % von 100.000 € (= 15.000 €).

Anrechnung

1. Schritt: Ermittlung der ausländischen steuerpflichtigen Einkünfte: 65.000 € + 35.000 € (ausländische Steuer, § 10 Nr. 2 KStG) ./. 20.000 € (Betriebsausgaben, § 34c Abs. 1 S. 4 EStG) = 80.000 €
Deutsche Steuer 635.000 € × 15 % = 95.250 €

2. Schritt: Höchstbetragsberechnung nach § 26 Abs. 6 S. 1 KStG i.V.m. § 34c Abs. 1 S. 2 EStG
80.000 € × 95.250 €/635.000 € = 12.000 €

3.4 Beteiligung an anderen Körperschaften

Tatsächlich sind nach dem DBA 15.000 € in Österreich zutreffend erhoben worden. Diese können lediglich in Höhe von 12.000 € angerechnet werden, weil nur in diesem Umfang deutsche Körperschaftsteuer entrichtet wurde.

Ein Abzug als Betriebsausgabe nach § 34c Abs. 2 EStG ist gem. § 26 Abs. 6 S. 1 KStG nicht ausgeschlossen, da für Dividenden im Streubesitz, die nach dem 28.02.2013 geflossen sind, § 8b Abs. 1 S. 1 KStG nicht mehr anzuwenden ist. Würde ein entsprechender Antrag gestellt, so würde sich die Körperschaftsteuer bezogen auf die Dividendeneinkünfte von 12.000 € auf 9.750 € [= (80.000 € ./. 15.000 €) × 15 %] mindern. Es verbliebe demnach immer noch eine deutsche Besteuerung. Ein Antrag wäre demnach nicht zweckmäßig.

> **Fall 5: Veräußerung & Gewinnermittlung**
> Firma Anna Baum GmbH hält alle Anteile der N. Baum GmbH (Wj. = Kj.). Der Buchwert entspricht den Anschaffungskosten und beträgt 200.000 €. Mit Vertrag vom 02.02.2013 werden die Anteile an die Firma F. Baum GmbH für 400.000 € veräußert. Der Kaufpreis wird zum 31.01.2014 fällig. In Zusammenhang mit der Anteilsübertragung sind Veräußerungskosten in Höhe von 50.000 € bei der Firma Anna Baum GmbH in 2012 angefallen. Ende 2013 stellt die Firma F. Baum GmbH unverhofft einen Antrag auf Insolvenzeröffnung. Die Forderung kann deshalb nur noch im Umfang von 50 % beigetrieben werden.
> In der Handelsbilanz und in der Folge auch der Steuerbilanz wurden alle Vorgänge grundsätzlich zutreffend abgebildet.
> **Aufgabe:** In welchem Umfang ist der Veräußerungsgewinn steuerpflichtig?

Lösung:
Kalenderjahr 2012
Im VZ 2012 mindern die Veräußerungskosten in Höhe von 50.000 € zutreffend als Betriebsausgaben den handels- und steuerrechtlichen Jahresüberschuss. Im Rahmen der Einkommensermittlung sind diese Kosten nicht zuzurechnen, sodass sie das zu versteuernde Einkommen zutreffend mindern. Eine Zurechnung nach § 8b Abs. 3 KStG kommt nicht in Betracht, da im Veranlagungszeitraum 2012 keine Anteile veräußert wurden.

Kalenderjahr 2013
Im VZ 2013 erfolgte die Veräußerung der Gesellschaftsanteile an der Firma N. Baum GmbH. Leistungen dieser Gesellschaft stellen Bezüge nach § 20 Abs. 1 Nr. 1 EStG dar. Diese wären grundsätzlich bei der Anna Baum GmbH gem. § 8b Abs. 1 S. 1 KStG von der Besteuerung freizustellen. § 8b Abs. 4 KStG ist hierbei nicht zu beachten, weil nur die Anwendung des § 8b Abs. 1 KStG ausgeschlossen wird, sodass auch die Veräußerung von Streubesitzbeteiligungen grundsätzlich unter die Regelung des § 8b Abs. 2 KStG fällt.

Der Veräußerungsgewinn ist daher gem. § 8b Abs. 2 S. 1 KStG von der Besteuerung freizustellen. Die Freistellung erfolgt durch Kürzung im Rahmen der Einkommensermittlung außerhalb der Bilanz. Die Ermittlung des freizustellenden Gewinns erfolgt nach § 8b Abs. 2 S. 2 KStG außerhalb der Bilanz im Rahmen einer steuerlichen Nebenrechnung. Hierbei sind unter anderem auch die in den Vorjahren angefallenen Veräußerungskosten mindernd zu berücksichtigen, weil diese Gewinnermittlung stets auf den Zeitpunkt der Anteilsübertragung durchzuführen ist.

Soweit ein Veräußerungsgewinn entsteht, gelten nach § 8b Abs. 3 S. 1 KStG 5 % des Gewinns als nichtabzugsfähige Betriebsausgaben, die sich nicht auf das Einkommen auswirken dürfen. Die Hinzurechnung erfolgt im Rahmen der Einkommensermittlung außerhalb der Bilanz.

Veräußerungspreis	400.000 €
./. Veräußerungskosten	./. 50.000 €
./. Buchwert zum Zeitpunkt der Veräußerung	./. 200.000 €
Zwischensumme	150.000 €
./. in den Vorjahren Gewinn mindernd berücksichtigte Teilwert-AfA bzw. andere Abzüge, die noch nicht ausgeglichen wurden, § 8b Abs. 2 S. 4 und 5 KStG	./. 0 €
Freizustellender Veräußerungsgewinn	**150.000 €**
Kürzung Betriebsausgaben nach § 8b Abs. 3 S. 1 KStG 5 %	**7.500 €**

Einkommensentwicklung:	Veranlagungs-zeitraum 2012	Veranlagungs-zeitraum 2013	Veranlagungs-zeitraum 2014
Veräußerungskosten (Handelsbilanz/Steuerbilanz)	./. 50.000 €		
Veräußerungsgewinn (Handelsbilanz/Steuerbilanz)		200.000 €	
Veräußerungsgewinn (§ 8b Abs. 2 S. 1 KStG)		./. 150.000 €	
Kürzung Betriebsausgaben 5 % (§ 8b Abs. 3 S. 1 KStG)		+ 7.500 €	
Einkommen	**./. 50.000 €**	**57.500 €**	

Im Kalenderjahr 2014 ist der Veräußerungsgewinn für 2013 nachträglich zu berichtigen, da sich der Forderungsausfall auf die Berechnung des Veräußerungsgewinns nach § 8b Abs. 2 S. 2 KStG auswirkt. Es wird hierbei unterstellt, dass die Kaufpreisminderung bereits im Veranlagungszeitraum 2013 entstanden sei.

Der bisher freigestellte Veräußerungsgewinn (150.000 €) und die pauschal hinzugerechneten Betriebsausgaben (7.500 €) werden berichtigt und durch die neuen Werte ersetzt. An den in der Handelsbilanz und in der Folge in der Steuerbilanz ausgewiesenen Werten ändert sich nichts, da die steuerliche Nebenrechnung nur den außerhalb der Bilanz freizustellenden Wert ändert.

Veräußerungspreis	200.000 €
./. Veräußerungskosten	./. 50.000 €
./. Buchwert zum Zeitpunkt der Veräußerung	./. 200.000 €
Zwischensumme	./. 50.000 €
./. in den Vorjahren Gewinn mindernd berücksichtigte Teilwert-AfA bzw. andere Abzüge, die noch nicht ausgeglichen wurden, § 8b Abs. 2 S. 4 und 5 KStG	./. 0 €
Zuzurechnender Veräußerungsverlust § 8b Abs. 3 S. 3 KStG	**./. 50.000 €**
Die Kürzung nach § 8b Abs. 3 S. 1 KStG entfällt, weil sich nun ein Verlust ergibt	0 €

3.4 Beteiligung an anderen Körperschaften

Einkommensentwicklung:	Veranlagungs-zeitraum 2012	Veranlagungs-zeitraum 2013	Veranlagungs-zeitraum 2014
Veräußerungskosten (Handelsbilanz/Steuerbilanz)	./. 50.000 €		
Veräußerungsgewinn (Handelsbilanz/Steuerbilanz)		200.000 €	
Forderungsausfall (Handelsbilanz/Steuerbilanz)			./. 200.000 €
Veräußerungsverlust: Zurechnung gem. § 8b Abs. 3 S. 3 KStG		50.000 €	
Einkommen	**./. 50.000 €**	**250.000 €**	**./. 200.000 €**

Fall 6: Veräußerung/Teilwertabschreibung/Verdeckte Gewinnausschüttung

Die D GmbH veräußert 2013 eine Beteiligung an der in den USA ansässigen Firma E AG für 300.000 € an die Gesellschafterin C AG. Der Teilwert zum Zeitpunkt der Veräußerung betrug 1.500.000 €.
Der Buchwert ermittelte sich wie folgt:

Anschaffungskosten 1990	1.000.000 €
Teilwertabschreibung 1992	./. 300.000 €
Teilwertabschreibung 1999 (ausschüttungsbedingte Teilwertabschreibung)	./. 400.000 €
Buchwert 2013	**300.000 €**

Aufgabe: In welchem Umfang mindern die Teilwertabschreibungen nach § 8b Abs. 2 S. 4 und 5 KStG den freizustellenden Veräußerungsgewinn?

Lösung:
Die E AG ist eine Körperschaft im Sinne des § 1 Abs. 1 Nr. 1 KStG, deren Bezüge zu § 20 Abs. 1 Nr. 1 EStG gehören. Diese Bezüge wären grundsätzlich nach § 8b Abs. 1 S. 1 KStG von der Besteuerung freizustellen. Die Veräußerung der Beteiligung wurde in der Handels- und in der Steuerbilanz zutreffend abgebildet. Eine Korrektur erübrigt sich daher. Dies gilt auch dann, wenn, wie in diesem Falle, die Beteiligung unter dem Teilwert an eine Gesellschafterin veräußert wurde, weil die Korrektur einer vGA ebenfalls außerhalb der Bilanz durchzuführen ist.

Die Veräußerung der Beteiligung an die Gesellschafterin stellt eine verdeckte Gewinnausschüttung dar, weil eine verhinderte Vermögensmehrung (Teilwert 1.500.000 € ./. Kaufpreis 300.000 €) aufgrund der Kaufpreisminderung vorliegt. Diese ist gesellschaftsrechtlich veranlasst, weil ein ordentlicher und gewissenhafter Geschäftsleiter (§ 43 Abs. 1 GmbHG) diese verhinderte Vermögensmehrung gegenüber einer Person, die nicht Gesellschafter ist, unter sonst gleichen Umständen nicht hingenommen hätte. Darüber hinaus hat sich diese auf den Unterschiedsbetrag nach § 4 Abs. 1 EStG ausgewirkt und beruht nicht auf einem ordentlichen Gewinnverwendungsbeschluss (R 36 Abs. 1 KStR). Die verdeckte Gewinnausschüttung ist daher im Rahmen der Einkommensermittlung außerhalb der Bilanz hinzuzurechnen. Die Hinzurechnung der verdeckten Gewinnausschüttung genießt Vorrang vor der Kürzung nach § 8b Abs. 2 KStG. **+ 1.200.000 €**

Im Rahmen der Einkommensermittlung ist anschließend ein ggf. entstandener Veräußerungsgewinn durch Kürzung außerhalb der Bilanz nach § 8b Abs. 2 S. 1 KStG von der Besteuerung freizustellen. Der freizustellende Gewinn ist nach § 8b Abs. 2 S. 2 KStG zu ermitteln. Soweit Beträge als vGA hinzugerechnet wurden, sind diese im Rahmen der Gewinnermittlung ebenfalls als Veräußerungserlös zu berücksichtigen. Nach § 8b Abs. 2 S.4 KStG ist der Veräußerungsgewinn um die Teilwertabschreibungen zu mindern, die sich auf das Einkommen ausgewirkt haben. Unerheblich für die Kürzung ist, wann die Teilwertabschreibung berücksichtigt wurde. Eine Korrektur erfolgt nur dann nicht, wenn diese durch eine Wertaufholung rückgängig gemacht wurde.

§ 8b Abs. 6 KStG wurde mit Wirkung ab dem VZ 1994 ins Gesetz aufgenommen. Danach durften sich Teilwertabschreibungen dann nicht auf das Einkommen auswirken, wenn diese auf eine zuvor vorgenommene Ausschüttung zurückzuführen waren. Die Teilwert-AfA in 1999 erfolgte aufgrund einer Ausschüttung, sie ist daher ausschüttungsbedingt und konnte sich deshalb 1999 steuerlich nach § 8b Abs. 4 KStG nicht auswirken. Eine Kürzung des Gewinns ist deshalb nicht vorzunehmen. Die Teilwertabschreibung aus dem Wirtschaftsjahr 1992 ist in jedem Fall Gewinn mindernd erfolgt, da in diesem VZ eine Hinzurechnungsvorschrift grundsätzlich nicht bestand. Die Teilwertabschreibungen, die sich nicht auf den Gewinn ausgewirkt haben, sind grundsätzlich vorrangig zu verrechnen. Nur ein danach verbleibender Gewinn ist nach § 8b Abs. 2 S. 4 und 5 KStG zu kürzen.

Veräußerungsgewinn gem. § 8b Abs. 2 S. 2 KStG

Veräußerungserlös			300.000 €
als vGA hinzugerechneter Betrag (gemeiner Wert 1.500.000 € ./. Erlös 300.000 €)			1.200.000 €
./. Veräußerungskosten			0 €
./. Buchwert	Anschaffungskosten	1.000.000 €	
	Teilwert-AfA 92	300.000 €	
	Teilwert-AfA 99	400.000 €	
	Buchwert 2013	300.000 €	./. 300.000 €
Zwischensumme			**1.200.000 €**
Kürzung um steuerwirksame Teilwert-AfA nach § 8b Abs. 2 S. 4 KStG			
Gesamtbetrag:			1.200.000 €
./. steuerunwirksame ausschüttungsbedingte Teilwert-AfA 1999			./. 400.000 €
Volumen zur Verrechnung mit steuerwirksamen Abzügen			800.000 €
Steuerwirksame Teilwert-AfA aus dem VZ 1992			300.000 €
Da der verbleibende Gewinn 300.000 € übersteigt, ist die Teilwert-AfA im vollen Umfang zu kürzen			./. 300.000 €
Freizustellender Gewinn aus der Veräußerung nach § 8b Abs. 2 S. 1 KStG			**900.000 €**

Hinzurechnung pauschaler Betriebsausgaben, die sich nach § 8b Abs. 3 S. 1 KStG nicht auf das Einkommen auswirken dürfen. Berechnung: 5 % von 900.000 €   **+ 45.000 €**

3.4 Beteiligung an anderen Körperschaften

Fall 7: Gewinnminderungen in Zusammenhang mit Anteilen im Sinne des § 8b Abs. 2 KStG
Die Firma Anna Baum GmbH erwirbt sämtliche Anteile der F. Baum GmbH für 1 € von einem fremden Dritten. In 2013 wird festgestellt, dass für eine Aufrechterhaltung des Geschäftsbetriebs weiteres Kapital benötigt wird. Da es dem Gesellschafter grundsätzlich freigestellt ist, ob er die Gesellschaft mit Eigen- oder Fremdkapital ausstattet, entschließt sich die AB-GmbH
Fall a) ein Gesellschafterdarlehen in Höhe von 1.000.000 €, welches fremdüblich verzinst wurde, auszureichen bzw.
Fall b) das Eigenkapital um 1.000.000 € aufzustocken.
Ein fremder Dritter hätte dieses Darlehen ohne weitere Sicherheiten des Gesellschafters nicht gewährt. Im Rahmen der Bilanzerstellung für das Wj. 2013 (= Kj. 2013) wird dieses Darlehen bzw. die Beteiligung mit einem Teilwert von 600.000 € bewertet, weil mit einer schnellen Erholung der Ertragskraft der Tochtergesellschaft nicht gerechnet wird.
Aufgabe: Welche handels- und steuerlichen Folgen ergeben sich aus den oben geschilderten Sachverhalten?

Abwandlung 1: Das Darlehen wird von der Schwestergesellschaft N. Baum GmbH gewährt. An dieser Firma ist die Anna Baum GmbH zu 100 % beteiligt. Ferner fällt das Darlehen aufgrund der Insolvenz der F. Baum GmbH zum 31.12.2013 aus. Auf die Gestellung von Sicherheiten wurde verzichtet. Die Verzinsung erfolgte fremdüblich. Ein Zuschlag für die fehlende Besicherung wurde nicht vorgenommen.
Aufgabe: Welche handels- und steuerrechtlichen Folgen ergeben sich aus dem geschilderten Sachverhalt?

Abwandlung 2: Das Darlehen wurde durch die Bank LB gewährt, für dass sich die Anna Baum GmbH verbürgt hatte. In Zusammenhang mit der Insolvenz der F. Baum GmbH wird die Anna Baum GmbH im vollen Umfang in Haftung genommen.
Aufgabe: Welche Änderungen ergeben sich aufgrund der Fallabwandlung?

Lösung:
Fall a):
In der Handelsbilanz sind alle Vermögenswerte zum Bilanzstichtag nach § 253 Abs. 1 und 4 HGB zu bewerten. Sinkt der Teilwert der Forderung, ist eine entsprechende Teilwertabschreibung vorzunehmen. Die Handelsbilanz ist demnach zutreffend erstellt. Änderungen sind nicht vorzunehmen.

In der Steuerbilanz ist das Umlaufvermögen grundsätzlich mit dem niedrigeren Teilwert zu bewerten, wenn es sich voraussichtlich um eine dauerhafte Wertminderung handelt (§ 6 Abs. 1 Nr. 2 S. 2 EStG). Da nach dem Sachverhalt von einer dauernden Wertminderung auszugehen ist, muss die Forderung auch in der Steuerbilanz mit dem niedrigeren Teilwert bewertet werden. Eine Anpassung der Handelsbilanz gem. § 60 Abs. 2 EStDV ist daher nicht vorzunehmen.

Im Rahmen der Einkommensermittlung ist nun zu prüfen, ob die Gewinnminderung sich auf das Einkommen auswirken darf. Die Anteile an der F. Baum GmbH stellen grundsätzlich Anteile im Sinne des § 8b Abs. 2 KStG dar. Die Firma Anna Baum GmbH ist mit mehr als 25 % am Stammkapital direkt beteiligt. Das Darlehen der Anna Baum GmbH stellt Fremdkapital dar. Es handelt sich hierbei um ein gesellschaftsrechtlich indiziertes Darlehen, weil ein fremder Dritter dieses Fremdkapital zu den gleichen Bedingungen nicht gewährt hätte und damit ein Fremdvergleich gem. § 8b Abs. 3 S. 6 KStG nicht geführt werden kann.

Die Gewinnminderung ist demnach gem. § 8b Abs. 3 S. 4 i.V.m. S. 3 KStG im Rahmen der Einkommensermittlung außerhalb der Bilanz hinzuzurechnen.

Fall b):
Die Erhöhung des Eigenkapitals führt zunächst zu einer Erhöhung des Buchwertes an der F. Baum GmbH. Die Beteiligung ist in der Handelsbilanz mit den Anschaffungskosten zu bewerten (§ 253 Abs. 1 HGB). Sinkt der Wert der Beteiligung dauerhaft unter die Anschaffungskosten, so ist eine Teilwertabschreibung in der Handelsbilanz nach § 253 Abs. 3 S. 3 HGB vorzunehmen. Diese wurde zutreffend berücksichtigt.

In der Steuerbilanz ist die Beteiligung ebenfalls mit den Anschaffungskosten zu bewerten und nur wenn der Teilwert dauerhaft unter die Anschaffungskosten sinkt, ist auch hier eine Teilwertabschreibung vorzunehmen (§ 6 Abs. 1 Nr. 2 S. 2 EStG). Ein Bewertungsunterschied zwischen der Handels- und der Steuerbilanz ergibt sich deshalb nicht. Es sind deshalb keine Korrekturen nach § 60 Abs. 2 EStDV vorzunehmen.

Da die Teilwertabschreibung auf eine Beteiligung vorgenommen wurde, ist diese Gewinnminderung zweifelsohne nach § 8b Abs. 3 S. 3 KStG im Umfang der Teilwert-Abschreibung im Rahmen der Einkommensermittlung außerhalb der Bilanz hinzuzurechnen. Eine pauschale Kürzung nach § 8b Abs. 3 S. 1 KStG ist nicht vorzunehmen, weil diese Kürzung nur dann vorzunehmen ist, wenn Gewinne erzielt werden.

Abwandlung 1:
Aufgrund der Insolvenz ist die Forderung in der Handelsbilanz und in der Folge auch in der Steuerbilanz mit 0 € zu bewerten, wenn, wie in diesem Falle, mit einer Rückzahlung (Insolvenzquote) nicht zu rechnen ist. Im Rahmen der Einkommensermittlung ist nun zu prüfen, ob sich die Abschreibung auf das Einkommen auswirken darf.

Der Ausfall der Forderung stellt eine Vermögensminderung dar, die sich auch auf den Unterschiedsbetrag nach § 4 Abs. 1 EStG ausgewirkt hat. Ein den gesellschaftsrechtlichen Vorschriften entsprechender Gewinnverwendungsbeschluss liegt in diesem Zusammenhang ebenfalls nicht vor. Darüber hinaus ist die Darlehensgewährung gesellschaftsrechtlich veranlasst, weil auf die Sicherheiten innerhalb des Konzerns nur dann verzichtet werden kann, wenn der Darlehensgeber aufgrund seiner Gesellschafterstellung alle für die Beurteilung der Liquiditätslage erforderlichen Daten ungehindert erhalten und für die Rückzahlung des Darlehens sorgen kann.[5] Ist der Darlehensgeber, wie in diesem Falle, eine Schwestergesellschaft, so kann sie keinen Einfluss auf die Rückzahlung des Darlehens ausüben und hat auch keinen Zugriff auf die für die rechtzeitige Kündigung/Fälligstellung des Darlehens erforderlichen Informationen. Ein ordentlicher und gewissenhafter Geschäftsleiter (§ 43 Abs. 1 GmbHG) hätte daher die Vermögensminderung gegenüber einer Person, die nicht Gesellschafter ist, unter sonst gleichen Umständen nicht hingenommen, weil er auf die Gestellung von Sicherheiten bestanden hätte (H 36 III. Veranlassung durch das Gesellschaftsverhältnis „Allgemeines" KStH). In Höhe der Gewinnminderung liegt daher im Zeitpunkt der Abschreibung eine verdeckte Gewinnausschüttung an die Muttergesellschaft (AB-GmbH) vor. Im Rahmen der Einkommensermittlung der NB-GmbH erfolgt deshalb eine Hinzurechnung nach § 8 Abs. 3 S. 2 KStG.

Die AB-GmbH erzielt in Höhe der vGA Bezüge nach § 20 Abs. 1 Nr. 1 EStG. Diese gelten in 2013 als zugeflossen.

Der Forderungsausfall stellt dem Grunde nach keine verdeckte Einlage (§ 8 Abs. 3 S. 3 KStG) in die FB-GmbH dar, weil der Darlehensnehmerin kein Vermögenswert zugeführt wurde (fehlende Erhöhung eines Aktivpostens bzw. Minderung eines Passivpostens; H 40 „einlagefähiger Vermögensvorteil" KStH). Vielmehr schuldet sie nach wie vor das gesamte Darlehen. Da eine verdeckte Einlage nicht angenommen werden kann, steht dem Ertrag ein gleich hoher Aufwand gegenüber. Innerhalb der Handels- und der Steuerbilanz ergeben sich somit keine Änderungen.[6]

---

[5] Vgl. BFH vom 26.10.1987, BStBl II 1988, 573.
[6] Vgl. BFH vom 26.10.1987, BStBl II 1988, 348.

3.4 Beteiligung an anderen Körperschaften

Im Rahmen der Einkommensermittlung ist nun die verdeckte Gewinnausschüttung nach § 8b Abs. 1 S. 1 KStG von der Besteuerung freizustellen.   ./. 1.000.000 €

Gem. § 8b Abs. 5 S. 1 KStG gelten pauschal 5 % der freizustellenden Bezüge als nicht abzugfähige Bezüge, die außerhalb der Bilanz im Rahmen der Einkommensermittlung hinzuzurechnen sind.
+ 50.000 €

Der in Zusammenhang mit der verdeckten Gewinnausschüttung gebuchte Aufwand ist gem. § 8b Abs. 3 S. 3 und 4 KStG ebenfalls außerhalb der Bilanz im Rahmen der Einkommensermittlung hinzuzurechnen, weil der Aufwand in Zusammenhang mit Fremdkapital entstanden ist, die Gesellschafterin Anna Baum GmbH zu mehr als 25 % an der Darlehensnehmerin F. Baum GmbH beteiligt ist und für das Darlehen kein Fremdvergleich gem. § 8b Abs. 3 S. 6 KStG geführt werden kann. Darüber hinaus stellt die Darlehensnehmerin eine nahestehende Person nach § 1 Abs. 2 Nr. 2 AStG dar.   + 1.000.000 €

Auswirkung auf das Einkommen der Anna Baum GmbH   + 50.000 €

Bei der Firma F. Baum GmbH ist in diesem Zusammenhang nichts zu veranlassen.

Abwandlung 2:
Soweit die Anna Baum GmbH in Haftung genommen wurde, sind die Zahlungen in der Handels- und in der Steuerbilanz als Betriebsausgabe zu erfassen.

Das Darlehen des Dritten (LB) erfüllt für sich gesehen nicht die Voraussetzungen des § 8b Abs. 3 S. 4 KStG. Dies wird erst durch die Bürgschaft der Anna Baum GmbH erfüllt. Da nun der Gesellschafter für dieses Darlehen aufgrund der Bürgschaft in Haftung genommen wurde, sind die Aufwendungen nach § 8b Abs. 3 S. 3 und 5 KStG im Rahmen der Einkommensermittlung außerhalb der Bilanz hinzuzurechnen.

Fall 8: Personalgesellschaften/DBA

Die Firma K-GmbH mit Sitz in Meißen ist zu 60 % an dem Gewinn und dem Vermögen der Firma Call Spolka handlowa jawna (nach deutschen Recht OHG[7]) beteiligt. Diese Rechtsform wurde gewählt, da sie wie in Deutschland ebenfalls als transparent behandelt wird. Die Geschäftsleitung dieser Firma ist in Poznań, Polen. Gegenstand dieser Gesellschaft ist die Informationsbeschaffung und die Vermittlung von potenziellen Kunden für Dritte ohne Abschlussvollmacht (Callcenter).

Der Gewinn der OHG wurde unter anderem nach deutschem Handelsrecht ermittelt. Danach wurde ein Jahresüberschuss in Höhe von 225.000 € ausgewiesen. Eine Ergänzungs- oder Sonderbilanz wurde nicht erstellt.

Zum Gesamthandsvermögen der OHG gehört eine 100 %-ige Beteiligung an der Firma Call and Sell Sp.z.o.o. (GmbH nach deutschem Recht) mit Sitz und Geschäftsleitung in Warschau. Sie unterliegt in Polen der normalen Besteuerung. Sonderregelungen wurden weder beantragt noch im Rahmen der Besteuerung gewährt.

Für das Wirtschaftsjahr 2012/2013, welches am 01.07.2013 endete, schüttete diese Gesellschaft am 01.10.2013 eine Dividende in Höhe von 100.000 € (brutto) aus. Eine Kapitalertragsteuer wurde nach polnischem Ertragsrecht zutreffend in Höhe von 20 % einbehalten und abgeführt und durch eine Steuerbescheinigung belegt. Die Kapitalertragsteuer wurde bisher als Betriebsausgabe erfasst. Weitere Ertragsteuern wurden im Wj. 2013 durch die OHG nicht entrichtet.

Aufgabe: Welche steuerrechtlichen Folgen sind bei der K-GmbH in Bezug auf die polnischen Einkünfte zu ziehen? Anträge wurden nicht gestellt. Auf die Gewerbesteuer und den Solidaritätszuschlag ist nicht einzugehen. Soweit ein DBA zu berücksichtigen ist, ist die Lösung anhand des OECD Musterabkommens (OECD MA) zu erstellen.

---

[7] Vgl. hierzu Tabelle 2 BMF vom 24.12.1999, BStBl I 1999, 1076.

Lösung:
Die K-GmbH ist nach § 1 Abs. 1 Nr. 1 KStG unbeschränkt körperschaftsteuerpflichtig, da sie ihre Geschäftsleitung § 10 AO und ihren Sitz § 11 AO im Inland (§ 1 Abs. 3 KStG) hat. Die unbeschränkte Körperschaftsteuerpflicht erstreckt sich auf sämtliche weltweit erzielten Einkünfte soweit dieses Besteuerungsrecht nicht durch ein DBA oder andere Vorschriften eingeschränkt wird (§ 1 Abs. 2, § 8 Abs. 1 KStG, § 2 AO).

Die Körperschaftsteuer bemisst sich nach dem „zu versteuernden Einkommen", § 7 Abs. 1 KStG, R 29 Abs. 1 S. 1, 2 KStR.

Das zu versteuernde Einkommen ist das Einkommen nach § 8 Abs. 1 KStG, welches nach den Vorschriften des Einkommensteuergesetzes und des Körperschaftsteuergesetzes zu ermitteln ist (§ 7 Abs. 2 KStG, R 32 Abs. 1 KStR), vermindert um eventuelle Freibeträge nach den §§ 24 und 25 KStG. Diese sind jedoch auf Kapitalgesellschaften nicht anzuwenden.

Die Vorschrift des § 8 Abs. 2 KStG bestimmt, dass die K GmbH, welche nach § 1 Abs. 1 Nr. 1 KStG unbeschränkt steuerpflichtig ist, alle Einkünfte als Einkünfte aus Gewerbebetrieb (§ 15 Abs. 1 und 2 EStG) zu behandeln hat, R 32 Abs. 3 S. 1 KStR.

Mit Polen wurde ein DBA abgeschlossen[8]. Dieses hat daher Vorrang vor den nationalen Regelungen (§ 2 AO i.V.m. Art. 59 Abs. 2 S. 1 GG).

DBA Voraussetzungen/Geltungsbereich
Räumlicher Geltungsbereich: Das DBA gilt für beide Vertragsstaaten ohne Einschränkungen.

Sachlicher Geltungsbereich: Nach Art. 2 Abs. 1 und 2 OECD MA werden von diesem DBA die Ertragsteuern erfasst, wobei aus deutscher Sicht die Körperschaftsteuer unter dieses DBA fällt. Aus polnischer Sicht wird ebenfalls die Körperschaftsteuer von diesem DBA erfasst.

Persönlicher Geltungsbereich: Unter dieses DBA fallen nach Art. 1 OECD MA die Personen, die in einem oder in beiden Vertragsstaaten ansässig sind.

Die OHG als Person
Die OHG ist nach Art. 3 Abs. 1 Buchst. a OECD MA als Personenvereinigung eine Person im Sinne des DBA. Es fehlt jedoch nach Art. 4 Abs. 1 OECD MA die Ansässigkeit, weil sie dort weder aufgrund ihres Wohnsitzes (§ 8 AO), ihres ständigen Aufenthalts (§ 9 AO) noch aufgrund des Ortes ihrer Geschäftsleitung (§ 10 AO) oder eines anderen ähnlichen Merkmals (§ 11 AO) steuerpflichtig ist. Die OHG genießt daher keinen Abkommensschutz. Steuerpflichtig und damit abkommensberechtigt ist vielmehr der hinter der Gesellschaft stehende Gesellschafter. Den Gesellschaftern wird deshalb das Handeln und das Vermögen der OHG in Höhe ihrer Beteiligung an der Personengesellschaft zugerechnet.

Die K-GmbH als Person
Die K-GmbH ist eine Gesellschaft gem. Art. 3 Abs. 1 Buchst. b OECD MA, da sie in Deutschland als juristische Person besteuert wird. Sie stellt daher eine Person im Sinne Art. 3 Abs. 1 Buchst. a OECD MA dar. Die K-GmbH ist in Meißen ansässig (Art. 4 Abs. 1 OECD MA), da sie in Deutschland aufgrund ihres Sitzes (§ 11 AO) und der Geschäftsleitung (§ 10 AO) als unb. steuerpflichtig behandelt wird. Deutschland ist daher der Ansässigkeitsstaat und Polen der Quellenstaat.

Für die Zuordnung des Besteuerungsrechtes, bezogen auf die Einkünfte aus der Beteiligung an der OHG, ist daher immer auf die K-GmbH abzustellen.

Das Besteuerungsrecht für diese Gewinne wird gem. Art. 7 Abs. 1 S. 1 1. HS OECD MA grundsätzlich dem Staat zugewiesen, in dem der Unternehmer ansässig ist, der es betreibt. Dies ist nach Art. 3 Abs. 1 Buchst. d OECD MA zunächst Deutschland, weil die K-GmbH das Unternehmen betreibt (in Höhe der Beteiligung). Gem. Art. 7 Abs. 1 S. 1 2. HS OECD MA steht das Besteuerungsrecht aber Polen zu, soweit dort die Tätigkeit durch eine Betriebsstätte ausgeübt wird. Die K-GmbH verfügt in Höhe ihrer Beteiligung an der OHG über eine Betriebsstätte nach Art. 5 Abs. 1 bzw. Art. 5 Abs. 2 Buchst. a OECD MA (aufgrund

---
[8] Vgl. BMF vom 22.01.2014, BStBl I 2014, 171 Stand zum 01.01.2014.

3.4 Beteiligung an anderen Körperschaften

der Geschäftsleitung in Poznan). Art. 5 Abs. 4 OECD MA ist für die OHG nicht anzuwenden, da die Informationsbeschaffung oder Vermittlung von Kunden die Haupttätigkeit der OHG darstellt und damit weder vorbereitender Art ist, noch eine Hilfstätigkeit darstellt.

Die Tätigkeit der OHG wird ausschließlich in Polen ausgeübt. Aufgrund dessen hat ausschließlich Polen das Besteuerungsrecht.

Beteiligung Call and Sell Sp.z.o.o.
Die Beteiligung stellt funktional notwendiges Betriebsvermögen dar und ist als solches zutreffend im GHV der OHG erfasst (R 4.2 Abs. 2 S. 2 EStR).

Die Zahlung der Call and Sell Sp.z.o.o. an die OHG stellt eine Dividende nach Art. 10 Abs. 3 OECD MA dar. Das Besteuerungsrecht für die Dividende im Wirtschaftsjahr 2013 wird grundsätzlich gem. Art. 10 OECD MA zugeordnet (Vorrang der spezielleren Regelungen Art. 7 Abs. 4 OECD MA). Da die Beteiligung der gewerblichen Betriebsstätte in Polen zuzuordnen ist, ist gem. Art. 10 Abs. 4 OECD MA das Besteuerungsrecht ausschließlich nach Art. 7 Abs. 1 OECD MA zuzuordnen. Das ausschließliche Besteuerungsrecht verbleibt daher nach Art. 7 Abs. 1 S. 1 2. HS OECD MA in Polen.

Soweit Polen das Besteuerungsrecht für die Betriebsstätteneinkünfte zugewiesen wird, stellt Deutschland diese Einkünfte von der Besteuerung frei (Art. 23A Abs. 1 OECD MA). Ein Progressionsvorbehalt ist nicht zu beachten, da die Körperschaftsteuer nur einen linearen Steuersatz von 15 % kennt (§ 23 Abs. 1 KStG).

Der auf die K-GmbH entfallende Gewinnanteil der OHG beträgt grundsätzlich 60 %. Er ist ausschließlich nach deutschem Recht zu ermitteln (R 34c Abs. 3 S. 3 EStR).

Berechnung:	
Jahresüberschuss	225.000 €
+ 20 % Kapitalertragsteuer von 100.000 € (Zurechnung nach § 10 Nr. 2 KStG)	20.000 €
Zwischensumme	**245.000 €**
Anteil K-GmbH 60 % (brutto)	**147.000 €**

Die Einkünfte stellen bei der K-GmbH ausländische Einkünfte nach § 34d Nr. 2 Buchstabe a EStG dar, da die Beteiligung eine Betriebsstätte gem. § 12 S. 1 AO darstellt. Soweit in Polen eine Körperschaftsteuer erhoben wird, kommt eine Steueranrechnung nach § 26 Abs. 1 KStG nicht mehr in Betracht, da diese Einkünfte von der Besteuerung freigestellt werden (§ 26 Abs. 6 S. 1 KStG i.V.m. § 34c Abs. 6 S. 1 EStG). Eine einheitliche und gesonderte Feststellung erfolgt nach § 180 Abs. 3 Nr. 1 AO nicht, weil nur eine inländische Person beteiligt ist.

Umsetzung der Freistellung nach nationalem Recht
Sämtliche Vermögensgegenstände der OHG sind anteilig in Höhe der Beteiligung an der OHG in der Handelsbilanz der K-GmbH zu erfassen. Soweit im Zusammenhang mit der Dividende in Polen Quellensteuern einbehalten wurden, haben diese deshalb auch den handelsrechtlichen und in der Folge auch den steuerlichen Jahresüberschuss der K-GmbH gemindert. Nach § 10 Nr. 2 KStG dürfen die Steuern vom Ertrag sich nicht auf das Einkommen auswirken. Sie werden deshalb außerhalb der Bilanz im Rahmen der Einkommensermittlung hinzugerechnet. 20.000 € × 60 % = + 12.000 €

Im Gewinnanteil der K-GmbH ist eine Dividende (Bezüge nach § 20 Abs. 1 Nr. 1 EStG) in Höhe von 60 % von 100.000 € (60.000 €) enthalten. Diese Bezüge sind nach § 8b Abs. 1 S. 1 KStG grundsätzlich von der Besteuerung freizustellen. Dies gilt nach § 8b Abs. 6 KStG auch dann, wenn die Bezüge nur mittelbar über eine Personengesellschaft bezogen werden. Kürzungsbetrag ./. 60.000 €

Daneben gelten pauschal 5 % der Bruttoeinnahmen, soweit Bezüge nach § 8b Abs. 1 S. 1 KStG von der Besteuerung freigestellt werden, als nicht abzugsfähige Betriebsausgaben, die das Einkommen nicht mindern dürfen. Sie werden deshalb außerhalb der Bilanz im Rahmen der Einkommensermittlung hinzugerechnet (§ 8b Abs. 5 S. 1 KStG). Hinzurechnungsbetrag: 60.000 € × 5 % =   **+ 3.000,00 €**

Darüber hinaus ist das Einkommen um den Gewinnanteil der OHG zu kürzen, für den Polen das ausschließliche Besteuerungsrecht hat und der noch nicht nach § 8b KStG abgerechnet wurde. Berechnung: Gewinnanteil 147.000 € ./. Dividende 60.000 € =   **./. 87.000,00 €**

Fall 9: Finanzdienstleistungsunternehmen

Alleingesellschafterin der N. Baum GmbH (NB-GmbH) ist die Anna Baum GmbH (AB-GmbH) eine Holdinggesellschaft. Aufgrund dessen weist die Aktivseite der AB-GmbH folgende Werte aus:

Anlagevermögen	
Immaterielle Wirtschaftsgüter	25.000,00 €
Sonstiges Anlagevermögen (PKW, Büroausstattung)	125.000,00 €
Beteiligungen	675.000,00 €
Umlaufvermögen	
Forderungen gegen verbundene Unternehmen	14.000,00 €
Beteiligung NB-GmbH	125.000,00 €
Bank	36.000,00 €
Summe	**1.000.000,00 €**

Mit Beschluss vom 01.05.2013 schüttet die NB-GmbH an die AB-GmbH eine Dividende aus. Die AB-GmbH erfasst daraufhin die Dividende mit folgender Buchung:

Bank	7.362,50 €	an	Beteiligungserträge	7.362,50 €

Aufgabe: Welche steuerlichen Folgen sind bei der AB-GmbH zu ziehen?

Lösung:
Die Dividende stellt einen Bezug nach § 20 Abs. 1 Nr. 1 S. 1 EStG dar. Sie unterliegt nach § 43 Abs. 1 S. 1 Nr. 1 und § 43a Abs. 1 S. 1 Nr. 1 EStG dem Kapitalertragsteuerabzug und nach § 3 Abs. 1 Nr. 5 und § 4 S. 1 SolZG dem Solidaritätszuschlag.

Zunächst ist die Handelsbilanz zu berichtigen, weil die Beteiligungserträge unzulässigerweise mit den Steuerabzugsbeträgen (Kapitalertragsteuer) saldiert verbucht und damit der Grundsatz des § 246 Abs. 2 HGB nicht beachtet wurde. Auf den Jahresüberschuss wirkt sich diese Buchung nicht aus. Es ist daher wie folgt zu berichtigen:

Beteiligungserträge	2.637,50 €	an	Kapitalertragsteuer/SolZ	2.637,50 €

Die Kapitalertragsteuer sowie der Solidaritätszuschlag stellen Steuern vom Ertrag dar. Sie sind daher im Rahmen der Einkommensermittlung außerhalb der Bilanz nach § 10 Nr. 2 KStG hinzuzurechnen.

+ 2.637,50 €

Die Dividende i.H.v. 10.000 € wäre grundsätzlich nach § 8b Abs. 1 S. 1 KStG von der Besteuerung freizustellen, wenn und soweit nicht § 8b Abs. 7 KStG zur Anwendung kommt, weil § 8b Abs. 7 KStG die Freistellung der Bezüge für bestimmte Fälle ausschließt.

§ 8b Abs. 7 S. 1 KStG ist anzuwenden, wenn die empfangende Gesellschaft ein Finanzunternehmen nach § 8b Abs. 7 S. 3 KStG darstellt. Davon ist dann auszugehen, wenn das Vermögen der Gesellschaft zu mehr als 75 % ihrer Bilanzsumme aus Beteiligungen an Kapitalgesellschaften besteht (vgl. hierzu Tz. 80

3.4 Beteiligung an anderen Körperschaften

und 81 BMF vom 15.12.1994, BStBl I 1995, 176[9]). Gem. Sachverhalt besteht das Vermögen der AB-GmbH zu 80 % aus Beteiligungen (800.000 € von 1.000.000 €). Damit stellt die AB-GmbH ein Finanzunternehmen dar. Ein Finanzunternehmen kann auch dann vorliegen, wenn die Bruttoerträge (zur Berechnung vgl. A 76 Abs. 8 S. 1 KStR 1995) im Durchschnitt der letzten drei Jahre zu mindestens 75 % aus dem Halten und dem Finanzieren der Beteiligungen stammen.

Darüber hinaus muss die Beteiligung mit dem Ziel erworben werden, einen kurzfristigen Eigenhandelserfolg zu erzielen. Wenn eine Beteiligung mit diesem Ziel erworben wurde, darf sie nur dem Umlaufvermögen zugeordnet werden, d.h. auf Beteiligungen die dem Anlagevermögen zugeordnet wurden, ist § 8b Abs. 7 KStG nicht anzuwenden. Eine Umwidmung (vom Anlagevermögen in Umlaufvermögen und umgekehrt) kann nur unter sehr eingeschränkten Bedingungen erfolgen. Die Gründe hierfür sind zwingend zu dokumentieren. Die Beteiligung an der NB-GmbH wurde dem Umlaufvermögen zugeordnet. Damit sind alle Voraussetzungen für § 8b Abs. 7 KStG erfüllt. § 8b Abs. 1 bis 6 KStG ist daher, bezogen auf diese Beteiligung, nicht anzuwenden. Die laufenden als auch die einmaligen Erträge in Zusammenhang mit der Veräußerung der Beteiligung sind damit im vollen Umfang steuerpflichtig. Alle damit in unmittelbaren Zusammenhang anfallenden Betriebsausgaben können daher im vollen Umfang mindernd berücksichtigt werden. Das Einkommen der AB-GmbH ändert sich, bezogen auf die Dividende der NB-GmbH, deshalb nicht.

> **Fall 10: Wertpapierleihe**
> Die AB-GmbH ist ein Finanzdienstleistungsunternehmen i.S.d. § 8b Abs. 7 S. 2 KStG. Das Umlaufvermögen umfasst unter anderem die 100 %-ige Beteiligungen an der N. Baum GmbH (NB-GmbH) und der F. Baum GmbH (FB-GmbH). Beide Firmen erfüllen für sich gesehen nicht die Voraussetzungen des § 8b Abs. 7 KStG.
> Mit Vertrag vom 01.04.2013 (Laufzeit 1 Jahr) wird die Beteiligung an der NB-GmbH im Wege eines Sachdarlehens an die FB-GmbH überlassen. Die FB-GmbH entrichtet an die AB-GmbH eine Gebühr i.H.v. 10.000 € und eine Ausgleichszahlung für die vereinnahmte Dividende i.H.v. 300.000 €.
> Zum 01.05.2013 beschließt die NB-GmbH eine Dividende in Höhe von 300.000 €. Diese wird auf einem Konto der FB-GmbH gutgeschrieben.
> **Aufgabe:** Welche steuerlichen Folgen ergeben sich in diesem Zusammenhang bei den Gesellschaften?

Lösung:
AB-GmbH
Auf alle laufenden Erträge aus Beteiligungen an Kapitalgesellschaften, die dem Umlaufvermögen zugeordnet wurden, ist § 8b Abs. 1 KStG nicht anzuwenden, weil die AB-GmbH ein Finanzdienstleistungsunternehmen darstellt. Da keine Erträge nach § 8b Abs. 1 KStG freigestellt werden, ist § 8b Abs. 5 KStG ebenfalls nicht anzuwenden. In dem Umfang, als durch das Sachdarlehen Beteiligungen an die FB-GmbH überlassen wurden, mindert sich der Bestand des Umlaufvermögens. Gleichzeitig ist in der Handelsbilanz eine Forderung gegenüber der FB-GmbH auszuweisen. In der Steuerbilanz ergeben sich keine abweichenden Ansätze.

Die durch die FB-GmbH entrichtete Gebühr als auch die Ausgleichszahlung erhöhen den handelsrechtlichen Jahresüberschuss. Eine Freistellung nach § 8b Abs. 1 KStG kommt nicht in Betracht, da es sich nicht um Bezüge nach § 20 Abs. 1 Nr. 1 EStG handelt. Diese Erträge sind daher im vollen Umfang steuerpflichtig.

---

[9] BMF vom 25.07.2002, IV A 2 – S 2750 a – 6/02, BStBl I 2002, 712.

FB-GmbH
In der Handelsbilanz der FB-GmbH ist eine Verbindlichkeit gegenüber der AB-GmbH in Höhe der Beteiligung an der NB-GmbH auszuweisen. Die Gebühr sowie die Ausgleichszahlung mindern und die Dividende erhöht den handelsrechtlichen Jahresüberschuss.

Die Dividende ist nach § 8b Abs. 1 S. 1 KStG im vollen Umfang von der Besteuerung freizustellen. Dies erfolgt durch Kürzung außerhalb der Bilanz im Rahmen der Einkommensermittlung. ./. 300.000 €

Ein pauschale Hinzurechnung gem. § 8b Abs. 5 KStG ist nach § 8b Abs. 10 S. 3 KStG ausgeschlossen.

Das Sachdarlehen hat die FB-GmbH mit einer Körperschaft (AB-GmbH) abgeschlossen, bei der die Dividenden (bezogen auf die NB-GmbH) nach § 8b Abs. 7 KStG nicht unter die Regelung des § 8b Abs. 1 KStG fallen, weil die AB-GmbH ein Finanzdienstleistungsunternehmen darstellt. Die FB-GmbH hat nach Ende der Vertragslaufzeit die gleichen Anteile im gleichen Umfang an die AB-GmbH zurückzugeben. Darüber hinaus erzielte die FB-GmbH innerhalb der Vertragslaufzeit Einnahmen aus der Beteiligung. Die für die Überlassung durch die FB-GmbH entrichteten Entgelte (die Gebühr und die Ausgleichszahlung) dürfen sich deshalb nicht auf das Einkommen der FB-GmbH auswirken. Sie sind daher außerhalb der Bilanz nach § 8b Abs. 10 S. 1 KStG im Rahmen der Einkommensermittlung hinzuzurechnen.
+ 310.000 €

> **Hinweis!** Würde die FB-GmbH innerhalb der Vertragslaufzeit keine Einnahmen in Zusammenhang mit der Beteiligung erzielen, so entfiele eine Hinzurechnung der in Zusammenhang mit der Wertpapierleihe entrichteten Entgelte nach § 8b Abs. 10 S. 5 KStG.
> § 8b Abs. 10 KStG ist nur dann und nur insoweit anzuwenden, als auf die Erträge aus den Wertpapieren bei dem Verleiher § 8b Abs. 7 bzw. 8 KStG oder eine ähnliche Vorschrift Anwendung findet. Werden die Anteile nicht dem Umlaufvermögen, sondern dem Anlagevermögen zugerechnet, so ist § 8b Abs. 7 KStG beim Verleiher auf die Erträge aus den Wertpapieren nicht anzuwenden, mit der Folge, dass das Entgelt für die Leihe im vollen Umfang als Betriebsausgabe abzugsfähig ist.
> Gleiches gilt ab VZ 2013 für Streubesitzdividenden im Sinne des § 8b Abs. 4 KStG die nach dem 28.02.2013 zufließen, weil auch in diesem Falle § 8b Abs. 1 KStG auf diese Dividenden beim Verleiher keine Anwendung findet.

Auf die Gewinnermittlung der **NB-GmbH** hat diese Gestaltung keinen Einfluss.

3.5 Verlustabzug bei Körperschaften

> **Fall 1: Schädlicher Beteiligungserwerb gem. § 8c Abs. 1 S. 1 KStG**
> Alleinige Gesellschafterin der A GmbH ist Anna Baum. Im Veranlagungszeitraum 2013 erzielt die A GmbH einen Verlust in Höhe von 120.000 €. Darüber hinaus wurden zum 31.12.2012 Verluste nach § 15 Abs. 4 S. 3 EStG in Höhe von 100.000 € gesondert festgestellt. Im VZ 2013 wurden keine weiteren Termingeschäfte getätigt. Zur Finanzierung des Verlustes veräußert Anna Baum zum 01.04.2013 einen Anteil in Höhe von 25 % an Bertram Borer. In den folgenden Monaten erschließt sich die A GmbH ein neues Marktsegment. Einer der neuen Kunden ist zur Aufrechterhaltung der Geschäftsbeziehungen nur dann bereit, wenn ihm im Gegenzug Anteile an der A GmbH übertragen werden. Daraufhin veräußert Anna Baum einen weiteren Anteil in Höhe von 10 % mit Wirkung zum 01.10.2013 an Christian Cäsar. Bertram Borer war mit der Entwicklung der Gesellschafterstruktur nicht einverstanden und veräußerte mit Wirkung zum 01.12.2013 seine Anteile ebenfalls an Christian Cäsar.
> **Aufgabe:** In welchem Umfang kann ein nicht genutzter Verlust künftig berücksichtigt werden?

3.5 Verlustabzug bei Körperschaften

Lösung:

Ab dem Veranlagungszeitraum 2008 können nicht genutzte Verluste nur dann durch die Körperschaft genutzt werden, wenn sie nicht nur rechtlich, sondern auch wirtschaftlich mit der Körperschaft identisch ist, die den Verlust wirtschaftlich getragen hat.

Rechtlich ändert sich die Körperschaft nicht, wenn Anteile bzw. Stimmrechte oder Mitgliedschaftsrecht übertragen werden. Eine Änderung soll nach § 8c Abs. 1 KStG nur dann eintreten, wenn sich die Gesellschafterstruktur aufgrund von Übertragungsvorgängen ändert. Der Verlust der durch eine Körperschaft erlitten wurde, soll mittelbar nur den Gesellschaftern zugutekommen, die ihn mittelbar getragen haben (durch Finanzierung, Gestellung von Sicherheiten, durch einen geringeren Veräußerungserlös, weil der Wert der Anteile gesunken ist usw.).

Dabei ist zu beachten, dass in Abhängigkeit von dem Umfang der durch **einen** Erwerberkreis getätigten Erwerbe, unterschiedliche Rechtsfolgen zu ziehen sind. So ziehen Beteiligungserwerbe bis 25 % keine Rechtsfolgen nach sich. Werden mehr als 25 % bis 50 % der Beteiligungsrechte erworben, so entfallen die nicht genutzten Verluste anteilig in Höhe der übertragenen Abteile. Bei Übertragungen von mehr als 50 % entfallen die nicht genutzten Verluste im vollen Umfang. Zu beachten ist hierbei, dass sowohl nach § 8c Abs. 1 S. 1 KStG als auch nach § 8c Abs. 1 S. 2 KStG alle Übertragungen an einen Erwerberkreis innerhalb von 5 Jahren zusammenzurechnen sind.

Gem. Sachverhalt wurden mit Wirkung zum 01.04.2013 25 % der Anteile an der A GmbH an einen Erwerber übertragen. Dieser Beteiligungserwerb überschreitet die 25 %-Grenze nicht, sodass der nicht genutzte Verlust insoweit noch bestehen bleibt.

Zum 01.10.2013 wurden weitere 10 % der Anteile an Christian Cäsar übertragen. Für sich betrachtet überschreitet dieser Anteilsverkauf ebenfalls nicht die 25 %-Grenze, sodass keine steuerlichen Rechtsfolgen zu ziehen sind. Eine Zusammenrechnung mit dem Anteilserwerb des Bertram Borer ist nicht möglich, weil beide Personen nicht einer Erwerbergruppe zuzuordnen sind und auch nicht nach § 8c Abs. 1 S. 3 KStG eine Gruppe mit gleichgerichteten Interessen bilden.

Eine Erwerbergruppe liegt vor, wenn es sich um nahestehende Personen handelt. Zur Definition dieses Begriffes kann auf die Grundsätze zur verdeckten Gewinnausschüttung[10] zurückgegriffen werden. Werden durch eine Person beide Voraussetzungen (nahestehende Person sowie Gruppe mit gleichgerichteten Interessen), so hat die Zuordnung als nahestehende Person Vorrang.

Gleichgerichtete Interessen sind dann gegeben, wenn eine Abstimmung zwischen den Erwerbern stattgefunden hat, wobei kein Vertrag vorliegen muss. Die gleichgerichteten Interessen müssen sich nicht auf den Erhalt des Verlustvortrags der Körperschaft richten. Gleichgerichtete Interessen liegen z.B. vor, wenn mehrere Erwerber einer Körperschaft zur einheitlichen Willensbildung zusammenwirken. Indiz gleichgerichteter Interessen ist auch die gemeinsame Beherrschung der Körperschaft.[11]

Mit Wirkung zum 01.12.2013 erwarb Christian Cäsar weitere Anteile im Umfang von 25 %. Dieser Erwerb ist mit dem ersten Erwerb von 10 % zusammenzurechnen, da der zweite Erwerb innerhalb eines Fünfjahreszeitraums erfolgte. Der Zeitraum beginnt mit dem ersten Erwerb am 01.10.2013. Da mit dem zweiten Erwerb die 25 %-Grenze überschritten wurde, sind die Rechtsfolgen gem. § 8c Abs. 1 S. 1 KStG zu ziehen. Alle weiteren Beteiligungserwerbe durch Christian Cäsar lösen einen neuen Fünfjahreszeitraum aus. Nur wenn diese, für sich gesehen, dann ebenfalls die Grenzen überschreiten, sind erneut die Rechtsfolgen zu ziehen.

Fraglich ist, ob die 25 %-Beteiligung, die zunächst durch Bertram Bohrer erworben und anschließend an Christian Cäsar weiter veräußert wurde, mehrfach berücksichtigt werden kann. Da das Gesetz hier keine Abgrenzung vorgenommen hat, kann die Mehrfachübertragung der gleichen Anteile jeweils für sich die Rechtsfolgen auslösen. Eine Ausnahme besteht nur in den Fällen, in denen die Erwerber nahe-

---

[10] Vgl. H 36 III. „Veranlassung durch das Gesellschaftsverhältnis – nahestehende Person" KStH.
[11] Vgl. BMF vom 04.07.2008, BStBl I 2008, 736.

stehende Personen darstellen. In diesen Fällen würde eine mehrfache Berücksichtigung zu einer ungerechtfertigten Doppelberücksichtigung führen.

In Summe hat nun Christian Cäsar 35 % der Anteile erworben, d.h. die nicht genutzten Verluste gehen im Umfang von 35 % ungenutzt unter. Nicht genutzte Verluste sind alle negativen Einkünfte, die bis zum schädlichen Beteiligungserwerb nicht mit positiven Einkünften ausgeglichen werden konnten.

Im Veranlagungszeitraum 2013 werden daher zum 01.12.2013 die zum 31.12.2012 gesondert festgestellten Verluste im Umfang von 35 % gekürzt. Zum 31.12.2013 werden deshalb nur noch 65.000 € (100.000 € × 35 %) gesondert festgestellt gem. § 15 Abs. 4 S. 3 EStG.

Der im VZ 2013 erwirtschaftete Jahresfehlbetrag in Höhe von 120.000 € ist ebenfalls von der Kürzung betroffen, soweit er bis zum schädlichen Beteiligungserwerb erzielt wurde. Die Fehlbeträge sind, wenn der schädliche Beteiligungserwerb unterjährig erfolgte, grundsätzlich zeitanteilig zuzuordnen. Eine andere Zuordnung kann erfolgen, wenn dies wirtschaftlich begründet und nachgewiesen werden kann. Eine abweichende wirtschaftliche Zuordnung ist nicht ersichtlich, sodass 11/12 des Verlustes zu berücksichtigen sind. Von diesen Verlusten entfallen dann 35 % nach § 8c Abs. 1 S. 1 KStG.

Berechnung:

Negatives Einkommen zum 31.12.2013	120.000 €
Minderung nach § 8c Abs. 1 S. 1 KStG (120.000 € × $^{11}/_{12}$) × 35 % =	./. 38.500 €
Verbleibendes negatives Einkommen zum 31.12.2013	**81.500 €**

Soweit ein Verlust nicht unter die Regelung des § 8c Abs. 1 KStG fällt, kann er uneingeschränkt nach Maßgabe der § 10d Abs. 1 EStG zurück bzw. nach § 10d Abs. 2 EStG vorgetragen werden.

Gesonderte Feststellung zum 31.12.2013 nach § 10d Abs. 4 EStG	81.500 €
Gesonderte Feststellung zum 31.12.2013 nach § 15 Abs. 4 S. 3 EStG	65.000 €

> **Hinweis!** Jeder Beteiligungserwerb ist gesondert zu prüfen. Nur wenn der Fünfjahreszeitraum noch nicht abgelaufen ist, kann eine Zusammenrechnung erfolgen, sofern die vorherigen Erwerbe noch keine Rechtsfolgen ausgelöst haben. Werden mehrere Erwerbe zusammengerechnet und nur in Summe anschließend die Rechtsfolgen geprüft, kann dies zu unzutreffenden Ergebnissen führen.

> **Fall 2: Schädlicher Beteiligungserwerb gem. § 8c Abs. 1 S. 2 KStG**
> Alleinige Gesellschafterin der A GmbH ist Anna Baum. Die A GmbH erzielt 2012 positive Einkünfte in Höhe von 4.000.000 € und 2013 einen Verlust in Höhe von 1.200.000 €. Zum 31.12.2011 wurde ein Verlustvortrag nach § 10d Abs. 4 EStG in Höhe von 2.000.000 € und darüber hinaus Verluste nach § 2a Abs. 1 S. 5 EStG in Höhe von 100.000 € gesondert festgestellt. Im Veranlagungszeitraum 2012 und 2013 wurden keine weiteren positiven Einkünfte im Sinne des § 2a Abs. 1 EStG erwirtschaftet. Im Zusammenhang mit dem Umbau des Geschäftsfeldes der A GmbH veräußert Anna Baum zum 01.04.2012 einen Anteil in Höhe von 41 % an Bertram Borer. Daraufhin erschließt sich die A GmbH ein neues Marktsegment. Das in diesem Zusammenhang gestiegene Risiko ist Bertram Borer nun dann bereit zutragen, wenn ihm im Gegenzug weitere Anteile an der A GmbH übertragen werden. Daraufhin veräußert Anna Baum einen weiteren Anteil in Höhe von 10 % mit Wirkung zum 01.05.2013.
> **Aufgabe:** Welche steuerrechtlichen Folgen ergeben sich aufgrund des geschilderten Sachverhaltes hinsichtlich des nicht genutzten Verlustes?

Lösung:
Mit Übertragung des zivilrechtlichen Eigentums an den Anteilen der A GmbH in Höhe von 41 % sind alle Voraussetzungen des § 8c Abs. 1 S. 1 KStG erfüllt, weil mehr als 25 % der Anteile an einer Körperschaft

3.5 Verlustabzug bei Körperschaften

innerhalb von 5 Jahren übertragen wurden. Der Fünfjahreszeitraum beginnt mit dem Erwerb der 41 %, und weil die 25 %-Grenze überschritten wurde, endet der Zeitraum gleichzeitig. Alle weiteren Erwerbe begründen einen neuen Fünfjahreszeitraum. Weshalb die Anteilsübertragung erfolgte, ist unerheblich. Die bis zum 01.04.2012 nicht ausgeglichenen und nicht abgezogenen negativen Einkünfte gehen deshalb in Höhe von 41 % ungenutzt unter. Von diesen Rechtsfolgen sind der Verlustvortrag und die gesonderte Feststellung nach § 2a Abs. 1 EStG betroffen.

Soweit bis zum Veräußerungszeitpunkt Gewinne erwirtschaftet wurden, können diese entgegen der Auffassung der Finanzverwaltung mit den Verlustvorträgen verrechnet werden.[12] Nur ein danach verbleibender Verlust fällt unter die Regelung. Auch die positiven Einkünfte sind zeitanteilig aufzuteilen, soweit eine andere wirtschaftliche Aufteilung nicht nachgewiesen werden kann.

Verlustvortrag zum 31.12.2011	2.000.000 €
./. positive Einkünfte bis zum schädlichen Beteiligungserwerb 4.000.000 € × $^{3}/_{12}$ =	./. 1.000.000 €
= nicht genutzter Verlust zum 31.03.2012	1.000.000 €
davon Kürzung nach § 8c Abs. 1 S. 1 KStG 41 %	./. 410.000 €
Gesonderte Feststellung zum 31.12.2011	2.000.000 €
Kürzung gem. § 8c Abs. 1 S. 1 KStG	./. 410.000 €
Verbleibender Verlustvortrag nach § 10d Abs. 4 EStG zum 31.12.2011	1.590.000 €
Gesonderte Verlustfeststellung nach § 2a Abs. 1 EStG	100.000 €
41 %-Kürzung nach § 8c Abs. 1 S. 1 KStG	./. 41.000 €
Verbleibender Verlust gem. § 2a Abs. 1 EStG	**59.000 €**

Dieser Verlust ist nach § 2a Abs. 1 S. 5 EStG zum 31.12.2012 gesondert festzustellen.

Einkommensermittlung 2012:	
Positive Einkünfte	4.000.000 €
Verlustvortrag nach Kürzung gem. § 8c Abs. 1 S. 1 KStG: 1.590.000 €	
Verlustverrechnung nach § 10d Abs. 2 EStG	./. 1.000.000 €
darüber hinaus nur 60 % von 3.000.000 € = 1.800.000 €, maximal verbleibender Verlustvortrag in Höhe von 590.000 €	./. 590.000 €
Verlustrücktrag aus dem Veranlagungszeitraum 2013 nach § 10d Abs. 1 EStG[13]	./. 800.000 €
Zu versteuerndes Einkommen gem. § 7 Abs. 1 KStG	**1.610.000 €**

Eine gesonderte Verlustfeststellung zum 31.12.2012 nach § 10d Abs. 4 EStG ist nicht mehr erforderlich, weil der gesamte Verlustvortrag verrechnet werden konnte.

Veranlagungszeitraum 2013

Am 01.05.2013 wurden weitere 10 % durch Bertram Bohrer erworben. Dieser Erwerb überschreitet die 25 %-Grenze nicht, sodass keine Rechtsfolgen nach § 8c Abs. 1 S. 1 KStG zu ziehen sind.

Davon unabhängig sind die Voraussetzungen den § 8c Abs. 1 S. 2 KStG zu prüfen. Danach entfällt der nicht genutzte Verlust im vollen Umfang, wenn durch einen Erwerber mehr als 50 % erworben wurden.

---

[12] Vgl. BFH vom 30.11.11, I R 14/11, BStBl II 2012, 360.
[13] Geändert durch das Gesetz zum Abbau der kalten Progression vom 20.02.2013 nach § 52 Abs. 25 EStG. Anzuwenden ab 01.01.2013.

Zur Ermittlung des Beteiligungserwerbes sind ebenfalls alle Erwerbe innerhalb eines Fünfjahreszeitraumes zusammenzurechnen. Er stellt einen eigenständigen Zeitraum dar, der unabhängig von § 8c Abs. 1 S. 1 KStG zu prüfen ist. Dieser Zeitraum beginnt ebenfalls mit dem ersten Erwerb am 01.04.2012. Das dieser Erwerb bereits zu einer Kürzung geführt hat, ist hierbei unerheblich. Mit dem Erwerb der weiteren 10 % wird erstmals die 50 %-Grenze überschritten, sodass zum 01.05.2013 (Zeitpunkt in dem die Grenze überschritten wurde) alle nicht genutzten Verluste untergehen. Die negativen Einkünfte des laufenden Jahres sind zeitanteilig aufzuteilen.

Negative Einkünfte 2013	1.200.000 €
Kürzung nach § 8c Abs. 1 S. 2 KStG zeiteinteilig 1.200.000 € × 4/12 =	./. 400.000 €
Verbleibende negative Einkünfte	**800.000 €**

Daraus ergeben sich zwei weitere Fragen:
1. Kann ein nicht genutzter Verlust, der bis zum schädlichen Beteiligungserwerb entstanden ist, nach § 10d Abs. 1 EStG zurückgetragen werden?
   Dies ist nach Ansicht der Finanzverwaltung nicht zulässig, da ein Verlustrücktrag erst nach Ablauf des maßgeblichen Veranlagungszeitraums durchgeführt werden kann und zu diesem Zeitpunkt der Verlust bereits nach § 8c Abs. 1 S. 2 KStG untergegangen ist.
   Auch nur ein anteiliger Rücktrag ist nicht möglich, da nach § 10d EStG nur die negativen Einkünfte in Summe einbezogen werden können und damit eine Aufteilung nicht zulässig ist.
2. Kann ein nach dem schädlichen Beteiligungserwerb entstandener Verlust nach § 10d Abs. 1 EStG zurückgetragen werden?
   Soweit ein Verlust erst nach dem schädlichen Beteiligungserwerb entstanden ist, ergibt sich unmittelbar aus dem Gesetz keine Beschränkung eines Verlustrücktrags. Die zum 31.12.2013 verbleibenden negativen Einkünfte können daher im vollen Umfang nach § 10d Abs. 1 S. 1 EStG zurückgetragen werden, da die Höchstgrenze von 1.000.000 €[14] nicht überschritten wurde.

Fall 3: Stille Reserven – mit positivem steuerlichen Eigenkapital
Gustav Glanz erwirbt mit Vertrag vom 31.12.2013 für 450.000 € 45 % der Anteile an der Sternstunden GmbH. Das Wirtschaftsjahr der Sternstunden GmbH entspricht dem Kalenderjahr. Zum 31.12.2012 wurden ein Verlustvortrag in Höhe von 600.000 € gesondert festgestellt. Darüber hinaus erfolgte eine gesonderte Feststellung eines Zinsvortrags in Höhe von 100.000 € nach § 4h Abs. 1 S. 5 EStG. Im Wirtschaftsjahr 2013 erwirtschaftete die Sternstunden GmbH ein ausgeglichenes Ergebnis von 0 €. Das steuerliche Eigenkapital der Gesellschaft betrug zum 31.12.2013 500.000 €. Im Anlagevermögen befindet sich eine Beteiligung an einer anderen Kapitalgesellschaft. Dieser Beteiligung können stille Reserven in Höhe von 60.000 € zugeordnet werden.

Aufgabe: In welchem Umfang bleiben die nicht genutzten Verluste erhalten?

Lösung:
Mit der dinglichen Übertragung von 45 % der Anteile an einen Erwerber innerhalb von 5 Jahren sind die Voraussetzungen des § 8c Abs. 1 S. 1 KStG erfüllt. Die nicht genutzten Verluste entfallen daher zum 31.12.2013 anteilig in Höhe von 45 %. § 8c Abs. 1 S. 2 KStG ist noch nicht anzuwenden, weil bisher nicht mehr als 50 % an einen Erwerberkreis übertragen worden sind.

§ 8c Abs. 1 S. 1 KStG ist insoweit nicht anzuwenden, als in der Gesellschaft, deren Anteile erworben worden sind, im Inland steuerpflichtige stille Reserven des Betriebsvermögens enthalten sind (§ 8c Abs. 1

---

[14] Geändert durch Gesetz zum Abbau der kalten Progression vom 20.02.2013. Vgl. § 52 Abs. 25. Anzuwenden ab 01.01.2013, damit können negative Einkünfte aus dem VZ 2013 in den VZ 2012 bis maximal 1.000.000 € zurückgetragen werden.

3.5 Verlustabzug bei Körperschaften

S. 6 KStG[15]). Grund hierfür ist, dass ein Verlust erhalten bleiben soll, wenn und soweit gleichzeitig stille Reserven übertragen wurden, weil diese regelmäßig durch den Erwerber mit entgolten werden. Werden diese in den folgenden Jahren aufgedeckt, wäre eine Verrechnung mit den Verlusten nicht möglich und dies würde deshalb zu einer ungerechtfertigten Steuerbelastung in der Verlustgesellschaft führen.

Die Berechnung der stillen Reserven erfolgt nach § 8c Abs. 1 S. 7 KStG durch Gegenüberstellung des steuerlichen Eigenkapitals zum Zeitpunkt des schädlichen Beteiligungserwerbes und des gemeinen Wertes der Anteile, d.h. den Kaufpreis für die 45 %-Beteiligung, da die Anteile unter fremden Dritten übertragen wurden (§ 11 Abs. 2 BewG). Darüber hinaus dürfen nur im Inland steuerpflichtige stille Reserven berücksichtigt werden. Gem. Sachverhalt entfallen 60.000 € stille Reserven auf eine Beteiligung an einer anderen Kapitalgesellschaft. Diese stillen Reserven werden nach § 8b Abs. 2 S. 1 KStG von der Besteuerung freigestellt, d.h. die zu berücksichtigenden stillen Reserven mindern sich in diesem Umfang. Eine Kürzung um 5 % ist nicht zulässig, da mit der Zurechnung nach § 8b Abs. 3 S. 1 KStG in Höhe von 5 % des Gewinnes nach § 8b Abs. 2 KStG die nicht abzugsfähige Betriebsausgaben pauschal berichtigt werden.

Berechnung:	
Gemeiner Wert für 45 % Anteile zum 31.12.2013 § 11 Abs. 2 BewG	450.000 €
Anteiliges Aktivvermögen zum Erwerbszeitpunkt 500.000 € × 45 % =	./. 225.000 €
Summe aller stillen Reserven	125.000 €
Anteilige Minderung um steuerfreie stille Reserven 60.000 € × 45 % =	./. 27.000 €
Im Inland steuerpflichtige stille Reserven gem. § 8c Abs. 1 S. 7 KStG	**98.000 €**

Die verbleibenden stillen Reserven entfallen nicht auf die übertragenen Anteile und können daher hier nicht berücksichtigt werden.

Nicht genutzte Verluste:	
Gesonderte Verlustfeststellung zum 31.12.2012 600.000 € × 45 % =	270.000 €
Anteilige stille Reserven zum Erwerbszeitpunkt	./. 98.000 €
Nicht genutzter Verlust, der zum 31.12.2013 untergeht	**172.000 €**

Zum 31.12.2013 sind daher die noch nicht ausgeglichenen Verluste gem. § 10d Abs. 4 EStG gesondert festzustellen.

Verlustvortrag zum 31.12.2012	600.000 €
Verrechnung im Veranlagungszeitraum 2012	./. 0 €
Verlustkürzung nach § 8c Abs. 1 S. 1 und 7 KStG	./. 172.000 €
Verlustvortrag zum 31.12.2013	**428.000 €**

---

[15] Eingefügt mit dem Jahressteuergesetz 2010 vom 08.12.2010, BGBl I 2010, 1768 – anzuwenden ab dem VZ 2010.

Zinsvortrag

Gem. § 4h Abs. 5 S. 3 EStG ist § 8c Abs. 1 KStG entsprechend auf einen Zinsvortrag anzuwenden. Zum 31.12.2013 wurden 45 % der Anteile übertragen. Der Zinsvortrag geht daher nach § 4h Abs. 5 S. 3 EStG i.V.m. § 8c Abs. 1 S. 1 KStG anteilig im Umfang von 45 % unter.

Auch in diesen Fällen sind die Rechtsfolgen nicht zu ziehen, soweit nach einer Verrechnung mit nicht genutzten Verlusten im Inland steuerpflichtige stille Reserven verbleiben (§ 8c Abs. 1 S. 6 KStG). Die vorrangige Verrechnung mit nicht genutzten Verlusten ist steuerlich günstiger und genießt daher Vorrang. Da gem. Sachverhalt nach der Verrechnung kein stille Reserven verbleiben, geht der Zinsvortrag anteilig unter.

Gesonderte Feststellung zum 31.12.2012 § 4h Abs. 4 EStG	100.000 €
Kürzung nach § 4h Abs. 5 i.V.m. § 8c Abs. 1 S. 1 KStG i.H.v. 45 % =	./. 45.000 €
Gesonderte Feststellung des Zinsvortrags nach § 4h Abs. 4 EStG zum 31.12.2013	**55.000 €**

Hinweis! Ist der gemeine Wert aus dem Kaufpreis nicht ableitbar, weil bspw. eine Verschmelzung erfolgte, kann eine Unternehmensbewertung durchgeführt werden. Gleiches gilt, wenn eine mittelbare Anteilsübertragung erfolgte (Erwerb eines Konzerns). In diesen Fällen kann der gemeine Wert auch mit dem Ertragswertverfahren ermittelt werden (regelmäßig mit dem vereinfachten Ertragswertverfahren nach §§ 199-203 BewG).

Fall 4: Stille Reserven mit negativem steuerlichen Eigenkapital

Veronica V. erwirbt zum 31.12.2013 60 % der Anteile an der Verlust GmbH für 400.000 €. Das Wirtschaftsjahr der V GmbH entspricht dem Kalenderjahr. Zum 31.12.2012 wurde ein Verlustvortrag in Höhe von 500.000 € gesondert festgestellt. Für den Veranlagungszeitraum 2013 erwirtschaftete die V GmbH einen Jahresfehlbetrag in Höhe von 120.000 €. Darüber hinaus erfolgte erstmals für den Veranlagungszeitraum 2012 eine gesonderte Feststellung eines EBITDA-Vortrages nach § 4h Abs. 1 S. 3 EStG in Höhe von 100.000 €. Im VZ 2013 ist § 4h EStG nicht anzuwenden, weil die Freigrenze nicht überschritten wurde. Das steuerliche Eigenkapital der Gesellschaft betrug zum 31.12.2013 ./. 200.000 €. Die Bilanz der V GmbH weist zum 31.12.2013 folgende weitere Werte auf:

Aktiva	Buchwert (in T€)	Gem. Wert (in T€)
Firmenwert	10	50
Sachanlagen		
Betriebsstätte in Wien	110	250
Betriebsstätte in Berlin	350	600
Hauptniederlassung Leipzig	400	600
Finanzanlagen		
Beteiligung T GmbH	25	35
Ausleihungen	150	200
Umlaufvermögen		
RHB Wien	60	100
RHB Berlin	120	220
Rechnungsabgrenzungsposten	10	0
Summe	**1.235**	**2.055**

3.5 Verlustabzug bei Körperschaften

> **Aufgabe:** Welche steuerrechtlichen Folgen ergeben sich aus dem geschilderten Sachverhalt?

Lösung:
Mit Wirkung zum 31.12.2013 wurden an einen Erwerber (Veronica V.) mehr als 50 % der Anteile an der Verlust GmbH übertragen, somit entfallen alle bis zum schädlichen Beteiligungserwerb nicht genutzten Verluste gänzlich nach § 8c Abs. 1 S. 2 KStG. Von dieser Rechtsfolge ist grundsätzlich der Verlustvortrag zum 31.12.2012 in Höhe von 500.000 € als auch der Verlust aus dem VZ 2013 in Höhe von 120.000 € betroffen.

Nach § 8c Abs. 1 S. 6 KStG treten diese Rechtsfolgen jedoch insoweit nicht ein, als in der Verlust GmbH zum Zeitpunkt des Beteiligungserwerbes im Inland steuerpflichtige stille Reserven enthalten sind. Da das steuerliche Eigenkapital im Erwerbszeitpunkt negativ ist, sind die stillen Reserven gem. § 8c Abs. 1 S. 8 KStG der Unterschiedsbetrag zwischen dem gesamten in der steuerlichen Gewinnermittlung ausgewiesenen Eigenkapital und dem diesem Anteil entsprechenden gemeinen Wert des Betriebsvermögens der Verlust GmbH. Darüber hinaus sind die stillen Reserven um die Beträge zu kürzen, die im Inland nicht steuerpflichtig sind. Gem. Sachverhalt ist die Verlust GmbH an einer T GmbH beteiligt, diese stillen Reserven sind nach § 8b Abs. 2 KStG steuerfrei und deshalb zu kürzen. Darüber hinaus verfügt die Verlust GmbH in Wien über eine Betriebsstätte (Art. 5 DBA-AT). Das Besteuerungsrecht für diese stillen Reserven hat aufgrund des mit Österreich abgeschlossenen DBA ausschließlich Österreich (Art. 13 Abs. 2 i.V.m. Art. 23 Abs. 1 Buchstabe a DBA-AT; vgl. auch Art. 13 Abs. 2 i.V.m. Art. 23a Abs. 1 OECD MA 2008). Die DBA-Regelung genießt Vorrang vor nationalem Recht (§ 2 AO). Die auf die Betriebsstätte in Wien entfallenden stillen Reserven sind, weil sie im Inland nicht steuerpflichtig sind, insoweit auszuscheiden. Die auf der Aktivseite ausgewiesenen Rechnungsabgrenzungsposten werden nicht berücksichtigt, da sie lediglich Bilanzierungshilfen darstellen.

Berechnung der im Inland steuerpflichtigen stillen Reserven:

Aktiva	Buchwert (in T€)	Gem. Wert (in T€)	Steuerpflichtige stille Reserven (in T€)
Firmenwert (nur Inland)	10	50	40
Sachanlagen			
Betriebsstätte in Wien	110	250	0
Betriebsstätte in Berlin	350	600	250
Hauptniederlassung Leipzig	400	600	200
Finanzanlagen			
Beteiligung T GmbH	25	35	0
Ausleihungen	150	200	50
Umlaufvermögen			
RHB Wien	60	100	0
RHB Berlin	120	220	100
Rechnungsabgrenzungsposten	10	0	0
Summe	**1.235**	**2.055**	**640**

Berechnung Verlustuntergang:	
Verlustvortrag gem. § 10d EStG zum 31.12.2012	500.000 €
Verlust Veranlagungszeitraum 2013	120.000 €
Im Inland steuerpflichtige stille Reserven	./. 640.000 €
„Überschuss" der steuerpflichtigen stillen Reserven	**20.000 €**

Die in der Verlust GmbH enthaltenen im Inland steuerpflichtigen stillen Reserven übersteigen die zum schädlichen Beteiligungserwerb nicht genutzten Verluste. Nach § 8c Abs. 1 S. 6 KStG ist § 8c Abs. 1 S. 2 KStG insoweit nicht anwendbar. Die Verluste können deshalb künftig im vollen Umfang genutzt werden.

Zum 31.12.2013 sind daher die noch nicht ausgeglichenen Verluste gem. § 10d Abs. 4 EStG gesondert festzustellen.

Negative Einkünfte aus dem Veranlagungszeitraum 2013	120.000 €
Zuzüglich gesondert festgestellter Verlustvortrag zum 31.12.2012	500.000 €
Gesonderte Feststellung zum 31.12.2013	**620.000 €**

Gem. Sachverhalt wurde zum 31.12.2012 ein EBITDA-Vortrag nach § 4h Abs. 1 S. 3 EStG gesondert festgestellt. Dieser kann in den folgenden Wirtschaftsjahren uneingeschränkt noch genutzt werden, da der EBITDA-Vortrag im § 8a Abs. 1 S. 3 KStG nicht aufgeführt ist und deshalb nicht den Regelungen des § 8c KStG unterliegt. Da im Veranlagungszeitraum 2013 die Regelung des § 4h EStG nicht zur Anwendung kam, ist zum 31.12.2013 eine gesonderte Feststellung des positiven EBITDA-Vortrags in Höhe von 100.000 € erforderlich. Von einer gesonderten Feststellung kann erst ab dem 6. Wirtschaftsjahr, welches auf das Wirtschaftsjahr 2012 folgt, abgesehen werden, weil ein Vortrag nur in die folgenden fünf Wirtschaftsjahre nach § 4h Abs. 1 S. 3 EStG erfolgen kann.

Hinweis! Die Rechtsfolgen des § 8c KStG können nur in dem Veranlagungszeitraum gezogen werden, in dem alle Voraussetzungen hierfür erfüllt werden. Wurde dies jedoch nicht beachtet und ist die gesonderte Verlustfeststellung für diesen Veranlagungszeitraum bestandkräftig, können diese Verluste in den folgenden Veranlagungszeiträumen uneingeschränkt genutzt werden. D.h. eine Änderung in den folgenden Veranlagungszeiträumen ist nicht zulässig, da die gesonderte Verlustfeststellung einen Grundlagenbescheid darstellt. Ein Folgebescheid kann deshalb nicht mit Hinweis auf eine fehlende Berichtigung in früheren Jahren geändert werden.

Fall 5: Konzernklausel/§ 8c Abs. 1 S. 5 KStG
Die G AG ist alleinige Gesellschafterin der M AG und der M GmbH. Die M AG ist zu 45 % an der T GmbH und diese wiederum zu 80 % an der Verlust GmbH beteiligt. Bei dieser Gesellschaft ist im Veranlagungszeitraum 2013 ein Verlust in Höhe von 100.000 € aufgelaufen. Aufgrund geänderter Unternehmensstrukturen veräußert die M AG die Beteiligung an der T GmbH an die M GmbH mit Wirkung zum 31.12.2013.

Aufgabe: Können die nicht genutzten Verluste künftig im vollen Umfang genutzt werden?

Lösung:
Mit der Übertragung der Anteile an der T GmbH auf die M GmbH wurden innerhalb eines Fünfjahreszeitraums mehr als 25 % aber nicht mehr als 50 % der Anteile an der Verlust GmbH mittelbar an einen Erwerber übertragen. Damit gehen alle nicht genutzten Verluste im Umfang von 36 % (45 % von 80 %) nach § 8c Abs. 1 S. 1 KStG unter, weil auch mittelbare Anteilübertragungen einen schädlichen Beteili-

3.5 Verlustabzug bei Körperschaften

gungserwerb auslösen können. Im Rahmen der mittelbaren Anteilsübertragung ist die auf die Verlustgesellschaft durchgerechnete Beteiligungsquote maßgebend.

Nach § 8c Abs. 1 S. 5 KStG (anzuwenden ab Veranlagungszeitraum 2010) ist ein schädlicher Beteiligungserwerb im Sinne des § 8c Abs. 1 S. 1 und 2 KStG nicht anzunehmen, wenn an dem Erwerber (M GmbH) und an dem Veräußerer (M AG) unmittelbar oder mittelbar dieselbe Person (G AG) beteiligt ist. Dies ist nach dem oben geschilderten Sachverhalt erfüllt.

Damit kann der in der Verlust GmbH zum Erwerbszeitpunkt nicht genutzte Verlust im vollen Umfang mit künftigen Einkünften verrechnet werden. Hintergrund für diese Regelung ist, dass eine Umstrukturierung im Konzern steuerlich neutral ermöglicht werden soll, wenn mittelbar keine Änderung in der Beteiligungsstruktur hierdurch eintritt.

Hinweis! Unerheblich für die Konzernklausel ist, in welchem Umfang Anteile an der Verlustgesellschaft mittelbar oder unmittelbar übertragen werden. Werden mittelbar bzw. unmittelbar nicht mehr als 25 % übertragen, liegt kein schädlicher Beteiligungserwerb vor, sodass § 8c Abs. 1 S. 1 und 2 KStG schon dem Grunde nach nicht anzuwenden sind.

Fall 6: Konzernklausel/§ 8c Abs. 1 S. 5 KStG
Gustav Glanz ist alleiniger Gesellschafter der Verlust GmbH und der M GmbH. Bei der Verlust GmbH ist im Veranlagungszeitraum 2013 ein Verlust in Höhe von 100.000 € aufgelaufen. Aufgrund geänderter Unternehmensstrukturen überträgt Gustav Glanz sämtliche Stimmrechte, die ihm aus der Beteiligung an der Verlust GmbH zustehen, mit Wirkung zum 31.12.2013 auf die M GmbH.
Aufgabe: Können die nicht genutzten Verluste künftig im vollen Umfang genutzt werden?

Lösung:
Aufgrund der Stimmrechtsübertragung auf die M GmbH wurden innerhalb von 5 Jahren mehr als 50 % der Stimmrechte an der Verlust GmbH auf einen Erwerber übertragen. Worauf die Übertragung zurückzuführen ist, ist für § 8c Abs. 1 KStG unerheblich. Unbeachtlich für die Anwendung des § 8c Abs. 1 S. 2 KStG ist ferner, dass bei Gustav Glanz nach der Übertragung der Stimmrecht die verbleibenden Rechte aus den Anteilen verbleiben. Aufgrund der zivilrechtlichen Übertragung von mehr als 50 % der Stimmrechte entfallen grundsätzlich sämtliche nicht genutzten Verluste der Verlust GmbH zum 31.12.2013.

Die Konzernklausel des § 8c Abs. 1 S. 5 KStG kommt nicht zur Anwendung, weil an dem Erwerber (M GmbH) und dem Veräußerer (Gustav Glanz) keine Person zu jeweils 100 % beteiligt ist, da eine Beteiligung an einer natürlichen Person zivilrechtlich nicht möglich ist.

Hinweis! Soll die Konzernklausel zur Anwendung kommen, ist mindestens ein dreistufiger Aufbau erforderlich. Darüber hinaus muss ein Gesellschafter an dem Veräußerer und an dem Erwerber mittelbar oder unmittelbar zu 100 % beteiligt sein.
Werden die Anteile an dem Erwerber und dem Veräußerer durch eine Personengesellschaft gehalten, ist die Konzernklausel nur dann erfüllt, wenn an der Personengesellschaft keine natürlichen Personen beteiligt sind, bzw. nur Körperschaften beteiligt sind, deren Anteile mittelbar oder unmittelbar ebenfalls nur durch eine Person gehalten werden.

Fall 7: Gleichgerichtete Interessen/§ 8c Abs. 1 S. 3 KStG
Anna Baum veräußert ihre 72 % Beteiligung an der mit Verlust arbeitenden AB GmbH an die drei Personen B, C und D (jeweils 24 %). Zwischen B, C und D bestehen keine familiären oder wirtschaftlichen Beziehungen, sie beabsichtigen jedoch die Gesellschaft gemeinsam zu beherrschen.
Aufgabe: In welchem Umfang geht der Verlust nach § 8c Abs. 1 KStG unter?

Lösung:
B, C und D haben jeweils Anteile im Umfang von 24 % erworben. Für sich betrachtet, wurden bei jedem Erwerb nicht mehr als 25 % übertragen, damit sind die Voraussetzungen des § 8c Abs. 1 S. 1 KStG zunächst nicht erfüllt. Auch die Voraussetzungen des § 8c Abs. 1 S. 2 KStG sind bei jedem Erwerber, für sich betrachtet, nicht erfüllt, weil nicht mehr als 50 % der Anteile innerhalb eines Fünfjahreszeitraums übertragen wurden. Eine Zusammenrechnung des B, C und D zu einem Erwerberkreis ist nicht möglich, weil es sich nicht um nahestehende Personen nach H 36 III. „Veranlassung durch das Gesellschaftsverhältnis – nahestehende Person" KStH handelt.

Davon unabhängig ist als ein Erwerber auch eine Personengruppe zu werten, die gleichgerichtete Interessen verfolgt. Von einer Erwerbergruppe mit gleichgerichteten Interessen ist regelmäßig auszugehen, wenn eine Abstimmung zwischen den Erwerbern stattgefunden hat, wobei kein Vertrag vorliegen muss. Die Verfolgung eines gemeinsamen Zwecks im Sinne des § 705 BGB reicht zur Begründung gleichgerichteter Interessen aus. Gleichgerichtete Interessen liegen z.B. vor, wenn mehrere Erwerber einer Körperschaft zur einheitlichen Willensbildung zusammenwirken. Indiz gleichgerichteter Interessen ist auch die gemeinsame Beherrschung der Körperschaft; vgl. H 36 „Beherrschender Gesellschafter – gleichgerichtete Interessen" KStH. Die gleichgerichteten Interessen müssen zum Erwerbszeitpunkt vorliegen. Werden diese erst später begründet, können diese nicht rückwirkend im Rahmen der Prüfung des § 8c KStG berücksichtigt werden.

B, C und D beabsichtigen im Erwerbszeitpunkt die AB GmbH gemeinsam zu beherrschen. Es liegen daher gleichgerichtete Interessen vor. Für die Prüfung der Voraussetzungen gilt diese Personengruppe daher als ein Erwerberkreis. An diesen Erwerberkreis wurden gem. Sachverhalt Anteile im Umfang von mehr als 50 % (genau 72 %) übertragen. Eine Übertragung von mehr als 50 % an einen Erwerberkreis innerhalb von fünf Jahren führt daher zum vollständigen Untergang aller zum Erwerbszeitpunkt nicht genutzten Verluste nach § 8c Abs. 1 S. 2 KStG.

> **Hinweis!** Werden Anteile an verschiedene Personen gleichzeitig übertragen, besteht die widerlegbare Vermutung, dass gleichgerichtete Interessen vorliegen. Den Erwerbern steht es in diesen Fällen frei nachzuweisen, dass keine gleichgerichteten Interessen vorliegen. Nur wenn dieser Nachweis gelingt, wird jeder einzelne Erwerb hinsichtlich der Voraussetzungen des § 8c KStG geprüft.

> **Fall 8: Veräußerungsketten/Erwerberkreis**
> Zum 01.04.2012 erwirbt die AB GmbH 40 % der Anteile an der Verlustgesellschaft FB GmbH vom bisherigen Alleingesellschafter Freiherr von Berg. Am 01.05.2013 erwirbt die NB GmbH, die an der AB GmbH zu 70 % beteiligt ist, dieselben 40 %. Weitere 20 % erwirbt die NB GmbH am 01.06.2014 direkt von Freiherr von Berg.
>
> **Aufgabe:** In welchem Umfang sind die Verluste aufgrund des § 8c Abs. 1 KStG künftig nicht mehr nutzbar?

Lösung:

Veranlagungszeitraum 2012
Aufgrund des Erwerbs von 40 % geht der nicht genutzte Verlust anteilig in Höhe von 40 % nach § 8c Abs. 1 S. 1 KStG unter, weil innerhalb von 5 Jahren an einen Erwerberkreis mehr als 25 % und nicht mehr als 50 % an der Verlustgesellschaft unmittelbar übertragen wurden. Da die Rechtsfolgen des § 8c Abs. 1 S. 1 KStG eingetreten sind, beginnt mit dem nächsten Erwerb durch diesen Erwerberkreis ein neuer Fünfjahreszeitraum.

Veranlagungszeitraum 2013
Mit der Übertragung der 40 %-Beteiligung an die Muttergesellschaft NB GmbH sind erneut die Voraussetzungen für einen anteiligen Verlustuntergang nach § 8c Abs. 1 S. 1 KStG erfüllt. Unerheblich hierfür

3.5 Verlustabzug bei Körperschaften

ist, dass diese Anteile bereits zu einem Verlustuntergang im Veranlagungszeitraum 2012 geführt haben. Dem steht auch nicht entgegen, dass die NB GmbH und die AB GmbH einen Erwerberkreis bilden. Die Konzernklausel (§ 8c Abs. 1 S. 5 KStG) kommt nur dann zur Anwendung, wenn an dem Veräußerer (AB GmbH) und an dem Erwerber (NB GmbH) eine Person mittelbar oder unmittelbar zu 100 % beteiligt ist, was nach dem Sachverhalt nicht gegeben ist.

Daneben sind die Voraussetzungen des § 8c Abs. 1 S. 2 KStG zu prüfen. Eine nochmalige Berücksichtigung der Anteilsübertragung aus dem Veranlagungszeitraum 2012 für die Prüfung der Grenze des § 8c Abs. 1 S. 2 KStG erfolgt nicht, da es sich um dieselben Anteile handelt und durch diese Übertragung der mittelbare Erwerb zu einem unmittelbaren Erwerb wird.

Veranlagungszeitraum 2014
Mit dem nochmaligen Beteiligungserwerb durch die NB GmbH in Höhe von 20 % beginnt ein neuer Fünfjahreszeitraum nach § 8c Abs. 1 S. 1 KStG. Die Rechtsfolgen treten aber noch nicht ein, weil noch nicht mehr als 25 % an der Verlustgesellschaft übertragen wurden.

Davon unabhängig sind die Voraussetzungen des § 8c Abs. 1 S. 2 KStG zu prüfen. Der hierfür maßgebliche Fünfjahreszeitraum beginnt mit dem ersten Erwerb im Veranlagungszeitraum 2012, weil die AB GmbH eine nahestehende Person zur NB GmbH darstellt (H 36 III. „Veranlassung durch das Gesellschaftsverhältnis – nahestehende Person" KStH). Der Erwerb der weiteren Anteile durch den Erwerberkreis im Umfang von 20 % führt zum Überschreiten der 50 %-Grenze nach § 8c Abs. 1 S. 2 KStG (40 % + 20 % = 60 %). Damit entfallen alle zum 01.06.2014 noch nicht genutzten Verluste vollständig.

> **Hinweis!** Sind die Voraussetzungen für einen Erwerberkreis nach den Sätzen 1 und 2 des § 8c Abs. 1 KStG erfüllt und gleichzeitig auch die Voraussetzungen des § 8c Abs. 1 S. 3 KStG (gleichgerichtete Interessen), so hat die Zuordnung zu einem Erwerberkreis Vorrang.

> **Fall 9: Mantelkauf/schädlicher Beteiligungserwerb**
> An der Anna Baum GmbH (AB GmbH) sind die beiden Gesellschafter Anna Friedrichs (30 %) und Olaf Baum (70 %) beteiligt. Am 30.06.2007 veräußert Olaf Baum die Hälfte seiner Anteile an Karl May. Mit Wirkung zum 30.06.2011 verkauft Olaf Baum seine verbleibenden Anteile an die F Bau GmbH. Die F Bau GmbH kauft ein Jahr später zum 30.06.2012 die Anteile der Frau Anna Friedrichs.
> **Folgende Daten ergeben sich aus den Erklärungen und Bilanzen der Anna Baum GmbH:**
>
> | | |
> |---|---|
> | Verlustvortrag zum 31.12.2009 | 17.000.000 € |
> | Gesamtbetrag der Einkünfte des Jahres 2010 | 11.000.000 € |
> | Gesamtbetrag der Einkünfte des Jahres 2011 | ./. 10.000.000 € |
> | Gesamtbetrag der Einkünfte des Jahres 2012 | ./. 10.000.000 € |
>
> | Aktivvermögen zu Teilwerten | | | | |
> |---|---|---|---|---|
> | 30.06.2007 | 30.06.2011 | 31.12.2011 | 30.06.2012 | 31.12.2012 |
> | 1.200.000 | 2.000.000 | 2.500.000 | 3.000.000 | 5.000.000 |
>
> **Aufgabe:** Wie hoch sind die verbleibenden Verlustvorträge und das zu versteuernde Einkommen zum 31.12. der Jahre 2010, 2011 und 2012?

Lösung:
a) **Veranlagungszeitraum 2007: 35 % von Olaf Baum an Karl May – Anteilsübertragung zum 30.06.2007**

Die Mantelkaufregelung des § 8 Abs. 4 KStG kommt zu diesem Zeitpunkt noch nicht in Betracht, weil nach § 8 Abs. 4 S. 2 KStG a.F. die wirtschaftliche Identität der Anna Baum GmbH erst dann verloren geht, wenn mehr als die Hälfte der Anteile übertragen und überwiegend neues Betriebsvermögen zugeführt wurde. Zum 31.06.2007 wurden bisher nur Anteile im Umfang von 35 % übertragen.

§ 8c KStG ist nach § 34 Abs. 7b KStG erstmals für den Veranlagungszeitraum 2008 und auf Anteilsübertragungen nach dem 31.12.2007 anzuwenden. Die Anteilsübertragung in 2007 fällt daher nicht unter diesen Regelungsbereich.

b) **Veranlagungszeitraum 2010: keine Anteilübertragungen**

Ermittlung des Verlustvortrags und des Einkommens zum 31.12.2010	
Das zu versteuernde Einkommen ermittelt sich nach § 7 Abs. 2 und § 8 Abs. 1 KStG nach dem KStG und dem EStG. Gesamtbetrag der Einkünfte (R 29 Abs. 1 Nr. 17 KStR)	11.000.000 €
Minderung um einen Verlustvortrag gem. § 10d Abs. 2 EStG i.V.m. § 8 Abs. 1 KStG unbegrenzter Abzug nach § 10d Abs. 2 S. 1 EStG	./. 1.000.000 €
Darüber hinaus bis zu 60 % des übersteigenden Betrages (Mindestbesteuerung)	./. 6.000.000 €
Zu versteuerndes Einkommen 2010	4.000.000 €
Verlustrücktrag aus 2011 § 10d Abs. 1 EStG i.V.m. § 8 Abs. 1 KStG	./. 511.500 €
Endgültiges zu versteuernden Einkommen § 7 Abs. 1 KStG	**3.488.500 €**
Gesonderte Feststellung des verbleibenden Verlustvortrags zum 31.12.2010 (§ 10d Abs. 4 S. 1 EStG)	
Verlustvortrag zum 31.12.2009	17.000.000 €
Verlustabzug zum 31.12.2010 (1.000.000 € + 6.000.000 € =)	./. 7.000.000 €
Verbleibender Verlustvortrag zum 31.12.2010	**10.000.000 €**

c) **Veranlagungszeitraum 2011: 35 % von Olaf Baum an F Bau GmbH – Anteilsübertragung zum 30.06.2011**

Schädlicher Beteiligungserwerb gem. § 8c KStG

Nach § 8c Abs. 1 S. 1 KStG geht der Verlustvortrag dann anteilig unter, wenn mehr als 25 % der Anteile innerhalb von fünf Jahren an einen Erwerber mittelbar oder unmittelbar übertragen werden. Anteilsübertragungen vor dem 01.01.2008 werden hierbei nicht berücksichtigt.

Zum 30.06.2011 wurden 35 % der Anteile an einen Erwerber übertragen. Damit geht der zum 31.12.2010 festgestellte Verlustvortrag sowie der im Veranlagungszeitraum 2011 bis zum schädlichen Beteiligungserwerb erwirtschaftete Verlust, anteilig (in Höhe von 35 %) unter. Die Zuführung neuen Betriebsvermögens i.Z.m. dem Erwerb der Anteile ist unbeachtlich. Da diese Anteilsübertragung die 25 %-Grenze überschreitet, endet hiermit der Fünfjahreszeitraum. Alle folgenden Übertragungen müssen für sich gesehen die 25 %-Grenze überschreiten, um eine entsprechende Rechtsfolge auszulösen.

Mantelkaufregelung gem. § 8 Abs. 4 KStG

§ 8 Abs. 4 KStG ist noch nicht anwendbar, weil noch nicht alle Voraussetzungen hierfür erfüllt wurden. Gem. § 8 Abs. 4 S. 2 KStG Übertragung von mehr als 50 % der Anteile innerhalb von 5 Jahren – dies ist erfüllt, weil innerhalb von vier Jahren mehr 50 % der Anteile (35 % an Karl May + 35 % an F Bau GmbH = 70 %) übertragen wurden. Als Erwerber kommen hier, anders als beim schädlichen Beteiligungserwerb nach § 8c KStG, auch mehrere Personen in Betracht.

Zuführung überwiegend neuen Betriebsvermögens innerhalb von 2 Jahren[16] – überwiegend neues Betriebsvermögen gilt dann als zugeführt, wenn das als Fremd- bzw. Eigenkapital zugeführte Aktivvermögen das im Zeitpunkt der Anteilsübertragung (überschreiten der 50 %-Grenze) vorhandene Aktivver-

---

[16] Vgl. BMF vom 02.08.2007, BStBl I 2007, 624.

3.5 Verlustabzug bei Körperschaften

mögen übersteigt. Das vorhandene Aktivvermögen ist mit dem Teilwert zu bewerten. Da der Wert des gesamten Vermögens zu ermitteln ist, werden alle Wirtschaftsgüter (auch selbst geschaffene immaterielle Wirtschaftsgüter) berücksichtigt.[17]

Das Aktivvermögen zum 30.06.2011 (schädlicher Anteilserwerb) betrug 2.000.000 €. Erst wenn das neu zugeführte Aktivvermögen 2.000.000 € übersteigt, entfällt nach § 8 Abs. 4 KStG der Verlustvortrag und der noch nicht genutzte Verlust im vollen Umfang, weil dann die wirtschaftliche Identität untergeht (§ 34 Abs. 5a S. 4 KStG).

Ermittlung des Verlustvortrags und des Einkommens zum 31.12.2011:		
Gesamtbetrag der Einkünfte gem. R 29 Abs. 1 Nr. 17 KStR		./. 10.000.000 €
Verlust bis zum 30.06.2011	5.000.000 €	
Wegfall zum 30.06.2011 gem. § 8c Abs. 1 S. 1 KStG 35 %	./. 1.750.000 €	3.250.000 €
Zu versteuernden Einkommen		./. 8.250.000 €
Verlustvortrag zum 31.12.2010		10.000.000 €
Wegfall zum 30.06.2011 nach § 8c Abs. 1 S. 1 KStG i.H.v. 35 %		./. 3.500.000 €
Verbleibender Verlustvortrag zum 31.12.2010		6.500.000 €
Negatives Einkommen 2011 nach Kürzung		+ 8.250.000 €
Verlustrücktrag nach 2010		./. 511.500 €
Nicht ausgeglichene Verluste; gesondert festzustellen (§ 10d Abs. 4 EStG)		14.238.500 €

> **Hinweis!** Ein Verlustrücktrag nach 2010 ist zunächst möglich, da nach der Kürzung gem. § 8c Abs. 1 S. 1 KStG ausreichend Volumen verbleibt (Tz. 2 BMF vom 04.07.2008, BStBl I 2008, 736). Dies ist darauf zurückzuführen, dass die Kapitalgesellschaft die den Verlust nutzt, rechtlich und wirtschaftlich die Kapitalgesellschaft ist, die ihn wirtschaftlich getragen hat.

d) Veranlagungszeitraum 2012: 30 % von Anna F. an F Bau GmbH – Anteilsübertragung zum 30.06.2012

Die Übertragung von 30 % löst, für sich gesehen, erneut die Rechtsfolgen des § 8c Abs. 1 S. 1 KStG aus. Diese werden jedoch von § 8c Abs. 1 S. 2 KStG verdrängt, da diese Kürzung weiter reicht, damit Vorrang genießt und unabhängig von § 8c Abs. 1 S. 1 KStG erfolgen muss.

§ 8c Abs. 1 S. 2 KStG kommt zur Anwendung, weil innerhalb eines Zeitraums von fünf Jahren 65 % (35 % zum 30.06.2011 und weitere 30 % zum 30.06.2012) und damit mehr als 50 % der Anteile an der AB GmbH (Verlustgesellschaft) an einen Erwerber (F Bau GmbH) übertragen wurden.

Die Anteilsübertragungen vor dem 01.01.2008 werden hierbei nicht berücksichtigt. Anteile, welche bereits zu einer Kürzung nach § 8c Abs. 1 S. 1 KStG geführt haben, werden nicht nochmals bei einer quotalen Kürzung nach § 8c Abs. 1 S. 1 KStG berücksichtigt. Für die Ermittlung der 50 %-Grenze des § 8c Abs. 1 S. 2 KStG erfolgt dennoch eine erneute Berücksichtigung. Der gesonderte Fünfjahreszeitraum nach § 8c Abs. 1 S. 2 KStG beginnt zum 30.06.2011. Der zum 30.06.2012 noch nicht genutzte Verlust geht daher im vollen Umfang unter.

§ 8 Abs. 4 KStG kommt zum 30.06.12 noch nicht zur Anwendung, weil zu diesem Zeitpunkt noch keine schädliche Betriebsvermögenszuführung erfolgte. Dies wird erst zum 31.12.2012 erreicht, weil erst zu diesem Zeitpunkt überwiegend neues Betriebsvermögen (zum 30.06.2011 2.000.000 €/zum 31.12.2012

---

[17] Vgl. Rz. 09 BMF vom 16.04.1999, BStBl I 1999, 455.

5.000.000 €) zugeführt wurde. Die Rechtsfolgen treten allerdings rückwirkend zum 30.06.2011 ein. Die zu diesem Zeitpunkt noch bestehenden Verluste entfallen daher vollständig. Die Steuerbescheide sind deshalb nochmals zu korrigieren (§ 175 AO). Da die Korrektur nach § 8 Abs. 4 KStG in 2011 weiterreichender (vollständiger Untergang) ist als die bisherige nach § 8c Abs. 1 S. 1 KStG (anteiliger Untergang), entfällt der Verlust nach § 8 Abs. 4 KStG im vollen Umfang.

Rückwirkende Änderung des Veranlagungszeitraums 2010

Der gesamte nicht genutzte Verlust zum 30.06.2011 entfällt, weil die Gesellschaft ihre wirtschaftliche Identität verloren hat. Der zum 31.12.2011 noch festgestellte Verlust ist erst nach Verlust der wirtschaftlichen Identität entstanden. Er kann nun nicht mehr nach 2010 zurückgetragen werden.

Gesamtbetrag der Einkünfte 2010 R 29 Abs. 1 Nr. 17 KStR	11.000.000 €
Minderung um einen Verlustvortrag gem. § 10d Abs. 2 EStG, § 8 Abs. 1 KStG unbegrenzter Abzug § 10d Abs. 2 S. 1 EStG	./. 1.000.000 €
Darüber hinaus bis zu 60 % des übersteigenden Betrages (Mindestbesteuerung)	./. 6.000.000 €
Zu versteuerndes Einkommen	4.000.000 €
Verlustrücktrag aus 2011	./. 0 €
Endgültiges zu versteuerndes Einkommen	**4.000.000 €**
Verlustvortrag zum 31.12.2009	17.000.000 €
Verlustabzug zum 31.12.2010	./. 7.000.000 €
Verlustvortrag zum 31.12.2010 (§ 10d Abs. 4 S. 1 EStG)	**10.000.000 €**

Rückwirkende Änderung des Veranlagungszeitraums 2011

Gesamtbetrag der Einkünfte gem. R 29 Abs. 1 Nr. 17 KStR		./. 10.000.000 €
Verlust bis zum 30.06.2011	5.000.000 €	
Neu: Wegfall zum 30.06.2008 gem. § 8 Abs. 4 KStG 100 %	./. 5.000.000 €	+ 5.000.000 €
Zu versteuerndes Einkommen		**./. 5.000.000 €**
Verlustvortrag zum 31.12.2010		10.000.000 €
Neu Wegfall zum 30.06.2011 gem. § 8 Abs. 4 KStG 100 %		./. 10.000.000 €
Verlustvortrag zum 31.12.2011		0 €
Verbleibendes negatives Einkommen 2011 nach Kürzung		5.000.000 €
Verlustrücktrag nach 2010		./. 0 €
Nicht ausgeglichene Verluste; gesondert festzustellen (§ 10d Abs. 4 EStG)		**5.000.000 €**

Ermittlung des Verlustvortrags und des Einkommens zum 31.12.2012

Gesamtbetrag der Einkünfte gem. R 29 Abs. 1 Nr. 17 KStR		./. 10.000.000 €
Verlust bis zum 30.06.2012	5.000.000 €	
Wegfall zum 30.06.2012 gem. § 8c Abs. 1 S. 2 KStG 100 %	5.000.000 €	+ 5.000.000 €
Zu versteuerndes Einkommen nach Kürzung gem. § 8c Abs. 1 S. 2 KStG		**./. 5.000.000 €**

3.5 Verlustabzug bei Körperschaften

Verlustvortrag zum 31.12.2011 (nach rückwirkender Änderung)	5.000.000 €
Kürzung zum 30.06.2012 nach § 8c Abs. 1 S. 2 KStG	./. 5.000.000 €
Verbleibender Verlustvortrag aus 2011	0 €
Verlustvortrag zum 31.12.2012	5.000.000 €
Nicht ausgeglichene Verluste; gesondert festzustellen (§ 10d Abs. 4 EStG)	**5.000.000 €**

4. Sonderfälle der Einkommensermittlung
4.1 Liquidation

Fall: Liquidation einer Tochtergesellschaft

Gesellschafter der Fürstlichen Brennerei zu Leipzig GmbH sind die Anastasia Arm (80 %; Anschaffungskosten: 80.000 €; Privatvermögen, Wohnsitz in Leipzig) und die Alexandria Distillery PC Ltd., Sydney (10 %; Buchwert: 20.000 €). Die verbleibenden Anteile hat die FBL-GmbH vor Jahren von einer dritten Person erworben. Das Wirtschaftsjahr entspricht dem Kalenderjahr.

Nachdem im Wirtschaftsjahr 2012 keine Einigung über die neu zu entwickelnden Geschmacksrichtungen zwischen den beiden Gesellschaftern getroffen werden konnte, beschließen die Gesellschafter im Rahmen der Gesellschafterversammlung vom 01.04.2012 die Liquidation der Gesellschaft zum 01.10.2012. Zum Liquidator wird der bisherige Geschäftsführer Franz Fruchtig bestimmt. Dieser beginnt sogleich mit den vorbereitenden Tätigkeiten. Zum 31.12.2013 soll die Liquidationsschlussbilanz vorgelegt werden und die Schlussauskehrung erfolgen. In der Zeit vom 01.01.2012 bis zum 31.09.2012 wird ein Jahresüberschuss in Höhe von 66.666 € erwirtschaftet.

Die zum 01.10.2012 erstellte Steuerbilanz zeigt folgende Werte:

Aktiva		Passiva		
Firmenwert	122.500 €	Stammkapital	200.000 €	
Gebäude/Anlagen Leipzig	500.000 €	davon eigene Anteile	20.000 €	180.000 €
Gebäude/Anlagen Prag	200.000 €	Gewinnrücklagen		482.500 €
Waren Leipzig	50.000 €			
Waren Prag	30.000 €	Bilanzgewinn		100.000 €
Beteiligung Slivovitz s.r.o Prag	80.000 €	RSt Pension		100.000 €
Rückdeckungsanspruch	80.000 €	Finanzierung Prag		200.000 €
	1.062.500 €			**1.062.500 €**

a) Zum 30.09.2012 wurde das steuerliche Einlagekonto auf 0 € und ein Sonderausweis in Höhe von 20.000 € festgestellt.

b) Der Firmenwert beruht auf der Übernahme eines Unternehmens zum 01.01.2010. Dieser konnte an eine Brennerei in Berlin für 59.500 € veräußert werden. Der Kaufpreis wurde nach Vertragsabschluss durch die GmbH auf ein Privatkonto der Frau Arm überwiesen. Die GmbH buchte in diesem Zusammenhang nichts, da sie davon ausging, dass ein Firmenwert nicht einzeln übertragbar sei.

c) Das Produktionsgebäude/die Anlagen in Leipzig wurde für 770.000 € an einen Immobilienfonds veräußert, der es sogleich in mehrere Wohneinheiten aufteilte und an vermögende Zahnärzte veräußerte. Der Vorgang wurde in der Bilanz zutreffend abgebildet.

d) Die Beteiligung an der tschechischen Brennerei konnte für 120.000 € an einen Investor aus Katar veräußert werden. Mit der Vermarktung dieser Beteiligung wurde eine in Berlin ansässige Gesellschaft in 2011 beauftragt. Diese stellt sogleich eine Rechnung über 10.000 €, welche im Zeitpunkt der Rechnungsstellung 01.01.2011 als Aufwand verbucht wurden. Diese Beteiligung ist nicht der Betriebsstätte in Prag zuzuordnen.

e) Der unverfallbare Pensionsanspruch der Gesellschafterin Arm wurde als Ertrag verbucht, weil Frau Arm wegen der Liquidation am 01.01.2013 darauf verzichtete. Für einen entsprechenden Pensionsanspruch hätte Frau Arm gegenüber einem Dritten 100.000 € aufwenden müssen. Die Rück-

4.1 Liquidation

deckungsversicherung wurde unverzüglich nach dem Verzicht gekündigt. Die Versicherung überwies nach Verrechnung mit entstandenen Kündigungsgebühren lediglich 95 % des Rückkaufwertes.

f) Der im Zeitraum 01.01.2012 bis 30.09.2012 erzielte Bilanzgewinn wurde mit Beschluss vom 01.04.2013 an die Gesellschafter ausgeschüttet. Der im Wirtschaftsjahr 2011 erwirtschaftete Jahresüberschuss wurde mit Beschluss vom 01.04.2012 an die Gesellschafter ausgeschüttet und in Höhe von 33.334 € auf neue Rechnung vorgetragen.

g) Die Betriebsstätte in Prag (inländische Verbindlichkeiten) wurde durch die Gesellschafterin Alexandria Distillery PC Ltd. mit Wirkung zum 01.10.2012 übernommen. Beide Gesellschafter waren sich darüber einig, dass aufgrund der Neuentwicklungen in Prag ein Marktwert in Höhe von 150.000 € durchaus angemessen sei. Dieser Kaufpreis wurde durch ein im Rahmen der Betriebsprüfung in Tschechien erstelltes Gutachten bestätigt.

h) Der Warenbestand aus Leipzig konnte für 65.000 € an fremde Dritte veräußert werden.

i) In Zusammenhang mit der schweren Überschwemmung 2013 überwies die FBL-GmbH 20.000 € auf ein Spendenkonto der Stadt Dresden. Eine Spendenbescheinigung wurde in diesem Zusammenhang nicht ausgestellt.

Aufgabe: Welche Schritte muss der Liquidator vornehmen, um einerseits den Gewinn bis zum 30.09.2012 nicht im Rahmen der Liquidation versteuern zu müssen und andererseits die Schlussauskehrung am 31.12.2013 vornehmen zu können?
In welchem Umfang entstehen bei den Gesellschaftern in Deutschland steuerpflichtige Einkünfte und wie werden diese besteuert?
Sollte ein DBA zur Anwendung kommen, so ist das OECD Musterabkommen (OECD MA) für die Lösung heranzuziehen. Auf die Gewerbesteuer und den Solidaritätszuschlag ist nicht einzugehen.

Lösung:

1. Abwicklungszeitraum

Der Abwicklungszeitraum beginnt grundsätzlich zum Anfang des Wirtschaftsjahres, in dem die Auflösung beschlossen wurde. Im oben geschilderten Fall mit dem 01.01.2012. Soll der Gewinn im Zeitraum 01.01.2012 bis zum 30.09.2012 nicht im Rahmen der Liquidation einbezogen werden, so kann dies dadurch erreicht werden, dass ein abweichendes Wirtschaftsjahr gebildet wird. Dieses würde dann den Zeitraum 01.01.2012 bis zum 30.09.2012 umfassen. In diesem Falle würde der im Rumpfwirtschaftsjahr erzielte Gewinn nach den allgemeinen Regelungen besteuert werden (R 51 Abs. 1 S. 3 bis 5 KStR). Eine wirksame Umstellung bedarf einer Satzungsänderung, einer notarieller Beurkundung und anschließend einer Eintragung im Handelsregister. Darüber hinaus ist eine Umstellung auf ein vom Kalenderjahr abweichendes Wirtschaftsjahr nur im Einvernehmen mit der Finanzverwaltung möglich (§ 7 Abs. 4 S. 3 KStG).

2. Schlussverteilung

Um eine Verteilung des Vermögens zum 31.12.2013 vornehmen zu können, ist zunächst die Liquidation in drei verschiedenen Gesellschaftsblättern bekannt zu geben (§ 65 Abs. 2 GmbHG). Darüber hinaus ist das Sperrjahr (§ 73 GmbHG) abzuwarten. Erst nach Ablauf dieses Jahres ist die Verteilung vorzunehmen. Hierbei ist jedoch sicherzustellen, dass alle Ansprüche gegenüber der GmbH vor der Verteilung bedient werden.

3. Einkommensermittlung FBL GmbH

Über die steuerliche Behandlung der den Gesellschaftern im Rahmen der Liquidation zufließenden Beträge, kann erst dann entschieden werden, wenn sämtliche Vorgänge in der zu liquidierenden Gesellschaft zutreffend abgebildet wurden.

Da die Gesellschaft nach der Auflösung zum 01.10.2012 auch abgewickelt wurde, kann der Liquidationsgewinn nach den Grundsätzen des § 11 KStG ermittelt werden. Der Ermittlungszeitraum beträgt deshalb nach § 11 Abs. 1 S. 2 KStG max. 3 Jahre. Hierbei ist zu beachten, dass, wenn dieser Zeitraum für die Liquidation nicht ausreicht, anschließend wieder jährlich eine Steuererklärung einzureichen ist (R 51 Abs. 1 S. 6 KStR). Die besondere Gewinnermittlung erfolgt in diesen Fällen nur im letzten Veranlagungszeitraum (R 51 Abs. 3 KStR).

Nach § 11 Abs. 2 KStG ist das Abwicklungsendvermögen (§ 11 Abs. 3 KStG) um das Abwicklungsanfangsvermögen (§ 11 Abs. 4 KStG) zu mindern.

Als **Abwicklungsanfangsvermögen** ist das der letzten Veranlagung zugrunde gelegte Schlusskapital der FBL-GmbH anzusetzen. Da die Gesellschaft für den Zeitraum 01.01.2012 bis zum 30.09.2012 zulässigerweise ein Rumpfwirtschaftsjahr gebildet hat und dieses Wirtschaftsjahr 2012 endete, ist der Gewinn dieses Zeitraums im Veranlagungszeitraum 2012 zu versteuern, weil er mit Ende des Wirtschaftsjahres als zugeflossen gilt (§ 7 Abs. 4 S. 2 KStG). Der auf diesen Zeitraum entfallende Gewinn wird deshalb nicht in den Liquidationsgewinn nach § 11 KStG einbezogen. Das zum 30.09.2012 festgestellte Schlusskapital bildet deshalb das Abwicklungsanfangsvermögen.

Der Erwerb der **eigenen Anteile** durch die FBL-GmbH in Höhe von 10 % wurde zutreffend nach § 272 Abs. 1a HGB in der Handelsbilanz abgebildet. Soweit die Zahlung das Stammkapital überstieg, minderte diese die Rücklagen der Gesellschaft. Der auf die eigenen Anteile entfallende Betrag des Stammkapitals wurde offen ausgewiesen. Die eigenen Anteile gehen in Zusammenhang mit der Liquidation unter und werden deshalb im Liquidationsendvermögen mit dem gemeinen Wert i.H.v. 0 € berücksichtigt. Im Liquidationsanfangsvermögen sind die Anteile ebenfalls nicht enthalten, weil kein Ausweis auf der Aktivseite erfolgte. Eine Korrektur des Liquidationsanfangskapitals erübrigt sich deshalb.

Die am 01.04.2013 erfolgte Ausschüttung in Höhe von 100.000 € (Jahresüberschuss 66.666 € zuzüglich Gewinnvortrag 33.334 €) ist im Abwicklungsanfangsvermögen noch enthalten. Im Abwicklungsendvermögen wird dieses Vermögen aufgrund der Ausschüttung jedoch nicht mehr erfasst. Um eine Auswirkung auf den Liquidationsgewinn zu vermeiden, ist deshalb das Abwicklungsanfangsvermögen um diesen Betrag nach § 11 Abs. 4 S. 3 KStG zu kürzen.

Die Ausschüttung vom 01.04.2012 erfolgte außerhalb des Liquidationszeitraums. Sie ist deshalb nicht nach § 11 Abs. 4 S. 3 KStG mindernd zu berücksichtigen.

Berechnung des Abwicklungsanfangsvermögens:	
Schlusskapital zum 30.09.2012	762.500 €
Ausschüttung im Liquidationszeitraum für frühere Jahre	./. 100.000 €
Eigene Anteile, eine Korrektur ist nicht erforderlich	+/./. 0 €
Abwicklungsanfangsvermögen § 11 Abs. 4 KStG	**662.500 €**

Veräußerung des Firmenwertes

Grundsätzlich geht ein Firmenwert im Zusammenhang mit einer Liquidation unter. Ein in der Steuerbilanz zum Schluss des letzten Wirtschaftsjahres ausgewiesener Buchwert mindert dann den steuerpflichtigen Liquidationsgewinn. Da in dem geschilderten Sachverhalt eine fremde dritte Person den Firmenwert entgeltlich erworben hat, ist von einer Übertragbarkeit und damit Werthaltigkeit auszugehen. Der Veräußerungspreis entspricht in diesem Falle dem gemeinen Wert. Da nicht alle wesentlichen Wirtschaftsgüter an einen Erwerber übertragen wurden, liegt keine Geschäftsveräußerung im Ganzen vor, d.h. die Übertragung ist grundsätzlich umsatzsteuerpflichtig. Veräußerer ist die GmbH, sodass in der Handelsbilanz die Umsatzsteuer als Verbindlichkeit Gewinn mindernd einzubuchen ist. Dieser Wert ist in entsprechender Höhe auch in der Steuerbilanz auszuweisen (§ 60 Abs. 2 EStDV). ./. 9.500 €

Die Gutschrift auf dem Privatkonto der Gesellschafterin ist eine verdeckte Gewinnausschüttung nach R 36 Abs. 1 KStR, da die fehlende Erfassung des Erlöses eine Vermögensminderung darstellt. Diese ist auf das Gesellschaftsverhältnis zurück zuführen (Fr. Arm verfügt über Anteile im Umfang von 80 %), da

4.1 Liquidation

ein ordentlicher und gewissenhafter Geschäftsleiter (§ 43 Abs. 1 GmbHG) diese Vermögensminderung gegenüber einer Person, die nicht Gesellschafter ist, unter sonst gleichen Umständen nicht hingenommen hätte (H 36 III. „Veranlassung durch das Gesellschaftsverhältnis – Allgemeines" KStH), diese Minderung sich auf den Unterschiedsbetrag nach § 4 Abs. 1 EStG ausgewirkt hat und dieser Vorgang nicht auf einem den gesellschaftsrechtlichen Vorschriften entsprechenden Gewinnverteilungsbeschluss beruht.

Die verdeckte Gewinnausschüttung ist mit dem gemeinen Wert zu bewerten (H 37 „Hingabe von Wirtschaftsgütern" KStH). Da lediglich der Gegenwert (Kapitalforderung) auf dem Privatkonto gutgeschrieben wurde, ist diese Forderung mit dem Nennwert anzusetzen.

Da jedoch offene Gewinnausschüttungen für den Zeitraum der Liquidation nicht zulässig sind, können grundsätzlich verdeckte Gewinnausschüttungen ebenfalls nicht vorliegen. Die Vermögensverschiebung darf sich jedoch nicht auf den Liquidationsgewinn auswirken. Sind die Voraussetzungen einer verdeckten Gewinnausschüttung erfüllt, wird diese deshalb wie eine Vorabauskehrung nach § 8 Abs. 3 S. 2 KStG hinzugerechnet.

Die Vorabauskehrung ist außerhalb der Bilanz im Rahmen der Einkommensermittlung hinzuzurechnen (§ 8 Abs. 3 S. 2 KStG). **+ 59.500 €**

Die Entnahme einer Kapitalforderung ist nicht umsatzsteuerpflichtig, sodass keine Umsatzsteuer zusätzlich ausgelöst wird. **+/./. 0 €**

Veräußerung der Beteiligung

Die Gewinne aus der Veräußerung eines Anteils an einer Körperschaft, deren Leistungen beim Empfänger zu Einnahmen im Sinne des § 20 Abs. 1 Nr. 1 EStG gehören, ist nach § 8b Abs. 2 S. 1 KStG von der Besteuerung freizustellen. Diese Vorschrift ist nach § 11 Abs. 6 KStG auch im Rahmen der Liquidation zu beachten. Der auf die Anteile entfallende Gewinn ist im Rahmen der Ermittlung des Abwicklungsendvermögens auszuscheiden (§ 11 Abs. 3 KStG).

Die Gewinnermittlung erfolgt nach den Grundsätzen des § 8b Abs. 2 S. 2 KStG[1], wobei eine stichtagsbezogene Ermittlung durchzuführen ist, d.h. dass alle Vorgänge zu berücksichtigen sind, die den Veräußerungsvorgang betreffen, unabhängig davon in welchem Wirtschaftsjahr der entsprechende Tatbestand realisiert wurde. Die im vorangegangenen Wirtschaftsjahr entstandenen Veräußerungskosten sind deshalb bei der Ermittlung des Veräußerungsgewinns nach den Grundsätzen des § 8b Abs. 2 S. 2 KStG im Wirtschaftsjahr der Veräußerung der Beteiligung zu berücksichtigen.

Berechnung:		
Veräußerungspreis	120.000 €	
Veräußerungskosten	./. 10.000 €	
Buchwert zum Veräußerungszeitpunkt	./. 80.000 €	
Zwischenwert	30.000 €	
Steuerwirksame Teilwertabschreibungen (§ 8b Abs. 2 S. 4 und 5 KStG)	./. 0 €	
Freizustellender Gewinn nach § 8b Abs. 2 S. 1 KStG	30.000 €	./. 30.000 €

Von dem freizustellenden Gewinn gelten 5 % als Betriebsausgaben, die den Gewinn nicht mindern dürfen. Diese werden deshalb im Rahmen der Einkommensermittlung nach § 8b Abs. 3 S. 1 KStG hinzugerechnet. **+ 1.500 €**

Gleichzeitig ist das DBA Deutschland-Tschechien hinsichtlich des Besteuerungsrechtes in Zusammenhang mit der Veräußerung der Anteile zu prüfen. Die FBL-GmbH ist in Deutschland ansässig (vgl. nachfolgende Ausführungen zur Betriebsstätte). Das Besteuerungsrecht für die Veräußerung von Wirtschaftsgütern, die nicht einer in Tschechien belegenen Betriebsstätte zuzuordnen sind, wird nach Art. 13

---

[1] Zur Gewinnermittlung vgl. BMF vom 13.03.2008, IV B 7 – S 2750-a/07/0002, BStBl I 2008, 506.

Abs. 5 OECD MA dem Ansässigkeitsstaat des Veräußerers (Deutschland) zugewiesen. Tschechien als Quellenstaat hat kein Besteuerungsrecht. Eine Doppelbesteuerung kann deshalb nicht entstehen. Der Methodenartikel (Art. 23a OECD MA) ist daher nicht anzuwenden.

Verzicht auf den Pensionsanspruch durch Frau Arm
Der Verzicht auf den Pensionsanspruch durch Frau Arm am 01.01.2013 führt handelsrechtlich zu einem Ertrag, weil die Verpflichtung zur Pensionszahlung erloschen ist.

Dieser Verzicht stellt eine verdeckte Einlage dar, weil Frau Arm als Gesellschafterin (80 % Beteiligung) der FBL-GmbH außerhalb einer gesellschaftsrechtlichen Einlage einen einlagefähigen Vermögensvorteil (Wegfall eines Passivpostens; H 40 „Einlagefähiger Vermögensvorteil" KStH) zuwendet hat und diese Zuwendung durch das Gesellschaftsverhältnis veranlasst ist, da ein Nichtgesellschafter bei Anwendung der Sorgfalt eines ordentlichen Kaufmanns, den Vermögensvorteil der FBL-GmbH nicht eingeräumt hätte (R 40 Abs. 3 KStR).

Der Wegfall der Verpflichtung ist mit dem Teilwert zu bewerten. Der Teilwert ist dabei unter Beachtung der allgemeinen Teilwertermittlungsgrundsätze im Zweifel nach den Wiederbeschaffungskosten zu ermitteln. Demnach kommt es darauf an, welchen Betrag Frau Arm im Zeitpunkt des Verzichtes hätte aufwenden müssen, um eine gleich hohe Pensionsanwartschaft gegen einen vergleichbaren Schuldner zu erwerben[2]. Der nach § 6a EStG errechnete Wert ist hierbei nicht zu berücksichtigen. Die FBL-GmbH hat demnach einen Ertrag in Höhe von 100.000 €. Die Rückstellung wird gleichzeitig aufgelöst.

Da die verdeckte Einlage sich nach § 8 Abs. 3 S. 3 KStG nicht auf das Einkommen der FBL-GmbH auswirken darf, ist der Liquidationsgewinn entsprechend zu mindern. Dies erfolgt durch Abrechnung vom Liquidationsendvermögen nach § 11 Abs. 3 KStG.

In Höhe der verdeckten Einlage erhöht sich ferner der Bestand des steuerlichen Einlagekontos nach § 27 Abs. 1 KStG.

Der durch die Rückdeckungsversicherung ausgezahlte Betrag in Höhe von 76.000 € erhöht zutreffend das Liquidationsendvermögen.

Veräußerung Betriebsstätte in Prag
Mit Tschechien wurde ein Abkommen zur Vermeidung einer Doppelbesteuerung (DBA, künftig OECD MA) abgeschlossen. Dieses gilt für Deutschland und Tschechien ohne Einschränkung (räumlicher Geltungsbereich). Das DBA erfasst aus deutscher Sicht die Körperschaftsteuer (Art. 2 Abs. 1 und Abs. 2 OECD MA; sachlicher Geltungsbereich). Die FBL-GmbH stellt eine Gesellschaft nach Art. 3 Abs. 1 Buchstabe a und b OECD MA dar, weil sie als juristische Person in Deutschland der Besteuerung unterliegt. Sie gilt nach Art. 4 Abs. 1 OECD MA als in Deutschland ansässig, weil sie aufgrund ihres Sitzes (§ 11 AO) und ihrer Geschäftsleitung (§ 10 AO) im Inland (§ 1 Abs. 3 KStG) unbeschränkt steuerpflichtig ist. Sie erfüllt demnach die Voraussetzungen nach Art. 1 OECD MA, da sie als Person in Deutschland ansässig ist (persönlicher Geltungsbereich).

Das Besteuerungsrecht für die Gewinne aus der Veräußerung des Betriebsgebäudes steht nach Art. 13 Abs. 1 OECD MA dem Belegenheitsstaat Tschechien zu, da insoweit unbewegliches Vermögen (Art. 6 Abs. 2 OECD MA) veräußert wurde. Das Besteuerungsrecht für das verbleibende Betriebsvermögen wird nach Art. 13 Abs. 2 OECD MA ebenfalls Tschechien zugeordnet, weil die Produktionsstätte in Tschechien eine Betriebsstätte nach Art. 5 Abs. 1 OECD MA darstellt. Deutschland als Ansässigkeitsstaat hat insoweit die Einkünfte von der Besteuerung freizustellen (Art. 23a Abs. 1 OECD MA). Da Tschechien für den gesamten Gewinn das Besteuerungsrecht zugewiesen bekommen hat, erübrigt sich eine Aufteilung des Veräußerungsgewinns.

---

[2] Vgl. BMF vom 14.08.2012, IV C 2 – S 2743/10/10001 :001, BStBl I 2012, 874.

4.1 Liquidation

Berechnung:		
Veräußerungspreis		150.000 €
Gebäude/Anlagen Prag	200.000 €	
Warenbestand	30.000 €	
Finanzierung Prag	./. 200.000 €	
./. steuerliches Eigenkapital der Betriebsstätte	30.000 €	./. 30.000 €
= Veräußerungsgewinn		120.000 €

Die Freistellung des Veräußerungsgewinns erfolgt durch Abrechnung im Rahmen der Einkommensermittlung außerhalb der Bilanz. In diesem Falle wird das Abwicklungsendvermögen um den freizustellenden Gewinn gemindert (§ 11 Abs. 3 KStG).

Aufgrund der Liquidation der Gesellschaft ist das gesamte Vermögen zu veräußern, die bestehenden Verbindlichkeiten zu tilgen und das verbleibende Vermögen an die Gesellschaften nach dem Verhältnis der Geschäftsanteile zu verteilen. Soweit Vermögen im Rahmen der Liquidation an die Gesellschafter übertragen werden soll, ist dieses nur mit dem gemeinen Wert zu berücksichtigen. Der Teilwert sowie die Bewertungsvorschriften (z.B. § 6 EStG) bzw. die Grundsätze über die Abschreibung nach den §§ 7 ff. EStG sind im Rahmen der Liquidationsgewinnermittlung nach § 11 KStG nicht zu berücksichtigen, weil das Unternehmen nicht weitergeführt werden soll.

Berechnung des Abwicklungsendvermögens:		
Vermögensauskehrung Firmenwert		0 €
Umsatzsteuerverbindlichkeit	./. 9.500 €	./. 9.500 €
Produktionsgebäude & Anlagen		770.000 €
Betriebsstätte Prag		150.000 €
Beteiligung Slivovitz s.r.o., Prag		120.000 €
Rückdeckungsversicherung		76.000 €
Waren, Leipzig		65.000 €
Verbindlichkeiten Prag (durch die Erwerberin übernommen)		./. 0 €
Zuwendung		./. 20.000 €
Zwischensumme		1.151.500 €
Steuerfreie Vermögensmehrungen		
Beteiligung gem. § 8b Abs. 2 KStG	./. 30.000 €	
Pauschale Kürzung gem. § 8b Abs. 3 S. 1 KStG	+ 1.500 €	./. 28.500 €
DBA-Betriebsstättengewinn/Prag		./. 120.000 €
Verdeckte Gewinnausschüttung/Liquidationsrate		59.500 €
Verdeckte Einlage gem. § 8 Abs. 3 S. 3 KStG		./. 100.000 €
Liquidationsendvermögen		**962.500 €**

Liquidationsgewinn:	
Abwicklungsendvermögen	962.500 €
Abwicklungsanfangsvermögen	./. 662.500 €
Liquidationsgewinn	300.000 €
Zuzüglich geleistete Zuwendungen gem. § 9 Abs. 2 S. 1 KStG	20.000 €
Einkommen vor Spendenabzug	320.000 €
Die Zuwendung im Zusammenhang mit der Fluthilfe stellt eine Spende in Katastrophenfällen dar und ist begünstigt i.S.d. §§ 52 bis 54 AO. Für diese Zuwendungen gilt nach § 50 Abs. 2 Nr. 1 EStDV der vereinfachte Zuwendungsnachweis. Es genügt demnach als Nachweis der Bareinzahlungsbeleg oder die Buchungsbestätigung eines Kreditinstituts. Dies ist nach dem Sachverhalt erfüllt. Darüber hinaus überschreitet die Zuwendung nicht die Grenzen des § 9 Abs. 1 Nr. 2 S. 1 KStG (20 % des Einkommens = 64.000 €). Die Zuwendung ist demnach im vollen Umfang abzugsfähig (§ 11 Abs. 6 i.V.m. § 9 Abs. 1 Nr. 2 KStG).	./. 20.000 €
Zu versteuerndes Einkommen	300.000 €
Tarifliche Körperschaftsteuer 15 % nach § 23 KStG	**45.000 €**

Die tarifliche Körperschaftsteuer mindert als Verbindlichkeit das Liquidationsendvermögen, wird jedoch nach § 11 Abs. 6 i.V.m. § 10 Nr. 2 KStG anschließend wieder hinzugerechnet, sodass sich diese Steuer nicht auf das Einkommen auswirkt.

Das an die Gesellschafter im Rahmen der Vermögensverteilung auszukehrende Vermögen berechnet sich wie folgt:

Aktiva			Passiva	
Bank Anfangsbestand	- €		Stammkapital	180.000 €
Firmenwert	- €		Gewinnrücklagen	926.500 €
Gebäude/Anlagen Leipzig	770.000 €			
Gebäude/Anlagen Prag	150.000 €			
Waren Leipzig	65.000 €			
Waren Prag	- €			
Beteiligung Slivovitz s.r.o Prag	120.000 €			
Zuwendung Dresden	./. 20.000 €			
Rückdeckungsanspruch	76.000 €			
Umsatzsteuer-Verbindlichkeit	./. 9.500 €			
Körperschaftsteuer-Verbindlichkeit	./. 45.000 €	1.106.500 €		
Summe		**1.106.500 €**		**1.106.500 €**

Vermögen gem. Bilanz	1.106.500 €
Verdeckte Gewinnausschüttung/Liquidationsrate	+ 59.500 €
Zu verteilendes Vermögen nach Abzug sämtlicher Verbindlichkeiten	**1.166.000 €**

4.1 Liquidation

> **Hinweis!** Zum gleichen Ergebnis gelangt man, wenn das Liquidationsendvermögen (vor Korrekturen um steuerfreie Vermögensmehrungen, 1.151.500 €) um die Liquidationsrate (vGA an Frau Arm, 59.500 €) erhöht und um die noch nicht berücksichtigte Körperschaftsteuer-Verbindlichkeit (45.000 €) mindert.

Ausschüttung vom 01.04.2013

Da diese Ausschüttung einen Bezug nach § 20 Abs. 1 Nr. 1 EStG darstellt, ist durch die FBG-GmbH ein Kapitalertragsteuerabzug nach §§ 43 Abs. 1 S. 1 Nr. 1 i.V.m. 43a Abs. 1 S. 1 Nr. 1 EStG i.H.v. 25 % sowie ein Solidaritätszuschlagabzug in Höhe von 5,5 % (§ 3 Abs. 1 Nr. 5 und § 4 SolZG) vorzunehmen. Dieser Steuerabzug ist für die Steuerpflichtige auch dann vorzunehmen, wenn nach einem Abkommen zur Vermeidung der Doppelbesteuerung ein Steuerabzug vom Kapitalertrag nicht oder nur ermäßigt vorzunehmen ist (§ 50d Abs. 1 S. 1 EStG). Im hier geschilderten Fall unterliegt der auf die in Australien ansässige Gesellschaft entfallende Dividendenanteil zunächst im vollen Umfang dem Steuerabzug. Sollte das DBA Deutschland-Australien einen geringeren Steuerabzug als 25 % vorsehen, steht es der Gesellschafterin frei, diesen über einen Antrag auf Erstattung beim Bundeszentralamt für Steuern zu stellen (§ 31 KStG i.V.m. § 50d Abs. 1 S. 2 EStG).

Dem Steuerabzug unterliegen jedoch nur die Zahlungen, die nicht dem steuerlichen Einlagekonto (§ 27 KStG) entnommen wurden, wobei die Verwendungsreihenfolge des § 27 Abs. 1 S. 3 KStG zu beachten ist.

Berechnung:	
Steuerliches Eigenkapital zum 30.09.2012	762.500 €
./. Stammkapital	./. 180.000 €
./. Bestand des steuerlichen Einlagekontos zum 30.09.2012	./. 0 €
Ausschüttbarer Gewinn	582.500 €
Ausschüttung	**100.000 €**

Da die Ausschüttung im vollen Umfang aus dem ausschüttbaren Gewinn erfolgen kann, unterliegt die gesamte Dividende dem Kapitalertragsteuerabzug nach § 43 Abs. 1 S. 1 Nr. 1 i.V.m. § 43a Abs. 1 S. 1 Nr. 1 EStG (zzgl. Solidaritätszuschlag).

Entwicklung des steuerlichen Einlagekontos – § 27 KStG/§ 28 KStG

Der zum 01.01.2013 erfolgte Verzicht stellt eine Einlage dar, die das Einlagekonto erhöht. Dieser Zugang ist nach § 28 Abs. 3 KStG vorrangig mit dem zum 30.09.2012 gesondert festgestellten Sonderausweis zu verrechnen.

Nach § 28 Abs. 2 S. 1 KStG ist zunächst das Stammkapital herabzusetzen. Dieser Betrag ist zunächst im vollen Umfang dem steuerlichen Einlagekonto gutzuschreiben. Eine Verrechnung mit dem Sonderausweis ist nicht mehr erforderlich, weil dieser mit dem Zugang aufgrund des Verzichtes vollständig ausgeglichen werden konnte. Anschließend wird das gesamte steuerliche Einlagekonto an die Gesellschafter ausgeschüttet. Da insoweit keine Bezüge nach § 20 Abs. 1 Nr. 2 EStG vorliegen, ist die FBL-GmbH insoweit nicht zum Steuerabzug nach § 43 Abs. 1 EStG verpflichtet.

Bestand zum 30.09.2012	0 €
Verdeckte Einlage	+ 100.000 €
Verrechnung mit dem Sonderausweis gem. § 28 Abs. 3 KStG	./. 20.000 €
Bestand zum Schluss des Wirtschaftsjahres, vor Liquidation	80.000 €

Zugang aufgrund der Herabsetzung des Stammkapitals	+ 180.000 €
Ausschüttung an die Gesellschafter	./. 260.000 €
Schlussbestand	**0 €**

Berechnung des Sonderausweises:	
Bestand zum 30.09.2012	20.000 €
Verrechnung mit dem steuerlichen Einlagekonto gem. § 28 Abs. 3 KStG	./. 20.000 €
Bestand zum 31.12.2013 vor der Kapitalherabsetzung	**0 €**

Steuerliche Folgen i.Z.m. der Auskehr der sonstigen Rücklagen
An die Gesellschafter werden Mittel in Höhe von 1.166.000 € ausgekehrt. In Höhe von 260.000 € wurden diese dem steuerlichen Einlagekonto entnommen. Die verbleibenden Mittel in Höhe von 906.000 € wurden den sonstigen Rücklagen entnommen und stellen insoweit Bezüge nach § 20 Abs. 1 Nr. 2 EStG dar. Die FBL-GmbH ist demnach zum Kapitalertragsteuerabzug nach § 43 Abs. 1 S. 1 Nr. 1 i.V.m. § 43a Abs. 1 S. 1 Nr. 1 EStG (zzgl. Solidaritätszuschlag) verpflichtet.

Behandlung bei den Gesellschaftern
Anastasia Arm
Verzicht auf den Pensionsanspruch
Der Verzicht auf den Pensionsanspruch führt zu einem Zufluss bei Frau Arm, der zu den Einkünften aus nicht selbständiger Arbeit i.S.d. § 19 EStG gehört und deshalb dem tariflichen Steuersatz unterliegt. Die Höhe der Einnahmen, die in diesem Zusammenhang zu berücksichtigen sind, richtet sich nach dem Teilwert des Pensionsanspruchs (hier 100.000 €).

Zugleich entstehen nachträgliche Anschaffungskosten auf die Beteiligung an der FBL-GmbH in gleicher Höhe.

Entwicklung der Anschaffungskosten:	
Bisher	80.000 €
Verdeckte Einlage/Verzicht auf die Pension	100.000 €
Anschaffungskosten nach dem Verzicht	**180.000 €**

Die Ausschüttung vom 01.04.2013 als auch die im Rahmen der Vermögensverteilung vereinnahmten Beträge (ohne die Bezüge, die dem steuerlichen Einlagekonto entnommen wurden) stellen laufende Bezüge nach § 20 Abs. 1 Nr. 1 S. 1 und Nr. 2 EStG dar. Diese sind nach § 2 Abs. 1 S. 1 Nr. 5 EStG steuerpflichtige Einkünfte. Die Einkünfte sind der Überschuss der Einnahmen (§ 8 EStG) über die Werbungskosten (§ 9 EStG) nach § 2 Abs. 2 S. 1 Nr. 2 EStG. Ein Werbungskostenabzug ist nach § 20 Abs. 9 EStG nur in Höhe des Sparer-Pauschbetrages zulässig. Darüber hinaus unterliegen diese Einkünfte dem besonderen Steuersatz nach § 32d Abs. 1 EStG in Höhe von 25 % zuzüglich Solidaritätszuschlag. Die Besteuerung gilt in diesen Fällen mit dem Kapitalertragsteuerabzug als abgegolten (§ 43 Abs. 5 EStG). Eine Einbeziehung im Rahmen der Veranlagung hat deshalb nach § 2 Abs. 5b und § 43 Abs. 5 EStG zu unterbleiben.

Auf Anastasia Arm entfallen sämtliche Bezüge im Umfang von $8/9$, weil ihr von den Anteilen in Höhe von 180.000 € 80 %, d.h. 160.000 € zuzurechnen sind. Ihr sind deshalb folgende Bezüge zuzurechnen.

Ausschüttung vom 01.04.2013	100.000 € × $8/9$ =	88.888,88 €
Schlussauskehrung zum 31.12.2013	906.000 € × $8/9$ =	805.333,33 €
Laufende Kapitalerträge § 20 Abs. 1 Nr. 1 und 2 EStG		**894.222,21 €**

4.1 Liquidation

In diesen Beträgen ist auch der aufgrund der Vorabauskehr (verdeckte Gewinnausschüttung i.Z.m. dem Firmenwert) vereinnahmte Betrag enthalten.

Darüber hinaus ist ihr ein Betrag in Höhe von 231.111,11 € (260.000 € × 8/9) in Zusammenhang mit der Auskehr des steuerlichen Einlagekontos zugeflossen. Diese Leistungen stellen bei Frau Arm gewerbliche Einkünfte nach § 17 Abs. 1 i.V.m. Abs. 4 EStG dar, weil sie innerhalb der letzten 5 Jahre zu mehr als 1 % am Stammkapital der FBL-GmbH beteiligt war. Als Veräußerungspreis gilt der gemeine Wert der im Rahmen der Liquidation an Frau Arm zurückgezahlten Bezüge, jedoch ohne Bezüge im Sinne des § 20 Abs. 1 Nr. 1 und 2 EStG.

Vereinnahmte Bezüge i.S.d. § 17 Abs. 4 EStG		231.111,11 €
Veräußerungskosten/bzw. Liquidationskosten des Gesellschafters	./.	0,00 €
Anschaffungskosten der Beteiligung	./.	180.000,00 €
Veräußerungsgewinn nach § 17 Abs. 2 S. 1 EStG		**51.111,11 €**

Ein Freibetrag nach § 17 Abs. 3 EStG kann wegen Überschreitens der Grenzen nicht berücksichtigt werden.

Alexandria Distillery PC Ltd. (AD PC Ltd.), Sydney-Australien

Diese Gesellschaft entspricht nach dem Rechtstypenvergleich einer deutschen Aktiengesellschaft.[3] Sie verfügt im Inland weder über eine Geschäftsleitung (§ 10 AO) noch über einen Sitz (§ 11 AO). Sie ist demnach nur dann und nur insoweit beschränkt steuerpflichtig nach § 2 Nr. 1 KStG, als sie inländische Einkünfte im Sinne des § 49 Abs. 1 EStG bezieht. Hierbei ist die isolierte Betrachtungsweise gem. § 49 Abs. 2 EStG zu beachten.

Laufende Erträge

Ausschüttung vom 01.04.2013	100.000 € × 8/9 =	11.111,11 €
Schlussauskehrung zum 31.12.2013	906.000 € × 8/9 =	100.666,66 €
Laufende Kapitalerträge gem. § 20 Abs. 1 Nr. 1 und 2 EStG		**111.777,77 €**

Die AD PC Ltd. vereinnahmt Kapitalerträge nach § 20 Abs. 1 Nr. 1 EStG (Dividende vom 01.04.2013) sowie nach § 20 Abs. 1 Nr. 2 EStG (Vermögensauskehr i.Z.m. der Liquidation). Diese stellen inländische Einkünfte nach § 49 Abs. 1 Nr. 5 Buchstabe a EStG dar. Für diese Einkünfte besteht nach § 43 Abs. 1 S. 1 Nr. 1 EStG ein Steuerabzug (wie zuvor bereits dargestellt). Wurde der Steuerabzug zutreffend durchgeführt, gilt die Besteuerung nach § 32 Abs. 1 Nr. 2 KStG als abgegolten, d.h. eine Veranlagung dieser kommt grundsätzlich nicht in Betracht.

Der Steuerabzug ist nach § 50d Abs. 1 S. 1 EStG auch dann durchzuführen, wenn dieser Kapitalertrag nach dem DBA Deutschland-Australien nicht oder nur ermäßigt besteuert werden darf. Wurde zu viel einbehalten, steht es der AD PC Ltd. frei, einen Antrag auf Erstattung nach § 50d Abs. 1 S. 2 EStG zu stellen. Die Erstattung erfolgt durch das Bundeszentralamt für Steuern im Zeitpunkt der Bekanntgabe des Freistellungsbescheides nach § 50d Abs. 2 S. 1 EStG.

Mit Australien wurde ein Abkommen zur Vermeidung einer Doppelbesteuerung abgeschlossen. Dieses gilt für Deutschland und Australien ohne Einschränkungen (räumlicher Geltungsbereich).

Es erfasst aus deutscher Sicht auch die Körperschaftsteuer, da insoweit die Steuer auf den Ertrag erhoben wird (Art. 2 Abs. 1 und 2 OECD MA, sachlicher Geltungsbereich).

AD PC Ltd. gilt als Person nach Art. 3 Abs. 1 Buchstabe a und b OECD MA, da sie als Gesellschaft wie eine juristische Person der Besteuerung unterliegt. Sie ist in Australien ansässig, weil sie in Australien aufgrund ihrer Geschäftsleitung (§ 10 AO) und ihres Sitzes (§ 11 AO) im Rahmen einer unbeschränkten

---

[3] Vgl. Tabelle 1 zum BMF vom 24.12.1999, BStBl I 1999, 1076.

Steuerpflicht besteuert wird (Art. 4 Abs. 1 OECD MA). Sie erfüllt damit die Voraussetzungen des Art. 1 OECD MA.

Die Bezüge im Sinne des § 20 Abs. 1 Nr. 1 und 2 EStG stellen Dividenden nach Art. 10 Abs. 3 OECD MA dar. Das Besteuerungsrecht wird grundsätzlich Australien nach Art. 10 Abs. 1 OECD MA zugewiesen. Deutschland als Quellenstaat hat jedoch ein eingeschränktes Besteuerungsrecht in Höhe von 15 % der Bruttoeinnahmen nach Art. 10 Abs. 2 Buchstabe b OECD MA. Art. 10 Abs. 2 Buchstabe a OECD MA ist nicht anzuwenden, weil die Beteiligung lediglich 10 % beträgt und damit nicht mindestens 25 %. Da Deutschland bisher 25 % Kapitalertragsteuer (zzgl. Solidaritätszuschlag) einbehalten hat, werden die übersteigenden Beträge, wenn die Voraussetzungen des § 50d Abs. 3 EStG nachgewiesen werden können, erstattet.

Bezüge soweit § 27 KStG als verwendet gilt
Darüber hinaus ist ihr ein Betrag in Höhe von 28.888,88 € (260.000 € × 1/9) in Zusammenhang mit der Auskehr des steuerlichen Einlagekontos zugeflossen. Diese Leistungen stellen bei der AD PC Ltd. gewerbliche Einkünfte nach § 17 Abs. 1 i.V.m. Abs. 4 EStG dar, weil sie innerhalb der letzten 5 Jahre zu mehr als 1 % am Stammkapital der FBL-GmbH beteiligt war. Insoweit erzielt sie inländische gewerbliche Einkünfte nach § 49 Abs. 1 Nr. 2 Buchstabe e EStG.

Ein Steuerabzug ist für diese Einkünfte nicht vorgesehen, sodass sie nur im Rahmen einer Veranlagung berücksichtigt werden können. Die AD PC Ltd. ist daher nach § 31 KStG verpflichtet eine Steuererklärung einzureichen, wenn Deutschland als Quellenstaat ein Besteuerungsrecht für diese Einkünfte nach dem DBA Deutschland-Australien zugewiesen bekommen hat.

Das Besteuerungsrecht für die Gewinne im Zusammenhang mit der Veräußerung der Geschäftsanteile an der FBL-GmbH wird nach Art. 13 Abs. 5 OECD MA zugeordnet, da diese Veräußerungsgewinne in den Absätzen 1 bis 4 des Art. 13 OECD MA nicht enthalten sind. Es wird demnach ausschließlich dem Staat zugewiesen, in dem die Person ansässig ist, die den maßgeblichen Vermögenswert veräußert hat, das ist ausschließlich Australien. Deutschland als Quellenstaat besitzt demnach kein Besteuerungsrecht. Die AD PC Ltd. ist daher nicht zur Abgabe einer Steuererklärung verpflichtet. Eine Gewinnermittlung ist demnach nicht durchzuführen.

> **Hinweis!** Hätte Deutschland ein Besteuerungsrecht, so würde der steuerpflichtige Gewinn nach § 8b Abs. 2 KStG von der Besteuerung freigestellt. Gleichzeitig würde eine pauschale Hinzurechnung (5 % des freizustellenden Gewinns) von Betriebsausgaben nach § 8b Abs. 3 S. 1 KStG vorzunehmen sein.

4.2 Organschaft

Fall 1: Voraussetzungen einer Organschaft
Die Midi Kajak – Vertriebs GmbH (M-GmbH) mit Sitz und Geschäftsleitung in Leipzig ist seit 2005 zu 80 % am Stammkapital der Technik & Support GmbH (T-GmbH) mit Geschäftsleitung und Sitz in Markkleeberg beteiligt. Alleinige Gesellschafterin der M-GmbH ist Clara von Chemnitz (C) mit Wohnsitz in Chemnitz. Weitere Gesellschafterin der T-GmbH ist Lisa zu Leipzig. L hält ihre Anteile im Privatvermögen. In den vorangegangenen Kalenderjahren hatte sie regelmäßig 9.000 € als Dividende von der T-GmbH vereinnahmt. Die Stimmrechte entsprechen den Beteiligungsverhältnissen.
Am 16.12.2013 schloss die M-GmbH mit der T-GmbH einen Beherrschungs- und Ergebnisabführungsvertrag ab. Danach unterstellte die T-GmbH die Leitung ihres Unternehmens der M-GmbH. Die T-GmbH verpflichtet sich, ab 01.01.2013 ihren ganzen Gewinn entsprechend § 301 AktG an die M-GmbH abzuführen. Beträge aus dem Jahresüberschuss durften sie nur insoweit in andere Gewinnrücklagen einstellen, als dieses handelsrechtlich zulässig ist, bei vernünftiger kaufmännischer Beurteilung wirtschaftlich begründet ist und die M-GmbH dem zustimmt. Freie Rücklagen, die während der Dauer des Vertrags gebildet werden, sollten auf Verlangen der M-GmbH entnommen und als Gewinn an die

4.2 Organschaft

M-GmbH abgeführt werden. Hingegen war die Abführung von Erträgen aus der Auflösung von freien Rücklagen, die vor dem Beginn des Vertrags gebildet wurden, ausgeschlossen. Weiterhin sollte die M-GmbH analog § 302 Abs. 1 und 3 AktG zum Ausgleich von Jahresfehlbeträgen verpflichtet sein, soweit diese nicht durch Entnahme aus den während der Vertragsdauer gebildeten freien Rücklagen ausgeglichen werden konnten. Auf die Verzinsung im Falle der Verlustübernahme wurde ausdrücklich verzichtet. Weitere Ansprüche wurden nicht geregelt.

Nach dem Beherrschungs- und Ergebnisabführungsvertrag stand die Wirksamkeit des Vertrags unter dem Vorbehalt der Zustimmung der Gesellschafterversammlungen der T-GmbH und sollte mit der Eintragung in das jeweilige Handelsregister wirksam werden und rückwirkend ab 01.01.2013 gelten. Der Vertrag sollte erstmals mit Ablauf des 31.12.2018 unter Einhaltung einer sechsmonatigen Kündigungsfrist gekündigt werden können; ohne Kündigung verlängert sich der Vertrag um jeweils ein Kalenderjahr.

Am 22.12.2013 stimmte die Gesellschafterversammlung der T-GmbH als auch der M-GmbH dem jeweiligen Ergebnisabführungsvertrag zu. Die notarielle Beurkundung erfolgte am 23.12.2013. Am 27.12.2013 wurde die Eintragung beim Handelsregister angemeldet. Die Eintragung im Handelsregister erfolgte am 02.01.2014.

Zum 31.12.2013 erstellt die T-GmbH folgende Gewinn- und Verlustrechnung sowie Bilanz:

Gewinn- und Verlustrechnung:

Aufwand			Ertrag
Sonstige Aufwendungen	800.000	Erlöse	1.500.000
Löhne und Gehälter	500.000		
Gewinnabführung	160.000		
Jahresüberschuss	40.000		
Summe	**1.500.000**		**1.500.000**

Bilanz:

Aktiva			Passiva
Verschiedene Aktiva	3.000.000	Stammkapital	500.000
		Verschiedene Passiva	2.460.000
		Jahresüberschuss	40.000
Summe	**3.000.000**		**3.000.000**

Der Jahresüberschuss in Höhe von 40.000 € wird der Gewinnrücklage zugeführt, da er nach vernünftiger kaufmännischer Beurteilung dazu bestimmt und geeignet ist, der Kapazitätsausweitung in 2014 zu dienen.

Zum 31.12.2013 erstellt die M-GmbH folgende Gewinn- und Verlustrechnung sowie Bilanz:

Gewinn- und Verlustrechnung:

Aufwand			Ertrag
Sonstige Aufwendungen	13.960.000	Gewinnabführung	160.000
Körperschaftsteueraufwand	50.000	Erlöse	14.000.000
Jahresüberschuss	150.000		
Summe	**14.160.000**		**14.160.000**

Bilanz:			
Aktiva			**Passiva**
Verschiedene Aktiva	29.200.000	Stammkapital	900.000
Beteiligung T-GmbH	800.000	Verschiedene Passiva	29.000.000
		Körperschaftsteuer	50.000
		Gewinnrücklage	600.000
		Gewinnvortrag	300.000
		Jahresüberschuss	150.000
Summe	**30.000.000**		**30.000.000**

Aufgabe: Ermitteln Sie das zu versteuernde Einkommen der M-GmbH und der T-GmbH. Wurde der Gewinnabführungsvertrag zutreffend abgeschlossen? Nehmen Sie zu den einzelnen Voraussetzungen Stellung.
Welche Änderungen sind erforderlich um eine steuerrechtlich anzuerkennende Organschaft zu begründen?
Aus Vereinfachungsgründen sollen bei allen Fallgestaltungen Gewerbesteuer, Umsatzsteuer, Kapitalertragsteuer, Solidaritätszuschlag und Doppelbesteuerungsabkommen außer Betracht bleiben.

Lösung:
Subjektive Steuerpflicht
Die M-GmbH als auch die T-GmbH sind aufgrund ihres Sitzes (§ 11 AO) und ihrer Geschäftsleitung § 10 AO im Inland (§ 1 Abs. 3 KStG) nach § 1 Abs. 1 Nr. 1 KStG unbeschränkt körperschaftsteuerpflichtig. Die unbeschränkte Körperschaftsteuer-Pflicht erstreckt sich auf sämtliche weltweit erzielten Einkünfte soweit dieses Besteuerungsrecht nicht durch ein DBA oder andere Vorschriften eingeschränkt wird (§ 1 Abs. 2, § 8 Abs. 1 KStG, § 2 AO).

Objektive Steuerpflicht
Die Körperschaftsteuer bemisst sich nach dem „zu versteuernden Einkommen", § 7 Abs. 1 KStG, R 29 Abs. 1 S. 1 und 2 KStR. Das zu versteuernde Einkommen ist das Einkommen nach § 8 Abs. 1 KStG, welches nach den Vorschriften des Einkommensteuergesetzes und des Körperschaftsteuergesetzes zu ermitteln ist (§ 7 Abs. 2 KStG, R 32 Abs. 1 KStR), vermindert um eventuelle Freibeträge nach § 24 und 25 KStG. Diese sind jedoch auf Kapitalgesellschaften nicht anzuwenden.

Die Körperschaftsteuer ist eine Jahressteuer, ihre Grundlagen sind jeweils für ein Kalenderjahr zu ermitteln, § 7 Abs. 3 S. 1 und 2 KStG. Davon abweichend ist der Gewinn der M-GmbH als auch der T-GmbH nach dem Wirtschaftsjahr zu ermitteln, da sie für diesen Zeitraum auch regelmäßige Abschlüsse nach dem HGB erstellen, § 7 Abs. 4 S. 1 KStG.

Die M-GmbH als auch die T-GmbH gelten, gem. § 13 Abs. 3 GmbHG, als Handelsgesellschaften (= Formkaufmann) i.S.d. HGB. Nach § 6 Abs. 1 HGB finden die in Betreff der Kaufleute gegebenen Vorschriften auch auf die Handelsgesellschaften Anwendung. Daher ist die GmbH als Formkaufmann gem. § 238 Abs. 1 S. 1 HGB zur Buchführung verpflichtet.

Die Gewinnermittlung hat durch Betriebsvermögensvergleich (BVV) zu erfolgen, § 5 EStG i.V.m. § 4 Abs. 1 EStG. Der Gewinn gilt als in dem Kalenderjahr zugeflossen, in dem das Wirtschaftsjahr endet, hier das Kalenderjahr 2013 (§ 7 Abs. 4 S. 2 KStG).

Die Vorschrift des § 8 Abs. 2 KStG bestimmt, dass die Firmen M-GmbH und T-GmbH, welche nach § 1 Abs. 1 Nr. 1 KStG unbeschränkt steuerpflichtig sind, alle Einkünfte als Einkünfte aus Gewerbebetrieb (§ 15 Abs. 1 und 2 EStG) zu behandeln haben, R 32 Abs. 3 S. 1 KStR.

4.2 Organschaft

Laut Sachverhalt wurde zum 16.12.2013 ein Beherrschungs- und Gewinnabführungsvertrag (GAV) entsprechend § 291 AktG zwischen der M-GmbH und der T-GmbH abgeschlossen. Es ist insoweit zu prüfen, ob der Gewinnabführungsvertrag auch steuerrechtlich berücksichtigt werden kann.

Steuerrechtlich kommt ein GAV nur dann in Betracht, wenn die Voraussetzungen der §§ 14 bis 19 KStG erfüllt werden. Gem. § 17 S. 1 KStG gelten die §§ 14 bis 16 KStG entsprechend für andere Kapitalgesellschaften. Hierunter ist auch eine GmbH zu verstehen. Die T-GmbH muss danach ihre Geschäftsleitung (§ 10 AO) im Inland haben und ihren Sitz (§ 11 AO) in einem Mitgliedstaat der Europäischen Union oder in einem Vertragsstaat des EWR-Abkommens (§ 17 S. 1 KStG). Dies ist, wie oben darstellt, lt. Sachverhalt erfüllt.

Die T-GmbH muss sich verpflichten, aufgrund eines zivilrechtlich wirksam abgeschlossenen GAV den ganzen Gewinn entsprechend § 301 AktG an die M-GmbH abzuführen (§ 17 S. 2 Nr. 1 KStG). Der GAV wurde schriftlich am 16.12.2013 geschlossen und durch die Gesellschafter am 22.12.2013 bestätigt (¾ der bei Beschlussfassung abgegebenen Stimmen). Ferner erfolgt die notarielle Beurkundung am 23.12.2013 (R 66 Abs. 1 S. 2 KStR). Wirksam wird der Vertrag allerdings erst mit Eintragung im Handelsregister, welche erst am 02.01.2014 erfolgt; damit ist der GAV nicht bis zum Ende des ersten Wirtschaftsjahres wirksam geworden, für das der GAV gelten soll. Der GAV kann deshalb steuerrechtlich seine Wirkung frühestens ab dem Wirtschaftsjahr 2014 entfaltet (§ 14 Abs. 1 S. 2 KStG).

Fehlender Ausgleichsanspruch (§ 304 Abs. 4 S. 1 AktG)

Problematisch ist allerdings, dass die zweite Gesellschafterin, Lisa zu Leipzig welche mit zwanzig Prozent direkt an der T-GmbH beteiligt ist, entgegen der Regelung in § 304 Abs. 1 AktG keinen Ausgleichsanspruch zugewiesen bekommen hat. Die fehlende Vereinbarung eines Ausgleichsanspruchs kann zu einer Nichtigkeit des Vertrags nach § 304 Abs. 3 S. 1 AktG führen. Zur Anwendung der Regelung des § 304 AktG auch auf andere Kapitalgesellschaften, vgl. FG Münster vom 21.09.2007, 9 K 4007/06 K.

> **Hinweis!** Eine steuerrechtliche Legaldefinition des Begriffs „Ausgleichszahlungen" fehlt. Anders als § 14 KStG 1977/1999, der den erforderlichen Gewinnabführungsvertrag durch Verweis auf § 291 Abs. 1 AktG näher bestimmt, enthält § 16 KStG 1977/1999 zwar keine direkte Bezugnahme auf den Begriff der Ausgleichszahlung im Sinne des § 304 Abs. 1 Satz 1 AktG, knüpft nach dem Gesamtzusammenhang der Regelungen an die letztgenannte Norm jedoch insoweit an, als Ausgleichzahlungen i.S.d. AktG zumindest den Grundfall der Ausgleichszahlungen i.S.d. § 16 KStG 1977/1999 darstellen. Nach § 304 Abs. 1 Satz 1 AktG muss ein GAV einen angemessenen Ausgleich für die außenstehenden Aktionäre durch eine auf die Anteile am Grundkapital bezogene wiederkehrende Geldleistung (Ausgleichszahlung) vorsehen. § 304 Abs. 2 AktG regelt, welcher Betrag „mindestens" als Ausgleichszahlung zuzusichern ist, d.h. zugunsten außenstehender Aktionäre darf von Bestimmungen dieser Norm abgewichen werden. (Vgl. auch BMF-Schreiben vom 13.09.1991, DB 1991, 2110; BMF vom 16.04.1991, IV B 7 – S 2770 – 11/91.)

Finanzielle Eingliederung

Die Organgesellschaft (T-GmbH) ist seit Beginn des Wirtschaftsjahres 2013 finanziell in die M-GmbH eingegliedert, da ihr mehr als 50 % der Anteile und damit Stimmrecht der T-GmbH zuzurechnen sind (§ 14 Abs. 1 S. 1 Nr. 1 KStG).

Die M-GmbH stellt eine Gesellschaft im Sinne des § 14 Abs. 1 S. 1 Nr. 2 S. 1 KStG dar, da sie aufgrund ihrer Geschäftsleitung und des Sitzes eine im Inland unbeschränkt steuerpflichtige Körperschaft im Sinne des § 1 Abs. 1 Nr. 1 KStG ist. Sie betreibt ebenfalls ein gewerbliches Unternehmen (§ 15 Abs. 1 Nr. 1 EStG) und ist nach dem Beherrschung- und Gewinnabführungsvertrag das einzige Unternehmen, das als Organträger berücksichtigt wurde (§ 14 Abs. 1 S. 1 KStG). Darüber hinaus sind die Anteile einer in Deutschland liegenden Betriebsstätte zuzurechnen und ausschließlich Deutschland hat das Besteuerungsrecht für das dem Organträger zuzurechnende Einkommen (§ 14 Abs. 1 Nr. 2 S. 4 bis 7 KStG i.d.F. des Gesetzes vom 20.02.2013, anzuwenden ab dem Veranlagungszeitraum 2012 § 34 Abs. 1 KStG).

Der abgeschlossene Gewinnabführungsvertrag wird zwar erst ab dem Veranlagungszeitraum 2014 wirksam, wenn die oben genannten zivilrechtlichen Fehler behoben werden und der geänderte Vertrag durch die Gesellschafter nochmals bestätigt, notariell beurkundet und in das Handelsregister bis zum 31.12.2014 eingetragen wurde. Dem festen Abschluss auf fünf Jahre steht dies dann nicht entgegen, da dieser erst mit Ablauf des Kalenderjahres 2018 kündbar ist. Die festgestellten Fehler sind nicht nach § 14 Abs. 1 Nr. 3 S. 4 ff. KStG (i.d.F. vom 20.02.2013, anzuwenden auf alle noch nicht bestandskräftig veranlagten Fälle) heilbar, weil es sich um zivilrechtliche Fehler handelt und damit der Gewinnabführungsvertrag dem Grunde nach nicht begründet werden kann.

Ferner muss sich die T-GmbH verpflichten ihren ganzen Gewinn an die M-GmbH abzuführen, soweit nicht § 16 KStG zur Anwendung kommt. Dies ist hier gegeben. Die durch die T-GmbH im Wirtschaftsjahr 2013 gebildete Rücklage für die Kapazitätsausweitung ist nach § 14 Abs. 1 Nr. 4 KStG zulässig, da sie nach vernünftiger kaufmännischer Beurteilung gebildet wurde und wirtschaftlich begründet ist. Die Durchführung des GAV wird hierdurch auch unter Würdigung des § 301 AktG nicht gestört (R 60 Abs. 5 S. 1 Nr. 3 KStR). Soweit deshalb die M-GmbH einen höheren Gewinn versteuern müsste, als an sie handelsrechtlich abgeführt wird, wäre dann in ihrer Steuerbilanz steuerneutral ein Ausgleichsposten zu bilden (§ 14 Abs. 4 KStG, R 63 Abs. 1 KStR).

Da der Gewinnabführungsvertrag seine Wirkung erst ab dem Veranlagungszeitraum 2014 entfalten kann, ist ferner in den GAV die Ausschüttungssperre (§ 268 Abs. 8 HGB, § 301 AktG) aufzunehmen. Insoweit kann dann keine Gewinnabführung erfolgen. Das BMF-Schreiben vom 14.01.2010 (BStBl I 2010, 65) kommt nicht zur Anwendung, da der GAV noch nicht bestand.

Im GAV muss ferner vereinbart sein, dass der gesamte Verlust entsprechend § 302 AktG durch die M-GmbH ausgeglichen wird. Da die Neuregelung erst nach dem 26.02.2013 erfolgte, kommt nur noch ein dynamischer Verweis auf die Regelung des § 302 AktG in Betracht.

> **Hinweis für Vereinbarungen, die bis zum 26.02.2013 getroffen werden!** Eine Bezugnahme auf die Vorschrift des § 302 AktG in ihrer Gesamtheit liegt vor, wenn die Vertragsklausel zunächst insgesamt auf die „Vorschriften des § 302 AktG" verweist. Im Anschluss an einen solchen Verweis erfolgende weitere Ausführungen, z.B. durch Wiedergabe des Wortlauts des § 302 Abs. 1 AktG, stehen einer wirksamen Bezugnahme auf § 302 AktG in seiner Gesamtheit nur dann entgegen, wenn sie erkennbar darauf gerichtet sind, die umfassende Bezugnahme auf § 302 AktG zu relativieren und bestimmte Absätze der Vorschrift von der Einbeziehung in die Vereinbarung über die Verlustübernahme auszuschließen. Von einer erkennbar eingeschränkten Vereinbarung ist nur dann auszugehen, wenn der Wortlaut der Vereinbarung die Einschränkung eindeutig vorsieht oder über den Wortlaut hinaus konkrete weitere Anhaltspunkte vorliegen (BMF vom 19.10.2010, IV C 2 - S 2770/08/10004, BStBl I 2010, 836).

Der Verstoß gegen die Pflicht der §§ 352, 353 HGB zur Verzinsung eines Verlustausgleichsanspruchs bzw. der Verzicht auf eine Verzinsung im Rahmen einer Organschaft hat keine Auswirkungen auf die steuerliche Anerkennung der Organschaft. Die unterlassene oder unzutreffende Verzinsung eines Verlustausgleichsanspruchs steht einer tatsächlichen Durchführung des Gewinnabführungsvertrags nicht entgegen. Im Falle einer unterlassenen Verzinsung oder eines unzulässigen Verzichts verletzen die Beteiligten lediglich eine vertragliche Nebenpflicht. Das Unterlassen der Verzinsung führt aus steuerlicher Sicht insoweit zwar zu einer verdeckten Gewinnausschüttung, weil der Gewinnabführungsvertrag nicht zu „fremdüblichen" Bedingungen abgewickelt wird. Verdeckte Gewinnausschüttungen der Organgesellschaft an den Organträger haben jedoch den Charakter vorweggenommener Gewinnabführungen, sodass sie als Vorausleistungen auf den Anspruch aus dem Gewinnabführungsvertrag zu werten sind. Diese werden zur Vermeidung einer steuerlichen Doppelbelastung auf der Ebene des Organträgers ent-

4.2 Organschaft

sprechend R 62 Abs. 2 KStR gekürzt. Durch eine verdeckte Gewinnabführung wird die Durchführung des Gewinnabführungsvertrags nicht infrage gestellt (R 61 Abs. 4 S. 1 KStR), (BMF vom 15.10.2007, IV B 7 – S 2770/0, BStBl I 2007, 765).

Rechtsfolgen für das Wirtschaftsjahr 2013
Da der vorliegende GAV zivilrechtlich und steuerrechtlich nicht anzuerkennen war, gilt er als von Beginn an unwirksam. Das Einkommen bei der Organgesellschaft ist deshalb nach den allgemeinen steuerrechtlichen Vorschriften zur Körperschaftsteuer zu veranlagen (R 60 Abs. 8 S. 2 KStR).

Nach ständiger Rechtsprechung wird der Tatbestand des § 8 Abs. 3 S. 2 KStG u.a. durch eine Vermögensminderung erfüllt, die sich auf den Unterschiedsbetrag i.S. des § 4 Abs. 1 EStG auswirkt und durch das Gesellschaftsverhältnis veranlasst oder zumindest mitveranlasst ist und nicht im Zusammenhang mit einer offenen Gewinnausschüttung steht. Die Ergebnisabführung, die diesen Maßgaben entspricht, ist als verdeckte Gewinnausschüttung anzusetzen, da die Voraussetzungen einer Organschaft zwischen der M-GmbH als Organträgerin und der T-GmbH als Organgesellschaft (§ 17 S. 1 i.V.m. § 14 KStG) im Streitjahr nicht erfüllt sind.

Der Jahresüberschuss der T-GmbH (40.000 €) wird deshalb im Rahmen der Einkommensermittlung außerhalb der Bilanz um die Gewinnabführung erhöht (+ 160.000 €).

Die Bildung der Gewinnrücklage erfolgt steuerneutral. Eine Korrektur ist daher nicht erforderlich.

Die tarifliche Körperschaftsteuer nach § 23 KStG beträgt 15 % von 200.000 € = 30.000 €.

Auswirkungen auf die M-GmbH
Aufgrund der zivilrechtlichen Nichtigkeit des GAV nach § 304 Abs. 3 S. 1 AktG (vgl. obige Ausführungen) ist durch die M-GmbH eine Organschaft nicht anzuerkennen. Das Einkommen der T-GmbH ist nicht durch die M-GmbH zu versteuern. Soweit die M-GmbH Beträge aufgrund des GAV vereinnahmt hat, liegen Bezüge nach § 20 Abs. 1 Nr. 1 S. 2 EStG vor. Diese sind nach § 8b Abs. 1 S. 1 KStG von der Besteuerung freizustellen. Gleichzeitig gelten nach § 8b Abs. 5 S. 1 KStG 5 % dieser Bezüge als Ausgaben, die nicht als Betriebsausgaben abgezogen werden dürfen. Die Kürzung erfolgt außerhalb der Bilanz im Rahmen der Einkommensermittlung.

§ 8b Abs. 1 S. 2 KStG kommt nicht zur Anwendung, weil eine Hinzurechnung der Gewinnabführung bei der T-GmbH durchgeführt wurde.

Jahresüberschuss laut Handelsbilanz	150.000 €
+ Körperschaftsteuer-Aufwand § 10 Nr. 2 KStG	+ 50.000 €
./. Dividende § 8b Abs. 1 S. 1 KStG	./. 160.000 €
+ Kürzung § 8b Abs. 5 S. 1 KStG	+ 8.000 €
= zu versteuerndes Einkommen	**48.000 €**

Fall 2: Organschaft & steuerfreie Einkünfte
Die Midi Kajak – Vertriebs GmbH (M-GmbH) mit Sitz und Geschäftsleitung in Leipzig ist seit 2005 zu 80 % am Stammkapital der Technik & Support GmbH (T-GmbH) mit Geschäftsleitung und Sitz in Markkleeberg beteiligt. Alleinige Gesellschafterin der M-GmbH und weitere Gesellschafterin der T-GmbH ist Clara von Chemnitz (C) mit Wohnsitz in Chemnitz. C hält ihre Anteile im Privatvermögen. In den vorangegangenen Kalenderjahren hatte sie regelmäßig 8.500 € als Dividende von der T-GmbH vereinnahmt. Die Stimmrechte entsprechen den Beteiligungsverhältnissen.
Am 16.12.2013 schloss die M-GmbH mit der T-GmbH einen Beherrschungs- und Ergebnisabführungsvertrag ab. Danach unterstellte die T-GmbH, die Leitung ihres Unternehmens der M-GmbH. Die T-GmbH verpflichtet sich, ab 01.01.2013 ihren ganzen Gewinn (entsprechend § 301 AktG) an die

M-GmbH abzuführen. Ferner verpflichtete sich die T-GmbH, jährlich einen Betrag in Höhe von 8.500 € an die Minderheitsgesellschafterin C zu entrichten. Beträge aus dem Jahresüberschuss durften sie nur insoweit in andere Gewinnrücklagen einstellen, als dieses handelsrechtlich zulässig ist, bei vernünftiger kaufmännischer Beurteilung wirtschaftlich begründet ist und die M-GmbH dem zustimmt. Freie Rücklagen, die während der Dauer des Vertrags gebildet werden, sollten auf Verlangen der M-GmbH entnommen und als Gewinn an die M-GmbH abgeführt werden. Hingegen war die Abführung von Erträgen aus der Auflösung von freien Rücklagen, die vor dem Beginn des Vertrags gebildet wurden, ausgeschlossen. Weiterhin sollte die M-GmbH analog § 302 AktG (in der jeweils gültigen Fassung) zum Ausgleich von Jahresfehlbeträgen verpflichtet sein, soweit diese nicht durch Entnahme aus den während der Vertragsdauer gebildeten freien Rücklagen ausgeglichen werden konnten. Weitere Ansprüche wurden nicht geregelt.

Nach dem Beherrschungs- und Ergebnisabführungsvertrag stand die Wirksamkeit des Vertrags unter dem Vorbehalt der Zustimmung der Gesellschafterversammlungen der T-GmbH und sollte mit der Eintragung in das jeweilige Handelsregister wirksam werden und rückwirkend ab 01.01.2013 gelten. Der Vertrag sollte erstmals mit Ablauf des 31.12.2017 unter Einhaltung einer sechsmonatigen Kündigungsfrist gekündigt werden können; ohne Kündigung verlängert sich der Vertrag um jeweils ein Kalenderjahr.

Am 22.12.2013 stimmte die Gesellschafterversammlung der T-GmbH als auch der M-GmbH dem jeweiligen Ergebnisabführungsvertrag zu. Die notarielle Beurkundung erfolgte am 23.12.2013. Am gleichen Tage wurde die Eintragung bei Handelsregister angemeldet. Die Eintragung im Handelsregister erfolgte am 28.12.2013.

Zum 31.12.2013 erstellt die T-GmbH folgende Gewinn- und Verlustrechnung sowie Bilanz:

Gewinn- und Verlustrechnung:

Aufwand			Ertrag
Sonstige Aufwendungen	800.500	Erlöse	1.701.000
Löhne und Gehälter	497.000	Erlöse Produktion Frankreich	290.000
Aufwendungen Frankreich	380.000	Dividendenerträge E SA	10.000
Ausländische Quellensteuer	2.000	Investitionszulage	5.000
Körperschaftsteuer	3.000		
Beratungsleistungen	25.000		
Ausgleichszahlung	8.500		
Gewinnabführung	230.000		
Verlustvortrag aus 2011	20.000		
Zuführung (Gewinnrücklagen)	40.000		
Bilanzgewinn	0		
Summe	**2.006.000**		**2.006.000**

Bilanz:

Aktiva			Passiva
Verschiedene Aktiva	3.000.000	Stammkapital	500.000
		Gewinnrücklage	40.000
		Verschiedene Passiva	2.460.000
		Bilanzgewinn	0
Summe	**3.000.000**		**3.000.000**

4.2 Organschaft

a) Der Jahresüberschuss in Höhe von 40.000 € wird der Gewinnrücklage zugeführt, da er nach vernünftiger kaufmännischer Beurteilung dazu bestimmt und geeignet ist, der Kapazitätsausweitung in 2014 zu dienen.
b) Die T-GmbH ist seit vielen Jahren an der Entdecker-Tur SA, Paris (E SA) mit mehr als 10 % beteiligt. Diese schüttete erstmals 2013 mit Beschluss vom 01.04.2013 eine Dividende aus.
c) In Zusammenhang mit einer Neuinvestition in 2013 wurde der T-GmbH eine Investitionszulage in Höhe von 5.000 € durch das Finanzamt gutgeschrieben. In diesem Zusammenhang wurden Beratungsleistungen in Höhe von 25.000 € an die Firma B SA, Bahnhofstr. 10, Zürich entrichtet. Nach der Auskunft der Informationszentrale Ausland soll es sich um eine Briefkastengesellschaft handeln. Die Rechnung wurde bar bezahlt. Weitere Informationen über den Zahlungsempfänger liegen nicht vor. Sicher ist allerdings, dass es sich um betrieblich veranlasste Zahlungen handelt.
d) Mit Gesellschafterbeschluss vom 01.04.2013 wurde die Gewinnrücklage in Höhe von 50.000 €, welche zum 31.12.2012 für die Renovierung der Betriebsräume gebildet wurde, aufgelöst und gleichzeitig an die Gesellschafter ausgeschüttet.

Zum 31.12.2013 erstellt die M-GmbH folgende Gewinn- und Verlustrechnung sowie Bilanz:

Gewinn- und Verlustrechnung:

Aufwand		Ertrag	
Sonstige Aufwendungen	13.940.000	Gewinnabführung	230.000
Körperschaftsteueraufwand	75.000	Dividendenertrag	40.000
Jahresüberschuss	145.000	Erlöse	13.890.000
Summe	**14.160.000**		**14.160.000**

Bilanz:

Aktiva		Passiva	
Verschiedene Aktiva	29.200.000	Stammkapital	900.000
Beteiligung T-GmbH	800.000	Verschiedene Passiva	29.000.000
		Körperschaftsteuer-Rückstellung	75.000
		Gewinnrücklage	600.000
		Gewinnvortrag	280.000
		Jahresüberschuss	145.000
Summe	**30.000.000**		**30.000.000**

Aufgabe: Ermitteln Sie das zu versteuernde Einkommen der M-GmbH und der T-GmbH. Wurde der GAV zutreffend abgeschlossen? Nehmen Sie zu den einzelnen Voraussetzungen Stellung. Aus Vereinfachungsgründen sollen bei allen Fallgestaltungen Gewerbesteuer, Umsatzsteuer, Kapitalertragsteuer und Solidaritätszuschlag außer Betracht bleiben.
Soweit ausländische Betriebsstätteneinkünfte enthalten sind, sind diese von der Besteuerung freizustellen. Bei ausländischen Dividendenerträgen soll nach den maßgeblichen DBA eine Anrechnung in Höhe von 10 % der Bruttoerträge gelten.

Lösung:
Subjektive Steuerpflicht
Die M-GmbH als auch die T-GmbH sind aufgrund ihres Sitzes (§ 11 AO) und ihrer Geschäftsleitung § 10 AO im Inland (§ 1 Abs. 3 KStG) nach § 1 Abs. 1 Nr. 1 KStG unbeschränkt körperschaftsteuerpflichtig. Die unbeschränkte Körperschaftsteuer-Pflicht erstreckt sich auf sämtliche weltweit erzielten Einkünfte,

soweit dieses Besteuerungsrecht nicht durch ein DBA oder andere Vorschriften eingeschränkt wird (§ 1 Abs. 2, § 8 Abs. 1 KStG, § 2 AO).

Objektive Steuerpflicht

Die Körperschaftsteuer bemisst sich nach dem „zu versteuernden Einkommen", § 7 Abs. 1 KStG, R 29 Abs. 1 S. 1 und 2 KStR. Das zu versteuernde Einkommen ist das Einkommen nach § 8 Abs. 1 KStG, welches nach den Vorschriften des Einkommensteuergesetzes und des Körperschaftsteuergesetzes zu ermitteln ist (§ 7 Abs. 2 KStG, R 32 Abs. 1 KStR), vermindert um eventuelle Freibeträge nach §§ 24 und 25 KStG. Diese sind jedoch auf Kapitalgesellschaften nicht anzuwenden.

Die Vorschrift des § 8 Abs. 2 KStG bestimmt, dass die Firmen M-GmbH und T-GmbH, welche nach § 1 Abs. 1 Nr. 1 KStG unbeschränkt steuerpflichtig sind, alle Einkünfte als Einkünfte aus Gewerbebetrieb (§ 15 Abs. 1 und 2 EStG) zu behandeln haben, R 32 Abs. 3 S. 1 KStR.

Die Körperschaftsteuer ist eine Jahressteuer, ihre Grundlagen sind jeweils für ein Jahr zu ermitteln, § 7 Abs. 3 S. 1 und 2 KStG. Der Gewinn der M-GmbH als auch der T-GmbH ist nach dem Wirtschaftsjahr zu ermitteln, da sie für diesen Zeitraum auch regelmäßige Abschlüsse erstellen, § 7 Abs. 4 S. 1 KStG.

Die M-GmbH als auch die T-GmbH gelten, gem. § 13 Abs. 3 GmbHG, als Handelsgesellschaften (= Formkaufmann) i.S.d. HGB. Nach § 6 Abs. 1 HGB finden die in Betreff der Kaufleute gegebenen Vorschriften auch auf die Handelsgesellschaften Anwendung. Daher ist die GmbH als Formkaufmann gem. § 238 Abs. 1 S. 1 HGB zur Buchführung verpflichtet.

Die Gewinnermittlung hat durch Betriebsvermögensvergleich (BVV) zu erfolgen, § 5 EStG i.V.m. § 4 Abs. 1 EStG. Der Gewinn gilt als in dem Kalenderjahr zugeflossen, in dem das Wirtschaftsjahr endet, hier das Kalenderjahr 2013 (§ 7 Abs. 4 S. 2 KStG).

Laut Sachverhalt wurde zum 16.12.2013 ein Beherrschungs- und Gewinnabführungsvertrag (GAV) entsprechend § 291 AktG zwischen der M-GmbH und der T-GmbH abgeschlossen. Es ist insoweit zu prüfen, ob der Gewinnabführungsvertrag auch steuerrechtlich berücksichtigt werden kann.

Steuerrechtlich kommt ein GAV nur dann in Betracht, wenn die Voraussetzungen der §§ 14 bis 19 KStG erfüllt werden. Gem. § 17 S. 1 KStG gelten die §§ 14 bis 16 KStG entsprechend für andere Kapitalgesellschaften. Hierunter ist auch eine GmbH zu verstehen. Die T-GmbH muss danach ihre Geschäftsleitung (§ 10 AO) im Inland und ihren Sitz (§ 11 AO) in einem EU-/ bzw. ERW-Staat haben (§ 17 S. 1 KStG). Dies ist, wie oben darstellst, lt. Sachverhalt erfüllt.

Die T-GmbH muss sich verpflichten aufgrund eines zivilrechtlich wirksam abgeschlossenen GAV den ganzen Gewinn an einen Organträger (die M-GmbH) abzuführen, der die Voraussetzungen des § 14 KStG erfüllt.

Die finanzielle Eingliederung nach § 14 Abs. 1 S. 1 Nr. 1 KStG ist gegeben (mehr als 50 % der Stimmrechte), da der M-GmbH seit Beginn des Wirtschaftsjahres 2013 aufgrund der 80 %-igen (unmittelbaren) Beteiligung die Mehrheit der Anteile als auch der Stimmrechte zustehen und diese Anteile als auch das Besteuerungsrecht ununterbrochen einer inländischen Betriebsstätte sowohl nach nationalem Recht als auch nach DBA-Recht zuzurechnen sind (§ 14 Abs. 1 Nr. 2 S. 7 KStG).

Die M-GmbH stellt eine Gesellschaft i.S.d. § 14 Abs. 1 S. 1 Nr. 2 KStG dar, da sie aufgrund ihrer Geschäftsleitung und des Sitzes eine im Inland unbeschränkt steuerpflichtige Körperschaft i.S.d. § 1 Abs. 1 Nr. 1 KStG ist. Sie betreibt ebenfalls ein gewerbliches Unternehmen (§ 15 Abs. 1 Nr. 1 EStG i.V.m. § 8 Abs. 2 KStG) und ist nach dem Beherrschung- und Gewinnabführungsvertrag das einzige Unternehmen, das als Organträger berücksichtigt wurde.

Der GAV wurde schriftlich am 16.12.2013 geschlossen und durch die Gesellschafter der M-GmbH als auch T-GmbH am 22.12.2013 bestätigt (¾ der bei Beschlussfassung abgegebenen Stimmen). Ferner erfolgt die notarielle Beurkundung am 23.12.2013 (R 66 Abs. 1 S. 2 KStR). Wirksam wurde der Vertrag mit Eintragung im Handelsregister am 28.12.2013. Der GAV wurde damit bis zum Ende des ersten Wirt-

4.2 Organschaft

schaftsjahres wirksam, für das er gelten soll. Der GAV kann deshalb steuerrechtlich seine Wirkung ab dem Wirtschaftsjahr 2013 entfalten (§ 14 Abs. 1 S.2 KStG).

Der Vertrag wurde fest auf fünf Zeitjahre abgeschlossen, da er frühestens mit Ablauf des 31.12.2017 gekündigt werden kann. Die spätere jährliche Kündigungsmöglichkeit ist hierbei unerheblich (Fünfjahreszeitraum § 14 Abs. 1 S. 1 Nr. 3 S. 1 KStG).

Ferner muss sich die OG (T-GmbH) gem. § 301 AktG verpflichten ihren ganzen Gewinn abzuführen. Dies erfolgte ebenfalls. Die Zusage einer Ausgleichszahlung an die Minderheitsgesellschafterin C steht dem nicht entgegen (§ 304 AktG), da es sich insoweit um einen gesetzlich verankerten Ausgleichsanspruch handelt. Unerheblich ist es hierfür, durch wen die Zahlung erfolgt (OG oder OT).

Auch die Verpflichtung des OT (M-GmbH) zum Ausgleich des Verlustes entsprechend § 302 AktG erfolgte zutreffend.

Durchführung des GAV
Die durch die T-GmbH im Wirtschaftsjahr 2013 gebildete Rücklage für die Kapazitätsausweitung ist nach § 14 Abs. 1 Nr. 4 KStG zulässig, da sie nach vernünftiger kaufmännischer Beurteilung gebildet wurde und wirtschaftlich begründet ist. Die Durchführung des GAV wird hierdurch auch unter Würdigung des § 301 AktG nicht gestört (R 60 Abs. 5 S. 1 Nr. 3 KStR).

Die Bildung der Rücklage führt handelsrechtlich zu einer Minderung des an den Organträger abzuführenden Gewinnes. Auf das Einkommen wirkt sich die Rücklagenbildung aber nicht aus, weil sie ergebnisneutral gebildet wird. Somit muss der Organträger ein höheres Einkommen versteuern, als zivilrechtlich an ihn abzuführen ist. Da der gesamte Vorgang innerhalb der Organschaft realisiert wurde, stellt dies eine Minderabführung dar, die ihre Ursache in organschaftliche Zeit hat (§ 14 Abs. 4 KStG). Der innere Wert der T-GmbH erhöht sich durch diese Minderabführungen. Im Falle einer Veräußerung der Beteiligung würde dies zu einer Doppelbesteuerung führen. In der Steuerbilanz des Organträgers ist deshalb steuerneutral (nicht ergebnisneutral) im Umfang ihrer Beteiligung an der T-GmbH (80 %) ein Ausgleichsposten in Höhe dieser Minderabführung zu bilden (§ 14 Abs. 4 KStG, R 63 Abs. 1 KStR 40.000 € × 80 % = 32.000 €). Der Ausgleichsposten mindert sich insoweit, als in den folgenden Jahren die Rücklage aufgelöst und an den OT abgeführt wird. Da die Rücklage nicht durch eine Zahlung der M-GmbH (OT) gebildet wurde, liegt keine Einlage des OT vor. Seine Anschaffungskosten bezüglich der Beteiligung an der OG ändern sich daher nicht.

Ferner ist in Höhe der Minderabführung ein Zugang zum steuerlichen Einlagekonto bei der T-GmbH zu erfassen (§ 27 Abs. 6 KStG, + 40.000 €).

Nach § 301 AktG mindert sich der abzuführende Gewinn um Verluste, die in vorvertraglicher Zeit erlitten wurden. Die Durchführung des GAV wird deshalb hiervon nicht beeinträchtigt. Der Verlustausgleich führt zu einer Minderabführung, die ihre Ursache in vororganschaftlicher Zeit hat. In diesem Umfang liegt vielmehr eine Einlage des OT vor, welche den Beteiligungsbuchwert im gleichen Umfang erhöht (R 64 S. 2 KStR). In der Steuerbilanz des OT ist deshalb kein weiterer Ausgleichsposten zu bilden.

In Höhe der Einlage ist bei der Organgesellschaft anschließend das steuerliche Einlagekonto fortzuschreiben (§ 27 Abs. 2 KStG, + 20.000 €).

Die Auflösung der Gewinnrücklage aus vorvertraglicher Zeit führt nicht zu einem Durchführungsmangel, da dieser Gewinn zutreffend an die Anteilseigner Clara von Chemnitz (20 % von 50.000 €) und die M-GmbH (80 % von 50.000 €) nur ausgeschüttet und nicht an den OT abgeführt werden darf (§§ 301, 302 AktG, R 60 Abs. 4 S. 4 KStR). Die Anteilseigner der T-GmbH erzielen insoweit Einnahmen i.S.d. § 20 Abs. 1 Nr. 1 S. 1 EStG, die dem Teileinkünfteverfahren bzw. dem besonderen Steuersatz (§ 32d EStG) unterliegen bzw. bei Körperschaften nach § 8b Abs. 1 KStG steuerfrei gestellt werden. Eine Einkommenskorrektur ist bei der T-GmbH nicht erforderlich, da dieser Vorgang einkommensneutral ist.

Einkommensermittlung

Die M-GmbH und die T-GmbH bilden auch nach Abschluss des GAV zivilrechtlich zwei selbständige Rechtspersonen und körperschaftsteuerrechtlich zwei verschiedene Steuersubjekte. Handelsrechtlich sind deshalb zwei Abschlüsse zu erstellen (vgl. obige Ausführungen). Darauf aufbauend erfolgt die Einkommensermittlung grundsätzlich bei jeder Gesellschaft getrennt. Der M-GmbH als OT wird, soweit § 16 KStG nicht anderes vorschreibt, dann das bei der T-GmbH ermittelte Einkommen nach § 14 Abs. 1 S. 1 KStG zugerechnet. Die Zurechnung erfolgt in dem Veranlagungszeitraum, in der das Wirtschaftsjahr der T-GmbH endet (§ 14 Abs. 1 S. 2 KStG).

Ausgangsgrundlage ist der Jahresüberschuss der T-GmbH gem. HB/StB **40.000 €**

Dieser wird auf der Grundlage des Bilanzgewinns von 0 € zuzüglich der in die Gewinnrücklage eingestellten Beträge (40.000 €) ermittelt.

Die Gewinnabführung stellt handelsrechtlich eine schuldrechtliche Verpflichtung der OG gegenüber dem OT dar und führt insoweit zulässigerweise zu Betriebsausgaben. Da dies jedoch eine Gewinnverwendung darstellt, ist steuerrechtlich die Gewinnabführung durch Zurechnung außerhalb der Bilanz zu neutralisieren (R 61 Abs. 1 KStR). **+ 230.000 €**

Die Verlustverrechnung ist handelsrechtlich möglich. Steuerrechtlich ist auch insoweit eine „Gewinnverwendung" gegeben, die sich auf das Einkommen nicht auswirken darf. **+ 20.000 €**

Da lt. Sachverhalt kein Verlustvortrag nach § 10d EStG zum 31.12.2012 festgestellt wurde, ist insoweit nichts zu veranlassen. Unabhängig davon würde ein eventueller Verlustvortrag durch das Organschaftsverhältnis für den Zeitraum der Zugehörigkeit zur Organschaft bei der Organgesellschaft eingefroren werden (§ 15 S. 1 Nr. 1 KStG). Eine Nutzung könnte deshalb erst nach Beendigung der Organschaft erfolgen.

Das steuerliche Einlagekonto bei der T-GmbH erhöht sich, wie bereits oben dargestellt, zum Ende des Wirtschaftsjahres um diese 20.000 € (§ 27 Abs. 1 KStG, R 60 Abs. 5 Nr. 1 KStR).

Die ausländische Quellensteuer (2.000 €) als auch die deutsche Körperschaftsteuer (3.000 €) sind, da es sich um Personensteuern handelt, nach § 10 Nr. 2 KStG außerhalb der Bilanz im Rahmen der Einkommensermittlung hinzuzurechnen. **+ 5.000 €**

Die durch die T-GmbH an C geleistete Ausgleichszahlung ist nach § 4 Abs. 5 S. 1 Nr. 9 EStG nicht als Betriebsausgabe abzugsfähig und wird daher außerhalb der Bilanz im Rahmen der Einkommensermittlung hinzugerechnet. **+ 8.500 €**

Die Investitionszulage stellt nach § 13 InvZulG eine nicht steuerbare Vermögensmehrung dar. Sie ist daher außerhalb der Bilanz im Rahmen der Einkommensermittlung zu kürzen. **./. 5.000 €**

Im Jahresüberschuss sind Erträge aus einer ausländischen Betriebsstätte (290.000 € ./. 380.000 € = ./. 90.000 €) enthalten. Diese sind nach dem DBA i.V.m. § 2 AO und Art. 59 GG von der Besteuerung freizustellen, da insoweit das Besteuerungsrecht gem. § 1 Abs. 1 KStG eingeschränkt wird. Die Freistellung des Verlustes erfolgt durch Zurechnung im Rahmen der Einkommensermittlung. **+ 90.000 €**

Nach § 15 S. 1 Nr. 2 KStG ist § 8b Abs. 1 bis 6 KStG auf der Ebene der Organgesellschaft nicht anzuwenden. Dem Organträger werden daher die Bruttoerträge zugerechnet (Bruttomethode). Im Rahmen der Einkommensermittlung des OT kommen dann § 8b KStG oder § 3 Nr. 40 EStG zur Anwendung. Dem Organträger wird lediglich mitgeteilt, dass in dem Einkommen eine Dividende in Höhe von 10.000 € enthalten ist und hiervon 10 % ausländische Quellensteuer (1.000 €) gem. DBA anrechenbar wären (§ 34c Abs. 6 S. 2 EStG). Die darüber hinausgehenden Steuern (lt. SV weitere 1.000 €) können weder nach § 34c Abs. 2 noch nach § 34c Abs. 3 EStG berücksichtigt werden. Eine Anrechnung der Quellensteuer kann jedoch erst dann erfolgen, wenn der Organträger die hierfür erforderlichen Voraussetzungen ebenfalls erfüllt (§ 19 Abs. 1 KStG). **+/./. 0 €**

4.2 Organschaft

Die im Veranlagungszeitraum 2013 entrichteten Beratungsleistungen sind dem Grunde nach betrieblich veranlasst, da eine Kapitalgesellschaft als juristische Person über keine Privatsphäre verfügt. Sämtliche Zahlungen sind deshalb grundsätzlich Betriebsausgabe nach § 4 Abs. 4 EStG (1. Prüfungsstufe). Ferner ist für eine Berücksichtigung als Betriebsausgabe zu prüfen, ob das Abzugsverbot nach § 4 Abs. 5 Nr. 10 EStG greift. Nach § 4 Abs. 5 Nr. 10 EStG sind u.a. Vorteilszuwendungen vom Betriebsausgabenabzug ausgeschlossen, wenn die Zuwendung des Vorteils eine rechtswidrige Handlung darstellt, die den Tatbestand eines Strafgesetzes verwirklicht. Infrage käme hier die Vorschrift des § 299 Abs. 2 und Abs. 3 StGB (abgedruckt zu Tz. 44 des BMF-Schreibens vom 10.10.2002, BStBl I 2002, 1031). Da sich aus dem Sachverhalt nicht zweifelsfrei ergibt, dass die Leistung für die Bevorzugung beim Bezug von Waren oder gewerblichen Leistungen erfolgte, wurde hier von einer Prüfung des § 4 Abs. 5 Nr. 10 EStG abgesehen, auch wenn der erste Anschein für das Vorliegen der Tatbestandsvoraussetzungen des § 299 StGB spricht (2. Prüfungsstufe). Daneben ist zu prüfen, ob die wirtschaftlichen Empfänger genau bezeichnet wurden (§ 160 AO), um Steuerausfälle beim Geschäftspartner zu vermeiden. Die Rechtsprechung hat den Steuerausfall zu Recht auf die deutsche Steuer bezogen und daher das Verlangen der Steuerbehörde nach Empfängerbenennung im Falle der Zahlung als ungerechtfertigt angesehen an einem im Ausland ansässigen Empfänger. Es muss sich allerdings erweisen lassen, dass die Zahlungen an einen nicht im Inland unbeschränkt oder beschränkt Steuerpflichtigen gelangt sind und dort auch verblieben sind. Insbesondere muss dargelegt werden, dass die Steuerpflicht des Empfängers im Inland mit hinreichender Sicherheit ausgeschlossen ist. Gem. Sachverhalt konnte der Empfänger nicht genau benannt werden. Ein Abzug der Betriebsausgaben kommt demnach nicht in Betracht. **+ 25.000 €**

Einkommen der Organgesellschaft 413.500 €

Nach § 16 KStG hat die Organgesellschaft als eigenes Einkommen nur die geleisteten Ausgleichszahlungen und die darauf entfallende Körperschaftsteuer selbst zu versteuern (20/17 der Ausgleichszahlungen). Dabei kommt es nicht darauf an, ob die Ausgleichszahlung von der Organgesellschaft oder der Organträgerin geleistet wird (R 65 Abs. 1 Satz 2 KStR). Demnach hat die Organgesellschaft (T-GmbH) 20/17 der Ausgleichszahlung als eigenes Einkommen selbst zu versteuern. (8.500 € × 20/17 =)
./. 10.000 €

Tarifbelastung § 23 Abs. 1 KStG 15 % von 10.000 € =	1.500 €
Körperschaftsteuervorauszahlung, § 31 KStG/§ 36 Abs. 2 Nr. 1 EStG	3.000 €
Daraus ergibt sich eine Forderung gegenüber dem Finanzamt in Höhe von	1.500 €

Die Forderung ist in der Handelsbilanz einzustellen. Auf das Einkommen wirkt sich dies jedoch nicht aus, weil der Ertrag gem. § 10 Nr. 2 KStG außerhalb der Bilanz gekürzt wird.

Nach § 14 Abs. 1 S. 1 KStG dem Organträger zuzurechnendes Einkommen **403.500 €**

Organträger – M-GmbH

Wie oben dargestellt, ist das Einkommen der M-GmbH als Organträger getrennt und völlig selbständig zu ermitteln.

Ausgangsgrundlage ist auch hier der Jahresüberschuss laut Steuerbilanz. **145.000 €**

Aufgrund der Minderabführung der T-GmbH (Bildung einer Gewinnrücklage) an die M-GmbH ist zur Vermeidung einer späteren Doppelbesteuerung in die Steuerbilanz ein Ausgleichsposten steuerneutral einzustellen (§ 14 Abs. 4 KStG, R 63 Abs. 1 KStG). Die Bildung erfolgt im Umfang der Beteiligung an der Kapitalgesellschaft, da nur in diesem Umfang eine spätere Doppelbesteuerung entstehen könnte.

Minderabführung – Rücklagenbildung	40.000 €
In der Steuerbilanz ist ein Ausgleichsposten in Höhe von 80 % zu bilden.	**+ 32.000 €**

Im Rahmen der Einkommensermittlung ist anschließend im gleichen Umfang eine Kürzung vorzunehmen. **./. 32.000 €**

In Höhe des Verlustausgleichs ist der Buchwert der Beteiligung zu erhöhen (Einlage). Deshalb erhöht sich auch das Einkommen der M-GmbH im gleichen Umfang. + 20.000 €

Die Körperschaftsteuer ist gem. § 10 Nr. 2 KStG im Rahmen der Einkommensermittlung außerhalb der Bilanz hinzuzurechnen. + 75.000 €

Da dem Organträger das Einkommen der OG zuzurechnen ist, ist der Jahresüberschuss zunächst um die Beträge zu bereinigen, die aufgrund des GAV an die M-GmbH durch die T-GmbH abgeführt wurden. Gleiches gilt für den Gewinn, welcher aufgrund der Verlustübernahmen in der Bilanz ausgewiesen wird. 230.000 € + 20.000 € = ./. 250.000 €

Zurechnung des Einkommens der Organgesellschaft gem. § 14 Abs. 1 S. 1 KStG + 403.500 €

Die Ausschüttung der T-GmbH vom 01.04.2013 ist eine Einnahme i.S.d. § 20 Abs. 1 Nr. 1 S. 1 EStG. Diese Bezüge sind nach § 8b Abs. 1 S. 1 KStG von der Besteuerung freizustellen. ./. 40.000 €

5 % der Bruttobezüge gelten als Betriebsausgaben, die in Zusammenhang mit den steuerfreien Einnahmen stehen (§ 8b Abs. 5 S. 1 KStG). Insoweit erfolgt dann eine Hinzurechnung außerhalb der Bilanz im Rahmen der Einkommensermittlung. + 2.000 €

Nach § 15 S. 1 Nr. 2 KStG ist über die Anwendung des § 8b Abs. 1 bis 6 KStG erst auf der Ebene des Organträgers zu entscheiden. In dem Einkommen, welches von der T-GmbH zugerechnet wurde, ist eine Dividende der E SA in Höhe von 10.000 € enthalten. Diese Dividende stellt einen Bezug i.S.d. § 20 Abs. 1 Nr. 1 S. 1 KStG dar. Dieser Bezug ist nach § 8b Abs. 1 S. 1 KStG von der Besteuerung freizustellen. ./. 10.000 €

5 % dieses Bruttobezugs gelten als Betriebsausgaben, die in Zusammenhang mit den steuerfreien Einnahmen stehen (§ 8b Abs. 5 S. 1 KStG). + 500 €

Zu versteuerndes Einkommen § 7 Abs. 1 KStG	346.000 €
Tarifliche Einkommensteuer 15 % (§ 23 Abs. 1 KStG) =	51.900 €
Körperschaftsteuerrückstellung bisher	75.000 €
Minderung der Rückstellung	**23.100 €**

Die Minderung der Körperschaftsteuerrückstellung erhöht zunächst den Jahresüberschuss. Aufgrund der anschließenden Minderung der Zurechnung nach § 10 Nr. 2 KStG ändert sich das zu versteuernde Einkommen nicht.

Eine Anrechnung der ausländischen Quellensteuer kann nicht erfolgen, weil die Einkünfte nicht der Besteuerung unterlegen haben und daher keine Körperschaftsteuer auf die Einkünfte entrichtet wurde. § 19 Abs. 1 in Verbindung mit § 26 Abs. 1 KStG.

Fall 3: Organschaft und Ausgleichsposten

Die Midi Kajak-Vertriebs GmbH (M-GmbH) mit Sitz und Geschäftsleitung in Leipzig ist seit vielen Jahren zu 100 % am Stammkapital der Technik & Support GmbH (T-GmbH) mit Geschäftsleitung und Sitz in Markkleeberg beteiligt. Alleinige Gesellschafterin der M-GmbH ist Clara von Chemnitz (C) mit Wohnsitz in Chemnitz. C hält ihre Anteile im Privatvermögen. Die Stimmrechte entsprechen den Beteiligungsverhältnissen.

Zwischen der M-GmbH und der T-GmbH besteht seit dem 01.01.2013 ein steuerlich anzuerkennendes Organschaftsverhältnis.

Zum 31.12.2013 erstellt die T-GmbH folgende Gewinn- und Verlustrechnung sowie Bilanz (Handelsbilanz):

4.2 Organschaft

Gewinn- und Verlustrechnung:

Aufwand			Ertrag
Aufwendungen	2.000.000	Erlöse	2.500.000
Gewinnabführung	500.000	Aktivierung § 248 Abs. 2 HGB	115.000
Latente Steuern	15.000		
Jahresüberschuss	100.000		
Summe	**2.615.000**		**2.615.000**

Bilanz:

Aktiva			Passiva
Firmenwert	225.000	Stammkapital	500.000
Immaterielle Wirtschaftsgüter	115.000	Jahresüberschuss	100.000
Verschiedene Aktiva	2.660.000	Verschiedene Passiva	2.385.000
		Latente Steuern	15.000
Summe	**3.000.000**		**3.000.000**

a) Zum 31.12.2009 bildete die T-GmbH eine Drohverlustrückstellung in Höhe von 100.000 €. 2013 ist der Verlust tatsächlich eingetreten. Die Rückstellung wurde deshalb vollumfänglich aufgelöst.
b) Die T-GmbH erwarb am 01.01.2013 einen Teilbetrieb von einem fremden Dritten. Der hierbei erworbene Firmenwert wurde handelsrechtlich entsprechend § 253 Abs. 3 HGB auf vier Jahre verteilt abgeschrieben.
c) In den Aufwendungen ist unter anderem eine Zuwendung an eine Stiftung zur Förderung kultureller Zwecke in Höhe von 50.000 € enthalten.
d) Zum 31.12.2013 wurden entsprechend § 248 Abs. 2 HGB selbst geschaffene immaterielle Wirtschaftsgüter im Werte von 115.000 € aktiviert. In diesem Zusammenhang wurde auch die latente Steuer eingestellt.

Zum 31.12.2013 erstellt die M-GmbH folgende handelsrechtliche Gewinn- und Verlustrechnung sowie Bilanz:

Gewinn- und Verlustrechnung:

Aufwand			Ertrag
Sonstige Aufwendungen	13.900.000	Gewinnabführung	500.000
Körperschaftsteueraufwand	200.000	Erlöse	14.000.000
Jahresüberschuss	400.000		
Summe	**14.500.000**		**14.500.000**

Bilanz:

Aktiva			Passiva
Verschiedene Aktiva	29.200.000	Stammkapital	900.000
Beteiligung T-GmbH	800.000	Verschiedene Passiva	27.800.000
		Gewinnrücklage	600.000
		Gewinnvortrag	300.000
		Jahresüberschuss	400.000
Summe	**30.000.000**		**30.000.000**

Am 01.02.2013 veräußerte die M-GmbH ihre Beteiligung (100 %) an der Fun GmbH (F-GmbH) für 400.000 €. Die Beteiligung wurde im Wirtschaftsjahr 1995 für 250.000 € erworben. Aufgrund nachhaltiger Absatzprobleme und der damit einhergehenden geringeren Ertragslage war im Wirtschaftsjahr 2002 eine steuerlich zulässige Teilwertabschreibung in Höhe von 50.000 € erforderlich. Ferner wies die Steuerbilanz der M-GmbH zum 31.12.2012 einen aktiven Ausgleichsposten für die F-GmbH in Höhe von 100.000 € aus. Dieser wurde in früheren Jahren im Rahmen einer Organschaft gebildet. Eine Wertaufholung erfolgte bisher nicht. Auch der Ausgleichsposten wurde in der Steuerbilanz zutreffend behandelt. Mit der Veräußerung wurde die Firma Netzwerk Deutschland AG, Berlin beauftragt. In diesem Zusammenhang wurde 2012 eine Rechnung über 50.000 € zuzüglich gesetzlicher Mehrwertsteuer beglichen.

Aufgabe: Ermitteln Sie das zu versteuernde Einkommen der M-GmbH und der T-GmbH.
Aus Vereinfachungsgründen sollen bei allen Fallgestaltungen Gewerbesteuer, Umsatzsteuer, Kapitalertragsteuer und Solidaritätszuschlag außer Betracht bleiben.

Lösung:
Die M-GmbH als auch die T-GmbH sind völlig selbständige Rechtssubjekte. Dies gilt auch dann, wenn, wie in diesem Falle, das Organschaftsverhältnis steuerrechtlich anzuerkennen ist. Das Einkommen der T-GmbH als Organgesellschaft ist deshalb nach den allgemeinen Vorschriften zu ermitteln (§ 15 S. 1 KStG). Dieses Einkommen wird dann dem Organträger nach § 14 Abs. 1 S. 1 KStG zugerechnet.
Ausgangsgrundlage: Jahresüberschuss der T-GmbH gem. Handelsbilanz   100.000 €

Anpassung nach § 60 Abs. 2 EStDV

a) Zum 31.12.2009 wurde durch die T-GmbH eine Drohverlustrückstellung gebildet. Diese wurde im Rahmen der Steuerbilanz 2009 (§ 5 Abs. 4a EStG) nicht übernommen. 2009 wurde deshalb ein um 100.000 € höheres Einkommen durch die T-GmbH (vor der Organschaft) versteuert. Im Wirtschaftsjahr 2013 ist der Verlust tatsächlich entstanden. Handelsrechtlich erfolgte eine ertragsneutrale Buchung (Rückstellung an Verbindlichkeit). Steuerrechtlich ist deshalb erneut eine Korrektur erforderlich. Der Aufwand ist nun zutreffend zu berücksichtigen.   ./. 100.000 €

b) Der entgeltlich erworbene Firmenwert gehört zu den abnutzbaren immateriellen Wirtschaftsgütern des Anlagevermögens (§ 6 Abs. 1 Nr. 1 EStG). Die Abschreibungsdauer ist gesetzlich auf 15 Jahre festgelegt (§ 7 Abs. 1 S. 3 EStG). Eine kürzere Abschreibungsdauer ist nicht zulässig (BMF-Schreiben vom 20.11.1986, BStBl I S. 532). Da der Erwerb durch die T-GmbH am 01.01.2013 erfolgte, ist die Abschreibung für 12 Monate zu gewähren. Die steuerlich zulässige Abschreibung beträgt demnach 1/15 von 300.000 € = 20.000 €. Handelsrechtlich erfolgte eine Abschreibung in Höhe von 25 % (75.000 €). Gem. § 60 Abs. 2 EStDV erfolgt daher eine Korrektur in Höhe der Differenz.   + 55.000 €

c) Handelsrechtlich wurden gem. § 248 Abs. 2 HGB zulässigerweise selbst geschaffene Wirtschaftsgüter aktiviert. Steuerrechtlich steht einer entsprechenden Aktivierung § 5 Abs. 2 EStG entgegen. Die Aktivierung ist daher außerhalb der Bilanz gem. § 60 Abs. 2 EStDV zu kürzen.   ./. 115.000 €

d) Die in diesem Zusammenhang eingestellte Rückstellung für latente Steuern (§ 274 HGB) kann steuerrechtlich nicht übernommen werden (§ 5 EStG). Die Passivierung ist daher außerhalb der Handelsbilanz gem. § 60 Abs. 2 EStG hinzuzurechnen.   + 15.000 €
Jahresfehlbetrag gem. Steuerbilanz   ./. 45.000 €

Die Gewinnabführung stellt handelsrechtlich eine schuldrechtliche Verpflichtung der Organgesellschaft gegenüber dem Organträger dar und führt insoweit zulässigerweise zu Betriebsausgaben. Da dies jedoch eine Gewinnverwendung darstellt, ist steuerrechtlich die Gewinnabführung durch Zurechnung zu neutralisieren (R 61 Abs. 1 KStR).   + 500.000 €

4.2 Organschaft

Zurechnung der Zuwendungen i.S.d. § 9 Abs. 1 Nr. 2 KStG zur Ermittlung des Höchstbetrags der abzugsfähigen Spenden.	+ 50.000 €
Einkommen vor Spendenabzug § 9 Abs. 2 S. 1 KStG	**505.000 €**

In Organschaftsfällen ist § 9 Abs. 1 Nr. 2 KStG bei der Ermittlung des dem Organträger zuzurechnenden Einkommens der Organgesellschaft eigenständig anzuwenden, da § 15 KStG hierzu keine Ausnahmeregelung vorsieht. Dementsprechend bleibt beim Organträger das zugerechnete Einkommen der Organgesellschaft für die Ermittlung des Höchstbetrags der abziehbaren Zuwendungen außer Betracht. Als Summe der gesamten Umsätze i.S.d. § 9 Abs. 1 Nr. 2 KStG gelten beim Organträger und bei der Organgesellschaft jeweils nur die eigenen Umsätze. Ein Abzug der Zuwendungen, die bei der Organgesellschaft nicht berücksichtigt werden konnten, kommt bei dem Organträger demnach nicht in Betracht (BFH vom 23.01.2002, XI R 95/97, BStBl II 2003, 9, R 47 Abs. 5 KStR). Insoweit besteht dann ein eigenständiger Spendenvortrag der Organgesellschaft nach § 9 Abs. 1 Nr. 2 S. 9 KStG. Höchstbetrag 20 % von 505.000 € = 101.000 €. Die zweite Alternative (§ 9 Abs. 1 Nr. 2 S. 1 Nr. 2 KStG) braucht nicht geprüft werden, da die in 2013 durch die T-GmbH geleisteten Zuwendungen bereits im vollen Umfang abzugsfähig sind.

	./. 50.000 €
Steuerpflichtiges Einkommen	455.000 €
Nach § 16 KStG durch die OG zu versteuern (eigenes Einkommen der OG)	./. 0 €
Nach § 14 Abs. 1 S. 1 KStG dem Organträger zuzurechnendes Einkommen	455.000 €

Mehrabführung – vororganschaftlich verursacht
In Höhe der Differenz zwischen dem handelsrechtlich abzuführenden Gewinn und dem Steuerbilanzgewinn (aufgrund der Drohverlustrückstellung) liegt eine Mehrabführung vor, die in vororganschaftlicher Zeit verursacht wurde. Nach § 14 Abs. 3 S.1 KStG ist diese Mehrabführung als Gewinnausschüttung zu behandeln. Die Mehrabführung gilt als mit dem Abschluss des Wirtschaftsjahres der T-GmbH als erfolgt.

> **Hinweis!** In den Fällen des § 14 Abs. 3 KStG entsteht die Kapitalertragsteuer in dem Zeitpunkt der Feststellung der Handelsbilanz der Organgesellschaft; sie entsteht spätestens acht Monate nach Ablauf des Wirtschaftsjahrs der Organgesellschaft (§ 44 Abs. 7 EStG).

Minderabführung – in vertraglicher Zeit (§ 14 Abs. 4 KStG)
Die abweichende Abschreibung des Firmenwertes zwischen Handelsbilanz und Steuerbilanz führt im Rahmen der körperschaftsteuerrechtlichen Organschaft zu einer Minderabführung (Differenz zwischen 75.000 € und 20.000 € = 55.000 €). In diesem Umfang erhöht sich nach § 27 Abs. 6 S. 1 KStG das steuerliche Einlagekonto. Überschreitet in den folgenden Wirtschaftsjahren die steuerliche Abschreibung die handelsrechtliche Abschreibung, so liegt dann eine Mehrabführung vor, die entsprechend zu einer Minderung des steuerlichen Einlagekontos führt.

Abführungssperre (§ 301 AktG)
Werden selbst geschaffene immaterielle Vermögensgegenstände des Anlagevermögens in der Bilanz nach § 248 Abs. 2 HGB ausgewiesen, so dürfen Gewinne nur abgeführt werden, wenn die nach der Abführung verbleibenden frei verfügbaren Rücklagen zuzüglich eines Gewinnvortrags und abzüglich eines Verlustvortrags mindestens den insgesamt angesetzten Beträgen abzüglich der hierfür gebildeten passiven latenten Steuern entsprechen. Die Organgesellschaft weist daher in der Handelsbilanz zulässigerweise in Höhe von 100.000 € (Aktivierung 115.000 € ./. 15.000 € latente Steuern) einen Jahresüberschuss aus. Der Gewinnabführungsvertrag wurde daher zutreffend umgesetzt.

M-GmbH als Organträger
Auch insoweit ist das Einkommen völlig selbständig zu ermitteln.

Ausgangsgrundlage ist auch hier der Jahresüberschuss gem. Handelsbilanz.	400.000 €

Anpassung nach § 60 Abs. 2 EStDV
Zur Vermeidung einer späteren Doppelbesteuerung ist in Höhe der Minderabführung (55.000 €), die ihre Ursache in vertraglicher Zeit hat (unterschiedliche Abschreibung der Firmenwerts nach Handels- und Steuerrecht), in der Steuerbilanz ein steuerneutraler Ausgleichsposten zu bilden (§14 Abs. 4 S. 1 KStG). Die Bildung erfolgt im Umfang der Beteiligung an der Organgesellschaft, weil nur in diesem Umfang der OT im Zusammenhang mit einer späteren Veräußerung einen Ertrag realisiert, der bereits im Rahmen der Organschaft versteuert wurde.

Insoweit als die Gewinne einer Abführungssperre unterliegen, ist kein Ausgleichsposten zu bilden (§ 301 AktG), da es mangels Abführung nicht zu einer wirtschaftlichen Doppelbesteuerung kommen kann.

Aktiver Ausgleichsposten	+ 55.000 €
Jahresüberschuss gem. Steuerbilanz	455.000 €

Die im Wirtschaftsjahr 2013 geleistete Körperschaftsteuervorauszahlung ist nach § 10 Nr. 2 KStG hinzuzurechnen, da es sich um eine Steuer vom Einkommen handelt. + 200.000 €

Die Bildung des steuerlichen Ausgleichspostens darf sich auf das Einkommen nicht auswirken. Deshalb ist insoweit das Einkommen zu berichtigen (R 63 Abs. 1 S. 3 KStR). ./. 55.000 €

Da dem Organträger das Einkommen der OG zuzurechnen ist, ist der Jahresüberschuss zunächst um die Beträge zu bereinigen, die aufgrund des Gewinnabführungsvertrages an die M-GmbH durch die T-GmbH abgeführt wurden (R 61 Abs. 1 S. 2 KStR). ./. 500.000 €

Zurechnung des Einkommens der T-GmbH nach § 14 Abs. 1 S. 1 KStG. + 455.000 €

Die vorvertragliche Mehrabführung (ist im Zusammenhang mit der Drohverlustrückstellung bei der Organgesellschaft entstanden) gilt nach § 14 Abs. 3 KStG als eine Gewinnausschüttung der Organgesellschaft an den Organträger. Die Dividende ist steuerrechtlich nachzuerfassen, da dieser Ertrag weder im steuerrechtlichen eigenen Einkommen des Organträgers, noch im zuzurechnenden Einkommen der OG berücksichtigt wurde. + 100.000 €

Eine Gewinnausschüttung (hier die Mehrabführung) stellt eine Leistung nach § 20 Abs. 1 Nr. 1 S. 2 EStG dar. Dieser Bezug ist nach § 8b Abs. 1 S. 1 KStG von der Besteuerung freizustellen.
./. 100.000 €

Von den freizustellenden Bezügen gelten 5 % als Ausgaben, die nicht als Betriebsausgaben abgezogen werden dürfen. § 8b Abs. 5 S. 1 KStG + 5.000 €

Bei der Ermittlung des Einkommens bleiben Gewinne aus der Veräußerung eines Anteils an einer Körperschaft (Fun GmbH), deren Leistungen beim Empfänger zu Einnahmen i.S.d. § 20 Abs. 1 Nr. 1 EStG gehören, außer Ansatz. Veräußerungsgewinn i.S.d. § 8b Abs. 2 S. 1 KStG ist der Betrag, um den der Veräußerungspreis oder der an dessen Stelle tretende Wert nach Abzug der Veräußerungskosten den Buchwert übersteigt.

Die im Wirtschaftsjahr 2012 entstandenen Veräußerungskosten sind bei der Ermittlung des Veräußerungsgewinns nach den Grundsätzen des § 8b Abs. 2 S. 2 KStG im Wirtschaftsjahr der Veräußerung 2013 ebenfalls zu berücksichtigen. Die tatsächliche Entstehung ist hierbei unerheblich (BMF vom 13.03.2008, IV B 7 – S 2750-a/07/0002, BStBl I 2008, 506).

Da im Zeitpunkt der Veräußerung der Beteiligung noch ein steuerlicher Ausgleichsposten ausgewiesen wurde, ist dieser ebenfalls Gewinn mindernd aufzulösen. Diese Aufwendungen werden, wie der Buchwertabgang, im Rahmen der Veräußerungsgewinnermittlung ebenfalls berücksichtigt (§ 14 Abs. 4 S. 3 KStG, R 63 Abs. 3 KStR). In der Steuerbilanz ist eine Korrektur nicht erforderlich, da gem. Sachverhalt der Abgang zutreffend gewürdigt wurde (vgl. BMF vom 05.10.2007, IV B 7 – S 2770/07/0004).

Eine Kürzung des Veräußerungsgewinns um die im Wirtschaftsjahr 2002 berücksichtigte Teilwertabschreibung kommt nicht in Betracht, da diese 2002 sich nicht auf das steuerpflichtige Einkommen ausgewirkt hat (§ 8b Abs. 3 S. 3 KStG).

Veräußerungspreis:	400.000 €
./. Veräußerungskosten 2012	./. 50.000 €
./. Buchwert zum Zeitpunkt der Veräußerung	./. 200.000 €
./. Minderung Ausgleichsposten § 14 Abs. 4 S. 2 KStG	./. 100.000 €
Zwischensumme	**50.000 €**
./. in den Vorjahren Gewinn mindernd berücksichtigte Teilwert-AfA, die noch nicht ausgeglichen wurde	0 €
Freizustellender Veräußerungsgewinn	**50.000 €**

Die Freistellung erfolgt durch Kürzung außerhalb der Bilanz im Rahmen der Einkommensermittlung.
./. 50.000 €

5 % des nach § 8b Abs. 2 S. 1 KStG freizustellenden Gewinns gelten als Betriebsausgaben, die mit den steuerfreien Einnahmen in Zusammenhang stehen. Insoweit erfolgt eine Hinzurechnung nach § 8b Abs. 3 S. 1 KStG außerhalb der Bilanz im Rahmen der Einkommensermittlung 5 %. + **2.500 €**
Zu versteuerndes Einkommen 512.500 €

4.3 Ausländische Einkünfte

Fall 1: Unternehmenseinkünfte Art. 7 DBA
Die Karl a.s. hat ihren Sitz und die Geschäftsleitung in Prag. Zum Geschäftsführer ist Karl von Königstein bestellt. Die Gesellschaft betreibt mit viel Erfolg die kleine Imbisskette „Karls krusty Burger". Die für 2013 in Tschechien entrichtete Körperschaftsteuer beträgt zutreffend umgerechnet 69.334 €. Sie kann ggf. anhand geeigneter Unterlagen nachgewiesen werden. Soweit Erstattungsansprüche bestehen sollten, wurden diese bereits berücksichtigt.
Im Kalenderjahr 2012 beschließt sie die Expansion der Imbisskette nach Deutschland und eröffnet bereits am 01.04.2013 ihren ersten Imbiss in Meißen zu Füßen der Albrechtsburg. Hierzu erwarb sie am 30.12.2012 zunächst ein leer stehendes Unterrichtsgebäude und baute dieses für ihre Zwecke um. Die hierbei anfallenden Aufwendungen wurden steuerlich zutreffend gewürdigt. Da die deutschen Mitarbeiter noch nicht im vollen Umfang die Unternehmensphilosophie verinnerlicht hatten, mietet Karl von Königstein sich zunächst für zwei Jahre (beginnend am 31.12.2012) eine Wohnung in Meißen und begleitete die Arbeitnehmer persönlich. Nur an den Wochenenden fuhr er nach Prag zu seiner Familie. In diesen Tagen werden alle weiteren wesentlichen Entscheidungen für die Karl a.s. getroffen. Um einen besseren Überblick über die offenen Posten zu behalten, erstellt die Karl a.s. jährlich eine Bilanz, diese entspricht der deutschen Handelsbilanz. Diese soll grundsätzlich auch der Steuerbilanz entsprechen. Im Wirtschaftsjahr 2013 weist diese Bilanz einen Bilanzgewinn von 320.000 € aus. Im

Rahmen der Bilanzerstellung legt Karl von Königstein einen gesteigerten Wert auf eine möglichst direkte Zuordnung der Erträge und Aufwendungen zu den einzelnen Imbissbetrieben, um frühzeitig über Fehlentwicklungen informiert zu sein. Soweit Erträge und Kosten nicht direkt zugeordnet werden konnten, erfolgte eine Aufteilung anhand des Rohertrags (fremdüblich).

Aktiva	Bilanz zum 31.12.2013 (verkürzt)		Passiva
Diverse Aktiva	1.690.000	Kapital	520.000
		Sonstige Passiva	850.000
		Bilanzgewinn	320.000
	1.690.000		1.690.000

Aufwand	Bilanz zum 31.12.2013 (verkürzt)		Erträge
Aufwand Tschechien	1.400.000	Erträge Tschechien	1.640.000
Aufwand deutsche Niederlassung	350.000	Erträge Deutschland	470.000
Allgemeine Verwaltungskosten	100.000	Gewinnvortrag	60.000
Bilanzgewinn	320.000		
	2.170.000		2.170.000

Aufgabe: Ermitteln Sie das zu versteuernde Einkommen der Karl a.s. für Deutschland sowie die ggf. anzurechnenden ausländischen Steuern.
Soweit ein DBA zur Anwendung kommen sollte, ist das OECD MA zugrunde zu legen.

Lösung:
Subjektive Steuerpflicht
Die Karl a.s. entspricht nach dem Rechtstypenvergleich einer deutschen AG (vgl. Tabelle 2 BMF vom 24.12.99, BStBl I 1999, 1076). Sie verfügt in Deutschland weder über eine Geschäftsleitung (§ 10 AO) noch über einen Sitz (§ 11 AO). Dass sich der Geschäftsführer in 2013 überwiegend in Deutschland aufhält, sagt nicht darüber aus, von wo aus die Geschäftsleitung tätig wird. Diese befindet sich dort, wo die wesentlichen Entscheidungen des Tagesgeschäftes getroffen werden, was nach dem Sachverhalt ebenfalls in Tschechien ist.

Die Karl a.s. ist demnach im Inland nur beschränkt steuerpflichtig nach § 2 Nr. 1 KStG, wenn und soweit sie inländische Einkünfte nach § 49 Abs. 1 EStG i.V.m. § 8 Abs. 1 KStG erzielt. Hierbei ist die isolierende Betrachtungsweise des § 49 Abs. 2 EStG zu beachten.

Der in Meißen angemietete Imbiss stellt eine feste Geschäftseinrichtung dar, die der Tätigkeit des Unternehmens dient. Für diese Einrichtung hat die Karl a.s. die ausschließliche Verfügungsmacht, sodass dies eine Betriebsstätte für die Karl a.s. nach § 12 S. 1 AO darstellt. Darüber hinaus erzielt die Karl a.s. mit dem Betrieb des Imbissrestaurants gewerbliche Einkünfte i.S.d. § 2 Abs. 1 S. 1 Nr. 2 i.V.m. § 15 Abs. 1 S. 1 Nr. 1 EStG. Aufgrund der Tätigkeit in Deutschland erzielt die Karl a.s. inländische Einkünfte nach § 49 Abs. 1 Buchstabe a EStG.

Die Einkünfte sind der Gewinn nach § 2 Abs. 2 S. 1 Nr. 1 EStG. Die Ermittlung erfolgt nach §§ 5 Abs. 1 i.V.m. 4 Abs. 1 EStG durch Betriebsvermögensvergleich. Diese Verpflichtung ergibt sich aus § 140 AO, weil auch ausländische Rechtsnormen die Buchführungspflicht nach § 140 AO begründen.[4] Die Körperschaftsteuer bemisst sich nach dem zu versteuernden Einkommen § 7 Abs. 1 KStG. Das zu versteuernde Einkommen ist das Einkommen vermindert um die Freibeträge nach § 24 und 25 KStG. Diese sind in diesem Fall jedoch nicht zu berücksichtigen, da die Voraussetzungen hierfür nicht vorliegen.

Die Körperschaftsteuer ist eine Jahressteuer und wird für das jeweilige Kalenderjahr ermittelt (§ 7 Abs. 3 KStG). § 7 Abs. 4 KStG und damit das Wirtschaftsjahr kommt in diesem Fall nicht zum Tragen,

---

[4] Vgl. AEAO zu § 140 S. 4.

4.3 Ausländische Einkünfte

weil die Karl a.s. nicht nach dem Handelsgesetzbuch zur Buchführung verpflichtet ist, d.h. würde die Karl a.s. ein abweichendes Wirtschaftsjahr besitzen, wäre eine Umrechnung auf das Kalenderjahr erforderlich.

Das Einkommen ist gem. § 8 Abs. 1 KStG nach den Vorschriften des EStG und des KStG zu ermitteln. § 8 Abs. 2 KStG ist hier nicht anzuwenden, weil die Karl a.s. nicht nach § 1 Abs. 1 Nr. 1 bis 3 KStG unbeschränkt steuerpflichtig ist.

Mit Tschechien besteht ein DBA (vgl. Aufstellung BMF vom 22.01.2014, BStBl I 2014, 171). Dieses DBA gilt sowohl für Deutschland (soweit das Grundgesetz zur Anwendung kommt) als auch für Tschechien ohne Einschränkungen (räumlicher Geltungsbereich).

Das DBA gilt nach Art. 2 Abs. 1 OECD MA für alle Steuern vom Einkommen (sachlicher Geltungsbereich).

Das DBA gilt für Personen, die in einem oder in beiden Vertragsstaaten ansässig sind (Art. 1 OECD MA); (persönlicher Geltungsbereich). Die Karl a.s. stellt eine Gesellschaft i.S.d. Art. 3 Abs. 1 Buchstabe a und b OECD MA i.V.m. § 1 Abs. 1 KStG dar, weil sie aus deutscher Sicht als Körperschaft besteuert wird. Sie ist nach Art. 4 Abs. 1 OECD MA in Tschechien ansässig, weil sie aufgrund ihrer Geschäftsleitung und ihres Sitzes in Tschechien unbeschränkt steuerpflichtig ist. Das DBA kann daher zugrunde gelegt werden.

Das Besteuerungsrecht wird nach Art. 7 Abs. 1 S. 1 1. Halbsatz OECD MA dem Staat zugeordnet, in dem das Unternehmen betrieben wird. Die unternehmerische Tätigkeit umfasst nach Art. 3 Abs. 1 Buchstabe c und h OECD MA auch die gewerbliche Tätigkeit, wobei die gewerbliche Tätigkeit mangels Definition im DBA gem. Art. 3 Abs. 2 OECD MA ausschließlich nach deutschem Recht (§ 15 EStG) erfolgt. Da die Karl a.s. als in Tschechien ansässig gilt, betreibt sie das Unternehmen nach Art. 3 Abs. 1 Buchstabe c OECD MA zunächst von Tschechien aus. Das Besteuerungsrecht steht aber dem Quellenstaat Deutschland nach Art. 7 Abs. 1 S. 1 2. Halbsatz OECD MA zu, soweit das Unternehmen durch eine Betriebsstätte in Deutschland betrieben wird.

Die Karl a.s. hat, bezogen auf die einzelnen Imbissstände, sowohl in Tschechien als auch in Deutschland Betriebsstätten i.S.d. Art. 5 Abs. 1 OECD MA, weil sie in beiden Ländern über feste Einrichtungen verfügt, durch die die Tätigkeit des Unternehmens ganz oder teilweise ausgeübt wird.

Da die Bilanz sowohl die tschechischen als auch deutschen Betriebsstättengewinne enthält, ist der Gewinn auf beide Vertragsstaaten nach Art. 7 Abs. 2 OECD MA (Verselbständigungsfiktion) aufzuteilen. Der maßgebliche Gewinn sollte hierbei grundsätzlich nach deutschem Recht (R 34c Abs. 3 S. 3 EStR) und im Rahmen der direkten Gewinnermittlungsmethode ermittelt werden. Dies ist lt. Sachverhalt bereits bei Bilanzerstellung geschehen. Besondere Faktoren sind nicht erkennbar, daher kann grundsätzlich von den vorliegenden Bilanzzahlen ausgegangen werden. Die allgemeinen Verwaltungskosten werden im Rahmen einer Kostenumlage auf beide Unternehmensteile im Rahmen einer Schätzung aufgeteilt.

Ausgangsgrundlage	Bilanzgewinn	320.000 €
	Gewinnvortrag 2012 (bereits 2012 versteuert)	./. 60.000 €
	Jahresüberschuss 2013	260.000 €

Verteilung	Tschechien	Deutschland
Erträge	1.640.000 €	470.000 €
Ausgaben § 4 Abs. 4 EStG	1.400.000 €	350.000 €
Zwischensumme	**240.000 € (⅔)**	**120.000 € (⅔)**

Die Verteilung der allgemeinen Verwaltungskosten erfolgt nach dem Rohertrag		
Verwaltungskosten (100.000 €)	./. 66.666 €	./. 33.334 €
Einkünfte aus Gewerbebetrieb	**173.334 €**	**86.666 €**

Deutschland als Quellenstaat hat daher das Besteuerungsrecht für die deutschen Betriebsstätteneinkünfte in Höhe von 86.666 €. Die tschechischen Einkünfte unterliegen nicht der deutschen Besteuerung. Sie sind damit, im Rahmen der Steuererklärung, nicht zu berücksichtigen.

Die Steuererhebung erfolgt im Rahmen der Veranlagung (§ 31 KStG).

Einkommensermittlung:

1.	§ 2 Abs. 1 S. 1 Nr. 2 EStG gewerbliche Einkünfte	86.666,00 €
	Summe der Einkünfte	**86.666,00 €**
2.	Körperschaftsteuer nach § 23 Abs. 1 KStG 15 %	12.999,00 €
3.	Solidaritätszuschlag nach § 3 Abs. 1 Nr. 1 und § 4 SolZG 5,5 %	714,99 €

Die Körperschaftsteuer (sowie der Solidaritätszuschlag) ist als Rückstellung in die Bilanz einzustellen. Eine Auswirkung auf das Einkommen ergibt sich nicht, da die Steuern vom Ertrag nach § 10 Nr. 2 KStG im Rahmen der Einkommensermittlung wieder hinzuzurechnen sind.

Im Rahmen der beschränkten Steuerpflicht werden nur die inländischen Einkünfte besteuert. Eine Doppelbesteuerung entsteht deshalb nicht. Eine Steueranrechnung ist daher nicht erforderlich. Soweit eine Doppelbesteuerung entstehen sollte, hat der Ansässigkeitsstaat (Tschechien) diese zu vermeiden (analoge Anwendung des Art. 23a OECD MA).

Fall 2: Lizenzeinnahmen aus dem Ausland – Art. 12 DBA
Die K-GmbH mit Sitz und Geschäftsleitung in Deutschland überlässt ein selbst entwickeltes Know-How (Wie verkaufe ich etwas richtig?) an eine fremde dritte Person in Gdansk/Polen zu einer jährlichen Pauschalvergütung in Höhe von 10.000 €. Hiervon wurde durch den Nutzenden eine Quellensteuer in Höhe von 10 % einbehalten und an das polnische Finanzamt abgeführt. Dies wurde durch eine Steuerbescheinigung und einen Zahlungsbeleg seitens der K-GmbH belegt.
In Zusammenhang mit der Know-How Überlassung sind in dem handelsrechtlichen Jahresabschluss Betriebsausgaben für die Abschreibung und sonst. Kosten im Umfang von 6.000 € angefallen.
Aufgabe: Welche steuerlichen Folgen ergeben sich für die K-GmbH aus dem oben geschilderten Sachverhalt?

Lösung:
Subjektive Steuerpflicht
Die K-GmbH ist unbeschränkt körperschaftsteuerpflichtig nach § 1 Abs. 1 Nr. 1 KStG, da sie im Inland (§ 1 Abs. 3 KStG) über eine Geschäftsleitung nach § 10 AO und einen Sitz nach § 11 AO verfügt.

Die unbeschränkte Körperschaftsteuer-Pflicht erstreckt sich auf sämtliche weltweit erzielten Einkünfte, soweit dieses Besteuerungsrecht nicht durch ein DBA oder andere Vorschriften eingeschränkt wird (§ 1 Abs. 2, § 8 Abs. 1 KStG, § 2 AO).

Objektive Steuerpflicht
Die Körperschaftsteuer bemisst sich nach dem „zu versteuernden Einkommen", § 7 Abs. 1 KStG, R 29 Abs. 1 S. 1 und 2 KStR. Das zu versteuernde Einkommen ist das Einkommen nach § 8 Abs. 1 KStG, welches nach den Vorschriften des Einkommensteuergesetzes und des Körperschaftsgesetzes zu

4.3 Ausländische Einkünfte

ermitteln ist (§ 7 Abs. 2 KStG, R 32 Abs. 1 KStR), vermindert um eventuelle Freibeträge nach §§ 24 und 25 KStG. Diese sind jedoch auf Kapitalgesellschaften nicht anzuwenden.

Die Körperschaftsteuer ist eine Jahressteuer, ihre Grundlagen sind jeweils für ein Kalenderjahr zu ermitteln, § 7 Abs. 3 S. 1 und 2 KStG. Davon abweichend ist der Gewinn der K-GmbH nach dem Wirtschaftsjahr (Wj.) zu ermitteln, da sie für diesen Zeitraum auch regelmäßige Abschlüsse nach dem Handelsgesetzbuch erstellen, § 7 Abs. 4 S. 1 KStG.

Die K-GmbH gilt gem. § 13 Abs. 3 GmbHG als Handelsgesellschaften (= Formkaufmann) i.S.d. Handelsgesetzbuch. Nach § 6 Abs. 1 HGB finden die in Betreff der Kaufleute gegebenen Vorschriften auch auf die Handelsgesellschaften Anwendung. Daher ist die GmbH als Formkaufmann gem. § 238 Abs. 1 S. 1 HGB zur Buchführung verpflichtet.

Die Gewinnermittlung hat durch Betriebsvermögensvergleich (BVV) zu erfolgen, § 5 EStG i.V.m. § 4 Abs. 1 EStG. Der Gewinn gilt als in dem Kalenderjahr zugeflossen, in dem das Wirtschaftsjahr endet (§ 7 Abs. 4 S. 2 KStG).

Die Vorschrift des § 8 Abs. 2 KStG bestimmt, dass die K-GmbH, welche nach § 1 Abs. 1 Nr. 1 KStG unbeschränkt steuerpflichtig ist, alle Einkünfte als Einkünfte aus Gewerbebetrieb (§ 15 Abs. 1 und 2 EStG) zu behandeln hat, R 32 Abs. 3 S. 1 KStR.

Die Lizenzeinnahmen werden demnach in Deutschland grundsätzlich besteuert, soweit nicht das Besteuerungsrecht nach einem Abkommen zur Vermeidung der Doppelbesteuerung dem Quellenstaat Polen zugewiesen wird.

Mit Polen besteht ein DBA (vgl. Aufstellung BMF vom 22.01.2013, BStBl I 2013, 162). Dieses DBA gilt sowohl für Deutschland (soweit das Grundgesetz zur Anwendung kommt) als auch für Polen ohne Einschränkungen (räumlicher Geltungsbereich).

Das DBA gilt nach Art. 2 Abs. 1 OECD MA für alle Steuern vom Einkommen (sachlicher Geltungsbereich).

Das DBA gilt für Personen, die in einem oder in beiden Vertragsstaaten ansässig sind (Art. 1 OECD MA); (persönlicher Geltungsbereich). Die K-GmbH stellt eine Gesellschaft i.S.d. Art. 3 Abs. 1 Buchstabe a und b OECD MA i.V.m. § 1 Abs. 1 KStG dar, weil sie aus deutscher Sicht als Körperschaft besteuert wird. Sie ist nach Art. 4 Abs. 1 OECD MA in Deutschland ansässig, weil sie aufgrund ihrer Geschäftsleitung und ihres Sitzes in Deutschland unbeschränkt steuerpflichtig ist. Das DBA kann daher zugrunde gelegt werden. Deutschland gilt als Ansässigkeitsstaat und Polen als Quellenstaat.

Diese Vergütung stellt nach Art. 12 Abs. 2 OECD MA eine Lizenzzahlung dar.

Ein Betriebsstättenvorbehalt (Art. 12 Abs. 3 OECD MA) ist hier nicht zu beachten, da dieses Know-How ausschließlich der K-GmbH zuzurechnen ist und in Polen keine Betriebsstätte im Sinne des Art. 5 OECD MA unterhalten wird, der diese Lizenz als funktional notwendiges Betriebsvermögen zuzurechnen ist.

Das Besteuerungsrecht wird nach Art. 12 Abs. 1 OECD MA ausschließlich dem Ansässigkeitsstaat Deutschland zugewiesen. Der Quellenstaat Polen darf demnach keine Quellensteuer erheben.

Soweit Polen besteuert hat, erfolgte dies nicht aufgrund des DBA, Polen hat daher die zu viel einbehaltene Steuer auf Antrag zu erstatten. Eine Verpflichtung Deutschlands, eine eintretende Doppelbesteuerung im Rahmen der Steueranrechnung zu vermeiden, besteht nicht, da eine ggf. anzurechnende Steuer um einen entstandenen Erstattungsanspruch zu kürzen ist (§ 26 Abs. 1 KStG). Ob dieser Anspruch tatsächlich geltend gemacht wurde, ist hierfür unerheblich, d.h. eine Anrechnung erfolgt auch dann nicht, wenn eine Erstattung in Polen nicht beantragt wurde und damit eine endgültige Doppelbesteuerung eingetreten ist.

Auch ein Antrag auf Abzug als Betriebsausgabe nach § 34c Abs. 3 EStG i.V.m. § 26 Abs. 1 und 6 S. 1 KStG kommt nicht in Betracht, da die Steuer einer deutschen Körperschaftsteuer entspricht (Art. 2 OECD MA), der Besteuerungsstaat mit dem Quellenstaat identisch ist und die Lizenzeinnahmen ausländische Einkünfte nach § 34d Nr. 7 bzw. Nr. 8 Buchstabe c EStG darstellen.

Die Zins- und Lizenzgebührenrichtlinie 2003/49/EG vom 03.06.2003 und damit § 26 Abs. 6 S. 4 KStG kommt nicht zur Anwendung, da die Lizenzzahlungen nicht von einem verbundenen Unternehmen entrichtet wurden.

Die polnische Quellensteuer ist, da insoweit eine Steuer vom Ertrag vorliegt, nach § 10 Nr. 2 KStG außerhalb der Bilanz im Rahmen der Einkommensermittlung hinzuzurechnen. + 1.000 €

Wird ein Antrag auf Erstattung gestellt, ist in der Handels- und Steuerbilanz eine Forderung auszuweisen. Der in diesem Zusammenhang entstehende Ertrag ist dann im Umkehrschluss ebenfalls nach § 10 Nr. 2 KStG außerhalb der Bilanz zu kürzen.

Die im Zusammenhang mit den Lizenzeinnahmen angefallenen Betriebsausgaben sind im vollen Umfang abzugsfähig, weil auch die Einnahmen im vollen Umfang steuerpflichtig sind.

4.4 Verlust oder Beschränkung des Besteuerungsrechts Deutschlands

Fall: Steuerentstrickung

Die in Schaan (Liechtenstein) seit ihrer Geburt ansässige Anastasia Z. (45 Jahre alt) ist zu 100 % an der A SE mit Sitz und Geschäftsleitung in Seiffen beteiligt. Die Beteiligung wurde dem Privatvermögen zugeordnet. Die A SE hält eine 100 %-Beteiligung an der Wolle s.r.l. mit Sitz und Geschäftsleitung in Bozen/Italien. Daneben verfügt die A SE über eine Produktionsbetriebsstätte in Rumänien.

Mit Beschluss vom 01.01.2013 verlegt die Firma A SE ihren Sitz und die Geschäftsleitung nach Rumänien. Die inländische Produktionsstätte in Seiffen wird beibehalten.

Aufgabe: Welche steuerlichen Folgen treten aufgrund der Sitzverlegung nach Rumänien bei Anastasia Z. und bei der Firma A SE ein?
Sollte ein Abkommen zur Vermeidung der Doppelbesteuerung zu prüfen sein, so ist die Prüfung anhand des OECD Musterabkommens (OECD MA) vorzunehmen.

Lösung:
Steuerrechtliche Folgen bei der Firma A SE

Die A SE verlegt ihren Sitz ins Ausland. Die Eintragung in ein deutsches Handelsregister ist deshalb zu löschen. Dieser Vorgang führt, anders als bei einer nach deutschem Recht gegründeten Körperschaft, nicht zur Liquidation gem. § 11 AO, da sie ihrer Rechtspersönlichkeit durch die Verlegung ins Ausland nicht verliert (Art. 8 Abs. 11 der EG Verordnung Nr. 2157/2001).

Nach der Verlegung des Sitzes und der Geschäftsleitung ist die A SE nur beschränkt körperschaftsteuerpflichtig nach § 2 Nr. 1 KStG, da sie im Inland (§ 1 Abs. 3 KStG) weder über eine Geschäftsleitung (§ 10 AO) noch einen Sitz (§ 11 AO) verfügt, jedoch inländische Einkünfte nach § 8 Abs. 1 KStG i.V.m. § 49 Abs. 1 Nr. 2 Buchst. a EStG bezieht, weil die inländische Produktionsstätte eine Betriebsstätte nach § 12 S. 1 bzw. S. 2 Nr. 3 AO darstellt.

Es ist daher zu prüfen, ob das Besteuerungsrecht Deutschlands, bezogen auf bestimmte Wirtschaftsgüter, ganz oder teilweise eingeschränkt wird und daher die Rechtsfolgen des § 12 Abs. 1 KStG zu ziehen sind.

a) Wirtschaftsgüter die der Produktionsbetriebsstätte in Deutschland zuzuordnen sind

Die A SE gilt als Gesellschaft nach Art. 3 Abs. 1 Buchstabe a und b OECD MA. Sie ist nach der Verlegung des Sitzes und der Geschäftsleitung ausschließlich in Rumänien ansässig nach Art. 4 Abs. 1 OECD MA, da sie dort aufgrund dieser Merkmale unbeschränkt steuerpflichtig ist. Das Unternehmen wird deshalb grundsätzlich von Rumänien aus betrieben (Art. 3 Abs.1 Buchstabe d OECD MA).

Nach Art. 7 Abs. 1 S. 1 1. Halbsatz OECD MA steht das Besteuerungsrecht für laufende Einkünfte deshalb grundsätzlich Rumänien zu. Dies wird dann und insoweit eingeschränkt (Art. 7 Abs. 1 S. 1 2.

4.4 Verlust oder Beschränkung des Besteuerungsrechts Deutschlands

Halbsatz OECD MA) als die Einkünfte einer in Deutschland belegenen Betriebsstätte (Art. 5 OECD MA) zugeordnet werden können. Die deutsche Produktionsbetriebsstätte stellt auf DBA Ebene eine Betriebsstätte dar (Art. 5 Abs. 1 OECD MA). Das Besteuerungsrecht für die laufenden Einkünfte steht deshalb auch nach Verlegung insoweit ausschließlich Deutschland zu. Gleiches gilt für die Gewinne aus der Veräußerung der in Deutschland genutzten und der deutschen Betriebsstätte zugeordneten Wirtschaftsgüter nach Art. 13 Abs. 2 OECD MA. Die Rechtsfolgen des § 12 Abs. 1 KStG sind deshalb nicht zu ziehen.

b) Beteiligung an der Wolle s.r.l. Italien

Zunächst ist zu prüfen, ob, wirtschaftlich betrachtet, diese Beteiligung der in Deutschland verbliebenen Betriebsstätte zuzuordnen ist (funktional notwendiges Betriebsvermögen). Soweit ein wirtschaftlicher Zusammenhang mit der deutschen Betriebsstätte nicht gegeben ist (vergleichbar Art. 7 Abs.2 OECD MA), ist die Beteiligung dem neuen Stammhaus in Rumänien zuzuordnen. Deutschland würde dann das Besteuerungsrecht verloren gehen (Art. 13 Abs. 2 OECD MA). Die enthaltenen stillen Reserven wären dann nach § 12 Abs. 1 S. 1 KStG aufzudecken. Im gleichen Umfang könnte dann ein Ausgleichsposten nach § 4g Abs. 1 EStG gebildet werden, welcher im Jahr der Bildung und in den folgenden vier Jahren gleichmäßig Gewinn erhöhend aufzulösen ist.

Hierbei ist zu beachten, dass sämtliche stille Reserven, die in Zusammenhang mit der Beteiligung aufzudecken sind, nach § 8b Abs. 2 Satz 1 KStG im vollen Umfang von der Besteuerung freizustellen sind. 5 % der freizustellenden Gewinne gelten dann als Betriebsausgaben, die das Einkommen nicht mindern dürfen (§ 8b Abs. 3 S. 1 KStG). Eventuelle Gewinnminderungen wären nach § 8b Abs. 3 S. 3 KStG hinzuzurechnen. Alle soeben beschriebenen Korrekturen würden außerhalb der Bilanz im Rahmen der Einkommensermittlung erfolgen.

Besteht ein wirtschaftlicher Zusammenhang mit der deutschen Betriebsstätte, kommt eine Anwendung des § 12 Abs. 1 S. 1 KStG nicht in Betracht, da das Besteuerungsrecht dann nicht verloren geht oder eingeschränkt wird.

c) Firmenwert

Der Firmenwert wird in der Regel ausschließlich dem Stammhaus zuzuordnen sein. § 12 Abs. 1 S. 1 KStG wäre insoweit anzuwenden. Soweit jedoch Patente oder besondere Markenrechte usw. ausschließlich der inländischen Betriebsstätte zuzuordnen sind, sind keine weiteren Rechtsfolgen zu ziehen.

Wird der Firmenwert ausschließlich dem Stammhaus in Rumänien zuzuordnen sein, sind die stillen Reserven insoweit vollständig aufzudecken nach § 12 Abs. 1 KStG, da im Falle einer Veräußerung Deutschland kein Besteuerungsrecht mehr hat (Art. 13 Abs. 2 OECD MA).

Die sofortige Versteuerung der stillen Reserven kann auf Antrag nach § 4g Abs. 1 EStG durch Bildung eines Ausgleichspostens vermieden werden. Der Antrag ist unwiderruflich. Der Antrag kann nur einheitlich für sämtliche Wirtschaftsgüter im Wirtschaftsjahr 2013 gestellt werden. Dieser Ausgleichposten ist im Jahr der Bildung und in den folgenden vier Wirtschaftsjahren erfolgswirksam (in Höhe von 20 %) aufzulösen, sofern die stillen Reserven nicht durch Tatbestände im Sinne des § 4g Abs. 2 S. 2 EStG vorzeitig realisiert werden. Tritt ein entsprechender Tatbestand ein, so ist der verbleibende Ausgleichsposten sofort Gewinn erhöhend aufzudecken.

Darüber hinaus ist die A SE verpflichtet, dem zuständigen Finanzamt (bisheriges Finanzamt) gem. § 4g Abs. 5 EStG ein Ereignis nach § 4g Abs. 2 EStG unverzüglich anzuzeigen.

Steuerrechtliche Folgen bei Anastasia Z.

Aufgrund der Sitzverlegung sind bei der Gesellschafterin Anastasia Z. zunächst keine steuerlichen Rechtsfolgen zu ziehen. Die Wegzugsbesteuerung des § 6 AStG ist nicht anzuwenden, weil Anastasia weder die unbeschränkte Steuerpflicht beendet, noch einen Ersatztatbestand des § 6 Abs. 1 S. 2 AStG erfüllt.

Grundsätzlich ist § 17 Abs. 5 EStG zu prüfen, da die Körperschaft ihren Sitz (§ 11 AO) und die Geschäftsleitung (§ 10 AO) von Deutschland nach Rumänien verlegt, wenn Deutschland dadurch das Besteuerungsrecht verliert bzw. das Besteuerungsrecht Deutschlands eingeschränkt wird. Deutschland verliert das Besteuerungsrecht, weil im Zeitpunkt der Veräußerung Einkünfte nach § 17 Abs. 1 S. 1 EStG erzielt werden (Beteiligung innerhalb der letzten fünf Jahre zu mindestens 1 Prozent am Kapital einer Kapitalgesellschaft). Die beschränkte Steuerpflicht nach § 1 Abs. 4 EStG besteht jedoch nicht mehr, weil keine inländischen Einkünfte nach § 49 Abs. 1 Nr. 2 Buchstabe e Doppelbuchstabe b EStG erzielt werden. Es werden Anteile an einer ausländischen Gesellschaft veräußert.

Die A SE ist eine Gesellschaft nach Art. 8 der EG Verordnung Nr. 2157/2001. Die A SE verlegt ihren Sitz und die Gesellschaft in einen anderen Mitgliedstaat der Europäischen Union (Rumänien). Gem. § 17 Abs. 5 S. 2 EStG kommt deshalb im Zeitpunkt der Sitzverlegung eine Besteuerung in Deutschland nicht in Betracht. Würde die Beteiligung zu einem späteren Zeitpunkt veräußert werden oder die weiteren Tatbestände des § 15 Abs. 1a S. 2 EStG erfüllt, so wäre der entstehende Gewinn nach § 17 Abs. 5 S. 3 EStG, ungeachtet der Regelungen in einem dann ggf. maßgeblichen DBA, in Deutschland vollumfänglich steuerpflichtig.

Dies ist bei Anastasia Z. im Rahmen einer beschränkten Steuerpflicht nach § 1 Abs. 4 EStG deshalb möglich, weil im Veräußerungsfalle inländische Einkünfte nach § 49 Abs. 1 Nr. 2 Buchstabe e Doppelbuchstabe b EStG erzielt werden.

5. Eigenkapitalsachverhalte

Fall 1: Grundfall

Eva Klein und Adam Groß gründen zum 01.04.2013 die K & G GmbH mit Sitz in Leipzig. Eva Klein soll mit 25 % und Adam Groß mit 75 % beteiligt sein. Das Stammkapital soll 40.000 € betragen. Zur Finanzierung der Anlaufverluste beschließen die Gesellschafter einen Ausgabeaufschlag von 50 %. Da die Gesellschaft noch über keine Geschäftsräume verfügte, veräußerte Eva Klein das ihr seit mehr als 10 Jahren gehörende Grundstück Goethestr. 5 in Leipzig für 200.000 € an die K & G GmbH. Ein vergleichbares Grundstück wird auf dem Immobilienmarkt für 300.000 € angeboten.

Aufgabe: Welche steuerlichen Folgen ergeben sich aus dem oben geschilderten Sachverhalt?

Abwandlung: Eva Klein veräußerte dieses Grundstück aus dem Betriebsvermögen. Mit Ausnahme des Kaufpreises wurden im Einzelunternehmen keine Korrekturen vorgenommen. Die Beteiligung wurde dem Privatvermögen zugeordnet.

Ergeben sich Änderungen aufgrund der Abwandlung an der bisherigen steuerlichen Würdigung?

Lösung:

Die K & G GmbH ist unbeschränkt steuerpflichtig nach § 1 Abs. 1 Nr. 1 KStG. Sie hat deshalb nach § 27 Abs. 1 S. 1 KStG alle nicht in das Stammkapital geleisteten Einlagen am Schluss eines jeden Wirtschaftsjahres auf einem gesonderten Konto auszuweisen. Dieses Konto ist eine steuerliche Nebenrechnung und bildet die Grundlage für die Verwendungsreihenfolge bei Ausschüttungen, weil grundsätzlich zunächst der ausschüttbare Gewinn und erst nach dessen vollständigem Verbrauch das steuerliche Einlagekonto für die Ausschüttungen zur Verfügung steht (§ 27 Abs. 1 S. 3 KStG). Die K & G GmbH wurde neu gegründet. Deshalb beträgt ihr steuerlichen Einlagekonto in Anlehnung an § 27 Abs. 2 S. 3 KStG bei Eintritt in die unbeschränkte Steuerpflicht 0 € zuzüglich der im Gründungszeitpunkt geleisteten Einlagen. Sie können deshalb für Ausschüttungen im ersten Wirtschaftsjahr verwendet werden. Alle nachfolgenden offenen und verdeckten Einlagen erhöhen und Entnahmen mindern dieses Konto zum Schluss des Wirtschaftsjahres.

Der im Rahmen der Gründung vereinbarte Ausgabeaufschlag von 50 % ist nach § 272 Abs. 2 Nr. 1 HGB den Kapitalrücklagen zuzuführen. Er erhöht das steuerliche Einlagekonto, weil dieser Zahlungseingang nicht dem Stammkapital zuzuordnen ist und eine offene Einlage der Gesellschafter darstellt. Beide Gesellschafter leisten 50 % bezogen auf das gesamte Stammkapital in Höhe von 40.000 €, dies entspricht 20.000 €, insoweit erhöht sich dann zum Ende des Wirtschaftsjahres das steuerliche Einlagekonto.

Die Veräußerung des Grundstücks an die GmbH zu einem unter dem Teilwert liegenden Kaufpreis stellt eine verdeckte Einlage dar, da Eva Klein als Gesellschafterin der GmbH einen einlagefähigen Vermögensvorteil zukommen lässt und eine entsprechende Vereinbarung im Verhältnis zu fremden Dritten so nicht vereinbart worden wäre (R 40 Abs. 1 KStR). Die verdeckte Einlage ist der Differenzbetrag (100.000 €) zwischen dem schuldrechtlich vereinbarten Entgelt (200.000 €) und dem Teilwert (300.000 €). Diese erhöht ebenfalls zum Ende des Wirtschaftsjahres das steuerliche Einlagekonto. Auf das Einkommen wirkt sich die verdeckte Einlage nicht aus, da die Gewinnerhöhung aufgrund der Nacherfassung des Mehrwertes in der Handelsbilanz und in der Steuerbilanz gem. § 8 Abs. 3 S. 3 KStG im Rahmen der Einkommensermittlung neutralisiert wird. § 8 Abs. 3 S. 4 KStG ist nicht anzuwenden, weil die verdeckte Einlage das Einkommen der Eva Klein nicht gemindert hat (kein Spekulationsgewinn nach § 23 EStG).

Berechnung:	
Bestand im Zeitpunkt der Gründung	0 €
Zuführung zu den Kapitalrücklagen (Ausgabeaufschlag)	+ 20.000 €
Bestand zum 01.04.2013 = Bestand zum Ende des letzten Wirtschaftsjahres § 27 Abs. 2 S. 3 KStG	20.000 €
Verdeckte Einlage (Grundstückssachverhalt)	+ 100.000 €
Entnahmen aus dem steuerlichen Einlagekonto	./. 0 €
Bestand zum Schluss des Wirtschaftsjahres	**120.000 €**

Auswirkungen bei den Gesellschaftern:
Eva Klein
Die Anschaffungskosten entwickeln sich wie folgt:

Zahlungen im Zusammenhang mit der Gründung 10.000 € × 150 % =	15.000 €
Verdeckte Einlage (Minderkaufpreis)	100.000 €
Summe	**115.000 €**

Adam Groß
Die Anschaffungskosten entwickeln sich wie folgt:

Zahlung im Zusammenhang mit der Gründung 30.000 € × 150 % =	45.000 €

Abwandlung – Veräußerung aus dem Betriebsvermögen:
Aufgrund der verdeckten Einlage erhöht sich nach § 8 Abs. 3 S. 4 KStG das Einkommen der K & G GmbH, weil die verdeckte Einlage bei der Gesellschafterin das Einkommen gemindert hat. In Höhe der Differenz zwischen dem Veräußerungspreis und dem Teilwert hätte Eva Klein eine Entnahme buchen müssen. Dies ist nicht geschehen. Somit hat sich die verdeckte Einlage einkommensmindernd bei Eva Klein ausgewirkt (materielle Korrespondenz). Davon unabhängig erhöht sich das steuerliche Einlagekonto nach § 27 Abs. 1 KStG, weil in § 27 KStG eine vergleichbare Regelung nicht vorgesehen ist.

Wird deshalb später die Einkommensminderung bei der Gesellschafterin berichtigt, ist rückwirkend nach § 32a Abs. 2 KStG die Einkommensermittlung der K & G GmbH anzupassen. Die Berechnung des steuerlichen Einlagekontos wird nicht geändert, da diese den Einlagevorgang bereits zutreffend erfasst hat.

Hinweis! Das steuerliche Einlagekonto wird ausschließlich gesellschaftsbezogen geführt. Welche Gesellschafter die Zuführungen getätigt haben, ist deshalb unerheblich. Änderungen im Gesellschafterbestand wirken sich deshalb nicht auf das steuerliche Einlagekonto aus.

Fall 2: Verwendungsreihenfolge
An der K & G GmbH sind Eva Klein mit 25 % (Anschaffungskosten 115.000 €) und Adam Groß mit 75 % (Anschaffungskosten 45.000 €) beteiligt. Am 01.04.2013 beschließen die Gesellschafter den Jahresüberschuss in Höhe von 100.000 € an die Gesellschafter auszuschütten und in Höhe von 50.000 € den Gewinnrücklagen zuzuführen. Zum Ende des letzten Wirtschaftsjahres wurde ein steuerliches Einlagekonto in Höhe von 120.000 € nach § 27 Abs. 2 KStG gesondert festgestellt. Die Steuerbilanz der GmbH weist folgende Werte aus:

5. Eigenkapitalsachverhalte

Stammkapital	40.000 €
Kapitalrücklage	20.000 €
Jahresüberschuss	150.000 €
Steuerliches Eigenkapital	**210.000 €**

Aufgabe: Welche steuerlichen Folgen sind zu ziehen?

Hinweis! Die Beteiligungen werden im Privatvermögen gehalten.

Lösung:
Die Zuführung zu den Gewinnrücklagen ist steuerneutral.

In Höhe der Ausschüttung ist zu prüfen, ob und ggf. in welcher Höhe Kapitaleinkünfte vorliegen, die dem Kapitalertragsteuerabzug unterliegen. Dem Kapitalertragsteuerabzug unterliegen die Ausschüttungen nur dann, wenn Kapitaleinkünfte nach § 20 Abs. 1 Nr. 1 EStG vorliegen (§ 43 Abs. 1 S. 1 Nr. 1 EStG). Nicht erfasst werden Bezüge, soweit für diese Ausschüttung Beträge aus dem steuerlichen Einlagekonto als verwendet gelten (§ 20 Abs. 1 Nr. 1 S. 3 EStG).

Die Verwendungsreihenfolge ergibt sich aus § 27 Abs. 1 S. 3 KStG. Danach ist zunächst der ausschüttbare Gewinn und erst nach dessen vollständigem Verbrauch das steuerliche Einlagekonto für die Ausschüttung zu verwenden. Die Berechnung des ausschüttbaren Gewinns erfolgt gem. § 27 Abs. 1 S. 5 KStG auf der Grundlage des steuerlichen Eigenkapitals wie folgt:

Steuerliches Eigenkapital	210.000 €
./. Stammkapital (kann nicht für Ausschüttungen verwendet werden)	./. 40.000 €
./. Bestand des steuerlichen Einlagekontos zum Schluss des letzten Wirtschaftsjahres	./. 120.000 €
= Ausschüttbarer Gewinn gem. § 27 Abs. 1 S. 5 KStG	**50.000 €**
Beschlossene Ausschüttung	100.000 €
Ausschüttbarer Gewinn ist vorrangig zu verwenden	./. 50.000 €
Übersteigender Betrag = Entnahmen aus dem steuerlichen Einlagekonto	**50.000 €**

Die Verteilung der Ausschüttung erfolgt gem. § 29 Abs. 3 GmbHG nach dem Verhältnis der Geschäftsanteile. Für die oben beschlossene Dividende ergeben sich daher folgende Daten:

Ausschüttung		Eva Klein 25 %		Adam Groß 75 %
100.000 €		25.000,00 €		75.000,00 €
Bezüge soweit § 27 KStG verwendet wurde		12.500,00 €		37.500,00 €
Sonstige Bezüge	12.500,00 €		37.500,00 €	
Kapitalertragsteuer 25 %	3.125,00 €		9.375,00 €	
Solidaritätszuschlag 5,5 %	171,87 €		515,62 €	
	9.203,13 €	9.203,13 €	27.609,38 €	27.609,38 €
Auszahlungsbetrag		**21.703,13 €**		**65.109,38 €**

Die K & G GmbH ist verpflichtet eine Steuerbescheinigung nach § 45a Abs. 2 EStG für die einbehaltene und abgeführte Kapitalertragsteuer (einschließlich des Solidaritätszuschlags) und nach § 27 Abs. 3 KStG für die Beträge zu erstellen, die aus dem steuerlichen Einlagekonto entnommen wurden.

Darüber hinaus ist das steuerliche Einlagekonto zum Ende des Wirtschaftsjahres fortzuschreiben (§ 27 Abs. 2 S. 1 KStG).

Bestand zum Ende des letzten Wirtschaftsjahres	120.000 €
Zuführungen im laufenden Wirtschaftsjahr	+ 0 €
Im laufenden Wirtschaftsjahr für Ausschüttungen verwendet	./. 50.000 €
Bestand zum Ende des Wirtschaftsjahres	**70.000 €**

Steuerliche Folgen bei den Gesellschaftern

Die Beteiligungen werden im Privatvermögen gehalten. Die Bezüge nach § 20 Abs. 1 Nr. 1 S. 1 EStG unterliegen deshalb dem besonderen Steuersatz nach § 32d Abs. 1 EStG. Mit dem zutreffenden Steuerabzug durch die K & G GmbH tritt die Abgeltungswirkung nach § 43 Abs. 5 S. 1 EStG ein. Es steht den Steuerpflichtigen jedoch frei, einen Antrag nach § 32d Abs. 4 EStG zur Berücksichtigung des Sparerpauschbetrages zu stellen.

Ausnahme: Nur wenn für diese Beteiligung ein Antrag nach § 32d Abs. 2 Nr. 3 EStG gestellt wird, unterliegen diese Einnahmen dem Teileinkünfteverfahren (§ 3 Nr. 40 Buchst. d S. 1 EStG). In diesen Fällen können dann ggf. durch die Gesellschafter getragene Werbungskosten mindernd berücksichtigt werden (nach Maßgabe des § 3c Abs. 2 EStG).

Insoweit als für die Ausschüttung Beträge aus dem steuerlichen Einlagekonto entnommen wurden, liegen keine Einnahmen nach § 20 Abs. 1 Nr. 1 EStG vor (§ 20 Abs. 1 Nr. 1 S. 3 EStG). Diese Bezüge mindern gem. § 17 Abs. 4 EStG die Anschaffungskosten für die Beteiligung, weil die Gesellschafter innerhalb der letzten fünf Jahre zu mehr als 1 % an der Kapitalgesellschaft beteiligt waren (§ 17 Abs. 1 EStG). Erst wenn die Anschaffungskosten bis auf 0 € gemindert wurden, führen die Rückzahlungen zu Einkünften im Sinne des § 17 EStG.

Entwicklung der Anschaffungskosten:	Eva Klein	Adam Groß
Bisher	115.000 €	45.000 €
Rückzahlung gem. Steuerbescheinigung	./. 12.500 €	./. 37.500 €
Verbleibende Anschaffungskosten	**102.500 €**	**7.500 €**

Hinweis! Da das steuerliche Einlagekonto nur gesellschaftsbezogen geführt wird, wird die Entnahme aus dem steuerlichen Einlagekonto ebenfalls nach dem Verhältnis der Geschäftsanteile verteilt.

Exkurs/Schenkungsteuer! Erfolgt in zeitlichem Zusammenhang mit einer Einlage eine offene oder verdeckte Ausschüttung, ist regelmäßig der an die anderen Gesellschafter ausgeschüttete Betrag Gegenstand einer Zuwendung des Einlegenden an die Ausschüttungsbegünstigten im Sinne einer Weiterleitung des eingelegten Vermögens an den jeweiligen Beschenkten.[1]

---

[1] Vgl. Tz. 2 FinMin Sachsen 14.03.2012, 35 – S 3806 – 2/92 – 11262, BStBl I 2012, 331, Schenkungen unter Beteiligung von Kapitalgesellschaften oder Genossenschaften.

5. Eigenkapitalsachverhalte

> **Fall 3: Bindungswirkung der Steuerbescheinigung § 27 Abs. 5 KStG**
> An der K & G GmbH sind Eva Klein mit 25 % (Anschaffungskosten 115.000 €) und Adam Groß mit 75 % (Anschaffungskosten 45.000 €) beteiligt. Am 01.04.2013 beschließen die Gesellschafter den Jahresüberschuss in Höhe von 100.000 € an die Gesellschafter auszuschütten und i.H.v. 50.000 € den Gewinnrücklagen zuzuführen. Zum Ende des letzten Wirtschaftsjahres wurde ein steuerliches Einlagekonto in Höhe von 120.000 € nach § 27 Abs. 2 KStG gesondert festgestellt. Der ausschüttbare Gewinn beträgt zum Ende des letzten Wirtschaftsjahres nach § 27 Abs. 1 S. 5 KStG 50.000 €.
> Die K & G GmbH bescheinigt in diesem Zusammenhang jedoch die Verwendung des steuerlichen Einlagekontos i.H.v. 40.000 €. Alle Steuererklärungen wurden erklärungsgemäß veranlagt.
> **Aufgabe:** Welche steuerlichen Folgen ergeben sich aus dem geschilderten Sachverhalt für die Körperschaft und für die Gesellschafter?
>
> **Abwandlung 1:** Die K & G GmbH erstellt i.Z.m. der Ausschüttung keine Bescheinigung nach § 27 Abs. 3 KStG.
> **Aufgabe:** Welche steuerlichen Folgen treten in diesem Zusammenhang ein? Besteht die Möglichkeit einer Korrektur der Bescheinigung nach § 27 Abs. 3 KStG?
>
> **Abwandlung 2:** Die K & G GmbH erstellt i.Z.m. der Ausschüttung eine Bescheinigung nach § 27 Abs. 3 KStG, wonach ausschließlich Beträge aus dem steuerlichen Einlagekonto verwendet wurden.
> **Aufgabe:** Welche steuerlichen Folgen treten in diesem Zusammenhang ein? Besteht die Möglichkeit einer Korrektur der Bescheinigung nach § 27 Abs. 3 KStG?

Lösung:
Die Ausschüttung ist steuerneutral, daher ergeben sich bei der Körperschaft unmittelbar keine Auswirkungen.

Zum Schluss des Wirtschaftsjahres ist eine gesonderte Feststellung des steuerlichen Einlagekontos nach § 27 Abs. 2 KStG erforderlich. In diesem Zusammenhang kann nur der tatsächlich bescheinigte Betrag als Abgang berücksichtigt werden.

Bestand zum Ende des letzten Wirtschaftsjahres	120.000 €
Zugang im laufenden Wirtschaftsjahr	+ 0 €
Abgang i.Z.m. Ausschüttungen im laufenden Wirtschaftsjahr	./. 40.000 €
Bestand zum Schluss des laufenden Wirtschaftsjahres	**80.000 €**

Die K & G GmbH ist allerdings als Schuldner der Kapitalerträge zum Kapitalertragsteuerabzug für die Gesellschafter nach § 44 Abs. 1 S. 3 EStG verpflichtet. Der Umfang der Kapitalerträge i.S.d. § 20 Abs. 1 Nr. 1 EStG ermittelt sich wie folgt:

Leistung der K & G GmbH	100.000 €
Ausschüttbarer Gewinn § 27 Abs. 1 S. 5 KStG	./. 50.000 €
Entnahmen aus dem steuerlichen Einlagekonto § 27 Abs. 1 S. 3 KStG	50.000 €
Gem. Steuerbescheinigung (§ 27 Abs. 3 KStG) entnommener Betrag	**40.000 €**

Der durch die K & G GmbH bescheinigte Betrag ist niedriger als der tatsächlich entnommene Betrag. Die erstellte Bescheinigung ist nach § 27 Abs. 5 S. 1 KStG für die Ermittlung der Kapitalerträge nach § 20 Abs. 1 Nr. 1 EStG bindend. Eine Berichtigung ist nach § 27 Abs. 5 S. 3 KStG nicht möglich.

Leistung der K & G GmbH	100.000 €
Beträge, die dem steuerlichen Einlagekonto entnommen wurden, gem. Bescheinigung	./. 40.000 €
Kapitalerträge gem. § 20 Abs. 1 Nr. 1 S. 1 EStG	60.000 €
Kapitalertragsteuer gem. § 43a Abs. 1 S. 1 Nr. 1 EStG 25 %	15.000 €
Solidaritätszuschlag gem. § 3 Abs. 1 Nr. 5 SolZG 5,5 %	825 €

Die K & G GmbH ist demnach verpflichtet, Steuerabzugsbeträge i.H.v. 15.825 € einzubehalten und abzuführen. Diese Beträge sind nach § 45a Abs. 2 EStG im Rahmen einer Steuerbescheinigung auszuweisen.

Auswirkung bei den Gesellschaftern
Die Leistung der K & G GmbH stellt nur insoweit steuerpflichtige Kapitalerträge nach § 20 Abs. 1 Nr. 1 EStG dar, als keine Beträge aus dem steuerlichen Einlagekonto für die Bezüge als verwendet gelten (§ 20 Abs. 1 Nr. 1 S. 3 EStG). Maßgeblich für die Abgrenzung ist die durch die K & G GmbH erstellte Bescheinigung. Diese Kapitalerträge unterliegen dem besonderen Steuersatz nach § 32d EStG. Aufgrund des Kapitalertragsteuerabzugs gilt die Einkommensteuer nach § 43 Abs. 5 EStG als abgegolten. Den Steuerpflichtigen steht es jedoch frei, einen Antrag nach § 32d Abs. 4 EStG zur Berücksichtigung des Sparerpauschbetrages zu stellen.

Die Bezüge, für die die Verwendung des steuerlichen Einlagekontos bescheinigt wurde, mindern die Anschaffungskosten für die Beteiligung bis 0 €. Ein darüber hinausgehender Ertrag führt dann zu Einkünften i.S.d. § 17 Abs. 4 EStG, wenn die übrigen Voraussetzungen erfüllt sind.

Hinweis! Werden die Voraussetzungen des § 17 Abs. 1 EStG nicht erfüllt, mindern sich ebenfalls die Anschaffungskosten der Beteiligung. Ein ggf. übersteigender Betrag gilt dann als Kapitalertrag nach § 20 Abs. 2 Nr. 1 EStG.

Abwandlung 1:
Aufgrund der fehlenden Bescheinigung über die Verwendung des steuerlichen Einlagekontos für die Ausschüttung unterliegt der gesamte Betrag dem Kapitalertragsteuerabzug.

Berechnung:	
Leistung der K & G GmbH	100.000 €
Beträge, die dem steuerlichen Einlagekonto entnommen wurden, gem. Bescheinigung	./. 0 €
Kapitalerträge gem. § 20 Abs. 1 Nr. 1 S. 1 EStG	100.000 €
Kapitalertragsteuer § 43a Abs. 1 S. 1 Nr. 1 EStG 25 %	25.000 €
Solidaritätszuschlag § 3 Abs. 1 Nr. 5 SolZG 5,5 %	1.375 €

Die K & G GmbH ist demnach verpflichtet, Steuerabzugsbeträge i.H.v. 26.375 € einzubehalten und abzuführen. Diese Beträge sind nach § 45a Abs. 2 EStG i.R. einer Steuerbescheinigung auszuweisen.

Eine nachträgliche Bescheinigung ist nur bis zur erstmaligen Feststellung nach § 27 Abs. 2 KStG zulässig. Da dies im vorliegenden Sachverhalt nicht geschehen ist, kann eine Berichtigung nach § 27 Abs. 5 S. 3 KStG nicht erfolgen.

Zum Schluss des Wirtschaftsjahres ist eine gesonderte Feststellung des steuerlichen Einlagekontos nach § 27 Abs. 2 KStG erforderlich. In diesem Zusammenhang kann nur der tatsächlich bescheinigte Betrag als Abgang berücksichtigt werden.

5. Eigenkapitalsachverhalte

Bestand zum Ende des letzten Wirtschaftsjahres	120.000 €
Zugang im laufenden Wirtschaftsjahr	+ 0 €
Abgang i.Z.m. Ausschüttungen im laufenden Wirtschaftsjahr	./. 0 €
Bestand zum Schluss des laufenden Wirtschaftsjahres	**120.000 €**

Auswirkung bei den Gesellschaftern

Die Leistung der K & G GmbH stellt nur insoweit steuerpflichtige Kapitalerträge nach § 20 Abs. 1 Nr. 1 EStG dar, als keine Beträge aus dem steuerlichen Einlagekonto für die Bezüge als verwendet gelten (§ 20 Abs. 1 Nr. 1 S. 3 EStG). Wurde keine Bescheinigung nach § 27 Abs. 3 KStG erstellt, beziehen die Gesellschafter ausschließlich Bezüge nach § 20 Abs. 1 Nr. 1 EStG. Diese Kapitalerträge unterliegen dem besonderen Steuersatz nach § 32d EStG. Aufgrund des Kapitalertragsteuerabzugs gilt die Einkommensteuer nach § 43 Abs. 5 EStG als abgegolten. Den Steuerpflichtigen steht es jedoch frei, einen Antrag nach § 32d Abs. 4 EStG zur Berücksichtigung des Sparerpauschbetrages zu stellen.

Da keine Beträge gem. § 27 Abs. 3 KStG bescheinigt wurden, ergeben sich keine Änderung in Bezug auf die Anschaffungskosten der Beteiligungen bei den Gesellschaftern.

Abwandlung 2:

Die K & G GmbH ist als Schuldner der Kapitalerträge zum Kapitalertragsteuerabzug für die Gesellschafter nach § 44 Abs. 1 S. 3 EStG verpflichtet. Der Umfang der Kapitalerträge i.S.d. § 20 Abs. 1 Nr. 1 EStG ermittelt sich wie folgt:

Leistung der K & G GmbH	100.000 €
Ausschüttbarer Gewinn § 27 Abs. 1 S. 5 KStG	./. 50.000 €
Entnahmen aus dem steuerlichen Einlagekonto § 27 Abs. 1 S. 3 KStG	50.000 €
Gem. Steuerbescheinigung (§ 27 Abs. 3 KStG) entnommener Betrag	100.000 €
Überhöht ausgewiesener Betrag	**50.000 €**

Durch die K & G GmbH wurden 100.000 € gem. § 27 Abs. 3 KStG bescheinigt. Tatsächlich ist jedoch zunächst der ausschüttbare Gewinn für die Ausschüttung zu verwenden und erst im Anschluss daran das steuerliche Einlagekonto. Da die K & G GmbH ausschließlich die Verwendung des steuerlichen Einlagekontos bescheinigt hat, wurde durch sie bisher kein Kapitalertragsteuerabzug vorgenommen. Nach § 27 Abs. 5 S. 4 KStG haftet die K & G GmbH nach § 44 Abs. 5 EStG für die bisher nicht einbehaltene Steuer. Im Anschluss daran kann die Bescheinigung gem. § 27 Abs. 3 KStG berichtigt werden. Ebenso ist eine Berichtigung der gesonderten Feststellung nach § 27 Abs. 2 KStG vorzunehmen.

Haftungsbetrag:	
Leistung der K & G GmbH	100.000,00 €
dem steuerlichen Einlagekonto entnommen	./. 50.000,00 €
Kapitalerträge gem. § 20 Abs. 1 Nr. 1 S. 1 EStG; § 27 Abs. 1 S. 5 KStG	50.000,00 €
Kapitalertragsteuer § 43a Abs. 1 S. 1 Nr. 1 EStG 25 %	12.500,00 €
Solidaritätszuschlag § 3 Abs. 1 Nr. 5 SolZG 5,5 %	687,50 €

Die K & G GmbH haftet demnach für Steuerabzugsbeträge i.H.v. 13.187,50 €. Diese Beträge können anschließend nach § 45a Abs. 2 EStG bescheinigt werden. Zusätzlich ist die Bescheinigung nach § 27 Abs. 3 KStG zu berichtigen.

Berichtigung der gesonderten Feststellung:	
Bestand zum Ende des letzten Wirtschaftsjahres	120.000 €
Zugang im laufenden Wirtschaftsjahr	+ 0 €
Abgang i.Z.m. Ausschüttungen im laufenden Wirtschaftsjahr	./. 50.000 €
Bestand zum Schluss des laufenden Wirtschaftsjahres	70.000 €

Auswirkung bei den Gesellschaftern

Die Leistung der K & G GmbH stellt nur insoweit steuerpflichtige Kapitalerträge nach § 20 Abs. 1 Nr. 1 EStG dar, als keine Beträge aus dem steuerlichen Einlagekonto für die Bezüge als verwendet gelten (§ 20 Abs. 1 Nr. 1 S. 3 EStG). Im Anschluss an die Berichtigung wurden Beträge in Höhe von 50.000 € gem. § 27 Abs. 3 KStG bescheinigt. Die Gesellschafter beziehen daher Bezüge nach § 20 Abs. 1 Nr. 1 EStG i.H.v. 50.000 €. Diese Kapitalerträge unterliegen dem besonderen Steuersatz nach § 32d EStG. Aufgrund des Kapitalertragsteuerabzugs gilt die Einkommensteuer nach § 43 Abs. 5 EStG als abgegolten. Den Steuerpflichtigen steht es jedoch frei, einen Antrag nach § 32d Abs. 4 EStG zur Berücksichtigung des Sparerpauschbetrages zu stellen.

Ausschüttung:		Eva Klein 25 %		Adam Groß 75 %	
100.000 €		25.000,00 €		75.000,00 €	
Bezüge soweit § 27 KStG verwendet wurde		12.500,00 €		37.500,00 €	
sonstige Bezüge	12.500,00 €		37.500,00 €		
Kapitalertragsteuer 25 %	3.125,00 €		9.375,00 €		
Solidaritätszuschlag 5,5 %	171,87 €		515,62 €		
	9.203,13 €	9.203,13 €	27.609,38 €	27.609,38 €	
Auszahlungsbetrag (nach Haftung)		21.703,13 €		65.109,38 €	

Insoweit als Beträge gem. § 27 Abs. 3 KStG bescheinigt wurden, mindern sich die Anschaffungskosten der Beteiligungen bei den Gesellschaftern.

Berechnung:		
Entwicklung der Anschaffungskosten:	Eva Klein	Adam Groß
bisher	115.000 €	45.000 €
Rückzahlung gem. Steuerbescheinigung	./. 12.500 €	./. 37.500 €
Verbleibende Anschaffungskosten	102.500 €	7.500 €

Hinweis! Wird die Kapitalertragsteuer einschließlich des Solidaritätszuschlags nicht durch die Gesellschafter erstattet, erzielen die Gesellschafter weiter Kapitalerträge in Höhe der durch die K & G GmbH übernommenen Steuerabzugsbeträge, weil die fehlende Erstattung/bzw. die Übernahme der Steuerabzugsbeträge eine verdeckte Gewinnausschüttung (§ 8 Abs. 3 S. 2 KStG, R 36 Abs. 1 KStR) darstellt. In diesem Zusammenhang ist ferner zu beachten, dass eine Bescheinigung nach § 27 Abs. 3 KStG für diese Beträge nicht erstellt wird und ein entsprechender Sachverhalt regelmäßig erst in den folgenden Wirtschaftsjahren festgestellt wird. Eine Berichtigung wird deshalb regelmäßig nicht mehr möglich sein.

5. Eigenkapitalsachverhalte

Darüber hinaus ist zu beachten, dass verdeckte Gewinnausschüttungen regelmäßig erst nachträglich festgestellt werden. Eine Bescheinigung nach § 27 Abs. 3 KStG wird daher nachträglich nicht mehr erstellt werden können, sodass nur Kapitalerträge gem. § 20 Abs. 1 Nr. 1 S. 2 EStG vorliegen werden, die dem Kapitalertragsteuerabzug unterliegen (§ 27 Abs. 5 S. 3 KStG).

Fall 4: Umwandlung von Rücklagen § 28 Abs. 1 KStG

An der K & G GmbH sind Eva Klein mit 25 % (Anschaffungskosten 115.000 €) und Adam Groß mit 75 % (Anschaffungskosten 45.000 €) beteiligt. Am 01.04.2013 beschließen die Gesellschafter das Stammkapital der K & G GmbH aus Gesellschaftsmitteln um 60.000 € auf 100.000 € zu erhöhen. Die Gesellschafter sollen an dieser Kapitalerhöhung nach dem Verhältnis der bisherigen Geschäftsanteile teilnehmen. Die Mittel sollen den Gewinnrücklagen entnommen werden. Zum Ende des letzten Wirtschaftsjahres wurde ein steuerliches Einlagekonto in Höhe von 80.000 € nach § 27 Abs. 2 KStG gesondert festgestellt. Die Kapitalerhöhung aus Gesellschaftsmitteln wurde am 01.05.2013 im Handelsregister eingetragen. Die der Kapitalerhöhung zugrunde gelegte und festgestellte Handels-/Steuerbilanz der GmbH weist zum 31.12.2012 folgende Werte aus:

Stammkapital	40.000 €
Kapitalrücklage	20.000 €
Gewinnrücklagen	100.000 €
Jahresüberschuss	50.000 €
Eigenkapital	**210.000 €**

Aufgabe: Welche steuerlichen Folgen sind zu ziehen?
Die Beteiligungen werden im Privatvermögen gehalten.

Abwandlung: Sachverhalt wie zuvor, allerdings wurde zum 31.12.2012 ein steuerliches Einlagekonto in Höhe von nur 40.000 € gesondert festgestellt. Alle übrigen Tatbestände haben sich nicht geändert. Zum 03.10.2013 verzichtet Adam Groß auf eine Forderung in Höhe von 10.000 € gegenüber der GmbH mit einem Teilwert in Höhe von 10.000 €. Auf eine weitere Forderung in Höhe von 15.000 € (entspricht dem Teilwert) verzichtet er jedoch erst am 01.02.2014. Der Forderungsverzicht wurde durch Adam Groß zutreffend steuerlich gewürdigt.

Aufgabe: Welche steuerrechtlichen Folgen ergeben sich aufgrund des oben geschilderten Sachverhaltes?

Lösung:
Mit Beschluss der Gesellschafter kann das Stammkapital einer Gesellschaft erhöht werden. Die Erhöhung bedarf der notariellen Beurkundung (§ 55 Abs. 1 GmbHG) und muss anschließend in das Handelsregister eingetragen werden. Gem. § 57c GmbHG ist eine Kapitalerhöhung auch aus Gesellschaftsmitteln zulässig. Der letzte Jahresabschluss muss jedoch bestätigt und über die Gewinnverwendung muss ein Beschluss gefasst werden (§ 57c Abs. 2 GmbHG). Die dem Kapitalerhöhungsbeschluss zugrundeliegende Bilanz darf nicht älter als 8 Monate sein (§ 57i GmbHG). Darüber hinaus ist eine Umwandlung nur insoweit zulässig, als in der maßgeblichen Bilanz kein Verlustvortrag ausgewiesen wird (§ 57d Abs. 2 GmbHG). Die handelsrechtlichen Vorschriften sind erfüllt.

Auf das Einkommen der K & G GmbH wirkt sich die Kapitalerhöhung nicht aus, da diese steuerneutral abgebildet wird. Auch in der Steuerbilanz erfolgt lediglich eine Änderung in der Zusammensetzung des steuerlichen Eigenkapitals der Körperschaft. Nach der Kapitalerhöhung gliedert sich das Eigenkapital wie folgt:

	bisher	Veränderung	nach Kapitalerhöhung
Stammkapital	40.000 €	+ 60.000 €	100.000 €
Kapitalrücklage	20.000 €		20.000 €
Gewinnrücklagen	100.000 €	./. 60.000 €	40.000 €
Jahresüberschuss	50.000 €		50.000 €
Eigenkapital	210.000 €		210.000 €

Die Erhöhung des Stammkapitals, welches für eine Ausschüttung nicht verwendet werden kann, führt allerdings im Bereich des steuerlichen Einlagekontos zu einer Veränderung. Nach § 28 Abs. 1 S. 1 KStG ist für die Kapitalerhöhung aus Gesellschaftsmitteln vorrangig der positive Bestand des steuerlichen Einlagekontos zu verwenden. Maßgeblich ist dabei der sich vor der Umgliederung ergebende Bestand des steuerlichen Einlagekontos zum Schluss des Wirtschaftsjahrs der Rücklagenumwandlung. Damit können offene und verdeckte Einlagen des laufenden Wirtschaftsjahres für die Kapitalerhöhung genutzt werden. Dies gilt selbst dann, wenn die Einlagen erst nach der Kapitalerhöhung erfolgten.

Das steuerliche Einlagekonto, welches zum Ende des Wirtschaftsjahres gesondert festzustellen ist (§ 27 Abs. 2 KStG) gliedert sich deshalb wie folgt:

Bestand zum 31.12.2012 gem. gesonderter Feststellung	80.000 €
Zuführungen im laufenden Wirtschaftsjahr	+ 0 €
Entnahmen i.Z.m. der Kapitalerhöhung	./. 60.000 €
Bestand zum 31.12.2013	**20.000 €**

Darüber hinaus ist die K & G GmbH nach § 4 KapErhStG verpflichtet, innerhalb von zwei Wochen nach der Eintragung des Beschlusses über die Erhöhung des Nennkapitals in das Handelsregister dies dem Finanzamt mitzuteilen und eine Abschrift des Beschlusses über die Erhöhung des Nennkapitals einzureichen.

Auswirkungen auf der Ebene der Gesellschafter
Die Übernahme der neuen Anteilsrechte durch die Gesellschafter, aufgrund der Kapitalerhöhung aus Gesellschaftsmitteln, führen nicht zu steuerpflichtigen Einkünften i.S.d. § 2 EStG (§ 1 KapErhStG).

Im Zusammenhang mit der Kapitalerhöhung aus Gesellschaftsmitteln wurden durch die Gesellschafter keine neuen Aufwendungen getätigt, die Anschaffungskosten für die Beteiligung darstellen können. Die bisherigen Anschaffungskosten verändern sich daher der Höhe nach nicht. Eine Änderung ergibt sich lediglich hinsichtlich der Verteilung der Anschaffungskosten, denn nach der Kapitalerhöhung verteilen sich diese Anschaffungskosten nicht nur auf die bisherigen Geschäftsanteile, sondern auch auf die i.R.d. Kapitalerhöhung neu entstandenen Anteile (§ 3 KapErhStG).

	Eva Klein	Adam Groß
Anteile bisher	10.000 €	30.000 €
Anschaffungskosten bisher	115.000 €	45.000 €
Anteile nach Kapitalerhöhung	25.000 €	75.000 €
Anschaffungskosten	115.000 €	45.000 €

5. Eigenkapitalsachverhalte

> **Hinweis!** Werden die handelsrechtlichen Vorschriften zur Kapitalerhöhung aus Gesellschaftsmitteln nicht eingehalten, ist zunächst von einer Ausschüttung und anschließend von einer Einlage auszugehen. Dies kann zu einer steuerlichen Belastung führen.

Abwandlung:
Hinsichtlich der handelsrechtlichen Vorschriften ergeben sich im Zusammenhang mit der Kapitalerhöhung aus Gesellschaftsmitteln keine Änderungen.

Der Verzicht des Gesellschafters auf eine Forderung gegenüber der K & G GmbH, stellt in der Handelsbilanz als auch in der Steuerbilanz einen außerordentlichen Ertrag dar. Dieser Ertrag wird im Rahmen der Einkommensermittlung für den Veranlagungszeitraum 2013 außerhalb der Bilanz als verdeckte Einlage nach § 8 Abs. 3 S. 3 KStG (R 40 Abs. 2 KStR) wieder abgezogen.

Im Umfang der verdeckten Einlage erhöhen sich die Anschaffungskosten der Beteiligung des Adam Groß.

Steuerrechtlich ist auch in diesem Falle das steuerliche Einlagekonto nach § 28 Abs. 1 S. 1 KStG vorrangig für die Kapitalerhöhung aus Gesellschaftsmitteln zu verwenden. Maßgeblich ist der Bestand zum Schluss des Wirtschaftsjahres der Kapitalerhöhung (§ 28 Abs. 1 S. 2 KStG). Hierbei ist es unerheblich, welche Rücklagen (Kapital- oder Gewinnrücklagen – beides wäre zulässig) handelsrechtlich für die Kapitalerhöhung verwendet wurden.

Bestand des § 27 KStG zum 31.12.2012	40.000 €
Offene/verdeckte Einlagen im laufenden Wirtschaftsjahr	10.000 €
Entnahmen aus dem steuerlichen Einlagekonto	./. 0 €
Für die Kapitalerhöhung maßgeblicher Bestand nach § 28 Abs. 1 S. 2 KStG	**50.000 €**
Kapitalerhöhung aus Gesellschaftsmitteln	60.000 €
Verwendeter Bestand des steuerlichen Einlagekontos	./. 50.000 €
Differenz = Sonderausweis § 28 Abs. 1 S. 3 KStG	**10.000 €**

Können die Mittel für die Kapitalerhöhung aus Gesellschaftsmitteln, wie in diesem Falle nicht im vollen Umfang aus dem steuerlichen Einlagekonto gedeckt werden, so sind die sonstigen Rücklagen für die Erhöhung zu verwenden. Der diesen Rücklagenkonten entnommene Betrag gilt dann als Sonderausweis, welcher nach § 28 Abs. 1 S. 4 KStG entsprechend § 27 Abs. 2 KStG gesondert festgestellt werden muss.

Zum Ende des Wirtschaftsjahres sind in diesem Falle zwei gesonderte Feststellungen erforderlich.

Nach § 27 Abs. 2 KStG zum Bestand des steuerlichen Einlagekontos	
Bestand zum Schluss des letzten Wirtschaftsjahres	40.000 €
Offene/verdeckte Einlagen des laufenden Wirtschaftsjahres	+ 10.000 €
Entnommene Beträge (Kapitalerhöhung)	./. 50.000 €
Bestand zum Ende des Wirtschaftsjahres	0 €
Nach § 28 Abs. 1 S. 4 i.V.m. § 27 Abs. 2 KStG (Sonderausweis)	10.000 €

Auswirkungen auf der Ebene der Gesellschafter

Die Übernahme der neuen Anteilsrechte durch die Gesellschafter aufgrund der Kapitalerhöhung aus Gesellschaftsmittel führen nicht zu steuerpflichtigen Einkünften i.S.d. § 2 EStG (§ 1 KapErhStG).

Im Zusammenhang mit der Kapitalerhöhung aus Gesellschaftsmitteln wurden durch die Gesellschafter keine neuen Aufwendungen getätigt die Anschaffungskosten für die Beteiligung darstellen können. Die bisherigen Anschaffungskosten verändern sich daher der Höhe nach nicht. Eine Änderung ergibt sich lediglich hinsichtlich der Verteilung der Anschaffungskosten, den nach der Kapitalerhöhung verteilen sich diese Anschaffungskosten nicht nur auf die bisherigen Geschäftsanteile, sondern auch auf die im Rahmen der Kapitalerhöhung neu entstandenen Anteile (§ 3 KapErhStG).

	Eva Klein	Adam Groß
Anteile bisher	10.000 €	30.000 €
Anschaffungskosten bisher	115.000 €	45.000 €
Anteile nach Kapitalerhöhung	25.000 €	75.000 €
Ursprüngliche Anschaffungskosten	115.000 €	45.000 €
Verdeckte Einlage vom 01.10.2013		10.000 €
Neue Anschaffungskosten	115.000 €	55.000 €

Veranlagungszeitraum 2014

Der Verzicht des Gesellschafters Adam Groß in Höhe von 15.000 € stellt handels- und steuerrechtlich einen Ertrag dar, der zutreffend den Jahresüberschuss erhöht hat. Im Rahmen der Einkommensermittlung ist dieser Ertrag nach § 8 Abs. 3 S. 3 KStG außerhalb der Bilanz herauszurechnen, da in dieser Höhe eine verdeckte Einlage vorliegt (Einlage eines bilanzierungsfähigen Vermögensvorteils; durch einen Gesellschafter; aufgrund des Gesellschaftsverhältnisses, weil ein fremder Dritter bei Anwendung der Sorgfalt eines ordentlichen Kaufmanns den Vermögensvorteil der Gesellschaft nicht eingeräumt hätte – R 40 KStR).

Darüber hinaus ist das steuerliche Einlagekonto gem. § 27 Abs. 1 KStG fortzuschreiben, d.h. es erhöht sich zum Schluss des Wirtschaftsjahres grundsätzlich im Umfang der Einlage (Teilwert). § 28 Abs. 3 KStG ordnet nun an, dass ein positiver Bestand des steuerlichen Einlagekontos zum Schluss des Wirtschaftsjahres zwingend mit einem Sonderausweis (§ 28 Abs. 1 S. 3 KStG) bis zu dessen vollständigem Verbrauch zu verrechnen ist. Zum Schluss des letzten Wirtschaftsjahres wurde ein Sonderausweis in Höhe von 10.000 € gesondert festgestellt. Dieser ist nun mit dem Zugang zu verrechnen.

Das steuerliche Einlagekonto entwickelt sich deshalb wie folgt:

Bestand zum Ende des letzten Wirtschaftsjahres	0 €
Zugang aufgrund offener/verdeckter Einlage	+ 15.000 €
Entnahmen	./. 0 €
Verrechnung mit dem Sonderausweis § 28 Abs. 3 KStG	./. 10.000 €
Bestand zum Ende des Wirtschaftsjahres	5.000 €

Dieser Betrag ist dann nach § 27 Abs. 2 KStG gesondert festzustellen.

Sonderausweis:	
Bestand zum Schluss des letzten Wirtschaftsjahres	10.000 €
Ausgleich nach § 28 Abs. 3 KStG	./. 10.000 €
Bestand zum Schluss des laufenden Wirtschaftsjahres	0 €

Dieser Betrag ist dann nach § 28 Abs. 1 S. 4 i.V.m. § 27 Abs. 2 KStG gesondert festzustellen.

5. Eigenkapitalsachverhalte

> **Hinweis!** Aufgrund der zwingenden Verrechnung eines positiven Schlussbestandes im steuerlichen Einlagekonto mit einem noch bestehenden Sonderausweis nach § 28 Abs. 3 KStG kann im Rahmen der gesonderten Feststellungen auf den Schluss eines Wirtschaftsjahres kein positiver Bestand eines steuerlichen Einlagekontos und gleichzeitig ein Sonderausweis gesondert festgestellt werden.

Fall 5: Kapitalherabsetzung (§ 28 Abs. 2 KStG)

An der K & G GmbH sind Eva Klein mit 25 % (Anschaffungskosten 10.000 €) und Adam Groß mit 75 % (Anschaffungskosten 30.000 €) beteiligt. Die Beteiligungen werden im Privatvermögen gehalten. Am 01.04.2012 wurde das Kapital der Gesellschaft aus Gesellschaftsmitteln von 50.000 € (davon eingezahlt 40.000 €) um weitere 50.000 € auf 100.000 € erhöht. Da der positive Bestand des steuerlichen Einlagekontos vor der Kapitalerhöhung zum 31.12.2012 lediglich 40.000 € auswies, wurde ein Betrag in Höhe von 10.000 € den sonstigen Rücklagen entnommen. Dieser Betrag wurde anschließend als Sonderausweis nach § 28 Abs. 1 S. 4 KStG und das steuerliche Einlagekonto wurde zum 31.12.2012 auf 0 € gesondert festgestellt.

Im Rahmen der Gesellschafterversammlung vom 01.05.2013 beschließen die Gesellschafter, das Stammkapital der K & G GmbH um 40.000 € auf 60.000 € herabzusetzen. Die freiwerdenden Mittel sollen zur Deckung eines erwarteten Jahresfehlbetrags für das Wirtschaftsjahr 2013 und zur Verrechnung mit den ausstehenden Einlagen genutzt werden. Die Eintragung im Handelsregister erfolgte am 01.06.2013. Eine Auszahlung an die Gesellschafter ist nicht vorgesehen.

Aufgabe: Welche steuerlichen Folgen ergeben sich aus dem geschilderten Sachverhalt?

Abwandlung: An der K & G GmbH (Wj. = Kj.) sind Eva Klein mit 25 % (Anschaffungskosten 10.000 €) und Adam Groß mit 75 % (Anschaffungskosten 30.000 €) beteiligt. Die Beteiligungen werden im Privatvermögen gehalten. Am 01.04.2011 wurde das Kapital der Gesellschaft aus Gesellschaftsmitteln von 50.000 € (davon eingezahlt 40.000 €) um weitere 50.000 € auf 100.000 € erhöht. Da der positive Bestand des steuerlichen Einlagekontos vor der Kapitalerhöhung zum 31.12.2011 lediglich 40.000 € auswies, wurde ein Betrag in Höhe von 10.000 € den sonstigen Rücklagen entnommen. Dieser Betrag wurde anschließend als Sonderausweis nach § 28 Abs. 1 S. 4 KStG und das steuerliche Einlagekonto wurde zum 31.12.2011 auf 0 € gesondert festgestellt. Zum 31.12.2012 wurden die gleichen Beträge nach § 27 Abs. 2 und § 28 Abs. 1 S. 4 KStG gesondert festgestellt, weil sich keine Änderungen ergeben haben.

Im Rahmen der Gesellschafterversammlung vom 01.05.2012 beschließen die Gesellschafter das Stammkapital der K & G GmbH um 40.000 € auf 60.000 € herabzusetzen. Die freiwerdenden Mittel sollen an die Gesellschafter ausgeschüttet werden. Der Beschluss wurde in drei verschiedenen Zeitschriften bekannt gegeben. Die Eintragung im Handelsregister erfolgte am 01.06.2013, nach Ablauf des Sperrjahres.

Aufgabe: Welche steuerlichen Konsequenzen ergeben sich aus dem geschilderten Sachverhalt?

Lösung:

Handels- und steuerrechtlich ist die Kapitalherabsetzung ein gesellschaftsrechtlicher Vorgang, der sich nicht auf den Jahresüberschuss auswirkt. Es erfolgt lediglich eine Veränderung in der Zusammensetzung des Eigenkapitalkapitalkontos.

Änderungen ergeben sich jedoch in Zusammenhang mit dem nach § 27 KStG zu führenden steuerlichen Einlagekonto. Nach § 28 Abs. 2 S. 1 KStG ist vorrangig ein zum Schluss des letzten Wirtschaftsjahres gesondert festgestellter Sonderausweis mit dem Betrag der Kapitalherabsetzung zu verrechnen. In gleicher Höhe erhöhen sich die sonstigen Rücklagen.

In Höhe des verbleibenden Betrages erhöht sich der Bestand des steuerlichen Einlagekontos zum Schluss des Wirtschaftsjahres der Kapitalherabsetzung. Dies gilt jedoch insoweit nicht, als die Einlagen der Gesellschafter noch nicht vollständig geleistet wurden (10.000 €). Daher ergibt sich folgende Berechnung:

Nennkapital vor Kapitalherabsetzung	100.000 €
Herabsetzung	./. 40.000 €
Nennkapital nach der Kapitalherabsetzung	**60.000 €**
Ausstehende Einlage	10.000 €
Ausgleich i.Z.m. der Kapitalherabsetzung	./. 10.000 €
Verbleibende offene Einlage	0 €
Sonderausweis Bestand zum Schluss des letzten Wirtschaftsjahres	10.000 €
Ausgleich i.Z.m. der Kapitalherabsetzung	./. 10.000 €
Bestand zum Schluss des laufenden Wirtschaftsjahres	0 €

Steuerliches Einlagekonto Bestand zum Schluss des letzten Wirtschaftsjahres		0 €
Zugang aufgrund der Kapitalherabsetzung	40.000 €	
Verrechnung mit dem Sonderausweis	./. 10.000 €	
Verrechnung mit der ausstehenden Einlage	./. 10.000 €	
Zugang im laufenden Jahr	20.000 €	20.000 €
Verbrauch		./. 0 €
Bestand zum 31.12.2013		**20.000 €**

Diese Bestände sind dann nach § 27 Abs. 2 bzw. § 28 Abs. 1 S. 4 KStG gesondert festzustellen.

Auswirkungen bei den Gesellschaftern

Die Mittel aus der Kapitalherabsetzung sind in der GmbH verblieben. Den Gesellschaftern sind daher keine Einnahmen zuzuordnen. Es ändert sich anschließend lediglich der Geschäftsanteil. Auch die Anschaffungskosten erfahren keine Änderung, da mit dem Wegfall der Einlageverpflichtung eine Verbindlichkeit entfallen ist, die bisher noch nicht zu Anschaffungskosten geführt hat.

	Eva Klein	Adam Groß
Anteile bisher	25.000 €	75.000 €
Anschaffungskosten bisher	10.000 €	30.000 €
Anteile nach Kapitalherabsetzung	15.000 €	45.000 €
Anschaffungskosten	**10.000 €**	**30.000 €**

Hinweis! Erfolgt die Kapitalherabsetzung ausschließlich zur Verrechnung mit den ausstehenden Einlagen, ist eine Verrechnung mit dem Sonderausweis nicht zulässig, weil in diesem Falle lediglich eine Forderung der Gesellschaft mit dem Betrag der Kapitalherabsetzung ausgeglichen wird.

Abwandlung:
Auch in diesem Fall wirkt sich die Kapitalherabsetzung nicht auf den Jahresüberschuss und anschließend auf das Einkommen aus. Änderungen ergeben sich lediglich hinsichtlich des Umfangs des Kapitalkontos.

5. Eigenkapitalsachverhalte

Nach § 28 Abs. 2 S. 1 KStG ist ein zum Schluss des letzten Wirtschaftsjahres gesondert festgestellter Sonderausweis mit dem Betrag der Kapitalherabsetzung zu verrechnen. Ein diesen Sonderausweis übersteigender Betrag ist zunächst dem steuerlichen Einlagekonto gutzuschreiben.

Da in diesem Falle die ausstehende Einlage nicht mit den im Rahmen der Kapitalherabsetzung freiwerdenden Mittel verrechnet werden soll, bleibt die Forderung der Gesellschaft gegenüber den Gesellschaftern bestehen. Ein vorrangiger Ausgleich nach § 28 Abs. 2 S. 1 KStG ist daher nicht durchzuführen.

Die Auszahlung der im Rahmen der Kapitalherabsetzung freiwerdenden Mittel, führt in dem Umfang als der Sonderausweis verwendet wurde (Verrechnungsumfang) zu Bezügen gem. § 20 Abs. 1 Nr. 2 EStG (§ 28 Abs. 2 S. 2 KStG). Dieser Betrag unterliegt, weil nun Kapitalerträge beim Gesellschafter zufließen, dem Kapitalertragsteuerabzug nach §§ 43 ff. EStG (zzgl. Solidaritätszuschlag).

Der übersteigende Betrag ist dann dem steuerlichen Einlagekonto zu entnehmen (§ 28 Abs. 2 S. 3 EStG). Beide Beträge einschließlich der für die Anteilseigner einbehaltenen und abgeführten Steuerabzugsbeträge sind nach einem amtlich vorgeschriebenen Vordruck zu bescheinigen (§ 45a Abs. 2 EStG, § 27 Abs. 3 KStG). Darüber hinaus ist sowohl der Sonderausweis, als auch das steuerliche Einlagekonto zum Schluss des Wirtschaftsjahres fortzuschreiben und gesondert festzustellen (§§ 27 Abs. 2 und 28 Abs. 1 S. 4 KStG).

Berechnung:		§ 27 KStG	§ 28 KStG
Bestand zum Schluss des letzten Wirtschaftsjahres		0 €	10.000 €
Kapitalherabsetzung	40.000 €		
Verrechnung Sonderausweis	./. 10.000 €		./. 10.000 €
Zugang § 27 KStG	./. 30.000 €	30.000 €	
Auszahlung i.Z.m. der Herabsetzung		./. 30.000 €	.
Bestand zum Schluss des Wirtschaftsjahres		0 €	0 €

> **Hinweis!** Im Unterschied zu einer offenen Ausschüttung kann in diesem Fall nach § 27 Abs. 1 S. 3 KStG ein direkter Zugriff auf das steuerliche Einlagekonto erfolgen. Die Verwendungsreihenfolge, wonach zunächst der ausschüttbare Gewinn für die Ausschüttung zu verwenden ist, greift in diesen Fällen nicht.

Auswirkungen bei den Gesellschaftern

Die Gesellschafter vereinnahmen Bezüge in Höhe von 10.000 € (§ 20 Abs. 1 Nr. 2 EStG, § 28 Abs. 2 S. 2 KStG). Diese Bezüge unterliegen dem besonderen Steuersatz nach § 32d EStG. Wurde der Kapitalertragsteuerabzug zutreffend vorgenommen, so gilt die Besteuerung dieser Kapitaleinkünfte als abgegolten (§ 43 Abs. 5 S. 1 EStG). Ein Antrag nach § 32d Abs. 4 EStG ist zur Berücksichtigung des Sparerpauschbetrages anzuraten.

Im Hinblick auf die Verwendung des steuerlichen Einlagekontos i.S.d. § 27 KStG, liegen keine steuerbaren Einnahmen aus Kapitalvermögen vor (§ 20 Abs. 1 Nr. 1 S. 3 EStG).

In dem Umfang in dem die Verwendung des steuerlichen Einlagekontos bescheinigt wurde (§ 27 Abs. 3 KStG; 30.000 €), mindern sich die Anschaffungskosten der Beteiligung. Ein ggf. übersteigender Betrag führt dann zu Einkünften im Sinne des § 17 Abs. 1 i.V.m. Abs. 4 EStG.

		Eva Klein		Adam Groß
Kapitalherabsetzung: 40.000 €		10.000,00 €		30.000,00 €
Verwendung des Sonderausweises 10.000 €		2.500,00 €		7.500,00 €
Kapitalertrag § 20 Abs. 1 Nr. 2 EStG	2.500,00 €		7.500,00 €	
Kapitalertragsteuerabzug §§ 43 ff. EStG	625,00 €		1.875,00 €	
Solidaritätszuschlag § 3 Abs. 1 Nr. 5 SolZG	34,37 €		103,12 €	
Verwendung § 27 KStG		7.500,00 €		22.500,00 €
Anschaffungskosten bisher		10.000,00 €		30.000,00 €
Rückzahlung		./. 7.500,00 €		./. 22.500,00 €
Anschaffungskosten nach Herabsetzung		2.500,00 €		7.500,00 €

Fall 6: Down-stream-merger (§ 29 KStG)

An der Luft GmbH (L-GmbH) sind die beiden natürlichen Personen Frida Luftig und Franz Luftig zu jeweils 50 % beteiligt. Die L-GmbH hält alle Anteile der Erde GmbH (E-GmbH, Stammkapital 60.000 €, Sonderausweis 10.000 €). Diese ist wiederum i.H.v. 90 % an der Wasser GmbH (W-GmbH, Stammkapital: 25.000 €, § 27 KStG: 30.000 €) beteiligt. Die verbleibenden Anteile werden durch die L-GmbH gehalten.

Zum 01.08.2013 beschließt die L-GmbH die Verschmelzung der E-GmbH auf die W-GmbH und eine Kapitalerhöhung um 40.000 €.

Aufgabe: Welche steuerrechtlichen Folgen ergeben sich in diesem Zusammenhang für das steuerliche Einlagekonto nach § 27 KStG aus dem oben geschilderten Sachverhalt bei der E-GmbH und der W-GmbH?

Lösung:

Nach § 29 Abs. 1 KStG gilt das Nennkapital der E-GmbH im vollen Umfang als herabgesetzt. Dies erfolgt nach Maßgabe des § 28 Abs. 2 KStG. Deshalb ist der Betrag, um den das Nennkapital herabgesetzt wird, zunächst mit dem zum Schluss des vorangegangenen Wirtschaftsjahres festgestellten Sonderausweis zu verrechnen. Nur der verbleibende Betrag ist zunächst dem steuerlichen Einlagekonto gutzuschreiben.

Bestand des steuerlichen Einlagekontos zum Schluss des letzten Wirtschaftsjahres 0 €
Kapitalherabsetzung § 29 Abs. 1 i.V.m. § 28 Abs. 2 KStG 60.000 €
Verrechnung mit dem Sonderausweis § 28 Abs. 1 S. 3 KStG ./. 10.000 €
Zugang zum steuerlichen Einlagekonto 50.000 €
Bestand nach Kapitalherabsetzung **50.000 €**

Bei der W-GmbH ist ebenfalls das Nennkapital gem. § 29 Abs. 1 i.V.m. § 28 Abs. 2 KStG herabzusetzen. In diesem Falle wurde zum Schluss des letzten Wirtschaftsjahres kein Sonderausweis festgestellt, sodass der gesamte Betrag zunächst dem steuerlichen Einlagekonto gutgeschrieben wird.

5. Eigenkapitalsachverhalte

Bestand des steuerlichen Einlagekontos zum Schluss des letzten Wj.		30.000 €
Kapitalherabsetzung § 29 Abs. 1 i.V.m. § 28 Abs. 2 KStG	25.000 €	
Verrechnung mit dem Sonderausweis § 28 Abs. 1 S. 3 KStG	0 €	
Zugang zum steuerlichen Einlagekonto		25.000 €
Vorläufiger Bestand nach Kapitalherabsetzung		**55.000 €**

Gem. § 29 Abs. 2 S. 3 KStG entfällt anschließend das steuerliche Einlagekonto in dem Umfang als die übertragende Körperschaft (E-GmbH) an der übernehmenden Körperschaft (W-GmbH) beteiligt war (90 %). ./. 49.500 €

Anschließend ist nach § 29 Abs. 2 S. 1 KStG der Bestand des steuerlichen Einlagekontos der übertragenden Körperschaft (E-GmbH) i.H.v. 50.000 € dem steuerlichen Einlagekonto der übernehmenden Körperschaft (W-GmbH) zuzurechnen. + 50.000 €

Vorläufiger Bestand nach Berücksichtigung der Umwandlung **55.500 €**

Abschließend ist nun das Nennkapital der übernehmenden Körperschaft wiederherzustellen (§ 29 Abs. 3 KStG). Dies erfolgt nach der Maßgabe des § 28 Abs. 1 KStG. Danach gilt zunächst der positive Bestand des steuerlichen Einlagekontos zum Schluss des Wirtschaftsjahres in dem die kapitalbildende Maßnahme durchgeführt wurde, d.h. der Bestand des steuerlichen Einlagekontos nach der Abbildung des Umwandlungsvorgangs als verwendet. Das Kapital soll nach dem Umwandlungsvorgang 65.000 € betragen (bisher 25.000 € + Kapitalerhöhung 40.000 €). ./. 55.500 €

Bestand zum Schluss des Wirtschaftsjahres (§ 27 Abs. 2 KStG) 0 €

Soweit für die Kapitalerhöhung sonstige Rücklagen verwendet wurden (65.000 € ./. 55.500 € = 9.500 €), entsteht ein Sonderausweis nach § 28 Abs. 1 S. 3 KStG. Dieser ist anschließend zum Ende des Wirtschaftsjahres gesondert festzustellen (§ 28 Abs. 1 S. 4 KStG). 9.500 €

6. Rechtsfolgen beim Gesellschafter

> **Fall 1: Gesellschafter erhält eine offene Gewinnausschüttung**
>
> Die Elektromarkt GmbH betreibt in Berlin und in anderen Städten Elektronikmärkte. Das Stammkapital beträgt 100.000 € und steht dem alleinigen Gesellschafter Gunther Graus zu. Dieser ist auch der einzige alleinvertretungsberechtigte Geschäftsführer, welcher wirksam von den Beschränkungen des § 181 BGB befreit ist.
>
> Graus hatte die Anteile im Jahr 2006 für 200.000 € erworben. Einen Teil des Kaufpreises musste er fremdfinanzieren. Hieraus entstehen ihm jährliche Schuldzinsen i.H.v. 5.000 €. Am 14.12.2013 beschließt Graus auf der ordentlichen Gesellschafterversammlung den Bilanzgewinn des Jahres 2012 i.H.v. 40.000 € je hälftig auszuschütten bzw. den anderen Gewinnrücklagen zuzuweisen. Die Auszahlung der Gewinnausschüttung erfolgte beschlussgemäß am 07.01.2014. Dabei wurden die gesetzlichen Abzugsbeträge durch die GmbH einbehalten.
>
> **Aufgabe:** Stellen Sie die ertragsteuerlichen Auswirkungen für den Graus dar!

Lösung:

Kapitalgesellschaft

Die Elektromarkt GmbH ist als Kapitalgesellschaft mit Geschäftsleitung (§ 10 AO) und Sitz (§ 11 AO) im Inland (§ 1 Abs. 3 KStG) unbeschränkt körperschaftsteuerpflichtig (§ 1 Abs. 1 Nr. 1 KStG). Die Gewinnausschüttung und die Zuführung zu den anderen Gewinnrücklagen stellen Einkommensverwendungen dar, die sich nicht auf das Einkommen auswirken dürfen (§ 8 Abs. 3 S. 1 KStG). Demnach ergeben sich bei der Kapitalgesellschaft keine Änderungen.

Gesellschafter

Die offene Gewinnausschüttung führt zu Einkünften aus Kapitalvermögen gem. § 20 Abs. 1 Nr. 1 S. 1 EStG und § 2 Abs. 1 S. 1 Nr. 5 EStG. Es handelt sich um Überschusseinkünfte (§ 2 Abs. 2 S. 1 Nr. 2 EStG). Die Einkünfte erzielt der Anteilseigner i.S.d. § 20 Abs. 5 EStG. Die Besteuerung erfolgt grundsätzlich bei Zufluss (§ 11 Abs. 1 EStG). Graus beherrscht jedoch als Alleingesellschafter die GmbH. Daher kann er auch den Ausschüttungszeitpunkt frei bestimmen. Somit wird ein Zufluss bereits im Zeitpunkt des Ausschüttungsbeschlusses angenommen (H 20.2 „Zuflusszeitpunkt bei Gewinnausschüttungen" EStH). Es besteht eine Kapitalertragsteuerpflicht, da es sich um Einnahmen nach § 43 Abs. 1 S. 1 Nr. 1 EStG handelt. Die Höhe der Kapitalertragsteuer bestimmt sich nach § 43a Abs. 1 S. 1 Nr. 1 EStG mit 25 % (5.000 € = 20.000 € × 25 %. Daneben entsteht ein Solidaritätszuschlag i.H.v. 275 € (= 5.000 € × 5,5 %, § 3 Abs. 1 Nr. 5 und § 4 S. 1 SolZG). Die Steuerbeträge dürfen die Einnahmen nicht mindern (§ 12 Nr. 3 EStG).

Es ist die Abgeltungsbesteuerung gem. § 32d Abs. 1 EStG anzuwenden (ohne Option nach § 32d Abs. 2 Nr. 3 EStG). Graus erzielt Einnahmen i.H.v. 20.000 €. Die geleisteten Schuldzinsen sind den Werbungskosten nach § 9 Abs. 1 S. 3 Nr. 1 EStG zuzuordnen. Allerdings besteht nach § 20 Abs. 9 S. 1 EStG ein Abzugsverbot für tatsächlich entstandene Werbungskosten. Daher kann nur der Sparerpauschbetrag gem. § 20 Abs. 9 S. 1 EStG abgesetzt werden. Damit ergeben sich Einkünfte aus Kapitalvermögen i.H.v. 19.199 €. Diese sind nicht im zu versteuernden Einkommen zu erfassen (§ 2 Abs. 5b EStG). Die Abgeltungswirkung tritt ein, da eine Kapitalertragsteuer bei der Ausschüttung einbehalten wurde (§ 43 Abs. 5 EStG). Graus kann den Steuerabzug gem. § 32d Abs. 4 EStG beim Finanzamt berichtigen lassen, damit der Sparerpauschbetrag seine Wirkung entfalten kann. Soweit Graus seine Einkünfte aus Kapitalvermögen im Rahmen seiner Einkommensteuererklärung angibt, ist ferner eine Günstigerprüfung nach § 32d Abs. 6 EStG durchzuführen. Eine Anrechnung der von der GmbH einbehaltenen Steuerabzugsbeträge ist nach § 36 Abs. 2 Nr. 2 EStG (bzw. § 51a Abs. 1 i.V.m. § 36 Abs. 2 Nr. 2 EStG für den Solidaritätszuschlag) nur möglich, wenn die zugehörigen Einnahmen im Rahmen eines Antrags nach § 32d Abs. 4 EStG bei der Besteuerung erfasst werden.

6. Rechtsfolgen beim Gesellschafter

Alternativ ist Graus berechtigt einen Antrag nach § 32d Abs. 2 Nr. 3 EStG zu stellen, da er zu mindestens 25 % an der GmbH beteiligt ist. Dieser Antrag ist spätestens mit der Einkommensteuererklärung für das Jahr 2013 beim Finanzamt zu stellen (§ 32d Abs. 2 Nr. 3 S. 4 EStG). Der Antrag gilt, ohne nochmaligen Nachweis der Voraussetzungen, für die nächsten 5 Jahre bzw. bis auf Widerruf. Hieraus folgt, dass die Abgeltungsbesteuerung nicht anzuwenden ist, sondern die Besteuerung mit dem persönlichen Steuersatz nach § 32a EStG erfolgt. Ferner ist § 3 Nr. 40 S. 2 EStG nicht anzuwenden (§ 32d Abs. 2 Nr. 3 S. 2 EStG). Diese Vorschrift beschränkt die Anwendung des Teileinkünfteverfahrens für Gewinnausschüttungen auf den betrieblichen Bereich (Fälle der Subsidiarität nach § 20 Abs. 8 EStG). Durch die Nichtanwendung kann nun auch im privaten Bereich das Teileinkünfteverfahren angewandt werden. Die erzielten Einnahmen i.H.v. 20.000 € sind zu 40 % von der Einkommensteuer befreit (§ 3 Nr. 40 Buchst. d EStG). Es verbleiben steuerpflichtige Einnahmen i.H.v. 12.000 €. Die geleisteten Schuldzinsen sind den Werbungskosten nach § 9 Abs. 1 S. 3 Nr. 1 EStG zuzuordnen. Das Abzugsverbot für tatsächliche Werbungskosten gem. § 20 Abs. 9 S. 1 EStG ist ebenfalls nicht anwendbar (§ 32d Abs. 2 Nr. 3 S. 2 EStG). Bei Anwendung der Option können nur tatsächliche Werbungskosten berücksichtigt werden. Ein Abzug des Sparerpauschbetrages scheidet in diesen Fällen immer aus. Der Abzug der Zinsaufwendungen i.H.v. 5.000 € unterliegt jedoch dem Teilabzugsverbot nach § 3c Abs. 2 EStG. Demnach sind 40 % der tatsächlichen Werbungskosten nicht abzugsfähig (2.000 € = 5.000 € × 40 %). Es verbleibt ein abzugsfähiger Betrag i.H.v. 3.000 €. Die Einkünfte aus Kapitalvermögen betragen 9.000 € (= 12.000 € ./. 3.000 €) und sind mit dem persönlichen Steuersatz nach § 32a EStG zu versteuern. Die von der GmbH eingehaltene Kapitalertragsteuer i.H.v. 5.000 € kann auf die Einkommensteuer angerechnet werden (§ 36 Abs. 2 Nr. 2 EStG). Dies gilt für den Solidaritätszuschlag entsprechend (§ 51a Abs. 1 i.V.m. § 36 Abs. 2 Nr. 2 EStG).

> **Fall 2: Gesellschafter erhält eine verdeckte Gewinnausschüttung**
> Die Elektromarkt GmbH betreibt in Berlin und in anderen Städten Elektronikmärkte. Das Stammkapital beträgt 100.000 € und steht dem alleinigen Gesellschafter Gunther Graus zu. Dieser ist auch der einzige alleinvertretungsberechtigte Geschäftsführer, welcher wirksam von den Beschränkungen des § 181 BGB befreit ist.
> Graus hatte die Anteile im Jahr 2006 für 200.000 € erworben. Einen Teil des Kaufpreises musste er fremdfinanzieren. Hieraus entstehen ihm jährliche Schuldzinsen i.H.v. 5.000 €. Im Jahr 2013 erhält Graus ein monatliches Geschäftsführergehalt i.H.v. 6.000 €. Hiervon sind 1.000 € als unangemessen anzusehen. Das Gehalt wurde unter Berücksichtigung der jeweiligen Lohnsteuerabzugsbeträge und des Solidaritätszuschlags an Graus ausgezahlt. Bei der GmbH wurde ein entsprechender Aufwand verbucht. Eine offene Gewinnausschüttung wurde seitens der GmbH in 2013 nicht geleistet. In den Vorjahren wurde der jeweilige Bilanzgewinn regelmäßig an den Gesellschafter ausgeschüttet.
> **Aufgabe:** Stellen Sie die ertragsteuerlichen Auswirkungen für den Graus dar!

Lösung:
Kapitalgesellschaft
Die Elektromarkt GmbH ist als Kapitalgesellschaft mit Geschäftsleitung (§ 10 AO) und Sitz (§ 11 AO) im Inland (§ 1 Abs. 3 KStG) unbeschränkt körperschaftsteuerpflichtig (§ 1 Abs. 1 Nr. 1 KStG). Das Gehalt stellt für die GmbH eine Betriebsausgabe dar (§ 4 Abs. 4 EStG), da sie zur Zahlung schuldrechtlich verpflichtet ist.

Es liegt eine Rechtsbeziehung zwischen Gesellschaft und Gesellschafter vor. Daher ist das Vorliegen einer verdeckten Gewinnausschüttung zu prüfen (R 36 Abs. 1 KStR). Es liegt eine Vermögensminderung vor, da eine Zahlung erfolgt ist. Die Aufzeichnung als Betriebsausgabe führt zu einer Verminderung des Unterschiedsbetrags nach § 4 Abs. 1 EStG. Ein Gewinnverteilungsbeschluss liegt nicht vor. Die Veranlassung im Gesellschaftsverhältnis ist gegeben, da die Höhe des Gehalts nicht dem Fremdvergleich entspricht. Ein fremder ordentlicher und gewissenhafter Geschäftsführer hätte diese Vermögensminderung nicht zugelassen. Demnach liegt eine verdeckte Gewinnausschüttung vor (R 36 Abs. 1 KStR). Die Bewertung erfolgt auf der Basis des Fremdvergleichs. Der unangemessene Teil des Gehalts i.H.v. 12.000 € (= 1.000 € × 12 Monate) ist als verdeckte Gewinnausschüttung anzusehen. Es ist daher ein Betrag von 12.000 € als verdeckte Gewinnausschüttung außerhalb der Gewinnermittlung im Rahmen der Einkommensermittlung des Jahres 2013 hinzuzurechnen (§ 8 Abs. 3 S. 2 KStG).

Gesellschafter
Hinsichtlich des Geschäftsführergehalts erzielt Graus Einkünfte aus nichtselbständiger Tätigkeit i.S.d. § 19 Abs. 1 S. 1 Nr. 1 EStG, da er als Arbeitnehmer aus einem Dienstverhältnis Arbeitslohn bezieht und weisungsgebunden ist (§§ 1, 2 LStDV, H 19.0 „Allgemeines" LStH). Diese Einkünfte unterliegen der Einkommensteuer (§ 2 Abs. 1 S. 1 Nr. 4 EStG). Es handelt sich um Überschusseinkünfte (§ 2 Abs. 2 S. 1 Nr. 2 EStG). Der Besteuerungszeitpunkt für die Einnahmen bestimmt sich nach § 11 Abs. 1 S. 4 i.V.m. § 38a Abs. 1 S. 2 und 3 EStG. Das Kalenderjahr bildet den Ermittlungszeitraum (§ 2 Abs. 7 S. 1 und 2 EStG). Die einbehaltene Lohnsteuer/Solidaritätszuschlag mindert nicht die Einnahmen, da es sich um nicht abzugsfähige Personensteuern handelt (§ 12 Nr. 3 EStG). Die Steuerbeträge können jedoch auf die festzusetzende Einkommensteuer/Solidaritätszuschlag angerechnet werden (§ 36 Abs. 2 Nr. 2 EStG/§ 51a Abs. 1 i.V.m. § 36 Abs. 2 Nr. 2 EStG). Demnach ist das Bruttogehalt von 60.000 € als Einnahmen zu erfassen. Allerdings ist der unangemessene Teil des Gehalts abzusetzen, da hier die Besteuerung im Rahmen des § 20 EStG erfolgt. Es verbleibt ein steuerpflichtiger Arbeitslohn i.H.v. 60.000 € (= 5.000 € × 12 Monate). Mangels tatsächlicher Werbungskosten ist der Werbungskostenpauschbetrag i.H.v. 1.000 € zum Abzug zu bringen (§ 9a S. 1 Nr. 1 Buchst. a EStG).

Die verdeckte Gewinnausschüttung führt zu Einkünften aus Kapitalvermögen gem. § 20 Abs. 1 Nr. 1 S. 2 EStG und § 2 Abs. 1 S. 1 Nr. 5 EStG. Es handelt sich um Überschusseinkünfte (§ 2 Abs. 2 S. 1 Nr. 2 EStG). Die Besteuerung erfolgt grundsätzlich bei Zufluss (§ 11 Abs. 1 EStG). Es besteht grundsätzlich eine Kapitalertragsteuerpflicht, da es sich um Einnahmen nach § 43 Abs. 1 S. 1 Nr. 1 EStG handelt. Allerdings wird dieser bei einer verdeckten Gewinnausschüttung typischerweise nicht einbehalten.

Es ist die Abgeltungsbesteuerung gem. § 32d Abs. 1 EStG anzuwenden (ohne Option nach § 32d Abs. 2 Nr. 3 EStG). Die Ausnahme nach § 32d Abs. 2 Nr. 4 EStG findet keine Anwendung, da die verdeckte Gewinnausschüttung bei der Kapitalgesellschaft außerbilanziell dem Einkommen hinzugerechnet wurde. Graus erzielt Einnahmen i.H.v. 12.000 €. Die geleisteten Schuldzinsen sind den Werbungskosten nach § 9 Abs. 1 S. 3 Nr. 1 EStG zuzuordnen. Allerdings besteht nach § 20 Abs. 9 S. 1 EStG ein Abzugsverbot für tatsächlich entstandene Werbungskosten. Daher kann nur der Sparerpauschbetrag gem. § 20 Abs. 9 S. 1 EStG abgesetzt werden. Damit ergeben sich Einkünfte aus Kapitalvermögen i.H.v. 11.199 €. Diese sind nicht im zu versteuernden Einkommen zu erfassen (§ 2 Abs. 5b EStG). Die Abgeltungswirkung tritt nicht ein, da eine Kapitalertragsteuer nicht einbehalten wurde (§ 43 Abs. 5 EStG). Graus hat den Steuerabzug gem. § 32d Abs. 3 EStG beim Finanzamt berichtigen lassen. Soweit Graus alle seine Einkünfte aus Kapitalvermögen im Rahmen seiner Einkommensteuererklärung angibt, ist ferner eine Günstigerprüfung nach § 32d Abs. 6 EStG durchzuführen.

Wurde eine außerbilanzielle Zurechnung der verdeckten Gewinnausschüttung bei der Kapitalgesellschaft nicht vorgenommen, kann die Abgeltungsbesteuerung beim Gesellschafter nicht angewandt werden (§ 32d Abs. 2 Nr. 4 EStG). Die verdeckte Gewinnausschüttung ist daher mit dem persönlichen Steuersatz nach § 32a EStG der Besteuerung zu unterwerfen.

Alternativ ist Graus berechtigt einen Antrag nach § 32d Abs. 2 Nr. 3 EStG zu stellen, da er zu mindestens 25 % an der GmbH beteiligt ist. Dieser Antrag ist spätestens mit der Einkommensteuererklärung für das Jahr 2013 beim Finanzamt zu stellen (§ 32d Abs. 2 Nr. 3 S. 4 EStG). Der Antrag gilt, ohne nochmaligen Nachweis der Voraussetzungen, für die nächsten 5 Jahre bzw. bis auf Widerruf. Hieraus folgt, dass die Abgeltungsbesteuerung nicht anzuwenden ist, sondern die Besteuerung mit dem persönlichen Steuersatz nach § 32a EStG erfolgt. Ferner ist § 3 Nr. 40 S. 2 EStG nicht anzuwenden (§ 32d Abs. 2 Nr. 3

6. Rechtsfolgen beim Gesellschafter

S. 2 EStG). Diese Vorschrift beschränkt die Anwendung des Teileinkünfteverfahrens für Gewinnausschüttungen auf den betrieblichen Bereich (Fälle der Subsidiarität nach § 20 Abs. 8 EStG). Durch die Nichtanwendung kann nun auch im privaten Bereich das Teileinkünfteverfahren angewandt werden. Bei einer verdeckten Gewinnausschüttung kann das Teileinkünfteverfahren nur angewandt werden, wenn bei der jeweiligen Körperschaft eine außerbilanzielle Zurechnung nach § 8 Abs. 3 S. 2 KStG vorgenommen wurde (§ 3 Nr. 40 Buchst. d S. 2 EStG). Die erzielten Einnahmen i.H.v. 12.000 € sind zu 40 % von der Einkommensteuer befreit (§ 3 Nr. 40 Buchst. d EStG). Es verbleiben steuerpflichtige Einnahmen i.H.v. 7.200 €. Die geleisteten Schuldzinsen sind den Werbungskosten nach § 9 Abs. 1 S. 3 Nr. 1 EStG zuzuordnen. Das Abzugsverbot für tatsächliche Werbungskosten gem. § 20 Abs. 9 S. 1 EStG ist ebenfalls nicht anwendbar (§ 32d Abs. 2 Nr. 3 S. 2 EStG). Bei Anwendung der Option können nur tatsächliche Werbungskosten berücksichtigt werden. Ein Abzug des Sparerpauschbetrages scheidet in diesen Fällen immer aus. Der Abzug der Zinsaufwendungen i.H.v. 5.000 € unterliegt jedoch dem Teilabzugsverbot nach § 3c Abs. 2 EStG. Demnach sind 40 % der tatsächlichen Werbungskosten nicht abzugsfähig (2.000 € = 5.000 € × 40 %). Es verbleibt ein abzugsfähiger Betrag i.H.v. 3.000 €. Die Einkünfte aus Kapitalvermögen betragen 4.200 € (= 7.200 € ./. 3.000 €) und sind mit dem persönlichen Steuersatz nach § 32a EStG zu versteuern.

Wurde eine außerbilanzielle Zurechnung der verdeckten Gewinnausschüttung bei der Kapitalgesellschaft nicht vorgenommen, kann die Steuerbefreiung beim Gesellschafter nicht angewandt werden (§ 3 Nr. 40 Buchst. d S. 2 EStG). Die verdeckte Gewinnausschüttung ist daher in voller Höhe mit 12.000 € zu erfassen. Die geleisteten Schuldzinsen sind trotzdem nur zu 60 % abzugsfähig, da bereits die Absicht der Einnahmeerzielung i.S.d. § 3 Nr. 40 EStG zur Anwendung des § 3c Abs. 2 EStG ausreicht (§ 3c Abs. 2 S. 2 EStG). Die Einkünfte aus Kapitalvermögen betragen 9.000 € (= 12.000 € ./. 3.000 €) und sind dem persönlichen Steuersatz nach § 32a EStG der Besteuerung zu unterwerfen.

Wurde bei der Kapitalgesellschaft die außerbilanzielle Zurechnung der verdeckten Gewinnausschüttung nach § 8 Abs. 3 S. 2 KStG nicht vorgenommen, so darf beim Gesellschafter weder die Abgeltungsbesteuerung (§ 32d Abs. 2 Nr. 4 EStG), noch das Teileinkünfteverfahren (§ 3 Nr. 40 Buchst. d S. 2 EStG) angewandt werden. Allerdings kann auf Ebene der Kapitalgesellschaft die Zurechnung der Kapitalgesellschaft im Rahmen einer Korrektur der jeweiligen Körperschaftsteuerfestsetzung nachgeholt werden (bspw. aufgrund eines Antrages nach § 172 Abs. 1 S. 1 Nr. 2 Buchst. a AO). Nachdem der Körperschaftsteuerbescheid bei der Kapitalgesellschaft geändert wurde, kann auf Ebene des Gesellschafters die Abgeltungsbesteuerung bzw. das Teileinkünfteverfahren angewandt werden und die jeweilige Einkommensteuerfestsetzung geändert werden (§ 32a Abs. 1 KStG, korrespondierende Steuerfestsetzung).

> **Fall 3: Gesellschaft gewährt dem Gesellschafter ein Darlehen**
> Die Elektromarkt GmbH betreibt in Berlin und in anderen Städten Elektronikmärkte. Das Stammkapital beträgt 100.000 € und steht dem alleinigen Gesellschafter Gunther Graus zu. Dieser ist auch der einzige alleinvertretungsberechtigte Geschäftsführer, welcher wirksam von den Beschränkungen des § 181 BGB befreit ist.
> Im Februar 2013 erwarb Graus eine in Hoyerswerda gelegene Eigentumswohnung. Nach dem notariell beurkundeten Kaufvertrag sollen Nutzen und Lasten zum 01.03.2013 übergehen. Die Anschaffungskosten betrugen 100.000 € (Anteil Grund und Boden 20 %). Graus finanzierte diese mit einem Darlehen der Elektromarkt GmbH i.H.v. 80.000 €. Den verbleibenden Betrag deckte er mit Eigenkapital. Der Darlehensvertrag sah eine Verzinsung mit 2 % vor. Die Tilgung sollte in einem Betrag zum Ende der Laufzeit im Jahr 2021 erfolgen. Sämtliche Zahlungen (Darlehensauszahlung am 01.03.2013 und Zinsen) wurde im Jahr 2013 korrekt verbucht. Bei seiner Hausbank hätte Graus für ein vergleichbares Darlehen einen Zins von 5 % leisten müssen. Die monatliche Miete beträgt einschließlich Nebenkosten 700 €. Daneben entstehen noch laufende Betriebskosten von monatlich 200 €.
> **Aufgabe:** Stellen Sie die ertragsteuerlichen Auswirkungen für den Veranlagungszeitraum 2013 auf die GmbH und den Graus dar! Ein Antrag nach § 32d Abs. 2 Nr. 3 EStG wurde nicht gestellt.

Lösung:
Kapitalgesellschaft
Die Elektromarkt GmbH ist als Kapitalgesellschaft mit Geschäftsleitung (§ 10 AO) und Sitz (§ 11 AO) im Inland (§ 1 Abs. 3 KStG) unbeschränkt körperschaftsteuerpflichtig (§ 1 Abs. 1 Nr. 1 KStG). Die Steuerpflicht erstreckt sich auf das Welteinkommen (§ 1 Abs. 2 KStG). Die GmbH erzielt als Körperschaft nach § 1 Abs. 1 Nr. 1 KStG ausschließlich gewerbliche Einkünfte (§ 8 Abs. 2 KStG, R 32 Abs. 2 KStR). Die GmbH ist eine Handelsgesellschaft i.S.d. § 13 Abs. 3 GmbHG, auch Formkaufmann i.S.d. § 6 HGB und unterliegt daher der Buchführungspflicht (§ 238 Abs. 1 HGB). Sie ermittelt daher ihren Gewinn durch Betriebsvermögensvergleich (§ 5 Abs. 1 EStG i.V.m. § 140 AO). Der Ermittlungszeitraum ist dabei das Wirtschaftsjahr, welches dem Kalenderjahr entspricht (§ 7 Abs. 4 KStG).

Der Darlehensvertrag ist zivilrechtlich wirksam und dem Grunde nach auch steuerlichen anzuerkennen, da keine Anhaltspunkte dagegen sprechen. Dies gilt insbesondere im Hinblick auf die tatsächliche Durchführung durch Auszahlung des Darlehens und die Zinszahlung. Das Darlehen ist als Forderung mit dem Nennwert zu aktivieren (§ 6 Abs. 1 Nr. 2 EStG). Die Zinsen sind als Betriebseinnahmen aufzuzeichnen (§ 8 Abs. 1 EStG). Die Einnahmen aus Kapitalvermögen (§ 20 Abs. 1 Nr. 7 EStG) werden dabei in gewerbliche Einkünfte umqualifiziert (§ 8 Abs. 2 KStG). Der laufenden Gewinn wurde durch die korrekte Verbuchung um 1.333 € (= 80.000 € × 2 % × 10/12 Monate) erhöht.

Es liegt eine Rechtsbeziehung zwischen Gesellschaft und Gesellschafter vor. Daher ist das Vorliegen einer verdeckten Gewinnausschüttung zu prüfen (R 36 Abs. 1 KStR). Es liegt eine verhinderte Vermögensmehrung vor, da die Kapitalüberlassung verbilligt erfolgt und die Betriebseinnahmen damit zu niedrig sind. Die fehlenden Betriebseinnahmen wirken sich auf den Unterschiedsbetrag nach § 4 Abs. 1 EStG aus. Ein Gewinnverteilungsbeschluss liegt nicht vor. Die Veranlassung im Gesellschaftsverhältnis ist gegeben, da die Höhe des Zinses nicht fremdüblich ist. Ein fremder ordentlicher und gewissenhafter Geschäftsführer hätte einen angemessenen höheren Zins verlangt. Demnach liegt eine verdeckte Gewinnausschüttung vor (R 36 Abs. 1 KStR). Die Bewertung erfolgt auf der Basis des Fremdvergleichs mit der erzielbaren Vergütung (angemessen: 5 %). In Höhe der Zinsdifferenz (= 3 %) zwischen dem vereinbarten Zins (2 %) und dem angemessenen Zins (5 %) liegt eine verdeckte Gewinnausschüttung vor. Es ist daher ein Betrag von 2.000 € (= 80.000 € × 3 % × 10/12) als verdeckte Gewinnausschüttung außerhalb der Gewinnermittlung im Rahmen der Einkommensermittlung des Jahres 2013 hinzuzurechnen (§ 8 Abs. 3 S. 2 KStG).

Gesellschafter
Der nicht vereinbarte (= „unangemessene") Teil der Zinsen führt als verdeckte Gewinnausschüttung zu Einkünften aus Kapitalvermögen gem. § 20 Abs. 1 Nr. 1 S. 2 EStG und § 2 Abs. 1 S. 1 Nr. 5 EStG. Es handelt sich um Überschusseinkünfte (§ 2 Abs. 2 S. 1 Nr. 2 EStG). Die Besteuerung erfolgt grundsätzlich bei Zufluss (§ 11 Abs. 1 EStG). Es ist die Abgeltungsbesteuerung gem. § 32d Abs. 1 EStG anzuwenden. Eine Antragsberechtigung nach § 32d Abs. 2 Nr. 3 EStG wäre gegeben, da Graus zu mindestens 25 % an der GmbH beteiligt ist. Allerdings ist der Antrag lt. Sachverhalt nicht gestellt. Die Ausnahme nach § 32d Abs. 2 Nr. 4 EStG soll nicht zur Anwendung kommen, da die außerbilanzielle Zurechnung bei der Kapitalgesellschaft bereits vorgenommen wurde. Es besteht grundsätzlich eine Kapitalertragsteuerpflicht, da es sich um Einnahmen nach § 43 Abs. 1 S. 1 Nr. 1 EStG handelt. Diese wird jedoch typischerweise nicht einbehalten. Graus erzielt Einnahmen i.H.v. 2.000 € (= nicht vereinbarter Teil der Zinsen). Hiervon ist der Sparerpauschbetrag gem. § 20 Abs. 9 S. 1 EStG abzusetzen. Damit ergeben sich Einkünfte aus Kapitalvermögen i.H.v. 1.199 €. Diese sind nicht im zu versteuernden Einkommen zu erfassen (§ 2 Abs. 5b EStG). Eine Abgeltungswirkung kann aufgrund der Nichteinbehaltung der Kapitalertragsteuer nicht eintreten (§ 43 Abs. 5 EStG). Graus hat die Einnahmen nach § 32d Abs. 3 EStG beim Finanzamt zu erklären. Soweit Graus alle seine Einkünfte aus Kapitalvermögen im Rahmen seiner Einkommensteuererklärung angibt, ist ferner eine Günstigerprüfung nach § 32d Abs. 6 EStG durchzuführen.

6. Rechtsfolgen beim Gesellschafter

Eine Verwendung des steuerlichen Einlagekontos wird in diesem Zusammenhang regelmäßig nicht bescheinigt. Eine Verwendung kann auch nicht im Nachhinein bescheinigt werden, da eine spätere Berichtigung nicht zulässig ist (§ 27 Abs. 5 S. 3 KStG). Eine verdeckte Gewinnausschüttung ist daher immer ein Bezug nach § 20 Abs. 1 Nr. 1 S. 2 KStG.

Mit der Vermietung der Eigentumswohnung erzielt Graus Einkünfte aus Vermietung und Verpachtung i.S.d. § 21 Abs. 1 Nr. 1 EStG. Diese unterliegen der Einkommensteuer (§ 2 Abs. 1 S. 1 Nr. 6 EStG). Es handelt sich um Überschusseinkünfte (§ 2 Abs. 2 S. 1 Nr. 2 EStG). Der Ermittlungszeitraum ist das Kalenderjahr (§ 2 Abs. 7 S. 1 und 2 EStG). Das Zufluss-/Abflussprinzip gilt (§ 11 EStG).

Die Miete ist, einschließlich der Nebenkosten, bei Zufluss als Einnahme zu erfassen (7.000 € = 700 € × 10 Monate, § 8 Abs. 1 i.V.m. § 11 Abs. 1 S. 1 EStG, H 21.2 „Einnahmen" EStH). Die laufenden Grundstückskosten sind bei Abfluss als Werbungskosten zu berücksichtigen (2.000 € = 200 € × 10 Monate, § 9 Abs. 1 S. 1 i.V.m. § 11 Abs. 2 S. 1 EStG). Die Zinsen sind ebenfalls den Werbungskosten zuzuordnen, da ein direkter Veranlassungszusammenhang zwischen dem Eingehen der Schuld und dem Erwerb der Einkunftsquelle besteht (§ 9 Abs. 1 S. 3 Nr. 1 EStG). Die Berücksichtigung erfolgt bei Abfluss (§ 11 Abs. 2 S. 1 EStG). Dabei ist grundsätzlich auf den tatsächlichen Zahlbetrag abzustellen (1.333 € = 80.000 € × 2 % × 10/12 Monate). Ferner ist der bei Graus als verdeckte Gewinnausschüttung versteuerte Betrag (= 2.000 €) ebenfalls als fiktiver Zinsaufwand den Werbungskosten zuzuordnen (Fiktionstheorie). Demnach ergibt sich ein abzugsfähiger Betrag i.H.v. 3.333 €. Die Absetzung für Abnutzung für den Gebäudeteil gehört zu den Werbungskosten i.S.d. § 9 Abs. 1 S. 3 Nr. 7 EStG. Die Gesamtanschaffungskosten i.H.v. 100.000 € (§ 255 Abs. 1 HGB) sind im Verhältnis der Verkehrswerte auf Grund und Boden und Gebäude aufzuteilen (H 7.3 „Kaufpreisaufteilung" EStH). Demnach verbleibt für den Gebäudeteil als Bemessungsgrundlage für die Absetzung für Abnutzung ein Betrag i.H.v. 80.000 € (= 100.000 € × 80 %, R 7.3 Abs. 1 EStR). Die Absetzung ermittelt sich mangels weiterer Angaben im Sachverhalt nach § 7 Abs. 4 S. 1 Nr. 2 Buchst. a EStG mit 2 %, streng zeitanteilig (1.333 € = 80.000 € × 2 % × 10/12 Monate). Damit ermitteln sich die Einkünfte aus Vermietung und Verpachtung wie folgt:

	Einnahmen	7.000 €
./.	laufende Grundstückskosten	2.000 €
./.	Zinsen	3.333 €
./.	Absetzung für Abnutzung	1.333 €
=	**Einkünfte**	**334 €**

Fall 4: Gesellschafter erhält eine verdeckte Gewinnausschüttung und zahlt diese zurück

Die Elektromarkt GmbH betreibt in Berlin und in anderen Städten Elektronikmärkte. Das Stammkapital beträgt 100.000 € und steht dem alleinigen Gesellschafter Gunther Graus zu. Dieser ist auch der einzige alleinvertretungsberechtigte Geschäftsführer, welcher wirksam von den Beschränkungen des § 181 BGB befreit ist.

Im Jahr 2013 erhält Graus ein monatliches Geschäftsführergehalt i.H.v. 6.000 €. Hiervon sind 1.000 € als unangemessen anzusehen. Das Gehalt wurde unter Berücksichtigung der jeweiligen Lohnsteuerabzugsbeträge und des Solidaritätszuschlags an Graus ausgezahlt. Bei der GmbH wurde ein entsprechender Aufwand verbucht. Nach Feststellung der verdeckten Gewinnausschüttung im April 2014 durch das Finanzamt, zahlte Graus die 12.000 € an die GmbH zurück. Die GmbH erfasste die Zahlung in ihren Büchern und verminderte den laufenden Personalaufwand im Jahr 2014.

Aufgabe: Stellen Sie die ertragsteuerlichen Auswirkungen für den Graus dar! Ein Antrag nach § 32d Abs. 2 Nr. 3 EStG wurde nicht gestellt.

Lösung:
Kapitalgesellschaft
Die Elektromarkt GmbH ist als Kapitalgesellschaft mit Geschäftsleitung (§ 10 AO) und Sitz (§ 11 AO) im Inland (§ 1 Abs. 3 KStG) unbeschränkt körperschaftsteuerpflichtig (§ 1 Abs. 1 Nr. 1 KStG). Das Gehalt stellt für die GmbH eine Betriebsausgabe dar (§ 4 Abs. 4 EStG), da sie zur Zahlung schuldrechtlich verpflichtet ist.

Es liegt eine Rechtsbeziehung zwischen Gesellschaft und Gesellschafter vor. Daher ist das Vorliegen einer verdeckten Gewinnausschüttung zu prüfen (R 36 Abs. 1 KStR). Es liegt eine Vermögensminderung vor, da eine Zahlung erfolgt ist. Die Aufzeichnung als Betriebsausgabe führt zu einer Verminderung des Unterschiedsbetrags nach § 4 Abs. 1 EStG. Ein Gewinnverteilungsbeschluss liegt nicht vor. Die Veranlassung im Gesellschaftsverhältnis ist gegeben, da die Höhe des Gehalts nicht dem Fremdvergleich entspricht. Ein fremder ordentlicher und gewissenhafter Geschäftsführer hätte diese Vermögensminderung nicht zugelassen. Demnach liegt eine verdeckte Gewinnausschüttung vor (R 36 Abs. 1 KStR). Die Bewertung erfolgt auf der Basis des Fremdvergleichs. Der unangemessene Teil des Gehalts i.H.v. 12.000 € (= 1.000 € × 12 Monate) ist als verdeckte Gewinnausschüttung anzusehen. Es ist daher ein Betrag von 12.000 € als verdeckte Gewinnausschüttung außerhalb der Gewinnermittlung im Rahmen der Einkommensermittlung des Jahres 2013 hinzuzurechnen (§ 8 Abs. 3 S. 2 KStG).

Die Rückzahlung der verdeckten Gewinnausschüttung führt nicht zu einer Korrektur der außerbilanziellen Hinzurechnung im Jahr 2013. Die Wirkungen der verdeckten Gewinnausschüttung können nicht rückgängig gemacht werden (H 37 „Rückgängigmachung" KStH). Die Zahlung ist daher als zusätzliche Zuführung von Vermögen im Rahmen einer Einlage zu werten. Es handelt sich um einen bilanzierungsfähigen Vermögensvorteil und die Zuwendung hat ihren Grund im Gesellschaftsverhältnis. Demnach können die Grundsätze zur verdeckten Einlage angewandt werden (R 40 Abs. 1 und 4 KStR). Die erfolgswirksame Erfassung innerhalb der Handelsbilanz ist durch eine außerbilanzielle Abrechnung im Rahmen der Einkommensermittlung rückgängig zu machen, da sich verdeckte Einlagen nicht auf das Einkommen der Körperschaft auswirken dürfen (§ 8 Abs. 3 S. 3 KStG). Daneben ist das steuerliche Einlagekonto i.S.d. § 27 KStG um den Betrag der verdeckten Einlage (= 12.000 €) zu erhöhen.

Gesellschafter
Hinsichtlich des Geschäftsführergehalts erzielt Graus Einkünfte aus nichtselbständiger Tätigkeit i.S.d. § 19 Abs. 1 S. 1 Nr. 1 EStG, da er als Arbeitnehmer aus einem Dienstverhältnis Arbeitslohn bezieht und weisungsgebunden ist (§§ 1, 2 LStDV, H 19.0 „Allgemeines" LStH). Diese Einkünfte unterliegen der Einkommensteuer (§ 2 Abs. 1 S. 1 Nr. 4 EStG). Es handelt sich um Überschusseinkünfte (§ 2 Abs. 2 S. 1 Nr. 2 EStG). Der Besteuerungszeitpunkt für die Einnahmen bestimmt sich nach § 11 Abs. 1 S. 4 i.V.m. § 38a Abs. 1 S. 2 und 3 EStG. Das Kalenderjahr bildet den Ermittlungszeitraum (§ 2 Abs. 7 S. 1 und 2 EStG). Die einbehaltene Lohnsteuer/Solidaritätszuschlag mindert nicht die Einnahmen, da es sich um nicht abzugsfähige Personensteuern handelt (§ 12 Nr. 3 EStG). Die Steuerbeträge können jedoch auf die festzusetzende Einkommensteuer/Solidaritätszuschlag angerechnet werden (§ 36 Abs. 2 Nr. 2 EStG/§ 51a Abs. 1 i.V.m. § 36 Abs. 2 Nr. 2 EStG). Demnach ist das Bruttogehalt von 60.000 € als Einnahmen zu erfassen. Allerdings ist der darüber hinausgehende unangemessene Teil des Gehalts abzusetzen, da hier die Besteuerung im Rahmen des § 20 EStG erfolgt. Es verbleibt ein steuerpflichtiger Arbeitslohn i.H.v. 60.000 € (= 5.000 € × 12 Monate). Mangels tatsächlicher Werbungskosten ist der Werbungskostenpauschbetrag i.H.v. 1.000 € zum Abzug zu bringen (§ 9a S. 1 Nr. 1 Buchst. a EStG). Damit ergeben sich für das Jahr 2013 Einkünfte aus nichtselbständiger Arbeit i.H.v. 59.000 €

Die verdeckte Gewinnausschüttung führt zu Einkünften aus Kapitalvermögen gem. § 20 Abs. 1 Nr. 1 S. 2 EStG und § 2 Abs. 1 S. 1 Nr. 5 EStG. Es handelt sich um Überschusseinkünfte (§ 2 Abs. 2 S. 1 Nr. 2 EStG). Die Besteuerung erfolgt grundsätzlich bei Zufluss (§ 11 Abs. 1 EStG). Es besteht grundsätzlich eine Kapitalertragsteuerpflicht, da es sich um Einnahmen nach § 43 Abs. 1 S. 1 Nr. 1 EStG handelt. Allerdings

6. Rechtsfolgen beim Gesellschafter

wird dieser bei einer verdeckten Gewinnausschüttung typischerweise nicht einbehalten. Es ist die Abgeltungsbesteuerung gem. § 32d Abs. 1 EStG anzuwenden (ohne Option nach § 32d Abs. 2 Nr. 3 EStG). Die Ausnahme nach § 32d Abs. 2 Nr. 4 EStG findet keine Anwendung, da die verdeckte Gewinnausschüttung bei der Kapitalgesellschaft außerbilanziell dem Einkommen hinzugerechnet wurde. Graus erzielt Einnahmen i.H.v. 12.000 €. Es kann nur der Sparerpauschbetrag gem. § 20 Abs. 9 S. 1 EStG abgesetzt werden. Damit ergeben sich im Jahr 2013 Einkünfte aus Kapitalvermögen i.H.v. 11.199 € (= 12.000 € ./. 801 €). Diese sind nicht im zu versteuernden Einkommen zu erfassen (§ 2 Abs. 5b EStG). Die Abgeltungswirkung tritt nicht ein, da eine Kapitalertragsteuer nicht einbehalten wurde (§ 43 Abs. 5 EStG). Graus hat den Steuerabzug gem. § 32d Abs. 3 EStG beim Finanzamt berichtigen lassen. Soweit Graus alle seine Einkünfte aus Kapitalvermögen im Rahmen seiner Einkommensteuererklärung angibt, ist ferner eine Günstigerprüfung nach § 32d Abs. 6 EStG durchzuführen.

Wurde eine außerbilanzielle Zurechnung der verdeckten Gewinnausschüttung bei der Kapitalgesellschaft nicht vorgenommen, kann die Abgeltungsbesteuerung beim Gesellschafter nicht angewandt werden (§ 32d Abs. 2 Nr. 4 EStG). Die verdeckte Gewinnausschüttung ist daher mit dem persönlichen Steuersatz nach § 32a EStG der Besteuerung zu unterwerfen. Wird die Körperschaftsteuerfestsetzung bei der GmbH aufgrund der verdeckten Gewinnausschüttung angepasst, kann die Einkommensteuerfestsetzung beim Gesellschafter entsprechend geändert werden (§ 32a Abs. 1 KStG).

Die Rückzahlung der verdeckten Gewinnausschüttung im Kalenderjahr 2014 führt nicht zur rückwirkenden Korrektur der Einkünfte aus Kapitalvermögen (H 20.2 „Rückgängigmachung einer Gewinnausschüttung" EStH). Aufgrund der Einordnung als verdeckte Einlage erhöhen sich bei Graus nur die Anschaffungskosten der Beteiligung in Höhe des Teilwerts der Einlage, d.h. um 12.000 € (H 40 „Behandlung beim Gesellschafter" KStH). Es handelt sich auch nicht um die Rückzahlung von Arbeitslohn i.S.d. § 19 EStG.

Fall 5: Gesellschaft veräußert Waren verbilligt an den Gesellschafter

Die Sanitär-Großhandels GmbH vertreibt Sanitärgegenstände verschiedenster Hersteller an Baumärkte und Sanitärfachbetriebe. Das Stammkapital beträgt 100.000 €. Hieran hat der Gesellschafter Karl Klemp einen Anteil von 10 Prozent. Klemp ist nicht als Geschäftsführer bestellt und nimmt auf das tägliche Geschäft keinerlei Einfluss. Die Beteiligung ist zutreffend dem Betriebsvermögen des Klemp zugeordnet.

Im August 2013 erwarb Klemp verschiedene Sanitärgegenstände von der GmbH. Dabei berechnete ihm die GmbH insgesamt 10.000 € zzgl. 1.900 € Umsatzsteuer. Dies entsprach dem Einkaufspreis zzgl. eventueller Nebenkosten des Erwerbs. Dieser Vorzugspreis wurde nur den Gesellschaftern der GmbH gewährt. Ein Nichtgesellschafter hätte insgesamt 14.000 € zzgl. Umsatzsteuer aufwenden müssen. Die Sanitärgegenstände wurden umgehend von Klemp bei einem Kunden verbaut und zu einem fremdüblichen Preis abgerechnet.

Aufgabe: Stellen Sie die ertragsteuerlichen Auswirkungen für den Veranlagungszeitraum 2013 auf die GmbH und den Graus dar!

Lösung:

Kapitalgesellschaft

Die Sanitär-Großhandels GmbH ist als Kapitalgesellschaft mit Geschäftsleitung (§ 10 AO) und Sitz (§ 11 AO) im Inland (§ 1 Abs. 3 KStG) unbeschränkt körperschaftsteuerpflichtig (§ 1 Abs. 1 Nr. 1 KStG). Die Steuerpflicht erstreckt sich auf das Welteinkommen (§ 1 Abs. 2 KStG). Die GmbH erzielt als Körperschaft nach § 1 Abs. 1 Nr. 1 KStG ausschließlich gewerbliche Einkünfte (§ 8 Abs. 2 KStG, R 32 Abs. 2 KStR). Die GmbH ist eine Handelsgesellschaft i.S.d. § 13 Abs. 3 GmbHG, auch Formkaufmann i.S.d. § 6 HGB und unterliegt daher der Buchführungspflicht (§ 238 Abs. 1 HGB). Sie ermittelt daher ihren Gewinn durch

Betriebsvermögensvergleich (§ 5 Abs. 1 EStG i.V.m. § 140 AO). Der Ermittlungszeitraum ist dabei das Wirtschaftsjahr, welches dem Kalenderjahr entspricht (§ 7 Abs. 4 KStG).

Der Verkauf von Waren an den Gesellschafter ist zivil- und steuerrechtlich zulässig. Allerdings liegt eine Rechtsbeziehung zwischen Gesellschaft und Gesellschafter vor. Daher ist das Vorliegen einer verdeckten Gewinnausschüttung zu prüfen (R 36 Abs. 1 KStR). Es liegt eine verhinderte Vermögensmehrung vor, da die Leistung von der Gesellschaft an den Gesellschafter für ein zu geringes Entgelt erbracht wurde und die Betriebseinnahmen damit zu niedrig sind. Die fehlenden Betriebseinnahmen wirken sich auf den Unterschiedsbetrag nach § 4 Abs.1 EStG aus. Ein Gewinnverteilungsbeschluss liegt nicht vor. Die Veranlassung im Gesellschaftsverhältnis ist gegeben, da die Höhe des Kaufpreises nicht fremdüblich ist. Ein fremder ordentlicher und gewissenhafter Geschäftsführer hätte einen angemessenen Preis verlangt. Demnach liegt eine verdeckte Gewinnausschüttung vor (R 36 Abs. 1 KStR, H 36 V. „Einzelfälle – Waren" KStH). Die Bewertung erfolgt auf der Basis des gemeinen Werts unter Berücksichtigung der tatsächlichen entstehenden Umsatzsteuer 15.900 € (= 14.000 € zzgl. 1.900 € Umsatzsteuer). Es ist daher ein Betrag von 4.000 € (= 15.900 € ./. 11.900 €) als verdeckte Gewinnausschüttung außerhalb der Gewinnermittlung dem zu versteuernden Einkommen des Jahres 2013 hinzuzurechnen (§ 8 Abs. 3 S. 2 KStG).

Umsatzsteuerlich handelt es sich um eine steuerbare und steuerpflichtige Lieferung i.S.d. § 3 Abs. 1 UStG. Das Entgelt i.S.d. § 10 Abs. 1 S. 2 UStG sind 10.000 €. Bei der Lieferung von der Kapitalgesellschaft an ihren Gesellschafter handelt es sich um die Lieferung an eine nahestehende Person i.S.d. § 10 Abs. 5 Nr. 1 UStG. Demnach ist die Mindestbemessungsgrundlage nach § 10 Abs. 4 Nr. 1 UStG zu prüfen. Diese beträgt ebenso 10.000 €, da dies dem Einkaufspreis einschließlich Nebenkosten im Zeitpunkt der verdeckten Gewinnausschüttung entspricht. Eine weitere Umsatzsteuer entsteht nicht.

Gesellschafter

Die Beteiligung an der Kapitalgesellschaft ist lt. Sachverhalt zutreffend Betriebsvermögen im Einzelunternehmen des Klemp. Der Ausweis erfolgt mit den Anschaffungskosten (§ 255 Abs. 1 HGB und § 6 Abs. 1 Nr. 2 EStG), da sich kein Hinweis auf einen niederen Teilwert ergibt.

Der verbilligte Erwerb der Vermögensgegenstände führt als verdeckte Gewinnausschüttung grundsätzlich zu Einkünften aus Kapitalvermögen gem. § 2 Abs. 1 S. 1 Nr. 5 i.V.m. 20 Abs. 1 Nr. 1 S. 2 EStG. Der Ausweis der Beteiligung im Betriebsvermögen führt zu einer Umqualifizierung der Einnahmen in gewerbliche Einkünfte (§ 20 Abs. 8 i.V.m. § 15 Abs. 1 S. 1 Nr. 1 EStG). Die verdeckte Gewinnausschüttung ist daher eine Betriebseinnahme. Die Abgeltungsbesteuerung kann daher nicht angewandt werden (§ 32d Abs. 1 S. 1 EStG). Es besteht grundsätzlich eine Kapitalertragsteuerpflicht, da es sich um Einnahmen nach § 43 Abs. 1 S. 1 Nr. 1 EStG handelt. Diese wird jedoch typischerweise nicht einbehalten. Innerbilanziell ist erfolgswirksam ein Beteiligungsertrag i.H.v. 4.000 € zu erfassen. Der Gewinn des Einzelunternehmens erhöht sich entsprechend. Bei Einnahmen i.S.d. § 20 Abs. 1 Nr. 1 EStG die im Betriebsvermögen zufließen, ist das Teileinkünfteverfahren anzuwenden (§ 3 Nr. 40 Buchst. d und § 3 Nr. 40 S. 2 EStG). Bei einer verdeckten Gewinnausschüttung erfolgt dies aber nur, wenn bei der ausschüttenden Kapitalgesellschaft eine entsprechende außerbilanzielle Zurechnung vorgenommen wurde (wird hier unterstellt). Daher ist bei der Ermittlung der Einkünfte aus Gewerbebetrieb außerbilanziell eine Abrechnung i.H.v. 1.600 € (= 4.000 € × 40 %) zu berücksichtigen.

Mit der Erfassung der verdeckten Gewinnausschüttung wird bei der Kapitalgesellschaft, das steuerliche Ergebnis so korrigiert, als hätte die Kapitalgesellschaft zu einem fremdüblichen Preis veräußert. Daher ist beim Gesellschafter Klemp eine Korrektur der Anschaffungskosten der erworbenen Sanitärgegenstände vorzunehmen (Fiktionstheorie). Durch die Zuordnung der Gegenstände zum Umlaufvermögen und durch den tatsächlichen Verbrauch auf der Baustelle des Kunden, ist der Wareneinsatz bei Klemp um den Betrag der verdeckten Gewinnausschüttung zu erhöhen. Unter Berücksichtigung dieser zusätzlichen Betriebsausgabe von 4.000 €, vermindert sich der Gewinn entsprechend.

6. Rechtsfolgen beim Gesellschafter

> **Fall 6: Gesellschafter vermietet Grundstück verbilligt an Gesellschaft**
> Die Lagerhaus-GmbH stellt ihre Lagerkapazitäten an die kleiner Firmen zur Verfügung und übernimmt für diese auch die Vertriebslogistik. Sie erbringt zutreffend ausschließlich umsatzsteuerpflichtige Ausgangsumsätze. Gesellschafter sind Karl Lager (40 %) und Winfried Haus (60 %). Alleiniger Geschäftsführer ist Winfried Haus. Die Beteiligungen stellen bei beiden Gesellschafter Privatvermögen dar.
> Im Dezember erwarb Karl Lager ein großzügig geschnittenes und autobahnnah gelegenes Lagerhaus (Baujahr 1990), welches für die Zwecke der Lagerhaus-GmbH hervorragend geeignet war. Der Kaufvertrag sah einen Übergang von Nutzen und Lasten zum 01.01.2013 und einen Kaufpreis von 500.000 € (30 % Grund und Boden) vor. Das Lager wurde ab Januar 2013 an die Lagerhaus-GmbH verpachtet. Die monatliche Miete i.H.v. 8.000 € wurde pünktlich gezahlt und von der GmbH als Aufwand verbucht. Keller verzichtet zutreffend auf die umsatzsteuerliche Option. Für Lagerflächen in ähnlicher Lage und Größe waren typischerweise 10.000 € monatliche Miete zu leisten. Im Zusammenhang mit dem Lager entstehen ferner laufende Grundstückskosten (u.a. Hausmeister, Straßenreinigungsgebühren …) i.H.v. 2.000 € im Monat. Den Kaufpreis finanzierte Lager ausschließlich mit Eigenkapital.
> **Aufgabe:** Stellen Sie die ertragsteuerlichen Auswirkungen für den Veranlagungszeitraum 2013 auf die GmbH und den Lager dar! Ein Antrag nach § 32d Abs. 2 Nr. 3 EStG wurde nicht gestellt.

Lösung:

Kapitalgesellschaft

Die Lagerhallen GmbH ist als Kapitalgesellschaft mit Geschäftsleitung (§ 10 AO) und Sitz (§ 11 AO) im Inland (§ 1 Abs. 3 KStG) unbeschränkt körperschaftsteuerpflichtig (§ 1 Abs. 1 Nr. 1 KStG). Die Steuerpflicht erstreckt sich auf das Welteinkommen (§ 1 Abs. 2 KStG). Die GmbH erzielt als Körperschaft nach § 1 Abs. 1 Nr. 1 KStG ausschließlich gewerbliche Einkünfte (§ 8 Abs. 2 KStG, R 32 Abs. 2 KStR). Die GmbH ist eine Handelsgesellschaft i.S.d. § 13 Abs. 3 GmbHG, auch Formkaufmann i.S.d. § 6 HGB und unterliegt daher der Buchführungspflicht (§ 238 Abs. 1 HGB). Sie ermittelt daher ihren Gewinn durch Betriebsvermögensvergleich (§ 5 Abs. 1 EStG i.V.m. § 140 AO). Der Ermittlungszeitraum ist dabei das Wirtschaftsjahr, welches dem Kalenderjahr entspricht (§ 7 Abs. 4 KStG).

Die Vermietung des Grundstücks an die Gesellschaft ist zivil- und steuerrechtlich zulässig. Allerdings liegt eine Rechtsbeziehung zwischen Gesellschaft und Gesellschafter vor. Daher ist das Vorliegen einer verdeckten Einlage zu prüfen (R 40 Abs. 1 KStR). Die verbilligte Vermietung führt zu einem Vermögensvorteil bei der GmbH. Allerdings handelt es sich um einen Nutzungsvorteil, welcher nicht einlagefähig ist, da kein bilanzierungsfähiger Vermögensvorteil vorliegt (H 40 „Nutzungsvorteile" KStH). Bei der Kapitalgesellschaft ergeben sich somit keine Änderungen des Einkommens.

Gesellschafter

Die Beteiligung an der Kapitalgesellschaft ist lt. Sachverhalt zutreffend Privatvermögen bei den beiden Gesellschaftern dar, da sich keine Hinweise auf eine Zugehörigkeit zum Betriebsvermögen ergeben. Bei dem verpachteten Grundstück handelt es sich zwar für die GmbH um eine funktionale wesentliche Betriebsgrundlage (H 15.7 Abs. 5 „Wesentliche Betriebsgrundlage" EStH), da die Halle funktional notwendig und von einigem wirtschaftlichen Gewicht ist. Allerdings verfügt Karl Lager nicht über die Mehrheit der Stimmrechte an der GmbH. Beweisanzeichen für eine faktische Beherrschung sind ebenso nicht erkennbar. Damit fehlt es an einer personellen Verflechtung (H 15.7 Abs. 6 „Allgemeines" und „Mehrheit der Stimmrecht" EStH). Demnach kann eine Betriebsaufspaltung ausgeschlossen werden (H 15.7 Abs. 4 „Allgemeines" EStH).

Karl Lager erzielt mit der Verpachtung des Lagerhausgrundstücks an die GmbH Einkünfte aus Vermietung und Verpachtung (§ 21 Abs. 1 S. 1 Nr. 1 i.V.m. § 2 Abs. 1 S. 1 Nr. 6 EStG). Es handelt sich um Überschusseinkünfte (§ 2 Abs. 2 S. 1 Nr. 2 EStG). Die Einkünfte werden für das Kalenderjahr ermittelt (§ 2 Abs. 7 S. 1 und 2 EStG). Der Besteuerungszeitpunkt ist nach § 11 EStG zu bestimmen.

Die monatliche Pacht ist bei Zufluss als Einnahme zu erfassen (§ 8 Abs. 1, § 11 Abs. 1 EStG). Lager fließen im Jahr 2013 insgesamt 96.000 € (= 8.000 € × 12 Monate) zu.

Die laufenden Grundstückskosten stellen ebenso Werbungskosten nach § 9 Abs. 1 S. 1 EStG dar, welche bei Abfluss (§ 11 Abs. 2 S. 1 EStG) zu berücksichtigen sind. Diese betragen für das Jahr 2013 insgesamt 24.000 € (= 2.000 € × 12 Monate).

Die Absetzung für Abnutzung gehört ebenfalls zu den Werbungskosten (§ 9 Abs. 1 S. 3 Nr. 7 EStG). Die Bemessungsgrundlage bilden die Anschaffungskosten der Lagerhalle (§ 255 Abs. 1 HGB, R 7.3 Abs. 1 EStR). Der geleistete Kaufpreis zzgl. etwaiger Nebenkosten ist daher im Verhältnis der Verkehrswerte auf Grund und Boden, sowie Gebäude aufzuteilen (H 7.3 „Kaufpreisaufteilung" EStH). Es ergeben sich Anschaffungskosten für das Gebäude i.H.v. 350.000 € (= 500.000 € × 70 %). Die Höhe der Absetzung für Abnutzung bestimmt sich nach § 7 Abs. 4 S. 1 Nr. 2 Buchst. a EStG mit 2 %. Der erhöhte Satz von 3 % scheidet aus, da es sich nicht um Betriebsvermögen handelt (§ 7 Abs. 4 S. 1 Nr. 1 EStG). Für das Jahr 2013 ermittelt sich eine Absetzung für Abnutzung i.H.v. 7.000 € (= 350.000 € × 2 %).

Lager überlässt das Lagergrundstück für 8.000 € an die GmbH. Lt. Sachverhalt beträgt der fremdübliche örtliche Mietpreis jedoch 10.000 €. Damit liegt eine verbilligte Überlassung vor. § 21 Abs. 2 EStG ist nicht anwendbar, da es sich bei dem überlassenen Grundstück nicht um eine Wohnung handelt. Demnach die Überlassung in einen voll entgeltlichen und einen voll unentgeltlichen Teil aufzuteilen. Dabei wird auf den erzielten Mietpreis von 8.000 € im Verhältnis zum erzielbaren Preis von 10.000 € abgestellt. Die Vermietung ist daher zu 80 % als entgeltlich anzusehen. Demnach sind die zugehörigen Werbungskosten nur zu 80 % zu berücksichtigen. Die verbleibenden 20 % der Aufwendungen entfallen auf den unentgeltlichen Teil. Hier kommt ein Werbungskostenabzug nicht in Frage, da es an einer Einkünfteerzielungsabsicht fehlt. Damit sind die entstandenen Werbungskosten i.H.v. 31.000 € (= 24.000 € + 7.000 €) um 20 % zu kürzen. Es ergeben sich abzugsfähige Werbungskosten i.H.v. 24.800 € (= 31.000 € × 80 %). Die Einkünfte aus Vermietung und Verpachtung betragen daher 71.200 € (= 96.000 € ./. 24.800 €).

> **Fall 7: Gesellschafter erhält unangemessene Tantieme**
>
> Bei der Marketing-GmbH ist der Alleingesellschafter Mark Ring auch als alleiniger Geschäftsführer angestellt. Er ist wirksam von den Beschränkungen des § 181 BGB befreit. Der Anstellungsvertrag sieht ein angemessenes monatliches Gehalt von 5.000 € vor. Daneben ist auch eine Tantieme vereinbart. Diese ist zwar wirksam vereinbart, aber der Höhe nach z.T. unangemessen. Für das Wirtschaftsjahr 2013 ergibt sich eine zutreffend ermittelte Tantieme i.H.v. 50.000 €. Hiervon sind unstreitig 10.000 € als unangemessen anzusehen. Die Auszahlung der Tantieme erfolgte im Mai 2014 nach Feststellung des Jahresabschlusses. Die Beteiligung stellt bei Mark Ring Privatvermögen dar.
>
> **Aufgabe:** Stellen Sie die ertragsteuerlichen Auswirkungen für den Veranlagungszeitraum 2013/2014 auf die GmbH und ihren Gesellschafter dar! Ein Antrag nach § 32d Abs. 2 Nr. 3 EStG wurde nicht gestellt.
>
> **Alternative:** Die Unangemessenheit der Tantieme wird erst im Jahr 2014 nach Bestandskraft des Körperschaftsteuerbescheides für 2013 erkannt. Die bilanzielle Behandlung erfolgte durch die GmbH zutreffend. Abgabenrechtliche Korrekturmöglichkeiten sind nicht gegeben. Wie ist der Sachverhalt zu beurteilen?

Lösung:
Kapitalgesellschaft
Die Marketing-GmbH ist als Kapitalgesellschaft mit Geschäftsleitung (§ 10 AO) und Sitz (§ 11 AO) im Inland (§ 1 Abs. 3 KStG) unbeschränkt körperschaftsteuerpflichtig (§ 1 Abs. 1 Nr. 1 KStG). Die Steuerpflicht erstreckt sich auf das Welteinkommen (§ 1 Abs. 2 KStG). Die GmbH erzielt als Körperschaft nach § 1 Abs. 1 Nr. 1 KStG ausschließlich gewerbliche Einkünfte (§ 8 Abs. 2 KStG, R 32 Abs. 2 KStR). Die GmbH ist eine Handelsgesellschaft i.S.d. § 13 Abs. 3 GmbHG, auch Formkaufmann i.S.d. § 6 HGB und

unterliegt daher der Buchführungspflicht (§ 238 Abs. 1 HGB). Sie ermittelt daher ihren Gewinn durch Betriebsvermögensvergleich (§ 5 Abs. 1 EStG i.V.m. § 140 AO). Der Ermittlungszeitraum ist dabei das Wirtschaftsjahr, welches dem Kalenderjahr entspricht (§ 7 Abs. 4 KStG).

Bei der an den Gesellschafter-Geschäftsführer gezahlten Vergütung handelt es sich um Betriebsausgaben (§ 4 Abs. 4 EStG), welche den Gewinn mindern. Dies gilt auch hinsichtlich der Tantieme, da diese auf einer zivilrechtlich wirksamen Vereinbarung beruht. Die Tantieme für das Jahr 2013 wurde erst im Jahr 2014 ausgezahlt. Die wirtschaftliche Verursachung ist gleichwohl im Jahr 2013 zu suchen. Demnach ist hier eine Rückstellung für eine ungewisse Verbindlichkeit i.S.d. § 249 Abs. 1 S. 1 HGB in Handels- und Steuerbilanz zu bilden. Die Höhe ergibt sich aus dem voraussichtlichen Erfüllungsbetrag (§ 253 Abs. 1 S. 2 HGB, § 6 Abs. 1 Nr. 3 EStG). Es erfolgt eine Passivierung i.H.v. 50.000 €, da die GmbH auch den unangemessenen Teil der Tantieme schuldet. Eine Abzinsung hat nicht zu erfolgen, da die Zahlung innerhalb von 12 Monaten erfolgt (§ 6 Abs. 1 Nr. 3a EStG). Somit mindert sich der Handels-/Steuerbilanzgewinn um 50.000 €.

Im nächsten Schritt ist eine verdeckte Gewinnausschüttung i.S.d. R 36 Abs. 1 KStR zu prüfen. Das laufende Gehalt ist nach dem Sachverhalt als angemessen anzusehen. Daher handelt es sich insoweit nicht um eine verdeckte Gewinnausschüttung. Zweifel an der Gesamtausstattung des Gesellschafter-Geschäftsführers sind auch nicht gegeben.[1] Demnach ist noch die Tantieme zu beurteilen. Es handelt sich um eine Vermögensminderung, da die GmbH eine entsprechende Schuldposition ausweisen muss. Diese wirkt sich auf den Unterschiedsbetrag nach § 4 Abs. 1 EStG mindernd aus. Es liegt kein Gewinnverteilungsbeschluss vor. Die Tantieme ist nach dem Sachverhalt teilweise unangemessen hoch. Dies ist im Gesellschaftsverhältnis veranlasst, da einem fremden Geschäftsführer dieser Vorteil nicht zugewandt worden wäre (= Verstoß gegen den Fremdvergleich). Der unangemessene Teil der Tantieme ist demnach als verdeckte Gewinnausschüttung zu beurteilen. Die Bewertung erfolgt mit dem unangemessenen Zahlbetrag i.H.v. 10.000 €. Dieser ist im Rahmen der körperschaftsteuerlichen Einkommensermittlung für das Jahr 2013 dem Jahresüberschuss hinzuzurechnen (§ 8 Abs. 3 S. 2 KStG).

Gesellschafter

Hinsichtlich des monatlichen Gehalts handelt es sich bei Mark Ring um Einkünfte aus nichtselbständiger Arbeit i.S.d. § 19 Abs. 1 S. 1 Nr. 1 EStG, da er als Arbeitnehmer Arbeitslohn aus einem Dienstverhältnis bezieht (§§ 1, 2 LStDV). Diese unterliegen der Einkommensteuer (§ 2 Abs. 1 S. 1 Nr. 4 EStG). Es handelt sich um Überschusseinkünfte (§ 2 Abs. 2 S. 1 Nr. 2 EStG). Der Ermittlungszeitraum ist das Kalenderjahr (§ 2 Abs. 7 S. 1 und 2 EStG). Bei der monatlichen Gehaltszahlung handelt es sich um einen laufenden Arbeitslohn i.S.d. R 39b.2 Abs. 1 LStR. Die Besteuerung erfolgt daher in dem Veranlagungszeitraum, in dem der Lohnzahlungszeitraum endet (§ 11 Abs. 1 S. 4 i.V.m. § 38a Abs. 1 S. 2 EStG). Demnach ist im Jahr 2013 ein laufender Arbeitslohn i.H.v. 60.000 € (= 12 Monate × 5.000 €) zu berücksichtigen. Die Lohnsteuer und der Solidaritätszuschlag dürfen als Personensteuern die Einkünfte nicht mindern (§ 12 Nr. 3 EStG). Ferner ist der Werbungskostenpauschbetrag zum Abzug zu bringen, da im Sachverhalt keine tatsächlichen Werbungskosten erkennbar sind (§ 9a S. 1 Nr. 1 Buchst. a EStG). Es ergeben sich Einkünfte i.H.v. 59.000 €.

Der angemessene Teil der Tantieme ist ebenfalls bei den Einkünften aus nichtselbständiger Arbeit zu erfassen (§ 19 Abs. 1 S. 1 Nr. 1 EStG). Es handelt sich um einen sonstigen Bezug i.S.d. R 39b.2 Abs. 2 LStR. Die Besteuerung erfolgt aber hier bei Zufluss (§ 11 Abs. 1 S. 4 i.V.m. § 38a Abs. 1 S. 3 EStG). Daher ist die Tantieme erst im Jahr 2014 zu erfassen.

Der unangemessene Teil der Tantieme ist wiederum als verdeckte Gewinnausschüttung zu klassifizieren. Demnach liegen hier Einkünfte aus Kapitalvermögen vor (§ 20 Abs. 1 Nr. 1 S. 2 EStG). Diese unterliegen der Einkommensteuer (§ 2 Abs. 1 S. 1 Nr. 5 EStG). Es handelt sich um Überschusseinkünfte (§ 2 Abs. 2 S. 1 Nr. 2 EStG). Der Ermittlungszeitraum ist das Kalenderjahr (§ 2 Abs. 7 S. 1 und 2 EStG).

---

[1] Vgl. BMF vom 14.10.2002, IV A 2 – S 2742 – 62/02, BStBl I 2002, 972.

Die Besteuerung erfolgt bei Zufluss, also im Jahr 2014 (§ 11 Abs. 1 S. 1 EStG). Die Einnahmen unterliegen ferner der Abgeltungsbesteuerung nach § 32d Abs. 1 EStG, da weder eine Umqualifizierung nach § 20 Abs. 8 EStG vorgenommen wurde, noch ein Antrag nach § 32d Abs. 2 Nr. 3 EStG gestellt wurde. Die Ausnahme nach § 32d Abs. 2 Nr. 4 EStG greift ebenfalls nicht, da die außerbilanzielle Zurechnung bei der Kapitalgesellschaft vorgenommen wurde. Es besteht zwar auf Seiten der GmbH eine Verpflichtung zur Einbehaltung von Kapitalertragsteuer (§ 43 Abs. 1 S. 1 Nr. 1 EStG). Dies dürfte jedoch bei einer verdeckten Gewinnausschüttung typischerweise unterblieben sein. Demnach kann eine Abgeltungswirkung nach § 43 Abs. 5 EStG nicht eintreten. Mark Ring hat die Einkünfte im Rahmen seiner Einkommensteuererklärung für das Jahr 2014 zu erklären (§ 32d Abs. 3 EStG). Die Einnahmen i.H.v. 10.000 € sind um den Sparer-Pauschbetrag (§ 20 Abs. 9 S. 1 EStG) i.H.v. 801 € zu mindern. Es ergeben sich Einkünfte aus Kapitalvermögen i.H.v. 9.199 €. Diese sind mit 25 % zu besteuern und nicht im zu versteuernden Einkommen des Mark Ring zu erfassen (§ 2 Abs. 5b EStG).

Alternative:
Kapitalgesellschaft
Hinsichtlich der Beurteilung der Tantieme-Rückstellung ergeben sich keinerlei Unterschiede. Die Rückstellung ist i.H.v. 50.000 € zu passivieren (lt. Sachverhalt zutreffend vorgenommen). Die Korrektur der verdeckten Gewinnausschüttung im Rahmen der körperschaftsteuerlichen Einkommensermittlung nach § 8 Abs. 3 S. 2 KStG kann nicht erfolgen, da hierzu eine abgabenrechtliche Korrekturmöglichkeit des Körperschaftsteuerbescheides für 2013 notwendig wäre.

Gesellschafter
Unabhängig der Behandlung bei der GmbH verbleibt es beim Gesellschafter bei der Zuordnung der Einkünfte. Demnach ist das laufende Gehalt den Einkünfte aus nichtselbständiger Arbeit i.S.d. § 19 Abs. 1 S. 1 Nr. 1 EStG zuzuordnen. Der angemessene Teil der Tantieme ist ebenso bei dieser Einkunftsart zu erfassen. Allerdings erst bei Zufluss im Jahr 2014.

Beim unangemessenen Teil der Tantieme handelt es sich ebenfalls wieder um Einkünfte aus Kapitalvermögen i.S.d. § 20 Abs. 1 Nr. 1 S. 2 EStG, welche bei Zufluss im Jahr 2014 (§ 11 Abs. 1 EStG) zu besteuern sind. Allerdings kann jetzt die Abgeltungsbesteuerung nicht angewandt werden, da die außerbilanzielle Zurechnung bei der Kapitalgesellschaft nicht vorgenommen wurde (§ 32d Abs. 2 Nr. 4 KStG). Die sich ergebenden Einkünfte aus Kapitalvermögen i.H.v. 9.199 € sind im zu versteuernden Einkommen zu erfassen und werden mit dem persönlichen Steuersatz nach § 32a Abs. 1 EStG der Besteuerung unterworfen. Das Teileinkünfteverfahren nach § 3 Nr. 40 Buchst. d EStG ist nicht anzuwenden, da keine außerbilanzielle Zurechnung (§ 3 Nr. 40 Buchst. d S. 2 EStG) bzw. keine Umqualifizierung der Einkünfte nach § 20 Abs. 8 EStG (§ 3 Nr. 40 S. 2 EStG) vorgenommen wurde. Der Abzug des Sparerpauschbetrages ist zulässig, da § 32d Abs. 2 Nr. 4 EStG keinen Hinweis auf eine Nichtanwendung des § 20 Abs. 9 EStG enthält.

> **Fall 8: Gesellschafter erhält unangemessene Tantieme und verzichtet auf die Auszahlung**
> Bei der Marketing-GmbH ist der Alleingesellschafter Mark Ring auch als alleiniger Geschäftsführer angestellt. Er ist wirksam von den Beschränkungen des § 181 BGB befreit. Der Anstellungsvertrag sieht ein angemessenes monatliches Gehalt von 5.000 € vor. Daneben ist auch eine Tantieme vereinbart. Diese ist zwar wirksam vereinbart, aber der Höhe nach z.T. unangemessen. Für das Wirtschaftsjahr 2013 ergibt sich eine zutreffend ermittelte Tantieme i.H.v. 50.000 €. Hiervor sind unstreitig 10.000 € als unangemessen anzusehen. Die Auszahlung der Tantieme sollte im Mai 2014 nach Feststellung des Jahresabschlusses erfolgen. Allerdings verzichtet Mark Ring auf der Gesellschafterversammlung zur Feststellung des Jahresabschlusses am 30.04.2014 vollständig auf die Tantieme. Die Beteiligung stellt bei Mark Ring Privatvermögen dar.

6. Rechtsfolgen beim Gesellschafter

> **Aufgabe:** Stellen Sie die ertragsteuerlichen Auswirkungen für den Veranlagungszeitraum 2013/2014 auf die GmbH und ihren Gesellschafter dar! Ein Antrag nach § 32d Abs. 2 Nr. 3 EStG wurde nicht gestellt.

Lösung:

Kapitalgesellschaft

Die Marketing-GmbH ist als Kapitalgesellschaft mit Geschäftsleitung (§ 10 AO) und Sitz (§ 11 AO) im Inland (§ 1 Abs. 3 KStG) unbeschränkt körperschaftsteuerpflichtig (§ 1 Abs. 1 Nr. 1 KStG). Die Steuerpflicht erstreckt sich auf das Welteinkommen (§ 1 Abs. 2 KStG). Die GmbH erzielt als Körperschaft nach § 1 Abs. 1 Nr. 1 KStG ausschließlich gewerbliche Einkünfte (§ 8 Abs. 2 KStG, R 32 Abs. 2 KStR). Die GmbH ist eine Handelsgesellschaft i.S.d. § 13 Abs. 3 GmbHG, auch Formkaufmann i.S.d. § 6 HGB und unterliegt daher der Buchführungspflicht (§ 238 Abs. 1 HGB). Sie ermittelt daher ihren Gewinn durch Betriebsvermögensvergleich (§ 5 Abs. 1 EStG i.V.m. § 140 AO). Der Ermittlungszeitraum ist dabei das Wirtschaftsjahr, welches dem Kalenderjahr entspricht (§ 7 Abs. 4 KStG).

Bei der an den Gesellschafter-Geschäftsführer gezahlten Vergütung handelt es sich um Betriebsausgaben (§ 4 Abs. 4 EStG), welche den Gewinn mindern. Dies gilt auch hinsichtlich der Tantieme, da diese auf einer zivilrechtlich wirksamen Vereinbarung beruht. Die Tantieme für das Jahr 2013 wurde erst im Jahr 2014 ausgezahlt. Die wirtschaftliche Verursachung ist gleichwohl im Jahr 2013 zu suchen. Demnach ist hier eine Rückstellung für eine ungewisse Verbindlichkeit i.S.d. § 249 Abs. 1 S. 1 HGB in Handels- und Steuerbilanz zu bilden. Die Höhe ergibt sich aus dem voraussichtlichen Erfüllungsbetrag (§ 253 Abs. 1 S. 2 HGB, § 6 Abs. 1 Nr. 3 EStG). Es erfolgt eine Passivierung i.H.v. 50.000 €, da die GmbH auch den unangemessenen Teil der Tantieme schuldet. Eine Abzinsung hat nicht zu erfolgen, da die Zahlung innerhalb von 12 Monaten erfolgt (§ 6 Abs. 1 Nr. 3a EStG). Somit mindert sich der Handels-/Steuerbilanzgewinn um 50.000 €.

Im nächsten Schritt ist eine verdeckte Gewinnausschüttung i.S.d. R 36 Abs. 1 KStR zu prüfen. Das laufende Gehalt ist nach dem Sachverhalt als angemessen anzusehen. Daher handelt es sich insoweit nicht um eine verdeckte Gewinnausschüttung. Zweifel an der Gesamtausstattung des Gesellschafter-Geschäftsführers sind auch nicht gegebenen. Demnach ist noch die Tantieme zu beurteilen. Es handelt sich um eine Vermögensminderung, da die GmbH eine entsprechende Schuldposition ausweisen muss. Diese wirkt sich auf den Unterschiedsbetrag nach § 4 Abs. 1 EStG mindernd aus. Es liegt kein Gewinnverteilungsbeschluss vor. Die Tantieme ist nach dem Sachverhalt teilweise unangemessen hoch. Dies ist im Gesellschaftsverhältnis veranlasst, da einem fremden Geschäftsführer dieser Vorteil nicht zugewandt worden wäre (= Verstoß gegen den Fremdvergleich, H 36 III. „Veranlassung im Gesellschaftsverhältnis – Allgemeines" KStH). Der unangemessene Teil der Tantieme ist demnach als verdeckte Gewinnausschüttung zu beurteilen. Die Bewertung erfolgt mit dem unangemessenen Zahlbetrag i.H.v. 10.000 €. Dieser ist im Rahmen der körperschaftsteuerlichen Einkommensermittlung für das Jahr 2013 dem Jahresüberschuss hinzuzurechnen (§ 8 Abs. 3 S. 2 KStG).

Bei dem in 2014 vorgenommenen Verzicht auf die Auszahlung der Tantieme, ist eine verdeckte Einlage i.S.d. R 40 Abs. 1 KStR zu prüfen. Es handelt sich um eine verdeckte Einlage, da Ring auf einen bilanzierungsfähigen Vermögensgegenstand verzichtet. Die Tantieme-Rückstellung wurde zum 31.12.2013 zutreffend passiviert (H 40 „Einlagefähige Vermögensgegenstand" KStH). Die Veranlassung liegt im Gesellschaftsverhältnis, da ein fremder Dritter auf die Zahlung der Zinsen nicht verzichtet hätte (H 40 „Gesellschaftsrechtliche Veranlassung" KStH). Die Bewertung der verdeckten Einlage erfolgt nach § 6 Abs. 1 Nr. 5 EStG mit dem Teilwert (R 40 Abs. 4 KStR). Dieser ist bei der Tantieme mit 50.000 € anzunehmen, da sich keine Anhaltspunkte im Sachverhalt ergeben, die gegen eine Vollwertigkeit sprechen. Innerhalb der Bilanz ist die Tantieme-Rückstellung erfolgswirksam auszubuchen. Hier ergibt sich eine Gewinnerhöhung von 50.000 €. Jedoch dürfen sich gesellschaftsrechtliche Vorgänge nicht auf das zu versteuernde Einkommen auswirken (R 40 Abs. 2 KStR). Demnach ist eine außerbilanzielle Abrechnung im Rahmen der Einkommensermittlung i.H.v. 50.000 € vorzunehmen (§ 8 Abs. 3 S. 3 KStG).

Ferner liegt ein Zugang beim steuerlichen Einlagekonto gem. § 27 KStG vor. Das steuerliche Einlagekonto ist deshalb zum Schluss des Wirtschaftsjahres 2014 fortzuschreiben (§ 27 Abs. 2 KStG).

Gesellschafter

Hinsichtlich des monatlichen Gehalts handelt es sich bei Mark Ring um Einkünfte aus nichtselbständiger Arbeit i.S.d. § 19 Abs. 1 S. 1 Nr. 1 EStG, da er als Arbeitnehmer Arbeitslohn aus einem Dienstverhältnis bezieht (§§ 1, 2 LStDV). Diese unterliegen der Einkommensteuer (§ 2 Abs. 1 S. 1 Nr. 4 EStG). Es handelt sich um Überschusseinkünfte (§ 2 Abs. 2 S. 1 Nr. 2 EStG). Der Ermittlungszeitraum ist das Kalenderjahr (§ 2 Abs. 7 S. 1 und 2 EStG). Bei der monatlichen Gehaltszahlung handelt es sich um einen laufenden Arbeitslohn i.S.d. R 39b.2 Abs. 1 LStR. Die Besteuerung erfolgt daher in dem Veranlagungszeitraum, in dem der Lohnzahlungszeitraum endet (§ 11 Abs. 1 S. 4 i.V.m. § 38a Abs. 1 S. 2 EStG). Demnach ist im Jahr 2013 ein laufender Arbeitslohn i.H.v. 60.000 € (= 12 Monate × 5.000 €) zu berücksichtigen. Die Lohnsteuer und der Solidaritätszuschlag dürfen als Personensteuern die Einkünfte nicht mindern (§ 12 Nr. 3 EStG). Es erfolgt vielmehr eine Anrechnung auf die festzusetzende Einkommensteuer/Solidaritätszuschlag (§ 36 Abs. 2 Nr. 2/§ 51a Abs. 1 EStG). Ferner ist der Werbungskostenpauschbetrag zum Abzug zu bringen, da im Sachverhalt keine tatsächlichen Werbungskosten erkennbar sind (§ 9a S. 1 Nr. 1 Buchst. a EStG). Es ergeben sich Einkünfte i.H.v. 59.000 €.

Der angemessene Teil der Tantieme ist ebenfalls bei den Einkünften aus nichtselbständiger Arbeit zu erfassen (§ 19 Abs. 1 S. 1 Nr. 1 EStG). Es handelt sich um einen sonstigen Bezug i.S.d. R 39b.2 Abs. 2 LStR. Die Besteuerung erfolgt aber hier bei Zufluss (§ 11 Abs. 1 S. 4 i.V.m. § 38a Abs. 1 S. 3 EStG). Mit dem Verzicht auf seine Tantieme-Forderung hat Mark Ring über sein Vermögen wirtschaftlich verfügt. Damit ist ein Zufluss anzunehmen. Die Tantieme ist im Jahr 2014 i.H.v. 40.000 € zu erfassen.

Der unangemessene Teil der Tantieme ist wiederum als verdeckte Gewinnausschüttung zu klassifizieren. Demnach liegen hier Einkünfte aus Kapitalvermögen vor (§ 20 Abs. 1 Nr. 1 S. 2 EStG). Diese unterliegen der Einkommensteuer (§ 2 Abs. 1 S. 1 Nr. 5 EStG). Es handelt sich um Überschusseinkünfte (§ 2 Abs. 2 S. 1 Nr. 2 EStG). Der Ermittlungszeitraum ist das Kalenderjahr (§ 2 Abs. 7 S. 1 und 2 EStG). Die Besteuerung erfolgt bei Zufluss, also im Jahr 2014 (§ 11 Abs. 1 S. 1 EStG). Auch hier gilt der Verzicht auf die Forderung als wirtschaftliche Verfügung und damit als Zufluss. Die Einnahmen unterliegen ferner der Abgeltungsbesteuerung nach § 32d Abs. 1 EStG, da weder eine Umqualifizierung nach § 20 Abs. 8 EStG vorgenommen wurde, noch ein Antrag nach § 32d Abs. 2 Nr. 3 EStG gestellt wurde. Die Ausnahme nach § 32d Abs. 2 Nr. 4 EStG greift ebenfalls nicht, da die außerbilanzielle Zurechnung bei der Kapitalgesellschaft vorgenommen wurde. Es besteht zwar auf Seiten der GmbH eine Verpflichtung zur Einbehaltung von Kapitalertragsteuer (§ 43 Abs. 1 S. 1 Nr. 1 EStG). Dies dürfte jedoch bei einer verdeckten Gewinnausschüttung typischerweise unterblieben sein. Demnach kann eine Abgeltungswirkung nach § 43 Abs. 5 EStG nicht eintreten. Mark Ring hat die Einkünfte im Rahmen seiner Einkommensteuererklärung für das Jahr 2014 zu erklären (§ 32d Abs. 3 EStG). Die Einnahmen i.H.v. 10.000 € sind um den Sparer-Pauschbetrag (§ 20 Abs. 9 S. 1 EStG) i.H.v. 801 € zu mindern. Es ergeben sich Einkünfte aus Kapitalvermögen i.H.v. 9.199 €. Diese sind mit 25 % zu besteuern und nicht im zu versteuernden Einkommen des Mark Ring zu erfassen (§ 2 Abs. 5b EStG).

Ferner sind die Anschaffungskosten der Beteiligung an der Marketing GmbH um den Betrag der verdeckten Einlage (= 50.000 €) zu erhöhen (H 17 Abs. 5 „Verdeckte Einlage" EStH, H 40 „Behandlung beim Gesellschafter" KStH).

6. Rechtsfolgen beim Gesellschafter

> **Fall 9: Gesellschafter veräußert Beteiligung an einer anderen Kapitalgesellschaft zu einem überhöhten Preis**
>
> Bei der Fast-Food-GmbH ist der Alleingesellschafter Klaus Klein auch als alleiniger Geschäftsführer angestellt. Er ist wirksam von den Beschränkungen des § 181 BGB befreit. Daneben ist Klaus Klein auch mit 20.000 € am Grundkapital der Catering-AG beteiligt. Die verbleibenden 60.000 € am Grundkapital der Catering-AG stehen Gunther Groß zu. Beide Beteiligungen stellen bei Klaus Klein zutreffend Privatvermögen dar. Die Anschaffungskosten der Beteiligungen an der GmbH/AG betrugen 50.000 €/60.000 €.
>
> Mit Vertrag vom 14.12.2013 überträgt Klaus Klein seine Beteiligung an der Catering-AG auf die Fast-Food-GmbH. Der Vertrag sah den Eigentumsübergang zum 30.12.2013 vor. Der Kaufpreis wurde von Klaus Klein auf 100.000 € festgelegt. Die Bezahlung seitens der Fast-Food-GmbH erfolgte am 07.01.2014 auf ein privates Konto des Klaus Klein. Gunther Groß hatte dem Klein im November ein Kaufangebot über angemessene 80.000 € unterbreitet, welcher Klaus Klein allerdings ausschlug.
>
> **Aufgabe:** Stellen Sie die ertragsteuerlichen Auswirkungen für den Veranlagungszeitraum 2013/2014 auf die Fast-Food-GmbH und ihren Gesellschafter dar! Ein Antrag nach § 32d Abs. 2 Nr. 3 EStG wurde nicht gestellt.

Lösung:
Kapitalgesellschaft

Die Fast-Food-GmbH ist als Kapitalgesellschaft mit Geschäftsleitung (§ 10 AO) und Sitz (§ 11 AO) im Inland (§ 1 Abs. 3 KStG) unbeschränkt körperschaftsteuerpflichtig (§ 1 Abs. 1 Nr. 1 KStG). Die Steuerpflicht erstreckt sich auf das Welteinkommen (§ 1 Abs. 2 KStG). Die GmbH erzielt als Körperschaft nach § 1 Abs. 1 Nr. 1 KStG ausschließlich gewerbliche Einkünfte (§ 8 Abs. 2 KStG, R 32 Abs. 2 KStR). Die GmbH ist eine Handelsgesellschaft i.S.d. § 13 Abs. 3 GmbHG, auch Formkaufmann i.S.d. § 6 HGB und unterliegt daher der Buchführungspflicht (§ 238 Abs. 1 HGB). Sie ermittelt daher ihren Gewinn durch Betriebsvermögensvergleich (§ 5 Abs. 1 EStG i.V.m. § 140 AO). Der Ermittlungszeitraum ist dabei das Wirtschaftsjahr, welches dem Kalenderjahr entspricht (§ 7 Abs. 4 KStG).

Bei der Beteiligung an der Catering-AG handelt es sich um notwendiges Betriebsvermögen der GmbH, da ihr das zivilrechtliche und wirtschaftliche Eigentum an der Beteiligung zusteht (§ 39 AO). Dabei ist auf den Übergang des wirtschaftlichen Eigentums abzustellen (hier: 30.12.2013). Der Erwerb ist daher bereits in der Bilanz zum 31.12.2013 abzubilden. Soweit keine kurzfristige Veräußerungsabsicht seitens der GmbH besteht, erfolgt die Zuordnung zu Anlagevermögen. Die Bewertung erfolgt bei Zugang in der Steuerbilanz mit den steuerlichen angemessenen Anschaffungskosten (§ 255 Abs. 1 HGB). Demnach kann hier nur ein Ausweis mit 80.000 € erfolgen. Die Differenz zu dem tatsächlich gezahlten Kaufpreis von 100.000 € ist als Aufwand aufzuzeichnen und mindert entsprechend den laufenden Gewinn. Die Bewertung zum 31.12.2013 erfolgt mit den Anschaffungskosten nach § 6 Abs. 1 Nr. 2 EStG. Ein niederer Teilwert ist im Sachverhalt nicht ersichtlich.

Im nächsten Schritt ist eine verdeckte Gewinnausschüttung i.S.d. R 36 Abs. 1 KStR zu prüfen, da der Erwerb der Beteiligung vom Alleingesellschafter erfolgte. Es handelt sich um eine Vermögensminderung, da die GmbH einen über dem tatsächlichen Wert des Vermögensgegenstandes liegenden Kaufpreis leisten muss. Diese wirkt sich auf den Unterschiedsbetrag nach § 4 Abs. 1 EStG mindernd aus, da eine erfolgswirksame Abschreibung erfolgte. Es liegt kein Gewinnverteilungsbeschluss vor. Die Vereinbarung eines zu hohen Kaufpreises ist im Gesellschaftsverhältnis veranlasst, da ein ordentlicher und gewissenhafter Geschäftsführer diese Vermögensminderung nicht hingenommen hätte (= Verstoß gegen den Fremdvergleich). Der unangemessene Teil des Kaufpreises ist demnach als verdeckte Gewinnausschüttung zu beurteilen. Die Bewertung erfolgt mit dem unangemessenen Zahlbetrag i.H.v. 20.000 €. Dieser ist im Rahmen der körperschaftsteuerlichen Einkommensermittlung für das Jahr 2013 dem Jahresüberschuss hinzuzurechnen (§ 8 Abs. 3 S. 2 KStG).

Gesellschafter

Die Veräußerung der Beteiligung an der AG ist den Einkünften aus Gewerbebetrieb nach § 17 Abs. 1 EStG zuzuordnen. Es handelt sich um eine Beteiligung an einer Kapitalgesellschaft i.S.d. § 17 Abs. 1 S. 3 EStG, welche dem Privatvermögen des Gesellschafters zugeordnet war (R 17 Abs. 1 EStR). Die Mindestbeteiligungsgrenze von 1 % ist ebenfalls überschritten. Ferner liegt eine Veräußerung (= entgeltliche Übertragung) vor. Diese Einkünfte unterliegen der Einkommensteuer (§ 2 Abs. 1 S. 1 Nr. 2 EStG). Es handelt sich um Gewinneinkünfte (§ 2 Abs. 2 S. 1 Nr. 1 EStG). Die Ermittlung des Gewinns erfolgt nach § 17 Abs. 2 EStG. Die Besteuerung erfolgt bei Übergang des wirtschaftlichen Eigentums (= 30.12.2013; H 17 Abs. 4 „Entstehung des Veräußerungsgewinns" EStH).

Bei der Ermittlung des Gewinns ist auf den angemessenen Teil des Kaufpreises abzustellen. Demnach ist hier ein Betrag von 80.000 € zu berücksichtigen. Ferner ist das Teileinkünfteverfahren anzuwenden (§ 3 Nr. 40 Buchst. c i.V.m. § 3c Abs. 2 EStG). Der Veräußerungsgewinn ermittelt sich daher wie folgt:

Kaufpreis	80.000 €
./. Veräußerungskosten	0 €
./. Anschaffungskosten	60.000 €
= Veräußerungsgewinn	20.000 €
./. steuerfrei 40 % von 80.000 €	32.000 €
+ nicht abzugsfähig 40 % von 60.000 €	24.000 €
= **Veräußerungsgewinn vor Freibetrag**	**12.000 €**

Der Freibetrag nach § 17 Abs. 3 EStG ist anwendbar. Allerdings sind der Freibetrag und die Kürzungsgrenze auf die Beteiligungshöhe (= 25 %) zu begrenzen, da Klaus Klein nur mit 25 % an der AG beteiligt ist. Die Kürzungsgrenze beträgt daher 9.025 € (= 36.100 € × 25 %). Der ermittelte Veräußerungsgewinn übersteigt die anteilige Kürzungsgrenze um 2.975 €. Der anteilige Freibetrag i.H.v. 2.265 € (= 9.060 € × 25 %) ist daher um 2.975 € zu kürzen. Es verbleibt ein berücksichtigungsfähiger Freibetrag von 0 €. Die steuerpflichtigen Einkünfte aus der Veräußerung der Beteiligung an der AG betragen daher 12.000 €. Eine Steuerermäßigung nach § 34 Abs. 1 oder 3 EStG ist nicht zu gewähren, da § 17 EStG nicht im Katalog der außerordentlichen Einkünfte (§ 34 Abs. 2 EStG) enthalten ist.

Der unangemessene Teil des Kaufpreises ist als verdeckte Gewinnausschüttung zu klassifizieren. Demnach liegen hier Einkünfte aus Kapitalvermögen vor (§ 20 Abs. 1 Nr. 1 S. 2 EStG). Diese unterliegen der Einkommensteuer (§ 2 Abs. 1 S. 1 Nr. 5 EStG). Es handelt sich um Überschusseinkünfte (§ 2 Abs. 2 S. 1 Nr. 2 EStG). Der Ermittlungszeitraum ist das Kalenderjahr (§ 2 Abs. 7 S. 1 und 2 EStG). Die Besteuerung erfolgt bei Zufluss, also im Jahr 2014 (§ 11 Abs. 1 S. 1 EStG). Die Einnahmen unterliegen ferner der Abgeltungsbesteuerung nach § 32d Abs. 1 EStG, da weder eine Umqualifizierung nach § 20 Abs. 8 EStG vorgenommen wurde, noch ein Antrag nach § 32d Abs. 2 Nr. 3 EStG gestellt wurde. Die Ausnahme nach § 32d Abs. 2 Nr. 4 EStG greift ebenfalls nicht, da die außerbilanzielle Zurechnung bei der Kapitalgesellschaft vorgenommen wurde. Es besteht zwar auf Seiten der GmbH eine Verpflichtung zur Einbehaltung von Kapitalertragsteuer (§ 43 Abs. 1 S. 1 Nr. 1 EStG). Dies dürfte jedoch bei einer verdeckten Gewinnausschüttung typischerweise unterblieben sein. Demnach kann eine Abgeltungswirkung nach § 43 Abs. 5 EStG nicht eintreten. Klaus Klein hat die Einkünfte im Rahmen seiner Einkommensteuererklärung für das Jahr 2014 zu erklären (§ 32d Abs. 3 EStG). Die Einnahmen i.H.v. 20.000 € sind um den Sparer-Pauschbetrag (§ 20 Abs. 9 S. 1 EStG) i.H.v. 801 € zu mindern. Es ergeben sich Einkünfte aus Kapitalvermögen

6. Rechtsfolgen beim Gesellschafter

i.H.v. 19.199 €. Diese sind mit 25 % zu besteuern und nicht im zu versteuernden Einkommen des Klaus Klein zu erfassen (§ 2 Abs. 5b EStG).

> **Fall 10: Gesellschafter veräußert Beteiligung an einer anderen Kapitalgesellschaft zu einem verbilligten Preis**
>
> Bei der Fast-Food-GmbH ist der Alleingesellschafter Klaus Klein auch als alleiniger Geschäftsführer angestellt. Er ist wirksam von den Beschränkungen des § 181 BGB befreit. Daneben ist Klaus Klein auch mit 20.000 € am Grundkapital der Catering-AG beteiligt. Die verbleibenden 60.000 € am Grundkapital der Catering-AG stehen Gunther Groß zu. Beide Beteiligungen stellen bei Klaus Klein zutreffend Privatvermögen dar. Die Anschaffungskosten der Beteiligungen an der GmbH/AG betrugen 50.000 €/60.000 €.
>
> Mit Vertrag vom 14.12.2013 überträgt Klaus Klein seine Beteiligung an der Catering-AG auf die Fast-Food-GmbH. Der Vertrag sah den Eigentumsübergang zum 30.12.2013 vor. Der Kaufpreis wurde von Klaus Klein auf 100.000 € festgelegt. Die Bezahlung seitens der Fast-Food-GmbH erfolgte am 07.01.2014 auf ein privates Konto des Klaus Klein. Gunther Groß hatte Klaus Klein im November ein Kaufangebot über angemessene 150.000 € unterbreitet, welcher Klaus Klein allerdings ausschlug.
>
> **Aufgabe:** Stellen Sie die ertragsteuerlichen Auswirkungen für den Veranlagungszeitraum 2013/2014 auf die Fast-Food-GmbH und ihren Gesellschafter dar! Ein Antrag nach § 32d Abs. 2 Nr. 3 EStG wurde nicht gestellt.

Lösung:

Kapitalgesellschaft

Die Fast-Food-GmbH ist als Kapitalgesellschaft mit Geschäftsleitung (§ 10 AO) und Sitz (§ 11 AO) im Inland (§ 1 Abs. 3 KStG) unbeschränkt körperschaftsteuerpflichtig (§ 1 Abs. 1 Nr. 1 KStG). Die Steuerpflicht erstreckt sich auf das Welteinkommen (§ 1 Abs. 2 KStG). Die GmbH erzielt als Körperschaft nach § 1 Abs. 1 Nr. 1 KStG ausschließlich gewerbliche Einkünfte (§ 8 Abs. 2 KStG, R 32 Abs. 2 KStR). Die GmbH ist eine Handelsgesellschaft i.S.d. § 13 Abs. 3 GmbHG, auch Formkaufmann i.S.d. § 6 HGB und unterliegt daher der Buchführungspflicht (§ 238 Abs. 1 HGB). Sie ermittelt daher ihren Gewinn durch Betriebsvermögensvergleich (§ 5 Abs. 1 EStG i.V.m. § 140 AO). Der Ermittlungszeitraum ist dabei das Wirtschaftsjahr, welches dem Kalenderjahr entspricht (§ 7 Abs. 4 KStG).

Bei der Beteiligung an der Catering-AG handelt es sich um notwendiges Betriebsvermögen der GmbH, da ihr das zivilrechtliche und wirtschaftliche Eigentum an der Beteiligung zusteht (§ 39 AO). Dabei ist auf den Übergang des wirtschaftlichen Eigentums abzustellen (hier: 30.12.2013). Der Erwerb ist daher bereits in der Bilanz zum 31.12.2013 abzubilden. Soweit keine kurzfristige Veräußerungsabsicht seitens der GmbH besteht, erfolgt die Zuordnung zu Anlagevermögen. Die Bewertung erfolgt bei Zugang in der Steuerbilanz zunächst mit den Anschaffungskosten (§ 255 Abs. 1 HGB). Demnach kann hier nur ein Ausweis mit 100.000 € erfolgen. Hinsichtlich der Differenz zwischen dem tatsächlich gezahlten Kaufpreis von 100.000 € und dem tatsächlichen Wert der Beteiligung (= 150.000 €) ist ein verdeckte Einlage zu prüfen.

Die Beteiligung an der AG ist ein einlagefähiger Vermögensvorteil, da es sich um einen bilanzierungspflichtigen Vermögensgegenstand handelt (H 40 „Einlagefähiger Vermögensvorteil" KStH). Die verbilligte Übertragung des Eigentums ist im Gesellschaftsverhältnis veranlasst, da ein Nichtgesellschafter diesen Vermögensvorteil nicht gewährt hätte (R 40 Abs. 1 und 3 KStR). Daher handelt es sich um eine verdeckte Einlage. Die Bewertung erfolgt grundsätzlich mit dem Teilwert nach § 6 Abs. 1 Nr. 5 EStG. Allerdings ist § 6 Abs. 1 Nr. 5 Buchst. b EStG nicht anzuwenden (R 40 Abs. 4 S. 2 KStR). Im Falle der Einlage einer Beteiligung i.S.d. § 17 EStG ist vielmehr der gemeine Wert nach § 17 Abs. 2 S. 2 EStG als Bemessungsgrundlage heranzuziehen. Etwaige Kaufpreiszahlungen sind mindernd zu berücksichtigen. Demnach ergibt sich ein Betrag von 50.000 € (= 150.000 € abzgl. 100.000 €). Die Anschaffungskosten der Beteiligung an der AG sind um den Betrag der verdeckten Einlage zu erhöhen (neu: 150.000 €). Damit erhöht sich innerbilanziell der Gewinn der GmbH um 50.000 €. Diese Gewinnerhöhung ist im Rahmen der körperschaftsteuerlichen Einkommensermittlung für das Jahr 2013 wieder rückgängig zu machen (§ 8 Abs. 3 S. 3 KStG).

Ferner liegt ein Zugang beim steuerlichen Einlagekonto gem. § 27 KStG vor. Das steuerliche Einlagekonto ist deshalb zum Schluss des Wirtschaftsjahres fortzuschreiben (§ 27 Abs. 2 KStG).

Die Bewertung zum 31.12.2013 erfolgt mit den steuerlichen Anschaffungskosten (einschl. verdeckter Einlage) i.H.v. 150.000 € nach § 6 Abs. 1 Nr. 2 EStG. Ein niederer Teilwert ist im Sachverhalt nicht ersichtlich.

Gesellschafter

Die Veräußerung der Beteiligung an der AG ist den Einkünften aus Gewerbebetrieb nach § 17 Abs. 1 EStG zuzuordnen. Im Hinblick auf den zu niedrigen Kaufpreis ist bei einer verdeckten Einlage § 17 Abs. 1 S. 2 EStG anzuwenden. Somit wird die verdeckte Einlage der Veräußerung gleichgestellt. Es handelt sich um eine Beteiligung an einer Kapitalgesellschaft i.S.d. § 17 Abs. 1 S. 3 EStG, welche dem Privatvermögen des Gesellschafters zugeordnet war (R 17 Abs. 1 EStR). Die Mindestbeteiligungsgrenze von 1 % ist ebenfalls überschritten. Ferner liegt eine Veräußerung/verdeckte Einlage (= entgeltliche Übertragung) vor. Diese Einkünfte unterliegen der Einkommensteuer (§ 2 Abs. 1 S. 1 Nr. 2 EStG). Es handelt sich um Gewinneinkünfte (§ 2 Abs. 2 S. 1 Nr. 1 EStG). Die Ermittlung des Gewinns erfolgt nach § 17 Abs. 2 EStG. Die Besteuerung erfolgt bei Übergang des wirtschaftlichen Eigentums (= 30.12.2013; H 17 Abs. 4 „Entstehung des Veräußerungsgewinns" EStH).

Bei der Ermittlung des Gewinns ist auf den Kaufpreis abzustellen. Daneben ist auch der gemeine Wert der verdeckten Einlage zu berücksichtigen (§ 17 Abs. 2 S. 2 EStG). Ferner ist das Teileinkünfteverfahren anzuwenden (§ 3 Nr. 40 Buchst. c i.V.m. § 3c Abs. 2 EStG). Der Veräußerungsgewinn ermittelt sich daher wie folgt:

Kaufpreis	100.000 €
+ gemeiner Wert verdeckte Einlage	50.000 €
./. Veräußerungskosten	./. 0 €
./. Anschaffungskosten	./. 60.000 €
= Veräußerungsgewinn	90.000 €
./. steuerfrei 40 % von 150.000 €	./. 60.000 €
+ nicht abzugsfähig 40 % von 60.000 €	24.000 €
= **Veräußerungsgewinn vor Freibetrag**	**54.000 €**

Der Freibetrag nach § 17 Abs. 3 EStG ist anwendbar. Allerdings sind der Freibetrag und die Kürzungsgrenze auf die Beteiligungshöhe (= 25 %) zu begrenzen, da Klaus Klein nur mit 25 % an der AG beteiligt ist. Die Kürzungsgrenze beträgt daher 9.025 € (= 36.100 € × 25 %). Der ermittelte Veräußerungsgewinn übersteigt die anteilige Kürzungsgrenze um 44.975 €. Der anteilige Freibetrag i.H.v. 2.265 € (= 9.060 € × 25 %) ist daher um 44.975 € zu kürzen. Es verbleibt ein berücksichtigungsfähiger Freibetrag von 0 €. Die steuerpflichtigen Einkünfte aus der Veräußerung der Beteiligung an der AG betragen daher 54.000 €. Eine Steuerermäßigung nach § 34 Abs. 1 oder 3 EStG ist nicht zu gewähren, da § 17 EStG nicht im Katalog der außerordentlichen Einkünfte (§ 34 Abs. 2 EStG) enthalten ist.

Die Anschaffungskosten der Beteiligung an der GmbH erhöhen sich um den Wert der verdeckten Einlage von 50.000 € auf 100.000 € (H 40 „Behandlung beim Gesellschafter" KStH).

6. Rechtsfolgen beim Gesellschafter

Fall 11: Verdeckte Gewinnausschüttung ohne Zufluss beim Gesellschafter
Sam Leer ist alleiniger Gesellschafter der Antiquitäten GmbH. Die GmbH hat ihren Sitz und ihre Geschäftsleitung in Dresden. Sie erwirbt weltweit Antiquitäten um sie in Deutschland zu verkaufen. Sam Leer hatte die GmbH im Jahr 1993 gegründet und seither einen beachtlichen Kundenkreis aufgebaut. Im Jahr 2010 hatte sich Sam Leer zur Ruhe gesetzt. Seither war Kunibert Schlau als Geschäftsführer angestellt. Im Jahr 2013 beging Sam Leer seinen 65. Geburtstag. Zu diesem Anlass plante die GmbH ihrem Gesellschafter ein ganz besonderes Geschenk zu machen. Sie nutzte ihre guten Kontakte und erwarb für 10.000 € zzgl. 1.900 € Umsatzsteuer die Nachbildung einer chinesischen Vase aus der Han-Dynastie. Einem potenziellen Erwerber hätte die GmbH die Vase für 15.000 € zzgl. 2.850 € Umsatzsteuer berechnet.
Der Erwerb der Vase erfolgte am Anfang Mai 2013. Kurz vor der Übergabe an den Gesellschafter Sam Leer sollte die Vase noch eine ansprechende Geschenkverpackung erhalten. Dabei:
a) fiel die Vase vom Tisch und zersprang in unzählige Einzelteile. Sam Leer erhielt daher von der GmbH lediglich gutgemeinte Glückwünsche.
b) gelang die Verpackung außergewöhnlich gut und Sam Leer konnte sein Glück kaum fassen eine solche Vase geschenkt zu bekommen.
Aufgabe: Stellen Sie die ertragsteuerlichen Auswirkungen für den Veranlagungszeitraum 2013 auf die Antiquitäten GmbH und ihren Gesellschafter dar! Ein Antrag nach § 32d Abs. 2 Nr. 3 EStG wurde nicht gestellt.

Lösung:
Kapitalgesellschaft
Die Antiquitäten GmbH ist als Kapitalgesellschaft mit Geschäftsleitung (§ 10 AO) und Sitz (§ 11 AO) im Inland (§ 1 Abs. 3 KStG) unbeschränkt körperschaftsteuerpflichtig (§ 1 Abs. 1 Nr. 1 KStG). Die Steuerpflicht erstreckt sich auf das Welteinkommen (§ 1 Abs. 2 KStG). Die GmbH erzielt als Körperschaft nach § 1 Abs. 1 Nr. 1 KStG ausschließlich gewerbliche Einkünfte (§ 8 Abs. 2 KStG, R 32 Abs. 2 KStR). Die GmbH ist eine Handelsgesellschaft i.S.d. § 13 Abs. 3 GmbHG, auch Formkaufmann i.S.d. § 6 HGB und unterliegt daher der Buchführungspflicht (§ 238 Abs. 1 HGB). Sie ermittelt daher ihren Gewinn durch Betriebsvermögensvergleich (§ 5 Abs. 1 EStG i.V.m. § 140 AO). Der Ermittlungszeitraum ist dabei das Wirtschaftsjahr, welches dem Kalenderjahr entspricht (§ 7 Abs. 4 KStG).
  Der Erwerb des Geschenks ist zunächst erfolgsneutral, da dem Geldabfluss ein adäquater Vermögenswert gegenübersteht. Aufgrund des Hinweises auf den Fremdverkehrspreises ist eine Veräußerung der Vase an einen fremden Dritten durch die GmbH möglich, da geschäftsüblich. Eine Vermögensminderung tritt erst dann ein, wenn die GmbH die wirtschaftliche Verfügungsmacht über die Vase verliert.

Zerstörung:
Mit der Zerstörung der Vase beim Verpacken, ist innerbilanziell ein Aufwand i.H.v. 10.000 € aufzuzeichnen. Der Vorsteuerabzug ist nach § 15 Abs. 1 Nr. 1 UStG gegeben. Es liegt eine Vermögensminderung vor, da der Vermögensgegenstand endgültig aus dem Betriebsvermögen der GmbH ausgeschieden ist. Eine Auswirkung auf den Unterschiedsbetrag nach § 4 Abs. 1 EStG ist ebenfalls gegeben, da eine Aufzeichnung als Betriebsausgabe (§ 4 Abs. 4 EStG) erfolgte. Ein Gewinnverteilungsbeschluss ist nicht vorhanden. Die Veranlassung im Gesellschaftsverhältnis liegt vor, da ein ordentlicher und gewissenhafter Geschäftsführer diese Vermögensminderung (Geschenk anlässlich des Geburtstags des Gesellschafters) nicht hingenommen hätte. Die fehlende tatsächliche Übergabe an den Gesellschafter ist insoweit unbeachtlich. Demnach liegt eine verdeckte Gewinnausschüttung i.S.d. § 8 Abs. 3 S. 2 EStG vor.
  Die Bewertung der verdeckten Gewinnausschüttung erfolgt auf der Basis des gemeinen Wertes (H 37 „Hingabe von Wirtschaftsgütern" KStH). In Bezug auf die Umsatzsteuer ist jedoch auf die tatsächlich entstandene Umsatzsteuer abzustellen. Daher ergibt sich ein Ansatz i.H.v. 16.900 € (= 15.000 € zzgl.

1.900 €). Es erfolgt eine außerbilanzielle Hinzurechnung im Rahmen der körperschaftsteuerlichen Einkommensermittlung (§ 8 Abs. 3 S. 2 KStG).

Daneben ist eine gleichgestellte Leistung i.S.d. § 3 Abs. 1b S. 1 Nr. 1 UStG zu prüfen, da es sich um eine verdeckte Gewinnausschüttung handelt. Es handelt sich um einen steuerbaren Vorgang, da es sich um außerunternehmerische Zwecke handelt und bei Erwerb ein Vorsteuerabzug gegeben war (§ 3 Abs. 1b S. 2 UStG). Die Bemessungsgrundlage für die Umsatzsteuer beträgt 10.000 € (§ 10 Abs. 4 Nr. 1 UStG). Es entsteht daher eine Umsatzsteuer i.H.v. 1.900 € (§ 12 Abs. 1 UStG). Dies führt innerbilanziell zu einer erfolgswirksamen Erhöhung der Umsatzsteuerverbindlichkeit. Der Gewinn der GmbH sinkt um weitere 1.900 €. Allerdings gehört die Umsatzsteuer auf verdeckte Gewinnausschüttungen zu den nicht abziehbaren Aufwendungen i.S.d. § 10 Nr. 2 KStG. Sie darf jedoch nicht doppelt dem Einkommen hinzugerechnet werden (R 37 KStR).

Schenkung:
Mit der Schenkung der Vase liegt ebenso innerbilanziell ein Aufwand i.H.v. 10.000 € vor. Der Vorsteuerabzug ist nach § 15 Abs. 1 Nr. 1 UStG gegeben. Es liegt eine Vermögensminderung vor, da der Vermögensgegenstand endgültig aus dem Betriebsvermögen der GmbH ausgeschieden ist. Eine Auswirkung auf den Unterschiedsbetrag nach § 4 Abs. 1 EStG ist ebenfalls gegeben, da eine Aufzeichnung als Betriebsausgabe (§ 4 Abs. 4 EStG) erfolgte. Ein Gewinnverteilungsbeschluss ist nicht vorhanden. Die Veranlassung im Gesellschaftsverhältnis liegt vor, da ein ordentlicher und gewissenhafter Geschäftsführer diese Vermögensminderung (Geschenk anlässlich des Geburtstags des Gesellschafters) nicht hingenommen hätte. Demnach liegt eine verdeckte Gewinnausschüttung i.S.d. § 8 Abs. 3 S. 2 EStG vor.

Die Bewertung der verdeckten Gewinnausschüttung erfolgt auf der Basis des gemeinen Wertes (H 37 „Hingabe von Wirtschaftsgütern" KStH). In Bezug auf die Umsatzsteuer ist jedoch auf die tatsächlich entstandene Umsatzsteuer abzustellen. Daher ergibt sich ein Ansatz i.H.v. 16.900 € (= 15.000 € zzgl. 1.900 €). Es erfolgt eine außerbilanzielle Hinzurechnung im Rahmen der körperschaftsteuerlichen Einkommensermittlung (§ 8 Abs. 3 S. 2 KStG).

Daneben ist eine gleichgestellte Leistung i.S.d. § 3 Abs. 1b S. 1 Nr. 1 UStG zu prüfen, da es sich um eine verdeckte Gewinnausschüttung handelt. Es handelt sich um einen steuerbaren Vorgang, da es sich um außerunternehmerische Zwecke handelt und bei Erwerb ein Vorsteuerabzug gegeben war (§ 3 Abs. 1b S. 2 UStG). Die Bemessungsgrundlage für die Umsatzsteuer beträgt 10.000 € (§ 10 Abs. 1 Nr. 1 UStG). Es entsteht daher eine Umsatzsteuer i.H.v. 1.900 € (§ 12 Abs. 1 UStG). Dies führt innerbilanziell zu einer erfolgswirksamen Erhöhung der Umsatzsteuerverbindlichkeit. Der Gewinn der GmbH sinkt um weitere 1.900 €. Allerdings gehört die Umsatzsteuer auf verdeckte Gewinnausschüttungen zu den nicht abziehbaren Aufwendungen i.S.d. § 10 Nr. 2 KStG. sie darf jedoch nicht doppelt dem Einkommen hinzugerechnet werden (R 37 KStR).

Gesellschafter
Zerstörung:
Hier ist eine verdeckte Gewinnausschüttung i.S.d. § 20 Abs. 1 Nr. 1 S. 2 EStG zu prüfen. Die Voraussetzungen bei der Kapitalgesellschaft lagen allesamt vor. Demnach kann auch beim Gesellschafter von einer verdeckten Gewinnausschüttung ausgegangen werden. Einzig der Zufluss des Vermögensvorteils beim Gesellschafter erscheint fraglich. Durch die Zerstörung der Vase auf der Ebene der Kapitalgesellschaft hat diese den Gesellschafter nie erreicht. Demnach kann ein Zufluss beim Gesellschafter nicht angenommen werden. Eine Besteuerung der verdeckten Gewinnausschüttung hat daher auf der Ebene des Gesellschafters zu unterbleiben.

Schenkung:
Hier ist eine verdeckte Gewinnausschüttung i.S.d. § 20 Abs. 1 Nr. 1 S. 2 EStG zu prüfen. Die Voraussetzungen bei der Kapitalgesellschaft lagen allesamt vor. Demnach kann auch beim Gesellschafter von einer verdeckten Gewinnausschüttung ausgegangen werden. Durch die tatsächliche Durchführung der

6. Rechtsfolgen beim Gesellschafter

Schenkung liegt ein Zufluss beim Gesellschafter im Zeitpunkt der Übergabe (§ 11 Abs. 1 S. 1 EStG) vor. Damit erzielt der Gesellschafter Einkünfte aus Kapitalvermögen i.S.d. § 20 Abs. 1 Nr. 1 S. 2 EStG. Diese unterliegen der Einkommensteuer (§ 2 Abs. 1 S. 1 Nr. 1 EStG). Es handelt sich um Überschusseinkünfte (§ 2 Abs. 2 S. 1 Nr. 2 EStG). Die Abgeltungsbesteuerung nach § 32d Abs. 1 EStG ist anzuwenden. Die Ausnahmen nach § 32d Abs. 2 Nr. 3 EStG (kein Antrag gestellt) und nach § 32d Abs. 2 Nr. 4 EStG (außerbilanzielle Zurechnung bei der Kapitalgesellschaft vorgenommen) kommen nicht zu Anwendung. Die Höhe der Einnahmen kann unter Berücksichtigung des Bereicherungsgedankens mit 17.850 € bestimmt werden. Für die Ermittlung der Höhe wird dabei auf den Wert abgestellt, den der Gesellschafter hätte aufwenden müssen, um die Vase selbst zu erwerben (hier im Privatvermögen, ohne Möglichkeit eines Vorsteuerabzugs). Unter Berücksichtigung des Sparerpauschbetrages (§ 20 Abs. 9 S. 1 EStG) ergeben sich Einkünfte aus Kapitalvermögen i.H.v. 17.049 €.

Grundsätzlich unterliegen auch verdeckte Gewinnausschüttungen der Kapitalertragsteuer (§ 43 Abs. 1 S. 1 Nr. 1 EStG). Allerdings wird diese typischerweise nicht erhoben, da die verdeckte Gewinnausschüttung erst zu einem späteren Zeitpunkt festgestellt wird. Eine Abgeltungswirkung der Kapitalertragsteuer kann daher nicht eintreten (§ 43 Abs. 5 EStG). Eine Verwendung des Einlagekontos, ist mangels entsprechender Bescheinigung nicht möglich. Eine Korrekturmöglichkeit ergibt sich ebenfalls nicht (§ 27 Abs. 5 S. 3 KStG). Demnach hat der Gesellschafter im Rahmen einer Erklärung nach § 32d Abs. 3 EStG für eine Besteuerung zu sorgen.

Fall 12: Alleiniger Gesellschafter der Hans Wurst Sp.z.o.o. (entspricht einer deutschen GmbH) mit Sitz und Geschäftsleitung in Gubin/Polen ist Hans Wurst. Gegenstand der Gesellschaft ist die Herstellung und der Vertrieb einer nach sächsischer Tradition hergestellten getrockneten Rohwurst. Das Rezept wurde durch Hans Wurst im letzten Jahrhundert im Rahmen einer „Messe der Meister von Morgen" entwickelt und sodann patentrechtlich geschützt. Diese Rezeptur überlässt Hans Wurst seiner Gesellschaft zur Nutzung. Als monatliches Nutzungsentgelt wurde eine Vergütung in Höhe von 4.000 € vereinbart, obwohl die Hans Wurst GmbH bei betriebswirtschaftlicher Bewertung lediglich ein fremdübliches Entgelt in Höhe von 3.000 € hätte vereinbaren dürfen.

Aufgrund der sehr guten Geschäftslage wurden ihm ein monatliches Entgelt in Höhe von 5.000 € für seine Geschäftsführertätigkeit zugewiesen. Ferner wird Hans Wurst jährlich eine Pauschale in Höhe von 1.000 € für in Zusammenhang mit dem Anstellungsverhält ggf. anfallende Aufwendungen überwiesen. Das Entgelt entspricht dem Fremdvergleich und wird monatlich ausgezahlt. Lohnsteuer wurde in Polen nicht einbehalten, weil Hans Wurst täglich nach Hause (Guben, Sachsen) fährt und der polnische Steuerberater daher von einer ausschließlichen Steuerpflicht in Deutschland ausgegangen ist. Die deutsche Einkommensteuer des Herrn Hans Wurst beträgt 2013 bei einer Summe der Einkünfte in Höhe von 80.000 € 35.000 €.

In Polen wurden die Einkünfte gem. Erklärung versteuert.

Aufgabe: Welche steuerrechtlichen Folgen ergeben sich aufgrund der oben geschilderten Sachverhalte? Bitte ermitteln Sie die Einkünfte, die ausschließlich in Deutschland steuerpflichtig sind, die Einkünfte, bei denen die Doppelbesteuerung durch Steueranrechnung vermieden wird und die Einkünfte, die lediglich dem Progressionsvorbehalt unterliegen.

Sollte ein Abkommen zur Vermeidung der Doppelbesteuerung anzuwenden sein, ist das OECD MA zugrunde zu legen.

Ein Antrag nach § 32d Abs. 2 Nr. 3 EStG wurde nicht gestellt.

Lösung:
Subjektive Steuerpflicht

Die Hans Wurst Sp.z.o.o. entspricht nach dem Rechtstypenvergleich einer deutschen GmbH.[2] Die Hans Wurst Sp.z.o.o. ist in Deutschland nicht unbeschränkt steuerpflichtig, weil sie weder über eine Geschäftsleitung (§ 10 AO) noch einen Sitz (§ 11 AO) in Deutschland verfügt. Sie ist auch nicht nach § 2 Nr. 1 KStG in Deutschland beschränkt steuerpflichtig, weil sie keine inländischen Einkünfte nach § 8 Abs. 1 KStG i.V.m. § 49 Abs. 1 EStG erzielt.

Hans Wurst ist unbeschränkt steuerpflichtig nach § 1 Abs. 1 S. 1 EStG, weil er im Inland (§ 1 Abs. 1 S. 2 EStG) über eine Wohnung (§ 8 AO) verfügt. Die tägliche Überschreitung der polnischen Grenze ist hierfür unerheblich. Die unbeschränkte Steuerpflicht erfasst sämtliche Einkünfte (H 1a „Allgemeines" EStH), wenn dies nicht durch ein Abkommen zu Vermeidung der Doppelbesteuerung (§ 2 AO i.V.m. Art. 59 GG) oder anderer nationaler Vorschriften (z.B. § 2a EStG) eingeschränkt wird.

Mit Polen wurde ein Abkommen zur Vermeidung der Doppelbesteuerung abgeschlossen[3]. Dieses Abkommen ist für ganz Deutschland und ganz Polen, ohne Einschränkungen, anzuwenden (räumlicher Geltungsbereich).

Von dem DBA werden alle Steuern vom Ertrag erfasst (Art. 2 Abs. 1 und 2 OECD MA). Die deutsche und die polnische Einkommensteuer sind deshalb ebenfalls erfasst (sachlicher Geltungsbereich).

Das DBA ist anzuwenden nach Art. 1 OECD MA, weil Hans Wurst als natürliche Person (Art. 3 Abs. 1 Buchst. a i.V.m. Art. 3 Abs. 2 OECD MA und § 1 BGB) in Deutschland, nach Art. 4 Abs. 1 OECD MA aufgrund seines deutschen Wohnsitzes (§ 8 AO), ansässig ist. Deutschland ist demnach der Ansässigkeitsstaat und Polen der Quellenstaat (persönlicher Geltungsbereich). Sollte Herr Wurst aufgrund seines täglichen Aufenthalts auf der Grundlage eines gewöhnlichen Aufenthalts (§ 9 AO) in Polen ebenfalls als unbeschränkt Steuerpflichtig behandelt werden, so gilt er gem. Art. 4 Abs. 2 Buchstabe a OECD MA als in dem Staat als ansässig, in dem er über eine ständige Wohnstätte (§ 8 AO) verfügt.

Objektive Steuerpflicht
Geschäftsführervergütung:

Hans Wurst erzielt aus seiner Tätigkeit als Geschäftsführer Einkünfte aus nichtselbständiger Tätigkeit gem. § 19 EStG, da er als Arbeitnehmer Arbeitslohn aus einem Dienstverhältnis erzielt (§§ 1, 2 LStDV). Diese unterliegen der Einkommensteuer (§ 2 Abs. 1 S. 1 Nr. 4 EStG). Es handelt sich um Überschusseinkünfte (§ 2 Abs. 2 S. 1 Nr. 2 EStG). Die Einkommensermittlung erfolgt ausschließlich nach deutschem Recht (H 32b „Ausländische Einkünfte" EStH). Der Besteuerungszeitpunkt bestimmt sich hinsichtlich des Arbeitslohns nach § 11 Abs. 1 S. 4 EStG i.V.m. § 38a Abs. 1 S. 2 und 3 EStG. Steuerpflichtig ist der Brutto-Arbeitslohn, da eine ggf. im Ausland erhobene Steuer von Einkommen nach § 12 Nr. 3 EStG nicht abzugsfähig wäre.

Seine Einnahmen (§ 8 Abs. 1 EStG) betragen in 2013 61.000 € (12 × 5.000 € + 1.000 € Aufwendungsersatz). Davon abzusetzen sind grundsätzlich die Werbungskosten nach § 9 EStG. Wegen fehlender Angaben im Sachverhalt ist aber lediglich der Pauschbetrag in Höhe von 1.000 € nach § 9a S. 1 Nr. 1 Buchstabe a EStG zu berücksichtigen. § 32b Abs. 2 S. 1 Nr. 2 Buchstabe a EStG ist nicht zu beachten, weil keine weiteren inländischen Einkünfte aus nichtselbständiger Arbeit erzielt werden.

Auf DBA-Ebene sind die Einkünfte als Einkünfte aus nichtselbständiger Arbeit nach Art. 15 und Art. 3 Abs. 2 OECD MA i.V.m. § 19 EStG einzustufen. Das Besteuerungsrecht für diese Einkünfte wird gem. Art. 15 Abs. 1 OECD MA dem Tätigkeitsstaat Polen zugewiesen, weil Hans Wurst ausschließlich in Polen tätig war. Die Rückfallklausel nach Art. 15 Abs. 2 OECD MA ist nicht anzuwenden, weil Hans Wurst sich nicht weniger als 183 Tage in Polen aufhält (Tätigkeit über das gesamte Steuerjahr des Tätigkeitsstaates

---

[2] Vgl. Tabelle 2 – BMF vom 24.12.1999, BStBl I 1999, 1076.
[3] Vgl. BMF vom 22.01.2014, BStBl I 2014, 171.

Polen). Darüber hinaus ist der Arbeitgeber (Hans Wurst Sp.z.o.o.) in Polen und damit im Tätigkeitsstaat ansässig.

Der Ansässigkeitsstaat Deutschland hat diese Einkünfte gem. Art. 23a Abs. 1 OECD MA von der Besteuerung freizustellen. Gleichzeitig wird Deutschland nach Art. 23a Abs. 3 OECD MA das Recht eingeräumt, diese Einkünfte bei der Ermittlung des Steuersatzes für das übrige Einkommen zu berücksichtigen. Gem. § 32b Abs. 1 S. 1 Nr. 3 EStG unterliegen deshalb entsprechende Einkünfte grundsätzlich dem Progressionsvorbehalt.

Gem. § 50d Abs. 8 EStG[4] wird die Freistellung nach einem DBA bei unbeschränkt steuerpflichtigen Personen nicht gewährt, wenn durch Hans Wurst nicht nachgewiesen werden kann, dass Polen das Besteuerungsrecht wahrgenommen hat oder auf das Besteuerungsrecht verzichtete. Die Bagatellgrenze (10.000 €, Tz. 4.2 BMF vom 21.07.2005, a.a.O.) ist überschritten. Ein entsprechender Nachweis kann ebenfalls nicht geführt werden, weil in Polen keine Lohnsteuer einbehalten wurde. Die Einkünfte aus nichtselbständiger Arbeit sind daher voll steuerpflichtig in Deutschland.

Lizenzrechte:
Die Überlassung eines Lizenzrechtes zur Nutzung stellt grundsätzlich eine schuldrechtliche Vereinbarung dar. Soweit hierfür ein Entgelt vereinbart wurde, stellt dieses für die Hans Wurst Sp.z.o.o. eine Betriebsausgabe dar (§ 4 Abs. 4 EStG), da sie zur Zahlung schuldrechtlich verpflichtet ist. Obwohl der gesamte Sachverhalt im Ausland realisiert wurde, ist dieser dennoch steuerrechtlich ausschließlich nach deutschem Recht zu beurteilen, weil alle Einkünfte des Hans Wurst aufgrund der unbeschränkten Steuerpflicht in Deutschland ausschließlich nach deutschem Recht ermittelt werden (R 34c Abs. 3 S. 3 EStR, H 32b „Ausländische Einkünfte" EStH).

Es liegt eine Rechtsbeziehung zwischen Gesellschaft und Gesellschafter vor. Daher ist das Vorliegen einer verdeckten Gewinnausschüttung zu prüfen (R 36 Abs. 1 KStR).

Die Überlassung eines Rechtes zur Nutzung stellt Einkünfte aus Vermietung und Verpachtung nach § 21 Abs. 1 Nr. 3 EStG dar. Diese unterliegen der Einkommensteuer (§ 2 Abs. 1 S. 1 Nr. 6 EStG). Es handelt sich um Überschusseinkünfte (§ 2 Abs. 2 S. 1 Nr. 2 EStG), d.h. der Überschuss der Einnahmen (§ 8 Abs. 1 EStG, 12 × 4.000 € = 48.000) über die Werbungskosten (§ 9 EStG, gem. Sachverhalt sind keine angefallen).

Soweit Hans Wurst jedoch ein fremdunübliches Entgelt vereinbart hat, liegt eine **verdeckte Gewinnausschüttung** (R 36 Abs. 1 KStR) vor, weil insoweit eine Vermögensminderung bei der Hans Wurst Sp.z.o.o. eingetreten ist, die sich auf den Unterschiedsbetrag nach § 4 Abs. 1 EStG ausgewirkt hat und für die kein den gesellschaftsrechtlichen Vorschriften entsprechender Gewinnverteilungsbeschluss getroffen wurde. Sie ist auch gesellschaftsrechtlich veranlasst, weil ein ordentlicher und gewissenhafter Geschäftsleiter eine entsprechende Vereinbarung mit dem Gesellschafter nicht getroffen hätte (H 36 „Veranlassung durch das Gesellschaftsverhältnis – Allgemeines" KStH). Die Bewertung der verdeckten Gewinnausschüttung erfolgt nach H 37 „Nutzungsüberlassung" KStH mit der Differenz (12.000 €) zwischen dem vereinbarten Entgelt (12 × 4.000 € = 48.000 €) und dem fremdüblichen Nutzungsentgelt (12 × 3.000 € = 36.000 €).

In Höhe der verdeckten Gewinnausschüttung mindert sich anschließend die Einnahmen aus Vermietung und Verpachtung (Fiktionstheorie). Sie betragen anschließend 36.000 €.

Die verdeckte Gewinnausschüttung stellt bei Hans Wurst einen Bezug nach § 20 Abs. 1 Nr. 1 S. 2 EStG dar. Diese Einkünfte unterliegen der Einkommensteuer (§ 2 Abs. 1 S. 1 Nr. 5 EStG). Die Besteuerung erfolgt bei Zufluss = 2013 (§ 11 Abs. 1 EStG). Es handelt sich um Überschusseinkünfte (§ 2 Abs. 2 S. 1 Nr. 2 EStG), d.h. der Überschuss der Einnahmen (§ 8 Abs. 1 EStG, 12.000 €) über die Werbungskosten (§ 9 EStG). Gem. § 20 Abs. 9 EStG ist jedoch ein Werbungskostenabzug ausgeschlossen. Stattdessen kommt ein Sparerpauschbetrag in Höhe von 801 € zum Abzug. Die Einkommensermittlung erfolgt aus-

---

[4] Vgl. BMF vom 21.07.2005, BStBl I 2005, 821.

schließlich nach deutschem Recht (H 32b „Ausländische Einkünfte" EStH, R 34c Abs. 3 S. 3 EStR). Die Einkünfte unterliegen der Abgeltungsbesteuerung, da weder ein Fall der Subsidiarität (§ 20 Abs. 8 EStG) vorliegt, noch ein Antrag nach § 32d Abs. 2 Nr. 3 EStG gestellt wurde.

Da die verdeckte Gewinnausschüttung bei der Hans Wurst Sp.z.o.o. dem Einkommen nicht hinzugerechnet wurde, unterliegen diese Einkünfte dem persönlichen Steuersatz gem. § 32a EStG (§ 32d Abs. 2 Nr. 4 EStG). Der besondere Steuersatz nach § 32d Abs. 1 EStG ist deshalb in diesem Falle nicht anzuwenden. Nach Abzug des Sparer-Pauschbetrages (§ 20 Abs. 9 S. 1 EStG) verbleiben Einkünfte i.H.v. 11.199 € (= 12.000 € abzgl. 801 €). Hans Wurst ist daher verpflichtet diese Einkünfte im Rahmen seiner Einkommensteuererklärung zu erklären (§ 25 Abs. 1 EStG).

Besteuerungsrecht nach dem DBA: Die gezahlte Nutzungsentschädigung stellt eine Lizenzzahlung i.S.d. Art. 12 Abs. 2 OECD MA dar. Aufgrund der Beteiligung des Lizenzgebers (Hans Wurst) an dem Lizenznehmer (Hans Wurst Sp.z.o.o.) liegen hier besondere Beziehungen vor, d.h. das Besteuerungsrecht kann gem. Art. 12 Abs. 3 OECD MA nur insoweit zugeordnet werden, als die Vergütung auch zwischen fremden Dritten vereinbart worden wäre. Gem. Sachverhalt hätten fremde Dritte eine Vergütung nur in Höhe von 36.000 € vereinbart, d.h. nur für dieses Entgelt wird das Besteuerungsrecht gem. Art. 12 Abs. 1 OECD MA ausschließlich dem Ansässigkeitsstaat Deutschland zugewiesen. Polen als Quellenstaat hat kein Besteuerungsrecht. Deutschland hat daher diese Einkünfte weder freizustellen, noch eine Steuer anzurechnen. Sollte Polen eine Steuer erheben, ist diese ausschließlich auf Antrag in Polen zu erstatten.

Hinsichtlich der verbleibenden 12.000 €, welche nicht dem Fremdvergleich entsprachen, ist das Besteuerungsrecht nach Art. 10 OECD MA zuzuordnen, weil es sich insoweit um eine Dividende handelt (vGA, § 20 Abs. 1 Nr. 1 S. 2 EStG, Art. 10 Abs. 3 OECD MA).

Gem. Art. 10 Abs. 1 OECD MA wird Deutschland deshalb das Besteuerungsrecht zugewiesen. Polen als Quellenstaat hat ebenfalls ein Besteuerungsrecht in Höhe von 1.800 € (15 % von 12.000 €) gem. Art. 10 Abs. 2 Buchstabe b OECD MA, da eine Beteiligung im Streubesitz vorliegt. Tatsächlich wurde bisher aber keine Quellensteuer erhoben.

Deutschland wird die Doppelbesteuerung gem. Art. 23a Abs. 2 OECD MA durch Steueranrechnung vermeiden gem. § 34c Abs. 6 S. 2 EStG.

Eine Steueranrechnung ist jedoch nur möglich, weil insoweit ausländische Einkünfte nach § 34d Nr. 6 EStG vorliegen. Die polnische Steuer entspricht dann der deutschen Einkommensteuer nach Art. 2 OECD MA. Sie muss festgesetzt, gezahlt und um einen entstandenen Ermäßigungsanspruch gekürzt sein (Nachweis nach § 68b EStDV). Da gem. Art. 23a Abs. 2 OECD MA nur die Steuern anzurechnen sind, die nach dem DBA zutreffen erhoben wurden, beträgt der maximal anzurechnende Betrag 15 % der Bruttoeinnahmen. Darüber hinaus ist zu beachten, dass der Anrechnungshöchstbetrag gem. § 34c Abs. 1 S. 2 EStG (Höchstbetragsberechnung) zu ermitteln ist. Diese Berechnung ist für jedes Land getrennt (§ 68a EStDV) und für alle Einkünfte eines Landes einheitlich (R 34c Abs. 4 S. 1 EStR) durchzuführen. Mangels tatsächlicher Besteuerung in Polen kann deshalb derzeit keine Anrechnung erfolgen.

7. Komplexe Fälle

Fall 1: Lauser Serfaus ist der alleinige Gesellschafter der Lauser BioBrot GmbH (LBB-GmbH). Gegenstand des Unternehmens ist die Produktion von Holzofenbrot unter Einbeziehung ausschließlich mit dem Gütezeichen „Bio" hergestellter Grundstoffe. Der vorläufige handelsrechtliche Jahresüberschuss beträgt 150.000 €.

Die LBB-GmbH ist seit der Gründung der Gertys Bio Laden GmbH (GBL-GmbH) im Jahr 2002 mit 80 % an dieser beteiligt. Die Anschaffungskosten betrugen 20.000 €. Die verbleibenden Anteile werden durch Herrn Serfaus persönlich gehalten. Alle Steuererklärungen der GBL-GmbH sind bereits bestandskräftig. Die Steuererklärungen wurden antragsgemäß veranlagt, sodass durch das zuständige Finanzamt keine Änderungen vollzogen wurden.

1. Mit Vertrag vom 01.04.2013 veräußerte die LBB-GmbH einen etwas älteren Holzofen an den Neffen des Gesellschafters für 6.000 € zzgl. gesetzlicher Mehrwertsteuer. Der Buchwert des Ofens betrug 7.000 €. Im Rahmen einer Internetauktion hätte die LBB-GmbH mindestens 10.000 € zuzüglich Umsatzsteuer erzielen können.

2. Die GBL-GmbH pachtet seit der Gründung die Produktionsanlagen für die Herstellung der Bio Liköre von der LBB-GmbH und zahlt hierfür eine jährliche Pacht in Höhe von 15.000 € netto. Eine entsprechende Anlage hätte sie auf dem freien Markt für jährlich 10.000 € pachten können.

3. Zur Finanzierung des Warenbestandes gewährte die LBB-GmbH der GBL-GmbH jährlich ein Darlehen in Höhe von 100.000 € (verlängert sich um ein Jahr, wenn keine Kündigung erfolgt). Zinsen wurden nicht vereinbart. Auf Sicherheiten wurde verzichtet, weil die LBB-GmbH aufgrund der 80 %-igen Beteiligung ausreichend Einfluss ausüben kann. Aufgrund der geringen Ernte 2013 erlitt die GBL-GmbH im Wirtschaftsjahr 2013 einen erheblichen Verlust. Dies nahm die LBB-GmbH zum Anlass, das Darlehen im Rahmen der Bilanzerstellung um 40 % abzuwerten. Dieser niedrigere Teilwert ist nicht zu beanstanden.

4. Seit 01.04.2003 ist die LBB-GmbH Alleingesellschafterin der BIO-Holz GmbH (BH-GmbH). Das Wirtschaftsjahr der BIO-Holz GmbH entspricht dem Kalenderjahr. Die Beteiligung wurde für 150.000 € erworben um die Belieferung mit BIO-Holz sicherzustellen. Nach dem Wirbelsturm „Katrina" sank der Absatz für BIO-Holz, weshalb eine Teilwertabschreibung in 2006 (50.000 €) vorgenommen wurde. Der innere Wert der Beteiligung erholte sich bis zum letzten Bilanzstichtag nicht mehr. Mit Beschluss vom 01.04.2012 wurde daher die Liquidation dieser Gesellschaft durch die Gesellschafterversammlung beschlossen. Für den Zeitraum bis zum Beschluss wurde ein Rumpfwirtschaftsjahr gebildet. Der entsprechende Ertrag wurde zutreffend ermittelt und entsprechend durch die BIO-Holz GmbH versteuert. Die Liquidation konnte am 01.10.2013 abgeschlossen werden.

Die zum 01.04.2012 erstellte Liquidationsbilanz lautet wie folgt:

Aktiva		Passiva	
Grundstück	100.000	Stammkapital	50.000
Warenbestand	30.000	Rücklagen	135.000
Forderungen	180.000	Gewinnvortrag	20.000
Bank/Kasse	25.000	Verbindlichkeiten	130.000
	335.000		335.000

> Zum 01.04.2012 wurde ein Sonderausweis in Höhe von 10.000 € gesondert festgestellt. In der Zeit vom 01.04.2012 bis 01.10.2013 (Abwicklungszeitraum) ergeben sich folgende Vorgänge:
> - Das Grundstück wird am 01.12.2012 für 190.000 € veräußert.
> - Der Warenbestand wird für 25.000 € an die LBB-GmbH veräußert. Die Waren sind bei der LBB-GmbH zum 31.12.2013 noch vollständig vorhanden. Der Marktwert des Warenbestandes betrug zum Zeitpunkt der Veräußerung 35.000 €.
> - Der Gewinn des Rumpfwirtschaftsjahres i.H.v. 15.000 € wird am 18.08.2012 ausgeschüttet.
> - Die Forderungen werden in Höhe von 160.000 € eingezogen.
> - Die Verbindlichkeiten werden beglichen.
> - Am 01.08.2013 erfolgt eine Abschlagszahlung auf den Liquidationsgewinn von 40.000 €. Die Auskehrung des Vermögens der BH-GmbH erfolgte am 01.10.2013.
> Alle Bescheide der BH-GmbH stehen unter dem Vorbehalt der Nachprüfung.
> 5. Zum 31.12.2013 wurde für die LBB-GmbH das steuerliche Einlagekonto auf 15.000 € festgestellt.
>
> **Aufgaben:**
> 1. Welche steuerlichen Folgen ergeben sich aus der Liquidation der BH-GmbH? Wie wirkt sich dies auf das Einkommen der LBB-GmbH aus?
> 2. Welche steuerlichen Folgen ergeben sich aus den übrigen Sachverhalten?
> 3. Auf die Kapitalertragsteuer, Gewerbesteuer und die Umsatzsteuer ist aus Vereinfachungsgründen nicht einzugehen.

Lösung:
Die Ausgangsgrundlage für die Einkommensermittlung bildet der Jahresüberschuss gem. Steuerbilanz. Dieser entspricht dem handelsrechtlichen Jahresüberschuss, da keine Abweichungen erläutert wurden.

150.000 €

1. Veräußerung Anlagevermögen

Die Veräußerung des Holzofens an den Neffen des Gesellschafters stellt eine verdeckte Gewinnausschüttung dar (R 36 Abs. 1 KStR), weil:

a) Die Veräußerung zu einem niedrigeren Preis, als er gegenüber fremden Dritten berechnet worden wäre, führt zu einer verhinderten Vermögensmehrung.

b) Diese ist durch das Gesellschaftsverhältnis veranlasst, weil ein ordentlicher und gewissenhafter Geschäftsleiter diese verhinderte Vermögensmehrung gegenüber einer Person, die nicht Gesellschafter ist, unter sonst gleichen Umständen nicht hingenommen hätte. Der Vermögensvorteil muss nicht dem Gesellschafter selbst zufließen. Er kann auch einer ihm nahestehenden Person zugutekommen (H 36 III. „Veranlassung durch das Gesellschaftsverhältnis – Allgemeines" KStH). Für die Begründung des „Nahestehens" reicht jede Beziehung eines Gesellschafters der Kapitalgesellschaft zu einer anderen Person aus, die den Schluss zulässt, sie habe die Vorteilszuwendung der Kapitalgesellschaft an die andere Person beeinflusst. Beziehungen, die ein Nahestehen begründen, können familienrechtlicher, gesellschaftsrechtlicher, schuldrechtlicher oder auch rein tatsächlicher Art sein (H 36 III. „Veranlassung durch das Gesellschaftsverhältnis – Nahe stehende Person" KStH).

c) Die verhinderte Vermögensmehrung hat sich ferner auf den Unterschiedsbetrag nach § 4 Abs. 1 EStG ausgewirkt.

d) Ein offener Gewinnverwendungsbeschluss wurde für diese Gewinnverwendung nicht getroffen.

Die Bewertung der verdeckten Gewinnausschüttung erfolgt mit dem gemeinen Wert (H 37 „Hingabe von Wirtschaftsgütern" KStH).

7. Komplexe Fälle

Veräußerungspreis	7.140 €
Gemeiner Wert	11.900 €
Unterschiedsbetrag	4.760 €
an das Finanzamt abzuführende Umsatzsteuer	./. 760 € (19/119 von 4.760 €)
Wert der verdeckten Gewinnausschüttung netto	**4.000 €**

Die verdeckte Gewinnausschüttung darf sich nach § 8 Abs. 3 S. 2 KStG nicht auf den Gewinn auswirken und wird daher außerhalb der Bilanz im Rahmen der Einkommensermittlung hinzugerechnet.

+ 4.760 €

Innerhalb der Handelsbilanz ist die Verbindlichkeit aus der noch zu entrichtenden Umsatzsteuer zu erfassen. Eine nochmalige Zurechnung der Umsatzsteuer nach § 10 Nr. 2 KStG ist nicht erforderlich, da die verdeckte Gewinnausschüttung mit dem gemeinen Wert (inklusive Umsatzsteuer) außerhalb der Bilanz hinzugerechnet wurde (R 37 KStR).

./. 760 €

2. Pachterlöse GBL-GmbH

Gemäß Sachverhaltsdarstellung stellt die Pachtzahlung nach § 8 Abs. 3 S. 2 KStG, R 36 Abs. 1 KStR eine verdeckte Gewinnausschüttung dar, weil:

a) Das überhöhte Entgelt eine Vermögensminderung darstellt.
b) Eine Veranlassung durch das Gesellschaftsverhältnis liegt dann vor, wenn ein ordentlicher und gewissenhafter Geschäftsleiter (§ 43 Abs. 1 GmbHG) die Vermögensminderung gegenüber einer Person, die nicht Gesellschafter ist, unter sonst gleichen Umständen nicht hingenommen hätte (Fremdvergleich, H 36 „Veranlassung durch das Gesellschaftsverhältnis – Allgemeines" KStH).
c) Die Vermögensminderung sich auf den Unterschiedsbetrag nach § 4 Abs. 1 EStG ausgewirkt hat.
d) Ein offener Gewinnverwendungsbeschluss nicht getroffen wurde.

Die verdeckte Gewinnausschüttung wird mit dem Differenzbetrag zwischen dem erzielten Erlös (15.000 €) und dem erzielbaren Erlös bei fremdüblicher Nutzungsüberlassung (10.000 €) angesetzt (H 37 „Nutzungsüberlassung" KStH).

Die Pachteinnahmen sind deshalb in Höhe von 5.000 € in Beteiligungserträge umzuqualifizieren. Die Verpflichtung zur Abführung der Umsatzsteuer wird hiervon nicht berührt, weil bisher eine Rechnungsberichtigung nicht erfolgte (A 10.1 Abs. 2 UStAE). Die verdeckte Gewinnausschüttung stellt einen Bezug nach § 20 Abs. 1 Nr. 1 S. 2 EStG dar. Dieser ist nach § 8b Abs. 1 S. 1 KStG grundsätzlich von der Besteuerung auszunehmen.

Die verdeckte Gewinnausschüttung wurde bei der GBL-GmbH bisher nicht Gewinn erhöhend berücksichtigt. Eine nachträgliche Korrektur ist derzeit nicht möglich, sodass eine Freistellung nach § 8b Abs. 1 S. 2 KStG nicht erfolgt (materielle Korrespondenz bei verdeckten Gewinnausschüttungen).

Weil eine Freistellung nach § 8b Abs. 1 KStG nicht erfolgte, kommt eine pauschale Hinzurechnung gem. § 8b Abs. 5 KStG nicht in Betracht.

0 €

3. Finanzierung der Tochtergesellschaft

Die Teilwertabschreibung auf das an die Tochtergesellschaft ausgereichte Darlehen erfüllt die Voraussetzung des § 8b Abs. 3 S. 4 KStG. Die Gewinnminderung wird deshalb außerhalb der Bilanz im Rahmen der Einkommensermittlung wieder hinzugerechnet.

+ 40.000 €

Das ausgereichte Darlehen entspricht nicht dem Fremdvergleich, weil einerseits keine Zinsen und andererseits keine Sicherheiten vereinbart wurden. Darlehensgeber ist ein Gesellschafter, welcher mit 80 % und damit mit mehr als 25 % beteiligt ist. Auf den Zeitpunkt der Darlehensgewährung und die zu diesem Zeitpunkt ggf. bestehenden stillen Reserven (in der Gesellschaft) kommt es hierbei nicht an.

Die fehlende Verzinsung stellt einen Vorteil für die Darlehensnehmerin dar. Die Vereinbarung ist auch gesellschaftsrechtlich indiziert, da ein fremder Dritter eine entsprechende Vereinbarung nicht getroffen hätte. Da es sich jedoch nicht um ein einlagefähiges Wirtschaftsgut handelt, liegt insoweit keine verdeckte Einlage (R 40 Abs. 1 KStR, H 40 „Nutzungsvorteil" KStH) vor.

4. Liquidation der BH-GmbH
Die Liquidation der BH-GmbH und die anschließende Auskehrung der Finanzmittel bzw. Wirtschaftsgüter an die LBB-GmbH stellt handelsrechtlich einen Ertrag dar. Die steuerliche Behandlung dieser Zuflüsse setzt jedoch voraus, dass zunächst die Folgen auf der Ebene der BH-GmbH genau dargestellt werden.

Steuerliche Behandlung auf der Ebene der BH-GmbH
Für den Zeitraum bis zur Liquidation wurde zulässigerweise nach R 51 Abs. 1 S. 3 KStR ein Rumpfwirtschaftsjahr gebildet. Der für die Besteuerung maßgebliche Gewinn wird, wenn die Gesellschaft, wie in diesem Fall, aufgelöst **und** anschließend abgewickelt wird, nach § 11 Abs. 1 KStG ermittelt. Der Besteuerungszeitraum/Ermittlungszeitraum für die Liquidation beginnt demnach am 01.04.2012 und endet am 01.10.2013 mit der Schlussauskehrung (§ 11 Abs. 1 S. 1 KStG). Dieser Zeitraum überschreitet den Drei-Jahreszeitraum nach § 11 Abs. 1 S. 2 KStG nicht.

Abwicklungsendvermögen:	
Veräußerungserlös Grundstück	190.000 €
Veräußerungserlös Warenbestand	25.000 €
Eingezogene Forderungen	160.000 €
Bank-/Kassenbestand (25.000 € ./. 15.000 € Ausschüttung ./. 40.000 € Abschlagszahlung)	./. 30.000 €
Beglichene Verbindlichkeiten	./. 130.000 €
Zwischensumme	**215.000 €**

Warenbestand
Die Übertragung des Warenbestandes stellt gem. § 8 Abs. 3 S. 2 KStG (R 36 Abs. 1 KStR) eine verdeckte Gewinnausschüttung dar, weil gegenüber einem fremden Dritten dieser Warenbestand nicht zu diesem Wert übertragen worden wäre, hierdurch eine verhinderte Vermögensmehrung eingetreten ist, dies sich auf den Unterschiedsbetrag nach § 4 Abs. 1 EStG ausgewirkt hat und ein offener Gewinnverwendungsbeschluss hierfür nicht getroffen wurde. Die verdeckte Gewinnausschüttung ist mit dem gem. Wert zu bewerten (H 37 „Hingabe von Wirtschaftsgütern" KStH).

Berechnung:	
Fremdpreis	35.000 €
Vereinbarter Kaufpreis	25.000 €
Differenz = verdeckte Gewinnausschüttung	**10.000 €**

Da jedoch offene Gewinnausschüttungen für den Zeitraum der Liquidation nicht zulässig sind, können grundsätzlich verdeckte Gewinnausschüttungen ebenfalls nicht vorliegen. Die Vermögensverschiebung darf sich jedoch nicht auf den Liquidationsgewinn auswirken. Sind die Voraussetzungen einer verdeckten Gewinnausschüttung erfüllt, wird diese deshalb wie eine Vorabauskehrung nach § 8 Abs. 3 S. 2 KStG hinzugerechnet.

Die Vorabauskehrung ist außerhalb der Bilanz im Rahmen der Einkommensermittlung hinzuzurechnen (§ 8 Abs. 3 S. 2 KStG). **+ 10.000 €**

7. Komplexe Fälle

Die Liquidationsrate darf sich nach § 8 Abs. 3 S. 1 KStG auf das Einkommen nicht auswirken, weil eine Einkommensverwendung vorliegt. **+ 40.000 €**
Abwicklungsendvermögen nach § 11 Abs. 3 KStG **265.000 €**

Abwicklungsanfangsvermögen
Dieses Vermögen ist mit dem Buchwert zum Schluss des letzten Wirtschaftsjahres anzusetzen. Da ein Rumpfwirtschaftsjahr gebildet wurde, sind die Werte zum 31.03.2012 zu berücksichtigen.

Nennkapital	50.000 €
Rücklagen	135.000 €
Gewinnvortrag	20.000 €
Soweit Gewinne für abgelaufene Wirtschaftsjahre ausgeschüttet wurden, mindern diese das Abwicklungsanfangsvermögen (§ 11 Abs. 4 S. 3 KStG)	./. 15.000 €
Abwicklungsanfangsvermögen nach § 11 Abs. 4 KStG	**190.000 €**

Abwicklungsgewinn:	
Abwicklungsendvermögen	265.000 €
Abwicklungsanfangsvermögen	./. 190.000 €
Abwicklungsgewinn nach § 11 Abs. 2 KStG	**75.000 €**

Im Übrigen gelten für die Einkommensermittlung die allgemeinen Vorschriften, weshalb die verbleibenden Sachverhalte hinsichtlich eventueller Korrekturen zu untersuchen sind.
Weitere Korrekturen sind nicht erforderlich, weil keine steuerfreien Tatbestände verwirklicht wurden.
Zu versteuerndes Einkommen **75.000 €**
Steuersatz 15 %, § 23 Abs. 1 KStG, Körperschaftsteuerschuld **11.250 €**

In Höhe der Körperschaftsteuer-Schuld ist eine Körperschaftsteuer-Rückstellung in die Handelsbilanz einzustellen. Diese hat auf das zu versteuernde Einkommen keine Auswirkung, weil im gleichen Umfang eine Hinzurechnung nach § 10 Nr. 2 KStG außerhalb der Bilanz im Rahmen der Einkommensermittlung erfolgt.
Vermögensauskehrung an die LBB-GmbH. In dieser Position wird auf der Ebene der Tochtergesellschaft einerseits der Umfang des an die Gesellschafterin ausgekehrten Vermögens und andererseits die Herkunft ausgewiesen (§ 27 KStG oder sonstige Rücklagen mit Steuerabzug nach §§ 43 ff. EStG).

Erlös Grundstücksverkauf	190.000 €
Erlös Warenverkauf	25.000 €
Verdeckte Gewinnausschüttung	10.000 €
Eingezogene Forderungen	160.000 €
Bank-/Kassenbestand	./. 30.000 €
Liquidationsrate	40.000 €
Beglichene Verbindlichkeiten	./. 130.000 €
Körperschaftsteuer	./. 11.250 €
Vorhandenes Vermögen/Summe	**253.750 €**

Auskehrung des Vermögens (Umfang):	
Liquidationsrate	40.000 €
Verdeckte Gewinnausschüttung/Liquidationsrate	10.000 €
Schlussverteilung 01.10.2013	203.750 €

Im Rahmen der Auskehrung des Vermögens ist das übrige Vermögen vor dem Nennkapital auszukehren.[1] Daher wird das Nennkapital erst mit der Schlussauskehrung ausgezahlt.

Nennkapital   **50.000 €**

Soweit das Nennkapital herabgesetzt und ausgezahlt wird, ist nach § 28 Abs. 2 S. 1 1. Halbsatz KStG zunächst der Sonderausweis zum Schluss des vorangegangenen Wirtschaftsjahres zu mindern. Die Rückzahlung dieses Betrages führt nach § 28 Abs. 2 S. 2 KStG beim Gesellschafter zu Einnahmen gem. § 20 Abs. 1 Nr. 2 EStG.   **./. 10.000 €**

Der übersteigende Betrag ist dem steuerlichen Einlagekonto zuzuführen.   **40.000 €**

Die Schlussauskehrung führt insoweit zu einer Verwendung des steuerlichen Einlagekontos. Anschließend beträgt dieses 0 €.

Steuerliche Auswirkung bei der LBB-GmbH

Die Liquidation der BH-GmbH führt zu Betriebseinnahmen in der Handels- als auch in der Steuerbilanz. Die steuerliche Würdigung ist jedoch davon abhängig, ob aus dem steuerlichen Einlagekonto oder das übrige Vermögen ausgeschüttet wird.

a) Übertragung des Warenbestandes

Die verdeckte Gewinnausschüttung in Zusammenhang mit der Übertragung der Waren führt einerseits innerhalb der Handels- und der Steuerbilanz zu einer Erhöhung des Warenbestandes, weil das Umlaufvermögen mit den Anschaffungskosten (§ 255 Abs. 1 HGB, § 6 Abs. 1 Nr. 2 EStG) zu bewerten ist. Hierzu gehört auch das Entgelt, welches aufgrund des Gesellschaftsverhältnisses nicht entrichtet wurde. Die verdeckte Gewinnausschüttung ist daher nachzubuchen (Warenbestand an Beteiligungsertrag 10.000 €).   **+ 10.000 €**

Im Rahmen der Einkommensermittlung stellt die verdeckte Gewinnausschüttung einen Beteiligungsertrag nach § 8b Abs. 1 S. 1 KStG dar, der außerhalb der Bilanz im Rahmen der Einkommensermittlung im vollen Umfang zu kürzen ist.   **./. 10.000 €**

Insofern als Bezüge von der Besteuerung freigestellt wurden, erfolgt eine pauschale Hinzurechnung i.H.v. 5 % für nicht abzugsfähige Betriebsausgaben gem. § 8b Abs. 5 KStG.   **+ 500 €**

b) Ausschüttung für das Rumpfwirtschaftsjahr

Die am 18.08.2012 ausgeschüttete Dividende stellt einen Bezug nach § 20 Abs. 1 Nr. 1 EStG dar. Dieser ist, nach § 8b Abs. 1 S. 1 KStG im Rahmen der Einkommensermittlung außerhalb der Bilanz abzurechnen.   **./. 15.000 €**

Gleichzeitig gelten 5 % der freizustellenden Bezüge als nicht abzugsfähige Betriebsausgaben, die außerhalb der Bilanz im Rahmen der Einkommensermittlung hinzuzurechnen sind. § 8b Abs. 5 KStG   **+ 750 €**

c) Liquidationsrate/Schlussauskehrung

Die Auskehrung des Sonderausweises führt zu Einnahmen im Sinne des § 20 Abs. 1 Nr. 2 EStG. (10.000 €). Diese sind gem. § 8b Abs. 1 S. 1 KStG im vollen Umfang von der Besteuerung freizustellen. Die Kürzung erfolgt außerhalb der Bilanz.   **./. 10.000 €**

---

[1] BMF vom 26.08.2003, IV A 2 – S2760 – 4/03, BStBl I 2003, 434.

7. Komplexe Fälle

Gleichzeitig gelten 5 % der freizustellenden Bezüge als nicht abzugsfähige Betriebsausgaben, die außerhalb der Bilanz im Rahmen der Einkommensermittlung hinzuzurechnen sind. § 8b Abs. 5 KStG

+ 500,00 €

Übrige Auskehrung: § 20 Abs. 1 Nr. 2 EStG (193.750 €)
Soweit die Gewinnrücklagen ausgeschüttet werden, sind diese ebenfalls nach § 8b Abs. 1 S. 1 KStG von der Besteuerung freizustellen, weil sie einen Bezug nach § 20 Abs. 1 Nr. 2 EStG darstellen. Die Freistellung erfolgt durch Kürzung außerhalb der Bilanz im Rahmen der Einkommensermittlung.

./. 193.750,00 €

Gleichzeitig gelten 5 % der freizustellenden Bezüge als nicht abzugsfähige Betriebsausgaben, die außerhalb der Bilanz im Rahmen der Einkommensermittlung hinzuzurechnen sind. § 8b Abs. 5 KStG

+ 9.687,50 €

Der Ertrag i.Z.m. der Rückzahlung des Nennkapitals ist gem. § 8b Abs. 2 S. 1 i.V.m. S. 3 KStG von der Besteuerung freizustellen. Die Gewinnermittlung erfolgt gem. § 8b Abs. 2 S. 2 KStG.

Rückzahlung des Nennkapitals	40.000 €
./. Buchwert	./. 100.000 €
./. Liquidationskosten	./. 0 €
Zwischensumme	./. 60.000 €
Korrektur gem. § 8b Abs. 2 S. 4 KStG	./. 0 €
Ertrag aus der Liquidation der Gesellschaft	./. 60.000 €

Der i.Z.m. der Liquidation erzielte Verlust ist im Rahmen der Einkommensermittlung außerhalb der Bilanz nach § 8b Abs. 3 S. 3 KStG hinzuzurechnen.

+ 60.000,00 €

Zu versteuerndes Einkommen der LBB-GmbH   46.687,50 €

Fall 2:
1. Allgemeines
Die „Mühlen-GmbH" (GmbH) mit Sitz in Dresden, wurde im Januar 1995 gegründet. Die GmbH versorgt im Großraum Dresden Bäcker mit frischem Mehl. Gründungsgesellschafter waren:
- Mechthild Schneider   20.000 €,
- Yvonne Krause   20.000 €.

Der notariell beurkundete Gesellschaftsvertrag sah ein Stammkapital von umgerechnet 40.000 € vor. Weitere Einlagen hatten die Gesellschafterinnen bisher nicht getätigt. Der Geschäftszweck der GmbH ist die Herstellung und der Vertrieb von Mehl. Seither haben sich die Beteiligungsverhältnisse nicht mehr verändert.
Beide Gesellschafterinnen sind als alleinvertretungsberechtigte Geschäftsführerinnen bestellt. Sie sind von den Beschränkungen des § 181 BGB wirksam befreit.

2. Gesellschafterbeschlüsse
Beide Geschäftsführerinnen erhalten ein angemessenes monatliches Geschäftsführergehalt i.H.v. 4.000 € (Lohnsteuer 800 €, SolZ 44 €). Im September 2013 wurden sie von ihrem Steuerberater Frieder Schmierig, darauf hingewiesen, dass aufgrund der wirtschaftlichen Entwicklung, mittlerweile ein monatliches Gehalt von 5.000 € angemessen wäre. Daraufhin beriefen Yvonne Krause und Mechthild Schneider zum 30. September 2013 eine Gesellschafterversammlung ein. Einziger Tagesordnungspunkt war die Veränderung der beiden Anstellungsverträge im Hinblick auf die Erhöhung des Gehalts

auf 5.000 €. Der Beschluss erfolgte rückwirkend zum 01.01.2013. Die Zahlungen wurden in richtiger Höhe als Betriebsausgabe verbucht.

Ferner sieht der Arbeitsvertrag die unentgeltliche Überlassung von Arbeitskleidung vor. Diese Arbeitskleidung ist notwendig, da im Produktionsbereich ein Zutritt mit „Zivilkleidung" nicht gestattet. Die Kosten beliefen sich für die GmbH auf jeweils 400 € im Jahr 2013.

Der Bilanzgewinn 2012 der GmbH wurde nach einem Gesellschafterbeschluss vom 01.03.2013 i.H.v. 80.000 € ausgeschüttet. Die Auszahlung erfolgte am 02.03.2013 unter Einbehaltung der richtigen Steuerabzugsbeträge. Der verbleibende Betrag i.H.v. 10.000 € wurde auf neue Rechnung vorgetragen.

Auf der Gesellschafterversammlung vom 05.03.2014 wurde über die Verwendung des Bilanzgewinns 2013 wie folgt beschlossen:

Ausschüttung	70.000 €
Vortrag auf neue Rechnung	5.000 €

Die Auszahlung erfolgte am 07.03.2014 auf das private Konto der Gesellschafterin. Dabei wurden die einzubehaltenden Steuern ordnungsgemäß an das Finanzamt abgeführt. Die Ausschüttung des Bilanzgewinns 2013 wurde in der Buchführung der GmbH ordnungsgemäß verbucht. Aufgrund des Gesellschaftsvertrags war die Geschäftsführung ferner befugt bis zu 20 % des Jahresüberschusses den Gewinnrücklagen zuzuführen. Für das Jahr 2013 machte Yvonne Krause davon Gebrauch und führte den Gewinnrücklagen 12.000 € zu.

3. Sonstige Aufwendungen

In der GuV-Rechnung wurden die folgenden Steuer-Vorauszahlungen berücksichtigt und auf den nachfolgenden Konten verbucht:

• Körperschaftsteuer-Aufwand	10.000 €
• SolZ-Aufwand	550 €
• Gewerbesteuer-Aufwand	3.000 €

Eine Rückstellung für eine voraussichtliche Körperschaftsteuer-/SolZ-Nachzahlung wurde bisher nicht gebildet.

4. Geschäftsabschluss

Im Mai 2013 schloss Yvonne Krause einen besonders lukrativen Vertrag zur Lieferung von Mehl an eine große Bäckereikette ab. Um diesen Abschluss angemessen zu feiern, lud sie die Manager der Bäckereikette zu einer gemütlichen Beisammensein am Abend sein. Leider hatte die Nachtbar für extrovertierten Ausdruckstanz des Lenny Berger in Leipzig aufgrund einer Polizeirazzia geschlossen. Daher übergab sie die Verantwortung an Mechthild Schneider. Diese entschloss sich kurzerhand, das Lokal ihres Ehemannes aufzusuchen. Für die Bewirtung entstanden insgesamt Aufwendungen von 1.000 €. Rainer Schneider berechnete dabei, nach Rücksprache mit seiner Frau, 200 € über dem üblichen Preis. Die GmbH verbuchte die Aufwendungen auf dem Konto für Bewirtungsaufwendungen. Ein Vorsteuerabzug konnte nicht vorgenommen werden, da auf der Rechnung des Rainer Schneider keine Umsatzsteuer ausgewiesen war.

5. Grundstück Am Felde 5

Mit zunehmender Unternehmensgröße benötigte die GmbH auch mehr Raum für ihre Fahrzeuge und ihre Produktionsanlagen. Daher mietete sie vor geraumer Zeit das Grundstück, Am Felde 5, von ihrer Gesellschafterin an. Der vereinbarte Mietpreis von 1.000 €/Monat lag auf einem Niveau mit Angeboten für andere vergleichbare Grundstücke. Die tatsächlichen Zahlungen von 1.000 € im Monat wurden erfolgswirksam verbucht. Auf die Option zur Umsatzsteuerpflicht hatten die Beteiligten verzichtet. Aufgrund der wirtschaftlich hervorragenden Situation der GmbH, entschloss sich diese das Grundstück zu erwerben. Mechthild Schneider willigte schließlich in den Verkauf ein. Der notariell beurkundete Vertrag vom 23.11.2013 sah einen Kaufpreis von 100.000 € vor, obgleich der Wert des Grundstücks mittlerweile auf 80.000 € gesunken war. Grund hierfür war die Neuansiedlung eines Zementwerkes in direkter Umgebung. Der Übergang von Nutzen und Lasten, sowie die Kaufpreiszahlung erfolgten zum 01.12.2013.

Mechthild Schneider hatte das unbebaute Grundstück, Am Felde 5, im Jahr 2005 (notarieller Vertrag vom 23.12.2004, Übergang Nutzen und Lasten am 01.01.2005) erworben und seither an die Mühlen-GmbH verpachtet. Der vereinbarte und angemessene monatliche Pachtzins betrug 1.000 €. Dem standen Grundstückskosten von monatlich 300 € gegenüber. Die Anschaffungskosten im Jahr 2005 betrugen 100.000 €.

6. Anteilsverkauf

Mit zunehmendem Alter fiel es Mechthild Schneider immer schwerer sich für den täglichen Arbeitsalltag zu motivieren. Daher entschloss sie sich Mitte des Jahres zum Verkauf der Anteile an der Mühle-GmbH. Um eine Vorstellung über einen möglichen Kaufpreis zu haben, beauftragte sie einen Wirtschaftsprüfer mit der Wertermittlung für ihre Anteile. Dieser kam zum Ergebnis, dass die Anteile einen Wert von 100.000 € repräsentieren. Zusammen mit dem Ergebnis der Wertermittlung präsentierte der Wirtschaftsprüfer auch gleich die Rechnung für den entstandenen Arbeitsaufwand. Für die Bewältigung der Aufgabe setzte er einen Zeitaufwand von 12 Stunden á 200 €/Stunde zzgl. Umsatzsteuer an. Mechthild Schneider war über die Höhe, der an sie gerichteten Rechnung etwas überrascht. Kurzentschlossen entschied sie, dass es sich um einen Aufwand der GmbH handeln muss und dass dementsprechend die GmbH diesen auch tragen müsste. Daher wurden die Aufwendungen bei der GmbH aufwandswirksam unter Inanspruchnahme eines Vorsteuerabzugs verbucht.

Nachdem Yvonne Krause von der Veräußerungsabsicht erfahren hatte, waren sich die beiden Gesellschafterinnen schnell einig. Der notariell beurkundete Vertrag vom 22.12.2013 sah einen Kaufpreis von 100.000 € vor. Der Eigentumsübergang erfolgte zum 31.12.2013.

Aufgabe:
- Ermitteln Sie für die „Mühlen-GmbH" (GmbH) das zu versteuernde Einkommen, die Tarifbelastung sowie die Körperschaftsteuer-/SolZ-Rückstellung/Forderung für den Veranlagungszeitraum 2013.
- Die Beteiligung an der GmbH wurde zutreffend dem Privatvermögen der Anteilseigner zugeordnet.
- Eventuelle Steueranrechnungsbeträge sind anzugeben.
- Eine Gewerbesteuerrückstellung ist nicht zu berechnen.
- Stellen Sie ferner die Auswirkungen bei den natürlichen Personen dar.

Lösung:

1. Steuerpflicht

Die „Mühle-GmbH" (GmbH) ist unbeschränkt körperschaftsteuerpflichtig, da sie als Kapitalgesellschaft ihre Geschäftsleitung (§ 10 AO) bzw. ihren Sitz (§ 11 AO) in Dresden und somit im Inland (§ 1 Abs. 3 KStG) hat, § 1 Abs. 1 Nr. 1 KStG. Die unbeschränkte Körperschaftsteuerpflicht erstreckt sich auf sämtliche in- und ausländische Einkünfte, § 1 Abs. 2 KStG.

2. Allgemeines, Bemessungsgrundlage, Einkunftsart, Gewinnermittlung

Die Körperschaftsteuer bemisst sich nach dem zu versteuernden Einkommen, § 7 Abs. 1 KStG, R 29 Abs. 1 KStR. Das zu versteuernde Einkommen ist das Einkommen nach § 8 Abs. 1 KStG, § 7 Abs. 2 KStG. Die Ermittlung des zu versteuernden Einkommens bestimmt sich nach den Vorschriften des Einkommensteuergesetzes und des Körperschaftsteuergesetzes, § 8 Abs. 1 KStG, R 32 Abs. 1 KStR.

Die GmbH gilt gem. § 13 Abs. 3 GmbHG als Handelsgesellschaft (= Formkaufmann) im Sinne des HGB. Nach § 6 Abs. 1 HGB finden die zu den Kaufleute ergangenen Vorschriften auch auf Handelsgesellschaften Anwendung. Demnach ist die GmbH als Formkaufmann gem. § 238 Abs. 1 S. 1 HGB zur Buchführung verpflichtet. Sie erzielt ausschließlich gewerbliche Einkünfte, da sie zu den nach § 1 Abs. 1

Nr. 1 KStG unbeschränkt steuerpflichtigen Körperschaftsteuersubjekten gehört (§ 8 Abs. 2 KStG i.V.m. § 15 Abs. 1, 2 EStG, R 32 Abs. 3 S. 1 KStR).

Die Körperschaftsteuer ist eine Jahressteuer. Ihre Grundlagen sind jeweils für ein Kalenderjahr zu ermitteln, § 7 Abs. 3 S. 1, 2 KStG. Die Gewinn der GmbH ist nach dem Wirtschaftsjahr (Wj.) 2013 (hier: 01.01.-31.12.2013) zu ermitteln, da sie zu diesem Zeitpunkt auch regelmäßige Abschlüsse macht (§ 7 Abs. 4 KStG). Die Gewinnermittlung hat durch Betriebsvermögensvergleich zu erfolgen (§ 5 Abs. 1 EStG i.V.m. § 4 Abs. 1 EStG).

3. Beteiligungsverhältnisse

Im Jahr 2013 ist keine der Gesellschafterinnen beherrschend (H 36 III. „Veranlassung durch das Gesellschaftsverhältnis – Beherrschender Gesellschafter" KStH). Allerdings ist u.U. eine Beherrschung durch gleichgerichtete Interessen zu prüfen.

4. Ausgangsbetrag Jahresergebnisverwendung

Der Ausgangsbetrag für die Einkommensermittlung des Wj. 2013 ist der Jahresüberschuss. Nachdem die GmbH ihren Jahresabschluss offensichtlich gem. § 268 Abs. 1 HGB unter Verwendung des Jahresergebnisses aufgestellt hat, muss der Jahresüberschuss aus dem Bilanzgewinn abgeleitet werden.

Bilanzgewinn 2013, laut Bilanz	75.000 €
Gewinnvortrag aus dem Vorjahr (= 2012), da dieser bereits im Jahr 2012 versteuert wurde und ein nochmaliger Ansatz im Jahr 2013 zu einer doppelten Besteuerung führen würde	./. 10.000 €
Zuführung zur Gewinnrücklage, da dieser Gewinn noch nicht besteuert wurde und sich Einkommensverwendungen nicht auf das Einkommen auswirken dürfen (§ 8 Abs. 3 S. 1 KStG)	+ 12.000 €
Jahresüberschuss	**= 77.000 €**

5. Gesellschafterversammlung, Beschlüsse, Gewinnverwendung

Der Beschluss der Gesellschafterversammlung vom 01.03.2013, den Bilanzgewinn 2012 i.H.v. 90.000 € mit 80.000 € an den Gesellschafter auszuschütten und den Rest i.H.v. 10.000 € auf neue Rechnung vorzutragen, stellt eine Einkommensverwendung dar, die weder auf die Gewinn- noch auf die Einkommensermittlung des Jahres 2013 Einfluss hat, § 8 Abs. 3 S. 1 KStG. Im Rahmen der Überleitung vom Bilanzgewinn zum Jahresüberschuss ist eine entsprechende Korrektur vorzunehmen.

Die am 05.03.2014 durch eine Gesellschafterversammlung beschlossenen Gewinnausschüttung i.H.v. 70.000 € für 2013 stellt ebenfalls eine Ergebnisverwendung dar, die weder auf den Gewinn noch auf die Einkommensermittlung für das Jahr 2013 Einfluss hat (§ 8 Abs. 3 S. 1). Ertragsteuerliche Auswirkungen für den Gesellschafter ergeben sich daraus erst im Jahr 2014.

6. Geschäftsvorfälle

6.1 Gehalt

Das Geschäftsführergehalt stellt „innerhalb der Bilanz" zutreffend Aufwand und somit eine Betriebsausgabe i.S.d. § 4 Abs. 4 EStG dar, weil eine schuldrechtliche Verpflichtung zur Zahlung besteht. Insoweit erfolgte die Behandlung bisher richtig.

Das monatliche Gehalt stellt grundsätzlich eine Vermögensminderung (= Geldabfluss) dar, die sich auf die Höhe des Einkommens der GmbH auswirkt (= Erhöhung des Betriebsausgaben) und nicht auf einen ordentlichen Gewinnverteilungsbeschluss beruht. Eine Veranlassung im Gesellschaftsverhältnis liegt grundsätzlich nicht vor, da die Zahlung einem Fremdvergleich standhält, R 36 Abs. 1 KStR.

Der rückwirkende Erhöhung des Geschäftsführergehalts ist bei der GmbH innerbilanziell zutreffend ebenfalls eine Betriebsausgabe (§ 4 Abs. 4 EStG). Ferner handelt es sich um eine Vermögensminderung, welche sich auf den Unterschiedsbetrag nach § 4 Abs. 1 EStG ausgewirkt hat. Ein Gewinnverteilungs-

7. Komplexe Fälle

beschluss liegt nicht vor. Die Höhe des erhöhten Gehalts liegt im angemessenen Bereich. Allerdings fehlt es im vorliegenden Fall an einer klaren im Vorhinein getroffenen Vereinbarung. Die beiden Gesellschafterinnen beherrschen die GmbH zwar nicht jeweils allein. Gemeinsam können sie jedoch ihren geschäftlichen Willen bei der GmbH durchsetzen. Beide haben einen wirtschaftlichen Vorteil in Höhe ihres Beteiligungsverhältnisses an der Kapitalgesellschaft aus der Abänderung der Anstellungsverträge, da beide Gehälter erhöht werden. Demnach liegen insoweit gleichgerichtete Interessen und damit eine Beherrschung vor (R 36 Abs. 2 KStR, H 36 III. „Veranlassung im Gesellschaftsverhältnis – Beherrschender Gesellschafter – gleichgerichtete Interessen" KStH). Es liegt eine Veranlassung im Gesellschaftsverhältnis vor. Der Erhöhung ist bis einschließlich September als verdeckte Gewinnausschüttung zu werten, welche i.H.v. 18.000 € (= 1.000 € × 9 Monate × 2) außerhalb der Bilanz im Rahmen der Einkommensermittlung hinzuzurechnen ist (§ 8 Abs. 3 S. 2 KStG).

→ Zurechnung außerhalb der Bilanz: + 18.000 €

6.2 Sonstige Aufwendungen

Die Vorauszahlung für die Körperschaftsteuer und Solidaritätszuschlag i.H.v. 2.110 € stellen „innerhalb der Bilanz" zutreffend eine Betriebsausgabe (§ 4 Abs. 4 EStG) dar, die ordnungsgemäß verbucht wurde. Dies gilt ebenso für die Gewerbesteuer (§ 4 Abs. 4 EStG).

Allerdings sind Steuern vom Einkommen (Körperschaftsteuer/Solidaritätszuschlag) und die dazugehörigen steuerlichen Nebenleistungen nicht abziehbare Aufwendungen i.S.d. § 10 Nr. 2 KStG, R 48 Abs. 2 KStR, H 48 „Nichtabziehbare Steuern". Für die Gewerbesteuer gilt das Abzugsverbot nach § 4 Abs. 5b EStG.

→ Zurechnung außerhalb der Bilanz: + 10.000 €
+ 550 €
+ 3.000 €

6.3 Geschäftsabschluss

Die Aufwendungen für Feier des Geschäftsabschlusses stellen „innerhalb der Bilanz" zutreffend Aufwand und somit eine Betriebsausgabe i.S.d. § 4 Abs. 4 EStG dar. Insoweit erfolgte die Behandlung bisher richtig. Dies gilt ebenso für die Behandlung der Vorsteuer, da die Voraussetzungen des § 15 Abs. 1 Nr. 1 UStG nicht erfüllt sind.

Die Abrechnung des Ehemannes erfolgt zu einem überhöhten Preis. Es handelt sich um eine nahestehende Person der Gesellschafterin (H 36 III. „Veranlassung im Gesellschaftsverhältnis – nahestehende Person" KStH). Daher ist eine verdeckte Gewinnausschüttung zu prüfen. Es liegt eine Vermögensminderung (= Geldabfluss) vor, die sich auf den Unterschiedsbetrag nach § 4 Abs. 1 EStG ausgewirkt hat (= Betriebsausgabe). Ein Gewinnverteilungsbeschluss liegt nicht vor. Die Veranlassung im Gesellschaftsverhältnis ist gegeben, da ein Verstoß gegen den Fremdvergleich vorliegt. Ein ordentlicher und gewissenhafter Geschäftsleiter hätte diese Vermögensminderung nicht hingenommen. Es handelt sich um eine verdeckte Gewinnausschüttung (R 36 Abs. 1 KStR). Die Bewertung erfolgt mit dem Betrag der Mehrzahlung = 200 €. Es erfolgt eine außerbilanzielle Hinzurechnung im Rahmen der Einkommensermittlung (§ 8 Abs. 3 S. 2 KStG).

→ Zurechnung außerhalb der Bilanz: + 200 €

Bei den Aufwendungen handelt es sich, soweit keine verdeckte Gewinnausschüttung vorliegt, um Bewirtungsaufwendungen i.S.d. § 4 Abs. 5 S. 1 Nr. 2 EStG, R 32 Abs. 1 KStR. Die formalen Abzugsvoraussetzungen sind lt. Sachverhalt erfüllt. Bewirtungsaufwendungen sind jedoch nur zu 70 % abzugsfähig. Demnach ist eine außerbilanzielle Hinzurechnung i.H.v. 240 € (= 30 % von 800 €) vorzunehmen.

→ Zurechnung außerhalb der Bilanz: + 240 €

6.4 Grundstück

Die Miete des Grundstücks stellt bei der GmbH eine Betriebsausgabe (§ 4 Abs. 4 EStG) dar, da insoweit eine schuldrechtliche Vereinbarung vorliegt. Hinweise auf eine verdeckte Gewinnausschüttung im Hinblick auf die Höhe der Miete ergeben sich nicht, da die Miete angemessen ist. Die Behandlung ist bisher korrekt und es ergeben sich keine steuerlichen Korrekturen.

Das erworbene Grundstück stellt notwendiges Betriebsvermögen dar, da das Grundstück im Eigentum der GmbH steht. Die Zugangsbilanzierung erfolgt mit den Anschaffungskosten, lt. Sachverhalt 100.000 € (§ 255 Abs. 1 HGB). Allerdings sind die Anschaffungskosten auf den steuerlich angemessenen Betrag zu deckeln (hier: 80.000 €). Demnach erfolgt eine innerbilanzielle Minderung auf 80.000 €.

→ Korrektur innerhalb der Bilanz: außerordentlicher Aufwand ./. 20.000 €

Am Bilanzstichtag ist in der Steuerbilanz eine Bewertung mit den steuerlich korrekten Anschaffungskosten oder dem niederen Teilwert vorzunehmen (§ 6 Abs. 1 Nr. 2 EStG). Es verbleibt beim Ansatz der 80.000 €.

Der Erwerb des Grundstücks erfolgte von der Gesellschafterin. Demnach ist eine verdeckte Gewinnausschüttung zu prüfen. Es handelt sich um eine Vermögensminderung (= Abfluss von Geld), die sich auf den Unterschiedsbetrag nach § 4 Abs. 1 EStG ausgewirkt hat (= Berichtigung auf steuerlich angemessene Anschaffungskosten führt zu Betriebsausgaben innerhalb der Bilanz). Ein Gewinnverteilungsbeschluss liegt nicht vor. Die Veranlassung im Gesellschaftsverhältnis ist gegeben, da ein Verstoß gegen den Fremdvergleich vorliegt und ein ordentlicher und gewissenhafter Geschäftsführer diese Vermögensminderung bei einem fremden Dritten nicht hingenommen hätte. Es handelt sich deshalb um eine verdeckte Gewinnausschüttung (R 36 Abs. 1 KStR). Die Bewertung erfolgt mit dem Betrag des Überpreises = 20.000 €. Es erfolgt eine außerbilanzielle Hinzurechnung im Rahmen der Einkommensermittlung (§ 8 Abs. 3 S. 2 KStG).

→ Zurechnung außerhalb der Bilanz: + 20.000 €

6.5 Aufwendungen Anteilsverkauf

Der Anteilsverkauf berührt nur die Gesellschafterebene und ist auf Ebene der Kapitalgesellschaft unbeachtlich. Allerdings sind auch sämtliche damit in Zusammenhang stehenden Aufwendungen der Gesellschafterebene zuzuordnen. Die Verbuchung der Gutachterkosten stellt bei der Kapitalgesellschaft eine Betriebsausgabe (§ 4 Abs. 4 EStG) dar. Eine Verbuchung als Forderung gegen Gesellschafter kommt augenscheinlich nicht in Frage, da die Gesellschafterin nicht beabsichtigt die Kosten selbst zu übernehmen. Damit liegt eine Vermögensminderung (= Geldabfluss) vor, die sich auf den Unterschiedsbetrag nach § 4 Abs. 1 EStG ausgewirkt hat (= Betriebsausgaben). Ein Gewinnverteilungsbeschluss liegt nicht vor. Die Veranlassung im Gesellschaftsverhältnis ist gegeben, da ein Verstoß gegen den Fremdvergleich vorliegt und ein ordentlicher und gewissenhafter Geschäftsführer unter gleichen Bedingungen diese Vermögensminderung bei einem fremden Dritten nicht hingenommen hätte. Es handelt sich um eine verdeckte Gewinnausschüttung (R 36 Abs. 1 KStR). Die Bewertung erfolgt mit dem Zahlbetrag = 2.856 €. Es erfolgt eine außerbilanzielle Hinzurechnung im Rahmen der Einkommensermittlung (§ 8 Abs. 3 S. 2 KStG).

→ Zurechnung außerhalb der Bilanz: + 2.856 €

Die Nichtinanspruchnahme der Vorsteuer ist korrekt, da die Leistung nicht für die GmbH erbracht wurde und auch keine an die GmbH adressierte Rechnung vorliegt (§ 15 Abs. 1 Nr. 1 UStG).

7. Zu versteuerndes Einkommen, Tarifbelastung, Rückstellungen

Aufgrund der vorgenannten Korrekturen ergibt sich ein zu versteuerndes Einkommen i.H.v. 111.846 €. Hieraus resultiert nach § 23 Abs. 1 KStG eine Tarifbelastung i.H.v. 16.776 €.

7. Komplexe Fälle

Die Körperschaftsteuer-Rückstellung ermittelt sich wie folgt:

Tarifbelastung	16.776 €
Körperschaftsteuer-Vorauszahlung (§ 31 KStG i.V.m. § 36 Abs. 2 Nr. 2 EStG)	./. 10.000 €
Körperschaftsteuer-Rückstellung	**= 6.776 €**

Die Solidaritätszuschlag-Rückstellung ermittelt sich wie folgt:

Tarifbelastung 16.776 € × 5,5 % (§ 3 Abs. 1 i.V.m. § 4 S. 1 SolZG)	922,68 €
Körperschaftsteuer-Vorauszahlung (§ 51a Abs. 1 EStG i.V.m. § 36 Abs. 2 Nr. 2 EStG)	./. 550,00 €
Solidaritätszuschlag-Rückstellung	**= 372,68 €**

Der Betrag der Körperschaftsteuer-/SolZ-Rückstellung ist innerhalb der Bilanz erfolgswirksam zu erfassen (= Betriebsausgaben). Allerdings ist gleichzeitig eine Zurechnung außerhalb der Bilanz vorzunehmen (§ 10 Nr. 2 KStG). Damit ergibt sich keine Auswirkung auf das zu versteuernde Einkommen.

8. Reiner Schneider

Mit seinem Restaurant erzielt Reiner Schneider Einkünfte aus Gewerbebetrieb gem. § 15 Abs. 1 S. 1 Nr. 1 EStG i.V.m. § 2 Abs. 1 Satz 1 Nr. 2 EStG, da er einer selbständigen, nachhaltigen Tätigkeit nachgeht, sich um allgemeinen wirtschaftlichen Verkehr beteiligt und eine Gewinnerzielungsabsicht hat (§ 15 Abs. 2 S. 1 EStG). Ferner handelt es sich nicht um Einkünfte aus einer Land- und Forstwirtschaft bzw. selbständiger Arbeit. Ebenso liegt keine private Vermögensverwaltung vor (R 15.7 Abs. 1 EStR).

Der bei der Bewirtung der Geschäftsfreunde der GmbH erzielte Erlös ist auf den angemessenen Betrag zu kürzen, da der übersteigende Teil bei der Ehefrau eine verdeckte Gewinnausschüttung darstellt und insoweit nicht eigenbetrieblich veranlasst ist. Die Minderung der Einnahmen führt auch zu einer Kürzung der entstandenen Umsatzsteuer um 32 € (= 200 € × $^{19}/_{119}$). Der Gewinn mindert sich demnach um 168 €. Die Umsatzsteuerverbindlichkeit mindert sich um 32 €. Der unangemessene Teil der Einnahme ist als Einlage (§ 4 Abs. 1 S. 8, § 6 Abs. 1 Nr. 5 EStG) zu werten.

→ Korrektur innerhalb der Bilanz: ./. 168 € (= 200 € abzgl. 32 €)

> **Hinweis!** Bei verdeckten Gewinnausschüttungen an nahestehende Personen ist stets auch der Tatbestand einer Schenkung zu prüfen. Die Schenkung erfolgt von der GmbH an die nahestehende Person.

9. Mechthild Schneider

9.1 Einkünfte aus nichtselbständiger Arbeit

Aus ihrer Tätigkeit als Geschäftsführerin der GmbH erzielt Mechthild Schneider Einkünfte aus nichtselbständiger Arbeit i.S.d. § 19 Abs. 1 S. 1 Nr. 1 EStG, da sie als Arbeitnehmer weisungsgebunden ist, ihre Arbeitskraft schuldet und ihr aus dem auch Dienstverhältnis Arbeitslohn zufließt (§ 1 Abs. 1, 2 LStDV, § 2 Abs. 1 LStDV, H 19.0 „Allgemeines" und „Weisungsgebundenheit" LStH).

Diese Einkünfte unterliegen der Einkommensteuer und sind der Überschuss der Einnahmen über die Werbungskosten (§ 2 Abs. 1 S. 1 Nr. 4 EStG, § 2 Abs. 2 S. 1 Nr. 2 EStG). Der Zeitpunkt der Besteuerung richtet sich nach § 11 Abs. 1 S. 4 i.V.m. § 38a Abs. 1 S. 2 und 3 EStG.

Zu den Einnahmen gehört das Bruttogehalt i.H.v. 50.000 € (monatlich 4.000 €/5.000 €; ohne verdeckte Gewinnausschüttung) ohne Abzug von Lohnsteuer und Solidaritätszuschlag, da diese nichtabzugsfähige Personensteuern darstellen (§ 12 Nr. 3 EStG, H 12.4 „Personensteuern" EStH).

Die einbehaltene Lohnsteuer ist auf die ESt anrechenbar (§ 36 Abs. 2 Nr. 2 EStG). Dies gilt ebenso für den SolZ (§ 51a EStG i.V.m. § 36 Abs. 2 Nr. 2 EStG).

Die Überlassung der Arbeitskleidung stellt einen geldwerten Vorteil (§ 8 Abs. 1 EStG) dar, da dem Arbeitnehmer insoweit eigene Kosten erspart werden. Gleichzeitig würde aber auch Werbungskosten i.S.d. § 9 Abs. 1 S. 3 Nr. 6 EStG vorliegen. Der Gesetzgeber hat dies durch eine Steuerbefreiung im Rahmen des § 3 Nr. 31 EStG berücksichtigt. Demnach handelt es sich bei der Überlassung um steuerfreien Arbeitslohn, da typische Berufskleidung vorliegt.

Im Sachverhalt sind keine weiteren Angaben zu Werbungskosten enthalten. Daher erhält Mechthild Schneider den Werbungskostenpauschbetrag i.H.v. 1.000 € (§ 9a S. 1 Nr. 1 Buchst. a EStG). Daher ergeben sich Einkünfte aus nichtselbständiger Arbeit i.H.v. 49.000 €.

9.2 Einkünfte aus Kapitalvermögen

Am 02.03.2013 beschließt die GmbH eine offene Gewinnausschüttung an ihre Gesellschafter i.H.v. 80.000 € vorzunehmen. Mechthild Schneider ist an der Gesellschaft zu 50 % beteiligt, weswegen bei ihr 50 % von 80.000 € als Gewinnausschüttung zustehen = 40.000 €. Kapitalerträge erzielt der Anteilseigner i.S.d. § 20 Abs. 5 Satz 1 EStG.

Bei der offenen Gewinnausschüttung handelt es sich um Einkünfte aus Kapitalvermögen gem. § 20 Abs. 1 Nr. 1 S. 1 EStG i.V.m. § 2 Abs. 1 S. 1 Nr. 5 EStG. Es handelt sich um Überschusseinkünfte (§ 2 Abs. 2 S. 1 Nr. 2 EStG). Für den Zufluss der offenen Gewinnausschüttung gilt das Zufluss-/Abfluss-Prinzip des § 11 Abs. 1 S. 1 EStG (H 20.2 „Zuflusszeitpunkt bei Gewinnausschüttungen" 1. Anstrich EStH = 03.03.2013). Der Ermittlungszeitraum ist das Kalenderjahr (§ 2 Abs. 7 EStG).

Daneben erzielt Mechthild Schneider noch Einkünfte i.S.d. § 20 Abs. 1 Nr. 1 S. 2 aus den verdeckten Gewinnausschüttungen (Gehalt 9.000 €, Restaurant 200 €, Überpreis Grundstück 20.000 € und Gutachten 2.856 €).

Die offenen/verdeckten Gewinnausschüttungen unterliegen der Abgeltungsbesteuerung. Eine Ausnahme ist nicht ersichtlich, da die Beteiligung Privatvermögen darstellt (keine Anwendung des § 20 Abs. 8 EStG). Ein Antrag nach § 32d Abs. 2 Nr. 3 EStG ist im Sachverhalt nicht ersichtlich. Die Ausnahme des § 32d Abs. 2 Nr. 4 EStG kann ebenso nicht angewandt werden, da die außerbilanzielle Korrektur bei der Kapitalgesellschaft im Lösungsteil zur Körperschaftsteuer vorgenommen wurde. Hinsichtlich des nicht ausgeschöpften Sparerpauschbetrages ist § 32d Abs. 4 EStG anzuwenden. Ferner besteht bezogen auf die verdeckten Gewinnausschüttungen eine Nacherklärungspflicht nach § 32d Abs. 3 EStG.

Die durch die GmbH bei der offenen Gewinnausschüttung vorgenommenen Steuerabzüge (= Kapitalertragsteuer, §§ 43 Abs. 1 Satz 1 Nr. 1, 43a Abs. 1 Nr. 1 EStG – 25 % von 40.000 € = 10.000 €; Solidaritätszuschlag 5,5 % von 10.000 € = 550 €, § 3 Abs. 1 Nr. 5, § 4 S. 1 SolZG) mindern nach § 12 Nr. 3 EStG die Einnahmen nicht und können nach § 36 Abs. 2 Nr. 2 EStG (SolZ § 51a EStG) auf die festzusetzende Steuer i.S.d. § 32d Abs. 1 EStG angerechnet werden.

Die offenen/verdeckten Gewinnausschüttungen unterliegen nicht den Regeln des „Teileinkünfteverfahrens", da § 20 Abs. 8 EStG bzw. § 32d Abs. 2 Nr. 3 EStG nicht zur Anwendung kommt, § 3 Nr. 40 S. 2 EStG.

Der Sparerpauschbetrag nach § 20 Abs. 9 S. 1 EStG verdoppelt sich gem. § 20 Abs. 9 S. 2 EStG auf 1.602 €, da die Ehegatten Mechthild und Reiner Schneider zusammen veranlagt werden (§ 26b i.V.m. § 26 Abs. 3 EStG) Er ist bei beiden jeweils zur Hälfte abzuziehen. Allerdings erzielt Reiner Schneider keine Einnahmen. Demnach kann der übersteigende Teil i.H.v. 801 € bei Mechthild Schneider abgezogen werden. Die Einkünfte aus Kapitalvermögen ermitteln sich daher wie folgt:

Offene Gewinnausschüttung	40.000 €
Verdeckte Gewinnausschüttung – Gehalt	+ 9.000 €
Verdeckte Gewinnausschüttung – Restaurant	+ 200 €
Verdeckte Gewinnausschüttung – Grundstück	+ 20.000 €

7. Komplexe Fälle

Verdeckte Gewinnausschüttung – Anteile	+ 2.856 €
Sparerpauschbetrag Mechthild Schneider	./. 801 €
Sparerpauschbetrag Reiner Schneider	./. 801 €
Jahresüberschuss	**= 70.454 €**

9.3 Einkünfte aus Vermietung und Verpachtung

Aus der Vermietung des unbebauten Grundstücks erzielt Mechthild Schneider Einkünfte aus Vermietung und Verpachtung nach § 21 Abs. 1 Nr. 1 EStG. Diese sind einkommensteuerpflichtig (§ 2 Abs. 1 S. 1 Nr. 6 EStG). Es handelt sich um Überschusseinkünfte (§ 2 Abs. 2 S. 1 Nr. 2 EStG). § 11 EStG gilt.

Die Einnahmen (§ 8 EStG) sind bei Zufluss (§ 11 Abs. 1 EStG) zu erfassen. Damit ergeben sich insgesamt Einnahmen i.H.v. 11.000 € (= 11 Monate × 1.000 €). Die Grundstückskosten sind als Werbungskosten (§ 9 Abs. 1 S. 1 EStG) bei Abfluss (§ 11 Abs. 2 EStG) zu berücksichtigen. Die Werbungskosten betragen daher insgesamt 3.300 € (= 11 Monate × 300 €). Es ergeben sich Einkünfte aus Vermietung und Verpachtung i.H.v. 7.700 €.

9.4 Einkünfte aus privaten Veräußerungsgeschäften

Mit der Veräußerung des unbebauten Grundstücks erzielt Mechthild Schneider Einkünfte aus einem privaten Veräußerungsgeschäft (§ 22 Nr. 2 i.V.m. § 23 Abs. 1 S. 1 Nr. 1 EStG), da Anschaffung (Ablauf 23.12.2004, § 108 Abs. 1 AO i.V.m. § 187 BGB) und Veräußerung (Ablauf 23.11.2013, § 108 Abs. 1 AO i.V.m. § 188 BGB) innerhalb der 10-Jahresfrist liegen. Die Steuerbefreiung nach § 23 Abs. 1 S. 1 Nr. 1 S. 3 EStG kommt nicht in Betracht, da es sich um ein unbebautes Grundstück handelt. Die Einkünfte unterliegen der Einkommensteuer (§ 2 Abs. 1 S. 1 Nr. 7 EStG). Es handelt sich um Überschusseinkünfte (§ 2 Abs. 2 S. 1 Nr. 2 EStG). Für die Besteuerung gilt § 11 Abs. 1 EStG, H 23 „Werbungskosten" EStH. Der Veräußerungsgewinn ermittelt sich nach § 23 Abs. 3 S. 1 EStG. Dabei ist nur auf den angemessenen Teil des Kaufpreises abzustellen:

Angemessener Veräußerungspreis	80.000 €
Anschaffungskosten im Jahr 2005	./. 100.000 €
Veräußerungsverlust	**= ./. 20.000 €**

Die erzielten negativen Einkünfte können nicht mit positiven Einkünften aus anderen Einkunftsarten ausgeglichen werden. Ein Ausgleich ist nur innerhalb des § 23 EStG möglich. Es erfolgt eine gesonderte Feststellung, um eine Verrechnung in Folgejahren zu gewährleisten (§ 23 Abs. 3 S. 7 und 8 EStG).

9.5 Einkünfte aus Veräußerung von Anteilen an Kapitalgesellschaften

Mechthild Schneider veräußert den 50 Prozent-Anteil an der GmbH im Privatvermögen. Damit erzielt sie gewerbliche Einkünfte nach § 17 Abs. 1 i.V.m. § 15 EStG. Der GmbH-Anteil ist ein Anteil an einer Kapitalgesellschaft i.S.d. § 17 Abs. 1 S. 3 EStG bei dem die 1-Prozent-Grenze überschritten wurde. Die Einkünfte sind einkommensteuerpflichtig (§ 2 Abs. 1 S. 1 Nr. 2 EStG). Es handelt sich um Gewinneinkünfte (§ 2 Abs. 2 S. 1 Nr. 1 EStG), welche nach § 17 Abs. 2 S. 1 EStG zu ermitteln sind. Die Besteuerung erfolgt bei Übergang des wirtschaftlichen Eigentums (H 17 Abs. 4 „Entstehung ..." EStH). Der Gewinn ermittelt sich wie folgt:

Veräußerungspreis	100.000 €
Gutachterkosten, wegen Fiktionstheorie	./. 2.856 €
Anschaffungskosten bei Bargründung	./. 20.000 €
Veräußerungsgewinn	**= 77.144 €**

Steuerfreie Einnahmen § 3 Nr. 40 c EStG	./. 40.000 €
Nicht abzugsfähig § 3c Abs. 2 EStG	+ 9.142 €
Veräußerungsgewinn vor Freibetrag	**= 46.286 €**

Der Freibetrag nach § 17 Abs. 3 S. 1 EStG beträgt 0 €, da der Gewinn die anteilige Kürzungsgrenze von 18.050 € um 28.236 € übersteigt (§ 17 Abs. 3 S. 2 EStG). Damit ist der Freibetrag auf 0 € zu kürzen (4.530 € abzgl. 28.236 €).

10. Yvonne Krause

10.1 Einkünfte aus nichtselbständiger Arbeit

Aus ihrer Tätigkeit als Geschäftsführerin der GmbH erzielt Yvonne Krause Einkünfte aus nichtselbständiger Arbeit i.S.d. § 19 Abs. 1 S. 1 Nr. 1 EStG, da sie als Arbeitnehmer weisungsgebunden ist, ihre Arbeitskraft schuldet und ihr aus dem auch Dienstverhältnis Arbeitslohn zufließt (§ 1 Abs. 1, 2 LStDV, § 2 Abs. 1 LStDV, H 19.0 „Allgemeines" und „Weisungsgebundenheit" LStH).

Diese Einkünfte unterliegen der Einkommensteuer und sind der Überschuss der Einnahmen über die Werbungskosten (§ 2 Abs. 1 S. 1 Nr. 4 EStG, § 2 Abs. 2 S. 1 Nr. 2 EStG). Der Zeitpunkt der Besteuerung richtet sich nach § 11 Abs. 1 S. 4 i.V.m. § 38a Abs. 1 S. 2 und 3 EStG.

Zu den Einnahmen gehört das Bruttogehalt i.H.v. 50.000 € (monatlich 4.000 €/5.000 €; ohne verdeckte Gewinnausschüttung) ohne Abzug von Lohnsteuer und Solidaritätszuschlag, da diese nichtabzugsfähige Personensteuern darstellen (§ 12 Nr. 3 EStG, H 12.4 „Personensteuern" EStH).

Die einbehaltene Lohnsteuer ist auf die ESt anrechenbar (§ 36 Abs. 2 Nr. 2 EStG). Dies gilt ebenso für den SolZ (§ 51a EStG i.V.m. § 36 Abs. 2 Nr. 2 EStG).

Die Überlassung der Arbeitskleidung stellt einen geldwerten Vorteil (§ 8 Abs. 1 EStG) dar, da dem Arbeitnehmer insoweit eigene Kosten erspart werden. Gleichzeitig würde aber auch Werbungskosten i.S.d. § 9 Abs. 1 S. 3 Nr. 6 EStG vorliegen. Der Gesetzgeber hat dies durch eine Steuerbefreiung im Rahmen des § 3 Nr. 31 EStG berücksichtigt. Demnach handelt es sich bei der Überlassung um steuerfreien Arbeitslohn, da typische Berufskleidung vorliegt.

Im Sachverhalt sind keine weiteren Angaben zu Werbungskosten enthalten. Daher erhält Yvonne Krause den Werbungskostenpauschbetrag i.H.v. 1.000 € (§ 9a S. 1 Nr. 1 Buchst. a EStG). Daher ergeben sich Einkünfte aus nichtselbständiger Arbeit i.H.v. 49.000 €.

10.2 Einkünfte aus Kapitalvermögen

Am 02.03.2013 beschließt die GmbH eine offene Gewinnausschüttung an ihre Gesellschafter i.H.v. 80.000 € vorzunehmen. Yvonne Krause ist an der Gesellschaft zu 50 Prozent beteiligt, weswegen bei ihr 50 Prozent von 80.000 € als Gewinnausschüttung zustehen = 40.000 €. Kapitalerträge erzielt der Anteilseigner i.S.d. § 20 Abs. 5 Satz 1 EStG.

Bei der offenen Gewinnausschüttung handelt es sich um Einkünfte aus Kapitalvermögen gem. § 20 Abs. 1 Nr. 1 S. 1 EStG i.V.m. § 2 Abs. 1 S. 1 Nr. 5 EStG. Es handelt sich um Überschusseinkünfte (§ 2 Abs. 2 S. 1 Nr. 2 EStG). Für den Zufluss der offenen Gewinnausschüttung gilt das Zufluss-/Abflussprinzip des § 11 Abs. 1 S. 1 EStG (H 20.2 „Zuflusszeitpunkt bei Gewinnausschüttungen" 1. Anstrich EStH = 03.03.2013). Der Ermittlungszeitraum ist das Kalenderjahr (§ 2 Abs. 7 EStG).

Daneben erzielt Yvonne Krause noch Einkünfte i.S.d. § 20 Abs. 1 Nr. 1 S. 2 aus der verdeckten Gewinnausschüttung – Gehalt i.H.v. 9.000 €.

Die offenen/verdeckten Gewinnausschüttungen unterliegen der Abgeltungsbesteuerung. Eine Ausnahme ist nicht ersichtlich, da die Beteiligung Privatvermögen darstellt (keine Anwendung des § 20 Abs. 8 EStG). Ein Antrag nach § 32d Abs. 2 Nr. 3 EStG ist im Sachverhalt nicht ersichtlich. Die Ausnahme des § 32d Abs. 2 Nr. 4 EStG kann ebenso nicht angewandt werden, da die außerbilanzielle Korrektur bei der Kapitalgesellschaft im Lösungsteil zur Körperschaftsteuer vorgenommen wurde. Hinsichtlich des

7. Komplexe Fälle

nicht ausgeschöpften Sparerpauschbetrages ist § 32d Abs. 4 EStG anzuwenden. Ferner besteht bezogen auf die verdeckten Gewinnausschüttungen eine Nacherklärungspflicht nach § 32d Abs. 3 EStG.

Die durch die GmbH bei der offenen Gewinnausschüttung vorgenommenen Steuerabzüge (= Kapitalertragsteuer, §§ 43 Abs. 1 Satz 1 Nr. 1, 43a Abs. 1 Nr. 1 EStG – 25 % von 40.000 € = 10.000 €; Solidaritätszuschlag 5,5 % von 10.000 € = 550 €, § 3 Abs. 1 Nr. 5, § 4 S. 1 SolZG) mindern nach § 12 Nr. 3 EStG die Einnahmen nicht und können nach § 36 Abs. 2 Nr. 2 EStG (SolZ § 51a EStG) auf die festzusetzende Steuer i.S.d. § 32d Abs. 1 EStG angerechnet werden.

Die offenen/verdeckten Gewinnausschüttungen unterliegen nicht den Regeln des „Teileinkünfteverfahrens", da § 20 Abs. 8 EStG bzw. § 32d Abs. 2 Nr. 3 EStG nicht zur Anwendung kommt, § 3 Nr. 40 S. 2 EStG.

Der Sparerpauschbetrag nach § 20 Abs. 9 S. 1 EStG verdoppelt sich nicht, da keine Anhaltspunkte für eine Ehegattenveranlagung im Sachverhalt ersichtlich sind (§ 20 Abs. 9 S. 1 EStG). Die Einkünfte aus Kapitalvermögen ermitteln sich daher wie folgt:

Offene Gewinnausschüttung	40.000 €
Verdeckte Gewinnausschüttung – Gehalt	+ 9.000 €
Sparerpauschbetrag Yvonne Krause	./. 801 €
Jahresüberschuss	**= 48.199 €**

Fall 3: Die Firma petit souris SA ist eine Gesellschaft die ihre Geschäftsleitung und ihren Sitz im französischen Colmar hat. Gegenstand des Unternehmens ist die Herstellung von kleinen Obstbränden aus den Produkten der Region. Geschäftsführer der petit souris SA ist Elmar Müller. Er ist wirksam von den Beschränkungen des § 181 BGB befreit. Da Elmar Müller möglichst flache Entscheidungsstrukturen wünscht, werden alle Beteiligungen ausschließlich durch ihn gehalten, soweit sich aus dem Sachverhalt nicht eine andere Beteiligungsstruktur ergibt. Elmar Müller hat seinen Wohnsitz, zusammen mit seinen beiden Kindern und seiner Ehefrau, in Breisach am Rein, Deutschland.

Die Firma petit souris SA verfügt in Eibenstock, Sachsen über eine kleine Niederlassung, die in das deutsche Handelsregister eingetragen ist. Der Standort wurde aufgrund seiner naturbelassenen Urwälder gewählt. Daneben bestand die Möglichkeit, günstige Saisonkräfte aus Tschechien zu beschäftigen. Gegenstand dieser Niederlassung ist die Produktion und der Vertrieb regionaler Spirituosen, die Vermarktung selbst geschaffener Marken und Rezepturen, das Halten und die Verwaltung von Beteiligungen, soweit diese das Hauptgeschäft unterstützen. Zu ihren Spitzenprodukten gehört der sächsische Vogelbeerbrand Nr. 1.

Die Firma petit souris SA legt großen Wert auf eine möglichst genaue Zuordnung der Wirtschaftsgüter und der daraus resultierenden Erträge und Aufwendungen.

Für das kalenderjahrgleiche Wirtschaftsjahr 2013 erstellt sie die nachfolgende Handelsbilanz und GuV-Rechnung. Die Handelsbilanz soll grundsätzlich der Steuerbilanz entsprechen. Die ausgewiesenen Werte beziehen sich ausschließlich auf die in Eibenstock befindliche Niederlassung.

Aktiva		Passiva	
Immaterielle Wirtschaftsgüter	75.000	Kapital/Verrechnungskonto	145.000
Grundstücke/Gebäude	150.000	Jahresüberschuss	125.000
Warenbestände	145.000	Verbindlichkeiten	203.975
Beteiligung Prima Hefe AG	16.000	Körperschaftsteuer-Rückstellung	55.000
Darlehen BGM GmbH	100.000	SolZ-Rückstellung	3.025
Bank	46.000		
Summe	**532.000**		**532.000**

Aufwand		Ertrag	
R/H/B	277.200	Erlöse	1.250.000
Löhne/Gehälter	600.000	Beteiligungsertrag	14.725
Geschäftsführung	150.000	Darlehenszins	25.000
Energie	35.000		
Sonstige Verbrauchsmaterialien	25.000		
Kosten der Buchhaltung	12.000		
Abgang Maischeanlage	5.000		
Sonstiger Aufwand	2.500		
Körperschaftsteuer	55.000		
Solidaritätszuschlag	3.025		
Jahresüberschuss	**125.000**		

Alle drei Produktionsstandorte fertigen im gleichen Umfang und mit nahezu gleicher Gewinnmarge. Dies ist auf die nahezu gleiche Ausstattung mit Personal und einem nahezu gleichen Fertigungsprozess zurückzuführen. Aufwendungen, die nicht direkt zugeordnet werden können, wurden daher zutreffend nach dem Umsatzverhältnis auf die einzelnen Betriebsteile verteilt.

Rechteüberlassung an die kleine Maus GmbH, Steyr

Mit Vertrag vom 01.04.2013 überlässt die petit souris SA, Niederlassung Eibenstock, das Rezept für den Vogelbeerbrand Nr. 1 an die Schwestergesellschaft kleine Maus GmbH, Steyr Österreich. Ziel ist es, den Umsatz in Österreich in diesem Bereich zu steigern. Aufgrund dieser neuen Geschmacksrichtung konnte der Umsatz um sagenhafte 500.000 € gesteigert werden.

Da die deutsche Niederlassung für dieses Rezept, mit Ausnahme der Gehaltszahlungen für den deutschen Branntweinmeister, keine Fremdaufwendungen getragen hatte, wurde kein Entgelt für die Nutzungsüberlassung berechnet. Für entsprechende Rezepte werden auf dem Branntweinmarkt üblicherweise Lizenzgebühren im Umfang von 2 % berechnet.

Darlehen Berliner Glasflaschen Manufaktur GmbH (BGM GmbH)

Sämtliche in Deutschland durch die Niederlassung produzierten Waren werden in speziellen, für diese Produkte designte Glasflaschen abgefüllt und vermarktet. Im Zusammenhang mit der Umstellung der Produktion auf die für den deutschen Markt hergestellten Flaschen gewährte die Niederlassung im Kalenderjahr 2000 ein Darlehen über 250.000 €. Die Verzinsung des Darlehens erfolgte mit 10 % und entspricht im gesamten Zeitraum dem Fremdvergleich. Sicherheiten wurden nicht vereinbart. Dies wurde auch nicht durch einen Aufschlag auf den vereinbarten Zinssatz ausgeglichen. Dieses Darlehen wurde im Wirtschaftsjahr 2007 aufgrund einer nachhaltigen Absatzschwäche und den damit

einhergehenden Liquiditätsschwierigkeiten auf den niedrigeren Teilwert in Höhe von 100.000 € abgeschrieben. Der Teilwert dieser Forderung ist nicht zu beanstanden. Im Veranlagungszeitraum 2007 wurde deshalb ein Teilbetrag I und ein Teilbetrag II i.H.v. 150.000 € gebildet, weil sämtliche Anteile durch Elmar Müller gehalten werden.
Erst im Wirtschaftsjahr 2013 verbessert sich die Liquidität der Gesellschaft nachhaltig, sodass sich der Teilwert der Forderung auf 200.000 € erhöht.

Investition in neue Anlagen
Im Wirtschaftsjahr 2012 investierte die deutsche Niederlassung in eine neue Maischeanlage, da die bisherige die erforderlichen Mengen nicht verarbeiten konnte. Im Zusammenhang mit dieser Investition hätte sie grundsätzlich einen Anspruch auf Investitionszulage gehabt. Da die entsprechenden Anträge nicht mehr gestellt werden konnten und das Versäumen auf die fehlerhafte Beratung durch den Steuerberater Franz Schusslig zurückzuführen war, vereinbarten die Parteien einen Schadenersatz in Höhe von 4.000 €. Diesen überwies F. Schusslig innerhalb der Frist auf ein Bankkonto in Frankreich am 04.07.2013. In Deutschland wurde in diesem Zusammenhang nichts veranlasst.
Die bisherige Kupferanlage wurde im Juli 2013 in die tschechische Produktionsstätte überführt. Auch nach der Verlagerung erfüllt sie die erforderlichen Qualitätsstandards im vollen Umfang. Da die Überführung innerhalb des Unternehmens erfolgte und zivilrechtlich wirksame Verträge zwischen Betriebsstätten nicht geschlossen werden können, wurde kein Entgelt berechnet, obwohl eine entsprechende Anlage auf dem Markt für gebrauchte Maschinen und Anlagen noch einen Preis in Höhe von 60.000 € erzielen würde.

Buchhaltung
Die petit souris SA ist daran interessiert, sämtliches Know-How und die Buchhaltung so geheim wie möglich zu halten. Aus diesem Grunde entschloss sie sich 2013, die gesamte Buchhaltung ausschließlich in Frankreich zu erstellen. Die in diesem Zusammenhang der deutschen Betriebstätte zuzuordnenden Kosten wurden zutreffend ermittelt und zugeordnet.
Im Rahmen einer Umsatzsteuernachschau am 03.10.2013 stellte der Finanzbeamte fest, dass tatsächlich alle Unterlagen in Frankreich aufbewahrt werden. Daraufhin setzte das zuständige Finanzamt ein Verzögerungsgeld in Höhe von 2.500 € gegen die Firma fest, weil eine vorherige Zustimmung der Finanzverwaltung nicht erfolgte. Da das Fehlverhalten Elmar Müller äußert peinlich war, beglich er die Forderung unverzüglich und verlagerte die Buchhaltung umgehend nach Eibenstock zurück. Die Zahlung wurde als sonstiger Aufwand verbucht.

Geschäftsführungsaufwand
Die Aufwendungen für die Geschäftsführung wurden ausschließlich Deutschland zugeordnet, weil Elmar Müller in Deutschland lebt und aufgrund der unbeschränkten Steuerpflicht mit seinem gesamten Welteinkommen in Deutschland steuerpflichtig ist. Elmar Müller ging deshalb davon aus, dass der Staat, der die Einkünfte besteuert, auch die Lohnaufwendungen als Betriebsausgabe zugeordnet bekommen muss. Die Verteilung der Kosten erfolgt üblicherweise im Rahmen einer Kostenumlage nach dem Verhältnis der Umsätze.

Beteiligung Prima Hefe AG, München
An dieser Firma ist die petit souris SA mit 10 % beteiligt. Diese Beteiligung wurde für 16.000 € im Rahmen eines Bieterverfahrens erworben. Die Beteiligung wurde der Zweigniederlassung zugeordnet, weil diese unmittelbar nach dem Erwerb den gesamten Hefebedarf über diese Beteiligung abgesichert hat. Darüber hinaus verwendet nur die deutsche Niederlassung die speziell in München hergestellten Bierhefen. Die anderen Produktionsstätten des Unternehmens verfügen über eigene Lieferanten mit völlig anderen Hefekulturen.

> Mit Beschluss vom 01.04.2013 schüttet die Firma Prima Hefe AG, München eine Dividende in Höhe von 20.000 € aus. In Höhe des Bankzugangs verbuchte die Zweigniederlassung diesen Zugang als Beteiligungsertrag.
>
> **Aufgabe:** Nehmen sie zu den oben geschilderten Sachverhalten Stellung und berechnen sie das zu versteuernde Einkommen!
> Auf die Umsatzsteuer und die Gewerbesteuer ist aus Vereinfachungsgründen nicht einzugehen.
> Sollte ein Abkommen zur Vermeidung der Doppelbesteuerung anzuwenden sein, ist die Lösung anhand des OECD Musterabkommen (OECD MA) zu erstellen.

Lösung:

Die petit souris SA ist eine Kapitalgesellschaft, die nach französischem Recht gegründet wurde. Sie entspricht nach dem Rechtstypenvergleich einer AG in Deutschland. Sie verfügt in Deutschland weder über einen Sitz (§ 11 AO) noch über eine Geschäftsleitung (§ 10 AO). Sie ist deshalb nicht unbeschränkt steuerpflichtig. Nach § 2 Nr. 1 KStG kann sie beschränkt steuerpflichtig sein, wenn und nur soweit sie inländische Einkünfte nach § 49 Abs. 1 EStG i.V.m. § 8 Abs. 1 KStG bezieht. Alle nicht in § 49 EStG aufgeführten Einkünfte sind demnach keine inländischen Einkünfte und unterliegen deshalb auch nicht der beschränkten Steuerpflicht.

Im Rahmen der Qualifizierung der Einkünfte sind die Besteuerungsmerkmale im Ausland außer Betracht zu lassen, bei deren Berücksichtigung inländische Einkünfte nicht anzunehmen sind (isolierende Betrachtungsweise, § 49 Abs. 2 EStG). § 8 Abs. 2 KStG kommt in diesem Fall nicht zur Anwendung, weil keine unbeschränkte Steuerpflicht nach § 1 Abs. 1 Nr. 1 bis 3 KStG besteht. Im Ergebnis führt dies dazu, dass die inländischen Einkunftsquellen ausschließlich nach den im Inland belegenen Besteuerungsmerkmalen einzuordnen sind. Eine beschränkt steuerpflichtige Körperschaft kann demnach grundsätzlich alle in § 2 Abs. 1 EStG aufgeführten Einkünfte erzielen, wenn dies aufgrund der Art der Einkünfte nicht ausgeschlossen ist (zum Beispiel § 19 EStG).

Mit der in Eibenstock befindlichen Produktionsstätte erzielt die petit souris SA gewerbliche Einkünfte nach den §§ 2 Abs. 1 S. 1 Nr. 2 und 15 Abs. 1 S. 1 Nr. 1 EStG. Diese sind nur dann inländische Einkünfte i.S.d. § 49 Abs. 1 Nr. 2 Buchstabe a EStG, wenn und soweit die petit souris SA für diese Tätigkeit im Inland über eine Betriebsstätte nach § 12 AO verfügt. Die Produktionsstätte stellt eine feste Geschäftseinrichtung dar. Die Verfügungsmacht über diese Einrichtung hat ausschließlich die petit souris SA. Die feste Geschäftseinrichtung dient ferner dem Unternehmen, weil die petit souri SA mit dieser Einrichtung die unternehmerische Tätigkeit ausübt. Es liegt demnach eine Betriebsstätte nach § 12 S. 1 AO vor. Ferner erfüllt die Zweigniederlassung/Produktionsstätte nach § 12 S. 2 Nr. 2 und Nr. 4 AO die Voraussetzungen einer Betriebsstätte.

Die Körperschaftsteuer bemisst sich nach dem zu versteuernden Einkommen (§ 7 Abs. 1 KStG). Das zu versteuernde Einkommen berechnet sich nach dem Einkommen, welches gem. § 8 Abs. 1 KStG nach dem Einkommensteuergesetz bzw. nach dem Körperschaftsteuergesetz ermittelt wird. Eine Minderung um einen Freibetrag nach den §§ 24 und 25 KStG kommt in diesem Falle nicht in Betracht, weil die Voraussetzungen nicht erfüllt sind. Die Einkommensermittlung erfolgt deshalb ausschließlich nach deutschem Recht.

Der Ermittlungszeitraum ist das Wirtschaftsjahr für den die petit souris SA regelmäßig Abschlüsse erstellt, da sie als Handelskaufmann aufgrund ihrer Eintragung im Handelsregister (§§ 1, 5 und 13d HGB) gilt.

Nach § 13d HGB ist eine Zweigniederlassung eine vom Hauptunternehmen räumlich getrennte Niederlassung, die als zusätzlicher, auf Dauer gedachter Mittelpunkt des Unternehmens geschaffen ist und in das Handelsregister eingetragen werden muss.

Die Zweigniederlassung ist rechtlich und organisatorisch Teil des französischen Unternehmens petit souris SA und insoweit dem französischen Recht unterworfen. Obwohl sie von der Hauptniederlassung abhängig ist, nimmt sie selbständig am Geschäftsverkehr teil. Die Rechtsbeziehungen der Zweigniederlassung mit ihren Kunden unterliegen deshalb deutschem Recht.

Die mit der Zweigniederlassung abgeschlossenen Verträge sind demnach zivilrechtlich wirksam und daher steuerrechtlich zu beachten.

Besteuerungsrecht gem. DBA
Mit Frankreich[2] wurde ein DBA abgeschlossen. Laut Aufgabenstellung soll das DBA Deutschland-Frankreich dem OECD MA entsprechen. Dieses gilt für Deutschland und Frankreich ohne Einschränkungen (räumlicher Geltungsbereich). Das DBA erfasst gem. Art. 2 Abs. 1 und 2 OECD MA die Steuern vom Ertrag. Aus deutscher Sicht fällt daher die Körperschaftsteuer einschließlich des Solidaritätszuschlags ebenfalls unter den Anwendungsbereich des Abkommens (sachlicher Geltungsbereich). Das DBA gilt gem. Art. 1 OECD MA für Personen, die in einem oder in beiden Staaten ansässig sind. Die petit souris SA ist eine Gesellschaft, die wie eine juristische Person besteuert wird (Art. 3 Abs. 1 Buchstabe a und b OECD MA). Ferner ist sie gem. Art. 4 Abs. 1 OECD MA in Frankreich ansässig, da sie aufgrund ihrer Geschäftsleitung bzw. ihres Sitzes der unbeschränkten Steuerpflicht unterliegt. Sie genießt daher den Abkommensschutz (persönlicher Geltungsbereich). Frankreich ist demnach der Ansässigkeitsstaat und Deutschland der Quellenstaat.

Die petit souris SA erzielt Einkünfte gem. Art. 7 Abs. 1 OECD MA aus sonstiger selbständiger Tätigkeit (Art. 3 Abs. 1 Buchstabe c i.V.m. h OECD MA). Das Unternehmen wird zunächst in Colmar betrieben (Art. 3 Abs. 1 Buchstabe d OECD MA). Frankreich hat daher gem. Art. 7 Abs. 1 S. 1 1. Halbsatz OEDC MA insoweit das Besteuerungsrecht, es sei denn, die unternehmerische Tätigkeit wird in Deutschland im Rahmen einer Betriebsstätte gem. Art. 5 OECD MA betrieben. Die in Eibenstock eingetragene Zweigniederlassung stellt eine Betriebsstätte gem. Art. 5 Abs. 1 sowie Abs. 2 Buchstabe b OECD MA dar, da die Tätigkeit des Unternehmens hierdurch teilweise ausgeübt wird.

Gem. Art. 7 Abs. 1 S. 2. Halbsatz OECD MA wird daher Deutschland das Besteuerungsrecht insoweit zugewiesen, als die Einkünfte im Rahmen der deutschen Betriebsstätte erwirtschaftet wurden.

Da das Unternehmen in Frankreich und in Deutschland betrieben wird, sind die Einnahmen nach den übernommenen Personalfunktionen, den eingesetzten Vermögenswerten und den übernommenen Chancen und Risiken zuzuordnen (Art. 7 Abs. 2 OECD MA). Die in der tschechischen Betriebsstätte erwirtschafteten Erträge sind aus deutscher Sicht ausschließlich Frankreich zuzuordnen. Sie stellen insoweit für Deutschland Drittstaateneinkünfte (Art. 21 Abs. 1 OECD MA) dar. Da durch die petit souris SA die Einnahmen und Ausgaben bereits entsprechend zugeordnet wurden, ist eine weitere Korrektur nur insoweit erforderlich, als sich aus den ergänzenden Erläuterungen Folgen für die deutsche Betriebsstätte ergeben.

Frankreich als Ansässigkeitsstaat hat anschließend die Einkünfte, die nach dem DBA nur in Deutschland besteuert werden können, von der Besteuerung freizustellen (Art. 23a Abs. 1 OECD MA).

Ausgangsgrundlage für die Einkommensermittlung ist der handelsrechtliche Jahresüberschuss. Dieser ist nach § 60 Abs. 2 EStDV anzupassen, wenn abweichende steuerliche Ansatz- und Bewertungsvorschriften bestehen. Gem. Sachverhalt ist zunächst nicht davon auszugehen. **125.000 €**

Rechteüberlassung an die Firma kleine Maus GmbH, Steyr
Die fehlende Vereinbarung eines fremdüblichen Entgeltes erfüllt die Voraussetzung einer Korrektur nach § 1 AStG, da die Schwestergesellschaft eine nahestehende Person nach § 1 Abs. 2 Nr. 2 AStG darstellt, weil Elmar Müller sowohl an der Firma kleine Maus GmbH als auch an der petit souris SA zu mindestens 25 % beteiligt ist. Die getroffene Vereinbarung entspricht nicht dem Fremdvergleich, da eine unentgeltliche Nutzung unter fremden Dritten so nicht vereinbart worden wäre. Dies führte zu einer Minderung der inländischen Einkünfte bei der beschränkt steuerpflichtigen petit souris SA.

---

[2] Vgl. BMF vom 22.01.2014, IV B 2 – S 1301/07/10017-05, BStBl I 2014, 171.

Die Vereinbarung ist dem schuldrechtlichen Bereich zuzuordnen, da für diesen Bereich keine gesellschaftsrechtliche Vereinbarung getroffen wurde (§ 1 Abs. 4 AStG).

Die Berichtigung nach § 1 AStG erfolgt unbeschadet anderer Vorschriften, d.h. die Korrektur nach anderen Vorschriften (z.B. als verdeckte Gewinnausschüttung) genießt Vorrang. Nur ein danach verbleibender Betrag kann dann nach § 1 Abs. 1 S. 3 AStG berichtigt werden.

Der Korrekturrahmen kann nach § 1 Abs. 3 AStG auf der Grundlage einer Preisvergleichsmethode ermittelt werden, da für derartige Leistungen in der Regel 2 Prozent in Rechnung gestellt werden.

Die Überlassung der Rezeptur an die Schwestergesellschaft stellt auch eine verdeckte Gewinnausschüttung nach R 36 Abs. 1 S. 1 KStR dar, weil die fehlende Berechnung einer Lizenz zu einer Minderung der Einnahmen führte und dies eine verhinderte Vermögensmehrung darstellt. Die Veranlassung für diese Vertragsgestaltung liegt ausschließlich im Gesellschaftsverhältnis begründet, da ein ordentlicher und gewissenhafter Geschäftsleiter (§ 43 Abs. 1 GmbHG) die verhinderte Vermögensmehrung gegenüber einer Person, die nicht Gesellschafter ist, unter sonst gleichen Umständen nicht hingenommen hätte (H 36 III. „Veranlassung durch das Gesellschaftsverhältnis, Allgemeines" KStH). Die verdeckte Gewinnausschüttung kann nicht nur gegenüber dem Gesellschafter Elmar Müller realisiert werden, sondern auch gegenüber einer ihm nahestehenden Person. Das Nahestehen kann durch gesellschaftsrechtliche, schuldrechtliche oder auch rein tatsächliche Art begründet werden (H 36 III. „Veranlassung durch das Gesellschaftsverhältnis – Nahestehende Person" KStH). Die verhinderte Vermögensmehrung hat sich auch auf den Unterschiedsbetrag nach § 4 Abs. 1 EStG ausgewirkt. Ein offener Gewinnverwendungsbeschluss wurde ebenfalls nicht gefasst.

Die verdeckte Gewinnausschüttung ist der Unterschiedsbetrag zwischen dem Fremdvergleichspreis, hier das erzielbare Entgelt für eine entsprechende Leistung (H 37 „Nutzungsüberlassungen" KStH), und dem berechneten Entgelt. Im hier geschilderten Fall beträgt die verdeckte Gewinnausschüttung 2 % von 500.000 €. Dies entspricht 10.000 €. Eine Umsatzsteuer entsteht nicht, da der Ort der sonstigen Leistung (§ 3 Abs. 9 UStG) nach § 3a Abs. 2 UStG in Steyr, Österreich liegt.

Die verdeckte Gewinnausschüttung ist im Rahmen der Einkommensermittlung der Betriebsstätte außerhalb der Bilanz nach § 8 Abs. 3 S. 2 KStG hinzuzurechnen.[3] **+ 10.000 €**

Obwohl die fehlende Berechnung des Entgeltes eine verdeckte Gewinnausschüttung darstellt und diese das Einkommen der deutschen Betriebsstätte nicht mindern darf, ist die Rechtsfolge aus der verdeckten Gewinnausschüttung (Notwendigkeit eines Kapitalertragsteuerabzugs usw.) nur durch das Stammhaus (Hauptniederlassung des Unternehmens, Ort der Geschäftsleitung) zu ziehen.

Die verhinderte Vermögensmehrung gilt mit Vertragsabschluss als abgeflossen und wiederholt sich jährlich, wenn der Vertrag nicht gekündigt bzw. an den Fremdvergleich angepasst wird.

Da durch die Zurechnung einer verdeckten Gewinnausschüttung die Einkunftsminderung vollständig ausgeglichen wurde, verbleibt kein Korrekturrahmen für die Berichtigung nach § 1 AStG.

Besteuerungsrecht gem. DBA

Die Rezeptur ist ausschließlich der deutschen Zweigniederlassung zuzurechnen, da diese die Entwicklung vorgenommen hat (Art. 7 Abs. 2 OECD MA). Alle Aufwendungen und Erträge, die in diesem Zusammenhang entstanden sind, sind deshalb ebenfalls zunächst der deutschen Zweigniederlassung zuzurechnen. Nach Art. 7 Abs. 4 OECD MA genießen spezielle Regelungen im DBA Vorrang vor der Regelung des Art. 7 OECD MA. Das Entgelt für die Nutzung eines Rechtes stellt nach Art. 12 Abs. 2 OECD MA ein Lizenzentgelt dar. Nach Art. 12 Abs. 3 OECD MA ist das Besteuerungsrecht jedoch nach Art. 7 OECD MA zuzuordnen, weil die petit souris SA in Deutschland über eine Betriebsstätte nach Art. 5 OECD MA verfügt und dieses Recht funktional der Betriebsstätte zuzuordnen ist. Das Lizenzentgelt kann demnach im Rahmen der beschränkten Steuerpflicht in Deutschland besteuert werden.

---

[3] Vgl. BFH Beschluss vom 05.03.2008, I B 171/07.

7. Komplexe Fälle

Darlehen Berliner Glasflaschen Manufaktur GmbH
Besteuerungsrecht für die Zinseinnahmen
Die Kapitalforderung ist ausschließlich der deutschen Zweigniederlassung zuzurechnen, da diese die schuldrechtliche Vereinbarung mit dem Darlehensnehmer abgeschlossen hat und gleichzeitig die Geschäftsbeziehung mit dieser Firma gestärkt wird (Hauptlieferant der Flaschen, Art. 7 Abs. 2 OECD MA). Alle Aufwendungen und Erträge, die in diesem Zusammenhang entstanden sind, sind deshalb ebenfalls zunächst der deutschen Zweigniederlassung zuzurechnen. Nach Art. 7 Abs. 4 OECD MA genießen spezielle Regelungen im DBA Vorrang vor der Regelung des Art. 7 OECD MA. Das Entgelt aus der Kapitalforderung stellt auf DBA-Ebene Zinseinkünfte nach Art. 11 Abs. 3 OECD MA dar. Nach Art. 11 Abs. 4 OECD MA ist das Besteuerungsrecht jedoch nach Art. 7 OECD MA zuzuordnen, weil die petit souris SA in Deutschland über eine Betriebsstätte nach Art. 5 OECD MA verfügt und diese Kapitalforderung funktional der Betriebsstätte zuzuordnen ist. Die Zinseinkünfte können demnach im Rahmen der beschränkten Steuerpflicht in Deutschland besteuert werden.

Steuerliche Behandlung der Darlehensforderung
Das Darlehen ist in der Handelsbilanz und in der Folge auch in der Steuerbilanz grundsätzlich mit den Anschaffungskosten (§ 255 Abs. 1 HGB) höchstens jedoch mit dem niedrigeren Teilwert anzusetzen (§ 253 Abs. 3 S. 3 HGB, § 6 Abs. 1 Nr. 2 S. 2 EStG), wenn diese Minderung dauerhaft ist. Steigt in den folgenden Wirtschaftsjahren der Teilwert, so ist eine Wertaufholung durchzuführen (§ 253 Abs. 5 HGB, § 6 Abs. 1 Nr. 2 S. 3 EStG). Das Darlehen an die Schwestergesellschaft ist demnach mit 200.000 € in der Handels- und in der Steuerbilanz anzusetzen. **+ 100.000 €**

Fraglich ist nun, ob diese Wertaufholung nach § 8b Abs. 3 S. 8 KStG von der Besteuerung freizustellen ist, um eine eventuelle Doppelbesteuerung zu vermeiden. Elmar Müller ist an der Darlehensnehmerin mit mehr als 25 % beteiligt. Das Darlehen wird von einer Person gewährt, an der Elmar Müller zu mindestens 25 % beteiligt ist. Die petit souris SA stellt daher eine nahestehende Person nach § 1 Abs. 2 Nr. 2 AStG (§ 8b Abs. 3 S. 5 KStG) dar. Der zwischen der petit souris SA und der BGM-GmbH getroffene Darlehensvertrag entspricht nicht dem Fremdvergleich, obwohl ein fremdüblicher vereinbart wurde, weil in dieser Vereinbarung keine Sicherheiten der Darlehensnehmerin eingeräumt wurden. Dieser Nachteil ist auch nicht durch einen Aufschlag für die Risikoübernahme ausgeglichen worden. Ein fremder Dritte hätte deshalb eine entsprechende Vereinbarung nicht getroffen. Der Nachweis nach § 8b Abs. 3 S. 6 KStG kann deshalb nicht geführt werden. Alle Voraussetzungen des § 8b Abs. Abs. 3 S. 4 KStG sind erfüllt, allerdings kann eine Kürzung nach § 8b Abs. 3 S. 8 KStG nicht erfolgen, weil die Teilwertabschreibung im Wirtschaftsjahr 2007 nicht der Hinzurechnung nach § 8b Abs. 3 S. 4 ff. KStG unterlegen hat. Unter diese Regelung fallen nur Aufwendungen ab dem Veranlagungszeitraum 2008.

Der im Zusammenhang mit der Wertaufholung auszuweisende Ertrag ist jedoch als „negative verdeckte Gewinnausschüttung" nach R 29 Abs. 1 Nr. 3 KStR im Rahmen der Einkommensermittlung außerhalb der Bilanz abzurechnen, da der Aufwand im Veranlagungszeitraum 2007 als verdeckte Gewinnausschüttung im Rahmen der Einkommensermittlung nach § 8 Abs. 3 S. 2 KStG hinzugerechnet wurde. Dies ist daraus abzuleiten, dass im Veranlagungszeitraum 2007 eine Teilbetrag I[4] in Höhe von 150.000 € gebildet wurde, welcher nur dann zu bilden ist, wenn eine verdeckte Gewinnausschüttung dem Grunde nach vorliegt. Die verdeckte Gewinnausschüttung beruht auf einer Vermögensminderung (Teilwertabschreibung auf die Forderung gegenüber der Schwestergesellschaft), die auf das Gesellschaftsverhältnis zurückzuführen ist, da eine entsprechende Vereinbarung ohne Gestellung von Sicherheiten im Verhältnis zu fremden Dritten, so nicht vereinbart worden wäre (H 36 III. „Veranlassung durch das Gesellschaftsverhältnis, Allgemeines" KStH).

---

[4] Vgl. BMF Schreiben vom 28.05.2002, BStBl I 2002, 603 (Korrektur einer verdeckten Gewinnausschüttung innerhalb und außerhalb der Steuerbilanz).

Die Teilwertabschreibung hat sich auf den Unterschiedsausweis nach § 4 Abs. 1 EStG ausgewirkt und beruht nicht auf einem offenen Gewinnverwendungsbeschluss.

Die verdeckte Gewinnausschüttung ist mit dem Teilwert (Nennwert der Forderung) zu bewerten (H 37 „Hingabe von Wirtschaftsgütern" KStH).

Wurde ein Teilbetrag II gebildet, so hat sich die verdeckte Gewinnausschüttung 2007 im Umfang des Teilbetrags II nicht auf das Einkommen ausgewirkt, weil sie im Rahmen der Einkommensermittlung nach § 8 Abs. 3 S. 2 KStG hinzugerechnet wurde.

Ein Abfluss der verdeckten Gewinnausschüttung erfolgte nicht, da die Schwestergesellschaft zivilrechtlich im gesamten Zeitraum im vollen Umfang zur Rückzahlung des Darlehensbetrages verpflichtet ist.

Da sich der Aufwand 2007 sich nicht auf das Einkommen ausgewirkt hat und die verdeckte Gewinnausschüttung nicht abgeflossen ist, führt die Wertaufholung zu einer Doppelbesteuerung. Diese ist durch eine außerbilanzielle Abrechnung im Rahmen der Einkommensermittlung zu vermeiden (R 29 Abs. 1 Nr. 3 KStR, wir auch als negative verdeckte Gewinnausschüttung bezeichnet).   ./. 100.000 €

Der Teilbetrag I und der Teilbetrag II ist als steuerliche Nebenrechnung anschließend weiter zu entwickeln und beträgt nun jeweils 50.000 €.

> **Hinweis!** Eine entsprechende negative verdeckte Gewinnausschüttung ist nur in sehr wenigen Fällen anzunehmen. Voraussetzung ist, dass die verdeckte Gewinnausschüttung nicht abgeflossen ist, da eine abgeflossene verdeckte Gewinnausschüttung nicht mehr berichtigt werden kann. Eine eventuelle Rückzahlung bzw. Rückabwicklung einer abgeflossenen verdeckten Gewinnausschüttung führt deshalb immer zu einer verdeckten Einlage (H 37 „Rückgängigmachung" KStH).

Schadenersatz Investitionszulage

Der Schadenersatz ist grundsätzlich der deutschen Betriebsstätte zuzurechnen, da der grundsätzliche Anspruch aufgrund der Investition in Deutschland nur der deutschen Betriebsstätte zuzurechnen ist. Die Überweisung auf ein französisches Bankkonto ist hierfür grundsätzlich nicht schädlich.

Gleiches ergibt sich im Zusammenhang mit Art. 7 Abs. 2 OECD MA, nachdem für die Zuordnung des Besteuerungsrechtes eine Verselbständigung der Betriebsstätte unterstellt wird, d.h. es unterstellt wird, dass das Stammhaus (Frankreich) und die Betriebsstätte (Art. 5 OECD MA, Zweigniederlassung Deutschland) zwei völlig selbständige Unternehmen wären. In diesem Falle hätte nur das deutsche Unternehmen einen Anspruch auf Investitionszulage. Der Ertrag der deutschen Betriebsstätte ist deshalb um den Schadenersatz zu erhöhen.   + 4.000 €

Investitionszulage

Die Investitionszulage gehört gem. § 13 S. 1 InvZulG 2010 nicht zu den Einkünften. Der Schadenersatz des Steuerberaters ist eine Ersatzleistung. Sie ist deshalb im Rahmen der Einkommensermittlung ebenfalls außerhalb der Bilanz abzurechnen (BFH vom 16.08.1978, I R 73/76, BStBl II 1979, 120).
./. 4.000 €

Überführung eines Wirtschaftsgutes in eine ausländische Betriebsstätte

Das Besteuerungsrecht für die stillen Reserven, welche in der alten Maischeanlage enthalten sind, geht mit der Überführung der Anlage in die tschechische Betriebsstätte auf Tschechien über (Art. 13 Abs. 2 OECD MA). Deutschland als Betriebsstättenstaat hat kein Besteuerungsrecht mehr, da im Falle einer Veräußerung aus deutscher Sicht Drittstaateneinkünfte vorliegen (Art. 21 Abs. 1 OECD MA). Ein Besteuerungsrecht für stille Reserven liegt nur dann in Deutschland, wenn das bewegliche Wirtschaftsgut (die Maischeanlage ist ein bewegliches Wirtschaftsgut) der deutschen Betriebsstätte im Zeitpunkt der Veräußerung zuzuordnen ist (Art. 13 Abs. 2 OECD MA). Eben diese Zuordnung endet mit der Überführung ins Ausland. Maßgeblich für die Zuordnung des Besteuerungsrechtes ist ausschließlich das DBA Deutschland Frankreich, weil die Betriebsstätte ein unselbständiger Teil des Unternehmens ist und dieses, wie

7. Komplexe Fälle

oben dargestellt, nur in Frankreich ansässig ist. Ein eventuell mit Tschechien abgeschlossenes DBA ist unerheblich.

Da das Besteuerungsrecht Deutschland mit der Überführung untergeht, gilt nach § 12 Abs. 1 KStG als Veräußerung zum gemeinen Wert (§ 9 BewG).

Gemeiner Wert der Maischeanlage gem. Sachverhalt	60.000 €
Buchwertabgang	./. 5.000 €
Veräußerungsgewinn	**55.000 €**

Ein Ausgleichsposten nach § 4g EStG kann in diesem Zusammenhang nicht gebildet werden, weil die petit souris SA nicht unbeschränkt steuerpflichtig ist.

Der „Veräußerungsgewinn" ist grundsätzlich außerhalb der Bilanz im Rahmen der Einkommensermittlung hinzuzurechnen. **+ 55.000 €**

> **Hinweis!** Die Maischeanlage wäre in diesem Falle in Tschechien mit 60.000 € zu erfassen und nach den tschechischen Vorschriften abzuschreiben. Eine Doppelbesteuerung kann deshalb nicht entstehen.

Buchhaltung

Diese Aufwendungen sind ausschließlich der deutschen Betriebsstätte zuzuordnen (Art. 7 Abs. 2 OECD MA).

Das Verzögerungsgeld nach § 146 Abs. 2b AO kann durch die Finanzverwaltung festgesetzt werden, wenn die Buchhaltung, wie in diesem Falle, ohne vorherige Genehmigung ins Ausland verlagert wird. Wird die Buchhaltung wieder zurück verlagert, so wird der Verwaltungsakt nicht aufgehoben. Hinsichtlich der Höhe wurde das Ermessen der Finanzverwaltung nicht falsch ausgeübt, weil das Verzögerungsgeld am untersten Rahmen festgesetzt wurde.

Es ist zutreffend als Betriebsausgabe verbucht.

Das Verzögerungsgeld stellt eine steuerliche Nebenleistung nach § 3 Abs. 4 AO dar. Als solches ist es nach § 10 Nr. 2 KStG im Rahmen der Einkommensermittlung außerhalb der Bilanz hinzuzurechnen.
+ 2.500 €

Die Körperschaftsteuer und der Solidaritätszuschlag sind als Steuern vom Einkommen im Rahmen der Einkommensermittlung nach § 10 Nr. 2 KStG hinzuzurechnen. **+ 58.025 €**

Kosten der Geschäftsführung

Die Kosten der Geschäftsführung fallen innerhalb eines Unternehmens nur einmal an. Eine direkte Zuordnung kann nicht erfolgen, d.h. diese Aufwendungen sind grundsätzlich im Wege der Schätzung auf alle Betriebsteile zu verteilen, weil alle Unternehmensteile von diesen Leistungen profitieren.

Gem. Sachverhalt erfolgt dies regelmäßig anhand eines Umsatzschlüssels.

Bezogen auf diesen Fall sind die Aufwendungen auf alle Betriebsteile (Deutschland, Frankreich, Tschechien) in Höhe von jeweils 33,33 % zuzuordnen, da alle Betriebsteile im gleichen Umfang Umsätze generieren.

Wo und in welchem Umfang die daraus resultierenden Einkünfte besteuert werden, ist für die Zuordnung der Aufwendungen grundsätzlich unerheblich.

Die Betriebsausgaben sind daher im Umfang von 100.000 € (⅔ von 150.000 €) zu kürzen.
+ 100.000 €

Beteiligungsertrag Prima Hefe AG

Die Beteiligung ist, da die deutsche Niederlassung ihren Warenbezug (Hefe) ausschließlich über diese Beteiligung deckt, zutreffend zugeordnet (Art. 7 Abs. 2 OECD MA). Die daraus resultierenden Erträge sind demnach ebenfalls der Betriebsstätte in Deutschland zuzurechnen. Nach Art. 7 Abs. 4 OECD MA genießen spezielle Regelungen im DBA Vorrang vor der Regelung des Art. 7 OECD MA. Der aufgrund der

Beteiligung erzielte Ertrag stellt auf DBA-Ebene eine Dividende nach Art. 10 Abs. 3 OECD MA dar. Nach Art. 10 Abs. 4 OECD MA ist das Besteuerungsrecht jedoch ausschließlich nach Art. 7 OECD MA zuzuordnen, weil die petit souris SA in Deutschland über eine Betriebsstätte nach Art. 5 OECD MA verfügt und diese Beteiligung funktional der Betriebsstätte zuzuordnen ist. Die Dividenden können demnach im Rahmen der beschränkten Steuerpflicht in Deutschland besteuert werden.

Dividenden unterliegen grundsätzlich dem Kapitalertragsteuerabzug in Höhe von 25 % nach § 43 Abs. 1 S. 1 Nr. 1 i.V.m. § 43a Abs. 1 S. 1 Nr. 1 EStG. Zusätzlich ist ein Solidaritätszuschlag einzubehalten (§ 51a EStG i.V.m. § 3 Abs. 1 Nr. 5 und § 4 SolZG). Wurde der Steuerabzug zutreffend einbehalten, so gelten die Einkünfte insoweit als abschließend besteuert nach § 32 Abs. 1 Nr. 2 KStG. Da die Beteiligung jedoch einer inländischen Betriebsstätte zuzuordnen ist (§ 20 Abs. 8 EStG) tritt die Abgeltungswirkung nicht ein, sodass eine Besteuerung erfolgen kann.

Nach § 246 Abs. 2 HGB dürfen Aufwendungen nicht mit Erträgen verrechnet werden. Dies ist bisher geschehen, weil eine Buchung nur in Höhe des Bankzugangs erfolgte. Die im Rahmen des Steuerabzugs einbehaltenen Steuern (KapESt 5.000 €, sowie 275 € SolZ) sind wie folgt in der Handelsbilanz nachzubuchen: KapESt 5.000 € und SolZ 275 € gegen Beteiligungsertrag 5.275 €. Der handelsrechtliche Jahresüberschuss ändert sich hierdurch nicht.

Die Steuern vom Ertrag dürfen sich nicht auf das Einkommen auswirken. Sie sind deshalb nach § 10 Nr. 2 KStG im Rahmen der Einkommensermittlung außerhalb der Bilanz hinzuzurechnen.   + **5.275 €**

Die Steuerabzugsbeträge können anschließend auf die zu zahlende Körperschaftsteuer nach § 31 Abs.1 KStG i.V.m. § 36 Abs. 2 Nr. 2 EStG im vollen Umfang angerechnet werden. Gleiches gilt nach § 51a EStG für den Solidaritätszuschlag.

Die Dividende stellt einen Bezug nach § 20 Abs. 1 Nr. 1 S. 1 EStG dar, der nach § 8b Abs. 1 S. 1 KStG im vollen Umfang von der Besteuerung freizustellen ist. Dies erfolgt im Rahmen der Einkommensermittlung außerhalb der Bilanz.   ./. **20.000 €**

Soweit nach § 8b Abs. 1 KStG Bezüge von der Besteuerung freizustellen sind, gelten 5 % als Betriebsausgaben, die das Einkommen nicht mindern dürfen (§ 8b Abs. 5 KStG). Diese sind im Rahmen der Einkommensermittlung außerhalb der Bilanz hinzuzurechnen.   + **1.000 €**

Zu versteuerndes Einkommen § 7 Abs. 1 KStG   **336.800 €**

Fall 4: Neustädter-Galerie GmbH
1. Neustädter-Galerie GmbH

Die „Neustädter-Galerie-GmbH" wurde zum 01.01.2000 als Bargründung mit einem Stammkapital von 25.000 € errichtet. Alleinige Gründungsgesellschafterin war Valeria Gogh. Geschäftszweck der GmbH ist der Vertrieb von Kunstwerken aller Epochen. Allerdings hatte Valeria Gogh die GmbH auf den Vertrieb von Landschaftsgemälden fokussiert. Die Gesellschaft hat ihren Sitz in Dresden, Königstraße 7. Im Jahr 2008 hatte Valeria Gogh bereits eine weitere Einlage i.H.v. 50.000 € in das Vermögen der GmbH zu erbringen, um die Insolvenz der Gesellschaft abzuwenden. Leider entwickelte sich das Geschäft auch in der Folgezeit nicht besser, sodass sich Valeria Gogh entschloss die Anteile an der GmbH zu veräußern. Im Jahr 2012 erzielte die GmbH einen Jahresverlust i.H.v. 15.000 €. Dieser wurde auf neue Rechnung vorgetragen. Nach dem Anteilseignerwechsel und der Neuausrichtung des Geschäftsbetriebs verbesserte sich die wirtschaftliche Lage der GmbH umgehend. So konnte sie für das Geschäftsjahr 2013 bereits einen Bilanzgewinn i.H.v. 50.000 € ausweisen.

7. Komplexe Fälle

Aufgrund eines starken Herbstgeschäfts entschloss sich Manuela Trotzig-Alman für den 13.11.2013 eine Gesellschafterversammlung abzuhalten, deren einziger Tagesordnungspunkt der Beschluss einer Vorabausschüttung von 20.000 € war. Die Ausschüttung wurde unter Berücksichtigung der gesetzlichen Abzugsbeträge am 14.11.2013 ausgezahlt und innerhalb der Gewinn- und Verlustrechnung als Aufwand aufgezeichnet. Der Bilanzgewinn des Jahres 2013 wurde nach der Gesellschafterversammlung vom 02.05.2014 wie folgt verwendet:
- Gewinnausschüttung: 20.000 €,
- Zuführung zu den anderen Gewinnrücklagen 30.000 €.

Die Gewinnausschüttung wurde am 05.05.2014 dem privaten Bankkonto der Gesellschafterin gutgeschrieben. Dabei nahm die GmbH die Steuerabzüge in richtiger Höhe vor.
Zum 31.12.2012 wurde der Bestand des steuerlichen Einlagekontos mit 30.000 € festgestellt. Die vortragsfähigen Verluste nach § 10d EStG betragen 0 €. Das Kapital in der Steuerbilanz zum 31.12.2012 weist einen Bestand von 120.000 € aus.

1.1 Anstellungsverhältnisse
Mit Übergang der Gesellschaftsanteile am 01.03.2013 wechselte auch die Geschäftsführung auf Manuela Trotzig-Alman. Der Anstellungsvertrag sah neben dem monatlichen Gehalt auch vor, dass die GmbH ihrer Geschäftsführerin einen Pkw zur Nutzung zur Verfügung stellen muss. Diesen durfte Manuela Trotzig-Alman auch privat nutzen. Die GmbH leaste daher einen VW Polo 0.9. Die monatlichen Leasingraten betrugen 99 € und wurden von der GmbH als Aufwand verbucht. Der Bruttolistenpreis des Polo betrug 20.000 €. Die Übergabe des Fahrzeugs erfolgte aufgrund von Lieferschwierigkeiten seitens des Händlers erst zum 08.07.2013. Manuela Trotzig-Alman nutzte den Pkw danach für betriebliche und private Fahrten. Ferner fuhr sie damit auch die 5,7 km jeden Morgen zur Arbeit.

1.2 Gesellschafter-Darlehen
Manuela Trotzig-Alman hatte neben den Gesellschaftsanteilen auch das Darlehen der bisherigen Gesellschafterin übernommen (bei Geltendmachung des Darlehensanspruchs im Zeitpunkt des Erwerbs, wäre eine Insolvenz der Gesellschaft möglich). Lediglich die monatlichen Zinszahlungen wurden bisher nicht gebucht. Das Darlehen war bei der GmbH zum Zeitpunkt des Gesellschafterwechsels in zutreffender Höhe auf der Passivseite der Bilanz dargestellt. Zur Verbesserung der Eigenkapitalbasis entschloss sie sich am 12.11.2013 zum 30.11. auf das Darlehen zu verzichten. Der Teilwert hatte sich, durch die verbesserte wirtschaftliche Lage, seit Erwerb des Darlehens monatlich um jeweils 5 Prozentpunkte erhöht.

1.3 Grundstück Königstr. 7
Mit Übertragung des Grundstücks Königstr. 7 auf Manuela Trotzig-Alman trat diese in den bestehenden Mietvertrag mit der GmbH ein und führte ihn zunächst unverändert fort. Im August entschloss sie sich die Pacht ab September 2013 auf 6.500 € zu erhöhen. Nach dem Mietspiegel für Gewerberäume der Stadt Dresden beträgt die angemessene Pacht mit Nebenkosten 6.000 €.
Um die wirtschaftliche Situation der GmbH weiter zu verbessern, entschloss sich Manuela Trotzig-Alman kurzfristig (am 27.11.2013) das Grundstück mit Vertrag vom 28.11.2013 zum 01.12.2013 auf die GmbH zu übertragen. Diese musste lediglich das zugehörige Finanzierungsdarlehen als Gegenleistung übernehmen. Die Notarkosten i.H.v. 10.000 € zzgl. Umsatzsteuer, die Grundbuchgebühren i.H.v. 3.000 € und die Grunderwerbsteuer i.H.v. 22.000 € trug nach dem Vertrag die GmbH und verbuchte sie unter Inanspruchnahme eines Vorsteuerabzugs als Aufwand. Die Miete für Dezember 2013 wurde fälschlicherweise am 02.12.2013 noch einmal dem privaten Bankkonto von Manuela Trotzig-Alman gutgeschrieben. Eine Rückzahlung erfolgte jedoch nicht, da Manuela dies als nicht notwendig erachtete.

2. Archimedes Trotzig
2.1 Allgemeines
Archimedes (geb.: 20.02.1960) und Jule (geb.: 10.01.1965) Trotzig sind seit vielen Jahren verheiratet und bewohnen eine Mietwohnung in Dresden, An der Tonne 7. Aus der Ehe ist die gemeinsame Tochter Manuela hervorgegangen. Archimedes studierte in seiner Jugend mehrere Semester Philosophie, Soziologie und Theaterwissenschaften. Einen Abschluss schaffte er leider in keinem seiner Studienfächer. Er schlug sich mit den verschiedensten Gelegenheitsjobs, wie Flaschen sammeln, Hand- und Fußmodell oder Promoter durchs Leben. Seit 2002 betreibt eine recht erfolgreiche Lebensberatung. Hier gibt er gegen Honorar Hinweise zur Bewältigung des täglichen Lebens. Daneben hält er auch an den Wochenende Seminare, bei denen die Teilnehmer einen tiefen Einblick in die Dinge erhalten, die die Welt im Innersten zusammenhalten. Jule Trotzig ist als Arbeitnehmerin in einen Friseur-Salon in der Dresdner Neustadt beschäftigt. Dieser erfreut sich seit seiner Gründung im Jahr 1993 einem steten Zustrom von Kunden und kann als erfolgreich bezeichnet werden. Die gemeinsame Tochter Manuela Trotzig erblickt am 23.05.1988 das Licht der Welt. Nach ihrem Abitur studierte sie an der Berliner Humboldt-Universität, wo sie im Februar 2013 erfolgreich ihr Kunststudium beendete. Seither arbeitete sie als Kunsthistorikerin und Geschäftsführerin der Neustädter-Galerie-GmbH. Dabei erstellt sie auch Gutachten zur Echtheit von Kunstgegenständen. Im Rahmen eines unentgeltlichen Praktikums lernte sie Aladin Alman (45 Jahre) im Jahr 2012 kennen und lieben. Direkt nach Abschluss ihres Erststudiums heirateten die beiden am 23.03.2013.

2.2 Lebensberatung
Archimedes Trotzig betreibt seit dem Jahr 2002 eine Lebensberatung in der Dresdner Neustadt, Alaunstr. 5. Die hierfür notwendigen Räume mietete er an. Er ermittelt seinen Gewinn durch das Gegenüberstellen der Betriebseinnahmen und Betriebsausgaben. Für das Jahr 2013 ergab sich ein Betrag von 45.000 €. Er führt ausschließlich steuerpflichtige Umsätze aus und ist voll zum Vorsteuerabzug berechtigt.

In früheren Jahren peppte er seine Seminarräume mit dem Abschluss an einer zypriotischen Esoterikschule auf. In 2012 stellte sich allerdings heraus, dass der hierfür verliehene Doktorgrad in Deutschland leider nicht geführt werden darf. So musste Archimedes Trotzig sein Firmenschild berichtigen. Die Kosten für ein neues Schild betrugen einschließlich der Anbringung 1.200 € zzgl. Umsatzsteuer. Der Handwerker stellte die Rechnung nach Erbringung der Leistung im Dezember 2012. Archimedes bezahlte die Rechnung am 07.01.2013 durch Überweisung. Ferner wurde er zur Zahlung einer Geldbuße i.H.v. 3.000 € durch das Amtsgericht Dresden verurteilt, welche er noch im April 2013 beglich. Daneben entstanden ihm noch Anwaltskosten von netto 1.000 € und Gerichtsgebühren von 400 €. Sämtliche Aufwendungen wurden mit ihrem Zahlbetrag als Betriebsausgabe aufgezeichnet.

Im Sommer 2013 führte Archimedes Trotzig ein Persönlichkeitsseminar für alle Mitarbeiter der Neustädter-Galerie GmbH durch. Für das Seminar berechnete er der GmbH insgesamt 3.000 € zzgl. Umsatzsteuer. Die Zahlung erfolgte noch im August. Bei ähnlichen Seminaren hatte er lediglich 2.000 € erzielt.

2.3 Grundstück Königstr. 7
Im Januar 2005 hatte Archimedes Trotzig das mit einem Geschäftshaus (Baujahr 1970) bebaute Grundstück Königstr. 7 erworben. Der Kaufpreis belief sich auf 800.000 €. Ferner musste er noch die Notar- und Gerichtsgebühren i.H.v. 8.000 € zzgl. 590 € Umsatzsteuer und die Grunderwerbsteuer tragen. Der Anteil von Grund und Boden beträgt 20 %. Das Grundstück war seither an die Neustädter-Galerie-GmbH vermietet. Die monatliche Miete betrug 5.000 € und schloss sämtliche Nebenkosten mit ein. Auf die Option zur Umsatzsteuerpflicht verzichtet Archimedes.

Zur Finanzierung des Kaufpreises nahm er ein Darlehen i.H.v. 400.000 € auf. Der Zinssatz war mit 5 % vereinbart. Das endfällige Darlehen hatte eine Laufzeit von 15 Jahren. Die Zinsen wurden monatlich

7. Komplexe Fälle

dem privaten Bankkonto des Archimedes belastet. Daneben entstanden ganzjährig noch monatliche Grundstücksaufwendungen von 300 €.

Den Start in ihr Berufsleben wollte Archimedes seiner Tochter möglichst erleichtern. Daher entschloss er sich das Grundstück seiner Tochter zu übereignen. Mit notariellem Vertrag vom 20.03.2013 wurde die Übertragung des Grundstücks beurkundet. Der Vertrag sah als Übertragungsstichtag den 01.04.2013 vor. Ferner musste sich Manuela verpflichten, dass zugehörige Darlehen ebenfalls zu übernehmen. Dies tat sie jedoch mit Freuden, da „Frau ja nicht jeden Tag ein Grundstück im Wert von einer Million Euro bekommt". Der Mietvertrag mit der GmbH wurde zunächst unverändert fortgeführt.

3. Manuela Trotzig-Alman

Manuela Trotzig studierte nach ihrem Abitur an der Berliner Humboldt-Universität Kunst und Kunstgeschichte. Ihren Abschluss machte sie im Februar 2013. Den Lebensunterhalt konnte sie von den Unterhaltszahlungen ihrer Eltern bestreiten.

Nach dem Ende ihres Studiums kehrte sie nach Dresden zurück. Hier nutzte sie die Gelegenheit sämtliche Anteile an der Neustädter-Galerie GmbH zu erwerben. Die kurz vor der Insolvenz stehende GmbH hatte sich auf Landschaftsbilder aus dem 19. Jahrhundert spezialisiert. Leider fehlte dafür der entsprechende Käuferkreis. Der Kaufpreis der Anteile betrug äußerst günstige 5 €. Daneben fielen noch Notarkosten i.H.v. 300 € zzgl. Umsatzsteuer an. Nach dem Abtretungsvertrag waren die Kosten durch Manuela Trotzig-Alman zu tragen.

Nach dem Übergang des Eigentums an den Anteilen am 01.03.2013 wurde Manuela Trotzig-Alman zur Geschäftsführerin bestellt. Für die ersten drei Monate ihrer Tätigkeit verzichtete sie zunächst auf ein Entgelt. Erst zum 01.06.2013 wurde ein Anstellungsvertrag zwischen der GmbH und Manuela Trotzig-Alman abgeschlossen. Dieser sah ein angemessenes monatliches Gehalt von 3.000 € vor. Sofort nach dem Anteilserwerb stellte sie das Konzept der GmbH auf moderne Kunst um. Sie stellte Bilder und andere Kunstwerke von James Rizzi, Andy Warhol oder Markuss Göpfert aus. Damit traf sie den Geschmack ihrer Kundschaft und die wirtschaftliche Situation der GmbH verbesserte sich von Monat zu Monat. Dies führte auch zu einer Wertsteigerung der GmbH-Anteile, welche monatlich 20.000 € an Wert gewannen.

Neben den Anteilen an der GmbH erwarb Manuela Trotzig-Alman auch noch ein Darlehen im Nennwert von 200.000 € vom bisherigen Gesellschafter. Dieses hatte die bisherige Gesellschafterin im Jahr 2003 der GmbH gewährt. Der Vertrag sah eine Verzinsung von angemessenen 6 % vor. Die Zinsen wurden monatlich durch die GmbH geleistet. Aufgrund der wirtschaftlich schwierigen Lage der GmbH musste Manuela nur 20 % des Nennwertes zahlen, um die Forderung zu erhalten.

4. Aladin Alman-Trotzig

Der in Dresden lebende türkische Kunsthändler Aladin Alman betreibt in Dresden einen Kunsthandel. Sein Angebot umfasst unter anderem mehrere Fresken aus zypriotischen Kirchen, deren Alter auf mehr als 1.500 Jahre geschätzt wurde.

Für seinen inländischen Kunsthandel hat Aladin Alman-Trotzig lediglich ein kleines Lager am Rande von Dresden angemietet. In diesem werden die Kunstgegenstände durch Aladin selbst restauriert bzw. erstellt. Größere Investitionen waren mit Ausnahme der Sicherheitstechnik der Lagerräume für den Betrieb nicht notwendig. Der auf der Grundlage des Betriebsvermögensvergleichs ermittelte Gewinn betrug für das Jahr 2013 insgesamt 40.000 €. Der führt neben einigen Ausfuhrlieferungen nur steuerpflichtige Umsätze aus.

Die von Aladin Alman-Trotzig eingebaute Alarmanlage einschließlich der Sicherheitskameras hatte im Januar 2008 insgesamt 20.000 € zzgl. Umsatzsteuer gekostet und war so konzipiert, dass sie jederzeit ausgebaut und an einer anderen Stelle weitergenutzt werden kann. Bei einer Nutzungsdauer von 10 Jahren erfolgte bisher eine lineare Abschreibung. Für das Jahr 2013 nahm Aladin Alman-Trotzig eine

Vollabschreibung vor, da er der Meinung war, dass dies aufgrund des technischen Fortschritts notwendig war. In diversen Internetbörsen war eine vergleichbare Technik für insgesamt 7.000 € zu erwerben. Um die Geschäftstätigkeit der Neustädter-Galerie GmbH zu erweitern und auf eine breitere Grundlage zu stellen, verkaufte Aladin Alman-Trotzig seinen Kunsthandel an die GmbH. Der Vertrag vom 15.12.2012 sah einen Besitzübergang zum 31.12.2012 vor. Der Kaufpreis betrug 500.000 €. Dieser setzte sich wie folgt zusammen:

Kunstgegenstände	393.000 € (Buchwert zum 31.12.2012: 380.000 €)
Sicherheitstechnik	7.000 € (Buchwert zum 31.12.2012: 0 €)
Kontakte	100.000 € (Buchwert zum 31.12.2012: 0 €)

Insbesondere die Kontakte erschienen Aladin Alman-Trotzig besonders werthaltig, da ihm diese den Zugang zu den einzigartigsten Kunstgegenständen ermöglichten. Ein anderes Kaufangebot des befreundeten Kunsthändlers Salid Alhambra sah hier jedoch nur einen Wert von 70.000 € vor. Die Zahlung des Kaufpreises wurde zunächst bis zum 31.03.2013 gestundet.

Aufgabe: Würdigen Sie den o.g. Sachverhalt unter ertragsteuerlichen Gesichtspunkten! Ermitteln Sie für die Neustädter-Galerie GmbH das zu versteuernde Einkommen, die zutreffende Körperschaftsteuerrückstellung, sowie den Stand des steuerlichen Einlagekontos nach § 27 KStG.
Stellen Sie ebenfalls die Auswirkungen bei den natürlichen Personen dar!

Lösung:

1. Allgemeines – Körperschaftsteuer

Die „Neustädter-Galerie-GmbH" (GmbH) ist unbeschränkt körperschaftsteuerpflichtig, da sie als Kapitalgesellschaft ihre Geschäftsleitung (§ 10 AO) bzw. ihren Sitz (§ 11 AO) in Dresden und somit im Inland (§ 1 Abs. 3 KStG) hat, § 1 Abs. 1 Nr. 1 KStG. Die unbeschränkte Körperschaftsteuerpflicht erstreckt sich auf sämtliche in- und ausländische Einkünfte („sog. Welteinkommen"), § 1 Abs. 2 KStG.

Die Körperschaftsteuer bemisst sich nach dem zu versteuernden Einkommen, § 7 Abs. 1 KStG, R 29 Abs. 1 S. 1, 2 KStR. Das zu versteuernde Einkommen ist das Einkommen nach § 8 Abs. 1 KStG, § 7 Abs. 2 KStG. Die Ermittlung des zu versteuernden Einkommens bestimmt sich nach den Vorschriften des Einkommensteuergesetzes und des Körperschaftsteuergesetzes, § 8 Abs. 1 KStG, R 32 Abs. 1 KStR.

Die GmbH gilt gem. § 13 Abs. 3 GmbHG als Handelsgesellschaft (= Formkaufmann) im Sinne des HGB. Nach § 6 Abs. 1 HGB finden die in Betreff der Kaufleute gegebenen Vorschriften auch auf die Handelsgesellschaften Anwendung. Daher ist die GmbH als Formkaufmann gem. § 238 Abs. 1 S. 1 HGB zur Buchführung verpflichtet. Die Vorschrift des § 8 Abs. 2 KStG bestimmt, dass alle Einkünfte als Einkünfte aus Gewerbebetrieb (§ 15 Abs. 1, 2 EStG) zu behandeln sind, R 32 Abs. 3 S. 1 KStR.

Die Körperschaftsteuer ist eine Jahressteuer, ihre Grundlagen sind jeweils für ein Jahr zu ermitteln, § 7 Abs. 3 S. 1, 2 KStG. Die Gewinn der GmbH ist nach dem Wirtschaftsjahr 2012 (hier: 01.01.–31.12.2012) zu ermitteln, da sie zu diesem Zeitpunkt auch regelmäßige Abschlüsse macht, § 7 Abs. 4 KStG. Die Gewinnermittlung hat durch Betriebsvermögensvergleich zu erfolgen, § 4 Abs. 1 EStG i.V.m. § 5 EStG.

Der Ausgangsbetrag für die Einkommensermittlung des Wirtschaftsjahres 2012 ist der Jahresüberschuss. Nachdem die GmbH ihren Jahresabschluss offensichtlich gem. § 268 Abs. 1 HGB unter Verwendung des Jahresergebnisses aufgestellt hat, muss der Jahresüberschuss aus dem Bilanzgewinn abgeleitet werden.

Bilanzgewinn	50.000 €
+ Vorabausschüttung	20.000 €
+ Verlustvortrag	15.000 €
Jahresüberschuss	**85.000 €**

7. Komplexe Fälle

Der Beschluss der Gesellschafterversammlung vom 13.11.2013 über die Vorabausschüttung stellt eine Einkommensverwendung dar, die weder auf die Gewinn- noch auf die Einkommensermittlung des Jahres 2013 Einfluss hat, § 8 Abs. 3 S. 1 KStG. Eine Auswirkung auf das zu versteuernde Einkommen der GmbH ergibt sich somit für das Jahr 2013 aus diesem Tatbestand nicht, da dies im Rahmen der Überleitung vom Bilanzgewinn zum Jahresüberschuss bereits korrigiert wurde. Darüber hinaus ist eine Verwendung nach § 27 Abs. 1 KStG zu prüfen ist.

Der Beschluss der Gesellschafterversammlung vom 02.05.2014, den Bilanzgewinn 2013 auszuschütten bzw. in die Gewinnrücklagen einzustellen, stellt ebenfalls eine Einkommensverwendung dar, die weder auf die Gewinn- noch auf die Einkommensermittlung des Jahres 2013 Einfluss hat, § 8 Abs. 3 S. 1 KStG. Eine Auswirkung auf das zu versteuernde Einkommen der GmbH ergibt sich somit für das Jahr 2013 aus diesem Tatbestand nicht.

1.1 Anstellungsvertrag Manuela Trotzig-Alman

Das Gehalt stellt aus Sicht der GmbH Betriebsausgaben nach § 4 Abs. 4 EStG dar. Im Verhältnis zwischen Gesellschafter und Gesellschaft sind die Geschäftsvorgänge hinsichtlich einer ggf. vorliegenden verdeckten Gewinnausschüttung zu überprüfen. Da das Gehalt offensichtlich marktüblich ist, liegt insoweit keine verdeckte Gewinnausschüttung vor. Dies gilt ebenso für die Pkw-Überlassung.

1.2 Mietvertrag Grundstück

Die Miete führt grundsätzlich zu Betriebsausgaben nach § 4 Abs. 4 EStG. Es handelt sich um einen Vertrag zwischen Gesellschaft und Gesellschafterin. Demnach ist eine verdeckte Gewinnausschüttung zu prüfen. Die Miete ist eine Vermögensminderung, welche sich auf den Unterschiedsbetrag nach § 4 Abs. 1 EStG auswirkt. Es liegt kein Gewinnverteilungsbeschluss vor. Eine Veranlassung im Gesellschaftsverhältnis ist für die Miete September bis November gegeben, da diese unangemessen hoch ist (3 Monate × 500 €). Es handelt sich um einen Verstoß gegen den Fremdvergleich, da ein ordentlicher und gewissenhafter Geschäftsführer diese Vermögensminderung nicht hingenommen hätte (R 36 Abs. 1 KStR, H 36 III. „Veranlassung im Gesellschaftsverhältnis – Allgemeines" KStH). Es liegt eine verdeckte Gewinnausschüttung i.H.v. 1.500 € vor (§ 8 Abs. 3 S. 2 KStG). Diese ist außerbilanziell i.H.v. 1.500 € dem Einkommen zuzurechnen.

Für die Dezembermiete liegt in der fehlenden Rückforderung eine verhinderte Vermögensmehrung vor, welche sich auf den Unterschiedsbetrag auswirkt. Es liegt kein Gewinnverteilungsbeschluss vor. Eine Veranlassung im Gesellschaftsverhältnis liegt ebenso vor, da bei einem fremden Dritten eine Rückforderung erfolgt wäre (R 36 Abs. 1 KStR, H 36 III. „Veranlassung im Gesellschaftsverhältnis – Allgemeines" KStH). Es liegt eine verdeckte Gewinnausschüttung i.H.v. 6.500 € vor (§ 8 Abs. 3 S. 2 KStG). Diese ist außerbilanziell i.H.v. 6.500 € dem Einkommen zuzurechnen.

1.3 Erwerb Unternehmen Ehemann

Hinsichtlich des Erwerbs des Unternehmens von Aladin ist eine verdeckte Gewinnausschüttung zu prüfen, da ein Rechtsgeschäft zwischen der Gesellschaft und einer nahestehenden Person der Gesellschafterin vorliegt (H 36 III. „Veranlassung durch das Gesellschaftsverhältnis – nahestehende Person" KStH). Der Überpreis stellt eine Vermögensminderung dar. Der erworbene Firmenwert ist innerhalb der Steuerbilanz auf die angemessenen Anschaffungskosten abzuschreiben (= 70.000 €). Damit ergibt sich innerhalb der Steuerbilanz eine Gewinnminderung von 30.000 €. Der Unterschiedsbetrag nach § 4 Abs. 1 EStG mindert sich entsprechend. Es liegt kein Gewinnverteilungsbeschluss vor. Eine Veranlassung im Gesellschaftsverhältnis liegt vor, da der überhöhte Kaufpreis einen Verstoß gegen den Fremdvergleich darstellt. Ein ordentlicher und gewissenhafter Geschäftsführer hätte diese Vermögensminderung nicht hingenommen. Die Bewertung erfolgt mit dem unangemessenen Teil des Kaufpreises = 30.000 €. Die verdeckte Gewinnausschüttung darf das steuerliche Einkommen nicht mindern (§ 8 Abs. 3 S. 2 KStG). Es erfolgt eine außerbilanzielle Hinzurechnung i.H.v. 30.000 €.

1.4 Erwerb Grundstück

Mit Übergang Nutzen und Lasten ist das Grundstück der GmbH als wirtschaftlicher Eigentümerin steuerlich zuzurechnen (vgl. § 39 Abs. 2 Nr. 1 AO). Die Übertragung des Grundstücks erfolgt verbilligt, da der Teilwert lt. SV 1.000.000 € beträgt, die GmbH aber nur Schulden im Wert von 400.000 € übernehmen muss. Es ist daher eine verdeckte Einlage zu prüfen.

Diese liegt vor, da das Grundstück einen einlagefähigen Vermögensgegenstand darstellt (H 40 „Einlagefähiger Vermögensvorteil" KStH). Eine Veranlassung im Gesellschaftsverhältnis ist ebenfalls gegeben, da die Veräußerungsbedingungen (verbilligt) gegen den Fremdvergleich verstoßen (R 40 Abs. 1 und 3 KStR). Die verdeckte Einlage ist mit dem Teilwert zu bewerten (R 40 Abs. 4 KStR, § 6 Abs. 1 Nr. 5 EStG): hier 1.000.000 €. Nach Abzug der Schuldübernahme verbleibt ein Betrag von 600.000 €. Innerhalb der Handels- und Steuerbilanz ist der Wertansatz des Grundstücks auf insgesamt 1.000.000 € aufzustocken. Dies führt zu einer innerbilanziellen Gewinnerhöhung i.H.v. 600.000 €. Gleichzeitig ist außerbilanziell eine Abrechnung i.H.v. 600.000 € vorzunehmen, da sich verdeckte Einlagen nicht auf das steuerliche Einkommen auswirken dürfen (§ 8 Abs. 3 S. 3 EStG). In gleichem Umfang erhöht sich das steuerliche Einlagekonto i.S.d. § 27 KStG.

Die GmbH muss das Grundstück mit den steuerlichen Anschaffungskosten nach § 255 Abs. 1 HGB in die Bücher aufnehmen. Hierzu gehören neben der Schuldübernahme auch der Wert der verdeckten Einlage und die Nebenkosten = 1.035.000 € (= 400.000 € + 600.000 € + 10.000 € + 3.000 € + 22.000 €). Die Aufzeichnung der Nebenkosten als Aufwand ist falsch und muss korrigiert werden. Dies führt zu einer innerbilanziellen Gewinnerhöhung i.H.v. 35.000 €.

Die Anschaffungskosten entfallen mit 80 % = 828.000 € auf das Gebäude (abnutzbares Wirtschaftsgut) und mit 20 % = 207.000 € auf das nicht abnutzbare Wirtschaftsgut Grund und Boden. Die Aufteilung erfolgt im Verhältnis der Verkehrswerte (H 7.3 „Kaufpreis-Aufteilung" EStH). Das Gebäude ist am Bilanzstichtag nach § 6 Abs. 1 Nr. 1 S. 1 EStG mit den fortgeführten Anschaffungskosten anzusetzen. Gewinnauswirkungen ergeben sich lediglich über die Abschreibung. Die steuerlichen Anschaffungskosten bilden die Bemessungsgrundlage für die Absetzung für Abnutzung (R 7.3 Abs. 1 EStR). Das Gebäude ist nach § 7 Abs. 4 S. 1 Nr. 2 Buchst. a EStG mit 2 % abzuschreiben, da der Bauantrag vor dem 01.04.1985 gestellt wurde (Baujahr 1970). Die Jahresabschreibung beträgt daher 16.560 € (= 828.000 € × 2 %). Im Jahr des Erwerbs erfolgt die Abschreibung zeitanteilig (vgl. § 7 Abs. 1 S. 4 EStG) mit 1/12 von 16.560 € = 1.380 €. Da die Abschreibung bisher nicht berücksichtigt wurde, ergibt sich eine innerbilanzielle Gewinnminderung i.H.v. 1.380 €. Der Grund und Boden ist nach § 6 Abs. 1 Nr. 2 S. 1 EStG mit den Anschaffungskosten zu bewerten. Hier ergibt sich keine Gewinnkorrektur.

1.5 Seminar

Die Kosten für das Seminar sind als sofort abzugsfähige Betriebsausgaben (§ 4 Abs. 4 EStG) einzuordnen. Bei dem für die GmbH durchgeführten Seminar, ist eine verdeckte Gewinnausschüttung zu prüfen, da es sich um eine Rechtsbeziehung zwischen Gesellschaft und einer nahestehenden Person der Gesellschafterin handelt (H 36 III. „Veranlassung durch das Gesellschaftsverhältnis – nahe stehende Person" KStH). Der Überpreis stellt eine Vermögensminderung dar, welcher sich auf den Unterschiedsbetrag nach § 4 Abs. 1 EStG auswirkt. Es liegt kein Gewinnverteilungsbeschluss vor. Eine Veranlassung im Gesellschaftsverhältnis liegt vor, da der überhöhte Preis einen Verstoß gegen den Fremdvergleich darstellt und ein ordentlicher und gewissenhafter Geschäftsführer diese Vermögensminderung nicht hingenommen hätte (H 36 III. „Veranlassung im Gesellschaftsverhältnis – Allgemeines" KStH). Die Bewertung erfolgt mit dem unangemessenen Teil des Seminarpreises = 1.000 €. Die verdeckte Gewinnausschüttung darf das Einkommen nicht mindern (vgl. § 8 Abs. 3 S. 2 KStG). Es erfolgt eine außerbilanzielle Hinzurechnung i.H.v. 1.000 €.

7. Komplexe Fälle

1.6 Darlehen

Das Darlehen stellt bei der GmbH eine Betriebsschuld dar, welche in der Steuer- und Handelsbilanz mit dem Nennwert (= Rückzahlungsbetrag = 200.000 €, § 6 Abs. 1 Nr. 3 EStG) zu bewerten ist.

Die Zinsen aus dem Darlehen sind als Betriebsausgaben aufzuzeichnen (§ 4 Abs. 4 EStG). Eine verdeckte Gewinnausschüttung ist nicht erkennbar, da der Zins als angemessen anzusehen ist. Bis zum 30.11.2013 entstehen Zinsen i.H.v. 11.000 € (= 200.000 € × 6 % × $^{11}/_{12}$). Diese stellen bei Zahlung innerbilanziell Aufwand dar. Der Gewinn mindert sich um 11.000 €

Beim Verzicht auf das Darlehen ist eine verdeckte Einlage zu prüfen. Die Darlehensforderung ist ein einlagefähiger Vermögensgegenstand (H 40 „Einlagefähiger Vermögensvorteil" KStH). Mit dem Verzicht liegt ein Verstoß gegen den Fremdvergleich vor und damit eine Veranlassung im Gesellschaftsverhältnis (R 40 Abs. 1 und 3 KStR). Ein Nichtgesellschafter hätte der GmbH diesen Vermögensvorteil nicht eingeräumt. Die Bewertung erfolgt mit dem Teilwert (§ 6 Abs. 1 Nr. 5 EStG), also dem werthaltigen Teil der Gesellschafterforderung. Lt. Sachverhalt ist diese zu 65 % werthaltig. Demnach beträgt der Wert der verdeckten Einlage 130.000 €. Die Verbindlichkeiten sind innerbilanziell gewinnwirksam auszubuchen. Damit ergibt sich eine Erhöhung des Jahresüberschusses um 200.000 €. Die verdeckte Einlage darf das Einkommen nicht mindern (§ 8 Abs. 3 S. 3 KStG) und ist daher wieder außerbilanziell abzurechnen. Dies mindert das Einkommen um 130.000 €. In gleichem Umfang erhöht sich das steuerliche Einlagekonto i.S.d. § 27 KStG.

1.7 Ermittlung von Körperschaftsteuer-/Solidaritätszuschlag-Rückstellung

Zunächst ist das Einkommen der GmbH zu ermitteln:

	Jahresüberschuss	85.000 €
./.	Abschreibung Unternehmenswert Ehemann	./. 30.000 €
+	Wertaufstockung Grundstück	600.000 €
+	Nebenkosten Grundstückserwerb	35.000 €
./.	Abschreibung Gebäude	./. 1.380 €
./.	Aufzeichnung Zinsaufwand	./. 11.000 €
+	Ausbuchung Darlehen	200.000 €
=	**Korrigierter Jahresüberschuss**	**877.620 €**
+	Verdeckte Gewinnausschüttung Miete	1.500 €
+	Verdeckte Gewinnausschüttung Miete	6.500 €
+	Verdeckte Gewinnausschüttung Unternehmenswert	30.000 €
./.	Verdeckte Einlage Grundstück	./. 600.000 €
+	Verdeckte Gewinnausschüttung Seminar	1.000 €
./.	Verdeckte Einlage Darlehen	./. 130.000 €
=	**Zu versteuernde Einkommen**	**186.620 €**

Bemessungsgrundlage für die Körperschaftsteuer ist das zu versteuernde Einkommen. Dieses beträgt im Jahr 2013 insgesamt 186.620 €. Die Körperschaftsteuer für 2013 beträgt gem. § 23 Abs. 1 KStG insgesamt 27.993 € (= 15 % von 186.620 €).

Die Körperschaftsteuer-Rückstellung ermittelt sich wie folgt:

Tarifbelastung	27.993 €
./. Vorauszahlungen (§ 31 Abs. 1 KStG i.V.m. § 36 Abs. 2 Nr. 2 EStG)	./. 0 €
./. Kapitalertragsteuer (§ 31 Abs. 1 KStG i.V.m. § 36 Abs. 2 Nr. 2 KStG)	./. 0 €
= **Körperschaftsteuer-Rückstellung**	**27.993 €**

Die Körperschaftsteuer bildet die Bemessungsgrundlage für den Solidaritätszuschlag (§ 3 Abs. 1 SolZG). Die Höhe ergibt sich aus § 4 S. 1 SolZG. Der festzusetzende Solidaritätszuschlag beträgt daher 1.539,61 € (= 27.993,00 € × 5,5 %). Die Rückstellung für den Solidaritätszuschlag beträgt:

Festzusetzender Solidaritätszuschlag	1.539,61 €
./. Vorauszahlungen (§ 51a EStG i.V.m. § 36 Abs. 2 Nr. 2 EStG)	./. 0 €
./. SolZ auf KapESt (§ 51a EStG i.V.m. § 36 Abs. 2 Nr. 2 KStG)	./. 0 €
= **Solidaritätszuschlag-Rückstellung**	**1.539,61 €**

In die Handels-/Steuer-Bilanz der GmbH muss zum 31.12.2013 eine Körperschaftsteuer-Rückstellung i.H.v. 27.993,00 € bzw. eine Rückstellung für den Solidaritätszuschlag i.H.v. 1.539,61 € eingestellt werden. Eine Änderung des zu versteuernde Einkommens der GmbH für 2013 ergibt sich durch die Berichtigung des Jahresüberschusses/Bilanzgewinnes wegen der Passivierung der Rückstellung nicht, weil nach § 10 Nr. 2 KStG die Steueraufwendungen außerhalb der Bilanz wieder hinzuzurechnen sind.

1.8 Ermittlung Endbestand des steuerlichen Einlagekontos nach § 27 KStG

Der Anfangsbestand des steuerlichen Einlagekontos i.S.d. § 27 KStG beträgt lt. Aufgabenstellung zum 31.12.2012 insgesamt 30.000 €. Gemäß § 27 Abs. 1 S. 2 KStG ist der Bestand um die Zu- und Abgänge fortzuschreiben.

Ferner ist die Verwendung für Ausschüttungen im laufenden Jahr zu prüfen. Insgesamt wurden Leistungen i.H.v. 59.000 € (= 20.000 € + 1.000 € + 1.500 € + 6.500 € + 30.000 €). Der ausschüttbare Gewinn (§ 27 Abs. 1 S. 5 KStG) ermittelt sich wie folgt:

Eigenkapital lt. Steuerbilanz	120.000 €
Stammkapital	./. 25.000 €
Einlagekonto zum 31.12.2012	./. 30.000 €
Ausschüttbarer Gewinn	**65.000 €**

Demnach wird kein steuerliches Einlagekonto für die Gewinnausschüttungen des Jahres 2013 verbraucht. Der Bestand entwickelt sich zum 31.12.2013 wie folgt:

Bestand zum 31.12.2012	30.000 €
Verbrauch in 2013 durch Gewinnausschüttungen	./. 0 €
Zugang durch verdeckte Einlagen (Grundstück 600.000 € + Darlehen 130.000 €)	+ 730.000 €
Bestand zum 31.12.2013	**760.000 €**

2. Einkommensteuer
2.1 Allgemeines
Die Eheleute Archimedes und Jule Trotzig, sowie Manuela und Aladin Alman-Trotzig sind beide unbeschränkt einkommensteuerpflichtig, da sie als natürliche Personen (§ 1 BGB) einen Wohnsitz (§ 8 AO)

7. Komplexe Fälle

im Inland haben (§ 1 Abs. 1 S. 1, 2 EStG). Der sachlichen Besteuerung unterliegt grundsätzlich das Welteinkommen (H 1a „Allgemeines" EStH).

Beide Ehegatten Trotzig sind unbeschränkt steuerpflichtig, leben nicht dauernd getrennt und sind rechtskräftig verheiratet. Die Voraussetzungen für das Ehegattenwahlrecht liegen vor (§ 26 Abs. 1 S. 1 EStG). Sie können zwischen der Einzelveranlagung von Ehegatten (§ 26a EStG) und der Zusammenveranlagung (§ 26b EStG) wählen. Lt. SV geben die Eheleute eine gemeinsame Steuererklärung für beide Ehegatten ab, was dafür spricht, dass eine Zusammenveranlagung gewählt wird. Im Zweifel greift § 26 Abs. 3 EStG. Demnach ist eine Zusammenveranlagung nach § 26b EStG durchzuführen. Die Eheleute haben eine gemeinsame Einkommensteuererklärung abzugeben, die von beiden unterschrieben sein muss (§ 25 Abs. 3 S. 2 EStG). Die Besteuerungsgrundlagen sind für das Kalenderjahr zu ermitteln (§ 2 Abs. 7 S. 2 EStG). Es ist der Splittingtarif (§ 32a Abs. 5 EStG) anzuwenden.

2.2 Archimedes Trotzig
2.2.1 Lebensberatung

Bei der Lebensberatung handelt es sich um Einkünfte aus Gewerbebetrieb i.S.d. § 15 Abs. 1 S. 1 Nr. 1 EStG, da eine selbständige nachhaltige Tätigkeit mit Beteiligung am allgemeinen wirtschaftlichen Verkehr, sowie eine Gewinnerzielungsabsicht vorliegt (§ 15 Abs. 2 EStG). Eine Tätigkeit i.S.d. § 18 EStG scheidet mangels entsprechender Ausbildung aus. Dies gilt ebenso für die Einkünfte aus Land- und Forstwirtschaft, sowie die private Vermögensverwaltung (R 15.7 Abs. 1 EStR). Die Einkünfte unterliegen der Einkommensteuer (§ 2 Abs. 1 S. 1 Nr. 2 EStG). Es handelt sich um Gewinneinkünfte (§ 2 Abs. 2 S. 1 Nr. 1 EStG). Die Gewinnermittlung erfolgt durch Einnahmeüberschussrechnung i.S.d. § 4 Abs. 3 EStG, da weder eine Buchführungspflicht besteht (§§ 140, 141 AO), noch freiwillig Bücher geführt werden. Der Gewinnermittlungszeitraum ist das Wirtschaftsjahr (§ 4a Abs. 1 S. 1 EStG), welches dem Kalenderjahr entspricht (§ 4a Abs. 1 S. 2 Nr. 3 EStG). Der vorläufige Gewinn beträgt 45.000 €.

Bei den Aufwendungen für den Ersatz des Schildes handelt es sich um sofort abzugsfähige Betriebsausgaben (§ 4 Abs. 4 EStG), welche im Zeitpunkt der Zahlung (§ 11 Abs. 2 S. 1 EStG) mit dem Bruttobetrag (H 9b „Gewinnermittlung nach § 4 Abs. 3 EStG und Ermittlung des Überschusses der Einnahmen über die Werbungskosten" EStH) aufgezeichnet werden. Die Behandlung ist daher korrekt.

Bei der Geldbuße handelt es sich ebenfalls um eine Betriebsausgabe (§ 4 Abs. 4 EStG), da eine betriebliche Veranlassung vorliegt. Allerdings verbietet § 4 Abs. 5 S. 1 Nr. 8 EStG den Abzug der Aufwendungen. Demnach ist bei der Ermittlung der Einkünfte aus Gewerbebetrieb eine Zurechnung vorzunehmen.

Die Kosten des Verfahrens (Anwalt und Gericht) sind ebenso Betriebsausgaben (§ 4 Abs. 4 EStG). Im Gegensatz zur Geldbuße sind diese Aufwendungen jedoch im Zeitpunkt des Abflusses (§ 11 Abs. 2 S. 1 EStG) i.H.d. Bruttobetrages (H 9b „Gewinnermittlung nach § 4 Abs. 3 EStG und Ermittlung des Überschusses der Einnahmen über die Werbungskosten" EStH) abzugsfähig (H 12.3 „Kosten des Strafverfahrens" EStH).

Die Einnahmen aus dem Seminar für die GmbH stellen Betriebseinnahmen innerhalb der Lebensberatung dar (§ 8 Abs. 1 EStG analog) im Zeitpunkt des Zuflusses (§ 11 Abs. 1 S. 1 EStG) i.H.d. Bruttobetrages (H 9b „Gewinnermittlung nach § 4 Abs. 3 EStG und Ermittlung des Überschusses der Einnahmen über die Werbungskosten" EStH) dar. Allerdings nur i.H.d. angemessenen Betrages, da der übersteigende Teil eine verdeckte Gewinnausschüttung darstellt. Diese ist bei der Gesellschafterin der Besteuerung zu unterwerfen. Demnach sind die Betriebseinnahmen um 1.000 € zu kürzen. Es handelt sich insoweit um Einlagen (§ 4 Abs. 1 S. 8 EStG).

Die Einkünfte aus Gewerbebetrieb betragen daher 47.000 € (= 45.000 € + 3.000 € ./. 1.000 €).

2.2.2 Grundstück Königstr.

Mit der Vermietung des Grundstücks an die GmbH erzielt Archimedes Trotzig Einkünfte aus Vermietung und Verpachtung i.S.d. § 21 Abs. 1 Nr. 1 EStG. Die Einkünfte unterliegen der Einkommensteuer (§ 2 Abs. 1 S. 1 Nr. 6 EStG). Es handelt sich um Überschusseinkünfte (§ 2 Abs. 2 S. 1 Nr. 2 EStG). Es gilt § 11 EStG. Die

Mieteinnahmen (§ 8 Abs. 1 EStG) für den Zeitraum 01.01.–31.03.2013 sind bei Zufluss (§ 11 Abs. 1 EStG) zu erfassen – 3 Monate × 5.000 € = 15.000 €. Die Grundstückskosten sind als Werbungskosten i.S.d. § 9 Abs. 1 S. 1 EStG bei Abfluss (§ 11 Abs. 2 EStG) zu erfassen – 3 Monate × 300 € = 900 €. Die Schuldzinsen für das Darlehen sind im Zeitpunkt des Abflusses (§ 11 Abs. 2 S. 1 EStG) als Werbungskosten (§ 9 Abs. 1 S. 3 Nr. 1 EStG abzugsfähig à 400.000 € × 5 % × $^3/_{12}$ = 5.000 €. Weiterhin ist die Absetzung für Abnutzung als Werbungskosten zu berücksichtigen (§ 9 Abs. 1 S. 3 Nr. 7 EStG). Die Bemessungsgrundlage bilden die Anschaffungskosten i.S.d. § 255 Abs. 1 HGB. Hierzu gehören neben dem Kaufpreis i.H.v. 800.000 € auch die Nebenkosten in Form der Notar- und Gerichtsgebühren i.H.v. 8.590 € (brutto wegen § 9b Abs. 1 EStG) zzgl. der Grunderwerbsteuer i.H.v. 28.000 € (3,5 % von 800.000 €). Damit ergeben sich Anschaffungskosten i.H.v. 836.590 €. Die Gesamtanschaffungskosten sind im Verhältnis der Verkehrswerte auf Grund und Boden und Gebäude aufzuteilen (H 7.3 „Kaufpreisaufteilung" EStH). Die Anschaffungskosten des Gebäudes betragen daher 669.272 €. Die Absetzung für Abnutzung ist zeitanteilig nach § 7 Abs. 4 S. 1 Nr. 2 Buchst. a EStG vorzunehmen à 669.272 € × 2 % × $^3/_{12}$ = 3.346 €. Damit ergeben sich Einkünfte aus Vermietung und Verpachtung i.H.v. 5.754 € (= 15.000 € ./. 900 € ./. 5.000 € ./. 3.346 €).

Die Übertragung des Vermögens auf die Tochter erfolgt im Wege der vorweggenommenen Erbfolge, da es sich um eine Vermögensübertragung unter Lebenden durch Vertrag mit Berücksichtigung der künftigen Erbfolge handelt, welche auch teilweise unentgeltlich erfolgt (Rz. 1, BMF vom 13.01.1993, BStBl I 1993, 80). Die Übernahme der Verbindlichkeit stellt ein Entgelt dar (Rz. 9, BMF vom 13.01.1993, a.a.O.). Weitere Entgelte sind im Sachverhalt nicht erkennbar. Die Übertragung ist in einen voll entgeltlichen und einen voll unentgeltlichen Teil aufzuteilen (Rz. 14, BMF vom 13.01.1993, a.a.O.). Der Wert des übertragenen Vermögen beträgt lt. SV 1.000.000 €, das Entgelt beträgt 400.000 €. Demnach beträgt der entgeltliche Teil 40 % und der unentgeltliche Teil 60 %.

Beim entgeltlichen Teil der Grundstücksübertragung ist ein privates Veräußerungsgeschäft i.S.d. § 23 EStG zu prüfen. Die Anschaffung (Januar 2005) und die Veräußerung (20.03.2013) liegen innerhalb der 10-Jahresfrist. Daher liegen sonstige Einkünfte aus einem privaten Veräußerungsgeschäft vor (§ 22 Nr. 2 i.V.m. § 23 Abs. 1 S. 1 Nr. 1 EStG). Dieses unterliegt der Einkommensteuer (§ 2 Abs. 1 S. 1 Nr. 7 EStG). Es handelt sich um Überschusseinkünfte (§ 2 Abs. 2 S. 1 Nr. 2 EStG). Die Besteuerung erfolgt im Zeitpunkt des Zuflusses des Veräußerungserlöses (§ 11 Abs. 1 EStG, H 23 „Werbungskosten" EStH). Die Übernahme der Finanzschuld stellt den Veräußerungserlös dar (400.000 €). Hiervon sind die Anschaffungskosten des Grund und Bodens i.H.d. entgeltlichen Teils (40 %) = 66.927 € abzuziehen. Die Anschaffungskosten des Gebäudes sind nach Kürzung um die Absetzung für Abnutzung (§ 23 Abs. 3 S. 4 EStG) i.H.d. entgeltlichen Teils (40 %) = 223.538 € (= 669.272 € abzgl. 13.385 € × 8 Jahre abzgl. 3.346 €) ebenso abzuziehen. Damit ergibt sich ein Veräußerungsgewinn i.H.v. 109.535 €. Dieser übersteigt die Freigrenze i.S.d. § 23 Abs. 3 S. 5 EStG und ist daher vollumfänglich steuerpflichtig.

Hinsichtlich des unentgeltlichen Teils ist bei Archimedes Trotzig nichts zu veranlassen, da hier keine Veräußerung vorliegt und demnach keine Einkünfte vorliegen.

2.3 Manuela Trotzig-Alman

2.3.1 Tätigkeit als Geschäftsführerin

Manuela Trotzig-Alman erzielt aus ihrer Tätigkeit als Geschäftsführerin Einkünfte aus nichtselbständiger Tätigkeit, da sie als Arbeitnehmerin Arbeitslohn aus einem Dienstverhältnis erzielt (§§ 1, 2 LStDV). Diese unterliegen der Einkommensteuer (§ 2 Abs. 1 S. 1 Nr. 4 EStG). Es handelt sich um Überschusseinkünfte (§ 2 Abs. 2 S. 1 Nr. 2 EStG). Die Besteuerungszeitpunkt bestimmt sich hinsichtlich des Arbeitslohn nach § 11 Abs. 1 S. 4 EStG i.V.m. § 38a Abs. 1 S. 2 und 3 EStG. Steuerpflichtig ist der Brutto-Arbeitslohn, da die Lohnsteuer und der Solidaritätszuschlag nach § 12 Nr. 3 EStG nicht abzugsfähig sind.

Nach dem Arbeitsvertrag stellt der Arbeitgeber einen Pkw zur Verfügung, den Manuela auch zu privaten Zwecken nutzen kann. Hierbei handelt es sich um einen geldwerten Vorteil i.S.d. § 8 Abs. 1 EStG. Die Bewertung erfolgt nach § 8 Abs. 2 S. 2 i.V.m. § 6 Abs. 1 Nr. 4 S. 2 EStG nach der 1-%-Methode, da

7. Komplexe Fälle

ein Fahrtenbuch im Sachverhalt nicht erkennbar ist. Demnach ist für jeden Kalendermonat der Nutzung 1 % des Bruttolistenpreises im Zeitpunkt der Erstzulassung als geldwerter Vorteil zu berücksichtigen (20.000 € × 1 % × 6 Monate = 1.200 €). Ferner ist für die Fahrten zwischen Wohnung und Arbeitsstätte ein geldwerter Vorteil als Arbeitslohn zu versteuern (§ 8 Abs. 2 S. 3 EStG). Dieser ermittelt sich wie folgt: 20.000 € × 0,03 % × 5 km × 6 Monate = 180 €.

Die Fahrten zwischen Wohnung und Arbeitsstätten sind als Werbungskosten im Rahmen der Entfernungspauschale abzugsfähig (§ 9 Abs. 1 S. 3 Nr. 4 EStG). Dabei ist nur eine Fahrt am Tag unter Berücksichtigung der auf volle Kilometer abgerundeten einfachen Entfernung zwischen Wohnung und Arbeitsstätte zu berücksichtigen 10 Monate × 20 Arbeitstage × 5 km × 0,30 €/km = 300 €. Die tatsächlichen Werbungskosten sind geringer als der Werbungskostenpauschbetrag. Daher ist dieser von den Einnahmen abzuziehen (§ 9a S. 1 Nr. 1 Buchst. a EStG). Hieraus ergeben sich Einkünfte i.H.v. 21.380 € (= 3.000 € × 7 Monate zzgl. 1.200 € zzgl. 180 € abzgl. 1.000 €).

2.3.2 Vermietung Grundstück Königstr.

Mit der Übertragung des Grundstücks zum 01.04.2013 und dem Erwerb der Gesellschaftsanteile zum 01.03.2013 erlangt Manuela 100 % am Geschäftsgrundstück und 100 % der Anteile der GmbH. Damit beherrscht sie beide Unternehmen (= personelle Verflechtung; vgl. H 15.7 Abs. 6 „Mehrheit der Stimmrechte" EStH). Das Grundstück stellt eine funktionale wesentliche Betriebsgrundlage dar und wird an die GmbH vermietet (= sachliche Verflechtung; vgl. H 15.7 Abs. 5 „Wesentliche Betriebsgrundlage" 1. Anstrich EStH). Es entsteht somit ab dem 01.04.2013 eine Betriebsaufspaltung zwischen Manuela als Besitzeinzelunternehmerin und der GmbH als Betriebskapitalgesellschaft. Zum Betriebsvermögen des Besitzunternehmens gehören alle Wirtschaftsgüter, durch die die Verflechtung erzeugt wird. Demnach müssen die folgenden Positionen in das Betriebsvermögen übergehen: Grundstück (Gebäude und Grund und Boden), Anteile GmbH, Finanzierungsdarlehen, erworbenes Darlehen der GmbH.

Manuela erzielt aus der Betriebsaufspaltung Einkünfte nach § 21 Abs. 1 S. 1 Nr. 1 i.V.m. Abs. 3 und § 15 Abs. 1 S. 1 Nr. 1 EStG. Diese unterliegen der Einkommensteuer § 2 Abs. 1 S. 1 Nr. 2 EStG. Es handelt sich um Gewinneinkünfte nach § 2 Abs. 2 S. 1 Nr. 1 EStG. Der Gewinn ist nach §§ 4 Abs. 1, 5 EStG zu ermitteln, da das Wahlrecht zur Einnahmeüberschussrechnung offensichtlich nicht ausgeübt wurde (H 4.5 Abs. 1 „Wahl der Gewinnermittlungsart – 4. Anstrich" EStH). Das Wirtschaftsjahr entspricht dem Kalenderjahr (vgl. § 4a Abs. 1 S. 2 Nr. 3 S. 1 EStG); hier allerdings liegt ein Rumpfwirtschaftsjahr vor (01.04.–30.11.2013; § 8b EStDV). Es ist eine Eröffnungsbilanz (§ 6 Abs. 1 EStDV) zu erstellen.

Das Grundstück ist unter Beachtung des § 6 Abs. 1 Nr. 6 i.V.m. Nr. 5 S. 1 in das Betriebsvermögen einzulegen. Eine Beschränkung auf die fortgeführten Anschaffungskosten nach § 6 Abs. 1 Nr. 5 Buchst. a und S. 3 EStG ist nur für den entgeltlich erworbenen Teil denkbar (vgl. § 4 Abs. 1 S. 8 EStG). Die Beschränkung führt allerdings ins Leere, da die Einlage direkt nach dem Erwerb erfolgt und im Privatvermögen demnach keine Abschreibungen mehr geltend gemacht werden. Für das Gebäude bedeutet dies einen Einlagewert i.H.v. 800.000 €, für den Grund und Boden i.H.v. 200.000 €.

Daneben ist auch das zum Grundstück gehörende Darlehen in das Betriebsvermögen zu überführen (R 4.2 Abs. 15 EStR). Zum Zeitpunkt der Begründung der Betriebsaufspaltung beträgt der Schuldenstand 400.000 €. Das Darlehen ist mit diesem Wert zu passivieren (§ 4 Abs. 1 S. 8 EStG i.V.m. § 6 Abs. 1 Nr. 5 S. 1 EStG).

Für die Einlage der Beteiligung (§ 4 Abs. 1 S. 8 EStG) greift die Sonderregelung des § 6 Abs. 1 Nr. 5 S. 1 Buchst. b EStG, da es sich eine Beteiligung i.S.d. § 17 Abs. 1 S. 1 EStG handelt (§ 6 Abs. 1 Nr. 6 EStG). Der Einlagewert entspricht den Anschaffungskosten von 362 € (= 5 € + 300 € + 57 €).

Das Gesellschafterdarlehen, welches Manuela miterworben hatten, ist ebenso ins Betriebsvermögen zu überführen, da es der Beherrschung der GmbH dient. Die Einlage (§ 4 Abs. 1 S. 8 EStG) erfolgt nach § 6 Abs. 1 Nr. 6 i.V.m. Nr. 5 S. 1 Buchst. c EStG mit dem Teilwert 50.000 € (= 200. 000 € NW × 25 %) max. mit den Anschaffungskosten 40.000 €.

Die Eröffnungsbilanz zum 01.04.2013 hat das nachfolgende Bild:

Aktiva		Passiva	
Grund und Boden	200.000 €	Kapital	640.362 €
Gebäude	800.000 €	Darlehen	400.000 €
Beteiligung	362 €		
Darlehensforderung	40.000 €		
	1.040.362 €		**1.040.362 €**

Die von der GmbH bezahlten Mieten sind, soweit angemessen als Betriebseinnahmen zu erfassen (§ 21 Abs. 1 S. 1 Nr. 1, Abs. 3 EStG = Subsidiarität). 5 × 5.000 € + 3 × 6.000 € = 43.000 €. Der Zahlungszufluss im Privatvermögen stellt eine Entnahme nach § § 4 Abs. 1 S. 2 EStG dar, welche mit dem Teilwert = Nennwert zu bewerten ist (§ 6 Abs. 1 Nr. 4 S. 1 EStG).

Das Gebäude ist in der Schlussbilanz mit den fortgeführten Anschaffungskosten, hier dem fortgeführten Einlagewert zu bilanzieren (§ 6 Abs. 1 Nr. 1 EStG). Die Abschreibung erfolgt nach § 7 Abs. 4 S. 1 Nr. 2a EStG; zeitanteilig nach § 7 Abs. 1 S. 4 EStG. Bemessungsgrundlage ist der Einlagewert abzgl. der im Privatvermögen geltend gemachten Absetzung für den unentgeltlich übertragenen Gebäudeteil (Absetzung-Privatvermögen: 8 Jahre × 13.385 € zzgl. 13.385 × $^3/_{12}$ = 110.426 € × 60 % = 66.256 € à Einlagewert 800.000 € abzgl. 66.256 € = 733.744 € = Bemessungsgrundlage für die Absetzung für Abnutzung, § 7 Abs. 1 S. 5 EStG). Demnach ergibt sich eine Absetzung für Abnutzung i.H.v. 9.783 € (AfA = 733.744 € × 2 % × $^8/_{12}$). Der Restbuchwert zum 31.12.2013 beträgt 790.217 € (= 800.000 € abzgl. 9.783 €).

Der Grund und Boden ist nach § 6 Abs. 1 Nr. 2 EStG mit den Anschaffungskosten (= Einlagewert) oder einem dauerhaft niederen Teilwert zu bilanzieren. Hier erfolgt ein Ansatz zu Anschaffungskosten i.H.v. 200.000 €, da keine Angaben zu einem niederen Teilwert ersichtlich sind.

Die für das Finanzierungsdarlehen zu leistenden Zinsen stellen Betriebsausgaben nach § 4 Abs. 4 EStG dar. Für die Monate April bis November fallen an: 400.000 € × 5 % × $^8/_{12}$ = 13.333 €. Der Zahlungsfluss über das Privatvermögen stellt eine Aufwandseinlage mit dem Nennwert dar (§ 4 Abs. 1 S. 8 EStG i.V.m. § 6 Abs. 1 Nr. 5 EStG).

Die Grundstückskosten stellen laufende Betriebsausgaben nach § 4 Abs. 4 EStG dar. Für die Monate April bis November fallen insgesamt 2.400 € (= 8 Monate × 300 €) an. Der Zahlungsfluss über das Privatvermögen stellt ebenfalls eine Aufwandseinlage mit dem Nennwert dar (§ 4 Abs. 1 S. 8 und § 6 Abs. 1 Nr. 5 EStG).

Die überteuerte Seminargebühr, das zu hohe Pachtentgelt führen zu verdeckten Gewinnausschüttungen. Da sich der Anteil zu diesem Zeitpunkt im Betriebsvermögen befindet, fließt auch der Kapitalertrag nach § 20 Abs. 1 Nr. 1 S. 2 EStG aufgrund der Subsidiarität nach § 20 Abs. 8 EStG dem Betriebsvermögen zu und unterliegt dort der Besteuerung nach dem Teileinkünfteverfahren (§ 3 Nr. 40 S. 1 Buchst. d und § 3 Nr. 40 S. 2 EStG i.V.m. § 3c Abs. 2 EStG). Dies gilt ebenso für die Vorabausschüttung (§ 20 Abs. 1 Nr. 1 EStG). Das Teileinkünfteverfahren ist auch für die verdeckte Gewinnausschüttung anzuwenden, da die zugehörigen Einkommenszurechnungen bei der Kapitalgesellschaft vorgenommen wurden (vgl. § 3 Nr. 40 S.1 Buchst. d S. 2 EStG). Innerbilanziell sind Betriebseinnahmen i.H.v. 22.500 € (= 1.000 € + 3 Monate × 500 € + 20.000 €) aufzuzeichnen. Dem steht eine außerbilanzielle Abrechnung i.H.v. 9.000 € (= 40 % von 22.500 €) gegenüber.

Das Gesellschafter-Darlehen gehört zum notwendigen Betriebsvermögen des Besitzunternehmens (R 4.2 Abs. 1 EStR). Daher sind die Zinsen aus dem Darlehen (§ 20 Abs. 1 Nr. 7 EStG) ebenfalls in gewerbliche Einkünfte umzuqualifizieren (§ 20 Abs. 8 i.V.m. § 15 Abs. 1 EStG). Für den Zeitraum April-November werden Zinsen i.H.v. 8.000 € (= 200.000 € × 6 % × $^8/_{12}$) tatsächlich geleistet. Eine Kapitalertragsteuerpflicht besteht nicht (§ 43 Abs. 1 S. 1 Nr. 7 EStG).

7. Komplexe Fälle

Der Verzicht auf die Rückzahlung des Darlehens führt zu einer verdeckten Einlage hinsichtlich des werthaltigen Teils der Kapitalforderung (130.000 € = 200.000 € × 65 %). Die Differenz zwischen dem Teilwert (= 130.000 €) und dem Buchwert (= 40.000 €) des Darlehens führt zu einem laufenden Gewinn (= 90.000 €). Der Buchwert der Beteiligung erhöht sich von 362 € um 130.000 € auf 130.362 €.

Der Gewinn des Besitzunternehmens ermittelt sich wie folgt:

	Mieteinnahmen	43.000 €
+	Gewinnausschüttungen	22.500 €
+	Zinsen	8.000 €
+	Wertaufholung Beteiligung	90.000 €
./.	Absetzung für Abnutzung	./. 9.783 €
./.	Zinsen	./. 13.333 €
./.	Grundstückskosten	./. 2.400 €
=	Gewinn	137.984 €
./.	steuerfrei nach § 3 Nr. 40 EStG	./. 9.000 €
=	**Einkünfte aus Gewerbebetrieb**	**128.984 €**

Die Schlussbilanz des Besitzunternehmens hat das nachfolgende Bild:

Aktiva		Passiva	
Grund und Boden	200.000 €	Kapital	720.579 €
Gebäude	790.217 €	Darlehen	400.000 €
Beteiligung	130.362 €		
Darlehensforderung	0 €		
	1.120.579 €		**1.120.579 €**

2.3.3 Betriebsaufgabe

Mit der Veräußerung des Grundstücks an die GmbH verwirklicht Manuela Trotzig-Alman eine Betriebsaufgabe im Ganzen, da sie sämtliche wesentlichen Betriebsgrundlagen (H 16 Abs. 5 „Wesentliche Betriebsgrundlagen" EStH) entweder veräußert (= Grundstück) oder in das Privatvermögen überführt (= GmbH-Beteiligung; vgl. H 16 Abs. 2 „Allgemeines" EStH). Dies geschieht in einem einheitlichen Vorgang, am 30.11.2013. Sie verwirklicht damit gewerbliche Einkünfte § 2 Abs. 1 S. 1 Nr. 2 EStG i.V.m. § 16 Abs. 3 S. 1 EStG. Es liegt eine Gewinneinkunftsart nach § 2 Abs. 2 S. 1 Nr. 1 EStG vor. Die Gewinnermittlung erfolgt nach § 16 Abs. 2 und 3 EStG. Die Besteuerung erfolgt bei Übergang des wirtschaftlichen Eigentums (H 16 Abs. 9 „Aufgabegewinn bei Veräußerung von Wirtschaftsgütern" EStH). Der Veräußerungspreis des Grundstücks stellt die Gegenleistung dar (§ 16 Abs. 3 S. 6 EStG). Allerdings ist der Wert der verdeckten Einlage kaufpreiserhöhend zu berücksichtigen. Die Beteiligung ist mit dem gemeinen Wert in das Privatvermögen zu überführen (§ 16 Abs. 3 S. 7 EStG, 180.005 € = 5 € + 9 Monate × 20.000 €). Der gemeine Wert und der Buchwert der Beteiligung sind jedoch nur zu 60 % anzusetzen, da hier das Teileinkünfteverfahren gilt (§ 3 Nr. 40 Buchst. c i.V.m. § 3c Abs. 2 EStG).

Der Gewinn aus der Betriebsaufgabe ermittelt sich wie folgt:

Veräußerungspreis = Übernahme Schuld		400.000 €
+ Wert der verdeckten Einlage		600.000 €
+ Gemeiner Wert des GmbH-Beteiligung		180.005 €
./. Veräußerungskosten	./.	0 €
./. Wert der Aktiva	./.	1.120.579 €
= Aufgabegewinn vorläufig		59.426 €
./. steuerfrei 180.005 € × 40 %	./.	72.002 €
+ Nicht abzugsfähig 130.362 € × 40 %		52.145 €
= **Aufgabegewinn vor Freibetrag**		**39.569 €**

Ein Freibetrag nach § 16 Abs. 4 EStG ist nicht zu berücksichtigen, da Manuela Trotzig-Alman die persönlichen Voraussetzungen nicht erfüllt (Lebensalter/dauernde Berufsunfähigkeit). Die Steuerermäßigung nach § 34 Abs. 3 EStG kann aus diesem Grund ebenfalls nicht gewährt werden. Die Steuerermäßigung nach § 34 Abs. 1 EStG kann angewandt werden, da es sich um außerordentliche Einkünfte nach § 34 Abs. 2 Nr. 1 EStG handelt. Allerdings nur für den Teil des Gewinnes der nicht dem Teileinkünfteverfahren unterliegt.

2.3.4 Privates Veräußerungsgeschäft

Manuela Trotzig-Alman erwirbt das Grundstück teilweise im Privatvermögen und teilweise muss sie sich die Anschaffung des Vaters zurechnen lassen. Danach legt sie es in ein Betriebsvermögen ein, um es anschließend an ihre Kapitalgesellschaft zu veräußern. Demnach ist ein privates Veräußerungsgeschäft nach § 23 Abs. 1 S. 5 Nr. 1 EStG zu prüfen. Die Anschaffung im Privatvermögen durch Manuela (= Ablauf 20.03.2013), die Zurechnung der Anschaffung des unentgeltlichen Rechtsvorgängers (= Vater Januar 2005) und die Veräußerung im Betriebsvermögen (= Ablauf 28.11.2013) liegen innerhalb der 10-Jahresfrist. Sie erzielt sonstige Einkünfte aus einem privaten Veräußerungsgeschäft (§ 22 Nr. 2 i.V.m. § 23 Abs. 1 S. 5 Nr. 1 EStG). Diese unterliegen der Einkommensteuer (§ 2 Abs. 1 S. 1 Nr. 7 EStG). Es handelt sich um Überschusseinkünfte (§ 2 Abs. 2 S. 1 Nr. 2 EStG). Die Besteuerung erfolgt in dem Veranlagungszeitraum, in dem der Veräußerungserlös im Betriebsvermögen zufließt (= 2013, § 23 Abs. 3 S. 6 EStG). Hinsichtlich des Gebäudeteils ist eine Kürzung um die im Privatvermögen des Vaters vorgenommen Absetzung für Abnutzung vorzunehmen (§ 23 Abs. 3 S. 4 EStG; AK Gebäude 669.272 € abzgl. AfA 66.256 € × 60 %). Für den entgeltlichen Teil unterbleibt diese Kürzung, die bei Manuela Trotzig-Alman im Privatvermögen bisher keine Absetzung für Abnutzung berücksichtigt wurde. Der Veräußerungsgewinn ermittelt sich unter Beachtung des entgeltlichen/unentgeltlichen Erwerbs wie folgt:

Einlagewert	600.000 €	400.000 €
Anschaffungskosten Grund und Boden	100.391 €	./. 80.000 €
Fortgeführte Anschaffungskosten Gebäude	361.810 €	./. 320.000 €
Veräußerungsgewinn	**137.799 €**	**= 0 €**

Der Veräußerungsgewinn unterliegt in voller Höhe der Besteuerung, da er die Freigrenze des § 23 Abs. 3 S. 5 EStG übersteigt.

2.3.5 Einkünfte aus Kapitalvermögen

Die verdeckte Gewinnausschüttung (= Mietzahlung Dezember) führt bei Manuela Trotzig-Alman zu Einkünften aus Kapitalvermögen i.S.d. § 20 Abs. 1 Nr. 1 S. 2 EStG. Diese unterliegen der Einkommensteuer (§ 2 Abs. 1 S. 1 Nr. 5 EStG). Es handelt sich um Überschusseinkünfte (§ 2 Abs. 2 S. 1 Nr. 2

7. Komplexe Fälle

EStG). Die Besteuerung erfolgt bei Zufluss = 2013 (§ 11 Abs. 1 EStG). Die Einkünfte unterliegen der Abgeltungsbesteuerung, da weder ein Fall der Subsidiarität (§ 20 Abs. 8 EStG) vorliegt, noch ein Antrag nach § 32d Abs. 2 Nr. 3 EStG gestellt wurde. Ferner wurde die verdeckte Gewinnausschüttung bei der Kapitalgesellschaft dem Einkommen hinzugerechnet (§ 32d Abs. 2 Nr. 4 EStG). Es ist der gemeinsame Sparer-Pauschbetrag i.H.v. § 20 Abs. 9 S. 2 EStG zu berücksichtigen. Der Abzug erfolgt vollständig bei Manuela Trotzig-Alman, da der Ehemann über keine eigenen Kapitaleinkünfte verfügt. Nach Abzug des gemeinsamen Sparer-Pauschbetrages (§ 20 Abs. 9 S. 1 EStG) verbleiben Einkünfte i.H.v. 4.898 € (= 6.500 € abzgl. 1.602 €). Die verdeckte Gewinnausschüttung unterliegt grundsätzlich der Kapitalertragsteuer (§ 43 Abs. 1 S. 1 Nr. 1 EStG). Allerdings wurde bisher kein Steuerabzug vorgenommen. Manuela Trotzig-Alman ist daher verpflichtet die Einkünfte im Rahmen ihrer Einkommensteuererklärung anzugeben (§ 32d Abs. 3 EStG).

Hinsichtlich der verdeckten Gewinnausschüttung aufgrund des übertuerten Erwerbs des Betriebs von Aladin liegt im Jahr 2013 kein Zufluss vor. Hier erfolgt die Besteuerung erst in 2014.

Die Zinsen aus dem Darlehen an die GmbH stellten Einnahmen nach § 20 Abs. 1 Nr. 7 i.V.m. § 2 Abs. 1 S. 1 Nr. 5 EStG dar. Es handelt sich um Überschusseinkünfte (§ 2 Abs. 2 S. 1 Nr. 2 EStG). Für den Monat März ist eine Umqualifizierung nach § 20 Abs. 8 EStG noch nicht vorzunehmen, da die Voraussetzungen für eine Betriebsaufspaltung noch nicht vorliegen. Der Zufluss i.S.d. § 11 Abs. 1 S. 1 EStG liegt Ende März vor. Eine Anwendung der Abgeltungsbesteuerung i.S.d. § 32d Abs. 1 EStG scheidet aufgrund des Vorliegens der Voraussetzungen nach § 32d Abs. 2 Nr. 1 Buchst. b EStG aus, da Manuela Trotzig-Alman Alleingesellschafterin der GmbH ist. Der Sparerpauschbetrag nach § 20 Abs. 9 EStG ist nicht anzuwenden (§ 32d Abs. 2 Nr. 1 S. 2 EStG). Die Einkünfte i.H.v. 1.000 € (= 200.000 € × 6 % × $\frac{1}{12}$) unterliegen der Normalbesteuerung.

2.4 Aladin Alman-Trotzig
2.4.1 Kunsthandel

Mit dem Kunsthandel erzielt Aladin Einkünfte aus Gewerbebetrieb i.S.d. § 15 Abs. 1 S. 1 Nr. 1 EStG, da er eine selbständige, nachhaltige Tätigkeit ausübt, sich am allgemeinen wirtschaftlichen Verkehr beteiligt und eine Gewinnerzielungsabsicht hat. Es liegen weder Einkünfte aus Land- und Forstwirtschaft, noch Einkünfte aus selbständiger Tätigkeit, noch eine private Vermögensverwaltung vor (§ 15 Abs. 2 EStG, R 15.7 Abs. 1 EStR). Diese unterliegen der Einkommensteuer (§ 2 Abs. 1 S. 1 Nr. 2 EStG). Es handelt sich um Gewinneinkünfte (§ 2 Abs. 2 S. 1 Nr. 1 EStG), welche nach dem Sachverhalt durch Betriebsvermögensvergleich i.S.d. § 5 Abs. 1 EStG ermittelt werden. Der Gewinnermittlungszeitraum ist das Wirtschaftsjahr, welches dem Kalenderjahr entspricht (§ 4a Abs. 1 S. 1 und S. 2 Nr. 3 EStG). Die Besteuerung erfolgt in dem Veranlagungszeitraum, in dem das Wirtschaftsjahr endet (§ 4a Abs. 2 Nr. 2 EStG).

Bei der Sicherheitsanlage handelt es sich um notwendiges Betriebsvermögen, sowie um ein Wirtschaftsgut des abnutzbaren Anlagevermögens (R 4.2 Abs. 1, R. 6.1 Abs. 1 S. 1, 5 EStR). Die Bewertung erfolgt nach § 6 Abs. 1 Nr. 1 EStG mit den fortgeführten Anschaffungskosten. Dabei ist die Absetzung für Abnutzung linear nach § 7 Abs. 1 EStG anhand der Anschaffungskosten (netto § 9b Abs. 1 EStG, § 255 Abs. 1 HGB) vorzunehmen. Die jährliche Abschreibung beträgt demnach 2.000 €. Daraus resultiert ein Buchwert zum 31.12.2013 von 8.000 € (= 20.000 € abzgl. 2.000 € × 6 Jahren). Der im Sachverhalt genannte Teilwert von 7.000 € rechtfertigt keine Teilwertabschreibung, da er nicht von Dauer ist (§ 6 Abs. 1 Nr. 1 S. 2 EStG – Buchwert unter Berücksichtigung der halben Restnutzungsdauer = 4.000 €). Die vorgenommene Teilwertabschreibung (= 10.000 €) ist daher zu korrigieren. Der laufende Gewinn ermittelt sich wie folgt: 48.000 € = 40.000 € zzgl. 10.000 € abzgl. 2.000 €

2.4.2 Veräußerung Kunsthandel

Mit dem Verkauf des Kunsthandels an die GmbH ist eine Betriebsveräußerung im Ganzen zu prüfen, da alle wesentlichen Betriebsgrundlagen (= Kontakte und u.U. Kunstgegenstände) auf die GmbH in einem einheitlichen Vorgang gegen Entgelt übertragen werden und Aladin Alman-Trotzig die Tätigkeit aufgibt

(R 16 Abs. 1 EStR, H 16 Abs. 1 „Aufgabe der Tätigkeit" EStH). Damit erzielt er Einkünfte aus Gewerbebetrieb i.S.d. § 16 Abs. 1 S. 1 Nr. 1 i.V.m. § 15 Abs. 1 EStG. Diese unterliegen der Einkommensteuer (§ 2 Abs. 1 S. 1 Nr. 2 EStG). Es handelt sich um Gewinneinkünfte (§ 2 Abs. 2 S. 1 Nr. 1 EStG), welche nach § 16 Abs. 2 EStG zu ermitteln sind. Der Besteuerungszeitpunkt ist der Übergang des wirtschaftlichen Eigentums (= 31.12.2013, H 16 Abs. 1 „Maßgeblicher Zeitpunkt" EStH). Die Stundung des Kaufpreises ist unbeachtlich, da es sich um eine Sollbesteuerung handelt und Stundungszeitraum 12 Monate nicht überschreitet.

Die verdeckte Gewinnausschüttung aufgrund des überhöhten Kaufpreises ist nicht in den Veräußerungspreis einzubeziehen, da die Besteuerung bei Manuela Trotzig-Alman erfolgt. Demnach ermittelt sich der Veräußerungsgewinn wie folgt:

Veräußerungspreis angemessen		470.000 €
./. Veräußerungskosten	./.	0 €
./. Buchwert Kunstgegenstände	./.	380.000 €
./. Buchwert Sicherheitstechnik	./.	8.000 €
= Veräußerungsgewinn vor Freibetrag		**82.000 €**

Ein Freibetrag nach § 16 Abs. 4 EStG, sowie die Steuerermäßigung nach § 34 Abs. 3 EStG sind aufgrund des Fehlens der persönlichen Voraussetzungen (Lebensalter/dauernde Berufsunfähigkeit) nicht zu berücksichtigen. Die Steuermäßigung nach § 34 Abs. 1 EStG ist anwendbar, da es sich um außerordentliche Einkünfte i.S.d. § 34 Abs. 2 Nr. 1 EStG handelt.

Fall 5: Schachfiguren Dresden GmbH
1. Allgemeines
Die „Schachfiguren Dresden GmbH" (GmbH) mit Sitz in Dresden, wurde im Januar 1995 gegründet. Die GmbH importierte Spielfiguren jedweder Art und vertrieb sie deutschlandweit an diverse Fachgeschäfte. Gründungsgesellschafter waren:

Franziska Schmidt 40.000 €,
Heinz Schmidt 10.000 €.

Der notariell beurkundete Gesellschaftsvertrag sah ein Stammkapital von umgerechnet 50.000 € vor. Weitere Einlage hatten die Gesellschafter bisher nicht geleistet. Seit der Gründung haben sich die Beteiligungsverhältnisse nicht mehr verändert. Die Anteile von Franziska Schmidt wurden zutreffend ihrem Privatvermögen zugeordnet. Demgegenüber hatte Heinz Schmidt die Gesellschaftsanteile dem Betriebsvermögen seines Einzelunternehmens zugeordnet.

Franziska Schmidt ist als alleinvertretungsberechtigte Geschäftsführerin bestellt. Sie ist von den Beschränkungen des § 181 BGB wirksam befreit.

Der Stand des steuerlichen Eigenkapitals nach § 27 KStG wurde zum 31.12.2012 mit 0 € festgestellt. In der Steuerbilanz war zum 31.12.2012 insgesamt ein Eigenkapital i.H.v. 300.000 € ausgewiesen.

1.1 Gesellschafterbeschlüsse
Franziska Schmidt erhielt ein angemessenes monatliches Geschäftsführergehalt i.H.v. 3.000 € (Lohnsteuer 500 €, SolZ 27,50 €). Eine Sozialversicherungspflicht bestand für Franziska Schmidt nicht. Weitere Gehaltsbestandteile waren nach dem Anstellungsvertrag nicht vereinbart. Nach dem Umzug in die neuen Geschäftsräume hielt Franziska Schmidt eine Mitarbeiterversammlung ab. In dieser lobte sie alle Mitarbeiter für das große Engagement beim Umzug und sagte eine Sonderzahlung i.H.v. 500 € je Mitarbeiter zu, welche noch im September 2013 ausbezahlt wurde. Die Zahlung von insgesamt 5.000 € (9 Mitarbeiter und 1 Geschäftsführerin á 500 €) wurde ordnungsgemäß der Lohnsteuer unterworfen.

Der Bilanzgewinn 2012 der GmbH wurde nach einem Gesellschafterbeschluss vom 06.03.2013 i.H.v.

45.000 € ausgeschüttet. Die Auszahlung erfolgte am 10.03.2013 unter Einbehaltung der richtigen Steuerabzugsbeträge auf die privaten Bankkonten der Gesellschafter. Eine Erfassung im Einzelunternehmen des Heinz Schmidt unterblieb bislang. Der verbleibende Betrag i.H.v. 3.000 € wurde auf neue Rechnung vorgetragen.

Auf der Gesellschafterversammlung vom 17.03.2014 wurde über die Verwendung des Bilanzgewinns 2013 wie folgt beschlossen:
- Ausschüttung   62.000 €,
- Vortrag auf neue Rechnung   4.000 €.

Die Auszahlung erfolgte am 18.03.2013 auf die privaten Konten der Gesellschafter. Dabei wurden die einzubehaltenden Steuern ordnungsgemäß an das Finanzamt abgeführt. Die Ausschüttung des Bilanzgewinns 2012 wurde in der Buchführung der GmbH ordnungsgemäß verbucht.

1.2 Sonstige Aufwendungen
In der GuV-Rechnung wurden die folgenden Steuer-Vorauszahlungen berücksichtigt und auf den nachfolgenden Konten verbucht:

Körperschaftsteuer-Aufwand	7.000 €
SolZ-Aufwand	385 €
Gewerbesteuer-Aufwand	2.000 €

Eine Rückstellung für eine voraussichtliche Körperschaftsteuer-/SolZ-Nachzahlung wurde i.H.v. 2.000 €/110 € gebildet. Für die Gewerbesteuer wurde bisher keine Rückstellung gebildet.

1.3 Waren
Die GmbH bezieht ihre Waren aus der ganzen Welt. Hierbei fallen oft erhebliche Nebenkosten, wie Versandkosten, Servicegebühren, Zollgebühren oder Versicherungskosten an. Diese Kosten betragen im Durchschnitt 5 % des Einkaufspreises. Im Rahmen der Inventur zum 31.12.2013 wurde die vorhandenen Waren mit den Anschaffungskosten von 50.000 € bewertet. Ein niederer Teilwert ist dabei bei keiner Warengruppe ersichtlich.

1.4 Importservice AG
Den kompletten Import von Waren wickelt die Importservice AG für die GmbH ab. Hier ergab sich im Jahr 2008 die Gelegenheit einen 20%igen Anteil an der AG für insgesamt 200.000 € zu erwerben. Seither wies die GmbH in ihren Bilanzen die Beteiligung an der AG mit den Anschaffungskosten aus. Der tatsächliche Wert des Anteils betrug im Jahr 2013 durchgängig 350.000 €.

Auf der Hauptversammlung am 11.04.2013 beschlossen die Aktionäre eine Dividende von 6 €/Aktie. Für die GmbH ergab sich insgesamt ein Betrag von 30.000 €. Dieser wurde unter Berücksichtigung der Steuerabzugsbeträge dem Bankkonto der GmbH gutgeschrieben. Die GmbH verbuchte den Zahlbetrag als Beteiligungsertrag.

1.5 Miete Geschäftsräume
Mit der Fertigstellung des Gebäudes durch Heinz Schmidt (vgl. Tz. 2) bezog die GmbH ihre neuen Geschäftsräume. Die monatliche Warmmiete von 2.300 € zzgl. USt wurde dabei unter Inanspruchnahme eines Vorsteuerabzugs als Mietaufwand verbucht. Vergleichbare Räumlichkeiten werden in der Umgebung der neuen Geschäftsräume zu ähnlichen Konditionen vermietet. Die am 01.01.2014 für Januar 2014 fällige Miete wurde dabei bereits am 30.12.2013 vom betrieblichen Bankkonto abgebucht und ebenfalls als Aufwand verbucht.

Das für den Bau des Gebäudes notwendige Grundstück hatte die GmbH im Jahr 2000 im Rahmen eines Zwangsversteigerungsverfahrens (AK 90.000 €) günstig ersteigert. Ursprünglich wollte die GmbH hier selbst ein Geschäftshaus errichten. Die Lage und der Zuschnitt des Grundstücks rechtfertigten über die Jahre einen Anstieg des Teilwertes auf 160.000 € (Jahr 2013). Allerdings stellte sich schnell heraus, dass das Grundstück für die Zwecke der GmbH zu groß war. Daher lag es zunächst mehrere Jahre brach und wurde nicht genutzt. Erst der wirtschaftliche Erfolg des Einzelunternehmens des Heinz Schmidt machte eine sinnvolle Nutzung des Grundstücks wieder möglich. Daher stimmte Franziska Schmidt einem Verkauf des Grundstücks an ihren Ehemann zu. Der notariell beurkundete Kaufvertrag vom 29.12.2012 sah einen Kaufpreis von 100.000 vor. Dieser wurde bei Eigentumsübergang am 02.01.2013 beglichen.

2. Persönliche Verhältnisse Gesellschafter

Heinz (geb. am 15.06.1960) und Franziska (geb. am 11.02.1965) Schmidt sind seit dem Jahr 2007 verheiratet und bewohnen eine gemeinsame Eigentumswohnung in Dresden. Die Ehe blieb bisher kinderlos. Aus der im April 2014 eingereichten Einkommensteuererklärung für das Jahr 2013 ist keine Veranlagungsart ersichtlich.

2.1 Einzelhandlung Heinz Schmidt

Heinz Schmidt betreibt seit mehreren Jahren ein Fachgeschäft für Schachfiguren in einem abgelegenen Dresdner Stadtteil. Die hierfür benötigten Räumlichkeiten waren bislang angemietet. Er unterliegt der Regelbesteuerung und erbringt ausschließlich umsatzsteuerpflichtige Ausgangsumsätze. Daher ist er voll zum Vorsteuerabzug berechtigt. Heinz Schmidt gibt monatliche Umsatzsteuervoranmeldungen ab. Die zugehörigen Zahlungen wurden bei Fälligkeit geleistet. Den Gewinn ermittelt er bisher zutreffenderweise durch geordnete Aufzeichnungen seiner Einnahmen und Ausgaben (§ 4 Abs. 3 EStG). Der Einkommensteuererklärung fügte er eine Übersicht seiner Einnahmen und Aufwendungen bei, die einen Gewinn i.H.v. 50.000 € auswies.

Geschäftsgrundstück

Nach anfänglichen Jahren voller Entbehrungen, entwickelte sich das Geschäft des Heinz Schmidt immer besser. Zur weiteren Verbesserung seiner wirtschaftlichen Lage, plante Heinz Schmidt einen Umzug seiner Geschäftsräume in die Dresdner Stadtmitte. Das hierfür benötigte Grundstück erwarb Heinz Schmidt von der Schachfiguren Dresden GmbH (vgl. Tz. 1). Der vereinbarte Kaufpreis betrug 100.000 €. Die Nebenkosten (3.500 € Grunderwerbsteuer und 2.000 € zzgl. 380 € USt Notar) musste er dabei ebenfalls übernehmen. Diese wurden bei Zahlung in voller Höhe als Betriebsausgabe aufgezeichnet. Ein Vorsteuerabzug wurde bisher nicht in Anspruch genommen. Der Übergang von Nutzen und Lasten war für den 02.01.2013 vorgesehen.

Direkt nach dem Erwerb plante Heinz Schmidt die Bebauung des bisher unbebauten Grundstücks. Hierbei entstanden im Aufwendungen von insgesamt 1.000.000 € zzgl. 190.000 € Umsatzsteuer. Sämtliche Zahlungen im Hinblick auf die Errichtung des Gebäudes (einschl. Bauplanung) wurden im Jahr 2013 geleistet. Eine Berücksichtigung als Betriebsausgabe unterblieb bislang ebenso, wie die Inanspruchnahme eines Vorsteuerabzugs.

Die Fertigstellung des Gebäudes erfolgte zum 01.08.2013. Der Umzug in die neuen betrieblichen Räumlichkeiten erfolgte ebenfalls zum 01.08.2013. Die Kosten für den Umzug betrugen 2.000 € zzgl. 380 €. Diese wurden bisher nicht erfasst.

Im Oktober erhielt Heinz Schmidt noch den Bescheid über die Zurechnungs- und Artfortschreibung des Grundstücks. Dieser sah einen Einheitswert von 200.000 € vor.

Die bisherigen Geschäftsräume hatte Heinz Schmidt angemietet. Die monatliche Miete betrug 1.000 €. Auf die Ausübung der Option zur Umsatzsteuerpflicht wurde im Mietvertrag verzichtet. Die Mietzahlungen waren zum Monatsersten fällig und wurden pünktlich gezahlt. Lediglich die Zahlung für Januar 2013 wurde bereits am 29.12.2012 geleistet. Die Aufzeichnung als Betriebsausgabe erfolgte jeweils bei Zahlung. Die Kündigung der Geschäftsräume erfolgte unter Einhaltung der vertraglichen Kündigungsfrist zum 31.07.2013.

Waren
Einen Teil seiner angebotenen Spielfiguren erwarb Heinz Schmidt von der Schachfiguren Dresden GmbH. Insbesondere die Figuren aus der Serie des sprechenden Schachspiels fanden reißenden Absatz. Hier zeichnete sich der rauchende Turm besonders aus, da dieser für den Spieler ungefragt, gelegentliche Tipps zum aktuellen Spiel gab. Die Lieferungen von der Schachfiguren Dresden GmbH im Umfang von 50.000 € (netto) im Jahr 2013, erfolgten jeweils zu den Anschaffungskosten der GmbH. Ein Gewinnaufschlag (typischerweise 25 Prozent) wurde seitens der GmbH nicht berechnet. Die von der Dresdner Schachfiguren GmbH gelieferten Waren, wurden vollumfänglich bereits im Jahr 2013 durch Heinz Schmidt veräußert. Die hieraus erzielten Einnahmen wurden zutreffend erfasst.

Darlehen
Den Erwerb des Grundstücks und dessen Bebauung hatte Heinz Schmidt nur zum Teil mit eigenen Mitteln finanziert. Daneben nutzte er auch die Möglichkeit bei seiner Hausbank ein Darlehen i.H.v. 400.000 € aufzunehmen. Die Vereinbarungen zu dem Fälligkeitsdarlehen sahen eine Auszahlung des Darlehens zum 02.01.2013 und einen Zins von 5 Prozent vor. Der Zins war jeweils zum Monatsletzten fällig und wurde pünktlich gezahlt. Ferner wurde die jeweilige Zahlung als Betriebsausgabe aufgezeichnet. Daneben hatte auch die GmbH Heinz Schmidt ein Darlehen i.H.v. 200.000 € für die Errichtung des Gebäudes gewährt. Eine Verzinsung war hier nicht vorgesehen. Eine Besserstellung der GmbH im Hinblick auf die von der GmbH zu leistende Miete war ebenfalls nicht festzustellen. Die GmbH wies das Darlehen als Forderung gegen Gesellschafter in ihrer Bilanz zum Nennwert aus.

2.2 Vermietung Grundstück Heinz Schmidt
Die drei oberen Etagen des Gebäudes wurden durch Heinz Schmidt direkt ab Fertigstellung vermietet. Das erste Obergeschoss wurde an die Schachfiguren Dresden GmbH vermietet. Der vertraglich festgelegte Mietzins war mit angemessenen 2.000 € zzgl. einer Nebenkostenvorauszahlung von 300 € und der zutreffenden Umsatzsteuer vereinbart und wurde seitens der GmbH immer pünktlich zum Monatsersten auf das Bankkonto des Heinz Schmidt gezahlt. Für die Wohnung im zweiten Obergeschoss war eine Miete von 800 € zzgl. 200 € Nebenkosten vereinbart. Die Vermietung erfolgte an einen fremden Dritten. Dagegen wurde die Wohnung im dritten Obergeschoss an die Schwiegermutter von Heinz Schmidt, Erna In Diskret. Diese kümmerte sich fortan um die Wäsche der Schmidts, sowie um die nicht vorhandenen Kinder. Die Miete für die Wohnung der Schwiegermutter war mit 500 € zzgl. der Nebenkostenvorauszahlung von 200 € vereinbart. Die Zahlungen wurden von den Mietern jeweils zum Monatsanfang pünktlich geleistet.

Ferner entstanden für das erste Obergeschoss und die beiden Wohnungen Nebenkosten (Heizung, Grundsteuer ...). Diese wurden zunächst von Heinz Schmidt getragen und im Jahr 2014 im Rahmen der Nebenkostenabrechnung auf die Mieter zutreffend umgelegt. Die monatlichen Zahlungen betrugen in Summe 550 €. Diese wurden bei Fälligkeit gezahlt. Die Einnahmen und die laufenden Werbungskosten erklärte Heinz Schmidt bisher zutreffend als Einkünfte aus Vermietung und Verpachtung.

2.3 Tagesgeld Franziska Schmidt
Aus der Anlage von freien Mittel im Rahmen eines Tagesgeldkontos schrieb ihr die Bank Zinsen i.H.v. 1.840,63 € gut. Die Steuerabzüge wurden dabei in richtiger Höhe vorgenommen.

Aufgabe: Würdigen Sie den o.g. Sachverhalt unter ertragsteuerlichen Gesichtspunkten! Ermitteln Sie für die Schachfiguren-Dresden GmbH das zu versteuernde Einkommen, die zutreffende Körperschaftsteuerrückstellung sowie den Stand des steuerlichen Einlagekontos nach § 27 KStG. Stellen Sie ebenfalls die Auswirkungen bei den natürlichen Personen dar! Freistellungsaufträge wurden nicht erteilt. Auf die Gewerbesteuer ist nicht einzugehen.

Lösung:
1. Körperschaftsteuer
1.1 Allgemeines
Die „Schachfiguren Dresden GmbH" (GmbH) ist unbeschränkt körperschaftsteuerpflichtig, da sie als Kapitalgesellschaft ihre Geschäftsleitung (§ 10 AO) bzw. ihren Sitz (§ 11 AO) in Dresden und somit im Inland (§ 1 Abs. 3 KStG) hat, § 1 Abs. 1 Nr. 1 KStG. Die unbeschränkte Körperschaftsteuerpflicht erstreckt sich auf sämtliche in- und ausländische Einkünfte („sog. Welteinkommen"), § 1 Abs. 2 KStG.

Die Körperschaftsteuer bemisst sich nach dem zu versteuernden Einkommen, § 7 Abs. 1 KStG, R 29 Abs. 1 KStR. Das zu versteuernde Einkommen ist das Einkommen nach § 8 Abs. 1 KStG, § 7 Abs. 2 KStG. Die Ermittlung des zu versteuernden Einkommens bestimmt sich nach den Vorschriften des Einkommensteuergesetzes und des Körperschaftsteuergesetzes, § 8 Abs. 1 KStG, R 32 Abs. 1 KStR.

Die GmbH gilt gem. § 13 Abs. 3 GmbHG als Handelsgesellschaft (= Formkaufmann) im Sinne des HGB. Nach § 6 Abs. 1 HGB finden die in Betreff der Kaufleute gegebenen Vorschriften auch auf die Handelsgesellschaften Anwendung. Daher ist die GmbH als Formkaufmann gem. § 238 Abs. 1 S. 1 HGB zur Buchführung verpflichtet. Die Vorschrift des § 8 Abs. 2 KStG bestimmt, dass bei Steuerpflichtigen i.S.d. § 1 Abs. 1 Nr. 1 KStG, alle Einkünfte als Einkünfte aus Gewerbebetrieb (§ 15 Abs. 1, 2 EStG) zu behandeln sind, R 32 Abs. 3 S. 1 KStR.

Die Körperschaftsteuer ist eine Jahressteuer, ihre Grundlagen sind jeweils für ein Jahr zu ermitteln, § 7 Abs. 3 S. 1, 2 KStG. Der Gewinn der GmbH ist nach dem Wirtschaftsjahr (Wj.) 2013 (hier: 01.01.–31.12.2013) zu ermitteln, da sie zu diesem Zeitpunkt auch regelmäßige Abschlüsse macht, § 7 Abs. 4 KStG. Die Gewinnermittlung hat durch Betriebsvermögensvergleich (BVV) zu erfolgen, § 5 Abs. 1 EStG i.V.m. § 4 Abs. 1 EStG.

Im Jahr 2013 ist Franziska Schmidt beherrschende Gesellschafterin, weil sie aufgrund ihrer Beteiligung von 80 % über mehr als die Hälfte der Stimmrechte verfügt (H 36 III. „Veranlassung durch das Gesellschaftsverhältnis – Beherrschender Gesellschafter" KStH).

Der Ausgangsbetrag für die Einkommensermittlung des Wirtschaftsjahr 2013 ist der Jahresüberschuss. Nachdem die GmbH ihren Jahresabschluss offensichtlich gem. § 268 Abs. 1 HGB unter Verwendung des Jahresergebnisses aufgestellt hat, muss der Jahresüberschuss aus dem Bilanzgewinn abgeleitet werden.

Bilanzgewinn	66.000 €
./. Gewinnvortrag	./. 3.000 €
Jahresüberschuss	**63.000 €**

Der Gewinnvortrag ist abzurechnen, da dieser bereits im Vorjahr der Besteuerung unterlegen hat.

Der Beschluss der Gesellschafterversammlung vom 10.03.2013, den Bilanzgewinn 2012 i.H.v. 48.000 € mit 45.000 € an den Gesellschafter auszuschütten und den Rest i.H.v. 3.000 € auf neue Rechnung vorzutragen, stellt eine Einkommensverwendung dar, die weder auf die Gewinn- noch auf die Einkommensermittlung des Jahres 2013 Einfluss hat, § 8 Abs. 3 S. 1 KStG. Eine Auswirkung auf das zu versteuernde Einkommen der GmbH ergibt sich somit für das Jahr 2013 aus diesem Tatbestand nicht.

Die am 18.03.2014 durch eine Gesellschafterversammlung beschlossenen Gewinnausschüttung i.H.v. 62.000 € für 2013 stellt ebenfalls eine Ergebnisverwendung dar, die weder auf den Gewinn noch auf die Einkommensermittlung für das Jahr 2013 Einfluss hat (§ 8 Abs. 3 S. 1 KStG). Ertragsteuerliche Auswirkungen für den Gesellschafter ergeben sich daraus erst im Jahr 2014.

1.2 Anstellungsvertrag
Das Geschäftsführergehalt stellt „innerhalb der Bilanz" zutreffend Aufwand und somit eine Betriebsausgabe i.S.d. § 4 Abs. 4 EStG dar. Insoweit erfolgte die Behandlung bisher richtig.

Das monatliche Gehalt stellt grundsätzlich eine Vermögensminderung (BA) dar, die sich auf die Höhe des Einkommens der GmbH auswirkt und nicht auf einen ordentlichen Gewinnverteilungsbeschluss

7. Komplexe Fälle

beruht. Eine Veranlassung im Gesellschaftsverhältnis liegt nicht vor, da die Zahlung einem Fremdvergleich standhält, R 36 Abs. 1 KStR.

Die, aufgrund des Umzugs, geleistete Sonderzahlung ist bei der GmbH innerbilanziell eine Betriebsausgabe (§ 4 Abs. 4 EStG). Die Höhe liegt im angemessenen Bereich, da alle Arbeitnehmer in gleichem Umfang profitieren. Allerdings fehlt es im vorliegenden Fall an einer klaren im Vorhinein getroffenen Vereinbarung. Franziska Schmidt unterliegt jedoch als beherrschende Gesellschafterin dem Rückwirkungsverbot (R 36 Abs. 2 KStR, H 36 III. „Veranlassung im Gesellschaftsverhältnis – Beherrschender Gesellschafter" KStH). Es liegt eine Veranlassung im Gesellschaftsverhältnis vor. Ferner handelt es sich um eine Vermögensminderung, welche sich auf den Unterschiedsbetrag nach § 4 Abs. 1 EStG ausgewirkt hat. Ein Gewinnverteilungsbeschluss liegt nicht vor. Die Sonderzahlung ist als verdeckte Gewinnausschüttung zu werten, welche i.H.v. 500 € außerhalb der Bilanz hinzuzurechnen ist (§ 8 Abs. 3 S. 2 KStG).

1.3 Steueraufwand

Die Vorauszahlung für die Körperschaftsteuer und den Solidaritätszuschlag i.H.v. 7.385 € und die Zuführung zu den entsprechenden Rückstellungen i.H.v. 2.110 € stellen „innerhalb der Bilanz" zutreffend eine Betriebsausgabe (§ 4 Abs. 4 EStG) dar, die ordnungsgemäß verbucht wurden. Dies gilt ebenso für die Gewerbesteuer (Betriebsausgabe, § 4 Abs. 4 EStG).

Allerdings sind Steuern vom Einkommen (Körperschaftsteuer/SolZ) und die dazugehörigen steuerlichen Nebenleistungen nicht abziehbare Aufwendungen i.S.d. § 10 Nr. 2 KStG, R 48 Abs. 2 KStR, H 48 „Nichtabziehbare Steuern" KStH. Für die Gewerbesteuer gilt das Abzugsverbot nach § 4 Abs. 5b EStG.

Daher muss „außerhalb der Bilanz" eine entsprechende Zurechnung erfolgen:

Vorauszahlung/Rückstellung für Körperschaftsteuer	9.000 €
Vorauszahlung/Rückstellung für SolZ	495 €
Gewerbesteuer	**2.000 €**

1.4 Warenbewertung

Bei den Waren handelt es sich um Umlaufvermögen, da sie zur Veräußerung bestimmt sind (R 6.1 Abs. 2 EStR). Die Bewertung erfolgt zutreffend mit den Anschaffungskosten, da ein dauerhaft niederer Teilwert nicht ersichtlich ist (§ 6 Abs. 1 Nr. 2 EStG). Die Anschaffungskosten umfassen dabei auch die Nebenkosten des Erwerbs (bspw. Versandkosten, Zoll usw. § 255 Abs. 1 HGB). Im vorliegenden Fall erfolgte die Bewertung bereits zu Anschaffungskosten. Eine Erhöhung um die entstandenen Nebenkosten ist daher nicht mehr notwendig, da diese bereits enthalten sind. Es ergeben sich keine Korrekturen.

1.5 Beteiligung an der Importservice AG

Die Beteiligung an der Importservice AG gehört zum nicht abnutzbaren Anlagevermögen (R 6.1 Abs. 1 EStR) und ist mit den Anschaffungskosten in der Bilanz auszuweisen (§ 6 Abs. 1 Nr. 2 EStG, § 255 Abs. 1 HGB). Es ergeben sich keine Korrekturen aus dem Bilanzansatz der Beteiligung.

Bei der beschlossenen Dividenden handelt es sich um Einnahmen i.S.d. § 20 Abs. 1 Nr. 1 EStG, die jedoch in gewerbliche Einkünfte umqualifiziert werden (§ 20 Abs. 8 EStG und § 8 Abs. 2 KStG). Dabei ist Bruttoertrag als Betriebseinnahmen zu erfassen. Damit ergibt sich eine Erhöhung der Betriebseinnahmen um 7.912,50 €. Der Jahresüberschuss erhöht sich entsprechend.

Die Kapitalertragsteuer (§ 43 Abs. 1 S. 1 Nr. 1, § 43a Abs. 1 S. 1 Nr. 1 EStG) i.H.v. 7.500 € und der zugehörigen Solidaritätszuschlag i.H.v. 412,50 € (§ 3 Abs. 1 Nr. 5, § 4 S. 1 SolZG) sind als Betriebsausgabe aufzuzeichnen (§ 4 Abs. 4 EStG). Demnach vermindert sich der Jahresüberschuss um diesen Betrag.

Bei der Kapitalertragsteuer und dem Solidaritätszuschlag handelt es sich um Steuern vom Einkommen. Diese unterliegen dem Abzugsverbot nach § 10 Nr. 2 EStG (R 48 Abs. 2 KStR, H 48 „Nichtabziehbare Steuern" KStH) und sind daher außerbilanziell dem Einkommen hinzuzurechnen.

Die GmbH ist zum Beginn des Kalenderjahres mit mindestens 10 Prozent an der Importservice AG beteiligt. § 8b Abs. 4 KStG ist daher nicht anwendbar. Demnach ist die Dividende von der Körperschaftsteuer befreit (§ 8b Abs. 1 KStG). Die Bardividende ist daher i.H.v. 30.000 € außerhalb der Bilanz abzurechnen.

Für die im Zusammenhang mit der Beteiligung entstehenden Betriebsausgaben ist eine pauschale außerbilanzielle Zurechnung i.H.v. 1.500 € (= 30.000 € × 5 %; § 8b Abs. 5 KStG) vorzunehmen.

1.6 Miete Geschäftsräume
Die Miete der Geschäftsräume wurde zutreffend als Betriebsausgabe aufgezeichnet (§ 4 Abs. 4 EStG). Lediglich die Miete für Januar 2014 ist als aktiver Rechnungsabgrenzungsposten (§ 5 Abs. 5 S. 1 Nr. 1 EStG) auszuweisen, da es sich um einen Zahlungsabfluss vor dem Bilanzstichtag für einen Zeitraum nach dem Bilanzstichtag handelt.

Eine verdeckte Gewinnausschüttung liegt nicht vor, da kein Verstoß gegen den Fremdvergleich erkennbar ist.

1.7 Verkauf Grundstück
Bei dem Verkauf des Grundstücks an Heinz Schmidt ist zu prüfen, ob es sich um eine verdeckte Gewinnausschüttung handelt, da eine Rechtsbeziehung zwischen Gesellschaft und Gesellschafter vorliegt. Es liegt eine verhinderte Vermögensmehrung vor, da der Veräußerungspreis zu niedrig ist, welche sich auf den Unterschiedsbetrag nach § 4 Abs. 1 EStG auswirkt. Es liegt kein Gewinnverteilungsbeschluss vor. Die Veranlassung im Gesellschaftsverhältnis ist gegeben, da ein Verstoß gegen den Fremdvergleich vorliegt. Ein ordentlicher und gewissenhafter Geschäftsführer hätte diesen niedrigen Kaufpreis bei einem fremden Erwerber nicht hingenommen. Damit handelt es sich um eine verdeckte Gewinnausschüttung (R 36 Abs. 1 KStR).

Die Bewertung erfolgt mit dem gemeinen Wert (H 37 „Hingabe von WG" KStH) abzgl. der Zahlung des Gesellschafters. Damit ergibt sich eine verdeckte Gewinnausschüttung i.H.v. 60.000 € (= 160.000 € abzgl. 100.000 €), welche dem Einkommen außerhalb der Bilanz hinzuzurechnen ist (§ 8 Abs. 3 S. 2 KStG).

1.8 Warenlieferung
Bei den Warenlieferungen an das Einzelunternehmen des Heinz Schmidt ist zu prüfen, ob es sich um eine verdeckte Gewinnausschüttung handelt, da eine Rechtsbeziehung zwischen Gesellschaft und Gesellschafter vorliegt. Es liegt eine verhinderte Vermögensmehrung vor, da der Veräußerungspreis zu niedrig ist, welcher sich auf den Unterschiedsbetrag nach § 4 Abs. 1 EStG auswirkt. Es liegt kein Gewinnverteilungsbeschluss vor. Die Veranlassung im Gesellschaftsverhältnis ist gegeben, da ein Verstoß gegen den Fremdvergleich vorliegt. Ein ordentlicher und gewissenhafter Geschäftsführer hätte diesen niedrigen Kaufpreis bei einem fremden Erwerber nicht hingenommen. Damit handelt es sich um eine verdeckte Gewinnausschüttung (R 36 Abs. 1 KStR).

Umsatzsteuerlich ist nichts zu veranlassen, da das Entgelt i.S.d. § 10 Abs. 1 S. 2 UStG der Mindestbemessungsgrundlage i.S.d. § 10 Abs. 5 Nr. 1 i.V.m. § 10 Abs. 4 Nr. 1 UStG entspricht.

Die verdeckte Gewinnausschüttung ist daher mit dem fehlenden Gewinnaufschlag zu bewerten 12.500 € (= 25 % von 50.000 €). Der Wert der verdeckten Gewinnausschüttung ist außerhalb der Bilanz dem Einkommen hinzuzurechnen (§ 8 Abs. 3 S. 2 KStG).

1.9 Darlehen
Das Darlehen stellt bei der GmbH eine zu aktivierende Forderung dar. Die Bewertung erfolgt mit dem Nennwert (§ 6 Abs. 1 Nr. 2 EStG). Hier ergeben sich keine Änderungen.

Die Gewährung des Darlehens an Heinz Schmidt ist auf das Vorliegen einer verdeckten Gewinnausschüttung zu prüfen, da es sich um eine Rechtsbeziehung zwischen Gesellschaft und Gesellschafter handelt. Es liegt eine verhinderte Vermögensmehrung vor, da auf die Zinsen verzichtet wurde, welche sich auf den Unterschiedsbetrag nach § 4 Abs. 1 EStG auswirkt. Es liegt kein Gewinnverteilungsbeschluss

7. Komplexe Fälle

vor. Die Veranlassung im Gesellschaftsverhältnis ist gegeben, da ein Verstoß gegen den Fremdvergleich vorliegt. Ein ordentlicher und gewissenhafter Geschäftsführer hätte diesen niedrigen Kaufpreis bei einem fremden Erwerber nicht hingenommen. Damit handelt es sich um eine verdeckte Gewinnausschüttung (R 36 Abs. 1 KStR).

Die verdeckte Gewinnausschüttung mit der erzielbaren Vergütung (= erzielbarer Zins) zu bewerten (H 37 „Nutzungsüberlassungen" KStH). Es ergibt sich ein Betrag i.H.v. 10.000 € (= 5 % von 200.000 €). Der Wert der verdeckten Gewinnausschüttung ist außerhalb der Bilanz dem Einkommen hinzuzurechnen (§ 8 Abs. 3 S. 2 KStG).

Eine Abzinsung des Darlehens ist nicht vorzunehmen, da der fehlende Zins als verdeckte Gewinnausschüttung hinzugerechnet wurde.

1.10 Ermittlung des zu versteuernden Einkommens

Jahresüberschuss	63.000 €
+ vGA Sonderzahlung	500 €
+ Abzugsverbot Körperschaftsteuer	9.000 €
+ Abzugsverbot Solidaritätszuschlag	495 €
+ Abzugsverbot Gewerbesteuer	2.000 €
+ Beteiligungsertrag	7.912 €
./. Steueraufwand	./. 7.912 €
+ Abzugsverbot Kapitalertragsteuer	7.500 €
+ Abzugsverbot Solidaritätszuschlag	412 €
./. Steuerbefreiung Beteiligungsertrag	./. 30.000 €
+ Pauschales Abzugsverbot	1.500 €
+ Korrektur Mietaufwand	2.300 €
+ vGA Grundstück	60.000 €
+ vGA Waren	12.500 €
+ vGA Zinsen	10.000 €
= Zu versteuerndes Einkommen	139.207 €

Die Bemessungsgrundlage für die Körperschaftsteuer ist das zu versteuernde Einkommen (§ 7 Abs. 1 KStG). Die tarifliche Körperschaftsteuer für das Jahr 2013 beträgt 20.881 € (= 15 % von 139.207 €, § 23 Abs. 1 KStG).

1.11 Ermittlung der Steuerrückstellungen

Die Körperschaftsteuer-Rückstellung ermittelt sich wie folgt:

Tarifbelastung	20.881 €
./. Vorauszahlungen (§ 31 Abs. 1 KStG i.V.m. § 36 Abs. 2 Nr. 2 EStG)	./. 7.000 €
./. Kapitalertragsteuer (§ 31 Abs. 1 KStG i.V.m. § 36 Abs. 2 Nr. 2 KStG)	./. 7.500 €
= **Körperschaftsteuer-Rückstellung**	**6.381 €**

Die Körperschaftsteuer bildet die Bemessungsgrundlage für den Solidaritätszuschlag (§ 3 Abs. 1 SolZG). Die Höhe ergibt sich aus § 4 S. 1 SolZG. Der festzusetzende Solidaritätszuschlag beträgt daher 1.148,45 € (= 20.881 € × 5,5 %).

Die Rückstellung für den Solidaritätszuschlag beträgt:

Festzusetzender Solidaritätszuschlag	1.148,45 €
./. Vorauszahlungen (§ 51a EStG i.V.m. § 36 Abs. 2 Nr. 2 EStG)	./. 385,00 €
./. SolZ auf KapESt (§ 51a EStG i.V.m. § 36 Abs. 2 Nr. 2 KStG)	./. 412,50 €
= **Solidaritätszuschlag-Rückstellung**	**350,95 €**

In die Handels-/Steuer-Bilanz der GmbH muss zum 31.12.2013 eine Körperschaftsteuer-Rückstellung i.H.v. 6.381,00 € bzw. eine Rückstellung für den Solidaritätszuschlag i.H.v. 350,95 € eingestellt werden. Demnach sind die vorhandenen Rückstellungen um 6.381,00 € bzw. 350,95 € aufzustocken. Eine Änderung des zu versteuernde Einkommens der GmbH für 2013 ergibt sich durch die Berichtigung des Jahresüberschusses/Bilanzgewinnes wegen der Passivierung der Rückstellung nicht, weil nach § 10 Nr. 2 KStG die Steueraufwendungen außerhalb der Bilanz wieder hinzuzurechnen sind.

1.12 Ermittlung des Endbestands des steuerlichen Einlagekontos nach § 27 KStG

Der Anfangsbestand des steuerlichen Einlagekontos i.S.d. § 27 KStG beträgt lt. Aufgabenstellung zum 31.12.2012 insgesamt 0 €. Gemäß § 27 Abs. 1 S. 2 KStG ist der Bestand um die Zu- und Abgänge fortzuschreiben und gesondert festzustellen (§ 27 Abs. 2 S. 1 KStG).

Ferner ist die Verwendung für Ausschüttungen im laufenden Jahr zu prüfen. Insgesamt wurden Leistungen i.H.v. 45.000 €. Die verdeckten Gewinnausschüttungen können nur in die Berechnung einbezogen werden, wenn diese vor der Feststellung des Einlagekontos aufgedeckt werden (§ 27 Abs. 5 S. 2 KStG; verdeckte Gewinnausschüttung i.H.v. 83.000 € = 500 € + 60.000 € + 12.500 € + 10.000 €). Der ausschüttbare Gewinn (§ 27 Abs. 1 S. 5) ermittelt sich wie folgt:

Eigenkapital lt. Steuerbilanz	300.000 €
./. Stammkapital	./. 50.000 €
./. Einlagekonto zum 31.12.2012	./. 0 €
= **Ausschüttbarer Gewinn**	**250.000 €**

Demnach wird kein steuerliches Einlagekonto für die Gewinnausschüttungen des Jahres 2013 verbraucht. Der Bestand entwickelt sich zum 31.12.2013 wie folgt:

Bestand zum 31.12.2012	0 €
./. Verbrauch in 2013 durch Gewinnausschüttungen	./. 0 €
+ Zugang durch verdeckte Einlagen	0 €
= **Bestand zum 31.12.2013**	**0 €**

2. Einkommensteuer
2.1 Allgemeines

Heinz und Franziska Schmidt sind natürliche Personen (§ 1 BGB) mit Wohnsitz im Inland (§ 8 AO) und somit unbeschränkt steuerpflichtig nach § 1 Abs. 1 Satz 1, 2 EStG. Der sachlichen Steuerpflicht unterliegt das Welteinkommen (H 1a „Allgemeines" EStH). Da Heinz und Franziska rechtsgültig verheiratet sind, nicht dauernd getrennt leben und diese Voraussetzungen zu Beginn des Jahres vorlagen, steht ihnen das Ehegattenwahlrecht nach § 26 Abs. 1 Satz 1 EStG zu. Sie können wählen zwischen der Einzelveranlagung von Ehegatten (§ 26a EStG) und der Zusammenveranlagung nach § 26b EStG. Im Rahmen der Abgabe einer gemeinsamen und von beiden unterschriebenen Steuererklärung (§ 25 Abs. 3 Satz 2 EStG) haben sie keine Aussage zur Veranlagungsart getätigt. Damit wird die Zusammenveranlagung unterstellt (§ 26 Abs. 3 EStG).

Die Einkommensteuer ist eine Jahressteuer (§ 2 Abs. 7 Satz 1 EStG). Sofern sich aus dem Sachverhalt nichts anderes ergibt, sind die Besteuerungsgrundlagen für das Kalenderjahr 2013 zu ermitteln (§ 2 Abs. 7 Satz 2 EStG).

Die Steuer wird nach dem Splitting-Tarif ermittelt (§ 32a Abs. 1, 5 EStG).

2.2 Franziska Schmidt
2.2.1 Geschäftsführertätigkeit

Aus ihrer Tätigkeit als Geschäftsführerin der GmbH erzielt Franziska Schmidt Einkünfte aus nichtselbständiger Arbeit i.S.d. § 19 Abs. 1 S. 1 Nr. 1 EStG, da sie als Arbeitnehmerin weisungsgebunden ist, ihre Arbeitskraft schuldet und ihr aus dem auch Dienstverhältnissen Arbeitslohn zufließt, § 1 Abs. 1, 2 LStDV, § 2 Abs. 1 LStDV, H 19.0 „Allgemeines", „Weisungsgebundenheit" LStH.

Diese Einkünfte unterliegen der Einkommensteuer und sind der Überschuss der Einnahmen über die Werbungskosten, § 2 Abs. 1 S. 1 Nr. 4 EStG, § 2 Abs. 2 S. 1 Nr. 2 EStG. Der Zeitpunkt der Besteuerung richtet sich nach § 11 Abs. 1 S. 4 i.V.m. § 38a Abs. 1 S. 2 und 3 EStG

Zu den Einnahmen gehört das Bruttogehalt i.H.v. 36.000 € (monatlich 3.000 €) ohne Abzug von Lohnsteuer und Solidaritätszuschlag, da diese nichtabzugsfähige Personensteuern darstellen, § 12 Nr. 3 EStG, H 12.4 „Personensteuern" EStH. Ferner ist die Sonderzahlung als verdeckte Gewinnausschüttung auszuscheiden, da hier eine Besteuerung im Rahmen der Einkünfte aus Kapitalvermögen (§ 20 Abs. 1 Nr. 1 S. 2 EStG) erfolgt.

Die einbehaltene Lohnsteuer (6.000 €) ist auf die Einkommensteuer anrechenbar (§ 36 Abs. 2 Nr. 2 EStG). Dies gilt ebenso für den Solidaritätszuschlag i.H.v. 330 € (§ 51a Abs. 1 i.V.m. § 36 Abs. 2 Nr. 2 EStG).

Im Sachverhalt sind keine weiteren Angaben zu Werbungskosten enthalten. Daher erhält Franziska Schmidt den Werbungskostenpauschbetrag i.H.v. 1.000 € (§ 9a S. 1 Nr. 1 Buchst. a EStG). Die Einkünfte aus nichtselbständiger Arbeit ermitteln sich wie folgt:

Zugeflossene Einnahmen	36.500 €
./. Verdeckte Gewinnausschüttung	./. 500 €
./. Werbungskostenpauschbetrag	./. 1.000 €
= Einkünfte aus nichtselbständiger Arbeit	**35.000 €**

2.2.2 Einkünfte aus Kapitalvermögen

Die am 06.03.2013 beschlossene offene Gewinnausschüttung der GmbH i.H.v. 45.000 € ist auf die beiden Gesellschafter aufzuteilen. Franziska Schmidt ist an der Gesellschaft zu 80 % beteiligt, weswegen bei ihr 80 % von 45.000 € als Gewinnausschüttung zustehen = 36.000 €. Die Kapitalerträge werden dem Anteilseigner i.S.d. § 20 Abs. 5 Satz 1 EStG zugerechnet.

Bei der offenen Gewinnausschüttung handelt es sich um Einkünfte aus Kapitalvermögen gem. § 20 Abs. 1 Nr. 1 EStG, die der Abgeltungsbesteuerung zu unterwerfen sind. Eine Ausnahme von der Abgeltungsbesteuerung ist nach dem vorliegenden Sachverhalt nicht ersichtlich. Es wurde kein Antrag nach § 32d Abs. 2 Nr. 3 EStG gestellt. Die Ausnahme des § 32d Abs. 2 Nr. 4 EStG ist ebenfalls nicht anzuwenden, da die außerbilanzielle Zurechnung bei der Kapitalgesellschaft vorgenommen wurde. Der Antrag nach § 43 Abs. 5 S. 3, § 32d Abs. 4 EStG auf Einbeziehung in die besondere Besteuerung nach § 32d Abs. 3 S. 2 und 1 EStG (Nachholung des bislang nicht ausgeschöpften Sparer-PB) gilt insoweit als gestellt, da Franziska Schmidt die Einkünfte der Abgeltungsbesteuerung unterwerfen möchte. Die Gewinnausschüttungen unterliegen nicht den Regeln des Teileinkünfteverfahrens, da § 20 Abs. 8 EStG nicht zur Anwendung kommt, § 3 Nr. 40 S. 2 EStG.

Für den Zufluss der offenen Gewinnausschüttung gilt das Zuflussprinzip (§ 11 Abs. 1 S. 1 EStG, H 20.2 „Zuflusszeitpunkt bei Gewinnausschüttungen" 2. Anstrich EStH = 06.03.2013).

Die Einkünfte werden als Überschuss der Einnahmen über den Sparer-Pauschbetrag ermittelt und unterliegen der Einkommensteuer (§ 2 Abs. 1 S. 1 Nr. 5 EStG i.V.m. § 2 Abs. 2 S. 1 Nr. 2 EStG, § 20 Abs. 9 EStG). Der Ermittlungszeitraum ist das Kalenderjahr (§ 2 Abs. 7 S. 1 und 2 EStG).

Die Schachfiguren Dresden GmbH hat von der beschlossenen Ausschüttung einen Steuerabzug vorzunehmen. Sie hat eine Kapitalertragsteuer i.H.v. 9.000 € (= 25 % von 36.000 €, §§ 43 Abs. 1 S. 1 Nr. 1, 43a Abs. 1 S. 1 Nr. 1 EStG) und einen Solidaritätszuschlag i.H.v. 495 € (= 5,5 % von 9.000 €, § 3 Abs. 1 Nr. 5, § 4 S. 1 SolzG) einzubehalten. Die Steuerabzugsbeträge mindern nach § 12 Nr. 3 EStG weder die Einnahmen, noch die Einkünfte. Sie können nach § 36 Abs. 2 Nr. 2 EStG bzw. § 51a Abs. 1 i.V.m. § 36 Abs. 2 Nr. 2 EStG angerechnet werden. Dies erfordert allerdings die Erfassung der Kapitaleinkünfte in einem Steuerbescheid.

Daneben erzielt Franziska Schmidt noch Einkünfte i.S.d. § 20 Abs. 1 Nr. 1 S. 2 aus den verdeckten Gewinnausschüttungen (Sonderzahlung 500 €). Diese Einnahmen unterliegen ebenfalls grundsätzlich dem Kapitalertragsteuerabzug nach § 43 Abs. 1 S. 1 Nr. 1 EStG. Allerdings wird die Kapitalertragsteuer typischerweise nicht einbehalten. Hier besteht eine Nacherklärungspflicht durch Franziska Schmidt nach § 32d Abs. 3 EStG.

Die Zinsen aus dem Tagesgeld i.H.v. 2.500 € stellen Einkünfte aus Kapitalvermögen i.S.d. § 20 Abs. 1 Nr. 7 EStG dar. Sie unterliegen, mangels Ausnahme, der Abgeltungsbesteuerung (§ 32d Abs. 1 EStG). Die von der Bank einbehaltene Kapitalertragsteuer i.H.v. 625 € (§ 43 Abs. 1 S. 1 Nr. 7, § 43a Abs. 1 S. 1 Nr. 1 EStG) und der Solidaritätszuschlag i.H.v. 34,37 € (§ 3 Abs. 1 Nr. 5, § 4 S. 1 SolZG) dürfen die Einnahmen nicht mindern (§ 12 Nr. 3 EStG). Sie können nach § 36 Abs. 2 Nr. 2 EStG bzw. § 51a Abs. 1 i.V.m. § 36 Abs. 2 Nr. 2 EStG angerechnet werden. Dies erfordert allerdings die Erfassung der Kapitaleinkünfte in einem Steuerbescheid.

Der Sparerpauschbetrag nach § 20 Abs. 9 S. 1 EStG verdoppelt sich gem. § 20 Abs. 9 S. 2 EStG auf 1.602 €, da die Ehegatten Franziska und Heinz Schmidt zusammen veranlagt werden. Er ist bei beiden jeweils zur Hälfte abzuziehen (§ 20 Abs. 9 S. 3 EStG). Allerdings erzielt Heinz Schmidt keine Einkünfte aus Kapitalvermögen, da die Beteiligung bei ihm dem Betriebsvermögen zugeordnet wurde (§ 20 Abs. 8 EStG). Demnach kann der übersteigende Teil i.H.v. 801 € bei Franziska Schmidt abgezogen werden. Die Einkünfte aus Kapitalvermögen der Franziska Schmidt ermitteln sich daher wie folgt:

Offene Gewinnausschüttung	36.000 €
+ Verdeckte Gewinnausschüttung	500 €
+ Zinsen Tagesgeld	2.500 €
./. Gemeinsamer Sparerpauschbetrag	./. 1.602 €
= Einkünfte aus Kapitalvermögen	**37.398 €**

2.3 Heinz Schmidt
2.3.1 Einkünfte aus Gewerbebetrieb
2.3.1.1 Allgemeines

Heinz Schmidt erzielt Einkünfte aus Gewerbebetrieb gem. § 15 Abs. 1 S. 1 Nr. 1 und Abs. 2 S. 1 EStG, da er einer selbständigen, nachhaltigen Tätigkeit mit Gewinnerzielungsabsicht nachgeht und sich am allgemeinen wirtschaftlichen Verkehr beteiligt. Ferner sind die Einkünfte aus Land- und Forstwirtschaft, sowie die Einkünfte aus selbständiger Arbeit und die private Vermögensverwaltung negativ abzugrenzen. Die Einkünfte unterliegen der Einkommensteuer (§ 2 Abs. 1 Satz 1 Nr. 2 EStG). Es handelt sich um Gewinneinkünfte (§ 2 Abs. 2 S. 1 Nr. 1 EStG).

Gewinnermittlungszeitraum ist bei Gewerbetreibenden das Wirtschaftsjahr und umfasst hier den Zeitraum vom 01.01.-31.12.2013 (§ 4a Abs. 1 S. 1 EStG, § 8b S. 1 EStDV). Das Wirtschaftsjahr entspricht hier dem Kalenderjahr, da Heinz Schmidt scheinbar nicht im Handelsregister eingetragen ist (§ 4a Abs. 1 S. 2

7. Komplexe Fälle

Nr. 3 S. 1 EStG). Der Gewinn des Wirtschaftsjahres 2013 gilt im Kalenderjahr 2013 als bezogen, weil das Wirtschaftsjahr 2013 im Kalenderjahr 2013 endet (§ 4a Abs. 2 S. Nr. 2 EStG).

Der Gewinn ist durch Einnahmeüberschussrechnung nach § 4 Abs. 3 EStG zu ermitteln, da Heinz Schmidt weder buchführungspflichtig ist (§§ 140, 141 AO), noch freiwillig Bücher führt. Die Betriebseinnahmen und Betriebsausgaben sind dabei bei Zufluss/Abfluss zu erfassen (§ 11 EStG).

2.3.1.2 Grundstück

Der Grund und Boden und das errichtete Gebäude sind jeweils in drei Wirtschafsgüter aufzuteilen, da sie in unterschiedlichen Nutzungs- und Funktionszusammenhänge stehen (R 4.2 Abs. 3 S. 3 Nr. 5 i.V.m. Abs. 4 EStR). Demnach ist in ein Wirtschaftsgut eigenbetrieblich, ein Wirtschaftsgut fremdgewerblich und ein Wirtschaftsgut fremde Wohnung zu unterscheiden. Die Aufteilung erfolgt dabei anhand des Wohn-/Nutzflächenverhältnisses (R 4.2 Abs. 6 EStR). Demnach entfällt ein Anteil von 25 % auf das Wirtschaftsgut eigenbetrieblich. Weitere 25 % entfallen auf das Wirtschaftsgut fremdbetrieblich. Die verbleibenden 50 % sind dem Wirtschaftsgut fremde Wohnung zuzuordnen. Die Aufteilung gilt sowohl für den Grund und Boden wie auch für das Gebäude. Hinsichtlich der Zuordnungen zum Betriebs- oder Privatvermögen, ist das Erdgeschoss dem notwendigen Betriebsvermögen (R 4.2 Abs. 7 EStR) zuzuordnen. Die restlichen Teile des Grundstücks könnten als gewillkürtes Betriebsvermögen ausgewiesen werden (R 4.2 Abs. 9 EStR). Aufgrund der Erklärung von Einkünften aus Vermietung und Verpachtung ist von einer Zuordnung zum Privatvermögen auszugehen.

2.3.1.3 Grund und Boden

Der Grund und Boden des Wirtschaftsguts eigenbetrieblich stellt ein nicht abnutzbares bewegliches Wirtschaftsgut des notwendigen Betriebsvermögens (R 4.2 Abs. 7 S. 1 EStR, R 6.1 Abs. 1 S. 1, 6 EStR) dar, welches zunächst mit den Anschaffungskosten nach § 255 Abs. 1 HGB in das besondere Verzeichnis (§ 4 Abs. 3 S. 5 EStG) aufzunehmen ist. Eine Berücksichtigung als Betriebsausgabe erfolgt erst im Zeitpunkt des Zuflusses eines Veräußerungserlöses im Rahmen des Verkaufs des Grundstücks (§ 4 Abs. 3 S. 4 EStG).

Der geleistete Kaufpreis ist den Anschaffungskosten zuzuordnen. Der Wert der verdeckten Gewinnausschüttung aus dem verbilligten Erwerb ist ebenso als Bestandteil der Anschaffungskosten zu erfassen. Ferner sind auch die Nebenkosten des Erwerbs hinzuzurechnen. Die Anschaffungskosten betragen 165.500 € (= 100.000 € Kaufpreis zzgl. 60.000 € vGA zzgl. 5.500 € Nebenkosten netto). Berücksichtigt werden kann aber nur der betriebliche Teil von 25 % = 41.375 €. Für den betrieblichen Teil ist die Vorsteuer abzugsfähig (§ 15 Abs. 1 Nr. 1 UStG) und daher nicht den Anschaffungskosten zuzuordnen (§ 9b Abs. 1 EStG). Die abzugsfähige Vorsteuer ist im Zeitpunkt des Abflusses (§ 11 Abs. 2 S. 1 EStG) als Betriebsausgabe (§ 4 Abs. 4 EStG, H 9b „Gewinnermittlung nach § 4 Abs. 3 EStG und Ermittlung des Überschusses der Einnahmen über die Werbungskosten" EStH) aufzuzeichnen. Der Gewinn vermindert sich daher um 95 € (= 380 € × 25 %).

Für den an die GmbH vermieteten Teil gilt dies ebenso (AK Grund und Boden: 41.375 €). Hinsichtlich des Grund und Bodens, der auf die Wohnungen entfällt, kann ein Vorsteuerabzug nicht gewährt werden, da ein direkter Zusammenhang mit steuerfreien Ausgangsumsätzen vorliegt (§ 15 Abs. 2 Nr. 1 UStG). Daher ist die nicht abzugsfähige Vorsteuer den Anschaffungskosten hinzuzurechnen (§ 9b Abs. 1; AK = 82.940 = 82.750 € zzgl. 50 % von 380 €).

2.3.1.4 Gebäude

Das Gebäude des Wirtschaftsguts eigenbetrieblich stellt ein abnutzbares unbewegliches Wirtschaftsgut des notwendigen Betriebsvermögens (R 4.2 Abs. 7 S. 1 EStR, R 6.1 Abs. 1 S. 1, 5 EStR) dar. Es ist in einem entsprechenden Verzeichnis zu erfassen. Die Herstellungskosten (§ 255 Abs. 2 HGB) betragen 1.000.000 €. Berücksichtigt werden kann aber nur der betriebliche Teil von 25 % = 250.000 €. Für den betrieblichen Teil ist die Vorsteuer abzugsfähig (§ 15 Abs. 1 Nr. 1 UStG) und daher nicht den Anschaffungskosten zuzuordnen (§ 9b Abs. 1 EStG). Die abzugsfähige Vorsteuer ist im Zeitpunkt des Abflusses

(§ 11 Abs. 2 S. 1 EStG) als Betriebsausgabe (§ 4 Abs. 4 EStG, H 9b „Gewinnermittlung nach § 4 Abs. 3 EStG und Ermittlung des Überschusses der Einnahmen über die Werbungskosten" EStH) aufzuzeichnen. Der Gewinn vermindert sich daher um 47.500 € (= 190.000 € × 25 %).

Der betriebliche genutzte Gebäudeteil ist als abnutzbares Wirtschaftsgut des Anlagevermögens im Wege der Absetzung für Abnutzung als Betriebsausgaben zu berücksichtigen (§ 4 Abs. 3 S. 3 EStG). Die Bemessungsgrundlage stellen die Herstellungskosten i.H.v. 250.000 € dar (R 7.3 Abs. 1 EStR). Die AfA nach § 7 Abs. 4 S. 1 Nr. 1 EStG mit 3 Prozent vorzunehmen. Berücksichtigt, allerdings streng zeitanteilig (§ 7 Abs. 1 S. 4 EStG). Die AfA für das Jahr 2013 beträgt 3.125 € (= 250.000 € × 3 % × 5/12). Der Gewinn vermindert sich um 3.125 €.

Für den an die GmbH vermieteten Teil gilt dies ebenso (Anschaffungskosten Gebäude: 250.000 €). Hinsichtlich des Gebäudeteils, der auf die Wohnungen entfällt, kann ein Vorsteuerabzug nicht gewährt werden, da ein direkter Zusammenhang mit steuerfreien Ausgangsumsätzen vorliegt (§ 15 Abs. 2 Nr. 1 UStG). Daher ist die nicht abzugsfähige Vorsteuer den Anschaffungskosten hinzuzurechnen (§ 9b Abs. 1; 595.000 = 500.000 € zzgl. 50 % von 190.000 €).

2.3.1.5 Umzugskosten

Die Umzugskosten sind bei Abfluss (§ 11 Abs. 2 S. 1 EStG) als Betriebsausgabe (§ 4 Abs. 4 EStG) i.H.d. Bruttobetrages (H 9b „Gewinnermittlung nach § 4 Abs. 3 EStG und Ermittlung des Überschusses der Einnahmen über die Werbungskosten" EStH) aufzuzeichnen. Der Gewinn vermindert sich um 2.380 €.

2.3.1.6 Darlehen Bank

Bei dem von der Bank gewährten Darlehen handelt es sich um eine Betriebsschuld (H 4.2 Abs. 15 „Betriebsschuld" EStH). Allerdings nur i.H.d. im Betriebsvermögen ausgewiesenen Grundstücksteils (= 25 %). Demnach ist von der Verbindlichkeit von insgesamt 400.000 € nur ein Teilbetrag i.H.v. 100.000 € als betriebliches Darlehen auszuweisen. Die Bewertung erfolgt nach § 6 Abs. 1 Nr. 3 EStG mit dem Rückzahlungsbetrag. Eine Abzinsung ist nicht notwendig, da es sich um eine verzinste Verbindlichkeit handelt.

Die Zinsen sind bei Abfluss (§ 11 Abs. 2 S. 1 EStG) als Betriebsausgabe (§ 4 Abs. 4 EStG) zu berücksichtigen. Es ergibt sich eine abzugsfähige Betriebsausgabe i.H.v. 5.000 € (= 400.000 € × 5 % × 25 %). Der Gewinn vermindert sich um 5.000 €.

2.3.1.7 Darlehen GmbH

Bei dem von der GmbH gewährten Darlehen handelt es sich um eine Betriebsschuld (H 4.2 Abs. 15 „Betriebsschuld" EStH). Allerdings nur i.H.d. im Betriebsvermögen ausgewiesenen Grundstücksteils (= 25 %). Demnach ist von der Verbindlichkeit von insgesamt 200.000 € nur ein Teilbetrag i.H.v. 50.000 € als betriebliches Darlehen auszuweisen. Die Bewertung erfolgt nach § 6 Abs. 1 Nr. 3 EStG mit dem Rückzahlungsbetrag. Eine Abzinsung ist nicht notwendig, da es sich letztendlich um eine verzinste Verbindlichkeit handelt. Die durch den Zinsverzicht eingetretene verdeckte Gewinnausschüttung führt zu einer Einordnung als verzinste Verbindlichkeit.

Die Zinsen sind bei Abfluss (§ 11 Abs. 2 S. 1 EStG) als Betriebsausgabe (§ 4 Abs. 4 EStG) zu berücksichtigen. Es ergibt sich eine abzugsfähige Betriebsausgabe i.H.v. 5.000 € (= 200.000 € × 5 % × 25 %). Der Gewinn vermindert sich um 2.500 €

2.3.1.8 Beteiligung an der Schachfiguren Dresden GmbH

Die Beteiligung an der Schachfiguren Dresden GmbH wurde lt. Sachverhalt dem Betriebsvermögen zugeordnet. Dies ist nicht zu beanstanden. Die Beteiligung kann durchaus dem notwendigen Betriebsvermögen (R 4.2 Abs. 1 EStR) zugeordnet werden, da Heinz Schmidt einen Teil seiner Waren über die GmbH bezieht und durch seine Gesellschafterstellung besondere Konditionen genießt. Es handelt sich um unbewegliches, nicht abnutzbares Anlagevermögen (R 6.1 Abs. 1 S. 1, 6 EStR). Das Wirtschaftsgut ist mit seinen Anschaffungskosten und dem Datum des Erwerbs in das besondere Verzeichnis nach § 4 Abs. 3 S. 5 EStG aufzunehmen. Ein Betriebsausgabenabzug erfolgt zunächst nicht (§ 4 Abs. 3 S. 4 EStG).

7. Komplexe Fälle

Die offenen und verdeckten Gewinnausschüttungen stellen Einnahmen i.S.d. § 20 Abs. 1 Nr. 1 und Nr. 1 S. 2 EStG dar. Durch die Zuordnung der Beteiligung zum Betriebsvermögen sind die Einnahmen jedoch nach § 20 Abs. 8 in Betriebseinnahmen umzuqualifizieren. Damit ergeben sich insgesamt Betriebseinnahmen i.H.v. 91.500 € (= offene Gewinnausschüttung 9.000 € + Zinsen 10.000 € + Waren 12.500 € + Grundstück 60.000 €). Die Abgeltungsbesteuerung ist nicht anzuwenden, da die Einnahmen in gewerbliche Einkünfte umqualifiziert werden (§ 32d Abs. 1 EStG). Soweit der Zufluss der Einnahmen im privaten Bereich erfolgt, handelt es sich um Entnahmen i.S.d. § 4 Abs. 1 S. 2 EStG. Der Gewinn erhöht sich damit um 91.500 €.

Die auf die offene Gewinnausschüttung einbehaltene Kapitalertragsteuer (§ 43 Abs. 1 S. 1 Nr. 1, § 43a Abs. 1 S. 1 Nr. 1 EStG) i.H.v. 2.250 € sowie der zugehörigen Solidaritätszuschlag (§ 3 Abs. 1 Nr. 5, § 4 S. 1 SolZG) i.H.v. 123,75 € dürfen die Einnahmen nicht mindern (§ 12 Nr. 3 EStG). Die Abzugsbeträge können allerdings auf die Einkommensteuer (§ 36 Abs. 2 Nr. 2 EStG) bzw. den Solidaritätszuschlag (§ 36 Abs. 2 Nr. 2 und § 51a Abs. 1 EStG) angerechnet werden.

Die Einnahmen unterliegen dem Teileinkünfteverfahren nach § 3 Nr. 40 Buchst. d EStG, da die Erträge unter die Anwendung des § 20 Abs. 8 EStG fallen (§ 3 Nr. 40 S. 2 EStG). Die Ausnahme des § 3 Nr. 40 Buchst. d S. 2 EStG für die verdeckten Gewinnausschüttungen greift nicht, da die außerbilanzielle Zurechnung der verdeckten Gewinnausschüttungen bei der Kapitalgesellschaft vorgenommen wurde. Damit ist außerhalb der Gewinnermittlung eine Abrechnung i.H.v. 36.600 € (= 91.500 € × 40 %) vorzunehmen.

2.3.1.9 Warenbezug von der Schachfiguren Dresden GmbH

Die bezogenen Waren sind bei Zahlung (§ 11 Abs. 2 S. 1 EStG) zutreffend als Betriebsausgaben (§ 4 Abs. 4 EStG) aufgezeichnet worden. Die Höhe des Betriebsausgabenabzugs richtet sich nach dem Zahlbetrag (H 9b „Gewinnermittlung nach § 4 Abs. 3 EStG und Ermittlung des Überschusses der Einnahmen über die Werbungskosten" EStH). Der von der GmbH nicht berechnete Gewinnaufschlag stellt eine Betriebseinnahme dar und wurde entsprechend erfasst. Gleichzeitig ist der Betrag den Anschaffungskosten der Waren zuzuordnen. Demnach ist i.H.d. nicht berechneten Gewinnaufschlags ein weiterer Betriebsausgabenabzug vorzunehmen (12.500 € = 50.000 € × 25 %).

2.3.1.10 Miete der bisherigen Geschäftsräume

Die Miete stellt eine Betriebsausgabe (§ 4 Abs. 4 EStG) bei Abfluss (§ 11 Abs. 2 S. 1 EStG) dar. Bei der Miete handelt es sich aber auch um eine regelmäßig wiederkehrende Ausgabe i.S.d. § 11 Abs. 2 S. 2 EStG. Die Miete für Januar 2013 ist zum 01.01.2013 fällig und wurde am 29.12.2012 gezahlt. Damit liegen Zahlung und Fälligkeit innerhalb der kurzen Zeit (H 11 „Allgemeines" EStH). Es erfolgt eine Zuordnung des Betriebsausgabenabzugs nach wirtschaftlicher Zugehörigkeit. Die Betriebsausgabe ist daher im Jahr 2013 aufzuzeichnen. Der Gewinn mindert sich um 1.000 €.

2.3.1.11 Ermittlung der Einkünfte aus Gewerbebetrieb

Gewinn bisher	50.000 €
./. Abzugsfähige Vorsteuer Grund und Boden	./. 95 €
./. Abzugsfähige Vorsteuer Gebäude	./. 47.500 €
./. Absetzung für Abnutzung Gebäude	./. 3.125 €
./. Umzugskosten	./. 2.380 €
./. Zinsen Bankdarlehen	./. 5.000 €
./. Zinsen GmbH	./. 2.500 €
+ Beteiligungserträge	91.500 €

./. Teileinkünfteverfahren	./. 36.600 €
./. Verbilligter Warenbezug von GmbH	./. 12.500 €
./. Mietaufwand	./. 1.000 €
= Einkünfte aus Gewerbebetrieb	**30.800 €**

2.3.2 Einkünfte aus Vermietung und Verpachtung

Die Vermietung des Grundstücks ist zu 75 % (1.OG/2.OG/3.OG) dem Privatvermögen zuzuordnen. Heinz Schmidt erzielt aus den zum Privatvermögen gehörenden Gebäudeteil nach § 21 Abs. 1 Nr. 1 EStG Einkünfte aus Vermietung und Verpachtung. Diese sind einkommensteuerpflichtig (§ 2 Abs. 1 S. 1 Nr. 6 EStG). Es handelt sich um Überschusseinkünfte (§ 2 Abs. 2 S. 1 Nr. 2 EStG). Es gilt § 11 EStG. Ermittlungszeitraum ist das Kalenderjahr (§ 2 Abs. 7 S. 1, 2 EStG).

Die monatlichen Mietzahlungen sind bei Zufluss (§ 11 Abs. 1 EStG) als Einnahme (§ 8 Abs. 1 EStG) zu erfassen. Dies gilt ebenso für die Nebenkosten und die Umsatzsteuer (H 9b „Gewinnermittlung nach § 4 Abs. 3 EStG und Ermittlung des Überschusses der Einnahmen über die Werbungskosten" EStH). Demnach sind 22.185 € (= 5 Monate × 2.737 € + 5 Monate × 1.000 € + 5 Monate × 700 €). Die Miete für Januar 2014 ist als regelmäßig wiederkehrende Einnahme, dem Jahr der wirtschaftlichen Zugehörigkeit (= 2014) zuzuordnen, da sowohl Zahlung und Fälligkeit innerhalb der kurzen Zeit liegen (§ 11 Abs. 1 S. 2 EStG, H 11 „Allgemeines" EStH).

Im Hinblick auf die Vermietung an die Schwiegermutter ist § 21 Abs. 2 EStG zu prüfen, da eine verbilligte Überlassung der Wohnung erfolgte. Eine Aufteilung der Wohnungsüberlassung ist jedoch nicht notwendig. Die tatsächlich geleistete Warmmiete (= 700 €, R 21.3 EStR) beträgt 70 Prozent der fremdüblichen Warmmiete (1.000 €). Damit ist die im Gesetz fixierte Grenze von 66 Prozent überschritten und von einer vollentgeltlichen Überlassung auszugehen.

Die laufenden Grundstückskosten sind als Werbungskosten (§ 9 Abs. 1 S. 1 EStG) bei Abfluss (§ 11 Abs. 2 EStG) abzugsfähig. Es ergibt sich ein Betrag i.H.v. 5 Monate × 550 € = 2.750 €

Daneben ist ferner die Absetzung für Abnutzung als Werbungskosten (§ 9 Abs. 1 S. 1 Nr. 7 EStG) zu berücksichtigen. Die Bemessungsgrundlage sind die Herstellungskosten (§ 255 Abs. 2 HGB, R 7.3 Abs. 1 EStR) i.H.v.:

- 1. OG   =   250.000 €,
- 2./3. OG   =   595.000 €.

Die AfA ist streng zeitanteilig nach § 7 Abs. 4 S. 1 Nr. 2 Buchst. a EStG mit 2 % vorzunehmen. Damit ergibt sich für das 1. Obergeschoss ein Betrag von 2.083 € (= 250.000 € × 2 % × $5/_{12}$). Für die beiden Wohnungen ergibt sich ein Abschreibungsbetrag von 4.958 € (= 595.000 × 2 % × $5/_{12}$).

Die abzugsfähige Vorsteuer aus den Herstellungskosten des 1. OG (25 % von 190.000 € = 47.500 €) ist als Werbungskosten (§ 9 Abs. 1 EStG) im Zeitpunkt des Abflusses zu berücksichtigen (§ 11 Abs. 2 S. 1 EStG; H 9b „Gewinnermittlung nach § 4 Abs. 3 EStG und Ermittlung des Überschusses der Einnahmen über die Werbungskosten" EStH).

Die abzugsfähige Vorsteuer aus den Nebenkosten des Grundstückserwerbs (25 % von 380 € = 95 €; 1. Obergeschoss) ist als Werbungskosten (§ 9 Abs. 1 EStG) im Zeitpunkt des Abflusses zu berücksichtigen (§ 11 Abs. 2 S. 1 EStG; H 9b „Gewinnermittlung nach § 4 Abs. 3 EStG und Ermittlung des Überschusses der Einnahmen über die Werbungskosten" EStH).

Die tatsächlich gezahlten Zinsen an die Bank sind bei Abfluss (§ 11 Abs. 2 S. 1 EStG), sowie die fiktiven Zinsen aus der verdeckten Gewinnausschüttung sind als Werbungskosten (§ 9 Abs. 1 S. 3 Nr. 1 EStG) zu berücksichtigen. Dies gilt jedoch nur für den Teil der Aufwendungen, die auf den im Privatvermögen stehenden Grundstücksteil entfallen. Damit ergibt sich ein Betrag i.H.v. 22.500 € (= 600.000 × 5 % × 75 %).

Die Einkünfte aus Vermietung und Verpachtung ermitteln sich wie folgt:

Mieteinnahmen	22.185 €
./. Laufende Grundstückskosten	./. 2.750 €
./. Absetzung für Abnutzung 1. OG	./. 2.083 €
./. Absetzung für Abnutzung Wohnungen	./. 4.958 €
./. Vorsteuer aus Herstellungskosten	./. 47.500 €
./. Vorsteuer aus Nebenkosten	./. 95 €
./. Zinsen Bank und GmbH	./. 22.500 €
= Einkünfte aus Vermietung und Verpachtung	**./. 57.701 €**

Fall 6: Erwerb eigener Anteile

An der Firma work live balance GmbH (wlb GmbH) mit Sitz und Geschäftsleitung in Borna, Sachsen sind zu gleichen Teilen die Herren Hans-Peter Work (HP) und Hans-Peter Work Junior (HPJ) seit der Gründung beteiligt. Beide Gesellschafter haben Anschaffungskosten in Höhe des übernommenen Stammkapitals getragen. Gegenstand dieser Firma ist die Entwicklung und Vermarktung von Verfahren zur Jungerhaltung. Beide Gesellschafter waren zum Geschäftsführer bestellt und von der Regelung des § 181 BGB befreit.

Zum 31.12.2013 legte die wlb GmbH im Rahmen der Steuererklärung folgende Bilanz vor:

Aktiva			**Passiva**
Sonstige Aktiva	600.000	Stammkapital	50.000
Eigene Anteile	110.000	Kapitalrücklagen	10.000
Beteiligung fm SRL	1.025.000	Gewinnrücklagen	80.000
Bank	60.000	Jahresüberschuss	25.000
Umlaufvermögen	205.000		165.000
		Darlehen	1.000.000
		Sonstige Passiva	835.000
	2.000.000		**2.000.000**

Das steuerliche Einlagekonto wurde auf den 31.12.2012 mit 20.000 € und auf den 31.12.2013 mit 30.000 € gesondert festgestellt. Das steuerliche Eigenkapital der wlb GmbH betrug zum 31.12.2012 140.000 €. Im Rahmen einer betriebsnahen Veranlagung in 2014 stellte der Prüfer folgende Sachverhalte fest:

Aufgrund bestehender familiärer und wirtschaftlicher Differenzen bot HP Work seine Anteile an der wlb GmbH seinem Sohn Hans-Peter Work Junior zum Kauf an. Dieser wollte jedoch keine weiteren Anteile erwerben. Nach längeren Verhandlungen erwarb die wlb GmbH die Anteile für 100.000 € mit Wirkung zum 31.12.2013. Ihr wurden die Anteile übertragen, weil ein fremder Dritte nur 90.000 € für die gleichen Anteile geboten hatte. Daneben übernahm die wlb GmbH die in diesem Zusammenhang angefallenen Rechts- und Beratungskosten in Höhe von 10.000 €. Ein fremder Dritter hätte diese Kosten ebenfalls übernommen.

Die wlb GmbH ist alleinige Gesellschafterin der facility management SRL mit Sitz und Geschäftsleitung auf Mallorca. Das Nennkapital beträgt 25.000 € und wurde im Rahmen der Gründung vollständig eingezahlt. Gegenstand des Unternehmens ist die Erbringung von Facility Leistungen im Zusammenhang mit den Villen von nicht ansässigen Grundstückseigentümern. Mit Beschluss vom 01.11.2013 beschloss die fm SRL eine Dividende im Umfang von 100.000 €. Nach Abzug der spanischen Quellensteuer überwies die fm SRL einen Betrag in Höhe von 79.000 €. Die wlb GmbH verbuchte den Überweisungsbetrag als Beteiligungsertrag. Weitere steuerliche Folgen wurden nicht gezogen.

Darüber hinaus erwarb die fm SRL im Rahmen einer Versteigerung am 01.02.2012 ein unbebautes Grundstück mit unverbaubarem Meerblick. Das Grundstück bebaute sie anschließend mit einem kleinen Haus. Weil auch ein Swimmingpool errichtet werden sollte, konnte das Haus lediglich eine Wohnfläche im Umfang von 300 qm erhalten. Aufgrund günstiger Witterungsverhältnissen konnte das Haus bis zum 31.12.2012 fertiggestellt werden. Die im Zusammenhang mit dem Erwerb und der Herstellung erforderlichen Finanzierungsmittel (1.000.000 €) wurden durch die wlb GmbH, im Rahmen einer Einlage in die Kapitalrücklage, bereitgestellt. Weitere Einlagen wurden nicht vorgenommen. Das Objekt wird seit der Fertigstellung ausschließlich an Hans-Peter Work und Hans-Peter Work Junior sowie deren Familienangehörigen unentgeltlich jeweils zur Hälfte zur Nutzung überlassen um eventuelle Schadensansprüche aus einer unsachgemäßen Benutzung eindeutig zuordnen zu können. Fremde Dritte hätten für eine entsprechende Nutzung ein monatliches Nutzungsentgelt in Höhe von 5.000 € entrichten müssen. In Spanien wurden bisher keine Korrekturen vorgenommen.

Die fm SRL reichte für das Wirtschaftsjahr zum 31.12.2012 folgende nach deutschem Recht erstellte Steuerbilanz ein.

Aktiva			Passiva
Grubo	200.000	Nennkapital	25.000
Gebäude	800.000	Kapitalrücklagen	1.000.000
Sonstige Aktiva	45.000	Gewinnrücklage	40.000
Bank	175.000	Jahresüberschuss	10.000
			1.075.000
		Verbindlichkeiten	145.000
	1.220.000		1.220.000

Aufgabe: Welche steuerlichen Änderungen ergeben sich aufgrund des oben geschilderten Sachverhaltes?
Sollte ein DBA zur Lösung herangezogen werden, ist das OECD MA zugrunde zu legen.

Lösung:
Nutzung der Ferienimmobilie – steuerliche Behandlung bei der wlb GmbH
Die Nutzung der Finca durch die Familien der mittelbaren Gesellschafter Hans-Peter Work und Hans-Peter Work Junior stellt eine verdeckte Gewinnausschüttung dar, weil die fehlende Berechnung eines Nutzungsentgeltes zu einer verhinderten Vermögensmehrung geführt hat. Sie ist gesellschaftsrechtlich veranlasst, weil ein ordentlicher und gewissenhafter Geschäftsleiter (§ 43 Abs. 1 GmbHG) diese verhinderte Vermögensmehrung nicht hingenommen hätte. Dies gilt auch dann, wenn, wie in diesem Falle der Mehrwert nur den nahestehenden Personen zugeflossen ist (H 36 Abs. 3 „Veranlassung durch das Gesellschaftsverhältnis – nahestehende Person" KStH), denn die mittelbaren Gesellschafter stellen solche nahestehende Personen dar. Die fehlende Berechnung der Nutzungsentgelte hat sich ferner auf den Unterschiedsbetrag nach § 4 Abs. 1 EStG ausgewirkt. Daneben beruht die verhinderte Vermögensmehrung nicht auf einem den gesellschaftsrechtlichen Vorschriften entsprechenden Gesellschafterbeschluss. Zwar unterliegt die fm SRL nicht dem deutschen Recht, allerdings sind die Einkünfte der wlb

7. Komplexe Fälle

GmbH ausschließlich nach deutschem Recht zu ermitteln. Hierzu gehören auch alle Rechtsbeziehungen zu der Tochtergesellschaft.

Die Bewertung der verdeckten Gewinnausschüttung erfolgt mit den erzielbaren Vergütungen (H 37 „Nutzungsüberlassungen" KStH). Demnach beträgt die monatliche Vergütungen 5.000 € als Wert der vGA.

Die verdeckte Gewinnausschüttung kann jedoch nicht den nahestehenden Personen zugerechnet werden, sondern nur dem jeweiligen Anteilseigner (§ 20 Abs. 5 EStG, H 36 Abs. 3 „Veranlassung durch das Gesellschaftsverhältnis – Zurechnung der verdeckten Gewinnausschüttung" KStH). Die verdeckte Gewinnausschüttung ist demnach ausschließlich der wlb GmbH zuzurechnen. Eine Erfassung erfolgte mangels Zuflusses nicht. Handelsrechtliche Korrekturen sind nur in dem Umfang erforderlich, als Beträge nach § 27 KStG im Zusammenhang mit der Ausschüttung verwendet wurden. Da die Gesellschaft ihren Sitz und die Geschäftsleitung in Spanien hat, besteht keine Verpflichtung zur Abgabe einer Erklärung nach § 27 Abs. 2 S. 4 KStG. Eine Bescheinigung nach § 27 Abs. 3 KStG wurde deshalb ebenfalls nicht erstellt. Diese kann entgegen § 27 Abs. 5 S. 3 KStG nachgeholt werden, weil bisher keine gesonderte Feststellung für die fm SRL ergangen ist.

Die fm SRL stellt eine Körperschaft[5] dar, die Leistungen nach § 20 Abs. 1 Nr. 1 EStG gewähren kann. Der Sitz und die Geschäftsleitung liegen in einem anderen Mitgliedsstaat der Europäischen Union. Somit ist sie berechtigt, bei dem für die wlb GmbH nach § 20 AO zuständigen Finanzamt einen Antrag nach § 27 Abs. 8 S. 4 KStG zu stellen. Dieser kann gestellt werden bis zum Ablauf des Kalenderjahres, das auf dem Kalenderjahr folgt, in dem der Zufluss der verdeckten Gewinnausschüttung erfolgte. Eine Antragstellung kann demnach bis zum 31.12.2014 erfolgen.

Die Ermittlung des steuerlichen Einlagekontos zum 31.12.2012 erfolgt auf der Grundlage der nach deutschem Steuerrecht erstellten Steuerbilanz. Nach § 27 Abs. 1 S. 1 KStG werden alle Beträge erfasst, die die wlb GmbH in die fm. SRL eingebracht hat. Nicht erfasst wird die Einzahlung des Stammkapitals. Gemäß Sachverhalt wurden bis zum Veranlagungszeitraum 2012 1.000.000 € zur Finanzierung des Hausbaus in die Kapitalrücklage eingebracht. Der Bestand des steuerlichen Eigenkapitals zum 31.12.2012 beträgt demnach 1.000.000 €.

Der ausschüttbare Gewinn gem. § 27 Abs. 1 S. 5 KStG berechnet sich demnach wie folgt:

Steuerliches Eigenkapital gem. Steuerbilanz	1.075.000 €
Stammkapital	./. 25.000 €
Steuerliches Eigenkapital	./. 1.000.000 €
Ausschüttbarer Gewinn	50.000 €
Verdeckte Gewinnausschüttung	60.000 €

Für die verdeckte Gewinnausschüttung wird demnach zuerst der ausschüttbare Gewinn (50.000 €) verwendet. Der übersteigende Betrag (60.000 € ./. 50.000 € = 10.000 €) wird dem steuerlichen Einlagekonto entnommen. Anschließend ist durch die fm SRL eine Steuerbescheinigung nach § 27 Abs. 3 KStG zu erstellen. Das steuerliche Einlagekonto beträgt nun 990.000 €. Alle weiteren Ausschüttungen werden demnach nur dem steuerlichen Einlagekonto entnommen.

Soweit Beträge dem steuerlichen Einlagekonto für die Ausschüttung entnommen wurden, liegen keine Beteiligungserträge vor (§ 20 Abs. 1 Nr. 1 S. 3 EStG). Vielmehr ist insoweit eine Rückzahlung der Anschaffungskosten zu buchen. Da keine Vermögenswerte der wlb GmbH gutgeschrieben wurden, ist insoweit in der Handelsbilanz gegen Aufwand wie folgt zu buchen:

Sonstiger Aufwand 10.000 €   an   Beteiligung fm SRL 10.000 €

---

[5] Vgl. BMF vom 24.12.1999, BStBl I 1999, 1076, Tabelle 1: Rechtsformen internationaler Unternehmen.

In der Steuerbilanz ist der neue Buchwert entsprechend anzusetzen, da keine abweichenden Ansatz- bzw. Bewertungsvorschriften bestehen (§ 60 Abs. 2 EStDV). Der Aufwand unterliegt nicht der Regelung des § 8b Abs. 2 bzw. 3 KStG. Dies kommt für den Buchwert übersteigenden Betrag erst dann in Betracht, wenn der Buchwert durch die Rückzahlung bis auf 0 € reduziert wurde.

Soweit die Bezüge nicht dem steuerlichen Einlagekonto entnommen wurden, stellen diese Kapitalerträge nach § 20 Abs. 1 Nr. 1 S. 2 EStG dar. Gem. § 8b Abs. 1 S. 1 KStG sind entsprechende Kapitalerträge von der Besteuerung freizustellen. Die Freistellung kommt jedoch insoweit nicht in Betracht, als sie sich auf das Einkommen der leistenden Körperschaft ausgewirkt haben. Eine Zurechnung der verdeckten Gewinnausschüttung in Spanien erfolgte gem. Sachverhalt nicht. Daher kann auch eine Freistellung nicht gewährt werden. +/./. 0 €

Der Mehrwert der verdeckten Gewinnausschüttung der fm SRL ist direkt den Gesellschaftern der wlb GmbH zugeflossen. Es liegt insoweit eine verdeckte Gewinnausschüttung der wlb GmbH vor, weil durch die fehlende Erfassung der Ausschüttung eine Vermögensminderung eingetreten ist. Es ist auch eine gesellschaftsrechtliche Verursachung gegeben, weil ein ordentlicher und gewissenhafter Geschäftsleiter (§ 43 GmbHG) diese Minderung gegenüber einem fremden Dritten nicht hingenommen hätte. Die fehlende Erfassung der Erträge hat sich ferner auf den Unterschiedsbetrag nach § 4 Abs. 1 EStG ausgewirkt und beruhte nicht auf einen den gesellschaftsrechtlichen Vorschriften entsprechenden Gewinnverwendungsbeschluss (R 36 Abs. 1 KStR).

Sie ist deshalb nach § 8 Abs. 3 S. 2 KStG im Rahmen der Einkommensermittlung der wlb GmbH außerhalb der Bilanz im vollen Umfang hinzuzurechnen. + 60.000 €

Die verdeckte Gewinnausschüttung wird anschließend den Gesellschaftern der wlb GmbH jeweils zur Hälfte zugerechnet (§ 20 Abs. 5 EStG, H 36 Abs. 3 „Veranlassung durch das Gesellschaftsverhältnis – Zurechnung der verdeckten Gewinnausschüttung" KStH). Sie gilt bei den Gesellschaftern in dem Zeitpunkt als zugeflossen, in dem die monatliche Miete hätte entrichtet werden sollen.

Eine Bescheinigung nach § 27 Abs. 3 KStG wurde durch die wlb GmbH nicht erstellt, somit beziehen die Gesellschafter Hans-Peter Work und Hans-Peter Work Junior ausschließlich Bezüge nach § 20 Abs. 1 Nr. 1 S. 2 EStG. Eine nachträgliche Bescheinigung ist nicht zulässig nach § 27 Abs. 5 S. 3 KStG, weil bereits das steuerliche Einlagekonto zum 31.12.2013 erklärungsgemäß gesondert festgestellt wurde.

DBA-Recht
Die wlb GmbH ist eine Person im Sinne des Art. 3 Abs. 1 Buchstabe a und Buchstabe b OECD MA, weil sie eine Gesellschaft ist, die wie eine juristische Personen (§ 1 KStG) besteuert wird. Sie gilt als nach Art. 4 Abs. 1 OECD MA als in Deutschland ansässig, weil sie hier aufgrund der Geschäftsleitung (§ 10 AO) und des Sitzes (§ 11 AO) als unbeschränkt steuerpflichtig behandelt wird.

Die verdeckte Gewinnausschüttung stellt eine Dividende nach Art. 10 Abs. 3 OECD MA dar, soweit die Mittel nicht dem steuerlichen Einlagekonto entnommen wurden. Das Besteuerungsrecht für diese Dividende wird grundsätzlich dem Ansässigkeitsstaat Deutschland zugewiesen (Art. 10 Abs. 1 OECD MA). Der Quellenstaat Spanien hat aber das Recht eine Quellensteuer in Höhe von 5 % der Bruttoeinnahmen einzubehalten (Art. 10 Abs. 2 Buchstabe b OECD MA). Das Spanien sein Besteuerungsrecht nicht wahrgenommen hat, ist unerheblich.

Soweit die Mittel dem steuerlichen Einlagekonto entnommen wurden, liegen Veräußerungseinkünfte nach Art. 13 Abs. 4 OECD MA vor, weil insoweit die Anschaffungskosten der Anteile zurückgezahlt wurden. Diese Regelung hat als Spezialregelung Vorrang vor der Regelung des Art. 10 OECD MA. Art. 13 Abs. 4 OECD MA ist anzuwenden, weil das Vermögen der fm SRL zu mehr als 50 % unmittelbar auf unbeweglichem Vermögen (Art. 6 Abs. 2 OECD MA) beruht, das im Quellenstaat Spanien belegen ist. Das Besteuerungsrecht für diese Einkünfte hat ausschließlich der Quellenstaat Spanien. Deutschland als Ansässigkeitsstaat muss diese Einkünfte von der Besteuerung freistellen. Die Freistellung erfolgt außerhalb der Bilanz durch Abrechnung im Rahmen der Einkünfteermittlung nach § 8b Abs. 2 S. 1 KStG. Eine

7. Komplexe Fälle

Abrechnung erfolgt aber erst, wenn die Anschaffungskosten durch Verrechnung bis auf 0 € reduziert wurden.

Ob laufende Erträge (Art. 10 OECD MA) oder Veräußerungseinkünfte (Art. 13 OECD MA) erzielt werden entscheidet sich nach nationalem Recht gem. Art. 3 Abs. 2 OECD MA, weil das DBA die Einkünfteermittlung nicht regelt. Die Abgrenzung erfolgt demnach nach § 20 Abs. 1 Nr. 1 S. 3 EStG im Zusammenhang mit § 8b Abs. 2 KStG.

Anwendung der Mutter-Tochterrichtlinie (Richtlinie 2011/96/EU)[6]

Parallel neben dem DBA-Recht ist die Richtlinie 2011/96/EU zu prüfen. Die Richtlinie 2011/96/EU steht der Anwendung einzelstaatlicher oder vertraglicher Bestimmungen zur Verhinderung von Steuerhinterziehungen und Missbräuchen nicht entgegen. Sind wie in diesem Falle zwei Vorschriften grundsätzlich anwendbar, so ist die für die Steuerpflichtige günstigere Vorschrift vorrangig anwendbar. Demnach ist die Mutter-/Tochterrichtlinie vorrangig anzuwenden, weil danach der Quellenstaat auf die Dividende keine Quellensteuern erheben darf. Danach soll eine Dividende nur in dem Staat besteuert werden, in dem die Gesellschaft ansässig ist, die die Dividende vereinnahmt. Die Richtlinie ist auf Gewinnausschüttungen anzuwenden, die von einer Gesellschaft (fm SRL, Spanien) an eine Muttergesellschaft (wlb GmbH, Deutschland) in einem anderen Mitgliedstaat der Europäischen Union gezahlt wird (Art. 1 RL 2011/96/EU). Nicht erfasst ist die Dividende, soweit Beträge dem steuerlichen Einlagekonto entnommen wurden (Art. 4 Abs. 1 RL 2011/96/EU). Beide Gesellschaften sind begünstigte Gesellschaften im Sinne des Anhang I Teil A. Die Mindestbeteiligung (10 %) ist ebenfalls gegeben, weil die wlb GmbH zu 100 % an der fm SRL beteiligt ist. Die Richtlinie ist demnach anzuwenden. Daher darf gem. Art. 5 der RL 2011/96/EU der Quellenstaat keine Quellensteuer auf die Ausschüttung erheben.

Offene Ausschüttung vom 31.12.2013

Die Ausschüttung stellt einen Kapitalertrag nach § 20 Abs. 1 Nr. 1 S. 1 EStG dar, soweit keine Beträge dem steuerlichen Einlagekonto (§ 27 KStG) entnommen wurden. Nach der oben dargestellten nachträglichen Antragstellung und der Berechnung des ausschüttbaren Gewinns nach § 27 Abs. 1 S. 5 KStG wurden für die offene Ausschüttung ausschließlich Beträge dem steuerlichen Einlagekonto entnommen, weil der ausschüttbare Gewinn bereits für die verdeckte Gewinnausschüttung vollständig verwendet wurde. Die fm SRL hat daher eine Steuerbescheinigung gem. § 27 Abs. 3 KStG zu erteilen, wonach ausschließlich Beträge des steuerlichen Einlagekontos für die Ausschüttung verwendet wurden. Eine nachträgliche Bescheinigung ist (wie oben dargestellt) noch möglich. Liegt diese vor, mindert die offene Gewinnausschüttung im vollen Umfang (brutto) den Buchwert. Die bisherige Buchung ist daher wie folgt zu berichtigen:

Beteiligungsertrag 79.000 €

spanische Quellensteuer   21.000 €   an   Beteiligung fm SRL 100.000 €

Die spanische Quellensteuer ist als Ertragsteuer gem. § 10 Nr. 2 KStG im Rahmen der Einkommensermittlung außerhalb der Bilanz hinzuzurechnen. **+ 21.000 €**

Nach Art. 13 Abs. 4 OECD MA, wie zuvor dargestellt, hat ausschließlich Spanien das Besteuerungsrecht, die in Spanien erhobenen Quellensteuern wurde daher gem. DBA zutreffend erhoben. Eine Beschränkung der Höhe nach erfolgt nach dem DBA nicht.

Deutschland als Ansässigkeitsstaat hat diese Einkünfte von der Besteuerung freizustellen (Art. 23a Abs. 1 OECD MA). Eine Freistellung nach § 8b Abs. 2 S. 2 KStG erfolgt aber erst, wenn die Rückzahlung den Buchwert übersteigt. Erst zu diesem Zeitpunkt werden in Deutschland Einkünfte bezogen, die dann freizustellen wären. Mangels Einkünftebezug ist deshalb derzeit nichts zu veranlassen.

---

[6] Richtlinie 2011/96/EU des Rates über das gemeinsame Steuersystem der Mutter- und Tochtergesellschaften verschiedener Mitgliedstaaten vom 19. Dezember 2011 (Amtsblatt EG Nr. L 345 2011, S. 8), anzuwenden ab dem 18.01.2012.

Eine Anrechnung der spanischen Quellensteuert ist ausgeschlossen, weil die Einkünfte nach dem DBA in Deutschland nicht besteuert werden (§ 26 Abs. 1, Abs. 6 S. 1 KStG und § 34c Abs. 6 S. 1 EStG).

Zum 31.12.2013 ist anschließend eine gesonderte Feststellung nach § 27 Abs. 2 KStG für die fm SRL zu fertigen.

Bestand zum 31.12.2012		1.000.000 €
Zuführungen im Laufe des Wirtschaftsjahres 2013		0 €
Verdeckte Gewinnausschüttung	60.000 €	
./. Ausschüttbarer Gewinn	./. 50.000 €	
Für die verdeckte Gewinnausschüttung verwendet	10.000 €	./. 10.000 €
Für die offene Ausschüttung verwendet		./. 100.000 €
Bestand der fm SRL zum 31.12.2013		**890.000 €**

Erwerb eigener Anteile durch die wlb GmbH

Handelsrechtlich ist der Erwerb als Kapitalherabsetzung zu behandeln (Tz. 8 BMF vom 27.11.2013, BStBl I 2013, 1615). Deshalb mindert sich nach § 272 Abs. 1a HGB das Stammkapital im Umfang von 50 %. Der übersteigende Betrag mindert die Rücklagen. Nicht berücksichtigt wird der Betrag, um den der Kaufpreis den gemeinen Wert übersteigt. Dieser Betrag 10.000 € (100.000 € ./. 90.000 €) stellt eine verdeckte Gewinnausschüttung dar, da insoweit die Zahlung ausschließlich gesellschaftsrechtlich indiziert ist, weil ein ordentlicher und gewissenhafter Geschäftsleiter eine entsprechende Vereinbarung nicht getroffen hätte (H 36 Abs. 3 „Veranlassung durch das Gesellschaftsverhältnis – Allgemeines" KStH).

Der überhöhte Preis führt gleichzeitig zu einer Vermögensminderung, die sich auf den Unterschiedsbetrag nach § 4 Abs. 1 EStG auswirkt und nicht auf einen den gesellschaftsrechtlichen Vorschriften entsprechenden Gesellschafterbeschluss beruht (R 36 Abs. 1 KStR). Die Bewertung der verdeckten Gewinnausschüttung erfolgt mit der Differenz zwischen dem bezahlten Preis (100.000 €) und dem gemeinen Wert der Anteile (90.000 €; H 37 „Hingabe von Wirtschaftsgütern" KStH).

Die als Anschaffungsnebenkosten erfassten Rechts- und Beratungskosten stellen nach § 272 Abs. 1a S. 3 HGB laufenden Aufwand dar. Daran ändert sich auch steuerrechtlich nichts, weil auch steuerrechtlich mangels Erwerb eines bilanzierungsfähigen Wirtschaftsgutes eine Aktivierung ausgeschlossen ist. Darüber hinaus ist auch eine Anwendung des § 8b Abs. 3 KStG ausgeschlossen, da weder Anteile erworben, noch veräußert wurden. Die Rechts- und Beratungskosten mindern daher den steuerpflichtigen Gewinn.

Die bisherige Buchung ist daher wie folgt zu berichtigen:

Sonstiger Aufwand (vGA)   10.000 €
Stammkapital   25.000 €
Kapital-/Gewinnrücklagen 65.000 €
Rechts- und Beratungskosten   10.000 €   an   eigene Anteile 110.000 €

In Höhe der verdeckten Gewinnausschüttung ist eine Zurechnung nach § 8 Abs. 3 S. 2 KStG außerhalb der Bilanz vorzunehmen.   **+ 10.000 €**

Umsatzsteuerrechtlich ergeben sich keine Änderungen, weil die Übertragung von Anteilen nach § 4 Nr. 8 Buchstabe f UStG steuerbefreit ist.

Wie bereits oben ausgeführt, führt der Erwerb eigener Anteile auch steuerrechtlich zu einer Kapitalherabsetzung. Der Vorgang kann sich demnach auch auf das steuerliche Einlagekonto auswirken, weil die Mittel an den Gesellschafter ausgekehrt wurden. Im ersten Schritt ist zunächst das Stammkapital um 25.000 € zu mindern. Dieser Betrag ist dem steuerlichen Einlagekonto gutzuschreiben und wird sogleich wieder an den Gesellschafter ausgekehrt (§ 28 Abs. 2 S. 1 KStG). Soweit die Rücklagen ausgekehrt

7. Komplexe Fälle

wurden, kann das steuerliche Einlagekonto nach Maßgabe des § 27 Abs. 1 S. 3 KStG ebenfalls für die Zahlung verwendet werden. Es ist deshalb zunächst der ausschüttbare Gewinn nach § 27 Abs. 1 S. 5 KStG zum Schluss des letzten Wirtschaftsjahres zu ermitteln.

Steuerliches Eigenkapital zum 31.12.2012		140.000 €
Stammkapital zum 31.12.2012		./. 50.000 €
Steuerliches Einlagekonto zum Schluss des letzten Wirtschaftsjahres		./. 20.000 €
Ausschüttbarer Gewinn		70.000 €
Kaufpreis	90.000 €	
Stammkapital	./. 25.000 €	
Verwendung von Rücklagen	65.000 €	./. 65.000 €

Der Erwerb der Anteile kann, soweit der Kaufpreis (90.000 €) das anteilige Stammkapital (25.000 €) übersteigt (65.000 €), im vollen Umfang aus dem ausschüttbaren Gewinn (70.000 €) bedient werden. Das steuerliche Einlagekonto wird deshalb nicht verwendet. Obwohl nun feststeht, dass ausschließlich der ausschüttbare Gewinn für den Erwerb verwendet wurde, ist die wlb GmbH nicht zum Kapitalertragsteuerabzug verpflichtet (Tz. 11 und Tz. 20 BMF vom 27.11.2013, BStBl I 2013, 1615). Begründet wird dies mit dem Umstand, dass dieser Vorgang der Vermögensebene und nicht den laufenden Einkünften zuzuordnen ist. Der Anteilseigner erzielt in diesem Falle Kapitalerträge nach § 20 Abs. 1 Nr. 2 EStG. Da es sich jedoch um gewerbliche Einkünfte nach § 17 EStG (siehe steuerliche Behandlung beim Anteilseigner) handelt, ist gem. § 20 Abs. 8 EStG eine entsprechende Zuordnung vorzunehmen.

Bestand zum 31.12.2013 gem. Sachverhalt	30.000 €
Zugang i.R.d. Kapitalherabsetzung	+ 25.000 €
Abgang, da an den Anteilseigner ausbezahlt	./. 25.000 €
Verwendung im Rahmen des Anteilserwerbs	./. 0 €
Bestand nach Würdigung des Sachverhaltes	30.000 €

Das steuerliche Einlagekonto wurde zum 31.12.2013 zutreffend auf 30.000 € nach § 27 Abs. 2 KStG festgestellt. Eine Änderung ergibt sich daher nicht.

Steuerliche Behandlung bei den Anteilseignern

Verdeckte Gewinnausschüttung – Spanien bei Hans-Peter Work und Hans-Peter Work Junior:
Die Nutzung der Villa in Spanien führt bei den Gesellschaftern Hans-Peter Work und Hans-Peter Work Junior zu Einkünften aus Kapitalvermögen nach § 2 Abs. 1 S. 1 Nr. 5 i.V.m. § 20 Abs. 1 Nr. 1 S. 2 EStG, da eine Steuerbescheinigung nach § 27 Abs. 3 KStG nicht vorgelegt werden kann. Es handelt sich um Überschusseinkünfte (§ 2 Abs. 2 S. 1 Nr. 2 EStG). Die Besteuerung erfolgt grundsätzlich bei Zufluss (§ 11 Abs. 1 EStG). Grundsätzlich wären die Nutzungsentgelte monatlich zu entrichten. Der Zufluss (aus Vereinfachungsgründen aufgrund der tatsächlichen Nutzung oder weil das Objekt den Personen zur Nutzung bereitgehalten wurde) der verdeckten Gewinnausschüttung erfolgt daher ebenfalls monatlich (§ 11 Abs. 1 S. 1 EStG) im Kalenderjahr 2013. Es ist die Abgeltungsbesteuerung gem. § 32d Abs. 1 EStG anzuwenden. Eine Antragsberechtigung nach § 32d Abs. 2 Nr. 3 EStG wäre gegeben, da beide Gesellschafter zu mindestens 25 % an der GmbH beteiligt sind. Allerdings ist der Antrag lt. Sachverhalt nicht gestellt. Die Ausnahme nach § 32d Abs. 2 Nr. 4 EStG kommt nicht zur Anwendung, da die außerbilanzielle Zurechnung bei der wlb GmbH bereits vorgenommen wurde. Es besteht grundsätzlich eine Kapitalertragsteuerpflicht, da es sich um Einnahmen nach § 43 Abs. 1 S. 1 Nr. 1 EStG handelt. Diese wird jedoch typischerweise nicht einbehalten, wenn der Empfänger der verdeckten Gewinnausschüttung mit diesen

Einnahmen im Inland steuerpflichtig ist. Beide Gesellschafter erzielt Einnahmen i.H.v. 30.000 € (= nicht bezahltes Nutzungsentgelt). Hiervon ist der Sparerpauschbetrag gem. § 20 Abs. 9 S. 1 EStG abzusetzen. Damit ergeben sich Einkünfte aus Kapitalvermögen i.H.v. jeweils 29.199 €. Diese sind nicht im zu versteuernden Einkommen zu erfassen (§ 2 Abs. 5b EStG). Eine Abgeltungswirkung kann aufgrund der Nichteinbehaltung der Kapitalertragsteuer nicht eintreten (§ 43 Abs. 5 EStG). Beide Gesellschafter haben die Einnahmen nach § 32d Abs. 3 EStG beim Finanzamt zu erklären.

Erwerb eigener Anteile – Hans-Peter Work:
Hans-Peter Work veräußert den 50 %-Anteil an der wlb GmbH im Privatvermögen. Damit erzielt er gewerbliche Einkünfte nach § 17 Abs. 1 i.V.m. § 15 EStG. Der GmbH-Anteil ist ein Anteil an einer Kapitalgesellschaft i.S.d. § 17 Abs. 1 S. 3 EStG bei dem die 1 %-Grenze überschritten wurde. Die Einkünfte sind einkommensteuerpflichtig (§ 2 Abs. 1 S. 1 Nr. 2 EStG). Es handelt sich um Gewinneinkünfte (§ 2 Abs. 2 S. 1 Nr. 1 EStG), welche nach § 17 Abs. 2 S. 1 EStG zu ermitteln sind. Die Besteuerung erfolgt bei Übergang des wirtschaftlichen Eigentums (H 17 Abs. 4 „Entstehung des Veräußerungsgewinns" EStH). Keine Berücksichtigung findet die verdeckte Gewinnausschüttung aufgrund der überhöhten Kaufpreiszahlung in Höhe von 10.000 €. Insoweit liegen ebenfalls laufende Einkünfte nach § 20 Abs. 1 Nr. 1 S. 2 EStG vor. Die im Zusammenhang mit der Übertragung und der Wertfindung angefallenen Kosten in Höhe von 10.000 € sind nicht zu berücksichtigen, weil diese nicht durch Hans-Peter Work getragen wurden. Der Gewinn ermittelt sich wie folgt:

Veräußerungspreis	90.000 €
Anschaffungskosten bei Bargründung	./. 25.000 €
Veräußerungskosten	./. 0 €
Veräußerungsgewinn =	65.000 €
Steuerfreie Einnahmen gem. § 3 Nr. 40c EStG	./. 36.000 €
Nicht abzugsfähiger Teil der Anschaffungskosten (§ 3c Abs. 2 EStG)	+ 10.000 €
Veräußerungsgewinn vor Freibetrag =	**39.000 €**

Der Freibetrag nach § 17 Abs. 3 S. 1 EStG beträgt 0 €, da der Gewinn die anteilige Kürzungsgrenze von 18.050 € um 20.950 € übersteigt (§ 17 Abs. 3 S. 2 EStG). Damit ist der Freibetrag auf 0 € zu kürzen (4.530 € abzüglich 20.950 €).

Überpreis i.Z.m. dem Anteilserwerb – Hans-Peter Work:
In Höhe des überhöhten Kaufpreises liegt ebenfalls eine verdeckte Gewinnausschüttung vor, diese erhöht die Kapitalerträge nach § 20 Abs. 1 Nr. 1 S. 2 EStG (zur Besteuerung, zur Ermittlung und zur Erhebung der Steuer vgl. Ausführungen zur vGA i.Z.m. Spanien). § 32d Abs. 2 Nr. 4 EStG ist auch in diesem Fall nicht anzuwenden, weil die verdeckte Gewinnausschüttung nach § 8 Abs. 3 S. 2 KStG i.R.d. Einkommensermittlung hinzugerechnet wurde und sich damit nicht auf das Einkommen der wlb GmbH ausgewirkt hat. Ein Sparerfreibetrag kann grundsätzlich nur einmal berücksichtigt werden (§ 20 Abs. 9 EStG). Dieser ist bereits im Zusammenhang mit der verdeckten Gewinnausschüttung aus der unentgeltlichen Nutzung der Villa in Spanien zum Abzug gekommen. Somit erhöhen sich die Kapitaleinkünfte um 10.000 € und betragen nunmehr für Hans-Peter Work insgesamt 39.199 €.

8. Übungsklausuren

Käufer des Buchs erhalten einen kostenlosen E-Book Zugang.

http://www.hds-verlag.de/96-0-e-book-zugang.html
Ihr persönlicher Webcode: A300x3

Dort stehen nach Eingabe einiger Adressdaten sowie Ihres persönlichen Webcodes zwei Übungsklausuren mit Lösungen zur Online-Nutzung für Sie bereit.

Stichwortverzeichnis

A

Abführungssperre 135
Abgeltungsbesteuerung 164, 237
— gem. § 32d Abs. 1 EStG 162, 178
Abgeltungswirkung 19
des § 32 Abs. 1 Nr. 2 KStG 14, 21
Abgrenzung zwischen Zweckbetrieb und wirtschaftlichem Geschäftsbetrieb 25
Abwicklungsanfangsvermögen 112, 191
— nach § 11 Abs. 4 KStG 112, 191
Abwicklungsendvermögen 115, 190
Abwicklungsgewinn 191
Abwicklungszeitraum 111
Abzugsfähigkeit von Spenden und Mitgliedsbeiträgen 32
Anpassung nach § 60 Abs. 2 EStDV 134
Anrechnung
— der ausländischen Quellensteuer 132
— der Quellensteuer 130
Ansässigkeitsstaat 82
Anschaffungskosten 154, 177
— der Beteiligung 58
— der Beteiligung an der GmbH 180
Anstellungsverhältnisse 213
Anstellungsvertrag 217, 232
Anteile einer in Deutschland liegenden Betriebsstätte 123
Anteilserwerb
— Überpreis 250
Anteilsverkauf 195, 198
Arbeitskleidung 194, 200, 202
Aufwendungen für Feier des Geschäftsabschlusses 197
Ausgabeaufschlag 145
Ausgleich des Verlustes 129
Ausgleichsanspruch 123
Ausgleichsposten 129, 131, 132, 136
Ausgleichszahlung 130, 131
Ausländische Betriebsstätte 130
Ausländische Einkünfte 17, 137, 141
— nach § 8 Abs. 1 KStG i.V.m. § 34d Nr. 5 EStG 82
Ausländische juristische Person des öffentlichen Rechts 11
Ausländische Körperschaften 2
Ausländische Quellensteuer 130
Ausschüttbarer Gewinn 145, 149, 236
Ausschüttung einer GmbH 76
Ausschüttungssperre 124

B

Ballsportverein 24
Bardividende 81
Beendigung einer Steuerbefreiung 29
Beginn einer Steuerbefreiung 28
Beherrschungs- und Ergebnisabführungsvertrag 120
Beherrschungs- und Gewinnabführungsvertrag 123, 128
Berechnung des Abwicklungsanfangsvermögens 112
Berechnung des steuerlichen EBITDA gem. § 4h Abs. 1 S. 2 EStG i.V.m. § 8a Abs. 1 KStG 73
Berücksichtigung von Schuldzinsen 64
Berufsverband 23
Bescheinigung
— nach § 27 Abs. 3 KStG 80, 149
— nach § 27 Abs. 5 S. 1 KStG 149
Beschränkte Körperschaftsteuerpflicht 5
Beschränkte Steuerpflicht 138
— Abgeltungswirkung 212
— nach § 2 Nr. 2 KStG 20
Beschränkung zum Werbungskostenabzug nach § 20 Abs. 9 EStG 12
Besteuerungsrecht 139
Besteuerungsstaat 82, 141
Beteiligung
— an anderen Körperschaften 75
— Veräußerung einer 177
— Veräußerung einer zum verbilligten Preis 179
Beteiligungserträge 75, 77
Beteiligungserwerb
— im Rahmen des Beteiligungstests 77
Beteiligungstest
— Konzern 77
Betrieb gewerblicher Art 20
— von juristischen Personen des öffentlichen Rechts 6
Betriebsaufgabe 225
Betriebsaufspaltung 223
Betriebsausgaben 132, 136, 137
— Kürzung 84
— nach § 34c Abs. 2 EStG 81, 83
Betriebsstätte 114, 139, 206
— gem. Art. 5 OECD MA 17
— im Ausland 31
Betriebsstätteneinkünfte — § 49 Abs. 1 Nr. 2 Buchstabe a EStG 15
Betriebsstättengewinne 139
Betriebsstättenvorbehalt 20, 141
Betriebsveräußerung im Ganzen 227
Betriebsvermögensvergleich 173
Bewertung der verdeckten Gewinnausschüttung 188
Bewirtungsaufwendungen 197
Bezüge, soweit § 27 KStG als verwendet gilt 120
Bilanzgewinn 232
Bilanzierungspflicht 10

Bindungswirkung der Steuerbescheinigung 149
Bruttomethode 130
Buchführungspflicht 44

D

Darlehen 44, 53, 165, 219, 234
 – Bank 240
 – GmbH 240
Darlehensgewährung in der Krise 55
Darlehensvertrag 45
Darlehensverzicht 53
DBA 89
 – Dividenden 186
 – Dividenden Art. 10 OECD MA 211
 – Drittstaateneinkünfte 207
 – Geltungsbereich 90, 184
 – Kosten der allgemeine Verwaltung Art. 7 Abs. 3 OECD MA 211
 – Lizenzentgelt/Art. 7 Abs. 7 OECD MA 208
 – Lizenzrechte 185
 – Nichtselbständige Arbeit 184
 – persönlicher Geltungsbereich 90, 141, 207
 – räumlicher Geltungsbereich 90, 207
 – sachlicher Geltungsbereich 90, 207
 – selbständige Tätigkeit 207
 – Veräußerung beweglicher Wirtschaftsgüter Art. 13 Abs. 2 OECD MA 210
 – Voraussetzungen 90
 – Zinseinkünfte Art. 11 OECD MA 209
DBA-Recht 246
 – Veräußerungseinkünfte 246
Dividenden 77, 233
 – aus dem Ausland 80
 – im Streubesitz 83
 – Mutter-/Tochterrichtlinie 247
 – und steuerliches Einlagekonto 77
Doppelbesteuerung 82
Down-stream-merger (§ 29 KStG) 160
Drohverlustrückstellung 134
Durchführung des Gewinnabführungsvertrags 129
Dynamischer Verweis 124

E

EBITDA Vortrag 66, 100
 – § 4h Abs. 1 S. 3 EStG 73
Eigenes Einkommen der OG 135
Eigenkapitalquote 68
Eigenkapitalsachverhalte 145
Eingetragener Verein 2
Einkommensermittlung 31, 76, 78, 79
Einkommen vor Spendenabzug 135

Einkünfte
 – aus Gewerbebetrieb 141
 – aus Kapitalvermögen 56, 178, 200, 202, 226, 237
 – aus Kapitalvermögen/Dividende § 49 Abs. 1 Nr. 5 EStG 13
 – aus Land- und Forstwirtschaft § 49 Abs. 1 Nr. 1 EStG 10
 – aus nichtselbständiger Arbeit 199, 202, 237
 – aus privaten Veräußerungsgeschäften 201
 – aus Veräußerung von Anteilen an Kapitalgesellschaften 201
 – aus Vermietung und Verpachtung 201, 242
Einkünfteermittlung 11
Einlage 168
Einlagefähiger Vermögensvorteil 179
Einlagefähiges Wirtschaftsgut 190
Einlagekonto 183
Einziges Unternehmen 128
Endbestand des steuerlichen Einlagekontos nach § 27 KStG 220
Entgeltlich erworbener Firmenwert 134
Ermittlung
 – der Einkünfte aus Gewerbebetrieb 241
 – des Endbestands des steuerlichen Einlagekontos nach § 27 KStG 236
 – des Verlustvortrags 108
Ermittlungszeitraum 190, 206
Erstattungsantrag
 – 1. – § 44a Abs. 9 EStG 14
 – 2. – § 50d EStG 14
Erträge
 – aus Beteiligungen an Kapitalgesellschaften 93
 – aus der Liquidation der Gesellschaft 193
Erwerb
 – eines Grundstücks 198, 218
 – eines Unternehmens 217
 – weiterer Anteile 77
Erwerb eigener Anteile 112, 243, 248
 – § 17 EStG 250
 – Rechts- und Beratungskosten 248
Erwerbergruppe 95
Erwerberkreis 95, 104
Escape-Klausel
 – Zinsschranke 68

F

Fehlende Verzinsung 190
Feststellung des verrechenbaren EBITDA 74
Fiktionstheorie 167, 170, 185
Finanzdienstleistungsunternehmen 92
Finanzielle Eingliederung 123, 128
Finanzierung
 – Tochtergesellschaft 189

Stichwortregister

Finanzierungskosten 64
– Einschränkung der Abzugsfähigkeit 64
Finanzplandarlehen 57
Firmenwert 143
Formkaufmann 128, 195, 232
Freibetrag
– nach § 16 Abs. 4 EStG 226
– nach § 17 Abs. 3 EStG 180
– nach § 17 Abs. 3 S. 1 EStG 250
Freigrenze 68, 72
Freistellungsbescheid 15, 20, 119
Fremdvergleich 189
Fünfjahreszeitraum 95, 106, 129
Funktional notwendiges Betriebsvermögen 20

G
Gebäude 239
Gebäudeteil 240
Geldbuße 221
Geldwerter Vorteil 222
Gemeiner Wert 115
– nach § 17 Abs. 2 S. 2 EStG 179
Geschäftsführergehalt 39, 163, 167, 193, 196
– rückwirkende Erhöhung 196
Geschäftsführertätigkeit 237
Geschäftsleitung 4, 5, 6, 162
Gesellschaft
– erwirbt unbebautes Grundstück von Gesellschafter 50
– erwirbt verbilligt ein Grundstück vom Gesellschafter 52
Gesellschafter
– gewährt Gesellschaft ein Darlehen und verzichtet auf die Rückzahlung 47, 49
– gewährt Gesellschaft ein Darlehen zu einem überhöhten Zins 45
Gesellschafterdarlehen 223, 213, 224
Gesellschafterfremdfinanzierung
– Darlehen an die Schwestergesellschaft 209
– Wertaufholung nach § 8b Abs. 3 S. 8 KStG 209
Gesellschafterversammlung 196
Gesonderte Feststellung des verbleibenden Verlustvortrags 106
Gewerbliche Einkünfte 138
Gewerbliches Unternehmen 123, 128
Gewinn
– durch Betriebsvermögensvergleich 59
– einer Körperschaft, Besteuerung 75
Gewinnabführung 130, 134
Gewinnabführungsvertrag 124
Gewinnausschüttung 232
Gewinnermittlung 83

Gewinnminderungen im Zusammenhang mit Anteilen 87
Gewinnrücklage aus vorvertraglicher Zeit 129
Gewinnverteilungsbeschluss 168
Gewinnverwendung 196
Gewinnvortrag 232
Gleichgerichtete Interessen 95, 197
– § 8c Abs. 1 S. 3 KStG 103
Gleichordnungskonzern 65
GmbH
– Gewerbesteuerpflicht 4
– Rechtsfähigkeit 3
Grundstück
– gemeiner Wert 79
Grundstücksübertragung 222
Grund und Boden 224, 239
Gründung einer Kapitalgesellschaft 3, 4, 5, 6
Gründungstheorie 2

H
Haftungsbetrag 151
Handelsgesellschaft 43, 122, 141, 216
– i.S.d. § 13 Abs. 3 GmbHG 177
Hauseigentümerverein 23
Herstellung und der Vertrieb eines Kalenders 27
HGB-Bilanz 77
Höchstbetrag 135

I
Im Inland steuerpflichtige stille Reserven 98
Inländische Betriebsstätte 128
Inländische Einkünfte 138, 206
Investitionszulage 130
– Schadenersatz 210
Isolierende Betrachtungsweise 9, 11, 16, 19, 206

J
Jahresüberschuss 216
Juristische Person des öffentlichen Rechts 20

K
Kapitalerhöhung
– aus Gesellschaftsmitteln 153, 154, 155
Kapitalertragsteuer 14, 76, 233
Kapitalertragsteuerpflicht 166
Kapitalherabsetzung (§ 28 Abs. 2 KStG) 157
Keine Bescheinigung nach § 27 Abs. 3 KStG 149
Kommanditgesellschaft i.S.d. § 161 HGB 1
Komplexe Fälle 187
Konzern 65
Konzernfall – § 4h Abs. 2 Buchstabe c EStG 66
Konzernklausel – § 8c Abs. 1 S. 5 KStG 102, 103

Körperschaftsteuer
- deutsche 141
- Rückstellung 199, 220, 235

Körperschaftsteuerpflicht 4
Korrespondierende Steuerfestsetzung 165
Krisenbestimmtes Darlehen 59
Kunsthandel 227

L

Latente Steuern 134
Laufender Arbeitslohn 176
Leistung 136
Liquidation 110, 190
- einer Tochtergesellschaft 110

Liquidationsbilanz 187
Lizenzrechte - § 49 Abs. 1 Nr. 2 Buchstabe f und Nr. 6 EStG 18
Lizenzzahlung 141

M

Mantelkaufregelung 105, 106
Mantelkauf/schädlicher Beteiligungserwerb 105
Materielle Korrespondenz 72, 79, 146
Mehrabführung 135
Mehrfache Besteuerung
- auf der Ebene der Körperschaft bei der Durchleitung 75

Mieterverein 23
Mietvertrag Grundstück 217
Minderabführung 129, 131, 136
- in vertraglicher Zeit 135

Mindestbesteuerung 106
Mindestbeteiligungsgrenze von 1 % 178
Mutter-Tochterrichtlinie 81, 82, 247

N

Nachträgliche Bescheinigung 150
Nahestehende Person 67, 95, 197, 218
Negative Einkünfte 32
Negative verdeckte Gewinnausschüttung 210
Nennkapital 192
Nicht abzugsfähige Betriebsausgaben 76
Nichtselbständige Arbeit 173, 199, 202
Notwendiges Betriebsvermögen 179
Nutzungsüberlassung 189
- zu gewerblichen Zwecken an Nichtmitglieder 25

Nutzungs- und Funktionszusammenhänge 239
Nutzungsvorteil 171

O

Objektive Steuerpflicht 122, 128, 140, 184
OECD MA 81

Offene Gewinnausschüttung 162, 200, 202, 237
- Einkünfte aus Kapitalvermögen 237

Organschaft 120
- und Ausgleichsposten 132
- und steuerfreie Einkünfte 125

Organträger 131

P

Parteispende 32, 34
Partielle Steuerpflicht 24
Pauschale Hinzurechnung gem. § 8b Abs. 5 KStG 76
Pensionsanspruch 62, 64
Pensionsrückstellung 62
Pensionszusage
- Erdienbarkeit 62
- fehlerhafte Abbildung einer Zusage 60
- Finanzierbarkeit 63
- Nachholverbot 62
- Probezeit 62
- Rückdeckungsanspruch 61
- Versicherungsprämie 63

Persönlicher Geltungsbereich 13, 139
Persönliche Steuerbefreiung 23
Persönliche Steuerpflicht 1
Pkw-Überlassung 217
Positives verrechenbares EBITDA 65
Prinzip der Besteuerung sämtlicher Einkünfte 31
Privates Veräußerungsgeschäft 201, 226

Q

Qualifizierung der Betriebsstätte 31
Quellenstaat 82
Quellensteuer 81

R

Räumlicher Geltungsbereich 13, 139, 141
Rechtsbeziehung
- zwischen Gesellschaft und Gesellschafter 44, 168

Rechtsfähigkeit 3
Rechtssubjekte 23
Rechtstypenvergleich 9, 119, 138, 184, 206
Rückdeckungsversicherung 61
Rückgriffsberechtigter Dritte 70
Rücklage 124, 129
Rückstellung
- für eine ungewisse Verbindlichkeit 175
- für eine ungewisse Verbindlichkeit i.S.d. § 249 Abs. 1 S. 1 HGB 173

Rückwirkende Erhöhung 39
Rückwirkungsverbot 233
Rückzahlung
- der Anschaffungskosten 78

Stichwortregister

- der verdeckten Gewinnausschüttung 168
Rumpfwirtschaftsjahr 190

S

Sachdarlehensvertrag 21
Sachlicher Geltungsbereich 13, 139, 141
Schädliche Gesellschafterfremdfinanzierung 65, 66
Schädlicher Beteiligungserwerb
- gem. § 8c Abs. 1 S. 1 KStG 94
- gem. § 8c Abs. 1 S. 2 KStG 96
- gem. § 8c KStG 106

Schenkung 182
Schlussauskehrung 192
Schlussverteilung 111
Schuldzinsen 162
- für Darlehen 222

Selbst geschaffene Wirtschaftsgüter 134
Sitztheorie 2
Sitz und Geschäftsleitung 4
Solidaritätszuschlag 76
- Rückstellung 219

Sonderausweis 155, 159, 161
Sonderfälle der Einkommensermittlung 110
Sonstige Aufwendungen 197
Sonstiger Bezug 173
Spanische Quellensteuer 247
Sparerpauschbetrag 56
Spendenabzug 32, 33
Sperrjahr 157
- § 73 GmbHG 111

Sporteinrichtungen 27
Sportveranstaltung 27
Stehen gelassenes Darlehen 54
Steuerabzug 14, 19
Steueranrechnung 141
- gem. § 26 KStG 80
- gem. § 31 Abs. 1, § 26 KStG i.V.m. § 50 Abs. 3 EStG 17

Steueraufwand 233
Steuerbefreiung 23, 28, 29
- nach § 5 Abs. 1 Nr. 10 KStG 25

Steuerbescheinigung 148
Steuerbilanz 78
Steuerentstrickung 142
Steuerermäßigung nach § 34 Abs. 1 oder 3 EStG 178
Steuerfreie Einnahmen 132
Steuerfreie stille Reserven 99
Steuerliche Nebenleistungen 211
- Verzögerungsgeld 211

Steuerliches Einlagekonto 48, 78, 213, 236
- § 27 KStG/§ 28 KStG 117
- Antrag nach § 27 Abs. 8 S. 4 KStG 245
- ausländische Gesellschaft 245
- gem. § 27 KStG 176

Steuern vom Ertrag 212
Steuerrückstellungen 235
Stille Reserven
- mit negativem steuerlichen Eigenkapital 100
- mit positivem steuerlichen Eigenkapital 98

Streubesitzbeteiligung 76
Streubesitzdividende 75
Subjektive Steuerpflicht 122, 127, 138, 184

T

Tantieme 172, 174
- Rückstellung 174
- unangemessene 172

Teileinkünfteverfahren 75, 148, 165, 170, 178
Teilwertabschreibung 85, 137
Teilwert nach § 6 Abs. 1 Nr. 5 EStG 179

U

Überlassung eines Lizenzrechtes 185
Übernehmende Körperschaft 161
Übertragende Körperschaft 161
Überwiegend neues Betriebsvermögen 106, 107
Umsatzsteuer
- Verpflichtung zur Abführung 189

Umsetzung der Freistellung nach nationalem Recht 91
Umstellung
- des Wirtschaftsjahres auf das Kalenderjahr 43
- des Wirtschaftsjahres auf einen vom Kalenderjahr abweichenden Zeitraum 44

Umwandlung
- von Rücklagen § 28 Abs. 1 KStG 153

Umwidmung von Betriebsvermögen 30
Umzugskosten 240
Unangemessene Tantieme 174
Unbeschränkte Körperschaftsteuerpflicht 1, 122, 232
Unbewegliches Vermögen 114
Unternehmenseinkünfte Art. 7 DBA 137
Unternehmerische Tätigkeit 139

V

Veräußerung 83, 85
- Anlagevermögen 188
- Betriebsstätte in Prag 114
- des Firmenwertes 112
- einer Beteiligung 113
- einer Beteiligung an einer AG 178
- eines Anteils 136
- Kunsthandel 227

Veräußerungsgewinn 83, 114, 137
- gem. § 8b Abs. 2 S. 1 KStG 78
- gem. § 8b Abs. 2 S. 2 KStG 86

Veräußerungsketten 104
Veräußerungsverlust 56
Verbilligte Überlassung 172
Verbilligte Veräußerung eines Grundstücks 79
Verdeckte Einlage 59, 145, 156, 171, 175, 218, 219
Verdeckte Gewinnausschüttung 45, 62, 79, 85, 163, 166, 167, 170, 173, 175, 177, 181, 188, 200, 202, 208, 226, 234
- bei der ausschüttenden Gesellschaft 80
- bei der Tochtergesellschaft 80
- Bewertung 181, 245
- DBA-Recht 246
- nahestehende Person 208, 245
- negative verdeckte 209
- Nutzungsüberlassung 244
- ohne Zufluss beim Gesellschafter 181
- Rückzahlung 169
- Spanien 249
- Teilbetrag I und II 209
- Unterschiedsbetrag nach § 4 Abs. 1 EStG 208
- Veranlassung durch das Gesellschaftsverhältnis 208
- verhinderte Vermögensmehrung 208
- Zurechnung 245

Verein 23, 35
- Einkünfte aus einer Land- und Forstwirtschaft 36
- Einkünfte aus Kapitalvermögen 36
- Einkünfte aus Vermietung und Verpachtung 36
- privates Veräußerungsgeschäft 36
- zu versteuerndes Einkommen 37

Vereinfachtes Ertragswertverfahren 100
Vereinsheim 26
Verlust 129
- oder Beschränkung des Besteuerungsrechts, Ausgleichsposten § 4g EStG 211
- oder Beschränkung des Besteuerungsrechts Deutschlands 142
- Beschränkung des Besteuerungsrechts, Überführung eines Wirtschaftsguts 210

Verlustabzug bei Körperschaften 94
Verlustabzugsbeschränkung 32
Verlustausgleich 132
- und die Verlustabzugsbeschränkung (§ 20 Abs. 6 EStG) 12

Verlustausgleichsbeschränkung 32
Verlustrücktrag gem. § 10d EStG 32
Verlustverrechnung 130
Verlustvortrag 130
Vermietung
- eines Grundstücks 171
- von Sporteinrichtungen 27
- von Wohnungen an die Mitglieder 29

Vermögensgegenstand

- Überlassung eines 21
Vermögensverwaltung 20
Verpflichtung zur Zahlung einer Pension 61
Verrechnung mit dem Sonderausweis 160
Verrechnungspreis
- Fremdvergleich 207
- gesellschaftsrechtliche Vereinbarung 208
- Korrekturrahmen 208
- nahestehende Person 207

Verteilung der Ausschüttung erfolgt gem. § 29 Abs. 3 GmbHG 147
Verursachungsprinzip 17
Verwaltungskosten
- allgemeine 139

Verwendung des steuerlichen Einlagekontos 167
- i.S.d. § 27 KStG 159

Verwendungsreihenfolge 146
Verzicht
- auf den Pensionsanspruch 114
- des Gesellschafters 155

Voraussetzungen einer Organschaft 120
Vorauszahlung 233
Vorgesellschaft 3
Vorgründungsgesellschaft 3
Vorteilszuwendungen 131
Vorweggenommene Erbfolge 222

W

Warenbewertung 233
Warenbezug 241
Warenlieferungen 234
Weihnachtsbasar 26
Welteinkommen 42, 58, 216
Welteinkünfte 3
Werbungskosten 162
Wertpapierleihe 93
- § 2 Nr. 2, 2. Halbsatz KStG 21

Winzergenossenschaft 24
Wirtschaftliche Identität 105
Wirtschaftlicher Empfänger 131
Wirtschaftlicher Geschäftsbetrieb 25
Wirtschaftsgüter, die der Produktionsbetriebsstätte in Deutschland zuzuordnen sind 142
Wirtschaftsjahr 42, 43
Wohnungsgenossenschaft 23, 28, 29

Z

Zinsaufwand 64, 72
- Finanzierung einer Beteiligung 81

Zinseinkünfte § 49 Abs. 1 Nr. 5 Buchstabe c EStG 11
Zinserträge 65
Zinsschranke 71

Stichwortregister

- Beschränkung 74
Zinsüberhang 65
Zinsverzicht 48
Zinsvortrag 65
- § 4h Abs. 1 S. 5 EStG 70
- als Zinsaufwand 72
Zufluss der Dividende 76

Zugang beim steuerlichen Einlagekonto gem. § 27 KStG 180
Zurechnung 130
Zu versteuerndes Einkommen 128, 195
Zuzurechnendes Einkommen 131
Zweckbetrieb 25
Zweigniederlassung 16